全国教育科学“十一五”规划重点课题研究成果

ZHONGGUO JICHUJIAOYU XUEKENIANJIAN

中国基础教育学科年鉴

化学卷

HUAXUEJUAN

2009

北京师范大学出版集团
BEIJING NORMAL UNIVERSITY PUBLISHING GROUP
北京师范大学出版社

图书在版编目（CIP）数据

中国基础教育学科年鉴．化学卷．2009/陆真主编．—北京：北京师范大学出版社，2011.1
ISBN 978-7-303-11618-8

Ⅰ．①中…　Ⅱ．①陆…　Ⅲ．①基础教育—中国—2009—年鉴②化学课—教学研究—中学　Ⅳ．①G639.2-54②G633.82

中国版本图书馆 CIP 数据核字（2010）第 262997 号

出版发行：北京师范大学出版社　www.bnup.com.cn
北京新街口外大街 19 号
邮政编码：100875
印　　刷：江苏凤凰盐城印刷有限公司
经　　销：全国新华书店
开　　本：140 mm×260 mm
印　　张：40
字　　数：621 千字
版　　次：2011 年 3 月第 1 版
印　　次：2011 年 3 月第 1 次印刷
定　　价：135.00 元

责任编辑：刘秀兰　　装帧设计：揽胜视觉
责任校对：张春燕　　责任印制：马鸿麟

全国教育科学“十一五”规划

重点课题

课题负责人	曹志祥　夏锦文　刘　军
专家组组长	夏锦文
专家组副组长	张连红　刘　坚　郭宁生
年鉴总主编	刘　军
核心组成员	李水平　严华银　马　复
	王晓英　钱再见　吴小晴
	仇奔波　吴　伟　陆　真
	汪　忠　韩中健　周　兵
	姚　红　李　艺　朱家雄

学科年鉴编写委员会

学科主编　陆　真　龙　琪

本卷主编　龙　琪

核心成员　陆　真　龙　琪　宋　怡
　　　　　陈　凯　陈欢欢

本卷作者　陆　真　龙　琪　宋　怡
　　　　　陈　凯　陈欢欢　刘秀兰

总序

21世纪初启动的基础教育课程改革，从实验到推广，已经走过十年的历程了。十年改革，促进了先进教育理念的广泛传播，推动了教育教学实践的深刻变革，对我国基础教育的改革与发展、教育现代化水平的提高产生了重大而深远的影响。

伴随着课程改革的不断推进，我国基础教育课程资源的开发与建设工作受到了前所未有的重视，得到了前所未有的发展。十年来，经国家审查通过的基础教育教材已经覆盖义务教育22个学科、普通高中16个学科，共330余种，彻底改变了计划经济时代一纲一本的局面。不仅资源的数量种类空前丰富，而且质量和水平明显提升；现代信息技术推广使用，呈现方式和传输方式发生巨大变化；开发主体多元，社会参与资源开发的积极性日渐提高；国家和地方的基础教育资源中心相继成立。一大批具有中国特色、富有时代特点、体现素质教育要求的课程资源得到开发与应用，受到广大师生的喜爱，得到社会的好评，为培养青少年的创新精神和实践能力，为亿万学生的德、智、体、美全面发展，作出了重要贡献。课程资源开发、建设与应用的丰硕成果，既是课程改革成就的生动体现，也是课程改革得以健康、顺利开展的有力支撑。

当前，我国基础教育已经发展到一个新阶段。为了坚持教育的公益性和普惠性，保障人民群众享有接受良好教育的机会，最近颁布的《国家中长期教育改革和发展规划纲要（2010～2020年)》提出了努力办好每一所学校、教好每一个学生的奋斗目标。提高质量是基础教育改革发展的核心任务，促进公平是国家坚持的基本教育政策。面对基础教育改革发展的新形势、新任务，基础教育课程改革也进入总结经验、完善制度、突破难点、深入推进的新阶段。要在总结经验的基础上，清醒地分析课程改革面临的困难和问题，着力加强课程改革保障机制建设，深化基础教育课程改革。

对于与课程改革紧密相连的基础教育课程资源的开发、建设与应用，在充分肯定成绩的同时，也要客观地分析面临的困难和问题。比如，从总体上看，新开发的资源水平参差不齐，优质教育资源缺乏；资源的开发与深刻变革的教学模式不相适应，能为教学提供有效服务的资源不足；资源开发与应用缺乏规范的管理，资源分散，难以集中共享；即使是基于网络的资源，也由于缺乏协调机制，共享不充分；对于面广量大的学科资源，缺乏必要的汇总、分类、整理，更缺乏深入系统的研究，大大影响了资源的保护和综合开发应用。对这些问题，全国教育科学“十一五”规划重点课题“基础教育学科资源保护开发与应用研究”给予了关注。课题组的专家团队通过调查取样，对课程改革以来我国基础教育课程资源，主要是学科资源开发建设工作现状作了深入分析，并开展了实验研究和比较研究，总结课程改革以来我国基础教育课程资源开发与应用的成绩、经验，分析问题与不足，为我们全面把握和衡量基础教育学科资源开发与应用的状况与发展动态提供了富有价值的研究成果。尤为可贵的是课题组的专家们研究的步伐并未止于对现状的分析与总结，而是针对基础教育课程资源分散、难以为广大教师及专业工作者有效利用的突出问题，提出了编纂《中国基础教育学科年鉴》的对策性构想，并且直接参与编纂工作。这个课题从立项至今，两年有余，课题成果除了有关基础教育学科资源保护开发与应用的研究报告外，还包括语文、数学、英语、政治、历史、地理、物理、化学、生物、音乐、美术、体育与健康、信息技术、通用技术和学前教育煌煌十数卷的《中国基础教育学科年鉴》（以下简称《年鉴》），可喜可贺。

《年鉴》对我国基础教育课程改革与建设中产生的浩如烟海的资源与信息进行了分类与整理，对优秀资源和重要信息进行了汇总和推介。同时，拓宽视野，放眼世界，介绍了国外基础教育课程资源开发与应用的动态。提供的信息量大，覆盖面广，时效性强。《年鉴》对信息与资源不仅进行了汇总，同时也进行了梳理、分析、比较、鉴别。《年鉴》的编写不仅是资源收集聚合的过程，也是总结研究的过程。

《年鉴》的编纂和出版，是一项开创性的工作。《年鉴》不仅可作为从事课程资源开发的专业工作者的参考材料，而且将为教育行政管理者、教研人员和科研工作者的管理、决策和教研、科研工作提供资料和依据，对广大中小学教师从事教育和研修，也是有益的帮手。关注中国教育改革的国外同行和专家，也会把《年鉴》作为了解中国基础教育的一个重要窗口，开展交流的一个重要平台。

正因为《年鉴》的编纂是一项开创性的工作，它富有探索性，必定会留下不少需要完善和提高的空间。我想，走进这个平台，利用这个载体和工具的专业工作者和教育工作者，也一定会像关心基础教育课程资源开发和应用一样，关心《年鉴》，促进它的提高与成长。

王湛

2010 年 9 月 30 日

王湛，教育部原副部长，现任教育部总督学顾问、国家基础教育课程教材专家工作委员会主任.

总 前 言

课程改革以来，我国基础教育领域发生了巨大的变革，语文、数学、英语、政治、历史、地理、物理、化学、生物、音乐、美术、体育与健康、信息技术、通用技术和学前教育等学科在课程与教学方面都有了重大发展，涌现出一大批优秀的成果。对这些成果进行分类、整理与总结是十分必要的。为此，“基础教育学科资源保护开发与应用研究”课题应运而生，并且被列为全国教育科学“十一五”规划重点课题。

《中国基础教育学科年鉴》是该课题的重要成果之一，通过对我国基础教育学科资源进行搜集、整理、归纳，从而实现资源的综合应用、开发和保护。依据我国课程的设置，《中国基础教育学科年鉴》设置语文、数学、英语、政治、历史、地理、物理、化学、生物、音乐、美术、体育与健康、信息技术、学前教育等学科分卷，自 2008 年始，每学科每年出一卷，主要内容包括专家视野、政策文件、概况与摘要、学科动态、研究机构、学术团体、名校名师、大事记、著作及论文索引等。2008 年之前的学科资源将以回顾版的形式进行整理保护。

《中国基础教育学科年鉴》的出版弥补了我国基础教育各学科一直以来没有年鉴的缺憾，意义重大。

1. 收集基础教育学科资料，总结基础教育课程改革过程中的经验

各级教育行政部门为指导课程改革下发了系列规范性文件，各级教研部门做出了许多有创意的举措，课程专家研究出了众多的理论成果，一线教师积极探索、勇于实践，积累了宝贵的经验。科学、全面、系统地总结经验，认定和推广优秀成果，推进国家基础教育发展，是一项重大历史使命。《中国基础教育学科年鉴》对浩如烟海的各学科信息资源进行分类、整理和总结，为基础教育课程改革提供翔实的资料，为各级行政管理者及教研人员提供有效的信息，为学校之间加强交流搭建平台，促使教育工作者及时总结基础教育课程改革过程中的经验。

2. 促进基础教育学科教学的发展

基础教育课程改革要求教师成为研究型的教师。要成为一名研究型的教师，就必须做一个终身学习者。《中国基础教育学科年鉴》有利于我国基础教育教师及时了解国内各地以及国外基础教育动态，开阔视野，完善自己的知识体系，提高自身的教学和科研能力，同时也为学生自主学习提供了丰富的素材，有利于提高学生的自主学习能力。

3. **有利于推进中外教育文化交流**

胡锦涛总书记在党的十七大报告中明确提出“加强对外文化交流”“增强中华文化国际影响力”的要求。《中国基础教育学科年鉴》总结我国基础教育学科教学发展状况，同时借鉴国外基础教育学科教学经验，加强中外文化教育特别是基础教育领域的交流与合作，向世界传播中华文明。

《中国基础教育学科年鉴》的编写是一个规模宏大、涵盖我国基础教育各个学科的工程，由南京红色历程文化教育有限公司策划，得到了教育界诸多专家、学者和一线教师的热情支持，特别是得到教育部基础教育课程教材发展中心和南京师范大学、北京师范大学等高校以及各省市教育部门的支持与帮助。参加编写的人员包括教授、副教授、研究员、副研究员，中学特级教师、高级教师和一级教师数百人。北京师范大学出版集团北京师范大学出版社担负了繁重的出版工作，付出了大量人力、财力和辛勤劳动。在此，向关心和支持这项工作的单位和个人，向工作在第一线的所有同志表示衷心感谢！

《中国基础教育学科年鉴》涉及我国基础教育学科资源的搜集、整理、总结，所以书中有大量已发表论文的摘要。因涉及范围太广，故无法一一通知原作者。如有稿费问题，请作者与教育部基础教育课程教材发展中心基础教育学科资源保护开发与应用研究课题办公室①联系，稿费将按国家标准支付。

尽管我们已经付出了极大的努力，但疏漏和谬误在所难免，敬请专家和广大教师指正。

《中国基础教育学科年鉴》编写委员会

2010 年 12 月 14 日

① 江苏省南京市宁海路 122 号南京师范大学专家东楼一楼．联系电话：025-83200848.

前　言

本年鉴是教育部基础教育课程教材发展中心和全国教育科学规划重点课题“基础教育学科资源保护开发与应用研究”课题的研究成果之一。

自新世纪基础教育课程改革实施以来，我国基础教育领域发生了巨大的变革。颁发了各学科新的课程标准，编写了不同版本的实验教材。各级化学教研部门做出了许多有创意的举措，课程教学专家研究出了众多的化学教育教学理论成果，一线化学教师积极探索、勇于实践，积累了宝贵的经验。因此，我们组织编写这本年鉴，旨在对2008年度基础教育阶段化学教育的理论与实践作全局性的回顾和总结。

本年鉴一共设置以下几个栏目，主要内容如下：

一、专家视野，共由两部分组成。一是站在化学科学的角度，分析描述了2008年化学科学研究的发展动态、创新技术产品等；二是化学学科教育的角度，对2008年度国内化学教育的发展状况作了简要描述。

二、政策文件，以摘要方式描述了2008年刚刚进入化学新课程改革的一些地区所颁布的主要政策。2008年之前及之后进入化学新课程改革的地方政策编入另一册化学年鉴。

三、概况与摘要，主要内容选自2008年度发表的化学教育类期刊论文，按照研究主题的不同归属，共分为化学教育学理探讨、化学课程教材教法、化学教学评价、化学实验改进与创新、化学信息技术进展、化学课程资源开发六大类。

四、学科动态，主要涉及化学教育相关的会议和交流活动、重大课题、化学教师教育、港澳台地区及海外化学教育发展动态。

五、学术机构、学术期刊，中学名校、名师。由于栏目内容极其丰富，所以本年鉴将逐年分批介绍。2008年加入新课程高考方案实施行列的省份只有江苏省，本册年鉴主要介绍江苏省的情况。在栏目内容的选取依据上力求客观公正，尽量避免我们作者的主观性标准。全国名校的选取依据是北京大学“中学校长实名推荐制”的中学名单入选学校。化学名师的选取依据是他们具有

“江苏省特级教师”和“教授级中学教师”的双重身份，且在省内外具有较高知名度和影响力。报刊主要介绍在国内化学教育界很有影响且办刊历史较长的四大期刊：《化学教育》《中学化学教学参考》《化学教学》和《中学化学》。研究机构主要介绍了在国内比较有影响的化学教育研究所以及国家级的化学教育类研究社团。

六、大事记，主要记录了国内化学教育研究机构和社团举办的重要活动。

七、论著索引，包括著作索引和论文索引，方便读者查询检索相关代表性论著。

本册年鉴由陆真、龙琪、宋怡、陈凯和陈欢欢合作完成。陈欢欢、李珊、王美琦、徐敏艳、陈琳、徐慧娟、魏莉莉、朱隽慈、李艳、张巧玲、杨丽娟、王璐璐、李海婷、庄婷婷、朱丽娟等做了大量前期的校对工作。此外，特别感谢年鉴丛书总编写委员会的指导和支持，感谢北京师范大学出版社的编辑们为本年鉴付出的辛勤劳动和汗水。

这是基础教育领域的第一本化学教育学科年鉴，任务艰巨，责任重大。由于编写人员较少，编写经验不足，所以付梓出版之时，我们仍觉有进一步改进之必要。期待广大读者能提出宝贵意见，还希望有更多专业人士加入编写团队，将化学教育年鉴编写工作一直延续下去。我们的联系方式为 lqlqlq3@126. com。

编　者

2010 年 12 月 15 日

目　录

专家视野

化学科学研究进展 …………………………………………………… 1

中国专家解读 2008 年诺贝尔化学奖获奖成果………………… 1
表面化学简介 …………………………………………………… 1

化学教育研究进展 …………………………………………………… 2

刍议化学学科教育的研究与转型 ……………………………… 2
论化学科学经验的课程化 ……………………………………… 2
高中化学选修模块教材《物质结构与性质》对学生认识发展的影响研究 …………………………………………………… 3
新时期化学学科教育转型研究的思考………………………… 3
高中化学课程标准指导下的元素化学教学问题 ……………… 4

政策文件

新课程化学学科教学实施指导意见（摘要） ………………… 5

河南省普通高中新课程化学学科教学实施指导意见（试行） ……………………………………………………………… 5
江西省普通高中新课程实验化学学科教学指导意见（试行）……………………………………………………………… 10
新疆维吾尔自治区、新疆生产建设兵团普通高中新课程化学教学指导意见（试行）……………………………… 27

新课程中考政策（摘要）………………………………………… 33

宁夏2008 年中考化学命题说明 ………………………………… 33
湖北省黄石市2008 年中考化学考试说明……………………… 34
重庆市2008 年中考化学考试说明 ……………………………… 34

新课程高考政策（摘要） …… 35

山东省2008年普通高校招生考试说明——理综 …… 35
2008年普通高等学校招生全国统一考试化学科（江苏卷）考试说明 …… 36
2008年普通高等学校招生全国统一考试大纲（全国卷理科综合化学部分） …… 37
2008年普通高等学校招生全国统一考试大纲的说明（宁夏卷）理科综合 …… 38

概况与摘要

化学教育学理探讨 …… 41

化学教学研究 …… 41

从实践看化学新课程实施中的有效环境教育对策 …… 41
新课程理念下的插图教学策略 …… 42
提高化学习题教学效果的实施策略 …… 42
开放式有机化学教学研究与实践 …… 43
新课程背景下如何在初中化学教学中渗透人文教育 …… 43
在化学教学中进行科学素质教育的实践 …… 44
浅谈新课程背景下游戏教学在初中化学课堂教学中的应用 …… 45
谈新课程理念下化学课堂教学中的预设与生成 …… 45
科学设计教学起点　扎实实施有效教学 …… 46
新课程背景下初中化学学业评价策略 …… 46
新课程背景下化学课堂教学目标的设计 …… 47
新课程背景下化学课堂教学设计的实践与思考 …… 47
高中化学教学中实施STS教育情况的调查报告 …… 48
综合实践活动中培养学生化学科学素养的探讨 …… 49
中学化学教学中学生资源的利用和开发 …… 49
在化学教学中以Blending Learning为理念尝试“双主-探究”教学模式的研究与实践 …… 50
教师对“化学反应限度”相关学科内容的理解及其对教学处理的影响 …… 50
浅谈难点专题“两种化学平衡状态的比较”的突破教学 …… 51
新课程教学中运用情感因素的情况调查 …… 51
谈谈构建化学教师的素材库 …… 52

让“矛盾”激活学生的思维——“离子晶体”教学实践与反思 …… 53
用“互动式科学小故事”改善学生的科学本质观 …… 53
中学化学人文教育的实验 …… 54
构建化学和谐课堂的方法探究 …… 55
中学化学课堂教学评价发展历程评析 …… 55
化学教学中加强学生元认知能力的实验研究 …… 56
关于“质量守恒定律”化学史教学的几个问题的讨论 …… 56
HPS教育对中学化学史教育的启示 …… 57
化学史教学中的科学本质观培养研究 …… 57
化学集邮学的历史发展与教育实践 …… 57
为学生构建神奇的化学史与化学美的世界 …… 58
STS主题式课程设计与核心概念教学策略 …… 58
“主题式”复习课教学模式例析——与“二氧化硫”相关知识的复习 …… 59
谈新课程背景下高中化学教学的基础与能力 …… 59
“走班式”教学模式在化学专题复习中的应用 …… 59
新课程高中文科班化学教学改革初探 …… 60
谈化学模糊知识的教学策略 …… 60
新课程下对话生成探究教学模式的研究 …… 61
新课程背景下的建构教学模式初探 …… 61
一种新颖的类比活动在“化学平衡”教学中的尝试 …… 62
新课程“活动单导学模式”研究 …… 62
“导读—讨论—训练—总结”教学模式在化学课堂教学中的应用 …… 63
新课程下课堂教学突出的问题与对策 …… 63
谈新课程化学课堂教学中应关注的几个问题 …… 64
化学问题解决的策略研究 …… 64
今后我们该怎样教化学 …… 64
基于MAS问题编码的化学知识多重表征研究 …… 65
浅谈耗散结构理论在化学教学中的应用 …… 65
提高化学课堂教学中知识呈现方式的有效性策略初探 …… 65
依托发现法理论，强化等效平衡的有效性教学策略的研究 …… 66
化学教学中的提问艺术 …… 66
化学课堂有效讨论的几个着力点 …… 67
新课程背景下化学概念的教学策略 …… 67

论非智力因素在化学教学中的培养 …………………………… 68
论随机进入化学教学 ……………………………………………… 68
基于“问题—建构”的概念教学 ………………………………… 69
探索化学课堂教学的自我超越……………………………………… 69
初三化学中“无现象”反应的教学探究 ………………………… 69
实施“课时学案”教学的体会……………………………………… 70
在化学教学中“习得性无助”的归因和转化策略 ……………… 70
感悟高中化学教学反思 …………………………………………… 70
试谈新课标下的初中化学分层教学 ……………………………… 71
促进学生科学本质理解的教学设计 ……………………………… 71
批判性思维：化学教学的新视点——写在 2007 年诺贝尔奖颁奖之时 ………………………………………………………… 71
依托耗散结构理论　引领中学化学教学 ………………………… 72
ATDE 教学模式在课堂教学中的实施——人教版九年级“分子原子”教学设计 ……………………………………………… 72
从中学化学的整体教学来把握初中化学教学……………………… 72
新课程背景下高中化学分层教学初探 …………………………… 73
浅谈高中化学新课程必修模块的教学策略 ……………………… 73
高中化学新课程概念教学浅议……………………………………… 74
相对原子质量概念表述及其教学的探析——兼谈初中化学新课程概念教学 ……………………………………………… 74

化学课程研究 ……………………………………………………… 75

化学诗词——科学素养和人文素养教育的一种生动载体…… 75
浅论高中化学教育改革的四个问题 ……………………………… 76
高中化学新课程的二次开发研究 ………………………………… 76
基于认识论信念发展的理科教科书设计 ………………………… 77
重庆市 S 县初中化学校本课程开发条件的调查研究 ………… 77
高中化学课程资源开发与利用状况调查 ………………………… 78
依托化学教学　开发乡土课程……………………………………… 78
化学新课程中 STS 教育目标的设计与思考 …………………… 79
新课程背景下高中生具备的有机化学知识基础探析 ………… 80
高中化学教科书中化学史的内容分析与编写建议 …………… 80
高中化学新课程与大学有机化学相关性的调查研究 ………… 81
中国近代化学课程始端——“京师同文馆化学科”体系溯探 … 82
我国中学化学课程中情感态度与价值观目标内涵的历史演变 ………………………………………………………………… 82

开发高中化学校本课程的实践与思考 …………………… 82
从化学学科观念的公众调查中得到的启示 ………………… 83
新课程高中化学教科书中的学科观念体系 ………………… 83
化学教学中生命教育资源的开发 ………………………… 83
对课程态科学探究活动设计的解读——以人教版高中化学必修1为例 ……………………………………………………… 84
在化学教学中渗透食品安全教育 ………………………… 84
例谈辩证思维在化学解题中的渗透 ……………………… 85

化学学习研究 ……………………………………………… 85

教师与学生部分核心化学概念相异构想的比较研究 ……… 85
初中生化学前概念的调查与思考——对初三学生关于元素、单质、化合物的前概念的调查 ………………………… 86
高中生化学问题解决思维策略分析 ……………………… 86
学习策略在高中化学学习中使用情况的调查……………… 87
高中生“化学问题解决”过程中存在的问题及对策 ……… 87
关于“分子”课题的学生调研及教学对策研究 …………… 88
化学学科中学生自我效能感的调查分析 ………………… 88
民办中学高一学生化学学习归因特点的研究……………… 89
民办中学学生学习化学主动性及其影响因素的调查研究 …… 89
初高中衔接过程中化学实验教学“学案”的特点——以新课程人教版“萃取”为例 ………………………………… 90
“动手—动脑”学习学生自我效能感量表的发展 ………… 90
学案导学对改善高中学生化学学习方式的初步调查与研究 …………………………………………………………… 91
论化学学习中的能量观建构 ……………………………… 91
关于高中生化学实验学习情况的调查研究 ……………… 92
通过“教学助理小组”促进化学学困生转化的实践探索 …… 93
城镇九年级学生化学学习现状调查与分析 ……………… 93
转型时期高中生化学学习策略训练的实验研究 ………… 94
化学信息素养及其考查途径与培养策略 ………………… 94
新课程高中生化学学习习惯差异研究 …………………… 95
化学教学中学生元认知能力的培养 ……………………… 95
赏识是培养学困生的主要途径……………………………… 96
运用先行组织者化解化学教学难点 ……………………… 96
新课程初中化学概念及理论教学的几种策略……………… 96
探查中学生化学“相异构想”现状及转变策略 …………… 97

学习评价中的学生个性心理倾向研究——基于初中学生化学学习评价的现状调查 …… 97
研究性学习的现状与反思 …… 97
化学合作学习策略的行动研究 …… 98
化学教学中合作学习策略实施的实效性研究 …… 98
化学解题思维受阻时的心态及对策 …… 99
高中化学样例学习的差异研究 …… 99
正确掌握阅读方法提高自主阅读效率——怎样阅读高中化学课本第一册第三章“物质的量” …… 100
重视实验教学促进学生化学学习 …… 100
浅谈新课程背景下实现化学学科的有效预习 …… 100
探寻化学教学中学生提问能力的培养策略 …… 101
新课程背景下中学生化学学习动机的调查与分析 …… 101
重视实验教学促进学生化学学习 …… 101
初中化学易混基本概念辨析 …… 102
化学学习的诊断 …… 102
化学概念学习中的信息处理方法例谈 …… 102
高中化学中“先行组织者教学策略”的应用研究 …… 103

化学课程教材教法 …… 103

化学新课程实施现状 …… 103

九年级化学教学现状的调查与思考 …… 104
新课标下山东省高中化学实验教学情况的调查与分析 …… 104
四川省农村中学绿色化学教育现状调查 …… 105
九年级化学 STS 课程资源开发与利用的调查研究 …… 105
高中化学教育中学生人文精神现状的调查与分析 …… 106
温州地区高中师生适应化学新课程的情况调查 …… 106
新课程教学改革实验工作中的问题与对策 …… 107
警惕化学新课堂中的“伪”现象 …… 108
江苏高中化学新课程实践的回顾与反思 …… 108
化学新课程课堂教学中的几种误区 …… 109
农村初中化学教学资源现状的调查报告 …… 109
新课程理念下中学化学课堂“有效教学”探索 …… 110
试谈新课标下的初中化学分层教学 …… 110
追问——提高化学课堂教学效益的一种有效方式 …… 111
新课程背景下化学概念的教学策略 …… 111

新课程理念下提高化学教学效率的实施策略 …………… 112
“games - to - teach”理念在化学教学中的应用 …………… 113
建构主义下高中化学课堂有效提问的策略 …………… 113
新课程理念下化学课堂教学的生成策略 …………… 114
从教学本质谈中学化学课堂教学的生成性 …………… 115
化学课堂教学要为学生的发展而设计 …………… 115
及时捕捉生成性资源、实现课堂教学的动态生成 …………… 116
化学双语课双教师共同执教的尝试 …………… 117
浅谈人教版高中化学教材（选修6）《实验化学》的教学体会 …………… 117
例谈高中化学新课程教学的几点反思 …………… 118

化学新课程实验教科书 …………… 119

认真研读新课标　科学使用新教材——氧化还原反应在4种高中化学教材中的编写特点比较与建议 …………… 119
3套选修模块教材《化学与生活》中的化学实验比较 …… 120
物质结构内容呈现方式对学生学习效果的影响——以高中化学新教材《物质结构与性质》中的“σ键、π键”为例 …………… 120
新课程必修教材中“化学进化”观念的建构 …………… 121
香港麦美伦版与大陆课标版化学教材比较研究——以“氮及其化合物”内容为例 …………… 121
由《海水“晒盐”的过程》教案想到的一点看法 …………… 122
从课程标准到教材到教学——以高中化学新课程必修模块氧化还原反应内容为例 …………… 122
高中选修模块教材《实验化学》3种版本的比较分析 …… 123
谈“物质的分类”在新教材中的地位和作用 …………… 124
高中化学新教材（必修1）中“物质的量”内容的难度分析 …………… 124
必修模块有机化学知识内容分析与教学探讨 …………… 125
化学教科书中科学过程及其表征方式 …………… 125
新课程高中化学教科书中的学科观念体系 …………… 126
为不同能力倾向学生科学素养的发展奠定基础——高中化学选修课程内容分析及教学建议 …………… 126
新课程高中化学教科书中的例题及其教学策略 …………… 127
高中化学新课程教科书单元内容设计及知识价值分析 … 128
高中化学新课程与大学无机化学相关性的调查研究 …… 128

中学化学教材中化学史内容编排的思考 ………………… 128
普通高中化学课程标准实验教材编写特点分析 …………… 129
《化学与技术》模块3种教材特点分析及教学启示——以“海水处理”为例 ……………………………………… 130
人教版必修教材概念原理内容分析与体系构建 …………… 130
人教版高中《化学》(必修)模块STSE教育内容主题及其呈现方式特点分析 ………………………………………… 131
中学化学环境教育内容的演变——以人教版3套必修教材为例 ……………………………………………………… 131
苏教版《化学2》“活动与探究”栏目教学体会与思考 … 132
苏教版《化学》(必修)中的习题特点及教学启示 ……… 133
上教版初中化学教材“你已经知道什么”栏目的分析和使用 ……………………………………………………… 133
试析《化学1》(必修)教材如何引导学生形成化学观念…… 134
鲁科版《化学反应原理》模块与其他模块知识点的衔接 …… 135
试析鲁科版化学必修教材中科学方法的教育 …………… 135
初中化学新教材的教学实践与思考 ………………………… 135
对山东科技版普通高中课程标准实验教科书《化学》(必修)中几个实验问题的看法 …………………………… 136
高中化学新课程《物质结构与性质》选修模块学科问题访谈录——访北京师范大学化学学院结构化学专家李宗和教授 …………………………………………………… 136
苏教版《化学反应原理》中值得商榷的几个问题 ………… 137
美玉更需精雕琢——谈苏教版高中化学教科书细小处的优化 ……………………………………………………… 137
打通物质之间的联系——“谈碳和碳的氧化物”单元教学 ……………………………………………………… 137
适度演绎教材赋予课堂新的生命力——“质量守恒定律”的教学案例 ……………………………………… 138
以教材插图编制试题的意义与实例 ………………………… 138
高一化学新教材的特点和教学建议 ………………………… 139
化学双语校本选修教材开发初探 …………………………… 139
化学新教材学生使用情况的调查与研究 ………………… 139

化学自主合作探究教学 ……………………………………… 140

化学合作学习的教学设计研究 ……………………………… 140
化学新课程探究教学受阻原因例析 ………………………… 140

将实验创新纳入探究式教学中 …… 141
试谈化学探究性试题的组成、结构、分类和解法 …… 142
展现科学探究个人的一面——波普尔科学增长论的视角 …… 142
探究性学习中生成性资源的应用 …… 143
高中化学合作学习有效性调研报告 …… 143
化学教学中培养学生自主学习能力的教学策略探究 …… 144
充分利用假说　有效落实探究 …… 144
对化学探究性教学策略的思考 …… 145
谈新课程背景下探究教学的实效性 …… 145
论初中化学探究课题的发掘途径和方法 …… 146
如何上好化学探究课 …… 146
化学式“相对分子质量”一节小组合作教学展示课探析 …… 147
“常见水果的营养成分调查及 Vc 含量的测定”——研究性学习案例 …… 147
浅谈研究性学习中创新教育的实施 …… 147
化学教学中合作学习策略实施的实效性研究 …… 148
新课标下中学化学教学中少数民族学生科学探究能力的培养 …… 148
例析化学探究学习的实施策略 …… 149
在初中化学教学中培养学生自主探究 …… 150
浅谈如何引导学生提出有探究价值的化学问题 …… 150
化学教学中合作学习的实践与探索 …… 151
高中化学生成探究性学习资源的教学策略 …… 151
“提出问题”的教学与自主能力培养 …… 152
信息化课程资源利用与学生研究性学习能力提高的实践 …… 152
努力追求新课程下的活力课堂 …… 153
浅谈高中化学新课程必修模块的教学策略 …… 153
高中化学探究教学活动设计和组织的研究 …… 153
高中化学必修模块的概念、原理教学策略 …… 154
化学教学中《合作学习》教学模式实践初探 …… 154

化学实验教学 …… 155

化学实验选修课自主学习的策略 …… 155
化学探究性实验活动表现评价的设计探讨 …… 156
农村初中化学实验教学的改进策略 …… 156
新课程高中化学实验教学的调查报告 …… 157
化学教师对手持技术在教学中应用所持态度的调查研究 …… 157

化学选修班学生对手持技术所持态度与认识的调查研究 …… 158
粤北山区初中化学实验教师培训的调查与分析 …………… 159
内蒙古西部城市高中化学实验教学现状调查与启示……… 159
探究性实验设计在中学化学教学中的运用举例 …………… 160
试谈目前中学化学实验教学中存在的问题和对策 ………… 160
《化学教育》1998～2007年中学化学实验教学研究情报分析 …………………………………………………………… 161
探究性实验中学生提问数量与提问质量的相关研究……… 161
化学实验呈现方式的含义、类型和功能 …………………… 161
剖析师生对绿色化学的认知偏差 ………………………… 162
化学实验中的绿色化技术 ………………………………… 162
用好化学演示实验　培养学生创新能力 ………………… 162
关于化学实验设计环保问题的思考 ……………………… 163
谈中学化学实验的改进准则 ……………………………… 163
化学开放式实验教学在普通化学课中的探索 …………… 163
慎重做好演示实验 ………………………………………… 163
中和滴定误差分析 ………………………………………… 164
化学探究性实验教学中的问题与对策…………………… 164
由一个演示实验所引发的思考 …………………………… 164
中学化学实验教学方法探讨 ……………………………… 165
对九年级化学实验入门教学的研究 ……………………… 165
挖掘验证性实验内涵　提升验证性实验功能 …………… 166
在开放中生成，在合作中探究——《混合碱中碳酸钠含量测定方案的设计》教学案例及反思…………………………… 166
化学实验教学中的点滴做法及体会 ……………………… 166
化学实验教学设计的新视角 ……………………………… 166
手持技术与化学教学整合的研究概述…………………… 167
新课程背景下有效开展实验教学的探索与体会 ………… 167
在化学实验教学中培养学生创新能力的探究 …………… 168
化学实验设计的内容与思考 ……………………………… 168
对高中化学实验使用有机萃取剂的建议 ………………… 169
实验教学与学生创造性能力的培养 ……………………… 169
新课程理念下中学生化学实验心理探微 ………………… 169
加强仪器功能开发　培养学生创新能力 ………………… 170
色度计传感器在教学中的应用实例 ……………………… 170
磁加热搅拌器在中学化学实验中的应用 ………………… 170
化学创意实验的设计与教学应用 ………………………… 171

论化学实验教学中学生观察能力的培养 …………………… 171
关于中学化学教学实验改革问题的思考 …………………… 172
化学创意实验的设计与教学应用 ………………………… 173
新课程下化学实验课的留白艺术 ………………………… 173
对新教材中“氧气制备实验”的教学思考 ………………… 174
浅谈化学实验教学中学生观察能力的培养 ………………… 174
普通高中新课程《实验化学》模块教学策略研究 ………… 175
化学实验室课程资源的开发与利用 ……………………… 175
刍议苏教版化学必修教材中的新增实验 ………………… 175
高三化学实验教学中的问题与对策 ……………………… 176

化学复习课教学 ………………………………………… 176

谈高考前有机化学的复习 ……………………………… 176
高三化学复习中递进式习题组的设计策略 ……………… 177
宏观把握　微观掌握——利用思维导图上好化学复习课 …… 177
浅谈“反思”在初中化学总复习中的重要性 ……………… 177
新课标实施之际高三化学最优化复习 …………………… 178
略谈高考化学实验复习 ………………………………… 178
论学生在化学复习中的反思性学习 ……………………… 178
新课程下化学习题教学的思考与尝试 …………………… 179
新课标理念下如何搞好化学试卷讲评课 ………………… 179
论高三化学试卷讲评课的几个主要环节 ………………… 180
化学习题中的数字化实验 ……………………………… 180
化学复习教学的几点思考 ……………………………… 180
认知负荷理论在优化化学习题教学中的应用 …………… 181
实验探究应成为复习课的重要“抓手” ………………… 181
问题解决与高三复习的有效性 ………………………… 182
归类·整合·拓展——化学新课程总复习教学策略研究 …… 182
提高化学课堂练习教学的有效性 ……………………… 183
新课程背景下化学习题的编制策略 …………………… 183
初中化学单元复习课和教学的探索与反思 ……………… 184

化学教学情境创设 ……………………………………… 184

让古典诗词为化学教学服务 …………………………… 184
例谈化学课堂上教学情景的创设 ……………………… 185
高中化学新课程实施中情境教学现状的反馈与思考——来
　自江苏新课程实验区的调查报告 …………………… 185

将生活寓于化学教学中 …… 185
化学教学情景创设中存在的问题分析 …… 186
创设教学情境　改善教与学 …… 186
利用模型降低化学平衡的学习难度 …… 187
新课程背景下课堂教学情景创设的几点做法 …… 187
新课程背景下化学教学内容的加工和呈现策略 …… 187
从北京奥运情景中创设化学教学情境的新视角 …… 187
创设情境拓展材料　提高化学课堂教学的有效性 …… 188
高中化学新课程教学中问题情境创设策略研究 …… 188
高中化学教学生活化的策略 …… 189
高中新课程化学教学情景的创设 …… 190

化学教学设计 …… 190

新课程背景下化学课堂教学设计的实践与思考 …… 190
“支架式”与“抛锚式”化学教学设计的比较研究——以“盐类的水解”教学为例 …… 191
新课程理念下元素化合物教学设计探微——以苏教版高中化学新课程“从铝土矿中提取铝”一节的教学为例 …… 191
基于“实验—探究”的课堂教学设计 …… 192
促进学生化学认识方式发展的“过程与方法”维度教学目标设计——基于对高中生化学概念发展水平的测查与思考 …… 192
“化学知识竞赛”活动课教学设计与实施 …… 192
观念建构为本的化学教学设计研究 …… 193
化学单元教学设计的探索 …… 193
基于当代科学本质观的“苯”的教学设计 …… 194
新课程背景下化学课堂教学目标的设计 …… 195
论化学教学设计中理智技能教学顺序确定的理论依据 …… 195
中学化学新课程课堂教学设计 …… 196
化学教学中有效预设探新 …… 196
新课程中“金属活动性顺序”教学功能的发掘与运用 …… 197
促进学生科学本质理解的教学设计 …… 197
试析化学教学目标表述中的问题及纠偏策略 …… 198
依据课标整合教材创新设计引导探究——苯酚的课堂教学设计 …… 198
高中化学定量实验设计教学模式的研究 …… 199
微粒作用观下的化学课堂教学 …… 199

试论化学教学中“情感、态度与价值观”目标的落实 … 200

化学教学评价……………………………………………… 200

评价方式 ……………………………………………… 201

化学作业设计的探索与实践 …………………………… 201
关注情景试题　构建有效学习 ………………………… 202
错题管理：从一道经典易错题谈起 …………………… 202
新课程背景下的化学习题教学 ………………………… 202
新课程下高考化学质量评价标准及试卷结构技术指标构想…… 203
初中化学实验操作考核的反思和探索…………………… 203
三层次分析概念图方案在化学学习评价中的应用 ………… 203
化学新课程“定量实验”的作业设计和实施 …………… 204
课堂训练设计案例分析…………………………………… 204
初中化学实验探究题的设计新视角 …………………… 204
“坏题”是学生学业负担的主要原因 …………………… 205
初中化学实验素养考查模式的实践研究 ……………… 205
浅谈针对描述性化学实验题的教学建议 ……………… 206
“评价需要”的元素调查与分析…………………………… 206
新课程背景下的化学课堂教学评价标准探究 ………… 207
关于“个人学习情况记录作业”在化学教学中的设计与应用…………………………………………… 207
新课程背景下初中化学学业评价策略…………………… 208
SOLO 分类评价理论在化学教学中的应用 …………… 208
高中化学学习过程性评价的思考与实践 ……………… 208
SOLO 分类评价理论在化学开放性实验试题中的应用与思考………………………………………… 209

中考、高考研究 ……………………………………… 209

几道高考化学史试题赏析及思考 ……………………… 210
新课程背景下高中化学试题命制原则初探 …………… 210
江苏高中化学学业水平必修测试的特点与启示 ……… 211
考查化学素养和综合能力　引领新课程实施——2008 年新课程高考江苏化学试题评析 …………………… 211
2008 年高考理综全国卷Ⅰ与卷Ⅱ化学试题的对比分析 … 211
从几道 2008 年高考化学试题引发的思考 …………… 212
在平实中继承和创新　以基础考查能力和素养——2008 年

高考理科综合能力测试(全国卷Ⅰ)化学试题分析 …… 212
对 2008 年高考理综全国卷Ⅰ化学试题的反思和商榷 …… 212
2008 年全国各地高考卷非选择题部分中化学计算题考查内容的特色分析 …… 213
元素及其化合物推断题的命题趋势与教学策略 …… 213
高考试题分析之浅见 …… 213
以教材实验为蓝本命题 …… 214
例谈对比性化学实验问题的思考角度 …… 214
2008 全国高考理综Ⅰ化学试题评析 …… 215
2008 年广东高考化学试题评析 …… 215
高考改革的先行者——2008 年江苏高考化学科试卷评析 …… 216
新课程高考化学的差异分析 …… 216
新课程标准下对开放性试题的重新认识 …… 216
高中化学“STSE”试题命制探微 …… 217
新课程视野下高考化学命题设计的发展与创新 …… 218
如何进行试卷分析初探 …… 218
再审视中考化学试题命制中的问题及原则 …… 218
2008 年 5 个课改实验区高考化学试卷评析及启示 …… 219
福泽人类的化学“表面”文章——2007 年诺贝尔化学奖成果解读与命题应用 …… 219
化学新课程高考方案的思考与建议 …… 220
浅谈高考化学试题取材的走向 …… 220
考查学科素养　体现时代进步——广东等 5 个高中课改实验区 2008 年高考化学试题剖析 …… 220

中考试卷集锦 …… 221

南京市 2008 年初中毕业生学业考试化学试题 …… 221
南通市 2008 年初中毕业、升学考试化学试题 …… 233
常州市 2008 年初中毕业、升学统一考试化学试题 …… 244
江西省南昌市 2008 年初中毕业暨中等学校招生考试化学试题 …… 255
2008 年广东省初中毕业生学业考试化学试题 …… 263

学业水平测试 …… 271

江苏省 2008 年普通高中学业水平测试（必修科目）试卷化学试题 …… 271
2008 年安徽省普通高中学业水平测试科学基础（化学） …… 280

宁夏回族自治区 2008 年 1 月普通高中学业水平测试(化学) …… 285

高考试卷集锦 …… 291

2008 年普通高等学校招生全国统一考试（江苏卷）化学试题 …… 291
2008 年普通高等学校招生全国统一考试广东卷 …… 303

化学竞赛 …… 323

从高中化学奥赛看东西部化学教育之差距 …… 323
高中化学竞赛“六抓” …… 324

化学实验改进与创新 …… 324

常规实验改进 …… 324

塑料瓶在中学化学实验中的另类利用 …… 324
一种鉴别硝酸根离子的简便方法 …… 325
碳酸氢根离子的检验 …… 325
铁与水蒸气反应的实验改进 …… 325
饱和食盐水电解器的设计 …… 326
低温下提高铁材酸洗速度的工艺 …… 326
铝和水反应实验的改进 …… 327
对二氧化硫使石灰水变浑浊实验的再反思 …… 327
简易无泄漏气体发生器 …… 328
介绍一个富有创意的自制气体发生装置 …… 328
制备过氧化钠演示实验的探究 …… 328
钠与硫酸铜反应的实证分析 …… 329
用亚硫酸氢钠加成法鉴别醛酮的实验研究 …… 329
如何使钠在空气中燃烧的主要产物为过氧化钠 …… 329
钠在空气中燃烧实验探究 …… 330
钠的两个性质实验的创新设计 …… 330
甲醛使蛋白质变性实验条件的探究 …… 330
废真空集热管在基础化学实验中的应用 …… 331
“氨分子扩散”实验绿色化设计 …… 332
关于测量反应速率的实验改进 …… 332
“黑面包”实验新设计 …… 332
铝与烧碱溶液反应的实验改进 …… 333
乙酸酐水解反应可应用于化学实验的脱水操作 …… 333

化学对比实验器的制作与使用 …… 334
滤纸上化学实验的研究 …… 334
新教材中乙酸乙酯制取实验的改进 …… 334
化学实验改进三则 …… 334
氢氧化铁胶体电泳实验的改进 …… 335
二氧化硫性质实验改进 …… 335
二氧化硫性质实验新设计 …… 336
二氧化碳性质实验的综合设计 …… 336
废试管的妙用 …… 336
抽提液高度可调的索氏抽提器 …… 337
铜及其化合物系列实验探究 …… 337
乙烯使溴的四氯化碳溶液褪色实验的改进及验证结果 …… 337
氯化铵分解实验的创新 …… 337
碘系列实验的设计与思考 …… 338
脲醛树脂合成实验的改进 …… 338
阿司匹林半微量合成实验的改进 …… 339
消石灰与氯化铵晶体混合后能导致结冰吗 …… 339
Na_2O_2 与水反应后的溶液使酚酞褪色的原理探讨 …… 340
重铬酸钾酸性溶液与乙醇反应的实验探究 …… 340
对乙酸乙酯水解实验的改进 …… 340
萃取实验的绿色化研究 …… 340
对实验“$FeCl_3$ 溶液与 KI 溶液反应限度”的探究 …… 341
这种鉴别真假碘盐的方法科学吗 …… 341
酯化反应实验中的几个问题 …… 341
NO 气体制备和性质实验装置的改进与创新 …… 342
碳酸钠黏结作用的正交试验 …… 342
一个探究性实验教学课题的拓展——果汁饮料中维生素 C 含量的测定 …… 342
过氧化氢制取氧气的新方法 …… 343
例谈改进化学实验的几点体会 …… 343
测定空气中氧气含量的实验探究与反思 …… 343
二氧化氯的实验室制法及其性质探讨 …… 344
巧做蛋白质的盐析实验 …… 344
联合制碱法反应原理的模拟实验设计 …… 344
二氧化硫性质实验的改进 …… 345
硝化反应实验的改进 …… 345
铜氨纤维制备条件的改进和体会 …… 346

九年级化学课本中两个实验的改进 …… 346
“测定 1 mol 气体的体积” 实验方法及装置的改进 …… 346
铝在氧气中燃烧实验改进 …… 346
一种不用电的镀覆技术——化学镀 …… 347
氨的性质实验改进二则 …… 347
乙醇分子结构确定实验需要改进 …… 347
硫和硫的化合物性质实验的设计 …… 348
适于学生自主探究的电解饱和食盐水装置 …… 349
对乙烯加成实验的绿色化改进 …… 350
加热火柴头实验的创新设计 …… 350
钠与水反应实验的改进与探索 …… 351
铁丝在氧气中燃烧实验的改进 …… 352
电解饱和食盐水实验的改进 …… 352
镁与水反应实验的改进探究 …… 353
苯酚显色反应中的“竞争” …… 353
$BaCl_2$、$CaCl_2$ 可否用于 Na_2CO_3、$NaHCO_3$ 溶液的鉴别 …… 353
氧气化学性质实验的改进 …… 354
教材演示实验改进两例 …… 354
氯气性质实验的改进 …… 354
乙醇脱水制乙烯的创新实验设计 …… 355
全封闭 SO_2 性质实验 …… 355
例谈化学实验简约设计的策略 …… 355
两则化学实验的改进 …… 356
化学平衡实验演示器 …… 356
氯气的制取及性质实验的改进研究 …… 356
多功能白磷水中燃烧演示仪 …… 357
中学化学常见实验的改进方法 …… 357
新课程化学实验创新思维能力的培养——气体液体压强实验的创新设计 …… 358
浅谈化学实验的绿色化改进 …… 358
化学探究式实验设计的思维方法 …… 358
两则有机实验的微型化设计 …… 358

微型化学实验 …… 359

利用针管进行氯气有关性质实验的研究 …… 359
学生实验中活用点滴板 …… 359
原电池原理微型实验的研究 …… 359

一滴紫甘蓝汁的微型电解实验 …… 360
一组微型实验的创新设计 …… 360
淀粉与碘显色现象探究的微型实验设计 …… 360
二氧化碳制取和性质实验的微型化一体设计 …… 361
制作“金属树”的微型趣味实验 …… 361
以微型实验装置探究为载体培养学生的创新思维能力 …… 361
微型化学实验初探 …… 362
微型气体实验仪器的应用 …… 362
关于发展和推广微型化学实验的一点看法 …… 362
试纸上的微型电解实验 …… 363
基于显微技术的微型化学实验——介绍一种新兴化学实验方法 …… 363
电解质溶液导电性测定的简易仪器——笔式电导率计 …… 364
“喷吹法”在微型实验中的应用 …… 364
钠在氯气中燃烧的微型实验 …… 364
对“石蜡的催化裂化”实验微型化改进新探索 …… 365
肉和鱼类新鲜度的快速检验方法 …… 365
在 pH 试纸上做系列微型化学实验 …… 366
一则适合九年级化学的碳纳米管微型实验 …… 367

趣味化学实验 …… 367

紫甘蓝色素作为酸碱指示剂的应用 …… 367
维生素 C 的化学实验 …… 367
用纸上扩散法快速检测辣椒油中的苏丹红 …… 368
一个奇妙的化学振荡实验新设计 …… 368
小学科学教育中的趣味化学实验 …… 368
化学“速冻”趣味实验及其教学功能 …… 369
有关烟草的化学实验集锦 …… 369
维生素 C 的时钟实验 …… 370
碘酒五变色 …… 370
压强差在气体性质实验中的应用 …… 370
有关电解池的一个趣味实验 …… 371
氢氧燃料电池的设计 …… 371
改进的几个趣味小实验 …… 371

探究性实验 …… 372

$NO_2-N_2O_4$ 平衡体系定量化探究 …… 372

试管为什么会破裂——学生自主实验研究报告 …………… 372
Fe^{3+}在水溶液中的水解平衡和配位平衡 ………………… 372
一个培养学生信息处理能力的案例——将手持技术融入二氧化碳灭火实验的探究 …………………………………… 373
烹饪状态下碘酸钾碘盐碘损失率研究……………………… 373
用实验指证几个错误的"想当然" ………………………… 373
"证明某些反应的可逆性"的实验设计 …………………… 374
探究式学习案例设计：废旧电池对水源的危害与处理 … 374
温度传感器测定过氧化氢分解热 ………………………… 374
蛋白质盐析的实验探究……………………………………… 375
目视比色法测定甲醛含量 ………………………………… 375
乙二酸受热分解的探究性教学 …………………………… 375
实验室制备乙烯的探究式学习 …………………………… 375
氯化汞鉴别碳酸钠和碳酸氢钠实验的设计与研究 ……… 375
品红褪色的课外探究性实验 ……………………………… 376
化学新课程实验中传感技术应用的报告——食品中维生素C含量测定的实验设计与实践 ………………………… 376
探究pH相同的醋酸与盐酸混合后混合液的pH ………… 376
新课程理念下学生探究活动设计一例……………………… 377
Mg与$CuSO_4$溶液反应的真实性探究……………………… 378
加碘食盐中碘的检验——一个贴近日常生活的探究活动…… 378
利用传感技术对硫酸铜与氢氧化钠反应的实验研究……… 378
不同酸根离子对"铝与铜盐反应"实验的影响探究……… 379
碳酸钠和碳酸氢钠鉴别实验中的意外发现 ……………… 379
氯水光解实验的探究………………………………………… 379
实验探究易拉罐的主要成分 ……………………………… 379
关于"水果电池"的实验探究 …………………………… 380
关于酸性高锰酸钾溶液氧化甲苯的探究 ………………… 380
乙醛能被新制的氧化铜氧化 ……………………………… 380
陕北地区几种常见野菜中微量元素的测定 ……………… 380
老话新说——碘与淀粉的显色反应 ……………………… 381
谈谈"CO还原CuO(Fe_2O_3)"实验中一些不容忽视的问题 ………………………………………………………… 381
新制氢氧化铜分解温度的实验探究 ……………………… 382
氯化铁溶液与氯化钾溶液反应限度实验探究 …………… 382
维生素C的碘时钟实验探索 ……………………………… 383
氯化钴溶液变色实验的定量控制及相关趣味实验介绍 … 384

钠燃烧异常现象探究 …… 384
洗衣粉去污力实验设计 …… 385
酸与铁丝反应的化学振荡现象研究 …… 386
二氧化碳能使燃着的木条熄灭的极限探索 …… 387

化学信息技术进展 …… 387

一个形象、生动的化学实验模拟软件——Crocodile Chemistry 简介 …… 387
计算机辅助化学探究性学习初步探索 …… 387
利用 ChemWindow 6.0 绘制流程图 …… 388
使用 Acrobat3D 与 VMD 制作三维化学课件 …… 388
在 Word 中绘制化学用图的技巧 …… 388
在 Word 中快速规范地输入化学符号的技巧 …… 388
Chem Window 6.0 在 3D 分子模型绘制中的应用 …… 389
中学化学教科书配套网站的设计与开发——北京科学版和粤教版网络资源“化学网上课堂”介绍 …… 389
交互 3D 技术在物质结构教学中的应用 …… 389
基于 VRML 网络平台应用虚拟技术进行有机物结构教学的研究 …… 389
用 Microsoft Graph 绘制二元合金相图 …… 390
交互仿真智能性课件运用于气体溶解教学初探 …… 390
一种新型化学课件在科学探究教学中的应用 …… 390
河北省城市中学化学教师教育信息能力与培训现状的调查研究 …… 391
浅谈蔡加尼克效应在化学 CAI 设计中的运用 …… 391
网络教育资源与化学教学整合的案例研究 …… 392
信息技术催生农村地区有效教研模式——网络远程教研 … 392
信息技术与化学课程整合研究历程 …… 393
思维导图在高中化学教学中的应用研究 …… 393
运用 Excel 计算溶液平衡体系中物质的浓度 …… 393
用 Excel 自动配平氧化还原反应化学方程式 …… 393
3DS MAX 在化学教学中的应用 …… 394
计算机模拟在化学中的应用 …… 394
应用交互智能性教学课件培养学生探究能力初探 …… 395
互联网上港台地区及国外化学实验资源集锦 …… 395
计算机辅助化学教学的现状及对策研究 …… 395
利用 SPSS 14.0 软件进行化学计数数据的 χ^2 检验 …… 396

Diamond 3 在中学化学晶体教学中的应用 ………………… 396
视频文件与 PowerPoint 的整合………………………………… 397
美国霜堡州立大学远程化学实验室及实验案例介绍……… 397

化学课程资源开发 …………………………………………… 397

化学社会生活 ……………………………………………… 398

化学与禁毒 …………………………………………………… 398
酸奶中的化学 ………………………………………………… 399
胃黏膜保护剂中的化学……………………………………… 399
结石中的化学 ………………………………………………… 399
人体必需的营养物质——肉毒碱 …………………………… 399
环境激素对人体健康的影响 ………………………………… 400
环境友好型消毒抗菌剂——二溴海因……………………… 400
举重运动中的化学功能……………………………………… 400
珠宝首饰中的化学 …………………………………………… 400
生态水泥……………………………………………………… 401
我国传统生产工艺中的瑰宝——红曲色素 ………………… 401
“宠物毒粮”中的假冒蛋白质——三聚氰胺………………… 401
盐粒炸弹……………………………………………………… 401
奥运火炬中的化学 …………………………………………… 401
隐藏爆炸物的化学探测方法 ………………………………… 402
防晒剂的分类、作用机理与评价 …………………………… 402
绘画用品与儿童健康………………………………………… 402
人工海水制剂——海水晶 …………………………………… 402
化学与发烟剂 ………………………………………………… 403
万能抗氧化剂——硫辛酸 …………………………………… 403
海水淡化原理及方法综述 …………………………………… 403
双歧因子功能性低聚糖……………………………………… 403
防伪印刷技术与化学………………………………………… 403
化学事故处置中的洗消现状及发展 ………………………… 404
居室甲醛污染的来源、检测与防治 ………………………… 404
储氢材料的研究进展………………………………………… 404
谈农村初中化学教学中的“资源开发与利用” …………… 404
新型陶瓷及其用途…………………………………………… 405
化工新型材料——有机硅 …………………………………… 405
漫话融雪剂 …………………………………………………… 405

小小塑料袋　环保大问题 …… 406
降解塑料简介 …… 406
化学检验在侦破案件中的作用 …… 406
常见的净水剂、消毒剂 …… 407
氧化型染发剂简介 …… 407
从苏丹红谈天然红色素 …… 408
常见玩具中的化学知识 …… 408
二氧化碳的排放与分离控制技术简介 …… 408
臭氧的应用 …… 409
漫谈消泡剂 …… 409
维生素 C 让皮肤健康起来 …… 410
巧克力浅谈 …… 410
认识防晒化妆品 …… 410
铊的中毒与救治 …… 411
松香在锡焊中的作用 …… 411
河豚毒素的控制和应用前景 …… 411
“碳中和”——走红西方的一种环保新理念 …… 412
食用色素知多少 …… 412
生物质燃料乙醇展望 …… 412
在环保理念下使用融雪剂 …… 413
21 世纪的三种新能源 …… 413
烧烤　啤酒　果汁　健康 …… 414
警惕包围人类的环境激素 …… 414
成语中的化学知识 …… 414
形形色色的“宝石” …… 414
过氧碳酸钠知多少 …… 415
浅谈抗癌物质番茄红素 …… 415
揭开奥运火炬熊熊不熄的神秘面纱 …… 415
初中化学教学中食品安全知识与食品添加剂 …… 416
“5·12”地震后选用的化学消毒杀菌剂 …… 416

化学史及其教育功能 …… 416

中国近代化学课程始端——“京师同文馆化学科”体系溯探 …… 416
中国近代教会大学化学教育（1901～1936） …… 417
青出于蓝而胜于蓝——靛蓝与生活 …… 417
格氏试剂的发现 …… 417

《化学教育》中化学史文献的统计分析——基于1980～2006年载文的研究 …… 417
“文房四宝”中的化学 …… 418
化学史中谬误理论与教学价值分析 …… 418
结合化学史挖掘教材的教学价值 …… 418
化学史教育中易犯的错误 …… 419
麻醉剂发现史话 …… 419

化学前沿知识 …… 419

模板反应及其在含氮大环金属配合物合成中的应用 …… 419
金属配合物与DNA的弱相互作用 …… 419
化学遗传学简介 …… 420
手性药物的酶催化不对称定向合成 …… 420
新课程实施中对化学前沿知识课程资源的开发与利用 …… 420
“手性属性”与手性药物 …… 421
纳米气泡简介 …… 421
托起“嫦娥”奔月的翅膀——漫谈航天器化学能推进剂 …… 422
多功能沸石分子筛材料 …… 422
能源新秀——储氢材料简介 …… 422
纳米TiO_2与光催化技术 …… 423
新型化学食品标签——时间-温度指示器 …… 423
浅说“三谱”分析测结构 …… 423
微胶囊自愈合技术与自愈合材料 …… 424
机械力化学效应及应用 …… 424

优秀学科网站 …… 425

人民教育出版社化学网站 …… 425
中国化学课程网 …… 426
化学教育网 …… 426
化学学科网 …… 427
天 河 部 落 …… 427
广州中学化学 …… 427
化学教育资源网 …… 428
中国微型化学实验研究中心 …… 428
高中化学教与学 …… 428
飞雁化学网 …… 429

学科动态

学科概况 …… 430

会议和交流活动 …… 431

中国化学会第 26 届学术年会 …… 431
金立藩教授百岁寿庆活动 …… 431
第二届全国化学教育专题学术研讨会 …… 432
高等院校化学专业师范生教学素质大赛 …… 432
2008 年化学学科教育转型研究学术论坛 …… 433
第三届“全国实验区高中化学新课程实施成果交流大会” …… 435
江苏省 2008 年初、高中化学优秀教学设计评选 …… 449
江苏省第五届中学化学实验调演评比 …… 457

重大课题介绍 …… 460

中国化学会化学教育委员会基础教育“十一五”2008 年度规划课题指南 …… 460
江苏省教育科学“十一五”规划课题结题一览表（2008，化学） …… 462
教育部课程教材研究所重点课题《高中化学教材研究与有效教学实验》广东省教育厅“十一五”课题《分类开展化学新课程优质教学的研究》中国化学教学专业委员会重点课题《新课程化学优质教学实验》（联合课题）课题要点 …… 462

教师继续教育 …… 464

新课程理念下化学教师知识结构的现状调查 …… 464
我国教师教育人才培养模式探究 …… 465
农村初中新课程实施中教师素质发展状况的调查报告 …… 465
主题式教研活动的尝试和思考 …… 465
关于化学学科教育的几点认识 …… 466
继承　转型　发展——2008 年全国化学学科教育转型研究学术论坛综述 …… 466
化学教师批判思维教学效能感的发展规律及其影响因素研究 …… 466

视频教学案例在师范生化学教学能力培养中的应用
实践——化学学科教育转型之研究报告 …………………… 466
让集体备课走向高效 ……………………………………………… 467
加强课例研究　推进校本教研 ………………………………… 468
基于新课程理念下化学教学评价体系的建构 ………………… 468
听课技能：提高教师听课效率的关键……………………………… 470
在化学课堂教学中发挥教师资源的积极作用 ………………… 470
新课程背景下化学说课的理论视角与实践 …………………… 471
“动手—动脑”教学中教师自我效能感量表的制定 ………… 472
化学校本教研主题甄选策略初探 ……………………………… 472
浅谈化学新教师教学中容易出现的问题及其对策 …………… 473
化学教学中值得关注的一些问题 ……………………………… 473
新课程下对教学反思行为的思考 ……………………………… 474
对好课标准的几点思考——以化学学科为例 ………………… 474
北京师范大学化学教学论精品课程 …………………………… 475
华东师范大学化学教学论精品课程 …………………………… 487
山东师范大学化学教学论精品课程 …………………………… 490
南京师范大学化学教学论精品课程 …………………………… 496

中国港澳台地区课程教学动态 ………………………………… 501

中国香港科学教材中知识呈现方式分析 ……………………… 501
中国台湾中学化学实验趣味化方法浅析 ……………………… 501
中国香港麦克米伦中学化学教材“氮肥”中的STS教育
解读 ……………………………………………………………… 502

国外化学教育动态 ………………………………………………… 502

浅谈国外基础有机化学教材的特点——关注科学前沿使化
学学科更加迷人 ………………………………………………… 502
英国“Advanced Chemistry”教材有机化学内容编排的
评析 ……………………………………………………………… 503
英美两种高中化学教材中原电池内容的编制特点 …………… 504
国内外关于“物质的量”概念的研究及启示 ………………… 504
美国《化学教育》“Research：Science and Education”
专栏载文的调研 ………………………………………………… 505
美国高中化学教师用书中的特殊教育…………………………… 505
ThinkQuest 化学主题作品分析 ………………………………… 505
为发展学生的科学思维和研究能力奠基——澳大利亚昆士

兰州高中化学课程述评 …… 505
化学平衡移动概念的建立、理解与巩固——英国高中教材《高级化学》中“勒夏特列原理”的编排特点 …… 506
新加坡 O Level 化学教材内容及栏目设置研究 …… 506
化学前沿学科知识在美国化学教材中的体现 …… 507
“JCE Classroom Activity”专栏介绍 …… 507
美国 2005 年版 Prentice Hall《化学》教材中的单位教学 …… 508
知情相融的新加坡化学课程体系探析 …… 508
A Level 与中国高中化学新课程标准之比较研究 …… 509
美国 RIP 和 4-H 科学探究模型评析及启示 …… 509
美国化学教科书的配图研究 …… 510
浅谈德国卡尔斯鲁厄物理课程的化学思想 …… 510
高中化学教材综合化设计的分析与思考——以 2005 年版美国《化学：概念与应用》教材为例 …… 511
中加化学新课程比较研究 …… 511

学术机构

科研院所 …… 513

南京师范大学化学教育研究所 …… 513
安徽师范大学化学教育研究所 …… 513
东北师范大学化学教育研究所 …… 514
北京师范大学化学教育研究所 …… 514
山东师范大学化学教育研究所 …… 514

学术团体 …… 515

中国化学学会及化学教育学科委员会 …… 515
中国教育学会及化学教学专业委员会 …… 517

学术期刊

化学教育 …… 521
中学化学教学参考 …… 524
化学教学 …… 528

中学名校、名师

中学名校 …… 530

江苏省天一中学 …… 530
江苏省泰州中学 …… 531
江苏省苏州中学 …… 533
江苏省启东中学 …… 535
江苏省南通中学 …… 536
南京外国语学校 …… 537
南京师范大学附属中学 …… 539
江苏省淮阴中学 …… 540
江苏省海门中学 …… 541
江苏省常州高级中学 …… 542

中学名师 …… 544

江苏省化学特级教师 …… 544

江苏省教授级中学高级教师 …… 545

中学名师简介 …… 547

邹　正 …… 547
张　援 …… 550
谢兆贵 …… 550
潘晓芙 …… 552
张天若 …… 553
孙天山 …… 556
陈雪泥 …… 556
陆亚东 …… 557
陆　军 …… 558
钱宏达 …… 558
袁君强 …… 559
江玉安 …… 559
杨剑春 …… 559
徐　宾 …… 560
殷志宁 …… 561
严济良 …… 561

大事记

化学教学专业委员会 2008 年工作会议纪要 …… 563
第 21 届全国高中学生化学竞赛暨冬令营 …… 565

著作、论文索引

著作索引…… 566
论文索引…… 566

专 家 视 野

化学科学研究进展

中国专家解读2008年诺贝尔化学奖获奖成果

瑞典皇家科学院把今年的诺贝尔化学奖授予绿色荧光蛋白的发现者和推广者。绿色荧光蛋白能够使人们直接看到细胞内部的运动情况。这项技术可以应用于军事领域，例如通过观察海洋动物发光的突然爆发，可以用来判别水下军事设施等。在生化分析方面，利用生物发光现象可以用来检测超微量钙的存在。在其他领域，钱永健发明的荧光探针技术也有极为重要的意义，如环境污染的实时监控、食品安全等。比如说，如果目前有一种便宜的荧光试剂或试纸，能快速检测三聚氰胺，老百姓就可以在家放心食用奶制品了。

《中学化学教学参考》2008年第11期

表面化学简介

张云艳　徐承天　陈邦林

2007年诺贝尔化学奖授予格哈德·埃特尔是因为他在固体表面化学所做的开创性研究。埃特尔为整个表面化学学科确立了一套试验思想，开创了一种全新的实验学派，他的研究结果无论在深度还是广度上都极大地加深了对表面化学的理解。诺贝尔奖文告也说明了：表面化学在现代科学发展中起着重要的作用。从国内外刊物的报导及发展趋势看，目前表面化学研发的内容主要有以下几个方面：1. 表面活性剂的物理化学研究；2. 固体表面化学的研究；3. 膜科学研究；4. 分散体系表面化学研究。

《化学教学》2008年第1期

化学教育研究进展

刍议化学学科教育的研究与转型

吴俊明

本文讨论了如何开展我国化学教育研究，促进化学教育转型。(1)我国的化学教育研究需要对化学教育恰当定位，要弄清化学是不是一门中心学科、要抛弃“小学科情结”、要弄清化学学科的本质特点；(2)未来的化学教育研究需要把握好方向，采用综合集成法，并注意形成化学学科特色；(3)未来的化学教育研究需要采用适宜方法；(4)未来的化学教育研究需要形成学科特色；(5)未来的化学教育研究要关注化学教师教育的革新。

《化学教学》2008 年第 8 期

论化学科学经验的课程化

郑长龙　姜　鹏

所谓化学科学经验的课程化，是指课程设计者按照一定的课程观来选择、组织和呈现适合学生特点的化学科学经验的过程。一、化学课程含义的客观性与主观性，这种客观性指的是化学课程作为学科、科目存在于学校教育中，但是，就化学课程对化学科学经验的选择、组织和呈现来说，它又具有较大的主观性。二、化学科学经验的选择：1. 学科中心化学课程观与化学科学经验的选择，学校应当系统地向学生传递化学科学经验，尤其是系统的化学科学知识；2. 社会中心化学课程观与化学科学经验的选择，应该学习那种关注 STS 问题，贴近生活、贴近社会（简称“两贴近”）的化学课程；3. “融合论”化学课程观与化学科学经验的选择。三、化学科学经验的组织：1. 化学课程学习阶段的结构化，化学学习阶段的结构化就是将整个中学化学课程学习过程的各个阶段按照一定顺序联系起来；2. 化学课程内容的结构化；3. 化学课程内容的平衡组织形式。四、化学科学经验的呈现，化学课程内容的呈现有形式呈现和内容呈现之分。

《化学教育》2008 年第 1 期

高中化学选修模块教材《物质结构与性质》对学生认识发展的影响研究

王 磊 王明召 齐红涛 赵河林

“物质结构与性质”作为高中化学新课程的一个选修模块，侧重于帮助学生了解人类探索物质结构的重要意义和基本方法，研究物质结构构成的奥秘、认识物质结构与性质之间的关系，提高分析问题和解决问题的能力。本文深入探查学生对于这部分内容的已有认识和已有的认知方式，运用山东科技版高中化学选修模块教材《物质结构与性质》对学生施加的影响，通过各种方法研究学生认知方式的转变以及认识的形成发展。文章对学生已有知识及认识方式的测查围绕“原子结构”“微粒间相互作用”“物质的聚集状态与物质性质”三个部分进行。从学生应当形成的结构层面和性质层面认识出发，教材内容也分为“原子结构”“微粒间相互作用”“物质的聚集状态与物质性质”三个部分。接着作者又对教材实施进程中学生认识进行跟踪调查及分析，讨论了影响有关物质结构与性质认识形成发展的因素，包括教材本身因素和教学过程中采用的不同的教学策略、教学形式。最后是研究展望。

《化学教育》2008 年第 1 期

新时期化学学科教育转型研究的思考

王祖浩 韦斯林

应对在新的时期化学学科教育应该如何继往开来持续发展，化学教育研究方法论和研究重点应如何改变，怎样有效地促进新时期高等师范院校的化学教师教育等问题。作者提出：一、坚持“源于中国问题，提炼中国特色，达成国际共识”的指导思想。1. 走中国特色的教育及研究之路；2. 借鉴国外科学教育研究的经验和发展规律。二、化学教育研究应为一般教育理论的发展提供依据，两者相辅相成。1. 化学学科教育要发展，离不开一般教育学理论的指导；2. 逐步形成有学科特色的教学法体系。三、根植学科“土壤”，将师范生的学科优势转化为教育研究优势。1. 强化师范生探索化学教学规律的意识；2. 引导师范生结合化学课程内容展开深度研究。四、加强化学学科教育教师队伍的建设。1. 重视学科教育的学科建设；2. 积极引进和培养人才。五、积极探索高师化学教学论课程的改革。1. 提出化学教师的素质要求和培养规范；2. 强化师范院校毕业生的教师特质。六、加强化学学科教育研究的合作交流。

《化学教学》2008 年第 11 期

高中化学课程标准指导下的元素化学教学问题

宋心琦

近几年的教学实践证明教材的改革以及教育形式向合作探究方向发展是有益于基础教育改革的，也证明了初等化学教材中减少元素化学的合理性。精选后的元素化学仍然是初等化学的核心，化学学科的特点以及教学实际就要求“少而精”的元素化学教学内容的存在。其实元素化学的教育价值就在于了解物质之所以不同的本质原因，元素知识在合成新物质中重要性以及元素对物质性质的影响，最终对现代社会起到积极的作用。最终将钠、铝、铁、铜作为元素化学教学的重点，因为它们具有诸多典型性，也能够通过它们了解金属元素的基本特点。

《化学教学》2008 年第 10 期

政 策 文 件

新课程化学学科教学实施指导意见（摘要）

河南省普通高中新课程化学学科教学
实施指导意见（试行）

第一部分 课程理念与课程目标（略）

第二部分 课程结构与课程设置

一、课程结构

高中化学课程由若干课程模块构成，分为必修、选修两类。其中，必修包括2个模块；选修包括6个模块，是必修课程的进一步拓展和延伸。每个课程模块2学分，36学时。

二、课程设置

《普通高中化学课程标准（实验）》（以下简称“课程标准”）规定：学生在高中阶段化学课程的学习应修满6学分，即在学完化学1、化学2之后，再从选修课程中选学一个模块，并获得学分。鼓励学生尤其是对化学感兴趣的学生在修满6个学分后，选学更多的课程模块，以拓宽知识面，提高化学素养。建议有理工类专业发展倾向的学生，可修至8个学分；有志于向化学及其相关专业方向发展的学生，可修至12个学分。

根据课程标准的规定，结合我省普通高中化学课程设置方案，制定河南省普通高中化学课程模块选择建议及学分指导（见下表）。

课程模块开设及学段、课时安排建议：

1. 高一上、下两学期，分别开设必修课程化学1和化学2，每周可以安排2课时（学生基础相对薄弱的学校可以安排3课时），两个学期完成化学必修模块的学习。高一年级化学课程为全体学生共同必修内容。学完化学1和化学2两个必修模块后，经考试（或其他评价方式）合格可获得4学分。

2. 对有人文学科或社会科学专业方向发展倾向的学生，在必修模块学完后，继续开设选修1（化学与生活），每周可以安排2课时，高二上学期完成。学完选修1后经考试（或其他评价方式）合格可获得 2 学分。

河南省普通高中化学课程模块选择建议及学分指导

学习领域	科目	必修		选修Ⅰ				选修Ⅱ
		必修模块	学分	建议选修模块	学分	自主选修模块	学分	
科学	化学	化学 1 化学 2	4	人文方向： 选修 1 化学与生活 理工方向： 选修 4 化学反应原理全部修习 选修 3 物质结构与性质 选修 5 有机化学基础 选修 6 实验化学 至少选修两个模块	2 6	选修 1 化学与生活 选修 2 化学与技术 选修 3 物质结构与性质 选修 4 化学反应原理 选修 5 有机化学基础 选修 6 实验化学	每模块 2 学分	根据当地社会、经济、科学、文化发展的需要和学生兴趣开设的选修模块

3. 对有理工类专业方向发展倾向或向化学及其相关专业方向发展的学生，在必修模块学完后，继续开设选修 4（化学反应原理），每周可以安排 2 课时，高二上学期完成。学完选修 4 后经考试（或其他评价方式）合格可获得 2 学分。建议再从选修 3（物质结构与性质）、选修 5（有机化学基础）和选修 6（实验化学）三个选修模块中至少选择两个模块学习，共可修至 10 学分。向化学及其相关专业方向发展的学生还应该从其他选修模块中再选修一个模块，共可修至 12 学分。

4. 除以上建议选修的模块外，有条件的学校还可以继续开设其他选修模块。

第三部分　内容标准（略）

第四部分　教学实施建议

体现三维课程目标，促进学生的全面发展；重视探究学习活动，倡导多元化的学习方式；深刻理解课程标准和教材体系，准确把握知识深广度；联系生产、生活实际，拓宽学生的视野；突出学科特点，发挥化学实验在教学中的重要作用；加强信息技术与高中化学新课程教学的整合；关注学生个体差异，促进全体学生的发展。

第五部分 教学评价建议

一、发展性教师评价

（一）构建和实施化学课堂教学评价方案的原则：评价功能的发展性原则、评价方式的多样化原则、评价内容的全面性原则、以学论教的原则。

（二）化学课堂教学评价的基本要求：教学要求不能忽视基础性、教学设计要保证课程模块的整体性、教学行为关注学生的差异性、教学过程关注学生建构知识的自主性、课堂教学的开放性、课堂教学的情感性。

（三）化学课堂教学评价标准

下表为化学课堂教学评价标准，供各地、各校根据实际情况制定高中新课程化学课堂教学评价表时参考。

河南省化学课堂教学评价标准

一级指标	二级指标	评价标准
教师教学行为表现	教学基本理念	重视三维目标落实　关注学生已有经验　面向全体兼顾差异　激发学生学习兴趣　尊重关爱全体学生
	教学情境创设	以问题为中心　强调学生参与　重视合作交流　倡导教学民主　恰当使用媒体
	教学内容处理	准确把握教材，突出重点，突破难点。挖掘教材内涵，落实过程与方法、情感态度与价值观教育。重视联系实际，拓展学生视野。帮助学生构建合理的认知结构
	教学基本技能	有效调控课堂，灵活处理问题。教学用语准确，板书清晰工整。教态亲切自然，实验操作规范
学生学习活动表现	自主性	主动参与教学活动　主动提出问题　主动发言　自主探究
	探究性	积极探究实践　积极发现问题　大胆提出问题
	合作性	善于与人合作　善于倾听意见　善于表达交流
教学目标达成情况		学生通过参与教学活动，三维目标得到顺利达成

二、发展性学生评价

（一）实施多样化评价，促进学生全面发展，这些评价方式主要包括纸笔测验、学习档案评价和活动表现评价等。

河南省化学学习档案袋的项目和内容

项　目	内　容
学习笔记	预习记录　随堂笔记　课下笔记
探究活动过程记录	提出问题与猜想、探究方案、实验现象或调查记录、探究结论

续表

项目	内容
信息、资料	通过查阅和调查获得的信息资料
作业、检测	作业、检测
课后感	对课堂学习的感受、尚未解决的问题
学习状况分析	对学习态度、学习方法、学习结果的反思和评价
其他活动	家庭小实验　小制作　辩论等
反思与评价	反思与自我评价　他人评价

（二）高中化学新课程学生评价的指标与内容

河南省学生三维目标达成情况的评价指标与内容

一级评价指标	二级评价指标	评价内容
知识与技能	化学基础知识的理解和应用	知道并能说出有关知识的内容。对化学基础知识能够举例说明。应用有关知识解决相关问题
	实验技能的养成	认识基本实验仪器，掌握基本实验操作。设计简单的实验。独立操作并撰写实验报告，分析实验结果
	化学用语的理解和应用	知道相关的化学用语。会用化学用语进行描述或概括等
	化学、技术与社会	知道化学与技术、社会的关系。会用所学知识解决简单的实际问题
过程与方法	提出问题	根据实验或生活现象发现与化学有关的问题。准确表达有关问题。认识发现问题和提出问题的意义
	猜想和假设	根据化学知识与经验对问题成因提出猜想。对探究方向和实验结果作出预测。认识猜想和假设在探究中的重要性
	收集整理信息	通过观察、调查、访问等手段收集信息、资料。尝试评价有关信息的科学性
	制订计划 实验探究	根据探究要求和已知条件制订计划、设计实验。尝试选择探究方法和探究过程所需仪器和药品。具有初步控制变量进行实验研究的意识 具有安全操作的意识 认识制订计划、进行实验、收集数据在探究中的作用
	思考与结论	认真思考分析探究过程的问题。得出结论并进行描述和解释
	表达与交流	主动参与探究过程。善于合作与交流

续表

一级评价指标	二级评价指标	评 价 内 容
	反思与评价	具有反思探究过程和探究结果的意识。注意探究过程中尚未解决的矛盾、发现新的问题。具有从评价中汲取经验教训的意识。认识反思与评价对探究的重要意义
情感态度与价值观	对化学及化学学习的兴趣、情感态度和行为；对化学知识与社会的关系、人类与自然的关系的理解等	喜欢化学学科，积极探究化学的奥秘。喜欢体验化学学习中的快乐和审美情趣。形成实事求是的科学态度。关心人类与自然、化学与社会的关系

三、根据课程模块的特点选择有效的评价策略

例如，对于必修课程模块及选修3（物质结构与性质）、选修4（化学反应原理）、选修5（有机化学基础）等模块，应综合使用纸笔测验、学习档案和活动表现等方式对学生进行评价。选修1（化学与生活）、选修2（化学与技术）课程模块的纸笔测验试题应提倡开放性、应用性，密切结合生活实际，考查学生对身边化学现象和生活中化学问题的分析能力。同时，提倡通过开展辩论、角色扮演、小型调查等活动对学生进行表现性评价。选修6（实验化学）课程模块的学习评价应在实验过程中进行，从实验设计、实验过程、实验操作、实验报告、交流讨论、合作意识以及实验态度等方面予以考查。

四、实施学分管理，进行综合评定

应根据学生在相应课程模块学习中的纸笔测验、学习档案记录和活动表现进行综合评定，以此决定学生是否获得相应课程模块的学分。建议采用“模块学分成绩报告单”的方式实施，可参考下表。

河南省模块学分成绩报告单

<table>
<tr><td colspan="7">课程模块名称：</td></tr>
<tr><td colspan="3">项 目</td><td>得分或等级</td><td>权重</td><td>总分</td><td>评 语</td></tr>
<tr><td colspan="2" rowspan="2">纸笔测验</td><td>单元测验</td><td></td><td>0.1</td><td rowspan="6"></td><td rowspan="6"></td></tr>
<tr><td>模块测验</td><td></td><td>0.5</td></tr>
<tr><td rowspan="4">学习过程评价</td><td rowspan="3">活动表现</td><td>实验技能</td><td></td><td>0.1</td></tr>
<tr><td>活动探究</td><td></td><td>0.1</td></tr>
<tr><td>其他表现</td><td></td><td>0.1</td></tr>
<tr><td colspan="2">学习档案</td><td></td><td>0.1</td></tr>
<tr><td colspan="2">综合评价</td><td colspan="5"></td></tr>
<tr><td colspan="3">获得学分：</td><td colspan="3">教师签名：</td><td>年 月 日</td></tr>
</table>

江西省普通高中新课程实验化学学科教学指导意见（试行）

一、领会化学课程理念（略）

二、理解化学课程体系把握教材结构

1. 普通高中化学新课程体系

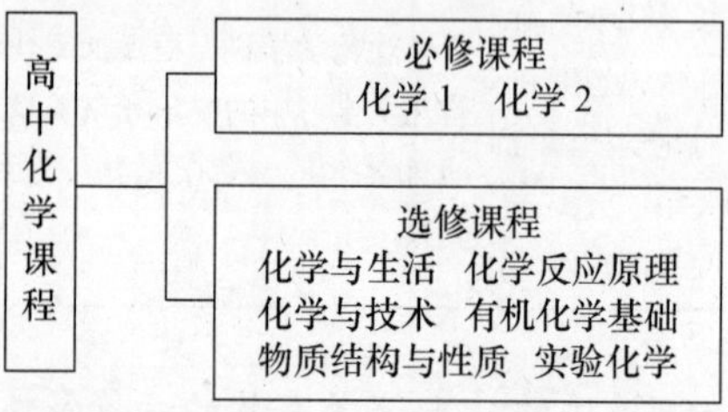

2. 高中化学新教材体系

由宋心琦、王晶任主编的人教版教材具有以下特点：

（1）着重从内容上从教材细节上落实“过程与方法”

“过程与方法”既是课程目标的维度要求，也是化学学科的本质体现。学生在学习具体化学内容时，必须要关注化学学科的思想观念、研究方法、研究过程，必然会发现问题并要解决问题，就会经历“形成假设、进行实验、观察现象、分析资料、得出结论”的具体过程。从总体来看，这套教材对过程与方法采取了“集中呈现与分散渗透”相结合的策略。比如，在《化学与技术》之中开篇就安排了“化工生产过程中的基本问题”，在这个问题之下，撰写了要“依据化学反应原理确定生产过程”“生产中原料的选择”方法，“生产中反应条件的控制”方法等。以上是集中呈现的方式。

分散渗透的方法，也是由学科内容的特点决定的。从承载形式看，主要有四种分散渗透方式：

① 依据相关内容渗透个别重要的方法，比如教材在有关“有机分子结构”的内容上渗透了模型化的方法，在研究无机物性质时渗透“元素观”；

② 在问题解决过程中体现过程观，这种方法在教材中很有特色，是新教材的一道亮丽风景；

③ 教材刻意追求通过实验和活动来渗透过程与方法，引导学生开展实证研究；

④ 通过一定数量具体主题的探究活动去体现过程与方法。

（2）STS内容在高中化学课程中的作用和重要性显著增强

STS内容，大致分为“物质生活”“原理与技术”“社会环境”“化学家与化学史”四个方面。“物质生活”主要包括生活中与化学相关的现象与物质；“原理与技术”主要包括一些化学原理的运用和化学技术产品及工业；“社会环境”主要包括化学污染和化学在解决能源短缺、环境保护等问题中的作用；“化学家与化学史”主要包括化学家的思想、研究过程、化学最新进展等。在教材编写中主要也采用集中编排和分散编排两种方式，如《化学与技术》与《化学与生活》集中编排 STS 内容，而在“元素及其化合物”“有机化学”等章节中根据知识的特点渗透 STS 内容。

为了培养学生的环保意识，教材交叉渗透绿色化学思想，并且设计了较多学习形式引导学生参与。比如安排调查、设计实验、探究物质含量、交流讨论、实验微量化、尾气处理；安排了较多的绿色化学习主题引领学生学习。比如“从茶叶中提取咖啡因”的实验，要求学生评价方案时考虑溶剂的绿色化；电解食盐水时要求学生吸收生成的 Cl_2；制纯碱时用稀硫酸吸收 NH_3；NO 的循环利用等不一而足。

（3）新教材在形式上积极倡导多样化的学习方式

在倡导多样化的学习方式上，新教材进行了精心设计和安排。比如针对兴趣不同的学生设置了丰富多彩的学习情境。为了促进学生主动探究问题，教材设计了各种各样的问题和实验，这些问题和实验更加符合高中生的能力基础和学习心理，而且着重培养了学生分析问题、解决问题的能力。针对不同层次的同学，教材在安排上做到了不同的要求，并且在栏目设置上注意梯度变化，这样就更有利于学生参与交流、研讨。在教材内容上，提供更加丰富的内容，满足不同取向的学生深化、拓展，并增强了教材的吸引力和可读性。

（4）新教材面对学生表现出较强的对话性

教材与学生的对话性增强，交互性较好。首先是主要表现出语言生动、亲切，并且多以第二人称的“你”出现在书本中。有些模块开篇就以书信的方式“致同学们”安排了序言来吸引学生。其次是巧妙设计了小对话框，关注学生的思考过程。比如设计问题框，提示启发学生思考问题；还有专门的提示框，提醒学生注意细节，提醒学生回忆解决问题涉及的知识。这样巧妙安排，好像学生耳边总回荡着一个亲切的声音。下面有一个表格，这个表格充分展示了小对话框的魅力所在。

模块	小对话框展示
化学与技术	思考与交流、学与问、实践活动、科学史活、资料卡片、科学探究、归纳与整理、练习与实践、科学视野

当然，新教材还含有更多的特点和更好的优点。为了全面理解新教材的特点，我们对它的八个模块做一些梳理。

《必修化学1》和《必修化学2》，采取了学科中心、认知过程中心、社会生活问题中心相融合的多元课程设计取向，更好体现这个模块的双重功能和双重基础性。双重功能是指为学生的科学素养、三维目标培养提供功能，双重基础性是指为学生学习其他化学模块和学习相关学科提供基础。“元素化合物”部分采用在学习“元素周期律”前集中编排，而在学习“元素周期律”后分类编排的方法，体现元素观、转化观的学科思想；“概念原理”部分，主要注重核心知识和概念原理的认识构建，从而体现学科认识事物和分析事物的功能与方法。

《化学与生活》，采取了社会生活问题中心、技术问题中心的课程设计取向，为学生学习化学、应用化学提供了一个社会平台，使学生拥有一个“活的”“生动的”化学课程。教材主要采用丰富多样的活动为引导，学做结合，同时辅以精彩生动的科普读物的形式吸引学生，使学生在解决问题中学习和提高。教材努力做到了把科学精神和人文精神的统一，倡导了科学合理的生活方式，为学生形成积极、富有责任感的生活态度打下了坚实的基础。

《化学与技术》，主要采取“主题-课题式”的编写模式，建立了“化学-技术-应用”的恰当关系。强调了“科学-技术-社会-可持续发展”之间的相互作用，展示了在分子与大分子水平上，化学技术在能源问题、资源利用、化学品制造等方面不可替代的重要作用、重大贡献和未来发展前景。

《物质结构与性质》以微粒结构和性质为主线索，讨论原子内部的结构特点，粒子间的相互作用，其在客观上的性质体现，反映事物的因果关系和辩证关系，使学生初步建立起现代化学微观物质研究的科学思想。

《化学反应原理》引导学生认识化学变化遵循的基本原理，包括化学反应及其热效应，化学反应的方向、限度与速率，电化学原理。从反应的焓变、盖斯定律、化学反应的方向、化学反应的限度、化学反应的速率、化学反应条件的优化、水的电离、弱电解质的电离、盐类水解、沉淀溶解平衡、原电池电解、金属的腐蚀与防护展示了化学学科的核心内容，也体现了化学的现代特征，突出了现象与本质，宏观与微观，结构与性质的联系与统一。

《有机化学基础》是建立在必修化学“重要的有机化合物”

的学习基础之上的，引导学生真正走进有机化学世界进行探索。以官能团的性质及相互影响为中心，突出有机反应线索，认识有机反应本质，把握有机化合物的性质，紧扣有机化工，关注“有机化合物的合成”和“有机高分子化合物”。走进有机化学的前沿，激发学生进一步学习化学的志向，这一模块突出了“结构决定性质”的学科特点，建立起化学学科的思维方式，体现了有机化学的教育价值。总之，《物质结构与性质》《化学反应原理》《有机化学基础》三个模块教材，采用学科中心为主的课程设计取向，突出了化学的核心理念、基本原理和基本的思想与方法。从知识上看，是《必修化学 1》《必修化学 2》的延伸与拓展。

《实验化学》采用以过程方法中心和实验活动中心为主的课程设计取向，突出了化学是一门以实验为基础的学科形象。培养了学生的探究能力即发现问题的能力、假设的能力、设计方案并实施的能力、收集数据与处理的能力、观察能力、归纳总结的能力和交流合作的能力。介绍了现代化学实验技术、实验方法和实验思想，展示了化学的独特魅力，培养了学生创新能力。教材精选了一定的实验主题，如食用色素的提取和层析分离、利用传感器绘制滴定曲线、比色法测定动物血液中铁的含量、塑料的电镀。以课题的形式促进学生活动与探究。通过实验进一步学习化学，通过实验学习、实验技能与实验思想，改进了“照方抓药”的现状，鼓励了学生假设猜想与设计创新，增强了学生理论联系实践的能力，体验了发现探究的过程，培养了实事求是的科学态度。

3. 重要的学科思想

(1) 物质观

面对丰富的物质世界，有两种思维处理的方法。一种是抽象不同物质的相同属性作为思维领域进行研究，形成判断、推理，构成原理、定律和理论。这种思维方法，数学、物理、化学、生物等各科都有运用。另一种是对某种具体物质的各个属性进行研究，利用不同的原理、定律和理论解读具体物质的属性，这种思维方法在化学、生物中有广泛的运用。我们把前一种思维叫理论思维，把后一种思维叫工程思维。化学与数学、物理相比，兼有两种思维的优势，所以，在化学家的世界里任何具体物质都有三种属性：可以言传的、不可言传的和意料之外的。这种认识观符合世界本身的丰富性、复杂性和矛盾性，反过来说，对世界简单化处理有害世界的丰富性、复杂性和矛盾性。正因为有这种观点，世界的辩证性就凸显出来了。比如化学中的氧化还原性可以存在于同一物质之中，可逆与生成可以同时处于一个体系之中，微观世界可以表征宏观世界的性质、现象。这种相对的矛盾性在化学的逻辑中不但不构成悖论，而且恰好正确地描述了世界物质本身。

（2）元素观与转化观

新教材深刻表述了物质的元素观和转化观的思想。在《必修化学1》和《必修化学2》中，对元素及其化合物性质进行探究的时候，体现了元素观与转化观。元素存在的多样化、化学反应表现的丰富性都较有效地促使学生正确认识和形成元素观和转化观。元素观思想正确表述了物质守恒的思想，而转化观不但表述了质量守恒还表述了能量守恒的观点。它们是在原子水平和分子水平上构成了对世界新的认识思想，是其他学科无法代替的思维方式。在新教材中，对转化观表述尤为深刻：从反应限度到反应方向，从反应机理到反应速率，从反应条件的优化到反应的焓变，多角度解读物质转化观，为形成和提高学生科学素养做好了充分的准备。

（3）科学模型与科学意象

科学思维中的意象叫科学意象，分为语言模式、听觉模式、视觉模式。化学是从研究微观出发来达到解释宏观世界的科学，对微观世界的可感性尤其重要，所以科学思维之中应有正确的科学意象，然后才可以通过它建立起有用的科学模型。化学科学模型主要有：

① 结构化学中的模型。它包括经典化学结构模型，如苯环中共轭键的描述，立体化学中手性分子，过渡金属的配位键，化学键的电子理论模型：如共价键模型，离子键模型；现代结构化学理论模型，如量子化学、杂化轨道理论模型、金属键模型；

② 化学热力学中的模型。它包括理想模型，如理想气体、平衡理论模型、晶体模型、电离模型；

③ 化学动力学中的模型，如碰撞理论模型和过渡状态理论模型。

一旦形成正确的科学模型，则可以利用模型外推出一些经实验证明的结论，扩展化学知识。科学意象是科学思维的个人特质，而模型思想则可以简化和理想化地再现原型的基本因素，然后合理地推理和演绎。同时模型方法还可以依托个人的科学意象大胆发挥想象，构建一个理想认识工具，形成新的科学图形、符号或概念。思想模型可以突破文字的限制，而对整体进行认识，这种整体认识可以推动科学发展。不同的模型思想与原型之间存在差异，迁移力不同，想象外推及演绎的结果就不相同，所以正确的形成科学模型非常重要，也是培养学生科学素养的关键。如果没有培养学生的正确科学模型，那么它的科学理解力就是跛脚的，甚至是毫无活力的。

三、大力开展探究式教学

1. 什么样的知识值得探究?

目前我们不可能也没有必要将所有的内容都设计成探究式的。最值得选择的内容，应该是对于学科来说具有核心和基础地位的那些概念和规律性知识，因为学生真正理解了这些知识，就等于掌握了学科知识的主干，形成了扩充和扩展自己知识结构的能力。把这样的知识设计成探究学习，将会事半功倍。

也就是说，探究的内容应该围绕化学基本概念、化学基础理论、重要元素化合物的重要性质、化学知识在社会和生活中的重要应用等化学核心知识、重点知识来进行，这些知识是值得探究的。概括起来主要有以下几个方面：

(1) 化学基本概念，如电解质、胶体与溶液的区别、原电池、化学反应速率等。

(2) 化学基础理论，如元素周期律、碱金属和卤素性质递变规律，离子反应发生的条件，温度和浓度对化学反应速率和化学平衡的影响，晶体的生长条件，促进和抑制水解反应的条件，配位化学的发展及其对现代化学贡献的讨论等。

(3) 重要元素化合物的重要性质，如甲烷、乙烯、乙炔、苯的化学性质比较，蔗糖、纤维素的水解产物，硫酸铜溶液与镁、铝、锌等活泼金属反应的产物，钠与水的反应、过氧化钠与水和二氧化碳的反应，铝的两性等。

(4) 化学知识在社会、生活中的重要应用，如抑酸剂化学成分的检验，鲜果中维生素C的还原性，易拉罐的主要成分，学校所在地区大气污染及防治情况的调查，减少或避免甲醛等挥发性有机物、氡等对居室空气污染的讨论，从农药DDT的广泛使用到禁用的讨论，含氟牙膏预防龋齿的化学原理的讨论等。

2. 探究的依据是什么?

课程标准是教材编写、教学、评估和考试命题的依据，是国家管理和评价课程的基础。它规定了课程的性质、目标、内容框架，提出教学建议和评价建议，是科学探究的主要依据。

课程标准对教学目标、教学内容、教学实施、评价及教材编写做出了一些指导和建议。每个模块的内容主题都从“内容标准”和“活动与探究建议”两个维度，对高中化学课程内容进行了说明。因此，探究应有利于学生在“知识与技能”“过程与方法”“情感态度与价值观”三维教学目标等方面的主动、全面的发展。

3. 怎样进行探究？

科学探究的要素是：提出问题、猜想与假设、制订计划、进行实验、搜集证据、解释与结论、反思与评价、表达与交流等。“要素”可多可少，可以进行各种灵活的组合，使科学探究不拘泥于一种模式，有利于学生和教师在实际的化学教学中构建多种多样的科学探究模式。

探究教学通常是由提出问题开始。提出的问题要体现教学目的，突出教学重点，形式要新颖，难易要适度，使学生在教学过程一开始就处于积极主动状态，有一个学习的良好开端。

其次要重视探究过程。探究学习强调对科学研究过程的理解，经历探究过程以获得理智和情感体验、建构知识、掌握解决问题的方法。

探究教学还需要营造一个宽松、民主、和谐的课堂学习环境，要引导学生积极反思。同时，要强调学生之间的相互倾听、交流与合作。

进行探究教学时，还应注意以下几点：

（1）制订探究教学计划

可以在开学初制订教学计划时，确定探究教学内容。即首先确定一个学期课程模块化学知识中的探究教学内容，并对此进行整体设计，以便发挥探究课的优势。

但也要重视教学过程中生成的探究内容，灵活开展探究教学。

（2）把握探究时间的长短

开展探究教学的时间，可以是一节课或两节课展开的整块知识的探究，也可以是使学生运用科学探究一个或几个要素的局部探究课。也就是说，要区分大的探究点和小的探究点。大的探究点有时一节课时间不够，可设计两节课连上；对于小的探究点，可能只用一堂课中的一段时间对一个知识的某一个方面进行探究。但一个学期的化学课中，至少应该上一次使学生经历完整探究过程的探究课，使学生较完整地体会探究的过程和方法，全面增强学生的科学探究能力。

(3) 突出本学科的思维方式

化学既研究物质宏观上的性质及其变化，也研究物质微观上的组成和结构，宏观与微观的联系是化学不同于其他学科的特点，也是化学学科最具特色的思维方式。将微观与宏观紧密联系起来，可以避免学生学习化学的困难和死记硬背。

(4) 留给学生主动学习的空间

作为教师，应该留给学生主动学习的空间，要给学生主动学习创造更多的机会和条件，给他们更多思考的时间，鼓励他们发表自己的见解，开展探究，让学生在熟悉的生活情境中感受化学的重要性，了解化学与日常生活的密切关系，逐步学会分析和解决与化学有关的一些实际问题。

(5) 提供解决现实情境中的真实问题的活动

“贴近生活”和“贴近社会”，是此次化学课程改革的一个重要理念。为此，高中化学课程标准在“活动与探究建议”栏目中，选择了很多真实、具体、生动的活动，以此来反映这一课程理念。例如，“设计实验探究市售食盐中是否含有碘元素”“尿液中葡萄糖的检测”“实验探究：鲜果中维生素C的还原性”“调查或实验：食品中的膨化剂”“查阅资料：常用药物的成分、结构与疗效”等。

下面通过两个课堂上的教学方案，进一步认识探究教学。

课题：原电池教学方案

“体验化学能与电能相互转化的探究过程，了解原电池的工作原理，能写出电池反应方程式”，是高中化学新课程对原电池相关知识的要求。

教学方案1：

(1) 教师配合电子课件向学生讲授原电池原理。

(2) 给出几组实验方案，学生按照方案实验，认识原电池形成的条件。

教学方案2：

(1) 创设情境：“伏打电池”的发明。

(2) 提出问题：都能用哪些材料做电池？需要满足哪些条件才能形成原电池？

(3) 市场调查不同种类电池的特点，收集各类废旧电池。

(4) 学生制订探究计划（教师指导），探究原电池形成的条件：

[计划1] 实验条件的控制（固定溶液，探究对电极的要求；固定电极，探究对溶液的要求。）

[计划2] 归纳法（先尽可能地尝试各种电极和溶液的组合，

再根据产生电流情况进行归纳，得出原电池形成的条件。）

（5）总结原电池形成的条件，深入本质掌握电池反应方程式。

（6）自制电池。

“教学方案 1”“教学方案 2”虽然都以“活动”的思想进行了教学设计，但两者的活动有着本质的不同。教学方案 2 中通过化学趣史引发学生的兴趣和疑问，进而让学生通过文献查阅、设计实验方案、进行实验、解释与结论等一系列的自主探究活动来认识原电池的本质，活动与知识、技能、方法的掌握紧密结合。而“教学方案 1”中，学生只是进行几个教师规定的实验。因此，两者相比，“教学方案 2”在对学生体验科学过程、掌握科学方法和发展科学探究能力方面具有更重要的作用。

在课堂上还可以设计其他的知识探究。例如：我们可以寻找共同点设计一些知识专题，放手让学生自主探究，让学生体会学习的过程，总结有用的结论，再在教师的指导下进一步深化形成知识网络，促使学生能够在获得对知识的理解的同时，体验学习的“过程”，养成主动探究的习惯，逐步掌握化学学科的思维方式。

四、确实重视化学实验教学

实验内容的具体变化有：

（1）加强了定量实验。它对于学生的科学态度和科学方法的培养非常重要。如用 pH 计测定中和反应过程中溶液 pH 的变化，绘制滴定曲线；李比希法分析碳氢元素含量；气相色谱法测定食醋中醋酸的含量；氧化还原法测定污水中的化学耗氧量；比色法测定动物血液中铁的含量等。

（2）引入了现代化学技术。对于学生形成现代化学思想方法，培养学生现代化学意识形态有着积极意义。把由数据采集器、传感器和计算机组成的手持实验技术引入教材；介绍了原子操作技术和制造芯片的硅晶体的生产原理与生产过程；并应用了红外、色谱、原子吸收光谱、核磁共振等现代化学分析测试实验技术：比如用红外光谱检验卤代烷中的卤素。

（3）微型化学实验得到了重视。微型化学实验是指在微型装置中用较少的量而进行的效果明显的实验。它具有三个明显特征：第一是仪器微型化；第二是试剂微量化；第三是绿色化。微型化学实验比较适合国情，尤其是在培养学生的安全意识、环保意识和绿色化学意识上效果明显。

（4）实验中贯穿了绿色化学新理念。教材中既有集中式和又有分散式绿色化学实验。主要通过改进反应物，选择并控制反应条件，降低或除去有害生成物等具体方法实现实验的绿色化。如“从茶叶中提取咖啡因”实验，给定多种溶剂，需要考虑溶剂的绿色化。

（5）发挥了实验的趣味性。实验的学术性与趣味性是构成实验的基础，也是吸引学生深化学生思维的途径。比如“奇妙的化学振荡反应”“蓝瓶子实验”“阿司匹林药片中有效成分的检测”等。

（6）引入了著名的化学史实。呈现科学家研究某一问题的情境，在此基础之上，进一步引入化学史实与实验事实，促进学生深入思考，培养学生探究能力，使学生以科学家为典范，形成科学态度与创新精神。

（7）大量增加了探究性实验。化学实验主要是活动与探究，教材引入了大量的探究性实验主题培养学生探究能力。如《实验化学》中主题2就设计了5个以上的实验探究课题。

（8）STS的实验内容是实验的重中之重。STS的实验内容的增加，使学生认识到化学的意义与学习的价值，有利于调动学习的热情，更可促进知识与能力的迁移，使所学的知识“活”起来，学生的思考“转”起来。

五、化学课程资源的开发和利用

在开发和利用化学课程资源时应注意如下几个方面：

1. 积极探索课程物质资源的开发

（1）“教材”的再度开发

课本以及教师参考用书、教学挂图、教学仪器设备、学生练习册等，无论这些教材和教辅资料如何“完美”和“精致”，在某些时候，教师可能需要针对这些教材和教辅资料进行不懈地“去粗取精”咀嚼式的劳作。教师在对“教材”进行加工和改造时，有时需要为学生留出一定的空间，让学生自己亲自在原始性的资源背景中寻找有价值的主题。

在为学生提供教材和教辅资料时，所提供的教材和教辅资料需要保持一定的难度，能够对学生原有的知识结构和理解水平构成一定的智慧挑战。教材和教辅资料理想的难度是保持在“最近发展区”的范围，让学生大体能够通过有指导的自主学习而理解和掌握教材和教辅资料所蕴涵的信息。

（2）体验“网络资源”与“现代教育技术”

除“教材”资源之外，教师尚需要根据教学的需要，从网络等现代教育技术中寻找有价值的教学资源。网络教育使任何人在任何时间、地点都可以获取自己想要的知识。应指导学生使用好互联网网络资源，形成个性化的学习方式。

除网络资源之外，教师在日常教学中可以根据教学的实际需要借助于“现代教育技术”来开发和利用相关的课程资源。2001年教育部颁布《基础教育课程改革纲要》提出：“大力推进信息技术在教学过程中的普遍应用，促进信息技术与学科课程的整合，逐步实现教学内容的呈现方式、学生的学习方式、教师的教学方式和师生互动方式的变革，充分发挥信息技术的优势，为学生的学习和发展提供丰富多彩的教育环境和有力的学习工具。”可以预见，未来的中小学课堂将越来越多地使用现代教育技术。

（3）走进“社区资源”

社区课程资源包括学生家庭乃至整个社会中各种可用于教育教学活动的设施和条件以及丰富的自然资源。其中社区的图书馆、科技馆、博物馆、纪念馆、气象站、地震台、水文站、工厂、农村、部队以及科研院所等都是宝贵的课程资源。

学生家长与学生家庭的图书、报刊、电脑、学习工具等也是不可忽视的课程资源。校外课程资源可以弥补校内课程资源的不足，充分开发与利用校外课程资源能为我们转变教育教学方式，适应新课程提供有力的支持和保证。

2. 积极探索课程人力资源的开发

具体来说，“课程人力资源”的开发和利用至少从三个方面考虑：一是学生的“主动学习”并以此建构自己的知识结构和人格品质。二是发挥教师“主动性”，通过教师的“主动学习”并以此建构自己的知识结构和人格品质。三是通过教师和学生的“互动教学”“对话教学”来不断生成瞬时性的、不可重复性的课程资源。

3. 重视化学实验教学资源的开发

化学实验教学资源，是指有利于实现化学实验教学目标，在实验教学设计、实施和评价全过程中可利用的各种资源总和。

在化学实验教学资源开发中，特别要重视实验的改进和创新，关注“异常”现象，要围绕实验的改进和创新，整合各种资源，综合各种因素，取得最佳教学效果。

新课程中教师不仅是课程的执行者，也应是课程的开发者、建设者。教师应经常对照新课程理念反思自己的教学行为积极反思教学，充分发挥自身的潜力，参与课程资源开发，为学生的体验学习提供足够而有教育价值的课程资源。

六、精心组织教学实施

1. 完善培训制度，提高教师素养

高中化学新课程的培训分省、市、校本三级培训。省级培训重点是培训各设区市高中化学教研员、省化学新课程教学研究小组教师、各高中学校的骨干教师。为落实和深化培训的效果，各校还应建立和健全校本培训机制，在各设区市教研员和省化学新课程教学研究小组指导下，开展校本培训。培训中还要特别注意加强实验教师的实验知识和实验的技能培训。

各级培训中要注重培训的前瞻性、针对性和实效性，突出参与式、体验式等形式的培训，通过培训帮助教师把新课程理念落实到教学实践环节之中去，理解课程标准，分析课改教材，改进教学方式，为课改的顺利进行打下坚实的基础。

(1) 培训内容

① 通识培训。内容包括：《国务院关于基础教育改革与发展的决定》和《基础教育课程改革纲要（试行）》等有关文件精神；课程改革的背景、指导思想、目标和课程设置；课程与教学的新理念；教学方式与学习方式的变革；新课程与教师、学生的成长和发展；学生、教师发展性评价体系；新课程资源开发与建设；校本课程和校本教研的开发与规划等。

② 专业培训。内容包括：课程标准解读；课程标准实验教材整体介绍；课程标准实验教材各模块的编写意图和教学建议；教学案例分析和经验介绍；与课程标准相关的专业知识等。

(2) 培训的方式、方法

① 岗前培训。在省级培训的基础上，各市、校在新学年开学前针对本地教学和学生的实际，坚持“先培训，后上岗，不培训，不上岗”的原则，对各学校的任课教师进行进一步的深化和细化培训。

② 校本培训。校本培训是师资培训的最为重要的方式之一，各校要结合自身实际，有计划地和稳妥地开展教师培训工作。

校本培训可着重从六个方面进行：1. 结合新教材学习研究化学新课标。2. 研究实验教材，引导教师把握实验教材的特点与教学要求。3. 通过观摩、研究课例，重点研究新课程课堂教学的价值取向、教学行为和学习方式的转变。4. 引导教师开展教学反思，实现教师专业素质的发展和提升。5. 帮助教师开发课程资源。6.《课程标准》与现行教学大纲相比，新增教学内容的学习和新增实验仪器的使用。

2. 开课指导

高中化学每个模块为 36 学时，相当于 2 学分。《普通高中课程方案（实验）》规定，化学科目修满 6 学分高中方能毕业。所以，所有学生在依次学完必修模块化学 1、化学 2 以后，必须再从 6 个选修模块中至少选学一个模块，并获得学分。鼓励学生尤其是对理工类专业感兴趣的学生在修满 6 学分后，选修更多的化学课程模块，以拓宽知识面，提高化学素养，使学生实现有个性的发展。按照《标准》的建议，有理工类专业发展倾向的学生，可修至 8 学分（即须选修 2 个选修模块）；有志于向化学及其相关专业方向发展的学生，可修至 12 学分（即须选修 4 个选修模块）。

由于课程结构的变化，特别是选修课的增加，课程内容变得十分丰富而复杂。教师要从自身的兴趣和特长出发，认真分析学生的实际，针对性地开设选修课。要加强对学生选课指导，引导学生根据自身特点和兴趣制订修习计划，出色完成学习任务。在认真落实教学计划的同时，教师要根据当地经济和社会发展的需要，积极研究开发校本课程，利用其他教学时间进行校本课程教学。

（1）必修模块开设的建议

必修模块开设的原则是：高一学年学完化学必修模块课程。

两个学期内完成化学必修模块的学习。每个学期 1 个模块，每周 3 学时。此方案有利于学生有足够精力来学习掌握必修模块的知识，为选修模块学习打下扎实的基础。

（2）选修模块的开设建议

选修模块开设的基本原则是：高三学年上学期学完选修模块，有条件的学校尽可能开设所有的选修课程模块。

① 文科方向发展的学生。这些学生大多今后从事的工作与化学专业关联不大，建议他们选择学习《化学与生活》模块（当然，除了《化学与生活》模块外，这部分学生也可按自己的意愿选择学习其他任何一个化学选修模块）。

② 对有理工类专业发展倾向的学生建议均选修《化学反应原理》《有机化学基础》和《实验化学》三个模块。

（3）学生选课指导

为了帮助学生合理地选择学习模块，在打好基础的同时发展自己的个性特长，为今后的学习和择业奠定基础，学校和教师要加强研究并做好指导学生选择学习模块的工作。

学校和教师在指导学生选择选修模块时，首先应让学生了解化学6个选修模块的内容和特点，分析各模块学习内容为学生毕业后继续学习或就业提供了哪些信息、知识、技能储备，这是指导学生正确选课的基础。其次要综合考虑学生个人学习基础、兴趣、智能特点、择业和升学专业志向、其他理科课程模块的学习选择等因素来指导学生选课。

3. 形成特色

创建特色教学，可以从以下三个方面入手：

（1）在建立新课程背景下的校本教研制度上，形成自己的特点。

以校为本的研究要明确六条原则：①针对性原则：以教师和学校的实际需求为出发点，将校本教研与教师和学校发展相结合。②实效性原则：紧密结合教育教学实际，以新课程实施中出现的问题为研究内容，将校本研究与教学工作结合起来。③主体性原则：学校自主研修，自主管理，教师自主学习，自主发展。④协同性原则：实现校内教学、科研、培训的有机整合。⑤开放性原则：注重自我反思，同伴互助和专业研究人员的专业引领。注重校际间的合作与交流，借助现代信息技术，寻求援助。⑥激励性原则。对在校本教研中成绩突出的教师进行表彰奖励，支持校本教研的成果进一步开发和利用，将强制性的规定与正面引导适度激励相结合。

（2）在突出化学学科特征，更好地发挥实验的教育功能上，形成自己的教学特色。以实验为基础是化学学科的重要特征之一，化学实验对全面提高学生的科学素养有着极为重要的作用。化学实验有助于激发学生学习化学的兴趣，创设生动活泼的教学情境，帮助学生理解和掌握化学知识和技能，启迪学生的科学思维，训练学生的科学方法，培养学生的科学态度和价值观。

（3）在联系生产、生活实际，拓宽学生的视野上，形成自己的教学特色。化学科学与生产、生活以及科技的发展有着密切联系，对社会发展、科技进步和人类生活质量的提高有着广泛而深刻的影响。高中学生会接触到很多与化学有关的生活问题，教师在教学中要注意联系实际，帮助学生拓宽视野，开阔思路，综合运用化学及其他学科的知识分析解决有关问题。

七、科学合理地进行教学评价

1. 教学评价的原则

发展性原则、全面性原则、多元性原则、可行性原则

2. 课堂教学评价和教师评价

江西省课堂教学评价表

<table>
<tr><th>一级指标</th><th>二级指标</th><th>评 价 标 准</th></tr>
<tr><td rowspan="4">教师教学行为表现</td><td>教学基本理念</td><td>1. 能从学生的发展出发，备学生、课标、教材、教法和学法
2. 教学内容科学、适度，注意联系学生生活和社会实际；“知识与技能”教学目标明确，让学生体验过程与方法”，充分挖掘教材中的教育因素，渗透“情感态度与价值观”的教育
3. 教学面向全体学生，因材施教，促进学生个体发展；学生在学习活动中能根据教学要求对自己的学习做出评价，并不断调控自己的学习</td></tr>
<tr><td>教学情境创设</td><td>教学手段直观，运用多种教学媒体为学生创造良好的学习环境
（情境创设的生活性——“学生原有的知识和经验是教学活动的起点”
情境创设的形象性——感性的、可见的、摸得着的，形象的、具体的，让学生获得更多的知识、掌握更多的事物，又能促使学生形象思维与抽象思维互动发展
情境创设学科性——紧扣教学内容，凸显学习重点
情境创设情感性——教学情境具有激发学生情感的功效）</td></tr>
<tr><td>教学内容处理</td><td>1. 准确把握教材，突出重点，突破难点
2. 挖掘教材内涵，为学生的学习提供丰富的学习资源和具体的学法指导；培养学生的良好学习习惯和自主学习能力、实验与探究能力，落实过程与方法、情感态度价值观教育
3. 重视联系实际，拓展学生视野，帮助学生构建合理的认知结构</td></tr>
<tr><td>教学基本技能</td><td>1. 教学方式和学习方式不断优化，教学方法灵活得当，符合授课内容要求，讲练有机结合，启发、诱导学生主动学习
2. 教师课堂组织、调控能力强，对突发情况能作出及时、恰当的处理
3. 教师评价反馈及时有效，根据教学反馈信息，及时调整教学活动
4. 教态亲切自然，善与学生沟通；板书简要工整，布局合理，层次分明
5. 不断地总结教育教学经验，经常写教学札记，有具体的改进措施和具体的教学效果</td></tr>
<tr><td rowspan="3">学生学习活动表现</td><td>自主性</td><td>主动参与教学活动，主动思考提出问题，主动发言自主探究</td></tr>
<tr><td>探究性</td><td>积极探究实践，积极发现问题，大胆提出问题</td></tr>
<tr><td>合作性</td><td>1. 善于与人合作，善于倾听意见，善于表达交流
2. 学生参与教学过程，教学氛围宽松，师生之间、生生之间交互活动充分，学生有自主学习和独立思考的时间</td></tr>
<tr><td colspan="2">教学目标达成情况</td><td>学生通过参与“以评促教，以评促学，以评促发展”为导向的互促型教学活动，三维目标得到顺利达成</td></tr>
</table>

教师反思应从以下几个方面进行：

① 课后反思。反思自己的各个教学环节，哪些教学设计取得了预期效果？哪些教学设计没有取得预期效果？哪些精彩片段值得仔细咀嚼？

② 批改作业、试卷后的反思。仔细分析自己上课的得失成败，分析自己的教学是否适合学生的实际水平，是否能有效地促进学生的发展，在哪些方面有待改进，再寻求解决问题的对策，使之达到最佳效果。

3. 构建模块化、多元化、系统化的发展性学生评价

（1）高中化学新课程学生评价方式：纸笔测验、学习档案评价、活动表现评价

江西省化学学习档案袋项目和内容

项　目	内　容
学习笔记	预习记录、随堂笔记、课后笔记、读书笔记
探究活动过程记录	提出问题与猜想、探究方案、实验现象或调查记录、探究结论
信息、资料	通过查阅和调查获得的信息资料
作业、检测	作业、检测
课后感	对课堂学习的感受、尚未解决的问题
其他活动	家庭小实验、小制作、辩论会等
反思与评价	对学习态度、学习方法、学习结果的反思和自我评价、他人（学生或者教师）的评价

（2）高中化学新课程学生评价的指标与内容

江西省高中化学新课程学生评价的指标与内容

一级评价指标	二级评价指标	评 价 内 容
知识与技能	化学基础知识的理解和应用	知道并能说出有关知识的内容 举列说明 应用有关知识解决相关问题
	实验技能的养成	认识基本实验仪器，掌握基本实验操作 设计简单的实验 独立操作并撰写实验报告，分析实验结果
	化学用语的理解和应用	知道相关的化学用语 会用化学用语进行描述或概括等
	化学、技术与社会	知道化学与技术、社会的关系 会用所学知识解决简单的实际问题

续表

一级评价指标	二级评价指标	评价内容
过程与方法	提出问题	根据实验或生活现象发现与化学有关的问题 准确表达有关问题 认识发现问题和提出问题的意义
	猜想和假设	根据化学知识与经验对问题成因提出猜想 对探究方向和实验结果做出预测 认识猜想和假设在探究中的重要性
	收集整理信息	通过观察、调查、访问等手段收集信息、资料尝试评价有关信息的科学性
	制订计划 实验探究	根据探究要求和已知条件制订计划、设计实验 尝试选择探究方法和探究过程所需仪器和药品 初步具有控制变量进行实验研究的意识 具有安全操作的意识 认识制订计划、进行实验、收集数据在探究中的作用
	思考与结论	认真思考分析探究过程的问题 得出结论并进行描述和解释
	表达与交流	主动参与探究过程 善于合作与交流
	反思与评价	具有反思探究过程和探究结果的意识 注意探究过程中尚未解决的矛盾、发现新的问题 具有从评价中汲取经验教训的意识 认识反思与评价对探究的重要意义
情感态度与价值观	对化学及化学的兴趣、情感、态度和行为；对化学知识与社会的关系、人类与自然的关系的理解等	喜欢化学学科，积极探究化学的奥秘 喜欢体验化学学习中的快乐和审美情趣 形成实事求是的科学态度 关心人类与自然、化学与社会的关系

（3）根据课程模块的特点选择有效的评价策略

例如，对于必修课程模块及《物质结构与性质》《化学反应原理》《有机化学基础》等选修模块，应综合使用纸笔测验，学习档案和活动表现等方式对学生进行评价。必修模块的纸笔测验，要严格依据课程标准和水平性考试的特征，把握试题难度，适当设计开放性试题，考查学生利用所学知识解决实际问题的能力，坚决杜绝偏题、怪题。《化学与生活》《化学与技术》课程模块的纸笔测验试题应提倡开放性、应用性，密切结合生活实际，考查学生对身边化学现象和生活中化学问题的分析能力。同时，提倡通过开展辩论、角色扮演、小型调查等活动对学生进行表现性评价。《实验化学》课程模块的学习评价应在实验过程中进行，从实验设计、实验过程、实验操作、实验报告、交流讨论、合作意识以及实验态度等方面予以考查。

实验考查是化学课进行非纸笔测试的主要形式之一。实验考查既可作为终结性评价，又可作为过程性评价。在模块学习结束时进行的实验考查，属于模块考核的内容，根据课标的要求，实验考查的试题应该比以往高中会考实验考查试题要求稍高，除了考查必要的实验操作技能，也要在一定程度上考查学生在完成具体探究实验时表现出的实验设计、分析和评价的实验能力。实验考查也可与过程评价结合，以平时实验的综合表现作为评价内容，鼓励进行自评与互评结合的尝试。模块结束时的实验考查主要采用他评，即由教师评定成绩。成绩在模块考查成绩中占的比例，可视模块内容、学校实验条件、学生具体情况而定。活动表现评价是在学生完成某项任务的过程中进行的。现阶段可利用教材中“实践活动”栏目所提供的主题，布置家庭实验、课题调查、收集资料等任务，或者结合开展有关活动，进行任务型的表现性评价。表现性评价可通过自评与他评结合的方式进行，每个模块至少进行一次，成绩可采用本模块学习过程中所有实践活动中的最好成绩，也可采用平均成绩。

对学生情感、态度、价值观的评价，重点可放到热爱科学、关注化学与社会的科学精神和严谨求实的科学态度，主要用质性评价（如评语）的方式进行。

新疆维吾尔自治区、新疆生产建设兵团普通高中新课程化学教学指导意见（试行）

一、课程价值（略）

二、基本理念（略）

三、课程结构、选课及教学建议

（一）课程结构（略）

（二）必修及选修模块开设建议

1. 高一上、下两学期，分别开设必修1和必修2，每周2课时，两个学期完成化学必修模块的学习。

2. 对于向人文方向发展的学生，建议从选修1（化学与生活）、选修2（化学与技术）中任选一个模块，每周2课时，一学期完成。

3. 所有理科倾向的学生，在完成必修模块学习后，至少选择《化学反应原理》和《有机化学基础》两个选修模块进行学习，这两个选修模块可以作为理科学生的必选模块。每周 2 课时，一学期完成一个模块，两学期就完成了。也可根据学校实际情况，高二上学期开设选修 5（有机化学基础），高二下学期开设选修 4（化学反应原理）。

然后，可将理科学生再进行适当分流：一部分学生可以不再学习其他的模块；倾向于工科方向的学生可以推荐学习《化学与技术》；其他理科学生建议从《物质结构与性质》《化学与技术》和《实验化学》三个模块中任选 1～2 个模块学习。

对于化学特别感兴趣或将来准备学习化学相关专业的学生，从他们今后专业发展角度看，需要相对较完整的化学学科系统知识，建议学习《有机化学基础》《化学反应原理》《物质结构与性质》和《实验化学》四个选修模块。而《化学与生活》《化学与技术》的相关内容可以在学习上述四个模块时有机融合，或在他们今后的学习中得到补充。也可以在教师指导下进行自学或其他形式的学习。每个模块安排一个学期完成。以上针对文、理科倾向学生开设的模块教学建议在高三上学期全部完成。具体方案如下：

新疆普通高中化学课程设置方案（理科倾向）

	高一上	高一下	高二上	高二下	高三上	高三下	高二到高三
类型	必修			选修（建议）			自由选择
内容	必修 1	必修 2	选修 5、选修 4 中任选 1 模块	选修 5、选修 4 任选另 1 模块	选修 3、选修 6、选修 2 中任选 0～2 模块	总复习	选修 1 选修 2 选修 3 选修 6
周课时/模块	2	2	2	2	0～4	4	
学分	2	2	2	2	0～4		0～6

新疆普通高中化学课程设置方案（文科倾向）

	高一上	高一下	高二上	高二下至高三
类型	必修			自由选择
内容	必修 1	必修 2	选修 1、选修 2 中任选 1 模块	选修 1 选修 2
周课时	2	2	2	0～4
学分	2	2	2	0～4

（三）加强学生选课指导

1. 尊重和满足学生发展需要，指导学生自主选择课程模块

高中化学课程为学生提供了多样化的课程模块，给学生的学习以较大的选择空间。必修课学完后，指导学生选好第一个选修模块，对于学生能否顺利进行以后的学习以及他们的人生规划都有重要意义。教师一方面要鼓励学生根据课程方案的要求，以及各自的潜能和兴趣爱好，制订化学学习计划，自主选择化学课程模块；另一方面要深入了解学生的学习基础、已有的化学知识水平、能力发展水平以及兴趣、爱好和潜能，对学生选择学习课程模块和安排学习顺序给予指导。

2. 教师在指导选课上应遵循的基本原则

以学生为主体的原则、个性化指导的原则。

3. 教师在指导学生选课时应避免两种倾向

一是以高考为中心，“考什么、选什么”，学生没有选择其他课程的自由；二是按学校和教师的现有条件选择统一的课程模块，而不考虑高中化学课程对学生未来发展的价值。

四、教学建议

体现新课程的三维目标，关注学生的全面发展；以科学探究为突破口，倡导自主、合作、探究的学习方式；深刻理解课程标准和教材体系，准确把握知识深广度；联系社会实际，贴近学生生活，拓宽学生视野；突出学科特点，发挥化学实验在教学中的重要作用；加强信息技术与高中化学新课程教学的整合；关注学生个体差异，促进全体学生的发展。

五、教学评价

（一）发展性学生评价

1. 多元化的评价方式

实施多样化评价促进学生全面发展。这些评价方式主要包括纸笔测验、学习档案评价和活动表现评价等。

2. 化学学习档案袋的项目和内容

新疆化学学习档案袋的项目和内容

项 目	内 容
学习笔记	预习记录、随堂笔记、课后笔记、读书笔记
探究活动过程记录	提出问题与猜想、探究方案、实验现象或调查记录、探究结论
信息、资料	通过查阅和调查获得的信息资料
作业、检测	作业、检测
课后感	对课堂学习的感受、尚未解决的问题
其他活动	家庭小实验、小制作、辩论会等
反思与评价	对学习态度、学习方法、学习结果的反思和自我评价、他人（学生或者教师）的评价

3. 高中化学学生评价的指标与内容

新疆高中化学学生评价的指标与内容

一级评价指标	二级评价指标	评价内容
知识与技能	化学基础知识的理解和应用	知道并能说出有关知识的内容 举列说明 应用有关知识解决相关问题
	实验技能的养成	认识基本实验仪器，掌握基本实验操作 设计简单的实验 独立操作并撰写实验报告，分析实验结果
	化学用语的理解和应用	知道相关的化学用语 会用化学用语进行描述或概括等
	化学、技术与社会	知道化学与技术、社会的关系 会用所学知识解决简单的实际问题
过程与方法	提出问题	根据实验或生活现象发现与化学有关的问题 准确表达有关问题 认识发现问题和提出问题的意义
	猜想和假设	根据化学知识与经验对问题的成因提出猜想 对探究方向和实验结果做出预测 认识猜想和假设在探究中的重要性
	收集整理信息	通过观察、调查、访问等手段收集信息、资料 尝试评价有关信息的科学性
	制订计划实验探究	根据探究要求和已知条件制订计划、设计实验 尝试选择探究方法和探究过程所需仪器和药品 初步具有控制变量进行实验研究的意识 具有安全操作的意识 认识制订计划、进行实验、收集数据在探究中的作用
	思考与结论	认真思考分析探究过程的问题 得出结论并进行描述和解释
	表达与交流	主动参与探究过程 善于合作与交流
	反思与评价	具有反思探究过程和探究结果的意识 注意探究过程中尚未解决的矛盾、发现新的问题 具有从评价中汲取经验教训的意识 认识反思与评价对探究的重要意义
情感态度与价值观	对化学及化学的兴趣、情感、态度和行为；对化学知识与社会的关系、人类与自然的关系的理解等	喜欢化学学科，积极探究化学的奥秘 喜欢体验化学学习中的快乐和审美情趣 形成实事求是的科学态度 关心人类与自然、化学与社会的关系

4. 根据课程模块的特点选择有效的评价策略

例如，对于必修课程模块及《物质结构与性质》《化学反应原理》《有机化学基础》等模块，应综合使用纸笔测验、学习档案和活动表现等方式对学生进行评价。必修模块的纸笔测验，要严格依据课程标准和水平性考试的特征，把握试题难度，适当设计开放性试题，考查学生利用所学知识解决实际问题的能力，坚决杜绝偏题、怪题。《化学与生活》《化学与技术》课程模块的纸笔测验试题应提倡开放性、应用性，密切结合生活实际，考查学生对身边化学现象和生活中化学问题的分析能力。同时，提倡通过开展辩论、角色扮演、小型调查等活动对学生进行表现性评价。《实验化学》课程模块的学习评价应在实验过程中进行，从实验设计、实验过程、实验操作、实验报告、交流讨论、合作意识以及实验态度等方面予以考查。

实验考查是化学课进行非纸笔测试的主要形式之一。实验考查既可作为终结性评价，又可作为过程性评价。在模块学习结束时进行的实验考查，属于模块考核的内容，根据课标的要求，实验考查的试题应该比以往高中会考实验考查试题要求稍高，除了考查必要的实验操作技能，也要在一定程度上考查学生在完成具体探究实验时表现出的实验设计、分析和评价的实验能力。实验考查也可与过程评价结合，以平时实验的综合表现作为评价内容，鼓励进行自评与互评相结合的尝试。模块结束时的实验考查主要采用他评，即由教师评定成绩。实验考查成绩在模块考查成绩中所占的比例，可视模块内容、学校实验条件、学生具体情况而定。活动表现评价是在学生完成某项任务的过程中进行的。现阶段可利用教材中“实践活动”栏目所提供的主题，布置家庭实验、课题调查、收集资料等任务，或者结合开展有关活动，进行表现性评价。表现性评价可通过自评与他评相结合的方式进行，每个模块至少进行一次，成绩可采用本模块学习过程中所有实践活动中的最好成绩，也可采用平均成绩。

对学生情感、态度、价值观的评价，重点可放到热爱科学、关注化学与社会的科学精神和严谨求实的科学态度上，主要用实质性评价（如评语）的方式进行。

5. 实施学分管理，进行综合评定

高中化学课程实行学分管理，根据学生在相应课程模块学习中的纸笔测验、学习档案记录和活动表现进行综合评定，以此决定学生是否获得相应课程模块的学分。对化学课程模块学业成绩的量化评价，评价要素和比例建议如下：

评价	项目	比例	总分
终结性评价	纸笔考试	50%～70%	
	实验考查	10%～30%	
过程性评价	平时测验	10%～20%	
	任务表现	5%～10%	

由于不同模块的学习内容不同，学生状况不同，所以“纸笔考试”“实验考查”“平时测验”“任务表现”4个评价项目的比例也应该有所不同。例如，对于必修模块，比例建议为7∶1∶1.5∶0.5或者6∶2∶1.5∶0.5，而选修模块如《实验化学》，比例则建议为5∶3∶1∶1。

（二）发展性教师评价

1. 构建和实施化学课堂教学评价方案的原则：发展性原则、多样性原则、全面性原则、实效性原则。

2. 化学课堂教学评价的基本要求：教学要求要重视基础性；教学行为要关注学生的差异性；教学过程要关注学生建构知识的自主性；增强课堂教学的开放性与动态生成性；注重课堂教学的情感性。

3. 化学课堂教学评价标准的制定

在新课程理念下化学课堂教学应该关注的几个方面：

（1）体现新课程的三维培养目标，关注学生的全面发展。

（2）准确把握教学要求，创造性地使用教科书。

（3）突出以实验为核心的科学探究，倡导多元化的学习方式。

（4）密切联系学生生活、学习、社会发展、科技发展实际。新知识教学时关注学生已有知识与经验。

（5）体现课堂教学的生成性，展示课堂创新的特点。

（6）建设新型的课程文化——民主、平等、科学、对话、协商、合作。

（7）课堂上充分体现师生交往、积极互动的过程。

（8）创设能引导学生主动参与学习的课堂学习情境。

（9）关注个体差异，满足不同学生的需要。

（10）促进学生发展的多元评价。

（11）体现学科知识与技能的教学特点。

（12）教师素养（语言、板书、教态、多媒体、实验、组织、教育机制等）。

六、化学教学资源的开发与利用

充分发挥教师在化学新课程实施中的重要作用；加强化学实验室的建设；重视利用信息化课程资源；充分利用社区学习资源。

教材及教学参考用书的使用建议：在高中化学新课程的实施中，教师要认真研究教材，充分吸收不同版本教材的优点，根据当地的课程资源和学生的学习情况，创造性地运用教材去“教”，而不是简单地“教”教材。注意选择使用配合教科书的教学参考资料、多媒体教学资料光盘、教学影像资料、教学软件、教学案例等，以帮助教师正确理解课程标准和教材，准确把握教学要求，有效开展教学活动。

整合教学支持系统：高中化学新课程的实施除了需要各项政策、制度支持外，还需要建立一套完善的教学支持系统，及时帮助教师解决在课程实施中遇到的问题。要加强与高等学校“基础教育课程中心”等部门的合作与交流，以获得更多的专业支持。要积极创造条件，开通专门的网站，通过网络实现专家为教师提供在线答疑，教师之间在线讨论。建立课程资源库，实现学科课程资源共享。

校本教研是教师开展教学研究的主要形式之一。校本教研紧密结合教学实际，强调解决课程实施中教师自己的问题、真实的问题和实际的问题。在校本教研过程中，教师要逐步学会在解决日常教学问题的过程中，捕捉一些关键的、值得研究的问题，要防止忽视教学中出现的“小问题”“微观问题”，一味追求“热点问题”“宏观问题”等脱离实际的倾向。校本教研常常是一种基于教师个体自主思考的合作研究，所以校本教研需要与集体备课、相互听课、研究讨论等教研活动相结合。开展校本教研，教师要有研究的意识，要能以研究者的心态置身于教学情境中，以研究者的眼光审视、分析和解决教学实践中的问题。把教学研究与教师的日常教学实践、在职学习培训融为一体，形成一种融教学、研究、学习三位一体的新型职业生活方式，建立一种基于互动、合作、分享、探究、对话的教研文化。

新课程中考政策（摘要）

宁夏 2008 年中考化学命题说明

1. 考试内容

《全日制义务教育化学课程标准（实验稿）》中内容标准规定的学习主题，“科学探究”主题的考查融入“身边的化学物质”“物质构成的奥秘”“物质的化学变化”“化学与社会发展”学习之中。

2. 考试要求

“依据课标、注重基础、突出应用、重视探究”是考试命题的基本要求。

3. 试卷结构

题型有选择、填空、应用（包括简答、计算等）、实验探究。其中选择题约占40%，均为“四选一”，非选择题约占60%。

湖北省黄石市2008年中考化学考试说明

1. 考试依据、范围和方式

考试依据：《全日制义务教育化学课程标准（实验稿）》（以下简称《课标》）。

人教社版《义务教育课程标准实验教科书·化学（九年级上下册）》。

考试范围：《2008年黄石市中考复习指南（化学）》中涉及的所有考点。

考试方式为闭卷、笔答，独立制卷，考试时间为60分钟，卷面分值60分。

2. 考试内容和目标要求

（1）身边的化学物质；（2）物质的构成奥秘；（3）物质的化学变化；（4）化学与社会发展；（5）探究与实验。

3. 试卷结构和难度

较易题（>0.7）约60%（36分）；稍难题（0.5～0.7）约20%（12分）；较难题（0.3～0.5）约20%（12分）；全卷难度值约为0.65左右。各题型分值比例：选择题约22分，平均难度>0.8；填空简答题约14分，平均难度约0.65；分析推断题9分，平均难度约0.60；推断与探究约9分，平均难度约0.60；计算题约6分，平均难度约0.60。试卷内容分值比例：探究与实验约20%（13分）；身边的化学物质约30%（18分）；物质的构成奥秘约16%（9分）；物质的化学变化约24%（14分）；化学与社会发展约10%（6分）

重庆市2008年中考化学考试说明

一、考试形式：闭卷、笔试

二、试卷结构

1. 内容：化学基本概念和原理约占30%，常见的物质约占35%，化学实验约占25%，化学计算约占10%。

2. 题型结构：四个大题，24个小题，共70分。

一、选择题：30分，15个小题；

二、填空题：22分，6个小题；

三、实验题：12分，2个小题；

四、计算题：6分，1个小题。

三、考试内容及要求：

(1)化学基本概念及原理：物质的组成和结构、物质的分类、物质的性质和变化、化学用语、溶液；(2)常见的物质：常见的气体、水、金属、常见的酸碱盐、燃料和能源、化学与社会；(3)化学实验。

新课程高考政策（摘要）

山东省2008年普通高校招生考试说明——理综

Ⅰ. 命题指导思想

一、命题以《普通高中化学课程标准（实验）》《2008年普通高等学校招生全国统一考试大纲（理科·课程标准实验版）》和《2008年普通高等学校招生全国统一考试（课程标准实验版）山东卷考试说明》为依据。

二、命题以相关学科的基础知识、基本能力和重要方法为考查重点，密切联系考生生活经验和社会实际，注重考查考生的基本科学素养。

三、命题保持相对稳定，体现新课程理念。

四、命题力求科学、准确、公平、规范，试卷应有较高的信度、效度、必要的区分度和适当的难度。

Ⅱ. 考试内容及要求

根据普通高等学校选拔人才的要求，依据《2008年普通高等学校招生全国统一考试大纲（理科·课程标准实验版）》，结合山东省的实际情况，确定理科综合科目考试范围如下：

A. 必考内容：化学1、化学2、化学反应原理

B. 选考内容：化学与技术、有机化学基础、物质结构与性质

为了便于考查，将高考化学命题对各部分知识内容要求的程度，由低到高分为了解、理解（掌握）、综合应用三个层次，高层次的要求包含低层次的要求。

2008 年普通高等学校招生全国统一考试
化学科（江苏卷）考试说明

Ⅰ. 指导思想

普通高等学校招生全国统一考试是由合格的高中毕业生和具有同等学力考生参加的选拔性考试。高等学校根据考生成绩、学业水平和综合素质评价全面衡量，按已确定的招生计划择优录取。因此，普通高等学校招生全国统一考试应具有较高的信度、效度，必要的区分度和适当的难度。

1. 根据普通高等学校对新生化学科学素养的要求，2008 年普通高等学校招生全国统一考试化学科试卷（江苏卷）依据中华人民共和国教育部颁布的《普通高中课程方案（实验）》和《普通高中化学课程标准（实验）》和本说明组织命题。

2. 2008 年普通高等学校招生全国统一考试化学科试卷（江苏卷）的命题应充分体现“有利于普通高等学校选拔具有创新精神和实践能力、全面发展的新生，有利于基础教育全面实施素质教育，有利于推进普通高中化学课程改革，有利于正确引导基础教育化学教学”的命题思想。

3. 2008 年普通高等学校招生全国统一考试化学科试卷（江苏卷）以测试学生的化学科学素养和综合能力为主导，以《普通高中化学课程标准（实验）》所要求的基础知识、基本技能、基本观点和基本方法等为主要考查内容，重点考查考生的信息获取与加工、化学实验探究、从化学视角分析解决问题和创新思维等能力。引导学生认识科学和科学发展过程，认识科学、技术、社会和环境之间的相互关系，初步形成正确的世界观、人生观、价值观和实事求是的科学态度，初步树立和谐、可持续发展的科学发展观。

4. 2008 年普通高等学校招生全国统一考试化学科试卷（江苏卷）将更富有时代气息，更进一步体现化学新课程理念，更能体现江苏特色，有所创新、有所突破。

Ⅱ. 考试内容

根据普通高等学校对新生化学科学素养的要求和化学科学的特点，参照《普通高级中学化学课程标准（实验）》，结合江苏省普通高中化学教学的实际，对化学学科的考试内容作如下说明。

一、素养和能力要求

能够理解化学科学、形成信息素养、学会实验探究、解决化学问题。化学基础知识与技能要求层次分为了解、理解（掌握）、综合应用三个层次。

二、考试范围和内容

2008年普通高等学校招生全国统一考试化学科（江苏卷）考试范围分为必考内容和选考内容。必考内容为普通高中化学课程中的《化学1》《化学2》《化学反应原理》和《有机化学基础》4个课程模块的内容。选考内容包括普通高中化学课程中的《物质结构与性质》和《实验化学》两个选修课程模块的内容，考生从中任选一个模块内容作答。

Ⅲ. 试卷的形式与结构

一、答卷方式：闭卷，笔试。

二、考试时间：100分钟，高考化学试卷满分为120分。

三、题型：试题包括选择题和非选择题两大类。试卷分值比例为选择题约40％，非选择题约60％。

四、必考部分和选考部分比例：必考内容约90％，选考内容约10％。

五、必考部分内容比例

化学基本概念和基本理论	约32％
元素及其化合物	约18％
有机化学基础	约18％
化学实验	约20％
化学计算	约12％

六、试题难度

容易题	约30％
中等难度题	约50％
较难题	约20％

七、答题和阅卷方式：试卷和答题卷分卷。选择题答案应填涂在答题卡上，非选择题的答案应填写在答题卷上。电脑阅卷。

2008年普通高等学校招生全国统一考试大纲
（全国卷理科综合化学部分）

Ⅰ. 考试性质

普通高等学校招生全国统一考试是由合格的高中毕业生和具有同等学力的考生参加的选拔性考试。高等学校根据考生的成绩，按已确定的招生计划，德、智、体全面衡量，择优录取。因此，高考应有较高的信度、效度，必要的区分度和适当的难度。

Ⅱ. 考试内容

化学科考试旨在测试考生对中学化学基础知识、基本技能的掌握情况和所应具有的观察能力、实验能力、思维能力和自学能力；试题还应注意考查考生初步运用所学化学知识，观察、分析生活、生产和社会中的各类有关化学问题的能力。

（一）能力要求：观察能力、实验能力、思维能力、自学能力

（二）考试范围及要求

高考化学各部分知识内容要求的程度由低到高分为三个层次：了解，理解（掌握），综合应用。一般高层次的要求包含低层次的要求。化学基础知识和基本技能主要包括：化学基本概念和基本理论，常见元素的单质及其重要化合物、有机化学基础、化学实验和化学计算五个方面。

Ⅲ．命题要求

要以能力测试为主导，考查考生对所学相关课程基础知识、基本技能的掌握程度和综合运用所学知识分析、解决问题的能力。要重视理论联系实际，关注科学技术、社会经济和生态环境的协调发展，要重视对考生科学素养的考查。

Ⅳ．考试形式与试卷结构

一、答卷方式：闭卷、笔试。

二、考试时间为 150 分钟。试卷满分为 300 分。

三、题型

试卷一般包括选择题和非选择题，其中非选择题包括填空题、实验题、作图题、计算题、简答题等题型。

四、内容比例

物理、化学、生物三科的内容比例约为 40％、36％、24％。

五、试题难度

试卷包括容易题、中等难度题和难题，以中等难度题为主。

六、组卷原则

试题主要按题型、内容和难度进行排列，选择题在前，非选择题在后，同一题型中同一学科的试题相对集中，同一学科中不同试题尽量按由易到难的顺序排列。

2008 年普通高等学校招生全国统一考试大纲的说明（宁夏卷）理科综合

Ⅰ．考试性质

普通高等学校招生全国统一考试是合格的高中毕业生和具有同等学力的考生参加的选拔性考试。高等学校根据考生的成绩，按已确定的招生计划，德、智、体全面衡量，择优录取。

因此，高考应具有较高的信度、效度和必要的区分度以及适当的难度。

Ⅱ. 考试形式与试卷结构

一、答卷方式：闭卷、笔试。

二、考试时间150分钟，试卷满分300分。

三、科目分值

物理110分、化学100分、生物90分。各学科试题只涉及本学科内容，不跨学科综合。

四、题型

试卷包括选择题和非选择题，非选择题一般包括填空、实验、作图、计算、简答等题型。

五、试卷结构

1. 试卷分第Ⅰ卷和第Ⅱ卷。

第Ⅰ卷为生物、化学、物理三个科目的必考题，题型为选择题，共21题，每题6分，共计126分。其中生物6道题（单项选择题），化学7道题（单项选择题），物理8道题（包括单项选择和多项选择题）。

第Ⅱ卷由生物、化学、物理三科的必考题和选考题构成。生物、化学、物理各科选考内容分值控制在15分左右。

2. 物理四个选考模块，考生从中任意选做一个模块的试题；化学三个选考模块，考生从中任意选做一个模块的试题；生物两个选考模块，考生从中任意选做一个模块的试题；但均不得跨模块选做。

3. 组卷：试卷按题型、内容和难度进行排列，选择题在前，非选择题在后，同一题型中同一学科的试题相对集中，同一学科中不同试题尽量按由易到难的顺序排列。

Ⅲ. 各学科考试能力要求、内容及题型示例

化 学

（一）对化学学习能力的要求：接受、吸收、整合化学信息的能力；分析问题和解决（解答）化学问题的能力；化学实验与探究能力。

（二）对知识内容的要求层次

高考化学命题对各部分知识内容要求的程度由低到高分为了解、理解（掌握）、综合应用三个层次，高层次的要求包含低层次的要求。

（三）考试范围和内容

根据普通高等学校对新生科学素养的要求，按照既保证与全国普通高校招生统一考试的要求基本一致，又有利于实施《普通高中化学课程标准（实验）》的原则，将高考化学科考试范围分为必考内容和选考内容。

必考内容为必修模块《化学 1》《化学 2》和选修模块《化学反应原理》的内容。根据化学的学科体系和学科特点，具体内容包括：化学科学特点和化学研究基本方法、化学基本概念和基本理论、常见无机物及其应用、常见有机物及其应用和化学实验基础五个方面。

选考内容为选修模块《化学与技术》《物质结构与性质》《有机化学基础》，考生从中任意选考一个模块的内容。

概况与摘要

化学教育学理探讨

2008年有关化学教育的学理探讨主要集中在化学教学研究、化学课程研究和化学学习研究这三个方面。

化学教学研究

【概况】中学化学教学迫切需要可操作性较强的教学理论的指导，同时新课程的实施也促进了化学教学理论的不断发展。2008年，国内学者关注的教学问题涉及面十分广泛，很难一概而论。总体来讲，较为关注如下问题：教学模式、教学设计、教学评价、课堂教学的有效性、科学素养和人文素养的培养等。

从实践看化学新课程实施中的有效环境教育对策

张晓玲　黄荣生

化学教学中实施有效环境教育是新课改的重要任务，也是时代的责任。一、新课标关于环境教育的理念，与美国高中化学教材《化学：与变化着的世界相联系》体现的美国环境教育理念相比，新课程标准中情感态度与价值观目标对环境教育非常注重，而知识与技能目标中要求却比较浅显，在过程与方法目标中则没有相关要求。二、从课堂看环境教育的现实，在一些环境问题的展示中，学生对信息低层次重复有倦怠感，在讨论解决实际环境问题的方法时，学生很容易受到吸引。三、新课程教学中实施有效环境教育的对策，需从以下几个方面转变和把握环境教育的重心：(1)教学观念中改“环境问题做载体，应用化学知识”为“化学知识做载体，解决环境问题”，把环境教育作为中心任务而不是应用化学的场所。(2)教学内容中改“环境知识的传授”为“环境问题的解决过程”，改“低层次的知识轰炸”为“把相关化学内容、其他学科内容、社会问题联系在一起，挖掘问题产生的内涵，提高涉及环境问题时的辨别和决策能力”。

(3)在教学方法中改“讲授、传递知识和图片”为“动情、讨论、解决”。(4)通过校本课程，综合实践活动对学生进行环境专题教学和研究。

《化学教育》2008 年第 7 期

新课程理念下的插图教学策略

卓高峰

在新课程理念下，如何利用教材插图资源，激发学生学习化学兴趣，提高学生的化学学科素养，促进学习方式的转化，是值得教师探索的一个重要课题。一、透过插图表象，揭示化学本质，教师在教学中要注意联系实际，开阔思路，透过化学图表象，揭示化学原理，培养学生运用化学知识解决实际问题的能力，同时也能通过轻松的途径构建学科知识。以必修 1“钢铁的腐蚀”“二氧化硅与信息材料”为例。二、互变插图的形象化与抽象化，形成科学思维，必修模块中的大多数插图是静态的，教师可以根据需要，充分利用现代计算机模拟技术，使之动起来，以必修 2“有机化合物的获得与应用”“原子结构模型的演变”为例。三、渗透插图的知识化与生活化，形成学科知识，在教学中往往遇到工业流程图或物质来源图，这类插图，根据内容的知识化与生活化侧重点不同，可选择不同的教学策略。以“从铝土矿中提取铝” “石油的炼制——乙烯”为例。

《化学教育》2008 年第 3 期

提高化学习题教学效果的实施策略

邝贤毅

本文从知识获得这个角度分析探究关于习题教学问题的成因，并提出相应对策。一、化学知识结构建构不良是症结所在。1. 陈述性化学知识记不住。2. 程序性化学知识不会练。3. 程序性化学知识没练精。二、化学知识结构的构建过程导致“认知缺失”现象原因探究。三、解决对策。1. 运用“先行组织者”讲述陈述性知识，建立持久有效的化学知识结构。2. 心智技能的教学注意典型练习的精讲多练，促进知识的有效输入和储存。3. 认知策略的教学注意变式巧讲，促使学生在巧练中形成灵活多变的策略。对于策略性知识的教学采用变式训练有助于化学知识的灵活迁移。4. 不失时机“勤总结”增强知识存储的有序性，提高学习者认知结构的可辨性、可用性和稳定性。当学完一章或一个单元后，就要进行概括总结。要搞好概括总结，就要学会善于运用对比的方法。5. 强化学生的自我监控，及时修正化学知识结构上的缺陷。通过填写知识点反馈表，检查自己对本单元知识掌握的程度。通过填写失误分析表，发现自己易犯哪些错误。以便在今后的学习过程中不断调整、修正。

《化学教育》2008 年第 3 期

开放式有机化学教学研究与实践

张　敏　袁先友　蒋海明　陈春艳　戴永强　杨理光

随着有机化学学科的发展，新的知识越来越多，教学内容越来越多，教学课时却越来越少，教学难度相应增加，教学改革非常必要。可以从以下几个方面进行改革的研究与实践:(1)转变教育教学观念，营造教学改革的良好氛围;(2)传统教学方法与现代教育技术结合，搭建课外拓展教学平台;(3)课程教学研究与科学研究结合，师生互动，成效显著;(4)课内系统传授知识与课外拓展、加强能力、培养素质相结合;(5)从单一考试向多重评价和能力考核发展，应试教育向素质教育转变;(6)产、学、研结合，为开放式教学拓展空间;(7)构建“一体化、多层次、开放性化学实验教育创新体系”。改革后的总结与深思：教学改革将课堂教学与课外辅导延伸扩展，知识传授与素质培养融为一体，打破了课堂教学的局限性，实践了课堂教学＋网络教学＋实验教学＋课外拓展多方面构建的开放式课程教学新体系，提高了学生学习积极性，可以充分发挥教师的主导作用和学生的主体作用。

《化学教育》2008 年第 1 期

新课程背景下如何在初中化学教学中渗透人文教育

全芙君　刘爱民

“在化学教学中渗透人文精神”已有不少老师发表过教研成果。新的课程改革给教师和学生带来了很多契机。该文结合实例从多方面探讨在初中化学教学中渗透人文教育的一些新尝试。一、开展丰富多彩的活动，体现化学美的育人功能，化学美是一种科学美，化学在提示物质内部丰富多彩的运动形式及其规律时，显示了化学领域中蕴涵的丰富的美育素材，因此具有特殊的美学价值。二、充分挖掘化学哲理，激发学生的坚强意志和奋斗精神，教学时，应确定好知识传授与德育的最佳结合点，潜移默化地自然渗透，达到“润物细无声”的境界。三、广泛展开探究活动，树立学生团结协作的意识，在实验教学中，应该创设更多活动让学生更多地交流、合作，培养与人合作的意识，培养与人合作的能力。四、抓住各种契机，培养学生实事求是的科学态度。科学活动的基本特征即是永无止境地探求未知、追求真理，并由此增进人类的幸福，从该意义上讲，科学活动本身的教育即是一种人文教育。五、渗透环保教育，树立学生可持续发展的战略思想，在教学中，可根据不同的知识内容渗透环保教育，在环境教育中渗透人文教育。科学和人文的结合是当今世界各国教育改革的潮流，也是社会发展和进步的必然趋势。

《化学教育》2008 年第 1 期

在化学教学中进行科学素质教育的实践

董宝平

科学素质的核心是科学方法与科学思想，青少年正处于成长阶段，引导并指导青少年进行社会实践活动，培养其科学方法与科学思想，是科学素质教育的核心内容。一、在课堂教学中进行科学素质教育的实践。1. 培养学生的微观思维能力。2. 培养学生的科学探究能力。3. 培养学生的科学认识过程。科学认识的一般过程是：提出问题→收集事实材料→加工事实材料→发现规律→总结应用。4. 培养学生的科学认识方法。既要培养学生掌握物质的分离和提纯、物质的化学性质实验等化学学科内的特殊方法，更要培养获取事实材料的观察方法、实验探究方法和加工事实材料的逻辑方法、假说方法、模型方法等科学研究的一般方法，还要培养学生掌握唯物辩证法、系统方法等哲学方法。培养学生获取事实材料的认识方法；培养学生获取材料的途径可以采用观察法、实验法、调查法和文献法；培养学生加工事实材料的认识方法，培养学生加工事实材料的方法包括培养学生比较和分类、归纳和演绎、类比等逻辑方法，也包括假说、模型、数学、直觉等非逻辑方法。二、在课外活动中开展科学素质教育的实践。1. 开设科技讲座。2. 开展科技活动。3. 进行科技创新实践。三、在化学教学中进行科技素质教育的成果。1. 教学研究能力明显提高。2. 学生的创新能力明显增强。

《化学教育》2008 年第 9 期

浅谈新课程背景下游戏教学在初中化学课堂教学中的应用

肖 征 李远蓉 徐秋云

利用游戏帮助教学，把知识的学习、智力、情感和社会性的发展寓于游戏之中，能够激活教学过程，增添学习的乐趣，取得比较好的教学效果。一、对新课程背景下初中化学学科教学特点的分析。二、对游戏教学的特征和功能的阐述。1. 游戏教学的特征，游戏教学以其内在的趣味性激发学生的内在动机，游戏教学始终伴随着师生愉悦的情绪，游戏教学是以教学内容为素材设计的活动和情境，游戏教学既重过程又重结果。2. 游戏教学的功能，激发学生情感、促进认知发展。促进学生社会化发展，促进学生自我评价和评价方式的多样性，三、初中化学课堂中游戏教学的应用，课的开始，用游戏导入新课，新课中，用游戏让学生理解概念，课尾时，用游戏留下回味的空间，练习时，用游戏巩固强化。四、初中化学课堂中游戏教学应用的注意事项，1. 做好课前准备工作；2. 清晰阐述游戏规则和要求；3. 关注每个学生；4. 教师要参与其中的活动；5. 进行科学的评价。五、结论与思考，恰当地运用游戏教学来激发学生学习的兴趣，能充分调动学生的积极性，使课堂处于一种积极、活跃、紧张、情绪高涨的氛围之中，从而掀起了课堂教学的高潮。

《化学教育》2008 年第 6 期

谈新课程理念下化学课堂教学中的预设与生成

肖丽华

预设与生成就构成了新课程教学中的一对基本矛盾，共同存在于课堂教学之中。关于预设与生成，该文分以下几点进行了解释：一、要正确认识预设与生成的关系，课堂教学要将预设和生成结合起来，好的课堂效果也只有在师生的互动才能生成。预设是生成的前提，生成是预设的升华。二、要重视课堂预设，把握课堂生成。1. 弹性预设，给生成留空间，所谓“弹性”就是指为实现化学教学的动态生成，教师要以开放的心态设计出灵活、动态、板块式的“学”案，而不是周密细致、一成不变的线性“教”案。2. 精心预设，建立生成点，在一些情况下，教师要有意设置“陷阱”，让学生形成思维的障碍，使学生在自由的空间里探究发现、交流撞击，然后在课堂上自然形成一些属于学生自己的东西，作为课堂教学的一种宝贵资源加以利用。3. 调节预设，呵护生成情境，寓有形的预设于无形的、动态的教学实施中，随时把握课堂教学中闪动的亮点，不断捕捉、判断、重组课堂教学中涌现的信息资源，机智生成新的教学方案。

《化学教育》2008 第 1 期

科学设计教学起点　扎实实施有效教学

张发新

设定恰当的课堂教学起点，是提高教学效率的基础。分析确定教学起点时的常见问题，有利于我们改进课堂教学。一、确定学生学习起点时的认识误区。1. 对学生学习的可能起点认识不当。2. 对学生学习的现实起点认识不足。3. 教学设计时设置的起点过低。二、找准学生学习起点的建议。1. 全面了解教学内容的可能起点。教师在处理教材时，要认识到教材所提供的教学内容及其作用，预设学生应当掌握的内容，提供学生学习该内容的可能，不能仅以教材作为教学设计的唯一依据，也不能仅仅对教材作知识层面的理解与把握。2. 细致分析、准确把握学生的现实起点。教学现实起点设计时要认真考虑以下两个问题：(1) 学生是否已经具备了学习新知识所必需的知识技能。(2) 学生是否已经了解了课文中的内容，了解了多少？达到什么程度？3. 深入分析可能影响学生化学学习的“前概念”。要深入分析、了解学生可能存在的“前概念”，换位思考，从学生的角度分析典型错误产生的原因，经常进行反思与总结，积累经验。

《化学教育》2008 年第 4 期

新课程背景下初中化学学业评价策略

杨向红

作者认为对初中学生化学学业水平的评价，要将升学的选拔性考试、毕业的水平性考试和学习过程的发展性考核相结合，共同构成完整的化学学业评价体系，其特性决定了具体的操作策略。一、初中化学学业评价的系统性——设计策略，分为：学情、教情、科情、校情。1. 调研学业评价的基础。2. 分析学业评价的环节，分析每次评价的目的和作用，分析学业评价的时间和空间，学业评价的方法选择、结果的分析和反馈方式。3. 制定学年度学业评价方案，可以每个维度确定一个重点项目，围绕重点绘出评价项目表，设计相对完整的学业评价方案，表中通常要写明“评价目标、内容、时间、评价方式、呈现方式等”。二、初中化学学业评价的时效性——行动策略，即对学生学业每一次的过程性评价，要及时反馈给学生、家长、学校或其他教育工作者，以帮助学生监测化学学业动态。1. 质性描述的经常性。2. 成绩分析的客观性。3. 初高中衔接的连贯性。三、初中化学学业评价的多元性——方法策略，多元评价的特征表现为评价方法的多样化、评价主体的多元化、评价内容的层次化等。1. 学业评价技术的多样化。2. 化学评价材料的层次化。3. 学业评价主体的多元化。

《化学教育》2008 年第 3 期

新课程背景下化学课堂教学目标的设计

苏仕标　吴江明

制定明确的教学目标，是课堂教学设计的首要任务。该文分析了在教学目标的制定方面存在的问题，并详细阐明新课程背景下教学目标的制定依据、教学目标的分类体系、教学目标的表述方式及教学目标制定的注意事项等问题。一、问题的提出。(1)在教学之前未制定明确的教学目标。(2)教学目标仅作为教案中的一种备查形式。(3)制定了基础知识和基本技能方面的目标等。二、教学目标的制定依据。(1)课程标准确定的课程目标。(2)对学科知识、学生以及社会的分析。三、教学目标的分类体系。在教学设计领域被广泛采用的学习结果分类是加涅（R. M. Gagne）的 5 种学习结果——言语信息、智力技能、认知策略、动作技能和态度。四、教学目标的表述方式——行为目标的 ABCD 表述法，要慎重考虑四个因素：行为主题、行为动词、行为条件、表现程度。五、制定教学目标的注意事项，要全面，明确，重点突出，难易适中，便于检测，有弹性，注意教学目标的前后衔接整合。

《化学教育》2008 年第 9 期

新课程背景下化学课堂教学设计的实践与思考

林肃浩

该文从课堂教学的理念、课堂教学的宗旨、课堂教学的资源、课堂教学的过程等角度，探讨了新课程背景下化学课堂教学的设计与实施的准则与案例。一、新课程标准下的课堂教学更应着眼于学生的发展，新课程标准下的教学不能只是这些外在的课堂教学的形式与方法，新课程标准的着眼点在于教学目标中的学生观的体现：“为了每一个学生的发展”和学生学习方式的改变。

二、新课程标准下的化学教育的宗旨是提高学生的科学素养。在构成科学素养的要素中，可以认为知识是基础、能力与方法是核心、意识和品质是表现。三、新课程标准下的化学课堂教学资源要具有自我开发的意识，教师在组织教学时就应该在对学生生活世界的了解与对知识的理解基础上，围绕课程目标而进行选择或开发化学教学需要运用的课程资源。四、新课程标准下的课堂教学更应关注课程目标的达成，建立在情感、态度和价值观基础上的思维的“情意性”，是新课程背景下的思维品质的不可或缺的重要组成部分，它体现着思维的价值。课堂教学效率观在新课程背景下也要发生变化。

《化学教育》2008 年第 3 期

高中化学教学中实施 STS 教育情况的调查报告

戚雪淑

该文通过问卷调查法对目前高中生认识和理解 STS 教育的情况展开调查、统计、分析，对象是台州市属 4 所普通高中学生。问卷针对 STS 教育与高中化学教学的结合进行命题，内容是以化学学科知识和化学教学为主，能够把握和反映高中化学教学的现状，同时又能够反映当今社会的科技前沿及热点问题，并能与学生的日常生活联系起来。调查显示，学生学习化学的兴趣来源主要依赖于实验（60.3%），尤其是学生独立操作实验（39.2%）；对与日常生活实际（48.5%）和科普知识相关（43.8%）的化学知识的需求比较迫切；能够从容应付试卷中相应的 STS 题目，同时男生又较女生表现出更强的适应能力；学生的才能在学校不能够最大限度地发挥出来（58.2%）；学生能够关注环境问题，具有强烈的环保意识，女生的态度又明显比男生要强烈得多；学生有勇于挑战困难、为社会贡献一己之力的精神，男生的挑战意识又显著强于女生；对迷信活动有一定的防范意识，具有一定的明辨是非能力，但也存在一定的侥幸心理。这些都说明了学生已具备了一定的 STS 意识，但还不够完善，STS 发展状况也并不是很乐观。这就要求我们在开展 STS 教育时充分挖掘化学学科本身价值，发挥化学实验在教学中的重要地位，以实验激发学生学习化学的兴趣，并有意识地引导学生对生活中的问题从科学的层面上加以关注，努力开发出更多的途径来发掘每个学生的潜力。

《化学教育》2008 年第 1 期

综合实践活动中培养学生化学科学素养的探讨

阎蒙钢　马旭明

综合实践活动是新课程倡导的一种全新的课程形态，是新课程改革中的一个亮点，也是我国课程改革的一次结构性突破。科学素养是化学新课程标准所关注的重要方面，如何利用综合实践活动并在其实施过程中培养学生的科学素养是该文研究的核心内容。从化学科学素养具有化学学科特性和科学素养的一般特点出发，在综合实践活动中培养学生的化学科学素养宜从以下途径来实施。(1)加大学校扶持力度。综合实践活动需要依托学校开发校本教材和实施新课程。这是综合实践活动培养学生化学科学素养的首要条件。(2)贯彻生本价值观念。在综合实践活动中，要求学生自主选题、自主实施、自主评价，以学生的直接经验为基础，关注学生的需要、动机和兴趣，充分体现学生的自主性和主动性，考虑学生的身心健康。(3)开发化学课程资源。化学科学素养可以通过综合实践活动中化学课程资源的开发和实施来进行培养。化学课程资源的开发应遵循生活性、开放性、探究性、化学性、广泛性和兴趣性的原则。(4)开展化学研究性学习。(5)组织安排社区服务。(6)完善评价保障体系。注重关注学生的发展层次和发展水平的差异，建立促进学生全面发展与提高的发展性评价；强调多元价值取向和多元标准，重视多元化的评价方式；在注意结果评价的同时，还要重视结果形成的过程性评价，将过程性评价贯穿于综合实践活动的整个过程。

《化学教育》2008 年第 2 期

中学化学教学中学生资源的利用和开发

单朝辉

学生资源是指在课堂教学中来源于学生的、通过师生互动而生成的资源。化学教学中学生资源种类多种多样：(1)按照表现形式可分为：语言类（包括学生的提问、回答）、行为类（学生的表情、动作等）。(2)按照学生资源的潜伏时间可分为：携带式资源和生成式资源。(3)按照主动性可分为：被动资源和主动资源。(4)按照性质可分为：良性资源和恶性资源。(5)其他：偶发事件、错误资源等。学生资源具有许多特点：(1)具有生成性、动态性、待开发性、难以复制性。(2)存在和表现的形式多样，不易察觉，是无形的、非物质的。(3)学生资源是最直接的，可以随取随用。

(4)学生资源是最有效的，取之于学生用之于学生。(5)学生资源是最丰富的。因为每一个学生都是鲜活的生命体，其知识、经验和智慧是取之不尽、用之不竭的资源库，而且学生资源是能再生的。这一资源有利于实现课堂教学目标、活跃课堂气氛、提高课堂教学效果。该文就化学课堂教学中学生资源的理解、利用、开发阐述了一些具体的案例和做法：(1)学生的生活经验是一种资源；(2)学生的兴趣是一种资源；(3)学生的错误是一种资源；(4)学生群体性资源的运用。

《化学教育》2008 年第 2 期

在化学教学中以 Blending Learning 为理念尝试“双主-探究”教学模式的研究与实践

王文昌　李　雯　张英锋　马子川

“Blending Learning”是当前国际教育理念发展的最新动向，就是要把传统学习方式的优势和网络化学习的优势结合起来，既要发挥教师引导、启发、监控教学过程的主导作用，又要充分体现学生作为学习过程主体的主动性、积极性与创造性。而“双主-探究”教学模式就是强调教师的主导作用和学生主体地位的有机统一，以学生自主探究为主线的教学模式。“双主-探究”的教学模式有助于最终实现以学生为中心，充分而有效地发挥教师的重要作用。它着眼于学习者的未来发展，旨在提高学习者的综合素质和实践能力。文章作者通过构建学科教学网站，以“Blending Learning”教学理念为指导，对“双主-探究”模式进行了教学实践，并以高一化学元素化合物教学中“钠的化合物”一节为例在以下几方面进行了介绍：(1)主体-主导相结合的实验引导-网络探究模式的设计；(2)Blending Learning 理念在过程上的体现；(3)Blending Learning 理念在技术上的体现；(4)教师主导作用的体现。

《化学教育》2008 年第 2 期

教师对“化学反应限度”相关学科内容的理解及其对教学处理的影响

宋万琚　王　磊　孔令鹏

“化学反应限度”这一内容历来都是中学化学教学的难点，高中新课程的化学教材与传统的化学教材相比发生了较大的变化，教师对学科内容的理解对其教学将会产生较大的影响，该文介绍了教师对“化学反应限度”内容的理解情况及其对教学的影响，以“温度对平衡移动影响”“浓度商”和“平衡常数与平衡转化率关系”的理解及其教学为例，通过课堂观察、课后访谈及录像分析，发现教师对学科内容的理解水平对这些内容的教学具有较大的影响，在不同的理解水平上进行的教学处理有很大的不同，教师对学科内容的认识与教学设计是密切相关的，具体表现在以下几个方面：1. “温度对平衡移动影响”的理解及其教学；2. “浓度商”的理解及其教学；3. “平衡常数与平衡转化率关系”的理解及其教学。最后针对性地提出了相关教学建议：(1)教师应加强对学科内容的理解；(2)教师应加强对学科内容编写意图及教学的理解；(3)教师应考虑学生对具体学科内容的原有认识；(4)教师之间应加强研讨与交流。

《化学教育》2008 年第 4 期

浅谈难点专题“两种化学平衡状态的比较”的突破教学

李顺友

两种化学平衡状态比较的题型是化学平衡类试题中的重点题型，同时也是中学化学试题中难度最大的题型。该文剖析了学生解题困难的形成原因：(1)题型呈现形式的多样性与综合性决定了解题方法的差异性和多样性。(2)试题涉及知识的抽象性与综合性给许多习惯于直观形象思维而尚未完成到抽象逻辑思维转变的学生造成一定的理解障碍；对学生在知识的储备、逻辑思维能力以及两个方面的不断转化提出了较高要求。(3)解题方法的创造性与抽象性，需要学生创造性地设计出两种平衡状态建立联系的途径。为了提高突破难点教学的针对性和有效性，把每一基本类型教学组织成小专题进行。具体教学设计采用了统筹规划、专题突破、分层推进、综合治理的教学策略。并对 3 种基本类型分别组织的专题教学设计依次简要介绍：专题一“同一始态分别在恒温恒容、恒温恒压不同条件下建立的两种平衡状态的比较”；专题二“各组分物质的量加倍前后两种平衡状态的比较”；专题三“不同的途径分别在相同条件下建立的化学平衡状态之间的比较”。

《化学教育》2008 年第 4 期

新课程教学中运用情感因素的情况调查

朱志江

该文在情感教学理论指导下，按照新课程标准要求，结合高中化学学科特点进行教学实践，探索化学情感教学法的一般理论和操作方法，为高中化学课堂教学提供一种范式，为实现新课程三维目标提供一种方法参考。研究中采用问卷调查结合访谈调查的方法，对高中部 30 位化学老师进行关于情感教学的现状、相关认识、操作方法技能等方面的调查研究。从“对情感因素应用于教学的基本认识”“情感因素应用于教学的现状”以及“情感因素应用于教学的做法”三个方面进行了分析总结。教师对于情感因素应用于教学的必要性认识完全一致，但对情感教学的认识还是局限在认知的效果上（80%），还没有意识到对优化学生情感品质、促进个性发展方面所起的重要作用。升学应试对教师改变自己熟悉的教学行为还有很大的阻碍作用。思想上比较重视，教学预设中有体现，但课堂实际操作并不理想。教师实施情感因素进行教学的重点仍然放在对知识的处理上，爱学生欣赏学生没有成为教师教学的主要考虑因素，学生的情感目标发展没有进入教师教学操作范围。实施情感教学的方法陈旧，主要是直观原则。课堂上缺乏控制课堂情绪的有效方法。

《化学教育》2008 年第 4 期

谈谈构建化学教师的素材库

周雪春

化学素材库中的素材，包括各种资料、习题、图表、照片、动画、声像等。在现代教学环境下，教师书写教案、演讲稿，编制习题、试卷时，离不开各种素材。该文较详细地论述了化学素材库中的素材类型，根据中学化学教学的特点，可以分为结构模型、实验仪器及装置图片、化学图表、实物图片、化学课件、化学题库、化学史话和趣味动画。构建素材库的常用方法有：(1)从网络中获取素材；(2)从图书馆、资料室复制重组素材；(3)自己动手制作素材，比如：使用 Word 文档，利用画图板软件，利用扫描仪、数码相机及 Photoshop 软件制作图片，利用 3D 动画软件，利用 Flash 或 Authorware 软件，利用数码摄像机拍摄化学影像片段。构建化学教师的素材库的工作量巨大，构建工作可以贯穿在平时教学工作中，逐步积累，慢慢扩充素材。另外，可以动用集体的力量一起搞，如一个备课组或学校整个教研组甚至几所学校联合搞，操作上可以先明确素材库结构，素材的主攻方向，再根据参与教师的个人特长，分工收集、制作有关素材，定期综合，共享知识产权。

《化学教育》2008 年第 6 期

让“矛盾”激活学生的思维——“离子晶体”教学实践与反思

索金龙

化学课堂教学应激发学生的情感、培养学生的创新能力。揭示矛盾、质疑批判是创新的源泉和动力。突破教师课堂教学的思维定式，善于挖掘矛盾问题，应该成为新课程化学教学的重要课题。以“离子晶体”的教学为例，引入“矛盾”激活课堂教学的案例。对教学中“矛盾”问题的反思：(1)挖掘教学素材，创设矛盾情境，教师在进行教学设计时不能回避矛盾，相反应该挖掘教学素材，故意制造“矛盾”，激发学生的批判性思维。(2)把握教学“意外”，揭示矛盾问题，课堂上生成的问题具有随机性和不可预测性，如果教师能发挥教育机智，恰当揭示矛盾，则不仅使课堂教学异彩纷呈、增加亮色，更能促进学生思维水平的提高。

《化学教育》2008年第7期

用“互动式科学小故事”改善学生的科学本质观

盖立春　郑长龙

所谓“互动式科学小故事”，是指一些精心设计，合乎史实，约10～15分钟的小故事。故事内容主要是科学家从事科学研究的重要事件或事件的片段。这些精彩的小故事不仅能清晰地展现科学的本质，而且能使学生深入地了解科学知识的发现过程和历史背景。“互动式科学小故事”必须满足两个条件：一是故事内容必须富有哲理，发人深省，并且与现行教学内容紧密结合，以便能使学生对所学内容有更加深刻而完整的了解；二是必须以人性化的、通俗易懂的方式来呈现，以便能使学生体会、感受和领悟隐含在故事里面的“深意”。

“互动式科学小故事”的编制一般采用“二元对立”（binary opposites）的办法，以科学史实为基础，创造“冲突”，以引发学生对科学本质的思考和感悟；讲述一般采用于故事“高潮”处中断的办法，制造“悬念”，以激发学生的好奇心和求知欲。故事中断以后，先请学生预测事故后来的发展和结局，然后教师在恰当的时机揭晓真实的历史结局，并在随后的课堂讨论中，引导并修正学生对科学本质的看法。

《化学教育》2008年第7期

中学化学人文教育的实验

张海洋　铁绍龙

新一轮课程改革把学科中的人文教育作为重要的目标提了出来，该文提出了围绕人文读物的自主阅读综合实践的形式来开展中学化学人文教育，学生人文教育的成效通过读书报告来进行交流和评价。实施的基本思路包括，(1)教育方式：熏陶感染；(2)教育载体：人文读物；(3)教育途径：自主阅读；(4)实施方法：综合实践活动。实施的基本策略为：以“合作学习”和“研究性学习”相结合的方式，采用“主题分解式”的形式设计人文读物自主阅读活动，可以采用实验法、调查法、访谈法、讨论法、演讲法、辩论赛、知识测试等方法。

表　中学化学人文自主阅读活动方案

主题材料（背景）		围绕主题材料进行讨论，并在了解的基础上进行归纳和提炼
发现问题		发现自己感兴趣的问题
提出假设		对所要探讨的问题作出自己基本的判断
阅读活动方案	课题题目	
	活动目的	
	活动内容	
	活动方法	
	活动步骤	
阅读活动开展	活动准备	阅读活动过程中需要的书籍、媒体、材料、途径和手段等的准备
	活动记录	收集整理阅读活动过程中的文字、图片等材料
	活动分析	对阅读活动过程中的材料进行分析
活动总结		对阅读活动进行提炼和总结，得出自己的结论并形成自己的观点，写出读书报告
反思提升		召开读书报告会，同学之间汇报交流心得体会

实验表明，中学化学人文教育在提高学生对化学认识、提高学生的化学成绩、提高学生的化学专业选择率及提高学生的综合能力等方面发挥了积极作用。

《化学教育》2008 年第 9 期

构建化学和谐课堂的方法探究

陆建源

所谓和谐课堂，就是“坚持以人为本，使教育的各因素相互依存、相互促进、协调合作，形成完美的教学生态，从而促进学生自我激励、自我成长、自我完善”。该文提出了构建化学和谐课堂的具体策略：(1)编写“课堂学本”，满足学生需要。确定“课堂学本”的内容，注重个体发展；以学生的需要为依据，强化“课堂学本”的建构，围绕目标，创设学习情境，满足学生求知和关爱的需要，建构自主探究情境，满足学生自主和创新的需要，引导实践，满足学生表现和成功的需要，精心设计栏目，满足学生平等和自尊的需要，注重使用方法，强化交流意识；(2)整合多种因素，构建良好教学生态。良好的教学生态是指师生关系、教学环境、教学方式、教学手段、教学活动等各因素能够和谐共振、相互促进、协调发展的一种“生态”。包括合理应用现代教学技术，构建课堂教学情境；延伸课堂教学内容，开展课外和研究性学习；强化情感交流，建立良好的师生关系；(3)强化实验教学，优化和谐课堂。“下放”课本实验为并进性实验，改验证性实验为探索性实验。

《化学教育》2008年第9期

中学化学课堂教学评价发展历程评析

王秀红　许　岳

该文以历次化学课程改革作为时间划分，从起步、兴起与发展、深化、革新4个阶段审视我国中学化学课堂教学评价的发展历程。1. 起步阶段（1978～1986）：(1)研究的主要问题为化学课堂教学分析的主要功能、主要内容和方法；(2)研究的主要特征：由于这个时期对化学教学的系统研究刚刚起步，所以相应的化学课堂教学评价研究很少，仅仅是在中学化学教材教法类专著中对相关问题作理论阐述。从评价内容来看，化学课堂教学分析主要是从教师的备课、教师的基本素质、学生的认识活动等几个方面进行的。2. 兴起与发展阶段（1987～1995）：(1)研究的主要问题为化学课堂教学质量评价的功能、标准和方法；(2)研究的主要特征：化学课堂教学质量评价的内容较前一阶段更为丰富和具体。在评价教师的备课、学生参与的基础上，供参考的指标体系中还着重提到了教师对学生在思维、创造性、个性发展、学习方法和科学方法等方面的培养要求。3. 深化阶段（1996～2002）：(1)研究的主要问题为化学课堂教学评价的主要功能、标准；(2)研究的主要特征：化学课堂教学评价研究也没有跟上时代的步伐，处于落后水平。4. 革新阶段（2003～　）：(1)研究的主要问题为化学课堂教学评价的基本理念、评价方法和评价体系；(2)研究的主要特征为目前的课堂教学评价研究都能紧紧围绕课程标准展开，以保证不偏离本次新课程改革的方向，这也呈现出比较好的发展势头。

《化学教育》2008 年第 10 期

化学教学中加强学生元认知能力的实验研究

严业安

学生元认知能力的高低直接影响其学习的质量和效率。学生化学学习的有效性，很大程度上取决于元认知过程的运作水平，特别是该过程中主体积极监控、调节自身学习活动的思维过程；在高中阶段对学生进行化学学习方法和学习策略的指导，提高学生的自我监控能力是十分必要的。该文以高三学生为研究对象，将实验班和控制班的高二期末考试成绩作为化学知识技能前测的成绩，然后从高三第一学期初开始进行准实验研究。在实验班的化学教学中，有目的、有策略、多形式地渗透元认知训练，综合运用了出声思维法、自我提问法和自我反思法来加强学生的元认知能力，而控制班采用常规化学教学方法进行教学。通过实验结果的统计分析，得出如下初步结论：(1)元认知教学能提高学生的元认知能力；(2)本次对高三学生进行元认知能力培养的实验研究总体上来说效果显著，有效地控制了学习的分化，但对学优生训练效果不太显著；(3)元认知教学的时间长短不同，训练效果就不同。训练时间越长，训练效果越好。

《化学教育》2008 年第 11 期

关于“质量守恒定律”化学史教学的几个问题的讨论

姜　鹏　郑长龙　袁绪富

列举了进行“质量守恒定律”化学史教学过程中常见的几个问题。通过对化学史著作和教科书的分析，对质量守恒定律的发现者、发现时间、发现过程和进行相关的化学史教学的视角提出不同观点。(1)质量守恒定律的发现者：只把拉瓦锡作为唯一的发现者，对于在拉瓦锡之前就曾经发现和阐述过质量守恒思想的俄国化学家罗蒙诺索夫却只字未提。(2)质量守恒定律的发现时间：质量守恒定律被罗蒙诺索夫和拉瓦锡两人独立发现的时间是1756年和1789年。(3)质量守恒定律的发现过程：从质量守恒思想的产生，到质量守恒定律从理论上被证明经历了一百多年，充分体现了科学发现的过程性和复杂性。(4)开展质量守恒定律化学史教学的视角：忽略了它所具有的方法论价值和对学生定量的化学观形成的积极影响。

《化学教育》2008年第9期

HPS教育对中学化学史教育的启示

王铃莉　李广洲

在理清HPS教育发展历程的基础上，探讨在化学史教育中践行HPS教育的条件，该文认为在化学史教育中践行HPS教育的条件包括：需要化学课程制定者的支持；提高化学课程的基层实施者——教师的教学素养；重视化学课程的学习者——学生的现有发展水平。并对HPS教育在中学化学史教育中的应用实例作出简要阐述。HPS教学模式分为以下5个具体的步骤：(1)提出问题，引出观念；(2)学习历史；(3)设计实验；(4)呈示理科观念和实验检验；(5)总结与评价。

《化学教育》2008年第7期

化学史教学中的科学本质观培养研究

史红霞　梁永平

科学史课程的学习是培养职前教师科学本质观的一条途径。科学本质观的基本内涵可以概括为：科学认识活动是以实验事实为基础的；实验中有观察和推论；科学定律和科学理论是有区别的科学知识的想象性和创造性；科学知识的暂定性；科学知识的负载理论本质；科学知识的社会文化背景。本文以化学史课题“燃烧理论的发展”为例说明在化学史教学中的科学本质观培养内容及策略。(1)设计探究活动；(2)设计IHV（互动历史小品）活动；(3)重现显性话语；(4)进行反思活动；(5)体验教学设计。

《化学教育》2008年第5期

化学集邮学的历史发展与教育实践

麦裕华　汪朝阳　王　辉

化学集邮学集化学、化学史和邮票研究于一体，化学主题邮票具有重要的寓教于乐功能。通过介绍化学集邮学的发展历程，归纳并展望化学主题邮票在化学教育中的实践状况，总结国内的相关研究与应用现状。邮票教育功能可以有以下 3 种实现方式：(1)直接利用各种邮政用品进行课堂直观演示，辅助正常教学；(2)通过组编叙事性的专题邮集，并举办展览以达到短期教育宣传效果；(3)通过撰写并出版某一科学专题线索的集邮普及读物，扩大教育时间和对象范围。

《化学教育》2008 年第 3 期

为学生构建神奇的化学史与化学美的世界

闫梦醒

化学史与化学美中具有科学、人文和审美的重要内容。文章指出，为学生构建神奇的化学世界，感悟化学美应该是我们教师最重要的工作。并提出了开展化学史与化学美教育的几点体会。(1)为学生构建神奇的化学史的世界：统计、挖掘教材中的化学史内容；编写结合课堂教学的化学史故事；以集中或分散形式上好化学史课。(2)为学生构建神奇的化学美的世界：以“美”启“真”，把学生引入化学殿堂；将中学化学美分为 8 类，化学物质美、化学结构美、化学变化美、化学实验美、化学理论美、化学用语美、化学史美、化学教学艺术美。

《化学教育》2008 年第 1 期

STS 主题式课程设计与核心概念教学策略

魏　巍　芦岳峰

一、主题设计生活化是新教材的特点，新教材中主题的生活化设计无疑与我们整个课程改革的基本理念一致，也是与化学课程标准相吻合的。二、STS 主题式课程设计与核心概念教学策略，新教材的主题选材与以前不同，它更多的是围绕生活及社会进行展开，并力图在知识与技能、过程与方法、情感态度与价值观这三个维度上体现化学课程的目标。核心概念教学策略能帮助教师去粗存精，找出教材目标的关键内容，而不必过分关心教材的细节。如果教师能提供核心概念教学策略，就能使学习者减少记忆负担。三、有关核心概念的两点说明：1. 核心概念并非仅限化学知识，它可以是一种化学思想，它也可以是一种生活常识。2. 核心概念需要提炼。(1)教师化学专业知识水平是能否产生好的核心概念的关键。(2)关注大的科学理念也能有助于提炼好的核心概念。

《中学化学教学参考》2008年第1/2期

“主题式”复习课教学模式例析——与“二氧化硫”相关知识的复习

夏旭初

一、流程图：

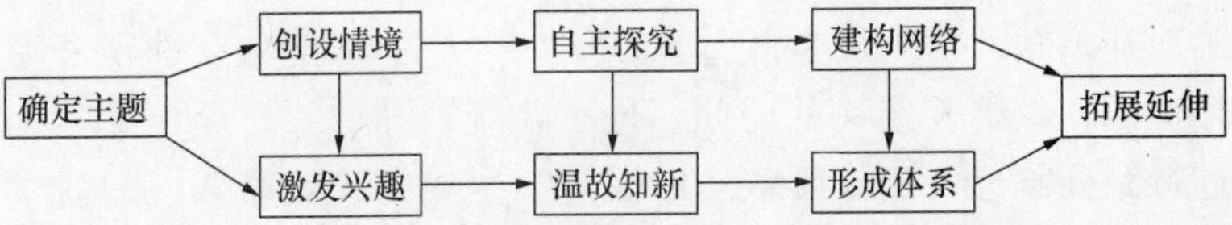

二、要点说明：主题应突出常态性、综合性、时代性、针对性。常态性是指内容紧密联系学生的认知水平及教材内容呈现的次序。针对性是指便于复习内容的归纳整理综合应用。情境创设要与主题一致。自主探究让学生做到“低起点，高落点”。建构网络有助于将知识编排有序。拓展延伸适当将本知识点深层延伸并综合多学科知识，同时关注社会科技前沿。

三、“二氧化硫”是初三化学复习的较好主题。

《中学化学教学参考》2008年第3期

谈新课程背景下高中化学教学的基础与能力

程国清

一、基础与能力的关系：基础知识和学习能力是相辅相成的关系。二、化学教学中的基础：基础知识、基本技能、基本方法、基本思想。三、化学教学中的能力。目前有多种分类方法。四、教学活动建议：(1)遵循循序渐进规律；(2)激发内趋勇于进取；(3)优化策略改革教学；(4)积极反思挑战自我。

《中学化学教学参考》2008年第4期

“走班式”教学模式在化学专题复习中的应用

万如锴　曹桂能

一、“走班式”教学模式的含义：以学生分层分班为前提，在做好“专题式”备课、“套餐式”评测工作的基础上，教师在全年级巡回教学，并通过“超市型”辅导加以补充和延伸的新型教学模式。二、理论依据：(1)因材施教理论；(2)最近发展区理论；(3)最优化教学理论。三、“走班式”教学模式在高三化学专题复习中实施。(1)实施分层分班。将学生分成A、B、C三种不同层次的化学复习备考班。(2)做好"专题式"备课、"套餐式"评测工作。确定专题借鉴以往经验，分为基本概念、基本理论、元素单质及其化合物、有机化学、化学实验和化学计算。备课组对每个专题进行集体研讨，然后由一位老师负责出适合A、B、C三个层次的学案各一份，要求关注内容的角度、坡度、精度和效度。每个专题作业和测评分别有A、B、C三种"套餐"。A. 基础题加综合题或能力提高题。B. 基础题加巩固练习题。C. 基础题加补差题。学生从中自选。(3)开办"学习超市"，优化课外辅导资源。教师在统一的时间、地点，统一挂牌，对全年级学生进行答疑解惑。四、反思:(1)提高学生成绩成效显著;(2)对学校的教学管理提出更高要求;(3)对教师要求更高;(4)优化教育资源。

《中学化学教学参考》2008年第4期

新课程高中文科班化学教学改革初探

斯琴高娃　乌　云　李　静　伊丽娜

一、高中文科班化学教学之现状:(1)学习化学的目的比较模糊;(2)没有良好的学习习惯，学习方法不科学;(3)化学教师不重视文科班的化学教学。二、新课标下改进文科班教学的措施:(1)教师要充分发挥亲和力，提高学生的化学学习兴趣，教学上体现浅、新、高、近的特点;(2)精选教学内容，结合STS教育的有关理论选择教学内容，根据学生需要调整教学内容;(3)改革教学方法，采取探究性强的实验方式来讲授理论知识，布置贴近生活的实验，使学生成为化学课堂的主人，开展兴趣小实验，参观工厂等。

《中学化学教学参考》2008年第5期

谈化学模糊知识的教学策略

肖中荣

一、化学模糊知识产生的原因。化学学科特点和阶段特点是产生模糊知识的根源。二、化学模糊知识的分类和教学策略。(1)知识背景模糊。教师对此类知识的教学策略是集体滑过和个别指导。集体滑过是指教师在课堂上对这些知识一语带过，不多解释原因。若有学生深问，教师进行个别指导，指导学生去课外阅读。(2)化学概念模糊。删除无效概念，突出有效概念的教学。无效概念是指那些高中教材中没有的或错误的概念，教师要坚决弃之，免得混淆视听。优点是减少无用知识、伪概念，提高教学的有效性。(3)化学规律模糊。动静结合，遵循客观性和开放性的原则。能使学生精确掌握规律，灵活应用知识，培养学生思维的深刻性和变通性。(4)反应原理模糊。以教材重点原理为素材，通过实验探究挖掘其隐含的学习价值。这种教学策略可以延长教学时空，丰富学生的化学知识，提高学生的实践能力和创新意识，展示新化学课堂“生成性教学”的独特魅力。

《中学化学教学参考》2008年第7期

新课程下对话生成探究教学模式的研究

周改英

一、问题的提出。改进课堂教学方式、探索行之有效的教学模式，依然迫切。二、对话生成探究教学的内涵诠释。对话教学的价值，不完全在于探究学习新知识，也在于借助言语信息的交流整合思维，还在于养成倾听、尊重、宽容他人的人文精神。三、对话生成探究教学模式建构的研究。(1)对话生成探究教学的实践意义。“对话生成探究”不仅仅是一种调动学生学习情绪的教学手段，更是一种尊重学生的教学思想；不仅仅是一种激活课堂的教学技巧，更是走进学生心灵的教育理念。(2)对话生成探究教学模式的建构。对话的“背景”是探究教学情境；对话的“对象”是探究教学中的学生、教师、教材或课题；而对话过程中的“话题”是由探究教学内容展开的。(3)促进对话生成探究教学的策略：模式操作的策略、立足教材的策略、实践验证的策略、民主平等的策略、启发引导的策略。四、对话生成探究教学模式应用的案例。(1)教师创设情境，激活思维；学生复习再现，体验加工信息。(2)教师启发引导，倾听评价；学生感知情境，质疑探究。(3)教师引导探索，评价总结；学生实践探究，知能建构。

《中学化学教学参考》2008年第12期

新课程背景下的建构教学模式初探

俞立永　边　文

新课程提倡以“学生为主体”的课堂教学结构，倡导“自主、合作、探究”的学习方式，追求“一切为了学生发展”的教学宗旨。该文结合建构主义的学习理论，谈谈其尝试的一种教学模式。一、建构学习理论的主要内容和启示。(1)学习是意义建构的过程。学生的学习不仅仅是对知识的表面了解，而是追求对知识点的本质、知识点的联系、知识点的应用、学习的方法和体现出的思想的掌握。(2)学习是协作对话的过程。学习是教师与学生、学生与学生之间协作的过程，对话是协作过程中不可缺少的环节。(3)学习是真实情境的过程。在一些真实的情境中，学习者如何解决实际问题，是衡量学习是否成功的关键。二、新课程背景下的建构教学模式。建构学习理论提倡在教师指导下的以学生为中心的学习。学生是教学信息加工的主体，是认知结构的主体建构者，而不是外部刺激的接受者；教师是意义建构的帮助者、引导者和促进者，而不是知识的传播者和灌输者。最后，作者以“设计氢氧化亚铁制备装置”的课题教学进行了探索。

《中学化学教学参考》2008 年第 6 期

一种新颖的类比活动在“化学平衡”教学中的尝试

付超群　李广洲　任红艳

教学实验主要是运用学生翻转扑克牌的一系列活动来类比可逆反应从反应开始到平衡建立的整个过程。借助这个类比活动在高三和大学一年级进行化学平衡概念的教学，并通过问卷测试探查学生在教学活动前后对化学平衡相关概念的理解情况。研究结果表明，类比教学活动收到了一定的教学效果，绝大部分被测试者经过教学过程初步实现了概念转变，放弃了原有的一些不科学的错误理解。

《中学化学教学参考》2008 年第 6 期

新课程“活动单导学模式”研究

张红卫

一、基本结构与设计：包括课题名称、学习目标、活动方案、当堂反馈四个部分。二、化学课堂“活动单”的研制步骤：化学教研组共同研制“活动单”。(1)组织学习；(2)任务分解；(3)讨论定稿；(4)反馈完善。三、“活动单导学模式”教学应处理好的几个关系。(1)教师与学生的关系；(2)学生与学生的关系；(3)开放与收敛的关系；(4)活动与目标的关系。

《中学化学教学参考》2008 年第 7 期

“导读—讨论—训练—总结”教学模式在化学课堂教学中的应用

周雪春

一、导读：选择比较简单的内容，起初给出具体要求，随着阅读能力的提高，给出阅读思考题，甚至让学生自己阅读总结。根据学生自觉性和时间紧张程度不同，可以安排在课前读或者上课开始10分钟内读。二、讨论：(1)提出问题;(2)分组讨论4位同学一组，推选一位组长，讨论5～10分钟;(3)集中讨论：每组推选一位同学发表观点，教师随时加以引导;(4)总结评价。三、训练。选题原则有目的性、科学性、实用性、层次性。四、总结：(1)学完一单元或一节总结一次;(2)总结内容有本单元知识条理性综合，揭示各知识点间的内在联系。列出有代表性的问题并分析其结构和解决方法。

《中学化学教学参考》2008年第8期

新课程下课堂教学突出的问题与对策

刘成坤

目前课堂教学中仍存在教学观念落后，教学目标片面化，探究教学追求形式，教学反馈缺乏针对性，忽视教学评价的重要功能等问题。一、教学观念有待于更新。端正教学思想，立足于学生适应现代化生活和未来的发展需要，以培养全体学生的科学素养为宗旨，建立教师引导、学生自主学习的导学机制。注重教法改革。二、教学目标片面化。教师把握学情是制定好教学目标的基础，要采取多种渠道了解学情。三、探究教学追求形式。教师必须转变教学观念，充分认识探究教学的重大意义，并认真研究新课标，认真领会其精神实质，努力营造自主、合作、体验和发展的学习氛围，让学生真正成为探究学习的主人。四、教学反馈缺乏针对性。(1)在备课中首先设计好反馈的内容，明确反馈目标;(2)采用多种方式进行反馈;(3)充分利用课后作业进行反馈。五、教学评价需要强化。(1)增强课堂教学评价的意识;(2)通过评价培养学生自主学习的兴趣和能力;(3)通过评价进行查漏补缺，总结完善;(4)通过评价激发学生树立学习自信心;(5)通过评价拉近师生教学相长、和谐发展的关系。

《中学化学教学参考》2008年第11期

谈新课程化学课堂教学中应关注的几个问题

徐　方

教师观念的逐步改变和提高，影响着学生学习方式的转变，但在现实的课堂教学中也出现了一些新的问题或现象，需要不断探讨、改进和提高。一、要注意课堂教学的规范性，要使多媒体课件与板书有机结合，充分发挥各自的作用。教师可以发挥集体的智慧，利用生活中的物品，设计一些实用的、富有创造性的小实验。二、要落实课堂教学的目标性，强调过程和方法的学习，就是要使学生更好地理解科学知识，让他们学会独立地去获取知识，就是要使学生掌握学会认知、学会学习、学会生存的本领。三、要关注教学内容的生活性，来源于生活和生产中的化学知识更贴近生活，更能激发学生的兴趣，学生更希望得到解释与结论。四、要加强课堂教学的互动性，新课程与老课程最明显的一个区别，或者说是新课程一个突出理念是强调获取知识的过程和方法。五、要重视教学过程的生成性，课堂教学是一个动态的不断发展的过程，这个过程既有规律可循，又有灵活的生成性和不可预测性。六、要体现知识学习的阶段性。七、要发挥教材栏目的功能性，在教学中必须深入理解栏目的编写和设计意图，充分挖掘栏目的教学价值，并采用灵活多样的教学方法来施教。

《中学化学教学参考》2008 年第 11 期

化学问题解决的策略研究

王后雄

探讨了问题解决的机制，并结合实例提出了化学问题解决的类比策略、分解策略、逆推策略、探究策略、整体策略、模型策略、信息策略、反思策略。

《化学教学》2008 年第 1 期

今后我们该怎样教化学

尚　瑶

1. 脱离现实环境下的学科素质教育的实施其实是局限而又乏力的；2. 近些年化学高考的走势带给了我们对学科素质教育的新的思考；3. 夯实基础，激发兴趣，勇于创新是教育教学过程中不变的准则；(1)夯实基础，讲究效率是实施教育教学过程的主要指导思想；(2)激发起学生的学习兴趣；(3)善于学习，勇于创新是时代的发展对我们提出的更高要求；(4)今天的教育工作者都应更多地给予学生以人文的关怀。

《化学教学》2008 年第 1 期

基于 MAS 问题编码的化学知识多重表征研究

张怡纳　王祖浩

借鉴 MAS 问题编码的方法，对化学中宏观表征、微观表征、符号表征两两之间的转换以及三重表征间的转换问题，以测试的形式，就学生在单维转换中表现出的差异进行了因素分析，并对某一转换水平在单维、多维转换中的转换能力作了比较，以期为提高学生三重表征思维提供有益的启示。

《化学教学》2008 年第 3 期

浅谈耗散结构理论在化学教学中的应用

汪　嵘

耗散结构理论可以概括为：一个远离平衡态的非线性系统通过不断与外界交换物质和能量，在系统内部某个参量的变化达到一定阈值时，通过涨落，系统可能发生突变即非平衡相变，由原来的混沌无序状态转变为一种在时间上、空间上或功能上的有序状态。学生在初中阶段学习化学的过程，实际上是将表面上杂乱无序的大量化学基础知识，根据其内涵、本质及内在相互联系，逐步变成有序的知识结构的过程。将耗散结构理论运用于化学教学中要求：一、拓展教学时间和空间，增加信息输入量，开放学生思维系统。(1)在生活中获取信息;(2)在媒介中获取信息;(3)在调查实践中获取信息。二、在课堂教学结构中设法构建思维的非稳态。(1)在新课引入时设法构建思维的非稳态;(2)在课堂讲授中设法构建思维的非稳态;(3)在课堂结尾处设法构建思维的非稳态。三、利用多种方法和手段科学地减少遗忘量。(1)传授合理的记忆方法;(2)科学合理的组织复习。四、以学生为主体，努力促进学生的“自组织”过程。(1)在课堂教学中促进学生的“自组织”过程;(2)在探究实验中促进学生的“自组织”过程;(3)因材施教促进所有学生的“自组织”过程。

《化学教学》2008 年第 3 期

提高化学课堂教学中知识呈现方式的有效性策略初探

王　芳

新课程的设计和呈现，吸收了学习理论领域的研究成果，实现了教材设计的重大转化，在教材内容的设计和呈现上，充分考虑了知识的结构性和内在联系。苏教版以栏目设置作为教材内容的呈现方式，以“你知道吗”“观察与思考”“活动与探究”“交流与讨论”“问题解决”等为主要的知识呈现线索，将学生学习作为教材设计的中心问题，突出了学生的“学”，而在教师“教”的方面，给教师留下了足够的思考空间。

以《普通高中课程标准实验教科书苏教版·化学》为例，认为认真学习新课程标准和新教材，了解新教材的主要特点，把握新教材内容的呈现方式，研究新教材各栏目的重要功能，是用活新教材的前提；构建以人为本的教育理念，落实三维目标，是用活新教材的关键；转变教和学的方式，是用活新教材的基本途径。课堂教学中知识呈现的有效性策略包括：1.关注知识呈现方式的生活性；2.关注知识呈现方式的问题性；3.关注知识呈现方式的情境性；4.关注知识呈现方式的衔接性；5.关注知识呈现方式的探究性。

《化学教学》2008 年第 4 期

依托发现法理论，强化等效平衡的有效性教学策略的研究

谢立华

所谓发现法，就是教师向学生提出有关问题，引导学生学习、搜集有关资料，通过积极思考，自己体会、发现概念和原理。本文在等效平衡知识点上依托“发现学习法”理论进行研究，从问题的提出、问题的探究到问题的解决整个教学活动，完全依照学生的思维展开和发展，对知识点进行“小题大做”，将抽象、生僻、深奥的知识，通过创设多组数据作为探究知识的载体，分解难点，大胆地鼓励学生从多角度、多侧面、多层次思考问题，充分调动学生的潜在能力，盘活了思维，学生不但容易理解，并能完全通过自己的观察发现问题所在，使学习过程成为再发现再创造的过程，成为知识的发现者。避免了学生被动接受知识的现象。

《化学教学》2008 年第 6 期

化学教学中的提问艺术

孟庆玲

本文提出了化学课堂提问的几点有效做法：1. 抓住契机，创设情境。问题情境需要具有有效性、趣味性、生活性、开放

性、真实性，借助各种媒体，通过艺术途径，优美而扣人心弦地展示课题，激发学生的学习热情和学习动机。2. 设置矛盾，激活思维。课堂上设置问题的“矛盾”，应从实际出发，问题要有一定的思考价值。3. 殊途同归，引人入胜。将一味直来直去的提问方式改成“曲问”“活问”的方式，促使学生开动脑筋。4. 化难为易，层层深入。教师把较难的问题分解成易理解、更有趣的小问题，或者把大问题分解成一组小问题，层层深入，逐步引导学生向思维的纵深发展。5. 灵活多变，发散思维。教师从不同的角度启发学生，使学生既拓宽思维的空间，又能培养发散思维能力。

《化学教学》2008年第6期

化学课堂有效讨论的几个着力点

翟新民

本文就有效实施化学课堂讨论的几个方面进行了探讨研究。1. 正确认识是前提。课堂讨论必须服从教学需要，课堂讨论不是简单的放羊式的自由活动，不是把动态的讨论过程预设为固定化的操作流程，不是把学生的主动思考限定为固定的答案，而是期待讨论中出现思维的碰撞，让教师在讨论中提高教学智慧，学生在讨论中得到滋养。2. 问题设计是关键。讨论问题的设计应紧扣教材，有利于解决教材的重点和难点；难易适中，有利于创造新的更高水准的“最近发展区”；多元开放，有利于培养学生的创新意识和创新能力；拓展思维，有利于学生的有效学习。3. 过程扎实是保证。课堂的讨论过程应该选准讨论时机、把握讨论节奏，进行适当引导启发并且及时进行反馈总结。

《化学教学》2008年第6期

新课程背景下化学概念的教学策略

茆建军

本文探讨了化学概念学习的策略问题，提出了“概念形成策略、概念同化策略、概念图策略”等有效教学策略并举出了相应的示例。1. 概念形成策略。概念形成策略是指学习者从大量的具体例证中，以比较、辨别、抽象等形式自己概括得出事物关键特征的一种学习策略。运用概念形成策略时，概念的具体例证越丰富，关键特征越明显，越有利于概念的学习和理解。示例：“电离”的概念。2. 概念同化策略。概念同化策略是指学习者利用原有认知结构中适当的概念来学习新概念的一种方法。在概念同化学习中，学习者认知结构中原有的概念起着决定作用。示例："电离平衡"概念。3. 概念图策略。概念图策略是指学习者按照自己对知识的理解，用结构网络的形式表示概念的意义以及与其他概念之间联系的一种策略。一个完整的概念图包括命题、层次等级、横向联系和实例 4 个方面。示例："胶体"的概念。

《化学教学》2008 年第 6 期

论非智力因素在化学教学中的培养

王凤兰

本文讲述了非智力因素对学生克服学习中的心理障碍和学业上的难度，养成良好的意志品质起着举足轻重的作用。笔者阐述了在化学教学中培养学生非智力因素的方法：(1)营造环境，培养良好的情感。教师应给知识、信息附加情感色彩，实施情感性教学，使学生在富有情感的环境中获得知识；(2)因材施教，激发良好的动机。教师要乐于对每一位学生抱以希望，发展学生的潜能；(3)挖掘教材，诱导浓厚的兴趣。教师要利用好教材的内容，培养学生的学习兴趣，使学生在获得知识的同时，能力、智力均得到发展；(4)优化性格，养成顽强的品质。教师应该注重学生性格的发展，并且给他们提供独立活动、克服困难的机会，培养学生的坚韧性。

《化学教学》2008 年第 7 期

论随机进入化学教学

陈素余　蔡亚萍

本文以认知弹性理论为依据，结合当前化学新课程强调以学生为主体的化学学习观，阐述了随机进入化学教学的实质，是学习者伴随着新知识的建构，根据自己的实际情况随意通过不同渠道，不同学习方式从多个不同角度和不同问题侧面，在不同的时间多次进入同一化学教学内容，从而达到对化学专题知识全面而又深入的掌握。笔者介绍了随机进入化学教学的五个环节：创设情境、随机进入学习、思维发展训练、小组协作学习和学习效果评价，通过这五个环节讨论其在化学教学中的应用问题。

《化学教学》2008 年第 7 期

基于“问题—建构”的概念教学

高修库

本文介绍了根据建构主义学习理论，运用问题讨论的模式进行“物质的量”教学。笔者在教学中有意识地创设问题情境，呈现相关概念的形成过程，化静态为动态，化终态为过程，引导学生在解决问题的过程中学习概念。1. 创设问题情境，展示概念的形成过程，促进学生对概念的理解；2. 通过问题情境，巧妙地深化概念、衔接概念，形成知识网络；3. 通过问题情境，强化概念的辨析和应用，提高教学的实效性。

《化学教学》2008 年第 7 期

探索化学课堂教学的自我超越

奚达宝

对于已经习惯了以教师为核心的传授式传统教学方式的广大教师，需要尽快适应新形势下的课堂教学，在教学中充分调动学生的学习积极性，这就要求教师对自己长期形成的教学方法、特点和模式进行必要的调整和优化。本文提出了几条在课堂教学中超越自我的有效途径：1. 注重激活学生的思维，开放性地实施课堂教学；2. 注重激励学生的探究意识，捕捉学生课堂中的闪光点；3. 注重开发和利用生成性教学资源，深化课堂教学；4. 注重不同层次学生的需要，提高教学的有效性。

《化学教学》2008 年第 7 期

初三化学中“无现象”反应的教学探究

吕秀丽

在初三化学教学过程中有许多化学反应实际发生了但没有明显的现象，教师可以此为契机让学生通过所学知识来验证反应的发生，这不仅可培养学生运用所学知识解决实际问题的能力，同时学生的思维推理能力可得到进一步地发展，学生对探究事物本质的好奇心更强了。本文以 CO_2 与 NaOH 溶液、NaOH 溶液与 HCl 溶液反应的实验为例探讨对于无明显现象的化学反应，教师应该如何培养学生的思维能力和探究精神。

《化学教学》2008 年第 8 期

实施“课时学案”教学的体会

王梅生

本文提出“课时学案”的概念，介绍了“课时学案”设计的原则：1. 体现完整的教学体系，有一定的系统性；2. 突出以学生为中心；3. 以培养学科素养为着眼点。并通过具体案例阐述了“课时学案”的设计策略：1. 创设丰富的学习情境；2. 将教学难点设计成问题串；3. 锻炼学生的自学能力和探究能力；4. 按照教学大纲和课时教学目标的要求，精选针对性强、灵活性高、难度适宜、数量适宜的习题，作为课后评价题。教师在教学实践中，应注重对生动案例的积累，及时进行教学后的反思，使“课时学案”的设计真正“动态生成”。

《化学教学》2008 年第 8 期

在化学教学中“习得性无助”的归因和转化策略

陆庭銮

“习得性无助”是指人和动物经历了接连不断的挫折与失败后，面临问题时产生的无能为力或自暴自弃的心理状态与行为。“习得性无助”是学生学习化学的严重障碍，本文提出了一些做法来防止这种现象的滋生和蔓延，诸如：播种兴趣、正确归纳、别伤自尊、情境创设等，每个观点都有一定的实践基础作支撑。

《化学教学》2008 年第 8 期

感悟高中化学教学反思

郭丽楠

教师专业发展的过程是一个总结经验、捕捉问题、反思实践的过程。针对自己的化学学科，教学要反思的内容很多，本文对化学教学理念、课堂模式、课后回顾以及学生评价这四个方面的反思进行了探讨。反思是教师思维火花的闪烁，教师要及时加以捕捉、记录，以便在以后的教学中“择其善者而从之，其不善者而改之”，少走弯路，不断提高教学质量。只有不断反思，“用心”教书育人，记录教育现象，思考教育问题，体会教育感受，教学质量才能不断提高。

《化学教学》2008 年第 8 期

试谈新课标下的初中化学分层教学

邓玉云

分层教学，是指根据不同学生的学习可能性、水平，将全班学生分成若干层次；根据各层次学生的学习可能性制定相应的分层教学目标；根据分层教学目标进行分层施教；然后是及时反馈，分层评价；矫正、调节，再确立新的教学目标。本文结合笔者自身的教学实践，提出了在初中化学教学中实施分层教学的策略：1. 分析差异，把握层次；2. 设计分层的教学目标；3. 设计分层的课堂提问；4. 设计分层的课堂练习及课外作业；5. 课外实施分层辅导；6. 设计分层的教学评价。总之，教师应充分研究学生的特点（学习基础、学习方法、学习能力、学习动机等），然后将特点相近的学生归结成同一层次，有针对性地设计教学方案，进行相应的教学指导。

《化学教学》2008 年第 8 期

促进学生科学本质理解的教学设计

梁永平

促进学生科学本质理解的教学设计理论。其精髓在于，以构建主义为哲学基础，以探究性教学为基本活动方式，以显性和反思性活动为基本教学策略。促进学生科学本质理解的教学设计策略包括以下几种：1. 将科学本质理解作为显性教学目标；2. 设计具有认识论水平的教学主题；3. 能够显性区别观察和推论；4. 注重知识的产生方式；5. 进行反思性评价活动；6. 在作业设计中关注科学本质。

《化学教学》2008 年第 10 期

批判性思维：化学教学的新视点——写在 2007 年诺贝尔奖颁奖之时

文庆城　范　斌

一、消除权威，创设民主、宽松的批判性思维的教学氛围。教师应用批判的观点去研究教材，允许学生对教材和教学的建设性批判。二、结合化学发展历史，激发批判意识，培养批判精神。化学就是在否定之否定的螺旋曲折过程中不断发展的。三、实施新型对话教学策略，训练批判性思维技能。对话“提问”的内容包括追求表达的明确性、探寻证据与理由、考查解释的观点、协调不同的观点、验证思考的内容是否合乎实际。在探究式教学和实验的改进与创新时较多运用对话策略有助于培养学生的批判性思维。

《中学化学》2008 年第 1 期

依托耗散结构理论　引领中学化学教学

张　逵

1967 年，比利时物理学家普利高津提出了耗散结构理论，获得了 1977 年诺贝尔化学奖。化学教学系统就是一个耗散结构。运用该理论，能够提高教学效率。一、进行开放式教学，创设开放系统。二、改革教学方法，创设非平衡教学情境。三、师生共同努力，构建大容量的信息库。四、增加能量消耗，减少知识遗忘。五、发挥学生主体作用，努力促进学生思维的自组织过程。

《中学化学》2008 年第 1 期

ATDE 教学模式在课堂教学中的实施——人教版九年级“分子原子”教学设计

吴兆根

一、“问想做评”(ATDE)创造性思维教学模式的简述。该模式由台湾学者陈龙安总结了吉尔福特、泰勒、帕尼斯等人的教学模式以后提出的。问：asking，想：thinking，做：doing，评：evaluation。二、“分子原子”教学中的创造性思维教学模式的实施。(1)问：教师设计或安排问题环境，提供学生创造性思维与问题解决的机会。(2)想：学生提出问题后，应鼓励学生自由联想、发散思维，并给予学生思维的时间，以寻求创意。(3)做：利用各种活动方式，让学生在学中做，做中学，做中议，议中悟，从实际活动中寻求解决问题的方法，而且能付诸行动。(4)评：师生共同制定评估标准，共同评鉴，选取最适当的答案，相互欣赏尊重，使创造性思维由萌芽进入使用阶段。三、结束语：教师在课堂教学中树立服务意识，把“玩”“做”“学”“创”的权力还给学生，使学生真正成为主人。

《中学化学》2008 年第 2 期

从中学化学的整体教学来把握初中化学教学

刘彦华

一、认真研究初高中新课程标准，从中学化学教学的总体把握初中化学教学。二、用发展的眼光看待初中化学知识的教学。

初三出现但不做要求的内容有元素在自然界中的存在形式、同素异形体、用电子式表示物质的结构、两性化合物及典型两性氧化物。有关溶解度的计算，初中只要求掌握一定温度下饱和溶液中溶质质量、溶剂质量、溶解度三者之间的换算。氧化还原、物质结构知识不宜拓展，元素化合价不宜讲得绝对化。三、从提高学生综合素质的高度来认识和完成初中化学教学。

《山东教育》2008 年第 3 期

新课程背景下高中化学分层教学初探

孙国虎

素质教育要求教育者尊重学生主体，面向全体学生，实现全面而生动的发展。尊重学生个体差异的优化发展，对学生进行分层教学十分必要。一、理论基础及内涵。1. 理论基础：因材施教原则、最近发展区理论、差异教育理论。2. 内涵分析：目标上致力于促进全体学生得到最大限度发展，在形式上交替运用班级授课、小组讨论和个别辅导相结合等形式，充分体现面向全体、分层优化、因材施教、循序渐进等教学原则。二、分层教学实施策略，一是课前分层，1. 学生分层，学生分层不是给学生评定等级，而是使教学活动更有层次性、针对性、有效性。2. 目标分层，教师紧扣课程标准和教材，根据学生的能力水平，对不同层次的学生提出相应的教学要求，将每节课教学目标设计为：起点目标、基础目标、提高目标。3. 备课分层。二是课内分层，1. 讲授分层，可优化学生学习过程，减轻学生的负担，也是课堂分层教学中最难操作的一部分。2. 提问分层，应由浅入深，富有层次性、递进性，鼓励每个学生都参与到教学活动中去。3. 训练分层。三是课后分层，1. 作业分层；2. 辅导分层；3. 测试分层。三、需进一步思考的问题。1. 学生分层是动态的；2. 要对学生全面了解；3. 针对非智力因素分层；4. 分层教学不适合基本理论。

《教学月刊（教学参考）》2008 年第 4 期上

浅谈高中化学新课程必修模块的教学策略

杜开颜

一、以观念和方法教育为主线，以知识内容为载体进行教学设计。(1)吃透教材，理解教材中包含的化学观念和方法。比如苏教版《化学 1》的专题 1 看似杂乱，分析后发现，整个框架以化学观念和方法为线索展开，体系严谨，环环相扣，化学知识为化学观念和方法服务。(2)以化学观念和方法来整合教学内容。如《化学1》专题1《溶液的配制及分析》，不是单纯地让学生记住配制步骤，而要让学生明白为什么需要这些步骤。二、教学组织上，学生活动和教师引导并重。(1)在实验探究课中要注意引导学生观察和思考，如《化学1》专题2第一单元《溴、碘的提取》。(2)在理论讲授课中注意安排学生的学习活动。如《化学1》专题2的《离子反应》。三、以提高教学的有效性为宗旨制定教学程序和教学方法。(1)要有合作、讨论的话题。(2)要精选探究的内容。(3)要注意研究使用多媒体手段的必要性。

《福建教育学院学报》2008年第3期

高中化学新课程概念教学浅议

林　桑

一、认识新课程的化学概念教学要求的特点。例如原子结构知识的有关概念在《化学1》、必修2、《物质结构与性质》中是逐步发展和深化的，要知道每一阶段的具体要求。二、几点建议：(1)关注学生已有的知识经验，创设条件促使学生原有概念的转变和发展。例如《化学1》对离子有关概念的发展顺序：电离→离子的存在→电解质、非电解质→强、弱电解质→离子反应→离子反应知识应用（离子方程式书写）。教学中要分析学生先前概念的学习情况。(2)设计基于实验探究的化学概念教学，有利于学生感悟概念的形成。比如关于离子反应概念的实验活动。

《福建教育学院学报》2008年第3期

相对原子质量概念表述及其教学的探析——兼谈初中化学新课程概念教学

郑振勤

一、相对原子质量概念的精确表述。二、相对原子质量概念表述的教科书版本差异。人教版、沪教版、粤教版、鲁教版、湘教版的定义。三、相对原子质量概念表述的研讨。(1)相对原子质量概念理解的重要基础。(2)相对原子质量概念中的“标准”及其表述。(3)相对原子质量概念中“计量”的表述与隐情。(4)相对原子质量的名称和符号的讨论。四、相对原子质量概念的教学思考。(1)准确把握概念的教学要求。会用相对原子质量、相对分子质量进行物质组成的简单计算。(2)努力开发概念的教育价值。为什么要引入相对质量和怎样构造相对原子质量，如何从原子质量得到相对原子质量，其测量标准的选择等问题都蕴涵着重要的科学思想、科学方法，具有重要的教育价值。(3)自觉避让概念的教学禁区。核素的概念不宜出现。不要擅自改动或者批判教科书的表述。

《教育实践与研究》2008 年第 8 期 B

化学课程研究

【概况】课程，作为学校教育这个系统中的“软件”，是最重要、最繁难的教育问题之一。教育实践，就是以课程为轴心展开的。任何一轮教改也是从课改入手。关于化学课程的研究主要包括了课程的开发设计、课程资源的开发利用、新课程教材设计与编写等领域。

化学诗词——科学素养和人文素养教育的一种生动载体

李国英

借助优美的化学诗词，通过“润物细无声”的教化熏陶，不仅可以传授化学知识，而且能够激发学习兴趣，逐渐培养审美情趣，养成审美习惯，形成审美能力，提升科学素养和人文素养。一、化学诗词是培养科学素养和人文素养的一种生动载体。诗词可以成为学生健康成长的良师益友，可以塑造青年学子美好的心灵及健全的人格。二、化学诗词赏析。笔者创作的几首化学诗词：1. 沁园春·物质世界大观园。2. 水调歌头·物质体系。三、化学诗词的作用和效果。1. 在化学诗词中渗透美育，有利于培养学生的学习兴趣。2. 在化学诗词中融注科学精神和人文精神，有利于培养学生的健康人格。3. 在化学诗词中凝聚科学知识，有利于培养学生的创新精神。4. 在化学诗词中循循善诱，有利于挖掘学生的潜力，发挥他们的主体作用，发展个性。通过化学诗词教学，给学生提供主动探求知识的宽松环境，让他们展开想象的翅膀，在无限的时间和空间里，根据所提供的线索，自主探究化学的历史和未来、概念的形成与演化、理论的验证、完善。

《化学教育》2008 年第 8 期

浅论高中化学教育改革的四个问题

解守宗

上海的二期课改使化学课程得到了调整与改进，但化学新课程的实施情况却不能令人满意。笔者对上海高中化学课改进行反思，讨论了深化高中化学教育改革需要反思的四个问题：(1)高中化学教育的终结目标是什么；(2)是否需要进一步淡化高中化学课程的学问中心色彩；(3)化学教师的职责是"教化学"还是"从事化学教育"；(4)是否应该变高中化学教学迁就高考为高考迁就高中化学教学。

《化学教学》2008 年第 7 期

高中化学新课程的二次开发研究

魏爱民　江家发

课程的二次开发是在遵循课程标准所规定的课程目标的前提下在课程实施领域对国家课程进行的二次创造，是对国家课程的丰富、完善和补充。该文章结合作者自己的课程实践，就这个问题作了一番探讨：一、化学新课程二次开发的必要性。首先，二次课程开发有利于促进学生个性化发展，有利于张扬师生的主体性与个性。其次，二次课程的开发有利于不同类型学校教学特色的形成和发展。最后，从新课程和教师的关系来看，教师参与课程的二次开发，不仅使得新课程能够更好地切合具体的学情和校情，对于教师本身而言，还是一个提升自身课程素养的机会。二、化学新课程二次开发的几种模式。1. 资源整合模式，"资源整合"模式是指在严格遵循国家课程标准和在执行特定课程的前提下，教师对所授课程进行的一种资源优化。2. "课程剪裁"模式，化学新课程的二次开发可以借鉴"课程剪裁"的思路，将不同课程或者同一课程的不同部分的相关内容剪裁拼接，组合成能够适应学校和学生具体情况的校本课程。3. "模块开发"模式，"模块开发"模式应该立足于模块知识体系，充分吸收不同版本选修教材的优点，依据国家课程标准、学校的教育哲学及学生的个性化发展需求开发不同价值取向的选修模块课程。

《化学教育》2008 年第 6 期

基于认识论信念发展的理科教科书设计

梁永平　王林琴

科学教育的目标要求学生具备较高的认识论信念水平。要引领学生具备比较精致的认识论信念，理科教师必须具有精致的认识论理解，而理科教师的认识论信念水平在很大程度上受到了现行理科教科书的影响。该文阐述了基于认识论信念发展的现行理科教科书的设计理论，设计策略包括:(1)设计具有认识论意义的认识主题;(2)设计尽可能显性呈现认识论信念的探究活动，可以从几方面来设计探究活动过程：显性说明通过研究所达到的目的；显性说明研究方案的选择和变量控制的方法；显性说明实验现象与理论模型之间协调的关系。(3)设计具有认识论信念水平的反思性活动;(4)设计具有一定认识论信念水平的作业。提出了从认识主题、探究活动、显性和反思性话语、作业设计 4 个方面来提高基于认识论信念的教科书设计水平。最后，以质量守恒定律内容设计的片段作为基于认识论信念发展的教科书设计范例，来说明如何在教科书中体现精致的认识论信念。

《化学教育》2008 年第 2 期

重庆市 S 县初中化学校本课程开发条件的调查研究

郑冬梅　李远蓉

该文对重庆 S 县初中化学校本课程开发进行了调查。调查结果发现，S 县初中化学校本课程开发条件不成熟，表现在：政策条件不成熟；校际缺乏交流、优秀校本课程开发经验难以推广，绝大多数农村初中无法顾及校本课程开发；化学教师开发校本课程态度积极，但知识准备不足，日常教学以旧式知识教学模式进行；校本课程开发存在缺乏专业指导、缺少课程资源、经费、时间和难以达到有效人际合作的问题。本文对 S 县化学校本课程开发提出了如下建议:(1)教委尽快制定关于中小学校本课程开发具体的指导意见，成立专门的“校本课程规划方案”审议机构，作出对教师进行校本课程开发方面的培训计划及相关的奖励政策，根据大多数教师利用网络获取校本课程开发知识的特点，教委教研人员建立校本课程开发网站，介绍相关知识、全国优秀校本课程开发案例及课程资源以资学习借鉴。(2)加强校际教研。(3)各校加强宣传，营造开发校本课程的文化氛围。(4)欲开发化学校本课程的初中学校，应组织校本课程开发队伍。(5)建议 S 县初中开发隐性化学校本课程。

《化学教育》2008 年第 2 期

高中化学课程资源开发与利用状况调查

杨明生　阎蒙钢

高中进入新课程，课程资源开发与利用问题被提升到历史的高度。通过对师生的化学课程资源的调查显示，在传统课程目标下，广大师生在化学课程资源的观念方面有严重缺失，学校在化学课程资源构建方面仍有诸多问题。对教师和学生关于教学资源和学习资源的调查问卷，直接或间接地反映出不同类型学校师生的化学教学资源观和学习资源观。学生：(1)受调查的中学生对学习资源有一定的认识，但不够全面，也很狭隘；(2)中学生获取化学知识的渠道呈现出一定的多样性，同时反映出各级各类学校发展的不平衡；(3)中学生更关注是校内的学习资源，对校外的学习资源认识不够，这是应试教育的典型特征；(4)学生的选择更多的是在传统的“三中心（课本中心、课堂中心、教师中心）”观念下做出的，因此，中学生不仅存在学习资源观问题，还存在着学习观念问题、学习方法论问题。教师：(1)体现出一定的时代性，突出表现出一定程度的成熟与理性；(2)不少教师并没有真正理解教学资源的含义，主要表现为对教学资源观的片面理解；(3)教师对化学教学资源观的认识相当不平衡；(4)少数教师对化学教学资源的价值认识不到位，有一定片面性，特别表现为不同学校教师对教学资源作用的认识有很大的差异。调查还反映出当前学习和教学资源开发与利用方面存在的问题。学习资源：(1)学生对学习资源与学习进步的关系认识不够；(2)各个学校自身的教学资源库建设严重滞后；(3)学生资源的利用有偏差，仍然表现出应试教育的典型特征。教学资源：(1)资源利用尚未达到多样化、立体化和综合化，资源利用的形式单一，仅限于教学参考书、杂志和有限的网络，基本上还是突出“三中心”；(2)各个学校的资源建设没有得到应有的重视；(3)各个学校教师的负担太重，会直接影响到教师对教学资源的开发与利用。

《化学教育》2008 年第 2 期

依托化学教学　开发乡土课程

肖桂林

在化学新课程背景下，充分开发利用乡土课程资源并将二者进行科学整合，是新课程的需要，是弥补农村中学校内化学课程资源不足，张扬学生个性，促进学生素质全面发展的有效途径。(1)乡土课程资源的开发范畴应紧扣“三农”：乡土资源的开发应紧紧围绕当前农村发展的需要，农业生产的需求，服务农民的宗旨。如教学时可结合农业向学生渗透“农业化学”知识；结合农村向学生渗透环保知识；结合农民向学生渗透“食品化学”知识，使学生“知农、爱农、为农”。(2)乡土课程资源的开发特点应凸显“乡土”：教师开发既要结合化学教学，又要凸显“乡土”。如可以教师为主导、学生参与、分组确立主题进行乡土系列知识开发。(3)乡土课程资源的开发原则应因地制宜：化学教师要结合课标，依据自然环境、民族文化、经济发展的状况，依据乡土资源的本土优势、资源优势，因地制宜、科学开发。(4)乡土课程资源开发的形式应体现多样化：采用校本课程的形式，也可以通过开放式课堂的形式；或采用研究性学习的形式，也可以通过综合实践活动的形式；可将乡土课程资源融入课堂，也可将实验室搬到大自然；可编成乡土教材，也可将新教材“乡土”延伸；可以有预设目标，也可注重生成性；开发的主体可以是老师，也可以是学生；开发的内容可以是书本内的，也可以是书本外的；开发的空间可以是校内，也可以是校外（家庭、社会、农业生产）。(5)乡土课程资源的开发应与化学新课程进行整合：充分挖掘和利用当地乡土资源，使之在教学目标、教学内容、教学资源、教学过程、教学方法等方面与化学新课程进行整合，形成互补，有利于培养学生的化学素养，促进不同个性的学生最大限度地发展。

《化学教育》2008年第4期

化学新课程中STS教育目标的设计与思考

孙树萍　阮文举

该文全面展现STS教育的思想与目标的基本体系。对化学新课程各个部分STS目标进行整合也可以形成如下图的基本目标群。STS目标：(1)科学价值观，包括对科学世界不断探究的情感、态度、行为；对科学成就继承发展的情感、态度、行为；对科学负载社会责任的情感、态度、行为。(2)技术的价值观，包括技术的利益估量；技术的风险评定；对科技引发社会伦理问题的感知与关注。(3)决策能力，包括多种价值观、科学思考力（逻辑思维才能、敏锐地感知、辩论能力、有关技术潜力、实践经验）、有关知识的重要信息。STS目标群组和要素是设计各类STS教育目标的基准。STS主题和化学与技术等模块是实现上述基本目标的重要平台。STS 主题贯穿于化学新课程的始终。可以从估量有关科技成就的意义、认定有关科技成果存在的不利影响；产生并持有化学与社会的意识，形成决策能力对其 STS 教育目标进行研究和彰显。最后指出了 STS 教学目标设计及应注意的问题：(1)STS教学目标的内容勿求大求全，应强调针对性；(2)STS 教学目标的陈述力争具体生动，体现动态性；(3)与各类 STS 教育同行，体现持续性。

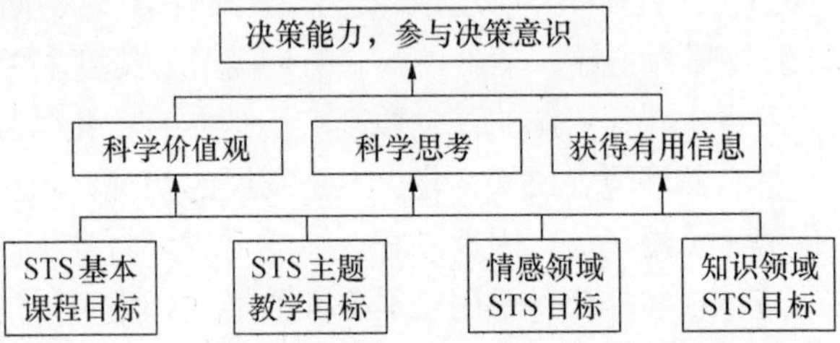

《化学教育》2008 年第 5 期

新课程背景下高中生具备的有机化学知识基础探析

陈　颖　王　磊　宋万琚

高中化学新课程有机化学的内容分别设置在“化学 2”必修模块和“有机化学基础”等选修模块中。2007 年新课程化学高考大纲将“有机化学基础”定为选考模块，新课程高中生学习的有机化学知识与以往相比发生了哪些改变，能否满足他们在大学学习的要求，该文从高中课程标准、高考大纲、中学化学教材和大学化学课程等几个方面对学生的有机化学知识基础进行了分析，并结合新课程实施的具体情况初步论证了高中化学新课程中学生获得的有机化学知识基础与高考选拔和大学课程学习需要之间的适切性。分别从新课程高中化学教材内容、高考可能的选择组合、大学开设专业及课程设置、大学教材内容等几个方面对学生的有机化学基础进行了分析，这些分析数据及结果表明在新课程背景下学生的有机化学知识基础与以往发生了改变，虽然经过不同模块学习的学生知识基础有所差异，但在中学阶段打好共同的基础是能够满足大学学习要求的。

《化学教育》2008 年第 7 期

高中化学教科书中化学史的内容分析与编写建议

刘一兵　范增民

该文运用内容分析法对高中化学新教科书中化学史编写进

行分析，可知教科书中化学史图文并茂，但存在如下不足：(1)新教科书中科学家数量很多，但描述科学家真实形象极少。(2)新教科书中化学史内容提及了化学科学发展的动力，但外在动力的描述较少。(3)新教科书中化学史描写科学发展过程特征的细节不多，突出的是科学家个体对科学发展的作用，把科学发展描绘为科学家个人通过决定性的实验产生的结果，这种科学观遮蔽了科学发展中的人文性。(4)新教科书中化学史涉及科学方法的频数较大，其中以实验方法为主，其他方法表述不足。最后对高中化学教科书中化学史的编写提出了如下建议：(1)重塑科学家的真实形象，全面刻画科学家的专业品质，强化科学家的合作精神；(2)寻求内史与外史的有机整合；(3)描述科学发展过程中的争论和失误；(4)选择典型的科学探究范例；(5)丰富学习情境的创设，呈现化学史学习情境的方式主要有：实验情境、问题情境、讨论情境；(6)精心编制化学史习题。其一，选择一些典型化学发展史作为素材，选材不仅要体现课程标准的要求，而且一定是化学科学发展过程中起关键或突破作用的内容。其二，编制习题时，一般应围绕“科学事实—科学思想—科学方法—科学精神”这条主线，学习不同阶段可有所侧重。其三，编制习题时，应根据化学史教学的内容、目标以及学生的特点相应选择不同层次性的题型。

《化学教育》2008 年第 11 期

高中化学新课程与大学有机化学相关性的调查研究

肖慧玲　张　欣　李　颖

在人教版化学教科书中，有机化学的内容主要出现于必修 2 与选修 5 中。依据新课程理念，必修、选修目标要求及内容设置均有所差别。在教学中如何把握必修、选修教材深度以及高中与大学有机化学课程相关性问题，便显得尤为重要。该文以有机化学为载体，对上述问题作以调查研究，发现：(1)中学化学教师对专业知识的遗忘度较大；(2)多数教师认为自己胜任新课程教学有困难；(3)在教学中还是参照旧教材；(4)大部分学生还是有在大学阶段继续学习化学相关专业的意愿。最后提出了大学和中学有机化学教学内容相衔接的教学建议：(1)养成习惯，注重探究；(2)着眼选修，保持连贯；(3)点精面博，低入高出。

《化学教育》2008 年第 12 期

中国近代化学课程始端——“京师同文馆化学科”体系溯探

江家发　陈　波

京师同文馆化学科作为我国化学课程的始端，以课程设置及目的、课程内容与教材、课程的考试、教师与学生等要素，构成了学校近代化学课程体系，并以此为我国化学教育事业作出了开创性的贡献。

《化学教育》2008 年第 12 期

我国中学化学课程中情感态度与价值观目标内涵的历史演变

王秀红　吕　微

情感态度与价值观目标在本次新课程改革中得到前所未有的重视。通过对我国历次化学课程标准或教学大纲中情感态度与价值观目标的历史梳理，分析出其变化的特征，以便帮助教师正确认识情感态度与价值观目标的内涵。主要经历了 4 个阶段的发展变化：(1)化学课程目标初涉学生个人的“科学兴趣”；(2)注重“辩证唯物主义观点、爱国主义、国际主义思想”；(3)注重“科学态度、热爱社会主义祖国、社会责任感”；(4)注重“科学的好奇心、学习兴趣、科学精神、爱社会、爱自然、爱护环境”等。

《化学教育》2008 年第 2 期

开发高中化学校本课程的实践与思考

陈　斌

校本课程建设是当前课程改革的一个重点和亮点。校本课程以促进学生全面发展为目标指向，是促进教师和学校发展的强大动力。该文结合化学学科特点和重庆的历史、地理文化，在新课程理念指导下尝试后的思考和体会：一、课程改编，1. 创造性地拓展教材，以“卤素”为例；2. 优化整合教材，课程改编应将教材知识与学生现实生活融为一体，使知识内化到学生内心世界，这样开发的课题才有意义。二、课程新编，指全新的课程单元开发。三、整体构思实现校本课程系列化。校本课程开发应在国家课程计划框架下，从围绕学生的生存环境、健康饮食、家居和穿用材料、安全使用化学品、新闻信息等蕴涵的化学问题来开发课程，并按照一系列主题或课题组织课程内容。

《中学化学教学参考》2008 年第 5 期

从化学学科观念的公众调查中得到的启示

马宏佳　梁　卉

本次调查的目的在于测查从事与化学无直接相关职业的普通公众的化学学科观念的建构和应用情况。从化学意识、化学观点和解决实际问题的能力三个方面设计问卷。100 名被调查者中男性 43 名，女性 57 名，年龄分布在 20～40 岁之间，居住地为城市，主要集中在专科以上较高学历的人群。调查结论：公众具有一定的化学意识，能从化学的角度看问题，但不够全面和客观。社会生活和媒体对公众的化学观念发展有一定影响。关于化学观念，公众能用一些重要的化学观点判断对错，可见中学阶段建立的一些观点还是比较牢固的。关于解决实际问题的能力，这方面比较薄弱。

《中学化学教学参考》2008 年第 3 期

新课程高中化学教科书中的学科观念体系

陆　军

科学观念有“能量”“演化”“变化的形式”“尺度与结构”“稳定性”“系统与相互作用”等科学主题。人教版新课程高中必修教科书体现了与此对应的学科观念体系：化学研究的物质层次（尺度与结构）、化学中的相互作用（系统与相互作用）、化学变化的形式（变化的形式）、化学反应中的能量变化（能量）、化学反应的方向和限度（稳定性）。

《中学化学教学参考》2008 年第 5 期

化学教学中生命教育资源的开发

江永君

教育是直面生命的教育。在各学科的教学中融入生命教育理念将成为课堂的必然走向。如何开发化学教学中的生命教育资源是目前面临的重要问题。从教材内容、自然现象、社会现象、教学理念、教师生活体验、生成性资源等角度对生命教育资源的开发进行探讨具有重要意义。

《中学化学教学参考》2008 年第 7 期

对课程态科学探究活动设计的解读——以人教版高中化学必修1为例

杨承印　王建建

一、科学探究的内容与形式。《化学1》中科学探究栏目及其出现次数为：思考与交流（18次）、学与问（9次）、实验（25次）、科学视野（8次）、科学史话（2次）、科学探究（7次）、实践活动（7次）。平均每课时活动次数76/36即2.11次。二、科学探究活动的分类：整体探究和部分探究；亲历探究和间接探究；引导探究和自主探究；课内探究与课外探究。三、结论与反思：(1)结论：科学探究不只是某种具体活动形式，而是渗透在整个教科书所设计的多种多样的探究活动之中；选材于生活社会，引进先进的信息技术；使学生在科学知识和概念的理解、科学技能和活动能力的体现、科学态度和思维习惯的养成这三个方面有所发展。(2)反思：教材编撰者在编写探究活动时应充分考虑各地区的实际情况；教师应考虑如何有效利用当地教育资源，合理开发或取舍探究活动，更好地驾驭教材，有效处理探究学习和接受学习的关系。

《中学化学教学参考》2008年第9期

在化学教学中渗透食品安全教育

李　田　马建峰　盖立春

一、在化学教学中渗透食品安全教育的意义。在我国，还没有建立完善的公民食品安全教育体系，公民主要通过电视、网络等媒体来获取食品安全知识。而在日本和美国，食品安全教育早已经纳入正规的学校教育体系，在不同阶段的学校教育中都有涉及食品安全教育的内容。因而在我国加强食品安全教育势在必行。二、在化学教学中渗透食品安全教育的可行性分析。1. 与新化学课程理念一致，今日世界各国的化学教育，尤其是基础化学教育都十分关注每个公民每天都接触到的营养和食物、环境保护、水资源和能源、材料和资源等诸多所谓的“公民问题”。2. 化学课程含有大量食品安全教育素材。食品安全的隐患源主要是物理因素、生物因素和化学因素。三、在化学教学中渗透食品安全教育的建议。1. 充分利用好教材。教材是学生获得食品安全知识的主要来源。相应的辅助资料介绍了很多化学与食品健康的知识，另外，网上有大量可供食品安全教育的素材。2. 注重联系实际生活。如今中学化学教育注重“从生活走进化学，从化学走向社会”的理念。对于化学中的食品安全教育来说，这一理念也非常重要。食品安全教育应注重从生活中挖掘素材。

《化学教学》2008年第1期

例谈辩证思维在化学解题中的渗透

兰绍平

辩证思维就是用运动的和寻求联系的观点来思考，用辩证法来揭示事物的本质。化学中充满着辩证法。化学解题教学要培养学生的辩证思维。一、已知与未知。二、主与客。三、割与补。四、分与合。五、数与形。六、放与缩。七、定性与定量。

《现代中小学教育》2008年第2期

化学学习研究

【概况】先行组织者理论仍是很受关注的化学学习理论。研究者们还开展了形式多样，视角多元化的学情研究。调查研究了学生自我效能感，学习归因特点、学习习惯差异、元认知能力等。化学学习研究紧扣新课程学习策略及学生在学习过程中的常见问题。

教师与学生部分核心化学概念相异构想的比较研究

罗秀玲

化学概念是化学学习的重要组成部分，是构建化学学科知识框架的节点。《普通高中化学课程标准（实验）》明确要求学生通过化学课程的学习“了解化学科学发展的主要线索，理解基本的化学概念和原理，认识化学现象的本质，理解化学变化的基本规律，形成有关化学科学的基本观念”。但是许多研究表明：学生头脑中存在着许多与科学概念理解不一致的概念，又称相异构想(alternative concept)。目前关于相异构想的研究主要是从学生的角度来探查。但教师对概念的理解主导着学生对概念的理解，因而教师因素是学生接受和理解科学概念重要的外界因素之一，在不断地探讨学生所存在的相异概念时，有必要从教师的角度来进行探讨，反思教师对所传授的概念的理解。该研究探查了化学教师对部分核心化学概念的理解，并与《高一学生部分核心化学概念相异构想的探查》的调查结果相比较，以期能对教师进修、师范教育及化学概念的教学提供一些参考和反思。研究发现教师与学生整体回答的曲线大致平行；教师及学生在“宏观—微观”“微观—符号”表征转换方面存在困难。为了促进教师与学生相异构想的转变，应促进教师教学的反思，充分利用教材的资源，丰富学生相异构想的调查。

《化学教育》2008 年第 1 期

初中生化学前概念的调查与思考——对初三学生关于元素、单质、化合物的前概念的调查

成　蕊　鄢　朋　刘玲玲

学习心理学认为，学生在课堂学习某个概念之前已经形成了关于这个概念的个人前概念，这对他们科学认识的形成与建构产生一定的影响，而了解他们的前概念应该作为教学的起点。该研究选取一个案例（元素单质化合物），对 52 名还未正式学习本概念的初三学生进行了调查，在调查的基础上，分析了他们的前概念的特点、形成原因和基本性质，得出了如下结论：首先，大多数学生对元素的概念很陌生。其次，大多数学生将具体物质和抽象的元素相混淆。最后，初中学生思维上的特点使他们不能将物质的宏观组成与其微观构成统一起来，从而造成了他们不能清楚地区分纯净物和混合物以及混合物和化合物。学生已有的知识经验（即学生的前概念）是学生学习的前提条件和基础，而发现学生头脑中那些朴素的、不全面的、甚至是错误的前概念，并在此基础上实施教学，才能帮助学生建立起他们认知结构中原有的概念和新知识之间实质性的联系，才能使教学更加具有针对性、方向性。

《化学调查》2008 年第 1 期

高中生化学问题解决思维策略分析

吴鑫德　唐　琳　奉　青　刘　芬

思维是问题解决的核心内容，教学生学会思维是基础教育新课改的重要理念。该文采用当代认知心理学研究思维的常用方法——口语报告法，对高中生化学问题解决思维过程进行分析与研究。被试的是 27 名高中生，材料为自编的 6 个化学问题。经过“专家”与“新手”思维过程的分析和比较发现，高中生成功解决化学问题主要有 8 种思维策略。它们分别是：①读题审题策

略；②综合分析策略；③双向推理策略；④同中求异、异中求同策略；⑤化繁为简策略；⑥巧设速解策略；⑦模糊思维策略；⑧总结反思策略。其中“策略①～策略④”为信息加工与模式识别策略，“策略⑤～策略⑦”是学科思维策略，“策略⑧”为元认知策略。经过实践我们发现，有意识地对高中生进行这些策略的训练，可显著地提高高中生解决化学问题的能力，尤其是对暂时学习落后的学生特别有效。

《化学教育》2008 年第 2 期

学习策略在高中化学学习中使用情况的调查

常　雯　李远蓉

该文以认知主义学习理论为指导构建了 WMC 学习策略结构模型，该模型主要由 3 个主群策略和 13 个亚群策略构成。主群策略包括：学习方法策略（the strategy of learning way 缩写为 W）、元认知策略（the strategy of metacognition 缩写为 M）、学习资源的调控策略（the strategy of controlling learning resources 缩写为 C）。亚群策略包括：组织策略、搜集信息、复述和记忆、复习和预习、注意力集中和保持、目标与计划、自我评价与监控、学习方法的调节、学习态度与情绪的调节、思维方式的选择、学习时间的安排、学习环境的建构、寻求他人的帮助。并结合高中化学学科特点编制了一套问卷，对高中生化学学习中运用学习策略的情况进行调查。结果显示：(1)化学学习中优等生与困难生在学习策略使用水平上存在显著差异；(2)男生在复述与记忆、注意力集中与保持、目标与计划策略的使用水平上不如女生；(3)高年级学生在寻求他人帮助策略的使用水平上不如低年级同学。

《化学教育》2008 年第 3 期

高中生“化学问题解决”过程中存在的问题及对策

张凤桂　杨　帆

该文通过对高中生进行观察、问卷调查、作业痕迹分析和出声思维分析等方法，系统研究了高中生在问题解决过程中的各个环节中存在的问题：(1)缺乏问题意识，不能提出有效的化学问题。(2)缺少对问题进行深层表征的习惯和策略。造成学生表征能力不强的因素有以下几点，首先，教师不重视问题表征过程的教学，多数教师重视解题过程而忽略表征过程。其次，教师很少向学生讲解常用的表征的方法，致使学生无“法”可依。最后，学生缺少必要的图式知识。(3)问题解决策略匮乏，解题质量不高。(4)元认知缺失，自我监控能力不强。并据此提出了相应的解决措施:(1)坚持问题解决的教学模式，培养学生的问题解决意识;(2)营造良好的问题解决环境，鼓励学生质疑和尝试解决问题;(3)加强问题表征和解决策略的教学，培养学生解决问题的能力;(4)重视过程的反思和监控，培养学生元认知能力的参与能力。

《化学教育》2008 年第 4 期

关于“分子”课题的学生调研及教学对策研究

鄢　鹏　咸　蕊

如何把宏观的物质与微观的结构联系起来，建立起对微观世界的想象是初中化学教学的难点。为了了解学生的认知基础，体察学生的困惑，寻求教学的起点，在“分子”课题教学之前进行学生调研，了解学生对微观世界的原始认识，然后以此为起点进行教学设计。由调研可知，帮助学生建立对宏观物质的微观想象，使他们能更好地把物质的宏观表征与微观表征联系起来是教学的重中之重。该文介绍了创设适当的学习情境，帮助学生感知分子的真实存在；再借助多媒体教学手段，帮助学生建立对分子的微观想象；充分利用化学实验，帮助学生体验宏观现象的微观本质等教学策略及其良好效果。

《化学教育》2008 年第 5 期

化学学科中学生自我效能感的调查分析

苗　颖　王　嘉

自我效能感在学生的学习方面起到重要作用。它是对能否达到某一学习表现水平的预期和推测。该研究以石家庄市 3 所不同层次中学的 472 名高中生为研究对象，采用自我效能感综合量表以及自编问卷进行了问卷调查，探索了不同学校、不同年级、不同性别的高中生在学习化学学科中的自我效能感的基本特点。研究结果表明:(1)学校间的差异：自我效能感及 3 个因子在学校变量上均存在显著性差异。重点中学学生的自我效能感明显高于普通中学和职业中学的学生。(2)年级差异：学业效能感因子与自我调节效能感因子没有年级的显著性差异。(3)性别差异：在学业效能感上，男生得分普遍比女生高。自我效能感理论对于激发学生的动机和情感、开发学生潜在的能力、促进积极的自我意识的发展和学习技能的进步富有启示。根据在化学学科中高中生自我效能感发展状况的研究，提出如下建议：(1)学校是影响学生自我效能感形成、发展的重要外部因素。因此，学校、教师应该以学生为主体，指导学生树立适当的学习目标和行为目标。(2)在化学学习中，男生往往受到更多的关注。因此，教师也要注意给予女生更多的关心和指导，让她们充分了解自身的特点；尤其面对压力和失败时，应进行正确的归因，不能一味责怪自己。

《化学教育》2008 年第 5 期

民办中学高一学生化学学习归因特点的研究

曾　斓　肖小明

通过自编的学生化学学习归因特点的量表对某民办中学高一学生进行了调查，得出如下结论：整体上学生对于化学考试和化学问题解决的成功和失败归因无性别差异，均主要归因于努力、基础、运气、教师和他人帮助等因素。但学生的成功归因在普通班与重点班中存在明显差异，普通班比重点班的学生更多地倾向于运气。在性别上，重点班中男生更倾向于将考试的成功归因于努力和能力，女生倾向于努力和教师；而普通班则无性别差异。最后提出了教学建议：(1)调动学生学习的积极性；(2)培养良好的归因习惯；(3)转变学生的消极归因方式。

《化学教育》2008 年第 5 期

民办中学学生学习化学主动性及其影响因素的调查研究

曹爱娟　王克勤

通过对河北省唐山市和石家庄地区的 6 所民办中学的 837 名学生进行问卷调查，及对该调查结果进行统计处理，揭示了民办中学学生学习化学主动性的现状，分析了影响学生主动学习化学的因素以及影响因素与化学学习主动性的关系。在此基础上，为民办中学化学教师优化教学、培养学生学习化学的主动性提出了一些教学建议。首先，就教育方法而言。第一，注重锻炼学生克服困难的毅力。第二，善于和父母沟通。第三，转变师道尊严的传统思想，作学生的朋友。第四，善于发现学生的闪光点，多表扬学生。其次，就教学策略而言。第一，注重学生化学基础，培养学生学习兴趣。第二，关注学生学习方法，教会学生学习策略。第三，注重课上解决问题的方法，培养学生独立思考能力。第四，注重改变教学形式。第五，注重当堂测验。最后，就评价方式而言。第一，应该对学生一视同仁、评价客观。第二，关注并尝试评价的其他方式。第三，既注重终结性评价，也注重形成性评价。

《化学教育》2008 年第 5 期

初高中衔接过程中化学实验教学“学案”的特点——以新课程人教版“萃取”为例

佘平平　熊　辉　黄　令

该文介绍了人教版《普通高中课程标准实验教科书·化学(必修 1)》“萃取”的教学实例。以“萃取”一课的“学案”为例分析了初高中衔接过程中化学实验教学“学案”的特点。就新高一而言，“学案”设计有以下特点:(1)规范性。教师应该加强正面教育对学生严格要求，确保学生认识到良好的实验习惯是实验顺利进行和实验取得成功的保证。学生学习最初往往是从模仿开始的，所以我们可以利用“学案”对学生进行潜移默化的教育。(2)引导性。“学案”一定要有引导性，实验的开放性应逐步加大。(3)阶梯性。“学案”设计一定要详略得当、留有余地，让学习过程形成循序渐进、螺旋上升的良性循环。(4)评价性。“学案”最后附反思和评价表。引导学生养成反思的习惯，利用选举今日之星、小组互评、教师评价，激励学生积极参与。利用多元化的评价系统，比如操作、表达、思考、创新等，让每个学生都能得到肯定。

《化学教育》2008 年第 6 期

“动手—动脑”学习学生自我效能感量表的发展

张　莹

该研究结合国内外的研究成果，以课程改革为背景，在分析“动手—动脑”学习理论精髓、学生自我效能感含义的基础上制定了评价学生自我效能感的预试量表。对该量表采用 SPSS 统计分析信度与效度，表明该量表在信度上是可靠的，在结构上是合理的。

《化学教育》2008 年第 6 期

学案导学对改善高中学生化学学习方式的初步调查与研究

张 莉 毛 静 金继波

了解学案导学的现状和对学生学习方式的影响，摸清学生对学案导学的认识、效果和存在问题，为学案导学的进一步开展提供参考，在奉贤中学高一年级中展开了有关化学学案导学的问卷调查，得出学案导学的现状：(1)学生对化学学案的认识：学生认为化学学案关注学生主体，对学习有所帮助，已经初步认同并开始喜欢；(2)学生化学学案使用情况：学生在使用化学学案方面，已逐步养成习惯；(3)化学学案对学生学习方式的影响：化学学案导学关注学生学习方式的改变，正在潜移默化地影响学生的学习方式向良性方向发展，学习成绩也有了一定进步。文章也关注了存在的问题，比如学生对学案导学的认同感、使用率和满意率都还有待进一步提高，几乎一半的学生学习水平仍然停留在原地，学生的自主意识和学习主动性还没有发挥出来。并提出了对策：(1)理清学案导学与传统教学的关系，抓好新旧教学模式有机衔接，着重理清学案与教案的区别与联系、学案与学习笔记的关系、学案与作业的关系、学案与学习参考资料的关系；(2)更新教育观念，提高利用学案导学的能力。教师要改变观念，提高学案编写和导学的能力，使学案的利用更优化成熟，学案的编写更具校本化、人性化、趣味化，让学案导学落到实处，提高教学质效。(3)完善学案使用，改善学生学习方式。要充分体现教师的指导作用和学生的主体作用，加强宣传、指导和督促，强化学生对学案导学的认同感，充分合理使用学案，改善学生的学习方式，培养自主学习能力。

《化学教育》2008 年第 7 期

论化学学习中的能量观建构

梁永平

能量观是中学化学学习中的核心观念。能量观的基本内涵包括：(1)物质的分子或原子具有热能。(2)核外电子按照能量高低分层运动。(3)原子之间的强烈作用使原子处于能量较低的稳定状态。(4)物质转化过程伴随有能量转化。(5)物质分子发生有效碰撞是物质转化的必要条件。(6)物质转化过程中能量是守恒的。(7)原子核内储存有巨大的能量。能量观的建构有利于学生形成核外电子运动的能量思维方式，预测元素的性质，解释和预测物质的性质，了解物质鉴定的方法，解释影响化学反应速率的条件，定量研究化学反应的热效应，判断物质转化的方向。了解从能量的角度研究物质及其转化的思维方法等。能量观建构的基本策略是:(1)在物质的微粒性认识学习中形成物质的微粒具有热能的观念;(2)在原子结构学习中形成核外电子运动的能量思维方式;(3)在元素及其化合物学习中发展高能量的最外层电子不稳定的认识;(4)在化学变化现象的积累学习中强化物质转化伴随有能量变化的认识;(5)通过化学键概念及其理论学习理解物质转化过程中伴随有能量变化;(6)在影响化学反应速率的条件讨论中深化理解有效碰撞理论;(7)在化学热力学问题研究中进一步理解能量守恒;(8)利用概念图技术帮助化学能量观的建构。

《化学教育》2008 年第 8 期

关于高中生化学实验学习情况的调查研究

王井明　李广洲

实验是化学学科的重要特征，为了解高中化学实验教与学的情况，对江苏省 5 所高中进行了问卷调查，调查项目包括:(1)实验开设情况;(2)实验习惯;(3)对化学实验的态度;(4)对化学实验与化学学习关系的认识;(5)对实验教学的期望。调查发现：江苏省中学化学实验开设率不高；部分学生还不能正确对待化学实验课，尚未形成良好的实验习惯，主要表现在实验前预习率较低，观察实验时只注重表观现象；部分学生因为实验内容简单、药品有毒及有危险等原因而不喜欢化学实验；实验现象与课本不一致时，仍有学生不实事求是；有些教师不喜欢做化学实验。最后，文章提出如下实验教学建议：(1)课标的研制者和教材的编写者应该了解中学化学实验教学的现状，调整实验的分类及课时安排。(2)作为一线的教师，应该摆脱原有课程模式的束缚，在必修模块的教学中遵循课程标准的要求，降低知识的难度，内容不要补充得太多，以免加重学生的负担；同时，充分利用课堂和课外时间，开展各种类型的实验，尽可能为学生创造动手的机会。(3)中、高考的命题专家，应该设计一些确实能考查学生实验能力的试题。(4)学校应高度重视化学实验室建设。(5)地方管理部门要重视对化学教师和实验管理人员的培训，建立和健全化学实验室管理体制。(6)学校要鼓励教师和实验管理人员开发实验仪器，研究低成本、少污染的化学实验。同时也应鼓励学生和教师充分利用生活中的常见用品和废弃物，设计富有特色的实验和实践活动。

《化学教育》2008 年第 8 期

通过“教学助理小组”促进化学学困生转化的实践探索

袁廷新　杨　帆　张凤桂

学困生是指智力正常，但由于心理、环境、教育等多种因素而导致学习困难、难以完成学业的学生。学困生的转化是教育工作中的一个老大难问题，也是构建和谐教育、公平教育的最大障碍。将学困生组成教学助理小组，协助教师完成日常教学活动，并在活动中对他们进行针对性地辅导，是一项集情感策略、指导策略和监控策略于一体，易于操作、便于坚持的转困措施。通过任务驱动，促使学困生不断努力，将自主学习、同伴互助和教师辅导相结合，从而达到转困的目的。教学助理小组的理论基础为陶行知的小先生制以及人本主义学习理论。实践教学结果表明，实验组的学困生的学业成绩有显著提高，学困生对化学的情感、态度都发生了根本性的转变，对化学的兴趣均有较大提高。主要原因有以下几点：(1)能够密切师生关系，形成皮格马利翁效应；(2)有利于培养学生的学科兴趣；(3)易于操作，便于监控；(4)给学困生创造更多成功的机会，提高他们的化学自我效能感；(5)有利于营造积极的学习环境，发挥同伴互助作用；(6)有利于对症下药，提高辅导的针对性；(7)促进知识的深层理解，改善学习质量；(8)不会过分增加教师的负担，转困辅导和教学活动相得益彰。助理小组实施过程中需要注意以下问题：全程监控，放而不松；合理安排，不增加学生的学习负担；要兼顾全班，不能顾此失彼；要持之以恒，防止半途而废。

《化学教育》2008 年第 10 期

城镇九年级学生化学学习现状调查与分析

杨　芳　王都留　燕　翔　徐大仁

通过对甘肃省陇南市城镇 12 所中学九年级学生化学学习现状的问卷调查，发现城镇九年级学生比较喜欢化学，但学习的动机、态度依然没有摆脱“应试”的惯性；学习习惯不良、方式方法欠缺。该文针对城镇九年级学生化学学习中普遍存在的问题，提出了应对的策略建议。(1)培养学生学习化学的兴趣，激发学习动机；(2)对学生进行学习策略的指导；(3)对学生进行多元评价；(4)积极开展化学课外活动。

《化学教育》2008 年第 11 期

转型时期高中生化学学习策略训练的实验研究

吴鑫德　奉　青　肖小明

研究旨在探讨转型时期高中生化学学习策略训练的有效性。自编《转型时期高中生化学学习策略训练教程》，并运用此材料，对湖南省 4 所中学 174 名高一学生进行了一个学期的教学实验，研究表明:(1)在转型时期对高中生进行化学学习策略训练能够有效地提高他们的学习能力，且能提高他们的化学学习兴趣;(2)在转型时期对高中生进行化学学习策略训练的效果，学困生明显优于中等生和学优生，中等生明显优于学优生，但重点中学和普通中学之间没有显著差异。

《化学教育》2008 年第 12 期

化学信息素养及其考查途径与培养策略

刘江田

化学信息素养是学生化学素养的重要方面，它与学生理解化学学科、学会实验探究、解决化学问题等化学素养的形成密切相关。该文尝试对化学信息素养进行界定，化学信息素养一般包括如下能力。(1)运用化学信息工具的能力。(2)获取化学信息的能力，能熟练的运用阅读、访问、讨论、实验、探索等获取化学信息的各种方法。(3)处理化学信息的能力，能对收集的化学信息进行归纳、分类、存储记忆、鉴别、筛选、分析、综合、抽象、概括和表达等。(4)生成化学信息的能力，能准确规范的概述、综合、改造和表达所需的化学信息。(5)创造化学信息的能力，能从多角度、多方位，全面的收集化学信息，并观察、研究各化学信息之间的交互作用，利用化学信息做出新预测、新设想，创造新的化学信息。(6)发挥化学信息效益的能力。(7)化学信息的协作能力，在交往和合作中，通过对化学信息和化学信息工具同外界建立协作关系。(8)化学信息免疫能力，能自觉抵制与化学有关的虚假信息的干扰。并探讨其培养策略：(1)指导学生阅读和加工教材中各种形式的化学信息；(2)通过探究式学习培养学生的化学信息素养；(3)通过开展化学研究性学习丰富学生获取化学信息的手段和经验；(4)通过真实性化学信息题强化训练化学信息素养；(5)重视指导学生利用信息化课程资源进行自主学习。

《化学教育》2008 年第 12 期

新课程高中生化学学习习惯差异研究

竺丽英

该文采用问卷调查法，以浙江省新课程改革某样本学校为研究对象，调查分析目前高中生的预习、复习、听课、作业、考试、元认知等化学学习习惯现状及差异，结果表明：被试的化学学习习惯总体表现不够理想，对学习习惯的自我认识存在显著差异；进一步研究表明，不同化学学习水平的学生不仅在学习习惯自我评价上差异极为显著，而且除了课前预习维度外，其他各方面习惯也均有极显著的差异。根据结果分析，文章指出，新课程改革中，化学教师首先要积极引导学生认识良好的学习习惯对学好化学的重要性，逐步提高其对学习习惯的自我认识。其次要根据不同层次学生的表现，做好相应的学习习惯指导。

《化学教育》2008 年第 12 期

化学教学中学生元认知能力的培养

沈理明　朱　妍　邵锡昌

元认知是人对认知过程的自我意识和自我调节。培养学生的元认知能力是一个学习效率和元认知能力螺旋式双向发展的过程。在对于已有化学元认知能力培养方法分析研究的基础上，提出化学教师应从加深对元认知的认识与理解，学习掌握元认知培养和训练方法，以及重视合理的教学设计等方面来达到元认知能力培养的良好效果。元认知培养和训练的方法有：(1)教师出声思维，唤醒学生自我观察、自我意识。(2)学生出声思维，回答提问单，加强自我监控。(3)学生参与自我检查、自我评价活动，促进自我反思。(4)学生填写行动计划单，实现自我调节。要根据教学内容、教学目标、学生水平，合理选择训练方法。例如对于抽象的化学理论知识的教学，可采用教师出声思维法为主，以直接指导的教学模式来提高学生自我监控能力，课后布置写学习日记和填计划单的任务，加强他们对学习内容的自我反思和评价。对于元素化合物知识、化学复习课等的教学，促进元认知提高的方法组合各不相同。

《中学化学教学参考》2008 年第 1/2 期

赏识是培养学困生的主要途径

范　伟

学困生的类型主要有智慧型、迟缓型、学法型。对于智慧型学困生，设法将他们的精力和注意力吸引到学习上来，放大长处，培养自信。对于迟缓型学困生，热情鼓励，降低学习要求，课堂上分层教学。对于学法型学困生，主动帮助，发动好学生进行一帮一活动，上课时请他们回答简单的问题。

《中学化学教学参考》2008 年第 3 期

运用先行组织者化解化学教学难点

宋文平

一、问题的提出：所谓化学难点，是指那些让学生觉得抽象、复杂、不易理解和应用的教学内容。其形成原因是多方面的，有的是教学内容本身比较抽象，导致学生难以理解；有的则是由于学生本身认知结构和能力水平的原因；还有的是教师讲解不到位或者教学方法不当等。二、先行组织者的特点和促进学习者学习的作用机制。先行组织者能够提供与新内容相关的知识储备，建立外在联系，促进编码记忆，使新知识完成意义建构并长期保持。三、提高先行组织者化解教学难点的有效性研究。(1)先行组织者要与新知识有重要关系且是科学正确的。(2)先行组织者必须是学生能够掌握的，且逻辑性强。(3)选择适当策略。如果新知识与先行组织者存在某种共性，则可采取类比策略；如果存在对立性，就采取对比策略。四、应用举例：人教版初中化学第八单元课题 3“化学方程式计算中的杂质问题的计算”。

《中学化学教学参考》2008 年第 4 期

新课程初中化学概念及理论教学的几种策略

韩　斌

初中化学的概念，从学生的角度看有两类，一类是学生生活中已有相同或相似的概念或事实，或者与已有概念有相当关联性，如燃烧、合金等，教育学上称为“前概念”，这类概念的教学往往需要采取由下而上的方法，如实验、类比、归纳的方法进行教学；另一类是完全意义的“科学概念”，学生大脑中没有概念相关原型，这类概念的教学则需要采取由上而下的方法，即演绎、论证、说明的方法进行教学。一、具有“前概念”的概念教学。1. 从生活实际入手，运用学科思想制造“冲突”，在解决“冲突”中形成概念。2. 针对概念之间的联系，“旁敲侧击”，把概念以“线”的形式引出。3. 针对重要自然规律理论，充分应用探究实验教学模式让学生在主动参与、乐于探究、交流合作中学习，形成概念。二、关于科学概念的教学。1. 针对微观粒子及其结构，利用直观的教学手段，发展学生的想象力和理解力。2. 针对学生所学知识，提供尽可能充足的实验事实或数据，帮助学生形成概念。在教学时间基础上，在一定的理论指导下，不断探索概念教学新策略，并构建课堂教学新模式，以提高学生的思维、表达、观察、分析等能力。

《中学化学教学参考》2008 年第 5 期

探查中学生化学“相异构想”现状及转变策略

吴良根

一、前科学概念与“相异构想”。学生正式学习某一门学科前形成的前概念，有些与科学概念一致，有些与其相悖。偏离或相悖的科学概念或观点就是“相异构想”。二、成因分析：(1)先入为主的生活经验。(2)旧有概念的局限。(3)词语与化学用语带来的曲解。(4)不恰当的类比推理及知识的负迁移。(5)教师或媒体的误导。三、转变策略：(1)注重课前分析。(2)引发认知冲突。(3)注重方法引导。

《中学化学教学参考》2008 年第 7 期

学习评价中的学生个性心理倾向研究——基于初中学生化学学习评价的现状调查

兰觉明

主要从学生“个性心理倾向”的研究视角，着重以初中化学学习中的学习评价为研究范围，对学生在评价中表现出来的需要倾向、动机倾向、兴趣倾向和价值倾向等进行调查研究，揭示评价中的学生个性心理倾向规律，为中学化学教师展开学习评价提供具有重要价值的信息和技术支持。

《中学化学教学参考》2008 年第 8 期

研究性学习的现状与反思

李　玲　李广洲

通过对国内三个主要的中等教育类化学期刊的相关刊文进行

调研，发现刊文折射出实践操作中的研究性学习偏离了倡导者们的初衷：其模式单一、目的片面、内容局限。这受制于教师的素质、学校的教学环境乃至超越校园的社会文化背景。提出要继续转变观念，以校本课程的开发与实践为契机促进研究性学习的深入、健康开展。

《中学化学教学参考》2008 年第 12 期

化学合作学习策略的行动研究

汪晓飞　周　勇

在建构主义理论指导下，深入化学课堂现实，以高中化学新课程课堂合作学习案例为抓手，与宁波市某所中学的化学教师展开了一个学期的合作研究。现从中抽取高一化学“氢能的开发和利用”（苏教版高中化学必修 2 教材）一堂课的合作学习作为分析案例，阐述关于化学课堂合作学习有效策略的探究实践。1. 建构主义教育理论是化学合作学习设计与实施的理论基础；2. 把复杂、开放性的化学教材内容与探究课题作为合作学习的组织线索；3. 按组内异质、组间同质确定合作小组，使每个学生都有职责；4. 教师是学生的指导者、组织者和参与者。

《化学教学》2008 年第 1 期

化学教学中合作学习策略实施的实效性研究

王　春

一、合作学习策略概述及理论基础。二、合作学习策略教学模式的构建。在一系列问题引导下，在教师主导下的以生生、师生讨论交流为主要推进手段的模式主要包括以下几部分：(1)情境创设；(2)问题研究；(3)合作学习；(4)意义建构，其中还包含了教学目标、操作程序、教与学的相互关系等方面。三、化学课堂教学中有效实施合作学习策略的方法。1. 创设良好的问题情境，实施“激活”策略。2. 充分发挥学生的主动参与性，实施教师角色“淡化”策略。3. 激发学生的小组协作意识，实施学生“分组”策略。同组异质是说小组各成员间形成性别、学习成绩、能力各方面的差异、同时要考虑社会背景、家庭经济状态及各自学习品质与思维方式等方面的差异。异组同质则是为班内组间的公平竞争打下良好的基础。4. 突破传统的评估手段，实施教学“评价”策略。四、化学课堂教学中有效实施合作学习策略的几点思考。1. 注意处理好全班教学与小组合作学习的时间分配关系。2. 注意关注学生心理差异和学科间的延伸。在课堂教学中，学生应在老师的指导下有序地合作交流。3. 注意采用有效的方法合理地对学生进行评价。

《化学教学》2008年第8期

化学解题思维受阻时的心态及对策

李文福

解题的过程就是思维的过程。中学生在解题时思维受阻的现象时有发生，从而产生各种心态，直接影响着考试的成败。所以分析学生解题的思维的过程，发现产生思维受阻的原因，采取相应对策调整心态，改进教学方法，有助于培养学生良好的心态，通过灵活应用已有知识解决实际问题的能力，通过研究发现，中学生解题时会出现4种心态：1. 畏难心态；2. 冲动心态；3. 慌乱心态；4. 执拗心态。作者针对这四种心态分别举例，然后进行分析，最终给出了每种心态的对策。要排除学生思维受阻时所产生的各种不良心态，就必须分析学生产生不良心态的原因，对症下药，加强心理训练，提高学生的思维能力，培养他们思维的流畅性、变通性和独立性，促进其创造性思维性的发展，健康的思维心态的形成，以有助于提高学生分析问题和解决问题的能力。

《化学教学》2008年第3期

高中化学样例学习的差异研究

王升利　王祖浩

样例学习是指从具有详细解答步骤的事例中归纳出隐含的抽象知识来解决问题。样例又称为例子或范例，是一种能够例说或表征较为抽象的概念原理的相对具体的实体，是一种能够展示同一类事物性质的样本，或值得模仿的榜样。样例在教学实践中应用广泛，从概念的引入、方法的巩固到问题的解决等方面都存在样例。研究样例学习的应用效果对课堂教学有着重要的实践意义。

从两方面对化学样例应用学习进行差异研究，一方面是使用样例与否对学生学习效果的差异研究；另一方面是学优生、学中生和学困生在化学样例学习中的差异研究。通过统计数据分析了应用化学样例的学习效果，比较了学优生、学中生和学困生在化学样例学习中的差异，得出以下结论：样例内容应尽量全面；题目难度较大时，样例学习对学优生更有效；对于学中生和学困生，教师应注重样例形式和内容的多元化。

《化学教学》2008年第4期

正确掌握阅读方法提高自主阅读效率——怎样阅读高中化学课本第一册第三章“物质的量”

经志俊

阅读是自主学习的一种常见方式和重要途径。阅读方法是否正确直接影响着阅读效率和阅读兴趣。“物质的量”一章是高中化学的重点、难点之一。这一章的概念的表述抽象，若不掌握正确的阅读方法，则阅读时不易理解、难以深入。在教学实践中以学习“物质的量”为契机，引导学生运用正确的阅读方法进行课前的预习，收到了降低学习难度、激发学习兴趣、增强自学能力的三重效果。作者认为正确的阅读方法通常分“略读和详读”两个环节，详读时包含“设问、划线、批注、思考、复述、提要”六个步骤。

《化学教学》2008 年第 3 期

重视实验教学促进学生化学学习

王　苹

新教材体现新课程突出实验的特点，在化学学习中应重视并强化实验教学，充分发挥课本实验的功能，尽可能让学生动手实验。本文提出用实验创设学习情境，激发学生的学习兴趣，营造学习环境，促进学生学习兴趣的增长和稳定；用实验促进化学知识的形象化记忆和理解。通过实验方案的设计可以培养学生的问题意识，在学习科学方法的基础上，发展学生科学探究能力和解决问题能力，从而促进学生的化学学习。

《化学教学》2008 年第 6 期

浅谈新课程背景下实现化学学科的有效预习

刘　凌

本文指出传统的课前预习存在使学生的视野局限于现成的结论，忽视知识产生的过程，忽视在预习过程中体验和感受的弊端，指出在新课程背景下实现化学学科的有效预习，需要教师创设情境，提高学生兴趣，让学生合作预习，共同提高；教师要成为学生预习的服务者、支持者和合作者，教师要引导学生关注自己是怎样发现或获得这些结论的，关注自己解决问题时产生的新想法，关注自己在预习过程中遇到的不解之处，通过师生互相配合，提高学生预习的质量。

《化学教学》2008 年第 7 期

探寻化学教学中学生提问能力的培养策略

范　例

学生学习的素质首先表现在三个方面，即能不能提出问题、提出问题的数量和质量、处理问题的态度和方法。那么应如何培养学生的提问能力呢。一、转变教师学生观念，明确提问的重要性。在教学过程中，学生拥有提问的权利，也具备提问的能力。二、注意设计整体构思，课堂营造“质疑”情境。1. 结合教学进度，利用课余时间要求学生阅读化学发展的历史故事；2. 充分利用问题资源，把提问贯彻于教学始终；3. 在日常教学中养成怀疑的习惯，学会用化学的视角去观察物质世界；4. 注意问题呈现的方式，在教学过程的最佳处设疑。三、充分发展直观思维能力，提高问题的深广度。1. 在实际生活和生产中找“问题”；2. 在实验中找问题；3. 到想象中找“问题”。

《化学教学》2008 年第 11 期

新课程背景下中学生化学学习动机的调查与分析

吴江明

结合新的化学课程标准，依据奥苏贝尔的动机理论和维纳的成就归因理论对中学生化学学习动机的现状进行了调查与分析，针对研究结论提出了培养与激发中学生化学学习动机的建议。化学学习动机指所有对化学学习活动具有促动功能的心理倾向。它来自于学生学习化学的需要。当这种需要得不到满足时，机体内部会产生一种内驱力，促使学生进行化学学习的行动。而对于现阶段中学生学习化学的效果是否与《化学课程标准》中设定的化学学习目标相吻合，研究结果主要从以下几个角度分析。1. 中学生化学学习动机总体情况；2. 中学生化学学习动机的年级差异；3. 中学生化学学习动机的性别差异；4. 中学生在化学学业成败归因方面的情况。

《化学教学》2008 年第 11 期

重视实验教学促进学生化学学习

王　苹

根据新教材体现新课程突出实验的特点，在化学学习中应重视并强化实验教学，充分发挥课本实验的功能，尽可能让学生动手实验。本文提出：用实验创设学习情境，激发学生的学习兴趣；营造学习环境，促进学生学习兴趣的增长和稳定；用实验促进化学知识的形象化记忆和理解；通过实验方案的设计来培养学生的问题意识，学习科学方法以及发展学生科学探究的能力和解决问题的能力从而促进学生化学学习。

《化学教学》2008 年第 6 期

初中化学易混基本概念辨析

沈卫亮　胡恒武

1. 氧化物与含氧化合物；2. 酸类物质与酸性物质；3. 碱类物质与碱性物质；4. 元素周期律与元素周期表；5. 组成和构成；6. 元素与原子；7. 物理变化和物理性质；8. 化学变化与化学性质；9. 混合物与化合物；10. 催化剂和催化作用；11. 吸附性、吸附剂和吸附作用；12. 氧化反应与还原反应；13. 还原性与还原剂、氧化剂和氧化性；14. 融化、溶化、熔化；15. 乳化剂和乳化作用；16. 点燃和燃烧；17. 加热和高温；18. 气味和味道；19. 挥发和蒸发；20. 蒸馏和干馏。

《中学化学》2008 年第 6 期

化学学习的诊断

丁　伟　王祖浩

一、引言：教师作为学生学习的引导者和帮助者，要努力了解和揭示学生头脑中存在的对科学概念的误解，重视挖掘化学学习中产生或存在的错误概念，使其成为新知识的生长点，建构和发展科学概念。二、化学学习理解困难的成因：(1)化学概念的微观性。(2)化学概念的发展性。(3)化学概念的含糊定义。三、化学学习的诊断：教师通过提问、谈话、测验等多种形式发现、辨识学生对化学概念理解中存在的不科学的认识，推测判断学生的知识误区，洞察、把握学生的学习发展状况。四、教学矫正：认知冲突与程序演练。

《上海教育科研》2008 年第 1 期

化学概念学习中的信息处理方法例谈

陈　伟

一、概念图，比如关于电解质的主题。二、对比表，比如对比胶体、溶液、悬浊液、乳浊液。三、维恩图，类似于数学集合的图示方法，用来直接显示两个或更多概念间的异同。四、流程图，比如化学平衡的移动。五、循环图，比如探究性学习的过程。

《教学月刊（教学参考）》2008年第3期

高中化学中“先行组织者教学策略”的应用研究

李思雨　朱德全

一、有意义学习理论。二、研究假设。三、本实验过程及结果。(1)成绩测试卷的选用与评定。研究对象为重庆市某中学高三年级两个班，人数分别为50人和51人。对含烃内容的问题与前面所学内容的问题进行分离，选出分值相当的问题各20道，组成基本分值相当测试卷。(2)先行组织者教学策略应用。研究对象为重庆某中学高二年级的两个教学班。随机选定一个班为实验组(49人)，按照先行组织者策略施教；另一班为控制组（45人），采用平常的教学方法施教。四、研究结论：通过问卷调查、试卷分析等形式，采用定性和定量相结合的方法，进行实证研究，发现先行组织者策略对于巩固学生认知结构中知识的稳定性、可辨别性及培养学生缜密的思维具有促进作用，尤其对于成绩较差的学生效果显著。

《新课程研究》2008年第8期

化学课程教材教法

化学课程教材教法历来是化学教育领域最核心、最热门也是最被课程专家和一线教师所关注的话题。在这里，专家的理论指出教学应遵守的基本指导思想、方法和原则，一线教师则通过自身教学践行这些理论，并用鲜活的经验促进教学理论的完善、改进和发展，二者交相辉映。

2008年有关化学课程教材教法的研究，主要集中在化学新课程实施现状、化学新课程实验教科书、化学自主合作探究教学、化学实验教学、化学复习课教学、化学教学情境创设和化学教学设计7个方面：

化学新课程实施现状

【概况】研究者对新课程的教学情况倾注了很大热情。2008

年涌现了一批关于新课程实施的调查报告，较为真实地反映了新课程改革的实施现状。一线教师也对自己的教学实践进行反思。

九年级化学教学现状的调查与思考

童葆华

该文开展的调查旨在了解本市化学教学现状，及时发现化学教学过程中出现的问题以及存在的困难，利于教师结合教学实际有针对性地开展教学研究，以期有效改进课堂教学方法，转变学生的学习方式，全面提高化学教学质量。调查结果表明：教学中基本教学内容没有得到落实；教师仍以原有知识体系为教学线索；基于对本市化学教学现状的基本认识，作者提出了应对策略:(1)重新认识化学课程内容体系，应从研究化学课程标准和相关配套教材入手，对九年级化学课程内容体系建立一个新认知，使原有的“知识体系”为新的“课程内容体系”所代替，从而寻找到科学的教学实施策略运用于教学实践。(2)充分发挥教科书的作用，教科书的使用应该以依靠和发展并重。(3)创造条件加强实验教学，在有条件的学校，教师一方面应该充分利用条件开足、开齐教材中的实验。另一方面，要积极引导学生参与创新实验设计的教学和实践活动。在条件欠缺的学校，教师一方面应该积极争取学校的重视，并提供需要添置的实验用品清单，不断改善实验条件。另一方面，要积极指导学生使用代用品开展各种小型实验活动。(4)科学地实施教学评价，应积极促进“学业考试”和“学生综合素质评价”相结合的评价体系的形成。

《化学教育》2008 年第 4 期

新课标下山东省高中化学实验教学情况的调查与分析

李贵香　王秀红

该文以问卷结合访谈的方法，对山东省高中化学实验教学的实施情况进行了调查。结果表明，新课程的实施使学生和教师对实验的认识发生了一些变化，但实验教学的现状不容乐观，进一步的访谈发现目前影响实验教学的主要因素是实验室的管理不完善和实验教学的评价方式单一。最后提出了几点建议:(1)提高教师的素质，构建创新型教师队伍;(2)加强对实验管理，建立完善的实验室管理制度;(3)加强对实验教学的评价，建立促进学生科学素养全面发展的化学实验教学评价体系。

《化学教育》2008 年第 7 期

四川省农村中学绿色化学教育现状调查

夏开国　帅常文　鲍正荣

该调查主要采用问卷形式，通过对四川省部分农村中学师生绿色化学理念、绿色化学行为和绿色化学价值观3个方面的调查与分析，反映出农村中学学生绿色化学意识普遍不强，绿色化学教育匮乏，许多化学教师对绿色化学的理念了解并不透彻，更不用说去向学生全面、系统地宣传和普及绿色化学知识。作为教师，应与时俱进，注意收集国内外最新的绿色化学信息和研究成果，并把它用到日常教学中去，这是我们广大教师在新时期下面临的重要而艰巨的任务。加强农村中学绿色化学教育势在必行。最后就相关对策提出几点建议：(1)加强课程标准和教材建设，寓绿色化学思想于教材；(2)化学教育工作者要更新自己的观念，根植绿色化学理念于课堂；(3)化学实验绿色化，探究绿色化学于实验；(4)开展绿色化学课外活动，培养绿色化学意识于课外。

《化学教育》2008年第7期

九年级化学STS课程资源开发与利用的调查研究

周辉欣　刘敬华

作为当前国际理科教育改革的潮流和热点，STS教育是科学教育与人文教育相融合的一种产物，也是我国中学化学教育改革的重要课题和方向。该文结合九年义务教育化学课程特点对STS课程资源的开发利用进行了调查研究和实践研究，目的是为化学教师在教学中开发和利用STS课程资源提供参考。通过对STS课程资源开发与利用情况的调查分析，揭示出以下一些问题：(1)观念保守、认识模糊，与实际开发还有一定差距；(2)物力资源、信息资源，与实际利用还存在一定差距；(3)教师能力、运用掌握，与有效开展还存在一定的差距。九年级化学STS课程资源的开发与利用不仅具有前瞻性，而且还符合新课程改革的理念，要使之真正引入教学，为师生受用，需要得到全方位的支持和积极合作，应该从学校重视开始，着力提高教师素质，注重实施的实效性，建立、健全长效运营机制，有的放矢、持之以恒，使化学教学真正与科学、技术、社会联系起来。

《化学教育》2008年第8期

高中化学教育中学生人文精神现状的调查与分析

王建芬　马建峰　李　田

该研究把人文精神的基本内涵结合化学学科特点，转化为学生易接受和理解的具体题目以便调查研究。对河北省部分地区的高中生进行了问卷调查，分析结果得出：高中学生在化学学习中已经形成了比较正确的化学价值观。但学生缺乏对化学的人文理解，表现为不了解化学与其他学科的联系、与生活和社会的联系。学生对知识勇于追求、敢于怀疑，也有精益求精的科学态度，但这种态度和精神没有在科学活动中体现出来。学生的社会责任感仅限于主观意愿，没有转化为从自我做起的意识和行为，没有真正承担为社会发展应负的责任。学生的人际交往能力不强，表现为对教师的不信任、和同学缺少沟通与合作。化学是一门难度不大且很受学生们喜爱的一门学科，中学生们对化学比较感兴趣并能从中感受到快乐。化学学科是播种人文精神的沃土。大部分同学对在化学教育中培养人文精神的认可度较高，学生对人文精神的向往给我们提供了无限的动力。这些现实向我们昭示了在化学教学中进行人文精神教育的必要性和迫切性。

《化学教育》2008 年第 9 期

温州地区高中师生适应化学新课程的情况调查

马志成

2006 年秋温州地区高一年级进入化学新课程全面实施阶段，新课程教学要求教师和学生在教与学中的角色、行为均应发生根本转变。为了使高中师生能更好地适应化学新课程，根据高一化学新课程的学科特点、学生的学习心理和思维特征，采取问卷调查和个别访谈的形式进行了调查研究，基于对问卷调查结果的统计，对新课程实施中存在的问题及解决问题的对策进行了分析研讨。高一化学师生在实施化学新课程中遇到了以下问题：(1)教师对教材学习理解不够，使用教材不灵活；(2)教师自身局限，对实验、科研等能力的欠缺；(3)从学生的认知角度分析，新课程的优越性未能得到显现；(4)从学生学法角度分析，学生学习新课程的动力不明确；(5)从课堂交流合作角度分析，学生学习新课程的主动性不强；(6)从实验态度角度分析，新课程的实验功能未能很好地发挥。高中化学新课程的实施，对师生提出了全方位的要求，教师的工作也因此变得更加富有创造性，学生的学习更加自主、全面、个性化。应从以下几方面采取有效的措施：大力开展新课程系统培训；教师要不断更新教学方法；注重培养学生自主学习品质；努力提高学生合作探究能力；注重培养创造品质和人文素养；需要与新课程相适应的条件支持。

《化学教育》2008年第10期

新课程教学改革实验工作中的问题与对策

刘成坤

一、对新课程教学缺乏整体认识，教学存在盲目性(1)必修课教学超标过难，脱离学生实际；(2)选修课教学感到茫然，甚至无所适从。应对策略：(1)认真学好《基础教育课程改革纲要（试行)》《普通高中化学课程标准（实验)》等文件，领会精神。(2)比较分析把握新课程的整体结构体系，结合校情和学情，制订教学计划。我市的教学安排如下：

年级	上学期	下学期
高一	化学1（必修）	化学2（必修）
高二	文科：化学与生活 理科：选修4、选修5前两章	文科：复习，准备学业水平考试 理科：选修5、选修3，准备学业水平考试
高三	化学总复习，准备高考（理科）	

(3)把握学情，提高教学针对性。关于必修课教学：做好初高中化学知识的衔接；不超标加深；狠抓基础；让学生体验成功。关于选修课教学：指导选修方法；抓好各模块的衔接；突出各模块的特点；因材施教，分类指导。二、落实“三维目标”流于形式，忽视教学的实效性。三、学生自主学习与教师主导作用相对立，弱化了教师的主导性。四、探究教学庸俗化，学生缺乏自主性，主要表现：(1)探究学习选题不当；(2)把探究学习演变成“注入式”探究，即活动内容、过程及步骤已由教师设定；(3)探究教学形式化，没有实质性内容，探究价值不大；(4)将探究神化，对学生的探究学习要求过高；(5)探究教学成了“放羊式”。对策：探究教学活动不能太多；根据教材精选探究内容；制定清晰的探究目标；精心设计探究活动的程序；教师明确学生自主活动的重点、能力要求、背景资料要求、讲解内容与时机。五、对新教材中化学实验没分类有误解，少做学生分组实验。六、多媒

体辅助教学不恰当，教学缺乏针对性。

《中学化学教学参考》2008 年第 1/2 期

警惕化学新课堂中的“伪”现象

肖中荣　张顺清

一、情境之伪——舍本逐末。时下课堂有唯情境论的趋势，假情境、虚情境一统课堂，很多教师把情境教学视为引入教学内容的唯一合理手段。二、建构之伪——生搬硬套。有些教师误解了建构主义学习观的内涵，认为只有探究才符合新课标的精神，不管什么知识都要探究。三、角色之伪——迷失自我。有些教师从过去课堂上的“一切都管”变成了现在的“一切不管”，从而弱化了教师的主导作用。四、手段之伪——浮光掠影。教学媒体的泛滥使用，使得师生间失去了心灵交流，学生缺乏动手操作的亲身体验。五、评价之伪——虚情假意。若整堂课都充溢着预设的套话和虚伪的假话，这种评价也就变了味。

《中学化学教学参考》2008 年第 1/2 期

江苏高中化学新课程实践的回顾与反思

陆　军

江苏是继山东、广东、海南、宁夏之后的第二批高中课改实验区。2005～2008 年完成了第一轮实验。一、江苏高中化学新课程改革实践的进程。划分进程有两个分界点，一是《江苏省 2008 普通高考方案》(简称高考方案) 于 2006 年 9 月公布，《2008 年普通高等学校招生全国统一考试江苏省普通高中学业水平测试 (选修科目) 说明》(简称高考说明) 于 2007 年 11 月公布。2005 年 9 月至 2006 年 9 月为摸索阶段，2006 年 9 月至 2007 年 11 月为调整阶段，2007 年 11 月至 2008 年 6 月为有序阶段。二、江苏高中化学新课程实践中的学业水平测试。分为必修学业水平测试和选修学业水平测试。前者相当于以前的会考，后者相当于以前的高考。三、江苏高中化学新课程实践中的不同模块教学顺序。(1)化学 1→化学2→选修 X。苏中地区主要是化学 1→化学 2→选修 3→选修 4→选修 5，苏南地区主要是化学 1→化学 2→选修 5→选修 4→选修 3，苏北地区主要是化学 1→化学 2→选修 5→选修 3→选修 4，三种选法各有其合理性。(2)化学 1→化学 2 与选修 X 的融合。化学 1→化学 2 主题 1→化学 2 主题＋选修 4→化学 2 主题 3＋选修 5。四、江苏高中化学新课程改革实践中值得思考的几个问题。(1)《高考说明》与《课程标准》不统一；(2)《实验化学》为什么遭遇放弃；(3)老课程能否适应新高考。五、附录：江苏高中新课程3年大事记。

《中学化学教学参考》2008年第8期

化学新课程课堂教学中的几种误区

张发新

新课程方案在实践过程中出现了一些形式化、低效化的现象，产生了一些错误的认识，形成了一些误区如下：一、每节课的引入都要创设与学生生活相联系的情境，化学学科的发展已逐步向理性思维方向深入，学生在课堂上主要学习前人积累的理性知识，这样有的知识内容不一定适合创设情境，而宜直接导入。二、新知识的掌握都要经过探究性学习过程，在课堂教学中接受性学习和探究性学习是两种主要方式，强调探究性学习的重要性是确定探究性学习在课程、课堂中应有的位置，而不是贬低接受性学习的价值，两者相辅相成，缺一不可。三、新知识的教学都要展示详尽的知识发生过程，在教学过程中应根据实际情况，将过程与结论应用有机结合起来，不可偏废。四、不管需要不需要每节课都使用多媒体。使用多媒体应注意以下几点：一是不能喧宾夺主，用课件代替教师的教和学生的学，阻碍师生的互动交流；二是不能代替学生分组实验和教师演示实验；三是不能滥用视听手段；四是要合理选择课件内容，提高针对性和时效性。

《中学化学教学参考》2008年第4期

农村初中化学教学资源现状的调查报告

赵　宁　王粤敏

1. 针对农村现有的可利用资源设计调查问卷，问卷包括五个方面：(1)教师资源；(2)学生资源；(3)实验资源；(4)社会和学校资源；(5)信息资源。2. 问卷的呈现形式：(1)单项选择；(2)多项选择；(3)专题访谈。3. 调查对象：吉林省九个地区160所乡镇中学的初中化学教师和初三学生。

加大农村教育投入，缩小城市之间的差距，实现农村与城市教育的和谐发展是十分必要的。但在农村教育投入短时间无法满足的情况下，我们应该积极地寻找一些切实有效的解决问题的方法。

《化学教学》2008年第1期

新课程理念下中学化学课堂“有效教学”探索

张英武　郑启昌

一、中学化学教学存在的一些问题：1. 课堂教学情况。2. 中学化学实验开展情况。3. 学生对化学课程的兴趣情况。4. 分班及教师的关注情况。二、新课程理念下对“有效教学”的思考。有效的教学指教师遵循教学活动的客观规律，以尽可能少的时间、精力和物力投入，取得尽可能多的教学效果。三、“有效教学”的探索。1. 更新教育理念，关注全体学生的全面发展。2. 挖掘各种资源，形式多样开展实验教学。增加学生动手机会，增加趣味性、生活化的实验，可有效提高学生对化学学科的兴趣。但要有效提高学生的科学素养，有效培养他们的创新能力，应该从初三到高三依据教学目标有计划地逐年增加探究实验的比例和难度。3. 致力教学实践，大胆探索新的教学方法。不同的教学方法各有其长、各有其短，关键在于老师能否根据学生的实际情况、教材内容的特点、教师的风格、学校的条件等综合考虑，有计划、大胆地把各种教学方法进行优化组合，大胆尝试和探索新的教学方法，而不是一成不变的单一教学模式。

《化学教学》2008 年第 5 期

试谈新课标下的初中化学分层教学

邓云玉

所谓分层教学，就是根据不同学生的学习可能性、水平，将全班学生分成若干层次；根据各层次学生的学习可能性制定相应的分层教学目标；根据分层教学目标进行分层施教；然后是及时反馈，分层评价，矫正、调节，再确立新的教学目标。一、分析差异，把握层次。1. 学生个体间的差异：知识、技能的基础的差异；学生智力因素的差异：主要是学生的理解能力、认识能力和思维能力的差异：学生非智力因素的差异。2. 对学生群体层次的划分：超常能力型；中常能力型；低常能力型。对学生层次的划分，还必须同时考虑学生的个性等非智力因素，但作为教学工作，主要还是以学生的智力差异作为依据。二、设计分层的教学目标。要求教师设计的问题要具有“层次性”。根据问题的难易、繁简而有的放矢地让不同层次的学生作答，避免问答的随意性和盲目性。四、设计分层的课堂练习及课外作业。五、课外实施分层辅导。课外分层辅导，一般采取个别辅导、“开小灶”的方法，重点放在对差生的个别辅导上。六、设计分层的教学评价。(1)在课堂提问上，多提一些简单的、基础的问题，让后进生回答，必要时作适当的提示。(2)一份卷，可反映出不同学生的水平。(3)测试完，对学生进行分层次表扬和鼓励。

《化学教学》2008 年第 8 期

追问——提高化学课堂教学效益的一种有效方式

张发新

追问式课堂教学问题设计可采用顺向式问题设计和逆向式问题设计两种基本方式。一、顺向式追问的教学问题设计。顺向式追问是指顺着学生的思维过程进行追问，即教师听了学生的回答后，发现其思考有些肤浅、粗糙、片面、零碎甚至错误，再次发问，促使并引导学生就原来的问题进行深入而周密地思考，或由表及里，或由浅及深，或由此及彼，或举一反三，直到产生准确、全面、细致、深刻的理解为止。顺向追问的问题设计需要按着知识的发生顺序或学生学习的逻辑顺序。二、逆向式问题的教学设计。逆向式追问就是逆着学生的思维方式或知识的发生过程而追问，即学生已经作出正确完整的回答，教师在给予肯定性的评价后，回过头来问学生是如何得出答案的，是对学生思考和理解过程或对学习内容前概念的追问。逆向式问题设计比较适用于通过已知构建新知的教学以及将已有知识分层化、条理化的教学。三、追问式教学问题设计的基本策略：1. 针对性策略。2. 层次性策略。3. 探究性策略。

《化学教学》2008 年第 5 期

新课程背景下化学概念的教学策略

茆建军

概念的学习过程是学生通过积极的思维活动，对各种各样的具体事例进行分析、概括，从而把握同类事物的共同关键特征的过程。作者在教会学生化学概念的学习策略方面进行了一些探索：一、概念形成策略，概念形成策略是指学习者从大量的具体例证中，以比较、辨别、抽象等形式自己概括得出事物关键特征的一种学习策略，这种学习策略强调学生主动参与知识的获得过程。分为收集具体例证、提取共同特征信息和交流理解三个阶段，作者以电离的概念为例；二、概念同化策略，所谓概念同化策略就是指学习者利用原有认知结构中适当的概念来学习新概念的一种方法。一般要经历以下 3 个环节：1. 寻找并激活认知结构中与新概念学习相关的已有概念；2. 将新概念与原有概念进行精确类比；3. 使新概念以适当的方式纳入认知结构。三、概念图策略。概念图策略是指学习者按照自己对知识的理解，用结构网络的形式表示出概念的意义以及与其他概念之间联系的一种策略。一个完整的概念图要包括命题、层次等级、横向联系和实例 4 个方面。概念图的实质就是以科学命题的形式显示概念之间的意义联系。另外，教师在运用教学策略时，要充分考虑学生的个性与特性。

《化学教学》2008 年第 6 期

新课程理念下提高化学教学效率的实施策略

杨俊峰　李汉廷　郑赤兵

整合教学资源、优化教学行为、渗透科学方法是提高化学教学最有效的教学策略。一、从系统论观点出发，整合教学资源。对已有的教学资源进行汇集整理，并加以开发使之完善，现代化教学手段与传统教学方式相得益彰，成为三维教学目标实现的物质基础。二、从认识论观点出发，优化教学行为。笔者得到以下认识：1. 新课程三维目标整合的理性认识，“知识与技能”是“过程与方法”“情感，态度与价值观”的基础；“过程与方法”是实现“知识与技能”目标的载体；“情感，态度与价值观”对前两者的实现起着积极的促进与优化作用。2. 现代化教学手段的有效利用，以建构主义学习理论为指导，以学生全面发展为中心，以多媒体资源为有效辅助手段，充分利用各种信息资源，促进学生多种感官并用，培养学生敏锐的观察力，深刻的思维能力。3. 课堂教学行为的高效化。a. 剖析正误双解；澄清易错知识；解决学生由于思维品质不完善而造成的认识的片面性；教材对概念和规律的内涵外延解释的笼统性和由于学科交叉干扰造成的学生思维定式负迁移等一系列的问题。b. 从过程中归纳方法，从方法中演绎过程，实现过程与方法的依存转化，高效整合。c. 整合发散思维与收敛思维，改变问题情境，触发思维的链式反应，培养思维广度；归纳问题规律，达到思维的收敛聚合，挖掘思维深度。以丰富的实例说明观点。三、从方法论观点出发，渗透科学方法，提高教学设计的能力，课堂教学方式的应用，课堂学习方式的渗透。

《化学教学》2008 年第 2 期

“games－to－teach”理念在化学教学中的应用

郑雅敏

“games－to－teach”是麻省理工学院和微软公司在2002年提出的一个项目，在该项目的研究中，他们提出了“现代教学法＋艺术化游戏环境＝下一代教育媒体”的理念。这一理念主张将游戏融进教育，将学习与娱乐融为一体，使学生在游戏中不知不觉地学到相关学科的知识。

“games－to－teach”顾名思义，就是以游戏的形式教学，也就是说使学生在生动活泼的气氛中，在欢乐愉快的活动中，在激烈的竞赛中，甚至是在刺激和上瘾中，不知不觉地学到了教材中的内容，学到学生们必须掌握的科学知识。同时可以看到“games－to－teach”是“游戏”和“教学”二者巧妙的结合体，它对“教”和“乐”的有着严格界定：教，必须是各科教材中的内容，尤其是其中的重点、难点内容。乐，必须有极大的趣味性，有比较成熟的游戏法则，有很强的竞赛性，有明确的输和赢，并且在一定的机遇前提下，尽可能给参赛者发挥主观能力的空间。

“games－to－teach”在化学教学中的作用包括：1. 点燃学生学习兴趣的火把；2. 化解教学难点的巧径；3. 开启学生创新思维的金钥匙；4. 创设和谐课堂气氛的有效途径。“games－to－teach”在化学教学中的实践可应用在角色扮演、魔术表演和游戏竞赛等方面。

《化学教学》2008年第2期

建构主义下高中化学课堂有效提问的策略

许振勇

在化学新课程标准要求下，课堂提问既是教师发挥主导作用引导学生理解运用知识的重要途径，也是体现学生自主学习、培养学生能力、促进学生去探索真理的动力。但目前化学课堂提问的有效性并不令人满意，存在各种问题。一、目前化学课堂提问存在的问题：1. 问题不明确，语意模棱两可，启而不发。2. 课堂提问表面化，课堂氛围貌似热闹非凡，实则提问和学生思维的质量低下，流于形式。3. 问题的难度控制不当，不能面向大多数学生。4. 问题单向，缺少互动性。5. 问题过于收敛，缺乏发散性，教师只接受所期待的答案，对于超出他认为是恰当范围之外的答案，会拒之门外。6. 问题缺乏逻辑性。7. 提问对象的片面性，有的教师提问只盯住几个尖子生，不面向全体学生。二、建构主义理论和课堂有效提问。通过创设符合教学内容要求的情境和有效提问，提示新旧知识之间联系的线索，帮助学生建构当前所学知识的意义。三、有效提问的策略。1. 认真反思提问的功能。2. 讲究提问内容的设计。使课堂提问更有效的方法：开放、趣味和新颖、区分、逻辑递进、发散、探究。3. 注意提问方式的优化：针对性、灵活、连环、比较。4. 重视提问后的评价反馈：信任评价、尊重评价。课堂提问是化学教学中不可或缺的一个重要环节，有效提问是启发学生思维，鼓励和实现学生探究式学习的一个重要手段，是教师主导作用和学生主体作用的和谐统一。

《化学教学》2008 年第 3 期

新课程理念下化学课堂教学的生成策略

李兴武

所谓教学的生成是指教师在课堂上不机械地按原先确定的预设思路教学，而是重视师生生命活动的多样性和教学环境的复杂性，根据学生学习的情况，把教与学过程中的各种因素有机地组合起来，灵活地调整、生成新的超出原计划的教学流程，并结合实例谈了化学课堂教学中的生成策略：一、在实验教学中实现教学的生成。教师若能坦然面对，因势利导，组织学生探究实验异常、甚至失败的原因，从实验中发现问题，解决问题，则能收到意想不到的效果。二、珍视学生的质疑。需要教师学会倾听，成为学生的忠实“听众”，并在倾听过程中发现他们困惑的焦点、理解的偏差、观点的创意、批评的价值，这些“意外”或许会打乱教学的节奏，但许多不曾预约的精彩也会不期而至，从而使学生在疑问不断的生成过程中得以发展。三、鼓励学生求异思维。求异思维是学生创造性思维的主要形式，它往往通过思维的发散性、逆向性和灵活性来实现。四、在学生的错误中实现教学的生成。对学生的错误的认识，教师要正确面对，教师应该理解学生的错误，正因为出错，才会有点拨、引导，才会有教育的机智和智慧，课堂才能生成。五、在探究的过程中实现教学的生成。学生和同伴及教师一起行动，交互学习，共同探究科学的真相。

《化学教学》2008 年第 4 期

从教学本质谈中学化学课堂教学的生成性

张长江

对课堂教学生成性的认识源于对课堂教学本质的认识。一、对课堂教学本质的认识。1. 课堂教学是一种“特殊的认识活动”。2. 课堂教学是一个“动态的人-人系统”。在课堂教学中，情感是最为活跃、最为敏感的因素。学生的情感需求，既表现为对师生，生生之间的真诚、和谐、理解和受纳的欢愉气氛的追求；也表现为参与和自我表现的欲望，以及由于参与而带来的成功的喜悦和满足；还表现为由师生间真挚情感引发的对教师的信赖与崇敬，进而产生的对化学的热爱。3. 课堂教学是“师生个体生命价值的体现”。4. 课堂教学发展的社会学背景。二、对课堂教学生成性的认识。1. 课堂教学生成的必然性。影响课堂教学因素的复杂性，决定了预设不可能解决课堂教学过程中发生的所有问题。新教师往往出现教案与教学实践脱节，教学时间与预设中教学内容的匹配难以吻合的现象；老教师也难以在备课时就预见到课堂上可能发生的一切，时有“离题”“跑题”现象出现。因此，课堂教学的生成是必然的。2. 课堂教学生成的有效性。3. 高效课堂教学生成的必要条件。没有预设，就无所谓生成；没有生成，预设就会显得机械而单调。

《化学教学》2008 年第 5 期

化学课堂教学要为学生的发展而设计

郑国武

为学习而设计化学课堂教学即意味着不能仅仅考虑教师教得方便，教得精彩，教得舒畅，而是把学生与学习作为焦点，以教导学、以教促学。一、更新化学课堂教学效果评价体制，教师由“演员”转变为“导演”。要更新优质课概念，建立有效的课堂教学效果评价机制，将评教师“演”得好不好转向教师“导”得好不好，学生“演”得好不好上来，促使教师自身由“演员”转变成“导演”。1. 评课要让学生有发言权。2. 发展智力，培养能力，提高综合素质是课堂教学的永恒主题。3. 新形势下的教师要更新观念，树立为学生发展而教的理念。二、在课堂教学中应以知识为载体，在传授学法上下工夫，让学生自主学习。要求教师:(1)不断学习，研究各种学习方法，结合自身的学习体会，总结出符合中学生实际的方法并加以指导。(2)研究教材，结合教材进行学法指导。(3)按学生身心发展规律和年龄特征进行学法指导，不能盲目地把先进的学法一股脑儿地向学生传授，学法传授也应注意现实性、可行性、适应性和实用性，不能脱离实际，拔苗助长，无的放矢，这样反而适得其反，搅乱正常的教学。三、教师要研究学生，学会学生般的思维。(1)研究学生个体差异，分析个体间智力、能力、思维方法，个性兴趣等方面的特点，发掘他们的优势，弥补他们的不足。(2)通过双边活动，找准普遍存在的知识缺陷及原因，从多角度改变教法，力争突破重点、难点。(3)建立学生档案，及时跟踪调查，捕捉他们的变化，分析深层次的原因，寻找解决问题的方法。(4)要放下架子，站在学生的立场上看自己的教学，多听取学生的建议，认真分析他们的感受。(5)提出符合个体实际的标准，促使学生向不同的高度冲刺，不能"一视同仁"。(6)要身临其境了解"学生般的思维"，学生、教师是不同年龄阶段的人，他们的思维方法不同，平时大多数教师以自己的思维方式来要求学生，那是不切实际的。

《化学教学》2008 年第 5 期

及时捕捉生成性资源、实现课堂教学的动态生成

赵亲水

在开放性的化学课堂教学情境中，师生多向互动、动态生成的信息层出不穷，需要教师细心观察、揣摩、判断，及时地捕捉有助于学生知识、能力和情感态度价值观的信息，能够生成新问题的"生长点"，成为推动教学进行的生成性资源。一、及时捕捉学生的学习准备状态。有经验的教师往往会通过有意的观察和清晰的分析来对学生的学习准备状态获得一定的判断，从而适当调整教学策略。二、及时捕捉学生的学习反应状态。教师要善于捕捉学生的反应状态并加以巧妙的利用，有可能使课堂更加富有生机与活力，使教学更有效果。三、及时捕捉学生的发展变化状态。面对处于时时发展变化中的学生个体和群体，教师需要加以关注，清晰地认识、理解、把握和顺应学生的发展规律，以便更好地促进学生的发展。四、及时捕捉学生的学习效果。学生在学习过程中出现错误是一种正常的现象，同时也是教学过程中的一种重要的生成性资源，要允许学生出错。作为教师应努力将学生在学习过程中所出现的错误转变成可以促进学生认识发展、情感与态度发展和价值观发展的新的教学资源。

《化学教学》2008 年第 10 期

化学双语课双教师共同执教的尝试

严西平　袁　蕾

回顾双教师共同执教开课经历最值得认真总结的包括：一、教师角色。1. 角色对等；2. 分工明确；3. 配合默契。二、教学设计。本课教学设计的亮点体现在以下几方面：1. 不仅开发了配套的英文教材，培训了必要的专业词汇，修订了学生代表的英文发言稿，还备了英文详案，详细到每一句话、每个词学生是否听懂、理解；2. 为了真正落实"情感、态度与价值观"这个维度的教学目标，老师不仅制定了明确的情感类的要素及其价值取向，而且在教学流程中以教学意图的形式细化处理，使得在教学中时时有方向，处处有要求；3. 在本课内容中，原本没有安排学生探究实践活动，为了增强学生对化石燃料的燃烧引发环境改变和环境污染的感性认识，提高学习效率，老师在教学设计中补充了 3 个学生实验。三、双师协作。双师型授课为开课老师提供了一个密切合作、互相学习、共同提高的发展平台。

《化学教学》2008 年第 12 期

浅谈人教版高中化学教材（选修 6）《实验化学》的教学体会

王震宇

一、实验主题注重探究性与创新性。例实验 1－3 拓展实验自制小电池。教学尝试：(1)调整内容，在条件许可时，将部分演示实验改为边讲边实验。(2)培养学生探究问题的意识。(3)站在开发学生智力，培养学生创新思维和能力的高度上，钻研教材，优化实验教学方案。(4)确保教师的主导作用。(5)利用课外活动开展探索性实验。二、实验内容注重开拓性与灵活性。例如实验 4－4 饮料的研究。教学体会：(1)重要的是进行实验时对知识的体验过程。每个学生都进行了认真思考，提出的方案越多，思考的角度就越广，思维就愈深刻。(2)学生不但学活了知识，而且实验能力、与人合作能力、科学探究能力、创新思维能力等都得到了培养和提高。(3)在实验内容的安排上给予教师较大的空间。三、实验编排注重系统化与启迪性。例如第二单元课题——物质的分离与提纯。教学参考：(1)根据实验内容，确定学科知识体系主线。(2)根据学生的知识现状，立足于基础性，易于学生理解、接受，易于操作。(3)在学生已学过的实验技能和方法的衔接与提升问题上，注意归纳、总结一般规律，并通过必要的引导、训练，使之掌握。四、实验选材注重生活化与趣味化。例如“从海带中提取碘”“测定抗贫血药物中铁的含量”“食醋总酸含量的测定”“饮料的研究”等。教学参考：(1)教师有意识引导学生养成节约资源和利用废物的习惯，强化环境保护意识，提高学生的动手能力和创新意识。(2)利用日常生活中的实验内容使学生切身体会到化学就在身边。五、实验设计注重绿色化与微型化。例如第一单元课题二实验 1-2 氯气的生成及其性质的微型实验。教学参考：(1)化学实验密闭化。(2)加强反应物质的回收利用和消害处理。(3)在设计实验方案时，要尽量避免使用和生成毒性较大、容易形成污染的物质。六、实验手段注重前沿化与现代化。例如第三单元课题一介绍了核磁共振波谱法、红外光谱法、质谱法、气相色谱法等现代分析技术。教学原则：(1)选取学生熟悉的物质作为内容的载体。(2)以实验目的为重点，化学反应为基础，技术原理为线索展开内容。(3)引导学生体会化学在现代化实验手段中的价值与作用，不必过多追求实验手段技术细节。

《中学化学》2008 年第 2 期

例谈高中化学新课程教学的几点反思

郑海燕

通过案例 1. 乙醇性质的教学片段，反思：必修模块教学应到位不越位。由于高中化学课程由必修和选修构成，大部分课程内容必然设计为螺旋上升的两个阶段。讲究螺旋式上升不要求一步到位；从而避免出现在化学必修课程中采取拔苗助长的做法，做到教学到位而不越位。通过案例 2. 苯的结构和性质的教学片段，反思：选修模块教学融合提升必修内容。选修模块的知识起点是必修模块的知识终点，各个选修模块都会结合自身的特点和内容线索促使学生回顾、复习、应用在必修模块中所学知识；另外，所有选修模块都会在必修模块的知识基础之上引导学生学习新的化学核心知识，对必修模块的化学知识进行拓宽、加深、补充和延伸。通过案例 3. 教材中没讲但习题中涉及的知识点，教学中该怎么办？反思：要创造性地使用教材和教辅材料。教师一定要深入研究课程标准，转换守旧的教材观，在教学中要对教材及教辅材料持一种怀疑态度，要把它们作为一种材料，对“教什么”和“如何教”都要试图找到自己独到的见解，教师要把自己作为教学资源的设计者和组织者，在教学过程中要积极主动地去选择和增添教学资源。

《教学月刊（教学参考）》2008年第6期上

化学新课程实验教科书

【概况】新课程实验教材的编者们纷纷撰文介绍自己编写的教科书，研究者们也热衷于比较不同版本教科书的特点，并对新课程实验教科书中存在的问题提出了不少看法和改进建议。研究者对新教材的使用情况还做了大量跟踪调查。

认真研读新课标 科学使用新教材——氧化还原反应在4种高中化学教材中的编写特点比较与建议

王瑞政 周 青 张建军

对4种高中化学教材（旧人教版、新人教版、苏教版和山东科技版）的氧化还原反应内容在编排顺序、内容、设计思路、教学活动栏目以及课后习题等方面进行了比较分析，并依据高中新课标就教学难度把握与教法选择提出了建议。

文章首先就4种教材对氧化还原反应编写特点做出比较：从编排顺序上说，3种新教材都把氧化还原反应从旧教材的第一章第一节搬到第二章（或专题二）中，且节次也有了改变；在编写体系上：新人教版将旧人教版的知识内容重新整合，以模块的形式呈现，苏教版是从一系列与我们变化的时代密切相关的专题展开，而山东科技版是从科学素养的3个维度选择来编排学习内容。在内容方面，新教材与旧教材相比内容有所减少，体现在旧人教版14页、新人教版3页、苏教版1页、山东科技版5页。设计思路主要体现在以下两个方面：(1)引出氧化还原反应概念的方式不同，但都符合奥苏伯尔的学习理论，只是不同的教材选择了不同的先行组织者；(2)揭示氧化还原反应本质的方式有差异，其中山东科技版通过Cu-Zn原电池来揭示氧化还原反应的本质是一大亮点。在教学活动栏目上，旧人教版的活动栏目仅有“讨论”一项，而3种新教材设置了多种功能的教学活动栏目。在课后习题上，新教材的3个版本在试题的广度方面有所收缩，在难度方面，新人教版有所降低，山东科技版比较适中，苏教版试题有一定难度。在题型上，新人教版和山东科技版都出现了新题型。最后作者认为在教学过程中要深入研读新课标，把握好内容的深广度，科学地使用教材。

《化学教育》2008年第11期

3套选修模块教材《化学与生活》中的化学实验比较

陆小燕　沈理明　曹愔荃

人民教育出版社、江苏教育出版社和山东科学技术出版社均出版了《化学与生活》选修模块教材。3套教材中的实验具有内容联系实际、体现探究性和多层次性的特点。文中对3套教材中的实验按照化学与健康、生活中的材料、化学与环境保护三大主题，以及探究性实验、验证性实验、探究和验证相结合的实验等进行了分类统计和比较分析，以利于化学教师在教学中充分利用教材资源。

文章首先介绍了三套教材实验特点：实验内容联系实际，以学生的生活经验为基础，力求使课程内容能够贴近学生，贴近现代生活；体现探究性，具体表现为以下4个方面：增加了探究性实验的比例、在一些验证性实验中融入了探究性实验的成分、将验证性实验作为探究活动的最基本形式，配合思考与分析、增设实验设计的教学内容；体现多层次性。接着文章以表格的形式列出了三套《化学与生活》选修模块教材中的实验内容和类型，通过对实验在各主题中分布的比较、与课标对应情况比较、探究性实验比较、相同题名实验比较，指出各个教材的特点以及可以相互借鉴之处。最后作者得出结论并思考指出：3套选修模块教材《化学与生活》的实验编写各有特点，人教版实验步骤简洁，探究性层次要求高；苏教版实验继承了老教材实验特点，比较严谨；鲁科版教材实验数量大，体现了一定的探究性，内容与生活相结合的实验多，趣味性强。

《化学教育》2008年第1期

物质结构内容呈现方式对学生学习效果的影响——以高中化学新教材《物质结构与性质》中的“σ键、π键”为例

刘彩燕　黄秀梅　钱扬义　邓　峰　刘海岚

首先对高中化学教材内容呈现方式的相关文献进行研究，在此基础上，以高中化学新教材《物质结构与性质》中“σ键、π键”的内容为例，采用纸笔测试和问卷调查的方法进行定量研究，比较物质结构内容的不同呈现方式对学生学习效果的影响，并根据研究结果对教材编写和教师教学提出一些

建议。

《化学教育》2008 年第 12 期

新课程必修教材中“化学进化”观念的建构

魏樟庆

化学进化是生物进化的基础，新课程必修教材关注“化学进化”观念的建构，“化学进化”观念可以从化学与生命的共同进化、化学与认识的协同进步、化学与社会的可持续发展 3 个方面来建构，体现化学中人文精神的韵味。在化学与生命的共同进化中，山东科技版高中《化学 1（必修）》基于自然界中化学物质的循环来认识元素碳、氮、硫及其化合物的性质。介绍了自然界中化学物质的循环包括碳循环、氮循环、硫循环。教学设计理念为知识需要而融入教学情境中，才能显示出活力和美感，才能被学生理解和掌握，新课程背景下化学教学应站在生命的高度看待化学运动，把元素及其化合物知识渗透到生物地球化学物质的循环中，把物质循环、化学变化和生命进化联系起来并逐步建立化学与生命共同进化的观念。作者以氮元素教学为例证明上述观点。在化学与认识的协同进步部分，介绍了对原子结构的认识与发展——苏教版教材列举了前人对原子结构认识的几个阶段，以及对化学符号系统的认识与发展。最后是化学与社会的可持续发展，化学促进了科学技术的进步和人文精神的发展。

《化学教育》2008 年第 7 期

香港麦美伦版与大陆课标版化学教材比较研究——以“氮及其化合物”内容为例

王后雄　史俊玲

对香港麦美伦版和大陆高中课程标准人教版、鲁科版、苏教版 4 种教材“氮及其化合物”相关内容的比较，从教材的目标维度、内容维度、呈现方式维度、实验维度、习题维度等方面分析了 4 种教材各自的编写特点，以期为两地的新课程教材改革提供借鉴和参考。在目标维度上，作者列表介绍港版教材和大陆教材对“氮及其化合物”内容的具体要求。在内容维度上，麦美伦版教材在内容组织上主要是通过一系列具体的问题开启学生思维，提供相关知识链接设置学习活动，达到知识建构和能力养成的目的，大陆 3 种教材比较重视基础知识和基本技能。在呈现方式维度上，麦美伦版教材栏目分析中栏目设置主要分为学习资源型和学习活动型，大陆3种教材栏目设置强调学习过程、学习方法和科学探究；图表分析中香港和大陆4种教材均应用了大量插图，使得教材内容鲜活，可读性和信息传递效果增强，但是麦美伦版教材很大程度上直接用插图代替了文字陈述，信息表达直观明了，教材内容不那么繁杂，麦美伦版教材与社会生活、科技生产相关的数据表格使用较多，大陆3种教材偏重实验记录和活动探究类表格。在实验维度上，麦美伦版教材非常注重探究实验（包括实践活动）和设计实验，大陆3种教材重视演示实验和探究实验。在习题维度上，麦美伦版教材的习题设置是其又一特色，共分3个部分：例题、课堂练习和章练习，大陆3种教材的习题以章节练习的形式呈现，其中人教版只设置了节练习。最后作者作出总结。

《化学教育》2008年第10期

由《海水“晒盐”的过程》教案想到的一点看法

郑文年　宋心琦

由《海水“晒盐”的过程》的教案想到了：一、教学设计应当力求贯彻“少而精”的原则。就是要区分开科学知识和科学常识的概念。文中以海水为例，说明了前者主要关注“是什么”，而后者还要求解决“为什么”的问题。二、如何认识和运用“贴近生活，贴近社会”的原则。这一原则可以解决初学者“入门难”的问题，但更应当是个策略性原则。三、《海水“晒盐”的过程》教学要点的探讨。主题中包含着海水、盐和“晒”三个部分：1. 由海水一些简单的常识引出了“浓度”的概念。2. 由海水中的氯化钠这一生活中常见的盐，引申出化学概念中的盐类。3. 由“晒盐”的过程延伸出一些关于实验室分离的知识，并鼓励学生实践一次氯化钠纯度检验。以上都实现了从科学常识到科学知识的转化。四、归纳和结论：针对这个主题所涉及的知识点和化学基础，大致包括：基本常识；海水“晒盐”工艺成功的前提条件；化学基础概念。

《化学教育》2008年第10期

从课程标准到教材到教学——以高中化学新课程必修模块氧化还原反应内容为例

胡久华

高中课程改革是个系统改革，从课程理念到课程目标、课程内容、教材、教学和评价都发生了一系列变化。课程标准是指导性文件，教材是教师教学的核心素材和资源。教师在实施高中新课程的过程中，怎样看课程标准？怎样分析高中新课程的教材？怎样具体到课堂教学的设计？即怎样从课程标准到教材到教学？这将是什么样的工作思路和流程。以高中化学新课程必修模块氧化还原反应内容为例进行了探讨，给教师提供了一种实施高中新课程教师教学设计工作的基本思路。文章首先重点讨论了从课程标准到教材，指出要分析课程标准的思路与方法，课程标准中的内容标准以及课程内容的“多元化”“层次性”和“建构性”。又介绍了普通高中化学课程标准必修模块对氧化还原反应的描述和分析，氧化还原反应的内容放在“主题 3 常见无机物及其应用”，主要在于发挥氧化还原反应对元素化合物知识学习的方法指导作用。氧化还原反应内容在必修教材中的呈现和组织，氧化还原反应内容在目前已有的 3 套高中化学新课程必修教材中的组织主要有两种方式：集中编排和分散编排。山东科技版和人教版采用集中编排，位于大量元素化合物知识学习之前，为元素化合物知识的学习奠定理论基础；苏教版采用分散编排，将氧化还原反应内容和氯、溴、碘物质性质内容穿插编排，是在学习化学物质性质的过程中，形成氧化还原反应相关概念。在讨论从教材到教学时，作者认为从教学需要的角度分析包括 5 个方面：教材中知识内容的本体、教材中知识内容的教育教学价值、教材中知识内容的应用价值、教材中的活动设计以及教材中的习题。还要通过对课程标准和教材的具体分析确定教学思路（以山东版教材中氧化还原反应为例）。

《化学教育》2008 年第 9 期

高中选修模块教材《实验化学》3 种版本的比较分析

蔡文联　饶志明　李燕琴

该文对人教版、山东科技版、苏教版 3 种高中化学选修模块教材《实验化学》的结构和内容做了归纳与对比，从教材编写线索、实验分类、学习栏目、插图、习题等几个方面进行比较分析，并提出了几点建议，以利于化学教师对新课标的理解及教材的选用。3 种《实验化学》选修模块教材设置形式的比较。(1)以课程标准为本，整体设置教材体系结构。人教版课程编排体系基本与课程标准的内容一致，按照两个主题以及各个主题下的具体内容标准进行实验活动的安排；山东科技版教材设置了 4 个主题，分别和课程标准主题 1 中的各个具体内容标准相对应，但在先后顺序上有较大的变化；苏教版根据课程标准的两个主题进行整体编排，将选修6《实验化学》教材划分为7个专题。(2)课标中内容标准在3种版本教材中的呈现方式。教材内容特点分析设置多样化的学习栏目，转变学生学习方式；应用大量插图，激发学生学习热情。(3)各个单元（或主题、专题）的归纳和作业：3种教材在一个单元（或主题、专题）结束时都进行了概括、归纳与整理。人教版在每一单元最后都设置“归纳与整理”，山东科技版在每一个主题最后设置“本主题概括整合”，苏教版在每一专题最后设置“整理与归纳”。最后提出几点思考与建议：(1)3种版本的新教材无论从实验内容的选材编排还是外表装帧，都有着重大的突破；(2)活用教材，把教材用活；(3)做好新课程教材与教师的培训；(4)协调教学课时与教学内容；(5)加强实验教学中的环境保护。

《化学教育》2008年第2期

谈“物质的分类”在新教材中的地位和作用

顾　晔

人教版新教材《化学1》(必修)（宋心琦主编，以下简称《必修1》）在第二章单独设置了一节内容——“第一节物质的分类”，这节内容在教材中起着独特而且不可替代的重要作用。(1)物质的分类在初高中化学教材内容衔接中起着重要的作用；(2)分类是学习和研究化学物质及其变化的一种重要科学方法。应该把衔接教学的思想渗透到整个教学过程中去，使知识间的跨度小一些，让学生接受容易一些；物质的分类也是学习和研究化学物质及其变化的一种常用科学方法，我们要让学生学知识的同时学到方法——“鱼”“渔”兼得。

《化学教育》2008年第2期

高中化学新教材（必修1）中“物质的量”内容的难度分析

闫蒙钢　陈　英

“物质的量”有关内容是本次教材改革变动幅度较大的知识点之一，却再次成了教与学的难点。该文以2003年版高一化学教材为参照，对人教版和山东科技版化学新教材必修1中“物质的量”内容的难度作了分析。定量分析表明，尽管新课程标准减少了“物质的量”有关内容的知识点数量，降低了知识点的教学要求，但两种版本中有关内容的课程难度却不但没有降低，反而增大了不少。

其中山东科技版有关内容的难度还略高于人教版。“物质的量”有关内容的难度，还可以从学生、教材和教师3个方面做定性分析。(1)学生：刚刚进入高中阶段的高一学生，大多数身心、智力水平不高，抽象逻辑思维和演绎能力不强，善于从宏观的角度思考所要解决的问题，学生思维水平的欠缺与“物质的量”本身的抽象难懂，形成了一组较难调节的矛盾。(2)教材：学生认知水平的欠缺是造成“物质的量”有关概念学习困难的客观因素，教材的编写者应该充分认识这一点，并注意从教材的编写上弥补学生思维和认知上的不足。新教材中“物质的量”内容的课程难度却比2003版增大了，而且新教材在有关内容的编写上也有一些不足之处，这些都为学生的学习带来了一定的困难。(3)教师：学生的认知欠缺及教材的编写不足，迫切需要一线教师对教材中“物质的量”有关内容进行科学的“二次开发”，但是教师的“经验错觉”与“课程共建”意识不够又一次加大了学生学习的难度。

《化学教育》2008年第5期

必修模块有机化学知识内容分析与教学探讨

邝贤毅

一、必修模块有机化学知识地位和功能分析：新课标必修模块有机化学知识并没有作为独立主题列出，而是放在必修2“化学与可持续发展”这样的主题下。其功能一方面是为了满足公民基本科学素养的培养要求；另一方面为进一步学习有机化学的学生打下基础。二、必修模块有机化学知识内容的选择与呈现分析。(1)综合考虑了有机化合物的类型和官能团体系的需要，分层构建有机化学知识。(2)围绕主题，紧贴实际，注重生产生活及实验中学习有机化学知识。(3)注意克服原有教材中有机化学逻辑结构的思维定式。三、必修模块有机化学知识内容的教学深、广度分析:(1)典型代表物;(2)有机化学反应;(3)结构决定性质。四、教学建议:(1)准确把握必修教材中的有机化合物内容的深、广度，避免随意扩展。(2)尽量从实验或学生已有的生活背景知识出发组织或设计教学。

《中学化学教学参考》2008年第4期

化学教科书中科学过程及其表征方式

龚正元　王祖浩

科学过程作为化学课程的重要内容之一，是落实化学课程三维目标的关键。化学教科书中科学过程的内容应以恰当的方式予以表征。主要方式有：设置体现化学学科研究思想的专题，设计科学探究活动的栏目，安排科学过程技能训练的内容等。文章首先探讨了化学教科书中科学过程的内容与层次，教科书中科学过程内容包括静态的化学史以及更重要的动态化学科学的研究过程。关于科学思想层面有经典认识论和解决问题两种观点，此外科学过程蕴涵着科学方法，科学方法折射着某种科学思想也在一定程度上体现出科学过程。科学过程的基础层次是科学过程技能。接着文章论述了科学过程的 3 种表征方式，指出化学学科研究思想专题的选择要注重最基本的内容，科学过程内容的呈现要立足于化学学科研究思想整体建构的过程中。科学探究活动栏目根据功能可以分为资料型和活动型，作者以“石灰石的利用”为例分析你已经知道什么、活动与探究、观察与思考、交流与讨论 4 个栏目的功能。在安排科学过程技能训练中具体可采取显性表征和隐性表征两种方式。

《中学化学教学参考》2008 年第 15 期

新课程高中化学教科书中的学科观念体系

陆　军

化学学科观念属于科学观念的范畴，它是化学知识的“浓缩和提炼”，是通过化学学习在头脑中建立起来的概括性认识。在科学教育中，科学观念对应着“能量”“演化”“变化的形式”“尺度与结构”“稳定性”“系统与相互作用”等科学主题。文章着重介绍了人教版高中化学必修教科书在着力构建化学知识体系和化学方法体系的同时，从与这些科学主题相匹配的化学研究的物质层次、化学中的相互作用、化学变化的形式、化学反应中能量变化、化学反应的方向和限度 5 个方面构建高中学生认知结构所必备的学科观念体系。

《中学化学教学参考》2008 年第 15 期

为不同能力倾向学生科学素养的发展奠定基础——高中化学选修课程内容分析及教学建议

王祖浩

选修课程是必修课程的进一步拓展和延伸，它从不同的层面和视角建构内容体系，为不同发展倾向的学生学习化学提供了多样化的课程，也为化学教师的教学创造提供了实践基础。本文重点讨论高中化学选修课程设置的功能、内容以及合理教学的若干建议。文章首先简单介绍了化学选修课程设置的目的和功能——6个选修模块课程内容取向不同，课程建构的线索不同，为学生的发展提供多方面的基础。其次作者从3个方面对选修课程的类型进行分析，从课程的功能上考查，可分为三类：第一类课程——化学在生产、生活中的应用，体现STS理念，如“化学与生活”“化学与技术”；第二类课程——化学基本原理，与化学二级学科领域的知识相联系，如“物质结构与性质”“化学反应原理”“有机化学基础”；第三类课程——“实验化学”。从知识的综合性上考查可以分为专门领域的学科课程——按照二级学科分类的思路编排知识体系，注重知识内在的逻辑联系，如“物质结构与性质”“化学反应原理”“有机化学基础”和跨领域的综合课程——知识的整合体现多元化、开放性特点，“化学与生活”“化学与技术”“实验化学”属于此类。从教学方式上考查可将选修课程分为三类：假设-实验-分析-结论、假设-模型-分析-结论、事实-解释-活动-结论。作者最后提出化学选修教材总的教学建议，要在必修课程基础上有效提高选修教学的质量，关键是用好教材。

《中学化学教学参考》2008年第10期

新课程高中化学教科书中的例题及其教学策略

陆　军

在对人教版新课程高中化学教科书中设置的例题进行分类的基础上，揭示了其“样例”设在学生认知负荷高的学习环节的特点，同时列举了例题存在的部分说明和示范功能缺失的现象，最后提出了完善题型、规范形式和调整目标等实现教学功能最大化的例题教学策略。本文在对例题进行分类的基础上说明教材中例题设置的特点，选用“问题空间”和“思维方式”这两个具有一定从属关系的分类模型，以列表形式统计了人教版新课程高中化学教科书中例题的类型，发现很多“样例”设在学生认知负荷高的学习环节，利于减轻负担，提高效率。由于问题选择和解答表达等方面的原因，新课程高中化学教科书例题设置存在说明功能缺失——科学性缺失和匹配性缺失两种情况、示范功能缺失——思维方式的全面性缺失和表达形式示范性缺失。由此，例题教学的策略为：完善题型，促进全面思维；规范形式，追求“样例效应”；调整目标，拓展创新功能。

《中学化学教学参考》2008年第10期

高中化学新课程教科书单元内容设计及知识价值分析

王后雄

结合 3 种版本高中化学新课程教科书单元内容分析“先行组织者”的作用，通过实例说明教学中要充分发掘教科书单元内容知识的迁移价值、认知价值和情意价值，使学生在知识与技能、过程与方法、情感态度价值观 3 个方面都得到发展。在论述“先行组织者”作用时，文章列举 3 个版本教材的“案例研讨”，对此进行分析，说明“先行组织者”的形式是多种多样的，如学习前的引导资料、学习过程的信息提示、有关的生活背景材料等都可以使学生的学习过程“平易化”。在介绍单元学习活动设计时，文章举例分析了 3 个版本的“案例研讨”，说明我国新课程标准的化学教科书中活动数量的增加、活动方式多样化，同时教师要改变课堂教学结构，创造学生自主探究的学习环境才能真正发挥效果。分析单元内容的知识价值时，从以下 3 个方面：迁移价值——知识的概括化程度越高越容易迁移、认知价值——强调学生对知识的探索与构建，重视揭示蕴涵在知识学习中的丰富的认知加工过程、情境价值—知识的学习过程对学生的情感、意志、态度和价值观念等个人情感领域的发展产生积极的影响。

《化学教学》2008 年第 4 期

高中化学新课程与大学无机化学相关性的调查研究

王艳云　张　欣　李　颖

本文以新课程理念为指导，对照课程标准，将人教版高中化学新课程标准实验教科书（化学 1、化学 2 、选修 3、选修 4），以及宋天佑等人编著出版的《无机化学》（上、下册）中的相关知识点作简单对比，并在天津市部分中学师生间进行问卷调查，而后对问卷结果统计、分析，并提出相关建议，希望能够对当前高中化学新课程的教学起到一定的指导作用。

《化学教学》2008 年第 7 期

中学化学教材中化学史内容编排的思考

毕华林　辛本春

化学史是化学课程内容的重要组成部分，实施化学史教育是全面提高学生科学素养的重要途径。教材作为实现课程目标的载体，应从化学史素材的选择、化学史内容的编排顺序及其呈现方式等方面综合考虑化学史内容的编排，为教师的教和学生的学提供资源和引导，充分发挥化学史的教育教学功能。本文论述了化学史内容素材的选择、化学史内容的编排顺序和化学史内容的呈现方式3个方面的内容。通过对六套教材的比较发现在化学史素材内容的选择上有共同特点：较多地采用反映古今中外著名化学家生平事迹、突出贡献的历史素材；在3套初中化学教材中用于表现化学科学发展的进步的历史素材主要体现在物质的制备与应用方面；3套高中化学必修教材在化学史内容选择上更注重化学概念、理论的发展；中学化学教材中有关化学家生平事迹、科学理论发展的历史素材在内容表述上过于简略，多局限于某人提出某个理论或者发现某种物质的简单叙述。在内容的编排顺序时，除了要考虑化学知识的发展过程，还必须考虑学科内容之间内在的逻辑顺序。化学史内容的呈现应该根据教学目标、学科内容和化学史内容采取灵活多变的方式。

《课程·教材·教法》2008年第3期

普通高中化学课程标准实验教材编写特点分析

冯　宇

人教版、苏教版、鲁科版3套教材以普通高中化学课程标准为依据和指导，着眼于提高全体学生的科学素养，培养学生的创新精神和实践能力，重视反映科学技术与社会的相互联系，努力构建知识与技能、过程与方法、情感态度与价值观的课程目标体系，较好体现了课程标准的学习目标与要求。本文介绍了3套教材编写的六大特点：新教材突破了传统教材以学科为中心的教材体系，以促进学生学习和发展为主旨，形成学科中心、社会中心、学生中心相融合的教材结构体系；新教材对基本概念和原理知识的处理在必修模块和选修模块中逐步完善、螺旋发展，具有层次性，体现了课程的基础性和选择性；教材在元素化合物内容的组织线索、学习的重点方面发生了重大变化，重视用分类的观点和理论知识指导元素化合物知识的学习；教材突出以实验为基础的学科特点，实验内容、实验数量、实验类型发生较大变化，体现了全面提高学生科学素养的课程理念；教材的设计和呈现方式灵活多样，图文并茂，设置多种学习栏目，引领学生学习方式的转变；教材在课后作业和练习编写方面，形式多样，与教学内容配合紧密，联合生产生活实际，使三维目标全面发展。

《教育理论与实践》2008 年第 5 期 B

《化学与技术》模块 3 种教材特点分析及教学启示——以“海水处理”为例

刁伯真　龙　琪　陈　博

本文选取《化学与技术》模块中的海水处理有关章节，从教材内容的选取与组织、呈现方式、课后习题设置和教师用书 4 个方面对 3 种教材进行比较，旨在分析各教材的特点，为高中一线教师在教学过程中合理运用教材及其中的教学资源提供参考与建议。在教材内容的选取与组织上，人教版知识体系系统性强，学生易于把握知识点；苏教版内容结构简单易于掌握；鲁科版内容比较深，知识框架好，利于学生举一反三。教师要根据教学实际参考多个版本教材，重新整合教材内容，开拓教学设计新思路。在呈现方式上，人教版文字和图片比重约为 3∶2；苏教版图文比例为 3∶2；鲁科版以文字为主。在课后习题设置上，人教版设计了一个与本节内容相关的实践活动，适合各个层次学生做；苏教版习题考查了各种海水处理方法的基本原理；鲁教版设计了一道选择题，适合所有学生。在教师用书上，苏教版、鲁科版的教师用书提供给教师的信息更多些，苏教版最大的特点是教学设计建议部分，亮点是教学设计片段，鲁科版有两个特色栏目分别是与其他选修模块教材相关内容的联系和核心知识点的评价建议。最后作者进行了整体特点分析，人教版主要介绍海水中盐的提取与应用，重在“应用”；苏教版、鲁科版主要介绍海水淡化的主要方法，但苏教版偏“方法”，鲁科版偏“原理”。

《中小学教学研究》2008 年第 9 期

人教版必修教材概念原理内容分析与体系构建

邝贤毅

对人教版必修教材概念原理内容作出分析，解读了必修教材概念原理知识体系构建的视角。文章首先简单介绍了人教版必修模块中概念原理的组织方式及编排顺序，然后着重从 6 个方面对概念原理内容进行分析：注重概念原理知识的全面覆盖；注重概念原理与元素化合物知识的有机整合，体现在必修 1、必修 2 中元素化合物的学习是以物质的分类、氧化还原反应和离子反应等概念原理为线索来学习的，必修 2 概念原理的导出是以必修 1 中元素化合物为基础的，必修 2 概念原理知识进一步深化了对元素化合物的认识，必修 1 和必修 2 中元素化合物与概念原理知识共同完成了元素化合物知识体系的构建；注重概念原理学习的阶段性和层次性；注重引导在概念原理学习中形成基本的化学观念；注重从探究过程中形成概念原理，新版教科书的编写体现了科学过程的“认识什么”和“怎样认识”两方面；注重概念原理在实践中的应用，新版教科书不仅侧重怎样得到理论还侧重理论的应用。

《中学化学教学参考》2008 年第 3 期

人教版高中《化学》（必修）模块 STSE 教育内容主题及其呈现方式特点分析

潘　清　李艳灵　曹玉民

在新课程背景下，STSE 教育日益引起人们的重视。已问世的 3 套（人教版、鲁科版、苏教版）高中化学课程标准实验教科书都在 STSE 教育内容方面有所注意和加强。以人教版高中《化学》（必修）为研究对象，从 STSE 教育的教学主题、内容呈现方式的特点两个方面对其进行简要分析。教材在选材和编排上较为关注与生活、社会相关的现实问题，力求反映现代化学研究的成果和发展趋势，并使学生形成可持续发展的理念，这与 STSE 教育思想是一致的。文章列表展示了必修 1、必修 2 中 STSE 教育内容的主题，发现几乎各个章节都有 STSE 教育内容，其中必修 1 的第三章、第四章和必修 2 的第二章、第四章尤多。通过分析发现必修 1、必修 2 模块中 STSE 教育内容采用了多种呈现方式以便更好地实现教育功能。体现在：通过创设情境以激发学生的学习兴趣、通过设计具体任务以提高学生的科学探究能力、通过设置不同栏目以促进学生的全面发展。

《中学化学教学参考》2008 年第 5 期

中学化学环境教育内容的演变——以人教版 3 套必修教材为例

王伟群　张宁云

以人民教育出版社统编化学教材为例，重点介绍了环境教育内容在中学化学教材中的演变，揭示了环境教育理念、内容和呈现方式的变化，探讨了新时期人与自然和谐发展的教育对策。

作者选择人民教育出版社1990年、2000年和2004年出版的3套必修教材中环境教育的内容进行列表比较，得出结论：近30年来，中学化学教材中的环境教育的总体趋势是内容从关注污染到可持续发展，编排从渗透到专题，学习方式从单一到多样。首先，教育内容从关注污染到坚持可持续发展，1990年版中学化学教材，环境保护的内容关注环境污染，主要是简介大气污染、“工业三废”、酸雨，且谈到危害，很少涉及治理或利用，环境教育内容的比例很小。2000年版涉及环境教育的内容明显增多，包含有大气污染，包括光化学烟雾、酸雨的危害、水体污染、臭氧层空洞、“白色污染”等，同时开始介绍用化学的方法治理污染。2004年版除了包括前两套教材中化学工业及化学产品造成环境污染的有关化学知识外，更多地是以可持续发展为背景，介绍了绿色化学、化学与环境的关系、化学在环境保护和环境治理中的作用。其次，在内容编排上从渗透教育到设有专题教育，1990年版和2000年版采用渗透的方式，2004年版新教材采用渗透加专题的形式。最后，在学习方法上从单一讲授到各种活动开展，前两个版本的教材，尤其是1990年版教材，由于大多数内容是介绍性的，环境教育的方式主要通过讲授。2004年版的教材更注重以多种方式进行环境教育，强调学生的亲身体验和实践活动，增加了很多调查活动、探究小实验，还有一些环境问题的思考。

《化学教育》2008年第10期

苏教版《化学2》“活动与探究”栏目教学体会与思考

阮礼安　曲海鸥

“活动与探究”栏目是新教材的重要内容，苏教版《化学2》教材中共有15处“活动与探究”，可以归纳为实验探究、设计实验、阅读与讨论探究、实验与生活和制作模型5种类型。本文探讨了如何根据不同的活动类型开展探究活动，更好地建设和开发这一资源以获得最优的教学效果。作者提出了4个策略并作一一介绍：精心设计探究活动方案，让学生体会探究乐趣——以“化学能转化为电能”一节为例说明在教学过程中要丰富实验过程，提高实验趣味性；把握探究活动的深度，挖掘利用学生已有知识和经验——以乙醇与钠反应为例；选择探究活动内容，适应学生特点——以“化学反应的限度”“化学反应中的能量变化”为例说明在教学实际中要结合具体内容和本地本校的实际情况有选择地对基本素材加以扩充和整合；优化探究活动方式，培养独立思考能力——采用开放性与合作式的方案。

《中学化学教学参考》2008年第9期

苏教版《化学》(必修)中的习题特点及教学启示

许学贵　陈献忠

课后习题是教材的重要组成部分，习题往往能反映出教材编著者对教学目标的理解，成为评价学生学习水平的一个指标，但由于当前教学辅导资料十分丰富，传统教材课后习题与教学评价存在显著差异，课后习题难以满足教学需要，导致不少教师轻教材习题而重课外学习资料。本文对苏教版提供的“练习与实践”进行解析。首先，介绍了教材中的习题概况——“练习与实践”不同于传统的习题，《化学1》《化学2》共提供220道题，其中简答题113题，选择题55题，填空题35题，计算17题，简答题的高比例是教材编写者在落实教学目标、重视检测教学目标完成度的体现。苏教版《化学》(必修)中习题亮点为：吸收了近年来涌现出的一批新习题，其中信息题、探究题占了大部分；重视陈题翻新；引入技术问题；探究类习题成为亮丽的风景线；选取与生活、社会生产和化学事实联系紧密的素材；引入部分要求学生开展群体合作完成的习题。教材习题所给的启示是在布置课后习题时要根据习题难度和不同学生的学习水平提出不同要求。

《教学月刊》2007年第11期上

上教版初中化学教材“你已经知道什么”栏目的分析和使用

肖红梅

“你已经知道什么”是上教版初中化学教材中最具特色的一个栏目之一。使用时应注重启发和引导，注意交流与倾听，关注预设与生成，重视开发和创新。首先，“你已经知道什么”栏目有以下特色：创设问题情境，激活学生已有知识经验，体现在栏目通过创设问题情境，引导学生对已有知识经验进行回忆、检索和整合，有效地激活了学生的已有知识经验，使学生能自觉地将新知识的学习融入已有知识经验中，从而大大降低了学习新知识的门槛，提高了学习的针对性和实效性；搭建活动平台，引导学生变被动接受为主动学习，体现在栏目紧密联系实际，结合学生熟悉的生活情境和已有的知识经验提炼问题，激发学生自主学习的热情，栏目还通过多样化的问题设计，对学生参与活动的方式进行引导，此外栏目的设置在激发学生学习动机方面还有许多潜在的功能；整合三维目标，促进学生科学素养全面提升，栏目的设置不仅能探明学生的已有知识经验促进新知识的学习，而且也是过程与方法、情感态度与价值观教育的重要载体。对此栏目的使用上要注重启发和引导，要注意交流与倾听，要关注预设与生成，要重视开发和创新。总之，上教版初中化学教材中“你已经知道什么”栏目的设置，充分体现了“以学生发展为本”的新课程理念，老师应重视对该栏目的研究和使用，更好地发挥该栏目的教学功能。

《化学教学》2008 年第 2 期

试析《化学 1》（必修）教材如何引导学生形成化学观念

杨梓生

化学基本观念的建构是化学新课程理念之一。山东科技版《化学 1》（必修）注重从内容组织线索、构建知识结构、创设学习活动、体现知识价值和精选典型范例等入手，促进学习者形成化学基本观念。化学教材编制者通过精心组织编排从而促进学习者形成“元素观”“分类观”和“转化观”等核心化学观念。首先，教材重视以化学基本观念为线索组织学习内容——将化学基本观念与具体知识内容有机结合，渗透在教材内容的学习之中。教材强调构建合理、完善的学科知识结构：除第 1 章第 1 节“走进化学科学”外，其余所有章节后面都设置了一个“概括·整合”栏目，在各节的“练习与活动”中，也精选合适的习题引导学生对相关知识进行整合。教材创设以探究为核心的多样化活动:不仅应用典型事例为主题，结合具体化学知识的学习，通过“联想·质疑”“观察·思考”“活动·探究”“迁移·应用”以及“概括·整合”等活动性栏目，引导学生开展以探究为核心的多样化活动，还注重将学习活动从课堂延伸到课外。教材重视引导学生体验知识的价值：在元素化合物知识的处理上，将物质性质及相互转化关系的学习置于一定的社会或生活背景中，从更具有实际应用价值的层面上切入物质性质的学习，在呈现相关知识的同时，强调从形成化学基本观念的角度引导学生进行更深入的学习和思考，深入认识知识学习的价值。教材重视精选体现某一基本观念的范例——《化学 1》（必修）重视精选范例，期望通过组织范例学习，促进化学基本观念的形成。

《化学教学》2008 年第 4 期

鲁科版《化学反应原理》模块与其他模块知识点的衔接

蔡文联　饶志明　胡路漫

分析鲁科版《化学反应原理》模块中的主要知识点与其他模块知识的衔接情况（包括知识点的相关出处和相关内容），旨在帮助教师了解新课程改革下高中化学新教材《化学反应原理》选修模块的总体知识结构以及各个模块之间的联系。文章以图表的形式具体列出了鲁科版《化学反应原理》模块各章节内容的特点以及与其他必修、选修模块知识的衔接情况。通过思考提出建议：指导学生构建知识体系和设置“知识链接”。

《中学化学教学参考》2008 年第 5 期

试析鲁科版化学必修教材中科学方法的教育

刘敬华

如何将课标中对科学方法教育的要求落实到教材中，落实到学生的学习中，鲁科版高中化学教材在这方面做了很好的尝试，本文从 3 个方面加以阐述。首先，通过栏目设置体现科学方法教育，体现在教材通过专门的方法性栏目（如“方法指导”和“工具栏”）和活动性栏目（如“概括·整合”）体现科学方法教育。其次，教材通过设置专门的章节体现科学方法教育，如必修 1 的“第 1 章 认识化学世界”中的第 2 节“研究物质性质的方法和程序”。最后，教材在实验的设计、呈现方式中体现科学方法教育，通过探究性实验进行科学方法教育。

《中学化学教学参考》2008 年第 8 期

初中化学新教材的教学实践与思考

王曰年

山东教育出版社出版的新教材《义务教育课程标准实验教材（化学·五四制）》在编写的指导思想、教材体系的构建、教材体例的确定、教材内容的选择及呈现方式等方面较传统教材发生了巨大变化。作者结合教学实践，从 6 个方面提出自己看法。一是要重视化学基本观念的形成，强化基本观念的指导作用，基本化学观念不仅对学生的终身学习和发展起重要作用，还对具体知识的学习具有统领和指导作用。二是要加强宏观与微观之间的联系，突出化学学科的思维方式。三是要注重三维课程目标的全面落实，培养和提高学生的科学素养。四是要深刻理解教材，对教学内容进行准确定位。五是要转变教学方式，引导学生实施科学探究学习。六是要充分发掘教材内容的价值，树立全新的教材观。

《山东教育》2008 年第 3 期

对山东科技版普通高中课程标准实验教科书《化学》（必修）中几个实验问题的看法

蒋重凯

山东科技版普通高中课程标准实验教科书《化学》（必修）教材（以下简称“教材”）中的实验内容设计很有自己的特色，但在使用的过程中，笔者发现仍然有一些不足之处，文章就几个问题谈点看法。作者就教材中的六大问题：硫与铁反应实验设计缺乏环保意识、无法用火柴杆引燃铝箔、铝制易拉罐盒鼓不起来、$Ba(OH)_2 \cdot 8H_2O$ 晶体与 NH_4Cl 晶体吸热反应的实验不是最佳方案、$NaHCO_3$ 与 NaOH 反应可设计一个实验来说明、进行蛋白质盐析实验时，先在 $(NH_4)_2SO_4$ 饱和溶液中加少量的 1∶5 的稀 H_2SO_4 效果很好提出了自己的具体看法。

《化学教育》2008 年第 1 期

高中化学新课程《物质结构与性质》选修模块学科问题访谈录——访北京师范大学化学学院结构化学专家李宗和教授

陈　颖　王　磊

高中化学新课程将《物质结构与性质》（以下简称《结构》）设置为单独的选修模块，其目的是为了使学生了解人类探索物质结构的重要意义和基本方法；研究物质构成的奥秘；认识物质结构与性质之间的关系；提高分析问题和解决问题的能力。该文就一线教师关心的问题，比如结构化学的核心概念有哪些？在化学学科中结构化学处于什么地位？对化学学科的发展有哪些价值和意义？哪些内容是一个现代公民的基本科学素养所必需的？哪些内容是具有科学潜质的未来科学家在中学阶段所必需的？怎样使学习该模块的中学生体悟和领会结构化学的奥妙所在？与北京师范大学化学学院博士生导师、结构化学专家李宗和教授进行了系列访谈，希望能够借此向读者展现出一位学科专家对此的领会和感悟，从而对新课程一线的广大教师有所启迪和帮助，推动新课程的顺利实施。

《化学教育》2008 年第 3 期

苏教版《化学反应原理》中值得商榷的几个问题

任志强　徐素芳

通过对普通高中课程标准实验教科书化学苏教版《化学反应原理》模块教学的实践，发现并整理了教材在实验设计、原理分析等方面存在的一些不合理的地方，并对这些问题加以分析，提出了具有可操作性的改进建议。作者提出教材中存在的 3 个问题：课堂演示实验设计理想化、对比实验的设计不具有可比性、教材对某些反应原理的解释不合理。对每个问题，文章都从教材呈现、问题与分析、教学建议 3 个方面做了详细论述。

《中学化学教学参考》2008 年第 11 期

美玉更需精雕琢——谈苏教版高中化学教科书细小处的优化

陈勇敏

笔者从 2006 年秋季开始使用苏教版高中新课程化学教材，经过两年的教学实践，既体验和感悟到了新教材的科学性、时代性、创新性，也从中发现一点瑕疵。首先，笔者发现苏教版教材中有色彩运用不合理的地方，并通过具体例子加以说明。建议在教材中彩图制版和印刷时，调配色彩更准确一些，以充分发挥彩印色彩丰富的优势，使之形象而逼真，更能反映客观事实。其次，教材中有一些实验试剂用量不适宜，笔者也结合教学实际通过具体实例说明。建议教材中一些探究实验或演示实验中试剂的用量在保证科学性和感知效果的前提下可以再做调整。

《中学化学教学参考》2008 年第 7 期

打通物质之间的联系——“谈碳和碳的氧化物”单元教学

鄢　鹏　何彩霞　王凤余

以“碳和碳的氧化物”单元为载体，从单元整体的角度进行系统的教学设计，引领学生从单一物质的学习向一类物质的学习迈进，让学生在把握物质之间内在联系的过程中，将零散的知识条理化，形成知识结构，以此提高学生对本单元知识的理解能力。(1)挖掘“碳和碳的氧化物”单元的教育价值：丰富对物质多样性的认识，初步形成结构决定性质的化学学科思想，加深对实验室制取气体有关知识的理解，学习“对比”科学方法，认识化学知识与社会生活实际以及工农业生产的联系，进一步体会元素化合物知识的学习方法。(2)确立凸现物质联系的单元教学思路：将单元知识内容按其内在联系和规律性进行梳理和提炼，引导学生将零散的知识整体化、条理化，形成知识结构，以此提高学生对本单元知识的理解力。(3)构建认知物质联系、将知识结构化的单元教学策略：探索丰富多彩的化学物质世界，感知物质性质与用途的密切关系，采用对照比较的科学方法，体会物质性质与变化的差异性，打通物质间的联系，将知识结构化。

《化学教育》2008 年第 11 期

适度演绎教材赋予课堂新的生命力——“质量守恒定律”的教学案例

龚雪冰

从质量守恒定律一节课的教学所产生的 3 个疑问，提出了两个新的教学思路和 3 个教学片段，给予简要说明，以此来说明在进行教材处理时要面向学生、要渗透 STS 教育和问题化。

《中学化学教学参考》2008 年第 4 期

以教材插图编制试题的意义与实例

钟跃民

依据全日制义务教育《化学课程标准》编写的九年级（人教版）化学教材，不但内容丰富多彩，而且图文并茂、引人入胜。在介绍水污染、矿物分布、温室效应、臭氧空洞、化学能的利用等知识时，附有大量的图表，并在插图和数据表中留了许多可供学生思考的信息。纵观历年全国各地的中考试题可以发现，许多地方的命题者都以课本中的插图作为题材来编制中考试题，有的原图照搬，有的略改动后就搬上了中考的舞台。本文着重介绍了以教材插图编制化学试题的意义：能激发学生阅读教材和学习化学的兴趣；能帮助消除学生的恐惧心理，增强学生学习的自信心；能培养学生通过观察图标获取信息，用文字图表及化学语言表述有关信息，用比较、归纳和概括等方法对获得的信息进行加工的能力；能帮助学生巩固一些基本化学概念；能让学生从真实图表中不断感受化学对社会发展的作用，逐步树立珍惜资源、爱护环境合理使用化学物质的概念。最后作者通过 4 个实例来说明。

《中学化学教学参考》2008年第3期

高一化学新教材的特点和教学建议

蒋念龙　姜月妹

作者通过一年多新教材的教学实践，探讨了苏教版《必修1》《必修2》中几个需要注意的特点，并结合实际讨论了几点教学困惑以及做法。新教材的编排都是从生活、生产实际中切入，新教材内容多而且文字简练、栏目多，教师要适应这种变化。在实施新教材的过程中，作者遇到了课时紧、如何把握教学内容的"度"和"量"以及如何处理"观察与思考""活动与探究"栏目3个问题，他们采取的相应做法是：在开学初就制订教学计划，确定教学进度；深入研究教材，从化学学科本身的知识角度和化学学科研究的过程与方法上把握教材的知识结构，并应用于课堂教学中（案例说明）；重新对栏目内容进行适当安排。

《中学化学教学参考》2008年第6期

化学双语校本选修教材开发初探

于海强　余丽霞

总结化学双语校本选修教材开发的意义、原则，交流教材开发的实践经验，分析了教材实施的成效和存在的相关问题，以期对化学双语教学的开展有所借鉴。文章首先介绍了化学双语校本选修教材开发的6个原则：基础性原则、发展性原则、适应性原则、均衡性原则、研究性原则、动态性原则。其次着重讨论了化学双语校本选修教材的开发实践，笔者认为要注意以下3点：注意内容选择的新颖性和研究性，如介绍绿色化学等前沿理念和成果；注意科学思想与人文精神的结合；注意借鉴外国教材的思想和理念。

《中学化学教学参考》2008年第6期

化学新教材学生使用情况的调查与研究

刘晓红　郑　萍　郭　琦

对学生使用教材情况进行调查与研究，从知识内容、能力方法、学习效果及评价3个维度对新教材进行分析评价，指出教材编写和教学中存在的一些问题，对教师的教、学生的学以及教材的完善提出了建议。

《中学化学教学参考》2008年第12期

化学自主合作探究教学

【概况】研究者总结了自主学习的内涵及意义以及化学教学中自主学习能力培养的策略与方法。归纳了合作学习的教学设计、学生的组织方式、教师落实合作学习的有效策略。尽管探究不等同于实验，但是探究教学的实施过程依然可见实验作为主体内容。

化学合作学习的教学设计研究

熊士荣　肖小明　尹笃林　曾　跃　佘金明

近年来，随着我国基础教育改革的深入发展，合作学习已经成为中小学新课程实施中的一个重要的研究课题。一、合作学习的内涵及其意义。合作学习以组内异质、组间同质为合作学习小组的基本组织形式，它系统利用教学中的诸要素之间的互动，促进学生的学习。二、化学合作学习的教学设计。1. 基于学习专题的课堂合作学习方式。教师可以采用精讲点拨的方法，使学生明确合作学习的具体目标和基本任务，并简单地复习有关的预备知识和技能。在小组内的互动阶段中，教师要根据不同的教学内容，合理地控制思考、讨论和总结的时间。2. 基于实验探究的合作学习方式。探究性实验能否取得理想的效果，与合作小组所有成员参与程度有直接的关系，这种参与意味着学生要对自己承担的部分工作绝对负责。3. 基于小班分层教学的合作学习方式。教师要准备好分层次的教案和课件，通过巡回观察或控制电脑的反馈信息，辅以分层设标、分层教学、分类指导和分层评价。4. 基于复习课的合作学习的方式。合作学习策略对促使学生在化学复习课中通过意义建构方式而获得知识是十分有效的。5. 基于学生课外研究性学习的合作学习方式。在研究性学习中开展合作教学，除了在学科的重点、难点和热点方面选择研究的专题外，还应该在化学拓展型、应用型领域和社会实践中选择研究专题。

《化学教育》2008 年第 9 期

化学新课程探究教学受阻原因例析

朱志江

该文以苯酚的取代反应为例，通过一所县中学化学课堂教学及课后讨论的真实描摹，分析得出新课程探究教学受阻的主要原因：(1)物质层面：化学教学的探究绝大部分是从实验探究开始的，探究教学严重受到物质条件的限制。(2)思想层面：长时间的知识教育观、应试教育让教师形成了一套自己熟悉的课堂教学操作方法，过重的负担、琐屑的平凡、麻木的安稳导致教师不愿意、也没有能力去变化自己的思想和行为。(3)操作层面：探究教学是一种新型的教学方式和学习方式，教师和学生并不熟悉其操作方法和原理。长期应试教育的训练教学法致使教师专业化技能和专业化思想萎缩，在新事物面前裹足不前。依赖新教材提供的一些“编”出来的“探究”方案也不可能支撑起真正的探究教学。(4)制度层面：新高考是否仍然靠学生头脑中习题的数量和质量定输赢？“知识能力、过程方法、情感态度价值观”如何反映在100分钟的一张试卷上？这些东西才是决定教师日常教学工作的唯一宗旨。不解决评价教师的“考文化”制度问题，不改良“考什么”的问题，目前探究教学就只能停留在一种“秀”的层次上。

《化学教育》2008年第3期

将实验创新纳入探究式教学中

白无瑕　张　薇　荣顺杰　全芙君

该研究在新教材使用中以备课组为科研小组，尝试开展探究式教学。实验是探究式教学必不可少的重要环节，实验创新又是科研过程的必由之路。总结了备课组近几年来对实验在探究学习的作用、关系和创新价值的认识和做法。(1)实验在探究式教学中作用：实验教学本身就蕴涵着探究，探究的过程需要实验来支持。化学实验产生出可研究的问题，又能提供给学生感性材料，而实验不一定难做或复杂，关键是教师如何运用、引导和重组，同时也需要教师和学生共同进行实验创新，使学生对观察到的现象进行本质分析和探究，从而完成对某个知识的认知，或对某个概念的建立，这是学生探究过程也是从感性到理性的上升过程。(2)实验创新在探究教学中的实施：将教材中安排的实验应用于探究教学中，设计新的实验方案应用于探究教学中，探究教学改进实验方法，预测物质性质设计实验。该备课组一般的操作步骤如下：(1)在重点章节、重点物质、重点理论或概念教学中，进行分工，确定主讲教师。(2)主讲教师选择专题或微格进行初步备课。(3)将探究教学过程细化。(4)收集查找资料、改进和增加实验。(5)课堂实施。(6)总结。

《化学教育》2008年第3期

试谈化学探究性试题的组成、结构、分类和解法

刘全明

探究教学的广泛运用和深入研究，孕育并产生了新型题型——探究性试题。化学探究性试题的结构应包括两大部分：一是题头；二是题身（也称题干）。题头是试题开头的叙述部分，包括提供的信息或探究所必需的部分材料和所要探索的问题；题身是试题核心部分，主要指探索过程，内容包括假设（或猜想）、探索方案和一系列的探索问题等。但是，因题目的类型有别，探索内容和探索的要求不同，包含的内容不完全一致。探究性试题分类的方法很多，根据探究形式可分为参与型和自主型两种；根据科研方法可分为实验探究验证型、计算统计分析型、理论经验推理归纳型；根据探究性试题的组成和结构分为类比探究型、假设验证型、定向归纳与定向演绎探究型、不定向自由探究型；根据试题探究的内容分为物质的组成探究型、结构探究型、化学反应与物质性质探究型、化学现象探究型、物质制备和应用探究型、化学反应速率与化学平衡探究型、化学反应热效应探究型等。该文重点讨论根据试题探究的内容不同所进行的分类以及各类题型的解题方法。

《化学教育》2008 年第 4 期

展现科学探究个人的一面——波普尔科学增长论的视角

刘　瑞　郑长龙

人是通过尝试错误和清除错误来解决问题的。可错性是人的本性。有了人，才有了对世界的科学认识，才有了关于这种认识及其结果的科学知识，才有了所谓的科学。因此，人会犯错误的这个本性就不能不反映在属人的科学中，科学难免不出错。从对待错误的不同态度可以将科学探究分为两类：(1)公众视阈中的科学探究：经过修饰和纯化了的科学探究，所有的失败、疏忽、错误的出发点和曲折的道路都被洗刷得一干二净，以此显示科学是以一种线性、有序的方式进展。(2)科学探究个人的一面，展现了实践中科学真实的一面，其中充满着曲折、反复地试错的过程。科学探究就其过程而言是以“试错”为本质特征的。主要表现为：(1)试探性在科学探究中，学生只有通过对自己已有知识和问题的理解一点一点地试探着寻找出路。如果承认探究结果的未知性，承认学生存在的个体差异，那么科学探究过程中的“试探性”就是探究固有的属性，是无法回避的。(2)检验性。试探

性方案或假说的猜测性质决定了它内部隐含的谬误。因此对假说进行彻底而严格的检验是保证其科学性的必要条件。(3)反复性。目前的科学探究教学给予了学生太多一次性成功的经历，这将直接导致他们对科学的误解。通过反复尝试学生对探究问题有了更深刻的理解，因为失败的尝试提供了行不通的路子和行不通的原因。最后强调了理科教育中的科学探究应重视和强调“假说—事例（证伪）—（更完善的）假说”的试错法。

《化学教育》2008 年第 5 期

探究性学习中生成性资源的应用

须晓燕

课堂教学是一个动态生成的过程。教学既有课前预设的一面，也有课中生成的一面。教学过程既有规律可循，又有灵活的生成性和不可预测性。我们要能通过课堂生成资源的适度开发和有效利用，调动起教师和学生的积极性，使大家都可能产生教学灵感，发挥出创造性，促进预设。因此利用好课堂生成资源，是当前课改向教师提出的又一个崭新的课题。从生成性资源的角度看，在教学过程中会不断涌现出的新的生命信息。不同个体经历与发展水平的差异、教学中的偶然事件、乃至失误、灵机一动等，都会为课堂教学带来新的可能，尤其是对学生的成长具有重要指导价值的闪光点，如果能被我们教师适时抓住并很好地进行评价，在评价中利用，对师生的成长都会有积极的价值。

该文以课堂演示实验中产生的一次纰漏为契机，展开探究性学习，探究实验室制乙烯中的主要副产物，从而使学生既掌握了相关知识点，又培养了学生的逻辑思维能力和实验分析能力。

《化学教育》2008 年第 7 期

高中化学合作学习有效性调研报告

江旭峰　沈　彬

该课题研究以问卷形式，选取湖州二中高一、高二和高三的学生调查高中化学合作学习，就合作学习的开展形式和有效性所存在的问题，从个案角度进行分析。结果表明：合作学习提高了学生在课堂上交流与合作的意愿与能力，促进了师与生、生与生之间的交流，有助于学生的团结协作和课堂教学质量的提高；学生从单一的知识接受个体转变为效率优先、方法并重的开放式学习个体；在化学合作学习中，各年级有明显的差异，男、女同学有不同表现（男生更加活跃），教师的关注点应有所侧重。运用合作学习应该做到：(1)课堂教学中应以静为主，宜前后左右组织学习小组，尽可能不要调换学生的座位。(2)在学科研究性学习的课题研究中，应以学生的问题取向来组织合作学习小组。(3)课外学习以"志同道合"为组织合作学习小组的原则。要提高合作的有效性，还要关注合作学习项目的难易程度，控制好合作时间。推进合作学习，教师应从两个有利入手：一是有利于学生从无意识合作转化为有意识的合作；二是有利于问题在讨论中合作解决。

《化学教育》2008 年第 11 期

化学教学中培养学生自主学习能力的教学策略探究

张秋彦

为培养学生化学学科的自主学习能力，作者做出总结如下：一、自主学习的内涵及意义。1. 自主学习的内涵，自主学习是指教学条件下的学生的高品质的学习。所有能有效地促进学生发展的学习都是自主学习。2. 自主学习的意义，在学习活动中，学习者是主动建构者，而不是事实信息的记录者，它们在以往的学习、生活、交往中，逐步形成了自己对各种现象的理解和看法，是自己独特知识结构的创造者。二、化学教学中自主学习能力培养的策略与方法。1. 补差培优，加强自我意识，相信自己"能学"。2. 通过教师的激励与期望，激发学生学习的内在动机，使学生"想学"。(1)创设教学情境，调动学生参与学习活动的积极性和主动性。(2)建立发展性评价，培育学生的成就感。3. 指导学生积极发展各种思考策略和学习策略，在解决问题中学习，让学生"会学"。(1)帮助学生制订学习计划，培养学生的计划管理能力。(2)帮助学生设计学习自我监控表，培养学生的自我监控能力。(3)在每个单元结束后，利用化学学习情况自我反思表，培养学生的自我评估、自我反省能力。

《中学化学教学参考》2008 年第 6 期

充分利用假说　有效落实探究

俞立永

科学探究的落实离不开科学方法的支撑，假说作为一种基本的科学方法，在培养学生的科学探究能力方面应该能发挥有效的作用。一、假说的含义和特征。1. 假说的含义。"假说"是指根据已知的科学事实和科学规律，对未知的科学事实和科学规律所做的一种推断和解释。2. 假说的特征。科学性、预见性、检验性、推测性。二、假说的类型及结构。1. 假说的类型。化学科学研究中的假说与化学教学中的假说；平行式假说和递进式假说。2. 假说的结构。提出问题—搜集资料—提出假说—推理判断—验证假说—得出结论—提出问题。三、假说在探究式教学中的应用案例。如在引导学生探究物质的组成、结构和性质，反应的本质、用途和机理等方面都促进着学生的发展。四、利用假说进行探究式教学的启示。1. 教师要转变教学观念。2. 学生要转变学习方式。3. 要重视理论的指导作用。4. 要发挥实验的探究功能。

《中学化学教学参考》2008 年第 12 期

对化学探究性教学策略的思考

冯新平

教师在教学过程中对指导策略的选择与运用是提高教学时效的关键所在。一、备课策略——充分体现学生的自主性。备课的探究思路是：根据教学目标—确定教学内容—搜集整理相关信息材料—研究学生的思维—设计问题—寻找探究点—设计课堂具体探究过程。二、导引策略——激发学生的探究兴趣。三、设问策略——激发学生思维的火花。要针对学生在思考过程中可能碰到的困难、容易出现的差错；提出的问题难度要适中，要使学生通过思考就可以解决的问题。最有价值的是学生自己提出的问题，而依据问题设置探究点，是使设想中的问题转化为可实际操作的重要环节。四、调控策略——使学生在探究的气氛中学习。在调控的教学技术上，鼓励学生自由准确表达，帮助学生流畅表达，使学生有信心表达。五、结尾策略——收敛思维与发散思维并举。帮助学生将自主探究过程中得到的支离破碎的知识和方法通过收敛思维与发散思维在新的水平上系统化、整体化，让学生在思维的基础上更好地体会知识之间的相互联系。

《中学化学教学参考》2008 年第 9 期

谈新课程背景下探究教学的实效性

张凤春　刘成坤

该文就进一步提高探究教学的实效性谈了些看法。一、克服探究内容选题不当的现象，提高探究教学的针对性。先让学生去探究，出现了错误再去纠正，是本末倒置、适得其反的做法，应当摈弃。还有些教师探究课题选得过难或偏易，也直接影响到探究教学的效果。二、克服教师包办代替现象，充分发挥学生自主探究的积极性。以探究“氯水漂白性的有效成分是什么物质”为例，分析探究活动主要是教师发挥着主导作用，把探究教学演变成地道的“注入式探究”。三、克服能“放”不会叫“收”的现象，提高探究教学的实效性。让学生自己设计探究方案、提问题、解决问题，课堂气氛活跃的同时，要对探究学习概括和总结，对重点知识强调、巩固，重视探究学习内容的迁移应用。作者分别比较了两位作者的探究课“原电池原理”。

《中学化学教学参考》2008 年第 6 期

论初中化学探究课题的发掘途径和方法

孙　旭　黄新阶

一、何为有价值的探究课题。1. 课题精，有代表性，能给学生以启迪和示范。2. 课题活，有利于学生对核心知识的掌握和技能的形成，有利于学生对知识结构的重组和优化。3. 课题实，符合大部分学生的实际，尽可能在学生的“最近发展区”，太浅显、太难或纯记忆性的问题对大多数的学生来说不会有太大的收获。4. 课题新，课题呈现方式、内容新颖，学生感兴趣。5. 课题小，容量太大的课题在有限的时间内难以完成，很可能半途而废。二、选择探究课题应遵循的原则。1. 科学性。2. 可行性。3. 安全性。4. 趣味性。5. 创造性。三、发掘探究课题的基本途径和方法。1. 从生活题材中提炼。2. 从化学史料中寻找。3. 从教科书中挖掘。4. 从教学“事故”等生成性资源中捕捉。5. 从设计、改进的化学实验中选择。6. 从学生提出的问题中挑选。7. 从趣味实验中撷取。8. 从教学反思中领悟。9. 从教育专业报刊中借鉴。

《中学化学教学参考》2008 年第 6 期

如何上好化学探究课

高佑军

一、选准探究内容。一般而言，新内容与学生原有经验产生冲突时，学生就会产生探究动力。探究学习内容要有综合性，学生具有选择探究内容的自主性。二、创设探究情境。创设探究情境可以利用小故事、小典故，利用录像、多媒体，利用小魔术等手段。但是如果过多地依赖于这些，就会使课堂过于杂乱，对知识的学习造成障碍，课堂内容肤浅。三、营造探究氛围。要营造良好的探究氛围，教师首先要转换角色，要从单纯的知识传授者转变为学生学习的促进者。要善于把教学任务转化为学生通过努力能解决的系列问题，并使学生对解决问题或实现目标产生兴趣和需要。要鼓励学生多尝试、探索、试误。四、启迪探究思维。在组织探究教学时，教师要善于从学生已有的经验出发，创设生动具体的问题情境，通过问题引导学生积极探究。五、体现探究价值。只要学生学习的过程是围绕科学性的并能激发学生思维问题的展开，那么学生的学习仍然可以组织成具有高度探究性的活动。

《中学化学教学参考》2008 年第 3 期

化学式“相对分子质量”一节小组合作教学展示课探析

王　萍

山东省茌平县杜朗口中学经近 10 年的探索与努力，小组合作学习也渐趋成熟。其课型分为三大模块：一、预习课、展示课与反馈课。每个模块均采用小组合作教学形式。二、教学过程：(1)教师定向组织，学生心领神会。(2)学生板书任务，教师巡回指导。(3)学生讲解知识，教师补充改正。(4)教师启发提醒，学生小结要点。(5)教师总结点评，学生明确方向。三、小组合作教学的特点：(1)师生角色定位分明。(2)学生板书是关键环节。(3)学生是讲解知识的主角。(4)学生全员参与。

《中学化学教学参考》2008 年第 7 期

“常见水果的营养成分调查及 Vc 含量的测定”——研究性学习案例

张艳华　闫蒙钢

一、确立课题：课题的提出、教学目标。二、实施方案：(1)知识和技能准备；(2)划分研究小组；(3)制定研究方案。三、汇报成果：(1)第 1 组报告—水果及水果的分类；(2)第 2 组报告——市场上常见水果的营养成分调查与分析；(3)第 3 组报告——常见水果 Vc 含量的测定。

《中学化学教学参考》2008 年第 12 期

浅谈研究性学习中创新教育的实施

施　军

研究性学习就是以注重培养学生获取知识的能力，让他们从中学会合作，激发他们的创新品质，以学生终身发展为目标的学习方式。一、创设情景，培养创新意识。在组织教学中，我们可以激发学生的好奇心，让学生主动参与探究和创新。还可以通过设计教学情景培养学生的创新意识。二、诱发动机，培养创新思维。创新思维有三种类型：一是求同思维（辐合思维）；二是求异思维（发散思维）；三是直觉思维。这三种思维各具有优势和不足。创新思维的形成和发展过程，就是这三种思维形式综合协调和辩证统一的过程。因此，要培养学生的创新性思维能力，就必须把这三种思维形式有机地结合起来，并扬长避短、互为促进、互为补充，产生合力效应。三、动手动脑，培养创新能力。创新教育重要的是培养学生自我实现的创新能力，研究性学习是提高学生创新能力的重要而有效的途径。开放性的以研究性学习小组共同完成一个课题的形式开展的学习活动，可以与课堂教学相得益彰，是创新实践能力培养和提升的极好的教学形式。四、磨炼意志，培养创新人格。精心设计教学过程，让学生在参与研究的过程中，培养他们尊重实验现象，不教条，勇于探索的创新品质。

《化学教学》2008 年第 5 期

化学教学中合作学习策略实施的实效性研究

王　春

合作学习策略是以生生互动为主要途径促进学生学习的教学活动和学习策略。本文探讨了中学化学课堂教学中如何有效实施合作学习策略的几个方面：创设良好的问题情境，实施“激活”策略；充分发挥学生的主动参与性，实施教师角色“淡化”策略；激发学生的小组协作意识，实施学生“分组”策略；突破传统的评估手段，实施教学“评价”策略。化学课堂教学中有效实施合作学习策略应注意处理好全班教学与小组合作学习的时间分配关系、关注学生心理差异和学科间的延伸、采用有效的方法合理地对学生进行评价。

《化学教学》2008 年第 8 期

新课标下中学化学教学中少数民族学生科学探究能力的培养

满苏尔·那斯尔

一、当代新疆少数民族中学生的心理状况。1. 当代新疆少数民族中学生的心理特点。2. 当代新疆少数民族中高中学生的心理发展特点。(1)思维发展特点。高中生能对自己的思维进行一定程度的自我反省、自我调控，确保思维的正确性和高效率，对思维的自我意识和监控能力显著增强；高中生思维的敏捷性、灵活性、深刻性、独创性和批判性明显增强。(2)高中生个性发展特点。高中生已能完全意识到自己是一个独立的个体，因此要求独立的愿望日趋强烈；高中生在心理上把自我分成了“理想的自我”和“现实的自我”两个部分。二、培养少数民族中学生的科学探究能力的重要性。化学课程中的科学探究是学生积极地获取化学知识和解决化学问题的重要实践活动形式，主要是学生从问题或任务出发，积极主动地通过形式多样的科学探究活动，以获得知识技能，发展能力，培养情感体验为目的的学习方式。三、少数民族中学生科学探究能力的培养。第一要了解少数民族学生的心理状况；第二实施探究式教学，同时还要重视以下几方面：1. 利用实验培养学生的科学探究能力。2. 加强知识认知过程教学，激发探究兴趣。3. 改善教学方式，促进探究性学习。4. 在“做”中“学”，引导学生自主探究。

《化学教学》2008 年第 10 期

例析化学探究学习的实施策略

吴永才

本文从以下三个方面来概述化学探究学习的实施策略。一、探究问题的确定。探究始于问题，问题是探究的前提，也是探究的核心。探究问题是否有效直接关系到探究是否有价值，探究学习能否促进学生的进步和发展，有效的探究问题才是学生学习的内在驱动力。二、探究过程的设计。探究学习是过程与结果并重的学习，是让学生经历探究过程、了解探究方法、培养探究精神、提高探究能力，引导要求学生在感知中获得感悟，在体验中积累、丰富、提升经验，从而使学习的过程成为发现和创造的过程，也是个性经验成长的过程。三、探究方式的选择。1. 自主探究与合作探究相结合。自主是人的能动性和独立性的体现，合作是对个人有限性的弥补及基于人在社会中生存的需要。2. 完整探究与部分探究相结合。教师应尽可能让学生经历完整探究——提出问题、猜想与假设、制订计划、进行实验、搜集证据、解释与结论、反思与评价及表达与交流等过程。3. 探究不局限于实验探究。化学是一门理科，化学原理、定律的学习，尤其是有些理论的学习，往往不需要实验，不能从实验获得证据、得出结论，则可采用逻辑推理探究等方式。4. 探究不局限于课内探究。探究不限于课堂，一方面可确保课堂教学的效益；另一方面也可维持学生探究的兴趣，培养拓展探究的能力。

《化学教学》2008 年第 6 期

在初中化学教学中培养学生自主探究

李德胜

化学学科的特点是开展化学实验的探究，让学生“模拟”科学家去探索问题，学习科学研究的方法，养成良好的思维品质，培养学生的观察、操作、想象能力，使学生积极主动去获取知识，激发兴趣，培养创新精神和实践能力。一、寻找合适的自主探究素材。1. 对图片的利用与开发。2. 对实验的探究与改进。3. 对人文科学和情感态度内容的开发与培养。二、创设恰当的自主探究问题。1. 创设问题情景，激发学习兴趣。自主探究学习的初期，教师要积极引导帮忙学生提出问题，逐渐转向学生主动发现和提出问题，培养学生的问题意识。要求教师创设一种民主、开放、灵活的教学氛围，给予学生自主探究、独立思考的时间和空间。2. 贴近生活事例，培养问题意识。3. 利用课堂资源，激励生成问题。在老师的引导中，在实验的探究中，在学生的读书中，在同伴的讨论中，在自己的归纳中，往往会有许多新的发现。这些新的发现就是课堂资源，也是极其有价值的新问题。三、进行广泛的自主探究拓展。1. 家庭小实验。2. 课外阅读。3. 课外参观、调查。4. 开发实验室。进行广泛的自主探究拓展，让学生学会在实践中学，在合作中学，逐步形成适合自己的有效学习策略。鼓励学生课堂内外自主探究，鼓励学生自主学习，并合作交流，有利于学生开阔视野，丰富知识，发展志趣和爱好。

《化学教学》2008 年第 3 期

浅谈如何引导学生提出有探究价值的化学问题

郝玉梅

引导学生“能够发现和提出有探究价值的化学问题”，是新课程所努力追求的。一、什么是有探究价值的化学问题。1. 从问题的提出层面看，一看提出问题时所调动的学生已有知识和经验的广度和深度；二看提出问题时学生思维的深刻性、广阔性、灵活性；三看所提出的问题给予学生想象空间的广阔程度。2. 从问题的解答层面看，一看能否激发学生的探究兴趣；二看学生能否应用已有知识和条件，通过充分的思考和实验，在课堂规定的时间内把问题解决或基本解决；三看对发展学生科学探究方法的训练和探究意识的养成是否起到积极的作用。二、提出问题应掌握的基本方法。1. 通过实例向学生讲解化学问题的结构，即疑项、指向项和应答域项。2. 表述问题时要让学生抓住问题的实质。3. 要用化学学科的专门符号和术语表述问题。三、提出有探究价值的化学问题应遵循的基本原则。1. 相关性原则。2. 科学性原则。3. 可行性原则。4. 价值性原则。5. 简约性原则。6. 开放性原则。

《化学教学》2008 年第 1 期

化学教学中合作学习的实践与探索

张国喜

新一轮课程改革使学生的学习方式发生了转变。探究、合作成为学习的主要方式。合作学习小组的建立和开展对学生学习的影响将是深远的，不仅提高了学生学习的效率，而且对增强学生群体合作意识，充分发挥学生个体的积极性和主动性将产生积极影响。一、科学合理的分组是开展合作学习的重要保证。1. 自然分组；2. 依学科能力的差异分组；3. 综合学科能力、情感态度、性格特点的差异分组。二、根据学科的实际特点有计划地推进合作学习是合作学习的关键。根据生源状况，学生基础、学习能力层次差别大小，采用先课外，再课内的实施办法。三、灵活的评价方式是合作学习可持续发展的重要动力。合作学习小组在开展活动后，准确、恰当、有效地评价小组便显得格外重要。积极倡导学生自我评价、活动表现评价等多种评价方式，关注学生个性的发展，激励每一个学生走向成功。四、阶段性成果是合作学习的晴雨表。1. 要解决教师的思想认识问题；2. 合作学习必须因地制宜。

《化学教学》2008 年第 11 期

高中化学生成探究性学习资源的教学策略

周改英

生成探究性学习资源是指对一定教学情景中难以预测或意外生成的问题，为满足学生化学科学经验建构的“自我实现的需要”和发展，教师运用教学机智进行甄别，选定为开展探究性学习的教学资源。一、弹性预设中生成探究性学习资源的教学策略。1. 设置开放性问题引导生成探究；2. 利用体验性情境引导生成探究；3. 挖掘教材的价值点引导生成探究。二、课堂中变奏生成探究性学习资源的教学策略。1. 鼓励质疑引导生成探究；2. 针对误区引导生成探究。三、课堂中“意外”生成探究性学习资源的教学策略。1. 质疑问题设置的“意外”，引导生成探究；2. 质疑问题结论的“意外”，引导生成探究。

《化学教学》2008 年第 12 期

“提出问题”的教学与自主能力培养

张克龙

一、教给学生“提出问题”的方法。一是指导学生对素材进行多角度、多学科、多层面的思考，例如对废旧塑料的研究。二是教给具体的提问方法，比如知识分类法、类比设问法、相似迁移法、逆向设问法。二、分阶段，选内容，挑时机地培养学生的提问能力。在培养初期，从化学基本概念和化学问题的解决方面提出问题是很有效的。三、维持学生“提出问题”的兴趣。建立“提问考勤制”，把精彩的提问带到课堂上与全班共赏析，提问地点不限。

《中学化学》2008 年第 1 期

信息化课程资源利用与学生研究性学习能力提高的实践

侯著宏　汤志佩

一、研究性学习利用信息化课程资源的优点：(1)有利于个性化学习和研究性学习。(2)有利于培养学生知识运用能力和创造能力。(3)有利于实现开放性学习和合作性学习。二、利用信息化课程资源进行研究性学习的初步实践。以“大气、水污染主要原因及防治措施”为例。实施过程见下表。

研究过程	活　动　内　容
提出课题 制订计划	教师播放录像，简单介绍世界及我国环境污染的现状，激发学生学习的兴趣，创设情境，提出课题。学生自由分组，并在组内讨论，设计本组的研究方案，制订计划，明确个人职责。
分组活动 收集资料	学生分组，按个人分工，通过到图书馆查询图书、互联网查询、专业论坛参与讨论；或者到校外实地考察、到研究机构获取文字、图片、音像等资料。在此过程中教师对学生的活动方式和内容给予必要的指导。
组内合作 总结整理	小组成员将收集的资料汇总、整理。在此基础上，确定论文的内容及成果展示的方式。必要时，征求老师的意见，教师适时给予帮助。
成果展示 交流评价	以小组为单位，运用多种手段，向教师及其他组展示本组的成果，并解答教师及其他组提出的问题，进行组间交流。在此过程中，教师给予点评；在成果分享后学生再次修改自己的论文并且向全班展示。

三、利用信息化课程资源进行研究性学习应注意的问题：(1)需要加强信息化课程资源的建设。(2)需要加强对学生的引导。(3)需要教育行政主管部门和学校的支持。

《中学化学》2008 年第 2 期

努力追求新课程下的活力课堂

房 宏

一、让课堂成为“情感地带”。应建立民主和谐的师生关系，利用实验、实物、图片、录像、影视、日常生活中的生动事例等积极创设情景，激发学习兴趣。二、让课堂成为“动感地带”。比如高三化学“物质检验实验方案的设计”。三、让课堂成为“阳光地带”。

《中学化学》2008 年第 2 期

浅谈高中化学新课程必修模块的教学策略

杜开颜

在教学策略的选择、运用上，应注意以下几个问题：一、以观念和方法教育为主线，以知识内容为载体进行教学设计。1. 吃透教材，理解教材中所包含的化学观念和方法。2. 以化学观念和方法来整合教学内容。二、教学组织上，学生活动和教师引导并重。1. 在实验探究课中要注意引导学生观察和思考。2. 在理论讲授课中注意安排学生的学习活动。三、以提高教学的有效性为宗旨制定教学程序和教学方法。1. 要有合作、讨论的话题。学生之间相互讨论交流问题，在一定程度上可以激发学生的学习积极性和主动性，对提高教学效率有一定作用。2. 要精选探究的内容。有些内容不必学生探究，只要阅读课本就明白的知识可以采用自学的方式，在教学时间比较紧张的情况下可以不必探究或只探究其中几个关键点，以提高教学效率。3. 要注意研究使用多媒体手段的必要性。化学实验是不能用多媒体替代的，多媒体毕竟是虚拟的，学生的真实体验是无法用其他教学手段代替的。

《福建教育学院学报》2008 年第 3 期

高中化学探究教学活动设计和组织的研究

钱晨岚

一、提出问题：能从日常生活、自然现象、教师设置的探究情景或化学学习中，经过启发或独立地发现一些有探究价值的问题。在实际探究过程中还会继续发现新的问题。比如“钢铁的腐蚀”。二、猜想与假设：(1)类比式假设；(2)归纳式假设；(3)分类式假设。“钢铁的腐蚀”中的假设可能是影响腐蚀的因素。三、制订计划(设计实验)。“钢铁的腐蚀”可以针对影响因素设计实验方案进行验证。四、进行实验：教师对学生提出的方案进行评价修改，诊断学生操作实验并解释实验现象。五、搜集证据。途径有已有的知识经验、科学史料、对自然现象和生活生产实际的观察、报刊、网络资料、实验事实等。六、解释与结论：解释是对证据的提炼过程，即运用理论知识对实验证据或数据进行分析论证，对其产生的原因做出说明，得出探究的结果。结论是根据探究的结果做出的推论，是具有普遍意义的规律认识。如“钢铁的腐蚀”研究结论是钢铁锈蚀的影响因素是水和空气的共同作用。七、反思与评价：收集的事实证据能够证明提出的假设吗？得出的探究结论具有普遍意义吗？能运用探究结论解决问题吗？八、表达与交流：学生之间合作交流或者对别的学生的方案提出质疑。

《现代中小学教育》2008 年第 2 期

高中化学必修模块的概念、原理教学策略

赵国敏

一、概念原理在化学教学中的地位和作用，知识是许多概念的完整体系，概念是形成基础知识的单体，对概念、原理的理解不仅是学生学好基础理论的必要条件，也是发展学生认知的必要条件。二、新课程中必修模块概念、原理教学的变化及对策，1. 正确理解概念、原理教学的功能和价值，教学的目的主要是为了使学生的认知发生变化，而不是单纯的积累知识。2. 正确处理概念、原理教学中的几个问题，一是要把握深广度；二是要关注概念形成和发展的过程，要分析学生的心理逻辑，充分挖掘概念背后的认识方式的功能。可以采用感性知识为前导的做法，力求形象直观，化难为易。三、必修模块中概念、原理教学示例，1. 分析教材的地位、作用和内容；2. 确定教学目标；3. 设计教学方法；4. 组织教学程序。

《教学月刊（教学参考）》2008 年第 7 期

化学教学中《合作学习》教学模式实践初探

尹　君

一、理论依据。二、结构及操作程序：(1)布置课外合作学习任务。采取异质性组合。(2)检查课外合作情况，提问检查成员的责任和义务分配、彼此合作情况等。根据小组合作情况予以综合评价，强化集体观念和合作意识。(3)情景创设，形成组内合作，组间竞争的局面。合作前，抓住学生在学习中需要记住或

使用的重要内容来讲。(4)小组活动。做好引导工作，巧妙地把自己对学生个人和小组行为的期望传递给学生。激励学生有效合作，公平竞争。(5)完成意义建构。如果不能完成，可能的原因有：组员分工不合理，相互间缺乏沟通，合作意识差，优势没有互补；个体没有一定独立思考的时间就匆忙讨论；遇到困难和分歧，没有学会反思而建设性地解决问题。(6)反馈与评价。小组汇报与辩论。以“自主学习、参与程度、合作技能、学习效果”等指标进行总体考察，“不求人人成功，但求人人进步”。(7)布置课外合作学习任务。三、教学案例：“CO_2 的实验室制法”。四、教学效果与体会：经过 18 周的合作学习，在学业水平上，实验班与对照班相比进步显著，这主要是由于学生学习兴趣的提高。

《素质教育大参考》2008 年第 6 期 A

化学实验教学

【概况】新课标赋予化学实验更多的内涵和教学功能，需要转变传统的实验教学理念，重新审视化学实验教学。研究者们关注中学化学实验的教育价值和教育目标、化学实验体系的基本组成等问题。对《实验化学》模块教学进行思考。重新定位化学实验教学的设计理念，在实践中探究构建化学实验教学设计的策略。重视实验探究活动中的问题意识。将手持技术引进化学实验也成为研究热点。开展绿色化学实验和改进实验仪器也受到关注。

化学实验选修课自主学习的策略

陈　争

选修课的优势在于我们可以自己设定目标，设计学习内容和学习环境，使课程能够更适合学生的需要，提高学生的学习动机。一、给学生开放的空间、充裕的时间，满足学生的基本需要。二、设计有吸引力的学习内容，提高学生学习的内部动机。设计的选修课内容是要求学生通过化学原理制作作品，由于能够按照自己的想法得到自己的作品，学生的积极性都很高。三、把实验课改变为“以过程为目标”的实验课，提高学生的成就动机。学生根据资料进行实验，在实验过程中摸索药品的用量、实验条件、工具的选择、数据的记录、实验的步骤等，或者根据资料自己设计实验方案。“以过程为目标”的实验课的特点：(1) 评价具有多个角度，使每个学生都能发现自己的优点。(2) 无详尽一致的实验方案，让学生自己寻找方案。四、学案的设计对于提高学生的学习动机尤为重要。首先，增强学案的倾听功能。其次，增强学案的指导性。最后，引导学生反思。通过实践，我们发现选修课只有在实验的内容、过程、时间、空间、书写等多方面适合学生的心理需求，让学生从动手做实验转变为动脑做实验，从做实验“玩玩”的心态转变为做实验“研究研究“的心态，才能提高学生的学习动力。

《化学教育》2008 年第 12 期

化学探究性实验活动表现评价的设计探讨

许苗苗　闫蒙钢

活动表现评价，作为质性评价的典范之一，以其发展性特征备受新一轮课程改革的关注。活动表现评价是通过观察、记录和分析学生在各项学习活动中的表现，可以对学生的参与意识、合作精神、实验操作技能、探究能力、分析问题的思路、知识的理解和认知水平以及表达交流技能等进行全方位的评价。一、探究性实验活动的一般程序。二、探究性实验活动的内容选择。三、探究性实验活动表现评价的方法与步骤。1. 评价的方法，一般有学生自评、学生小组互评和教师评价 3 种方法。2. 评价的步骤。化学探究性实验活动表现评价一般分以下几步进行：先由学生按照评价标准的要求自评，然后组成小组让学生互评，最后教师根据学生自评与互评的结论，参照观察、记录情况，作出综合的评定。3. 评价的具体流程。四、活动表现评价的工具设计。1. 学生自评，将自己活动的感受、体验书写出来，让他们自己感受自身的进步。2. 小组互评。3. 教师评价。五、活动表现评价的成绩评定。活动表现评价结果不能简单地只给学生打上分数或等级，而应该以质性描述为主。

《化学教育》2008 年第 10 期

农村初中化学实验教学的改进策略

李栋林

在农村初中化学课堂教学中，我们不仅仅要做实验，更应改进实验和创新实验，增强探究实验的乐趣，使学生更热衷于实验探究。在初中化学实验教学中宜采用以下策略。一、简化策略。在教学设计上可以将同一物质的不同性质简化在一个装置中完成，避免重复。二、组合策略。根据初中化学实验应现象明显、易于比较和力求省时的要求，可以把多步实验合在一起同时进行。三、改良策略。实验的任何改进往往具有积极的意义，甚至起到意想不到的效果。四、补充策略。对课本一些实验可以在原实验基础上进行若干补充，使学生对一些难以理解的知识更容易接受。五、微型化策略。采用微型实验代替，不仅在试剂用量上节约，有些实验还可以采用代用品代替，从而节省实验经费。六、环保策略。化学实验绿色化是化学发展的需要，是学生身心健康的需要，是进行素质教育的需要。七、自制策略。自制策略的优点：在农村广阔的天地里，家庭小实验取材更方便。

《化学教育》2008 年第 8 期

新课程高中化学实验教学的调查报告

强世苍　熊言林　严增进

从 2006 年秋季开始，安徽省进行高中新课程改革。化学是以实验为基础的自然科学，该文以访谈和问卷的形式，了解芜湖市新课程实施以来高中化学实验教学开展情况，分析存在的问题。调查结果表明:(1)针对实验教学的改革，各学校采取相应措施，组织理、化、生实验员和高一年级教师研究新教材，列出实验室欠缺的仪器和药品，实验室条件不足的学校还出资为化学实验室改建了供水和排污设施。(2)化学教师普遍认为教材中的实验以彩图出现，学生对化学实验的兴趣更浓了；新课程提倡的探究式化学实验教学能培养学生创造能力和实践能力；新课程淡化了演示实验和学生实验的区别，教师可以根据需要实施自己的教学方法；现有的条件不允许每一节课都让学生在实验室亲自动手。(3)调查的所有学校化学实验室现有的仪器和药品都能满足《化学 1》的实验教学要求。(4)实验教学的开展仍以教师演示为主；边讲边实验的课型没有得到实施。最后提出了相应的建议。(1)大力支持中学化学实验室的改建工作，为开展新课程实验教学创设条件;(2)学校对化学实验室的使用要加强管理、做好监督;(3)加强教师教育;(4)提供激励机制。

《化学教育》2008 年第 3 期

化学教师对手持技术在教学中应用所持态度的调查研究

邓　峰　钱扬义　陈　徽　钟映雪　叶静怡　王玉兰　眭苏奇

该研究编制了《化学教师对手持技术的态度量表》，对教育硕士班中的初、高中化学教师进行《化学教师对手持技术的态度量表》问卷的预测试，并在学习手持技术前后分别实施前测与后测。运用 SPSS 软件统计分析量表的信度与效度。研究结论表明：(1)在介绍手持技术仪器前后，部分教师对使用手持技术的态度大体上实现了由“不清楚”或“否定”向“肯定”的转变，因此如果想达到让中学化学教师自觉地使用，首先他们得会用、愿用，让他们接触和学习该信息技术是必要条件。(2)虽然教学中的一些有待解决的实际问题，如课时、教师的观念及专业水平等势必会对化学教师接受并运用手持技术教学产生阻碍作用，但手持技术的功能及其特点仍吸引不少化学教师的关注。(3)化学教师的性别、教龄与任教年级分别与他们对手持技术的态度与认识均无显著相关，这说明手持技术能为大多数化学教师所认可。(4)中学化学教师倾向于认同 HBCIM(基于手持技术的化学教学模式 Handheld Based Chemistry Instructional Model)有助于增强学生思维能力、探究能力与自我反思评价能力的观点；然而，受各种实际问题的困扰，不少教师对 HBCIM 在化学常规课堂上的使用及其大面积推广的做法抱怀疑的态度，但大多数化学教师表明，在仪器供给充足的条件下愿意将手持技术运用于化学第二课堂、化学研究性学习及培优竞赛等活动之中。

《化学教育》2008 年第 4 期

化学选修班学生对手持技术所持态度与认识的调查研究

邓　峰　钱扬义　钟映雪　谭显华　刘丽明　罗少娟　江世忠

引进手持技术最主要的目的是希望学生能将其作为有力的探究工具与认知工具进行有效学习。该研究运用《学生对手持技术的态度与认识量表》对广州市花都区新华中学高二年级某化学选修班学生进行调查。结果表明：(1)关于“手持技术与思维关系”问题：学优生倾向于将手持技术看做是一种促进自己对化学问题(如实验原理等)进行思考或分析的认知工具；中等生与学困生则较多地将手持技术作为一种帮助自己结合图像记忆或推断有关化学知识原理的学习工具。(2)关于“手持技术与元认知调控关系”问题：手持技术在改变不同学习水平的学习者的学习方式，并帮助学习者在解决化学问题的过程中提高元认知调控水平方面确实具有较好的影响，但仍有少数学习者倾向于依赖教师的援助而不愿对问题做深入的思考。(3)关于“手持技术与学习兴趣关系”问题：3 类不同学习水平的学习者基本上都认为手持技术有利于激发自己的化学学习兴趣，但原因却不尽相同。(4)关于“手持技术与图像技能关系”问题：手持技术可能对原有图像技能不高的学生会比较有效，但至少不会对原有图像技能较高的学生产生负面影响。

《化学教育》2008年第6期

粤北山区初中化学实验教师培训的调查与分析

曾懋华　刘宏文　赵三银　赵旭光　王少玲

该文通过对粤北山区初中化学实验教师的实验教学、实验室建设和安全管理、实验教师专业素养以及工作态度和敬业精神、培训方式和培训课程等方面的调查和了解，分析了当前初中化学实验教师在新教材实验教学实施过程中存在的问题。调查结果表明，实验教师学历和职称明显偏低，化学实验室少，能够开出的学生实验个数少，很多仪器和药品不够，无法正常完成实验教学任务；过半数化学教师认为自己学校的实验室不安全，管理不规范，实验教师没有对新教材中的化学探究实验进行过认真的研究和改进；实验教师接受培训明显不足。结合初中化学实验教师在山区遇到的实际困难，提出了相应的对策。(1)对初中化学实验教师：明确新教材的实验教学体系，在实验教学方面应该加强研究，多与初三化学教师沟通和合作，发挥主观能动性，积极寻找可行的替代方法以解决山区乡镇初中设施欠缺的问题；(2)对教育主管部门：整合教学资源，办好中心乡镇中学；扩大师范生免费教育范围；制定切实可行的实验教师评价制度。(3)对培训者：培训教师要提高敬业精神，上级教育部门要定期对高校的培训者进行高水平培训，经常组织培训者进行调查研究，充实第一手培训材料，提高培训者的教学水平。

《化学教育》2008年第6期

内蒙古西部城市高中化学实验教学现状调查与启示

庞梅霞　照日格图

该文通过问卷调查，深入了解内蒙古西部城市高中化学实验教学的现状，并分析了其中存在的问题。为改进内蒙古西部城市高中化学实验教学，尤其是为内蒙古自治区进入高中新课程做一些探索。结果显示：(1)教师学历及对新教材的了解状况：教师中具有研究生和本科学历者达到91.2%，但教师自身关注新课程改革的意识还比较淡薄；(2)实验员配置及实验准备情况总体比较薄弱，与教育教学的要求存在较大差距；(3)仪器药品及现代化教学手段配置情况：能开设全部实验的仅有 15.6%，其中无一所是普通高中；拥有多媒体现代化教学手段的比例为 42.2%，而且完全集中在省级示范高中，日常教学中教师也是基本上不用；(4)实验室配备少，学生实验分组人数过多；(5)对演示实验的重视程度相对较弱，学生实验的完成率很低。

《化学教育》2008 年第 6 期

探究性实验设计在中学化学教学中的运用举例

童葆华

新课程对化学实验教学提出了更高的要求，面对中学化学教学现状和学生实际，如何指导学生进行化学实验设计和操作，分析和解决与化学有关的实际问题，是化学教学必须解决的一个关键问题。该文结合实例探讨了探究性实验设计在化学教学中的运用：(1)设计对比实验使抽象概念形象化；(2)改进实验装置使实验现象更直观；(3)创新实验方法使理论推断成为事实。并指出了教学运用中应该注意的问题：(1) 不同的教学环节提出不同的实验问题，设计不同的探究性实验；(2)对学生提出的实验问题加强指导，注重可行性的论证。

《化学教育》2008 年第 8 期

试谈目前中学化学实验教学中存在的问题和对策

阮方来　熊言林

为了了解目前中学化学实验教学的情况，寻求和探索解决问题的途径，促进实验教学质量的提高，该研究对江苏省镇江市某重点高中高一、高二年级部分学生进行问卷调查。调查内容主要包括以下 4 个方面，结论如下：(1)中学化学演示实验教学情况：演示实验中总的情况较好，学生对化学实验比较感兴趣，非常愿意亲自上讲台做实验。但这仅停留在操作层面的兴趣，只是机械模仿老师或“照方抓药”，缺乏主动对观察的对象进行分析的兴趣。教师尚需加强引导学生有目的地观察实验现象，激发其探索原因的兴趣，并试图通过实验概括反应规律，形成概括性的认识兴趣，这样才能最大限度发挥演示实验的功能。(2)分组实验中存在的问题：学生普遍反映分组实验课前预习不到位，课堂纪律不够好，其次反映“实验时操作认真、规范”做得不好。(3)化学实验中教师对学生的要求存在的问题：教师重视了实验预习工作，而“让学生共同参与演示实验”“重视化学课外实验活动”显得不足。(4)教师进行探究性实验教学存在的问题：学生对教师探究教学能力评价较高，对教师“能营造轻松和谐的讨论探究式气氛”的评价不高。最后提出几点对策：加强新课程的培训更新教师观念、加强教师实验教学研究提高实验教学效益、加强实验教学的管理完善化学实验评价机制。

《化学教育》2008 年第 9 期

《化学教育》1998～2007 年中学化学实验教学研究情报分析

陆良杰

以中等教育类核心期刊《化学教育》为研究对象，主要从论文年代分布和文献数量、文献内容、作者所在区域、作者单位、作者合作情况 5 个方面对 1998～2007 年 10 年间中学化学实验教学方面的研究论文进行了统计分析，并探讨了我国化学实验教学方面研究的发展趋势、水平和存在的问题，提出了建议。

《化学教育》2008 年第 9 期

探究性实验中学生提问数量与提问质量的相关研究

盖立春　郑长龙　周仕东　秦丽丽

实验探究活动是从问题开始的，学生问题数量与问题质量之间有没有相关性？该研究首先给学生呈现一个具体的探究性实验情境，让他们自由地、尽可能多地提出问题，并选择其中的一个问题设计进一步探究的实验方案；然后统计每一位学生所提出问题的总数量并对这些问题进行质量水平划分（分为高水平问题和低水平问题两个级别）；最后用积差相关公式分别计算问题总数量与高水平问题数量、问题总数量与低水平问题数量之间的相关系数，根据相关系数的正负和大小探索问题数量与问题质量之间的内在联系。绝大多数学生不能提出或很少提出高水平问题，但大多数学生都选择了高水平问题进行实验探究方案的设计。该文还对于如何让学生提出更好的问题，给出了几条建议：首先，采用“结构不良问题”创设情境。其次，给学生留有充足的思考时间。最后，教会学生转换视角看问题。

《化学教育》2008 年第 11 期

化学实验呈现方式的含义、类型和功能

盖立春

化学实验的呈现方式是指根据一定的化学实验教学目标，为了达到最优化的教学效果，化学教科书对化学实验内容的表达形

式以及对化学实验教学活动的规划设计。该文从 4 个方面对化学实验呈现方式的类型进行了划分，并指出化学实验的呈现方式具有多种功能。(1)有助于增强化学实验的动机功能；(2)有助于营造轻松和谐的教学氛围；(3)有助于学生了解并初步学会科学方法；(4)有助于教师制定教学策略。

《化学教育》2008 年第 1 期

剖析师生对绿色化学的认知偏差

杨广斌　贺　宏

在绿色化学思想逐渐普及的同时，发现许多学生和教师对“绿色化学”和“绿色化学实验”的认知存在偏差。学生错误地认为“绿色化学”就是任何时候都禁止排放任何废物的化学；教师错误地认为：实施绿色化学实验教学时，不能向教室或实验室泄漏一丁点废气，致使学生的嗅觉等感官体验被剥夺，造成他们对事物的感知不完整。

《化学教育》2008 年第 4 期

化学实验中的绿色化技术

张庆云

绿色化技术是新课程化学实验倡导的实验技术之一，但是使用现有的仪器使化学实验技术绿色化显得力不从心。该文研制了一些装置，并从实验前的准备、实验的实施和实验产物的后处理 3 个阶段对化学实验绿色化技术进行了探索，为开展绿色化学实验和改进实验仪器提供了思路。(1)在转移化学试剂过程中尽量减少或消除试剂的挥发；(2)挥发有害物质的化学反应在完全密封状态下进行；(3)实验产物的无害化处理。

《化学教育》2008 年第 4 期

用好化学演示实验　培养学生创新能力

吴刚明

结合教学实践研讨了通过多种渠道改进演示实验，发掘、用好演示实验，从而突出学生的主体性，培养学生的创新能力。(1)发掘设计演示实验；(2)研究改进演示实验；(3)增加演示实验的深广度；(4)增强演示实验的趣味性与可见度；(5)增强演示实验的开放性；(6)创设问题情境，展现实验设计思想；(7)将演示实验改为边教边实验；(8)将演示实验改为探究性实验；(9)合理运用多媒体，优化演示实验。

《化学教育》2008 年第 4 期

关于化学实验设计环保问题的思考

王红云　钟四姣

化学实验不可避免的会带来相应的“三废”排放问题，如何科学、环保地进行化学实验设计，最大限度地减少化学实验的污染物排放，对环境教育工作具有十分重要的意义。该文对化学实验设计的诸多方面进行了相应的探讨，提出了化学实验设计的相关改进措施。(1)增强教材结构体系的环保意识；(2)科学合理设计每个实验试剂用量；(3)优化实验内容的环保设计；(4)改进实验操作方式；(5)优化实验操作程序。

《化学教育》2008 年第 4 期

谈中学化学实验的改进准则

吴燕红　张玉彬　阳小平

研究中学化学教材中的化学实验，发现部分实验在设计上存在一些不足，不适应当前教育教学发展的需要。该文阐述了对化学实验进行的一些改进。(1)紧扣化学课程标准，充分理解教材编写者的设计意图；(2)体现探究和开放，全面提高学生科学素养；(3)实验的改进应考虑课堂教学的实际需要；(4)力求装置简单、药品节约、现象明显；(5)提高实验成功率，缩短实验时间；(6)确保实验安全，防止环境污染。

《化学教育》2008 年第 5 期

化学开放式实验教学在普通化学课中的探索

金显春

对大一普通化学实验的教学方法进行了有益的探索，经过实验前的准备、实验中共同分析以及实验后的合理评价 3 个阶段，明显改变了学生的学习态度，大大提高了动手积极性，提高了学生创新思维能力，显著提高了相应理论课的成绩。

《化学教育》2008 年第 10 期

慎重做好演示实验

朱怀义

丰富多彩的课堂演示实验，对理解知识、探究原理、凝聚学生注意力从而提高课堂教学效果的作用是非常明显的。该文结合教学案例阐述了如何做好演示实验：(1)注意操作的示范性，让学生感受规范操作的熏陶；(2)控制药品的用量，培养学生节约的好习惯；(3)保护学生健康，消除学生做实验的恐惧心理；(4)改进实验操作，引导学生追求实事求是的做人品质；(5)改进实验设计，培养学生探究能力；(6)回收实验药品，体会学以致用的知识价值。

《化学教育》2008 年第 11 期

中和滴定误差分析

李新武

酸碱中和滴定是新编人教版必修高二化学教材涉及定量分析的重点内容。相关滴定误差的分析是本节重难点之一。由于造成滴定误差的原因种类繁多，给教学双方的教与学形成巨大困扰。该文以行之有效的方法对滴定误差作了系统的分析总结。

《化学教育》2008 年第 11 期

化学探究性实验教学中的问题与对策

杨会勤　周　青

一、每学期集中精力引导学生扎扎实实开展两三个有代表性的探究性实验。初三化学可选的主题有“探究金属铜的化学性质”“探究实验室怎样用高锰酸钾制取氧气”“探究实验室怎样制取二氧化碳气体”“探究酸的化学性质”“ 探究碱的化学性质”。难度低的可以在教师监控下由学生完成，难度大的可以采用边讲边探究或者与验证性实验结合起来开展。二、选择实验中某个环节组织学生探究。三、实行实验室开放日，使探究性实验从课内延伸到课外。

《中学化学教学参考》2008 年第 3 期

由一个演示实验所引发的思考

包朝龙

反思 1：在上苏教版高中化学 2 中专题“化学反应速率”内容时，将书上给的双氧水分解实验的水浴加热条件换成酒精灯加热，结果也出现加热的试管中出现大量气体的现象。只有极少数的学生指出这种现象不能说明“温度越高，反应速率越快”的结论，因为该现象也可能是加热后的沸腾。可见，课堂精彩源于对细节的关注。在化学课堂教学中经常制造一些美丽的陷阱，比如实验条件的改变、药品用量的多少、化学相似概念的对比、重要化学物质的性质与应用等，这些看似简单却有非凡意义的教学细节的设计，让学生在错误中接受教训，发现惊喜。反思 2："要增大 Zn 和 H_2SO_4 溶液的置换反应的速率，可以用酒精灯加热反应容器吗?"很多学生从"温度越高，反应速率越快"的角度给出肯定回答，极少数学生想到"Zn 和 H_2SO_4 反应产生氢气，不能遇到明火"。这一问题又把学生带入有趣的思考之中。可见，好问题引领学生发现美丽风景。在大力提倡新课程理念统领课堂教学的今天，教师应该认真分析教材，明确教材意图，创造性地使用教材，充分利用课堂中的课程资源，引领学生少做一些机械性重复性的练习，多去思考或设计一些有意义、有价值的问题。

《中学化学教学参考》2008 年第 3 期

中学化学实验教学方法探讨

张克龙

一、比较法是实验教学的基本方法。异中求同的比较、同中求异的比较、同异综合比较。二、变式实验法是实验教学的有效方法。根据同一实验原理设计不同实验，从而揭示实验本质。三、支架式教学法是化学实验教学的优化方法。一般程序是：进入情境→搭建支架→自主探究→协作学习→教学评价。

《中学化学教学参考》2008 年第 4 期

对九年级化学实验入门教学的研究

朱吉杰　李国强

一、对教材体系与学生心理要熟悉。1. 理解现行教材实验入门教学的 4 个要求。(1)让学生明确化学实验的基本特征。(2)掌握同一实验现象的观察方法与不同实验现象的对比方法。(3)实验规则提前与专项设置，体现对规则的强化要求。(4)对"量化实验"的感知与对实验误差的理解不能要求过高。2. 对学生学习心理分析。学生初学化学实验好奇心强，但不会有持续的兴趣，规则意识差。尖子生自我意识强合作意识差，学困生存在凑热闹、恐惧敷衍的心理。二、用"三类评价"激励学生自我监控。1. 课堂及时评价，带着问题学习，不让错误过夜。2. 用卡片互助评价，在积累与互动中认识自我。3. 自我监控评价，让学习目标更明确。每一个单元实验知识测试试卷内容包括实验知识和能力（实验观察能力、实验操作能力、实验规则的应用）。

《中学化学教学参考》2008 年第 5 期

挖掘验证性实验内涵　提升验证性实验功能

朱怀义

一、正确认识两种实验，客观对待验证性实验。验证性实验和探究性实验各有其教学功能，不可相互替代。二、强化验证性实验功能，注重实验过程的情感体验。三、案例：验证性实验“向一定量氯化铝溶液中逐滴加入氢氧化钠溶液直至过量”的教学设计：进行一次比赛，看谁能制备最多量的氢氧化铝沉淀。限定药品为氯化铝溶液、氢氧化钠溶液、氨水、碳酸氢钠溶液。教学过程为：实验评价、思考方案—总结现象、寻求帮助—平等对话、解惑释疑—归纳总结、提升知能。

《中学化学教学参考》2008 年第 5 期

在开放中生成，在合作中探究——《混合碱中碳酸钠含量测定方案的设计》教学案例及反思

王海富

此案例用于高三复习元素化合物及化学实验。方案一，加盐酸与 Na_2CO_3 反应，测定 CO_2 气体的量，难点在于 CO_2 气体的量难以测准；方案二，加过量 $BaCl_2$ 与 Na_2CO_3 反应，测定沉淀的量，难点在于沉淀处理过程误差大；方案三，酸碱中和滴定法，此方案为最佳方案。

《中学化学教学参考》2008 年第 5 期

化学实验教学中的点滴做法及体会

张中南

一、同一个实验多样化设计与评价，培养学生分析评价能力。二、注重实验的创造性教学，培养学生创新。例如改进二氧化氮与四氧化二氮相互转化来研究压强对化学平衡的影响。在两个注射器中分别装入相同体积的二氧化氮和空气，并与一个 U 形压强计两端熔接，同时推动这两个注射器增大压强，观察 U 形管中液面的变化。

《中学化学教学参考》2008 年第 6 期

化学实验教学设计的新视角

苏永平

新课标赋予化学实验更多的内涵和教学功能，需要我们转变传统的实验教学理念，重新审视化学实验教学，落实实验教学的

教学和育人功能。一、从新课标的研修中反思自己的教学思想，重新定位化学实验教学的设计理念。1. 实现实验教学中教师角色的转变，作学生实验的示范者、合作者、支持者。2. 实验内容的选择与呈现应注重学生的生活体验，尽可能趣味化、生活化。3. 实验的实施过程注重自主探究，增强学生的参与性、探究性。4. 化学实验设计绿色化，重视学生节约环保素养的教育，渗透未来公民的人文素养。二、在新课程教学的实践中探究构建化学实验教学设计的策略。1. 化学实验设计趣味化、生活化，创设情境激发学生浓厚的学习兴趣与强烈的求知欲。2. 化学实验设计由验证性转向探究性，让学生体验化学知识产生的历程，学会自主探究性学习。3. 重视学生分组协作实验设计，让学生在合作探究过程中体验合作学习。4. 开放实验室，充分开发利用实验资源，让实验室成为学生进行研究性学习的主要场所。

《中学化学教学参考》2008 年第 8 期

手持技术与化学教学整合的研究概述

夏子辰　郑长龙　李艳梅

一、理论研究：手持技术适合于定量问题及多变量关系的研究。二、实践研究：目前实验内容主要涉及“化学反应”和“化学与可持续发展”两个主题，主要测量 pH、温度、色度、电导率、压强、电压、光强度等。三、研究展望：(1)深化理论研究，细化实践研究。(2)开展多种传感器在化学教学中的整合应用研究。(3)促进研究共同体的合作研究。

《中学化学教学参考》2008 年第 10 期

新课程背景下有效开展实验教学的探索与体会

马云云

一、开展有效的实验预习。对相关旧知识的复习；在条件允许的情况下对实验的自主探索；书写实验预习报告。二、开展有效的实验课堂教学。首先展示学生的预习情况，教师做必要的点评和补充。尤其关注实验创新。三、让学生参与到实验准备的过程中来。每次让一个实验小组的实验成员参与，采用轮换制。四、创造机会使学生多做实验。在保证安全的情况下，把实验机会留给学生。

《中学化学教学参考》2008 年第 12 期

在化学实验教学中培养学生创新能力的探究

陆建源

本文从实验教学中的实验内容的选择、实验过程设计、实验报告设计等方面来探讨化学实验教学中学生创新能力的培养问题。一、分组实验要增加创新内容。1. 改部分验证性实验为探究性实验，改验证性实验为探究性实验的途径之一，是把部分验证性实验的顺序重新进行探索性设计。改验证性实验为探究性实验的途径之二，是从药品用量、反应条件、操作方法等方面去探究实验失败的原因。改验证性实验为探究性实验的途径之三，是揭开迷惑性的实验假象。2. 构建创新性学生实验内容，从学生的研究性学习中遴选创新实验内容，把学生研究性学习中设计的优秀实验修改后作为学生实验内容，不仅大大提高了设计实验的学生本人的实验兴趣，而且也激励其他学生进行研究性学习和实验。从日常生活和社会实践中遴选创新实验内容。二、实验过程要有创新情境的构建。1. 整合实验课时内容，构建探究环境。2. 重视课堂上学生的质疑内容，培养探究意识。3. 实验报告设计要体现创新精神。4. 实验习题设计要促进创新思维发展。在学生实验课教学中，要培养学生自主创新的能力，教师必须转变教育观念，更新教育思想，牢固树立"以学为主"的思想，创造有利于学生主动求知的学习环境，充分挖掘学生的创造潜力，大胆放手，让学生自行实验、自主探知，作学习的主人。

《化学教学》2008 年第 1 期

化学实验设计的内容与思考

熊言林

化学实验设计，又称化学实验方案设计。它是在实施化学实验之前，根据化学实验的目的和要求，运用相关的化学知识和技能，对化学实验的药品、仪器、装置、方法和步骤所进行一种合理、细致的安排。可见，化学实验设计重在实验操作过程的设计。提出了一个比较科学、合理、规范、完整、适用的化学实验设计的内容，应包括实验目的、实验原理、实验用品、实验装置图、实验步骤、实验现象及结果记录与处理、注意事项、参考文献 8 个部分，并就 8 个部分进行了分析、思考。

《化学教学》2008 年第 2 期

对高中化学实验使用有机萃取剂的建议

满　旭　陈运秀

高中化学萃取实验中常用的萃取剂是苯和四氯化碳，但是这两种物质都是有毒的有机物。本文对于萃取实验进行了改进探究，采用二氯甲烷和乙酸乙酯作为萃取剂进行了萃取碘和溴的实验，实验结果表明二氯甲烷萃取碘和溴的现象与四氯化碳萃取碘和溴的现象基本相似，其效果优于四氯化碳；乙酸乙酯萃取碘和溴的萃取率明显优于苯和四氯化碳，无须二次萃取，但萃取液却呈深黄色。化学教材对于萃取剂的选择一直沿用了苯和四氯化碳这两种有毒的物质，作者认为应该充分考虑绿色化学的理念，提出了改进教材编写的建议，教材应指导学生使用低毒或无毒的有机溶剂作为萃取剂，让学生在空气不受污染的环境中来完成萃取实验。

《化学教学》2008 年第 6 期

实验教学与学生创造性能力的培养

殷玉霞　陈建明

化学实验是科学的基础和灵魂，也是完善人才素质，特别是创造性思维素质的重要载体。充分利用这一载体，可以有效地开发学生的创造性能力，使素质教育与学科教学有机地结合在一起。本文提出了在实验教学中培养学生创造性能力的方法：1. 增强实验的探索性，激发学生创新意识；2. 鼓励学生大胆联想与质疑，培养创造性思维能力；3. 创设开放性小实验，训练学生创新技能；4. 组织多种实践活动，营造强化创新氛围。

《化学教学》2008 年第 6 期

新课程理念下中学生化学实验心理探微

吴良根

本文在学生层面调查的基础上，总结出了几种化学实验时学生的有利心理及不良心理，并提出了培养学生健康实验心理的策略。1. 运用和培养有利的心理因素。在实验教学中应该做到：（1）实验内容与自然现象、日常生活、工农业生产紧密相连；（2）创造条件增加演示实验，加强学生分组实验；（3）注重培养学生的技能、技巧；（4）增设实验答疑课、实验竞赛和实验讲座；（5）组织课外实验兴趣小组等。2. 化解和疏导不利的心理因素。教师应结合实验，具体分析，因势利导，加以克服和纠正。

3. 研究和培养学生健康的实验心理。(1) 创造学生化学实验的安全心理环境;(2) 创设灵活多样的化学实验教学情景;(3) 构建化学实验教学评价的新模式。

《化学教学》2008 年第 6 期

加强仪器功能开发　培养学生创新能力

宗　汉

本文提出了普通漏斗、蒸发皿、石棉网、锥形瓶以及玻璃管和干燥管的功能开发,实验仪器功能的开发是创新的一种表现,仪器本身没有限定它只能用于什么而不能用于什么。因此加强仪器功能的开发的教学,可以帮助教师加深对实验仪器和实验原理的认识,同时也有助于增加学生的创新能力。

《化学教学》2008 年第 7 期

色度计传感器在教学中的应用实例

佘平平　熊　辉

色度计传感器是手持技术中的一种仪器,本文简单介绍了色度计传感器的原理,并且通过介绍色度计传感器在 SO_2 含量的监测、食盐中碘含量的测定、食物和补铁剂中铁元素含量的测定、盐酸的浓度对 $Na_2S_2O_3$ 分解速率的影响、测定铁离子与硫氰根离子的可逆反应的平衡常数、温度对 $FeCl_3$ 水解平衡的影响、温度对 NO_2 聚合反应的影响这几个化学教学中的应用实例,讨论传感技术对教学效果的影响。笔者认为应注意发挥传感技术的积极作用,使得它对教学产生良好的正面影响。

《化学教学》2008 年第 7 期

磁加热搅拌器在中学化学实验中的应用

刘　波　汤　岚　王程杰

磁加热搅拌器可以在搅拌的同时进行加热,因此利用磁加热搅拌器,可以提高实验的可见度、安全性、简易性及正确性,并缩减实验的操作时间。本文介绍了磁加热搅拌器在中学化学实验中的应用,并列举了几个案例。1. 聚乙烯醇的溶解:在配制聚乙烯醇溶液时,使用磁加热搅拌器可以大大缩减时间且不会形成不匀糊状物。2. 恒温配制 KNO_3 饱和溶液:用磁加热搅拌器可配制成恒温的 KNO_3 饱和溶液。3. 乙酸乙酯的制取:采用磁加热搅拌器可以大大缩短反应时间,增加产品的产率,实验中没有明火,较安全。4. 在收集碳酸饮料中的二氧化碳时利用磁加热搅拌器可较快的收集二氧化碳，在滴定法测二氧化碳含量时利用磁加热搅拌器能使滴定终点更准确。

《化学教学》2008 年第 6 期

化学创意实验的设计与教学应用

徐建春

创意实验是指对现行实验的改进和优化，或是根据教学目标有目的地进行自行设计的实验。目前的创意实验主要体现在研究者对实验本身的创新，如实验的条件、实验装置、实验方案的设计、实验辅助手段等。而在实验教学的设计和实施方面的创新，则较少。近几年的化学教学中，笔者紧紧抓住“用创意实验引导学生探讨问题”的教学模式，坚持对各种创意实验进行开发或二次开发，充分整合于教学设计中。主要体现在能展示化学美、呈现化学真、凸显化学奇的创意实验的设计与教学应用，旨在展示教学中利用创意引导学生思考问题，点拨学生的思维，从而提高问题的分析能力和解决能力。一、展示化学美的创意实验的教学设计。二、呈现化学真的创意实验的教学设计。三、凸显化学奇的创意实验的教学设计。

《化学教学》2008 年第 8 期

论化学实验教学中学生观察能力的培养

吴依楠

观察能力是思维能力、实验能力、自学能力的基础，是学好化学的最重要的一种能力。一、化学实验课培养学生观察能力的原则与方法。1. 依据心理特性，遵循观察的原则。应遵循以下原则：目的性原则；选择性原则；全面性原则；理解性原则；敏锐性原则。2. 教会学生观察的方法。根据学生的这些情况，教师应该提供生动、鲜明、典型、真实的实验，使学生获得感性认识，促进学生想象、记忆、迁移，并指导学生以科学的观察方法来培养观察能力。观察前的知识准备愈充分，观察的效果就愈好。教师应向学生介绍中学化学中常见的观察顺序。指导学生运用多种感官全面观察，从不同角度了解观察对象的各个属性，获得完整、系统的知识。指导学生运用感知对象和背景的相关规律，在观察过程中尽量提高观察对象与背景的差别，降低观察难度，提高观察效果和速度。教师应根据观察对象的特点，引导学生开动脑筋，边观察边思考，注意搜寻每个细节。观察的最后阶段是总结。二、教学案例。1. 强化演示实验教学，培养学生观察能力。2. 精心组织分组实验，培养学生观察能力。3. 开展课外兴趣实验，布置观察型作业，培养学生观察能力。

《化学教学》2008 年第 8 期

关于中学化学教学实验改革问题的思考

冷燕平　宋心琦

关于中学化学教学实验改革问题，作者围绕以下几个方面进行思考：1. “究竟是实验化学，还是化学实验”，这是一个很难回答的问题，但也是促使教材编写者再一次从化学教育和教学改革的角度来审视和探索中学化学教学实验的教育价值和实验化学课程的教育目标问题。2. 化学学科的特点决定了化学必定是一门实验性科学，化学的基本任务在于认识和识别物质，并在此基础上研究和发现物质间存在本征差异的外在和内涵因素，从而使之成为分离、鉴别、合成和设计新物质的基础。由学科的任务和特点可以看出，化学在研究物质世界时，更着重于物质的个性。另一方面，以传统化学实验模式为主的化学合成（包括相关的研究工作）和分析分离工作，仍然是化学工作的主体。3. 化学实验体系的基本组成和它们的教育价值。服务于教学和探究目标的实验体系，可以大致区分为三个必要的组成部分，即(1)经过优选后确定的化学体系，通常以影响因素或变量尽可能少的实验体系为首选，因为实验现象或结论的不确定性越低，越有利于初学者获得比较确定的结果，以便认知过程更好地符合循序渐进和少而精的原则；(2)合理的并有明确探究目标的实验步骤和安全措施；(3)必需的试剂、仪器装置及合乎规范的操作技术，三者缺一不可。但是就学习和探究化学而言，化学体系的选定往往起着关键的作用。4. 对《实验化学》模块教学目标的思考。《实验化学》模块的教学目标，可能有两种不同的考虑。一种以经典的化学教学实验模式为主，即提供成熟的实验方案、必需的仪器和试剂，由学生在课程规定的学时内，按照实验步骤进行实验，同时完成预习、实验、记录和书写实验报告的全过程。另一种考虑则以引导学生进行探究性实验的模式为主，不过分重视知识的数量及技能的多样化和娴熟程度，以实现过程方法、情感态度价值观的教育目标为着眼点，亦即期望通过完整的、有预期目标的实验探究性活动，使学生体验到科学实验是一种自我教育、获取活的知识和提高自身能力的重要途径，整个探究过程中和挫折伴随而生的困惑，不仅可以锻炼自己的意志，提高战胜困难的信心，并激发出自己的潜能。在这种积极思维的状态下，书本知识和老师、同学的建议才能转化成为创新思维的催化剂。

《化学教学》2008 年第 4 期

化学创意实验的设计与教学应用

徐建春

创意实验是指对现行实验的改进和优化，或是根据教学目标有目的地进行自行设计的实验。而创意实验的开发直接反映了教师实验教学能力及对化学教育的认识水平。目前的创意实验主要体现在研究者对实验本身的创新，如实验的条件、实验装置、实验方案的设计、实验辅助手段等。一、展示化学美的创意实验的教学设计。在教学中，借助一些展示化学美感的创意实验，以引起强烈的视觉效果，调动学生的兴趣和激活其思维。二、呈现化学真的创意实验的教学设计。在教学中，不仅可以引入新的研究，而且还可以关注研究思路的引导。三、突显化学奇的创意实验的教学设计。利用创意实验设置认知冲突，更容易使学生进入学习情境。根据具体情况，对一些创意实验进行适当的二次开发，引导学生思考和探讨问题，提升学习的兴趣和思维品质。

《化学教学》2008 年第 8 期

新课程下化学实验课的留白艺术

刘晓燕　乌晓璐

随着新课程的深入，实验越来越多地走进化学课堂，如何让实验课留有适当的时间和空间，让学生在实验中发现，在发现中探索，在探索中提高，这一直是困扰一线教师的一大难题。一、化学实验课现状。一种是教师不重视实验，只是因为有规定而做实验，因此体现在课堂上就是简要的将实验原理、目的、操作步骤介绍后就任学生自行操作。另一种是教师高度重视实验，通常将学生实验改成边讲边实验，将各个实验设计成一个又一个的探究，从中让学生得出一个又一个的结论。二、化学实验课留白艺术的探索。真正的实验课堂上应该留出适度的时间和空间，让课堂上学生的动态感受与潜在心理需求相一致。1. 金色五分钟——实验时间上的“留白”。2. 天外有天——实验内容上的“留白”。3. 楼外有楼——实验空间的“留白”。三、实验课留白艺术的反思。适当的留白，给了学生自主学习的空间，让他们充分调动自己思维的主动性与积极性去填补空白内容，使其体会到自我的参与感与创造感，从而得到心理的满足。

《化学教学》2008 年第 2 期

对新教材中“氧气制备实验”的教学思考

曹志兵

在人教社《新课标》九年级化学（2006 年版）中，实验室制取氧气的方法提供了三种：①用双氧水和二氧化锰混合制取氧气；②用氯酸钾和二氧化锰混合共热制取氧气；③单独加热高锰酸钾制取氧气。那么，教材中所提供的方法中，每一种方法的教学意图是什么以及它在教学中如何把握，是教学思考值得思考的问题。一、对“用双氧水和二氧化锰混合制取氧气”的教学思考。1. 是制取氧气的实验操作最简便的、最易操作的；2. 非常符合教学的直观性原则；3. 为后面两种制取氧气方法的学习打下了基础；4. 过氧化氢溶液，是日常生活中一种常见的物质。但是该反应剧烈，浓度不宜过大，且迅速产生大量气体。二、对“用氯酸钾和二氧化锰混合共热制取氧气”的教学思考。1. 反应产生的气流平稳，易于控制。2. 是一种常见气体制备的重要类型。但该反应要注意安全，防止爆炸。三、对“加热高锰酸钾制取氧气”的教学思考。高锰酸钾是一种重要的物质，在日常生活中可用它作消毒剂，产生的气流也平稳浓度。但是该反应转化率低，样品价格高。

《化学教学》2008 年第 11 期

浅谈化学实验教学中学生观察能力的培养

一、培养学生的细微观察能力。采用吸引学生注意力，反复观察，局部到整体的策略。比如 $Fe(OH)_2$ 的制备。二、培养学生的重点观察能力。指明观察重点，比如镁条燃烧。三、培养学生的对比观察能力。对比项有溶液浓度、火焰颜色、反应速率、浓烟程度、燃烧与否、烟或雾等。四、培养学生的准确观察能力。定量实验的观察要求准确。比如物质的量浓度的溶液配制。五、培养学生的全面观察能力。包括仪器的使用、实验的操作步骤、反应前中后的实验现象等。如实验室制取乙烯。

《教学仪器与实验》2008 年第 2 期

普通高中新课程《实验化学》模块教学策略研究

蔡六玲

一、合理重组，融合教学，促进教学的有效化。(1)在必修模块中落实化学实验基础知识与基本技能，比如硝酸钾的提纯实验。(2)利用部分实验课题提高其他选修模块的探究效率，比如物质性质的实验。(3)学会选择，合理取舍，促进有效教学，比如“物质的检验与鉴别”。二、合理组织教学，充分利用现有资源。(1)教室和实验室相交替，课内和课外相结合，进行验证性实验教学。(2)适当安排连堂课，进行探究性实验教学。(3)全面开放实验室，进行自主实验教学。三、师生共同参与，积极开发化学实验资源。(1)充分开发校内实验资源。(2)构建信息平台，开展虚拟实验。(3)利用好校外实验资源。

《上海教育科研》2008 年第 6 期

化学实验室课程资源的开发与利用

李　芬

一、化学实验室课程资源的开发与利用现状。二、化学实验室课程资源的开发与利用的基本原则。三、化学实验室课程资源的开发与利用的基本途径：(1)开放现有实验室，发挥现有仪器设备的作用。选择联系生活的选题，比如茶叶中某些元素的鉴定、菠菜的叶绿体中色素的提取和分离、用粉笔进行分离、粗盐提纯等。(2)挖掘微型仪器，提高学生的实践能力和科学探究能力。(3)利用日常小物品，丰富化学学科课程资源。比如口服液瓶改装成酒精灯、无色玻璃杯代替烧杯、矿泉水瓶的上部代替漏斗、筷子代替玻璃棒、一次性注射器代替量筒、眼药水瓶代替滴管、包装药片的塑料凹槽代替井穴板、处理废电池得到碳棒、铜帽、锌片等等。(4)利用现代信息技术，挖掘化学学科课程资源。建立化学网络实验室。

《教学月刊（教学参考)》2008 年第 6 期上

刍议苏教版化学必修教材中的新增实验

杨振华　陈献忠

一、化学必修 1 共有 6 处新增实验。专题 1 第二单元“研究物质的实验方法”有 4 个，专题 2 第一单元“氯溴碘及其化合物”有 3 个，专题 2 第二单元“钠镁及其化合物”有 2 个，专题 3 第二单元“铁铜的获取及应用”有1个，专题4第一单元“含硫化合物的性质和应用”有4个，专题4第二单元“生产生活中的含氮化合物”有2个。二、化学必修2共有5处新增实验。专题2第一单元“化学反应速率与反应限度”有2个，专题2第二单元“化学反应中的热量”有1个，专题2第三单元“化学能与电能的转化”有2个，专题3第二单元“食品中的有机化合物”有2个，专题4第一单元“化学是认识和创造物质的科学”有1个。

《实验教学与仪器》2008年第9期

高三化学实验教学中的问题与对策

许海卫

一、学生实验学习中存在的问题：(1)常用仪器的主要用途和使用方法不清。(2)化学实验的基本功不扎实。(3)化学实验的语言表述能力欠缺。(4)化学实验的创新能力不够。二、解决学生实验学习问题的方法和对策。(1)归纳分类，整合记忆。化学实验基础知识包括常用实验仪器、化学实验基本操作、试纸的使用、实验安全、试剂的存储五个方面。(2)体验实践，促进内化。在操作中训练实验技能。(3)探究拓展，形成能力。鼓励学生设计实验。

《教学月刊（教学参考）》2008年第9期上

化学复习课教学

【概况】如何设计和上好高三复习课、习题课及试卷讲评课是研究热点。复习课教学要体现新课程理念：使用思维导图、来帮助学生理清知识脉络、构建知识结构、强化基础知识、加强纵横联系、注重知识应用。在概括整合和拓展应用中大幅度地提高化学新课程的总复习效率。

谈高考前有机化学的复习

张玉官

该文通过研究2003年至2007年全国高考理科综合试题发现，有机部分集中在考查学生对有机化学基本反应类型、官能团性质、分子式推断等的掌握；而在有机推断题中，大多以陌生且连有多种官能团结构的化合物为载体来考查。并以乳酸为例，对于高三毕业班教师如何有效省时且有重点地指导学生复习有机化学部分提出几点建议：(1)提供信息，激发学生的复习兴趣；(2)围绕重点难点巧设问题，帮助学生回忆和巩固知识点；(3)拓展问题，发散思维，提高学生的应试能力。

《化学教育》2008年第3期

高三化学复习中递进式习题组的设计策略

莘赞梅

该文主要研究了高三化学复习中，递进式习题的设计策略。通过实践中的典型案例，重点阐述了在设计递进式习题时，习题的递进应体现的策略：(1)目标定向的策略：教师在进行习题设计时，要明确习题的对象指向和习题的目的指向，在课堂教学中，根据学生对习题的解决程度，随时改变提问方式，推动各层次学生积极地回答。(2)知识呈现的顺序策略：教师在进行教学时，结合实际情况，改变一下相关教学内容的呈现方式，一步步为学生搭设教学的台阶，使之更贴近本班学生的实际和他们已有的生活经验。(3)整体思维的策略：设计习题时，还要从整体把握，看习题的设计是否有利于学生整体思维的形成。(4)拓展延伸的策略：切忌就题论题，而是要将复习的知识、内容进行拓展、延伸，使学生对知识的内涵和外延形成有序的思维认识。

《化学教育》2008年第4期

宏观把握　微观掌握——利用思维导图上好化学复习课

梁晓康　廖锐星

该文介绍了在化学复习课教学中，如何利用思维导图从课前、课中和课后3个阶段引导学生对知识进行系统化的整理，以形成知识体系，并从细节上把握各知识点的应用。同时探讨了思维导图在复习课教学方面的优势：(1)节省时间，提高效率；(2)由面到点，点面结合；(3)掌控流程，便于引导。

《化学教育》2008年第5期

浅谈“反思”在初中化学总复习中的重要性

顾　凤

该文针对许多学生在初三化学总复习阶段的复习效率比较低的现象，分别对两个教学班进行了传统复习与反思性复习的实验比较，得出了在复习阶段要重视“反思”的结论。(1)试卷分析前反思：通过学生自己的订正，自己发现的问题写下来，反思自己成绩欠佳的习惯，引起重视。(2)试题分析中反思：要求学生从以下几方面考虑试题：怎样做出来的？想解题采用的方法；为什么这样做？想解题依据的原理；为什么想到这种方法？想解题的思路；本题中有哪些细节或隐含的条件要引起注意？想考虑得更完善。(3)试题分析后反思：有无其他解题方法？哪种方法更好？想多种途径，培养求异思维；能否变通一下而变成另一习题？想一题多变，促使思维发散。文章最后肯定了反思对提高学生学习效率的重要性。

《化学教育》2008 年第 5 期

新课标实施之际高三化学最优化复习

章松富

一、从“定义”出发，拨开云雾，事半功倍。与其让学生死记推导公式，不如告诉学生从定义出发，认真体会基本公式中化学量的基本含义，转换关系时从定义出发。比如有关浓度的计算，溶液 pH 的计算。二、从“本质”出发，万变不离其宗。抓住问题的本质，就能把千丝万缕的头绪理顺。比如离子方程式的书写。三、从“题海”中跳出，精选习题，以一当十。围绕知识点精选对应的习题，对症下药。

《中学化学教学参考》2008 年第 1/2 期

略谈高考化学实验复习

王亚丽

一、回归课本，巩固基础。要求学生认真看课本，理解仪器的使用，理解每一个实验装置的安装原理、反应原理、现象及描述。认真对待实验习题。重视课本后面的学生实验和选做实验。二、归纳整理，提高能力。指导学生对基本操作、仪器及组装、实验题型进行归纳。三、训练表达，强化能力。要求学生:(1)动手写方案、步骤、现象、结论。(2)加大点评力度，投影打出学生作品，集体评价优缺点。(3)教师总结。四、设计实验，升华能力。安排一些综合性实验，让学生在实验室独立完成。

《中学化学教学参考》2008 年第 1/2 期

论学生在化学复习中的反思性学习

冯占梅　徐宏斌

一、在复习中建立知识档案，引导学生在知识梳理中反思性学习。(1)在程序上，引导学生反思—梳理—归纳。(2)在形式上，引导学生用不同的形式呈现知识。二、在复习中建立问题档案，引导学生在质疑中反思性学习。三、在复习中建立错题档案，引导学生在矫正中反思性学习。错题档案就是将错误“标本”化，在错题旁写出自己的思路被阻的情况并分析原因，从中得到经验和体会。建立错题档案时，做到改正错误、反省错误和归纳错误。

《中学化学教学参考》2008 年第 1/2 期

新课程下化学习题教学的思考与尝试

刘永红

一、领会课程目标中习题教学目标的变化。除了关注知识与技能目标以外，还要体现一些情感态度价值观方面的训练。以科学探究为主线，突出创新精神和实践能力。教师可以根据实际情况对旧的题目做适当变形，改选择题为简答题，改简答题为开放题，改变题目呈现的情境，改变设问角度。二、关注习题维度上的变化。(1)通过教材的实践探究习题发展学生的综合能力。教科书上的习题主要有基础型、开放型、实践探究型。对于实践探究型的学生作业，认真审阅并进行评比展览。(2)通过教材的开放题发展学生的思维能力。三、习题承载一些教学功能的变化。习题教学不仅仅是训练巩固复习，还可以用于指导学生提前预习。四、变只由教师精选习题为师生共同选题进行练习。具体措施：(1)先制定学习要求和评分标准及出题要求。(2)写出本章认为重要的内容，并形成知识体系。(3)在每一章内容后自选题目并解答（至少八题)。(4)写出本章认为最难学习的内容，并找出相应的习题练习。(5)命本章的测验题，题数题型不限。

《中学化学教学参考》2008 年第 4 期

新课标理念下如何搞好化学试卷讲评课

李宜勤

一、及时性原则——发挥教师的主导作用。及时讲评符合学生的心理需求。教师主导作用依赖于反馈信息的准确度。教师改卷后要统计试卷的难易比例，对大部分同学会做的题目就可以不讲或稍微点拨一下就可以了，对大部分同学做错的题目要重点研究，了解学生受阻原因，找出错误症结，说明错误的性质、类型及根源，提出研究解决该问题的方法。要对试卷各知识点进行归类，通过讲评，进一步完善学生的认知结构，对有创建的解法要及时鼓励推广，激发学生的创新意识。讲评课上教师不要就题论题，要透过题目抓住化学问题的本质进行开放性、发散式讲解，一题多解，一题多变。二、自主性原则——突出学生的主体参与。(1)试卷批改后及时发给学生纠错；(2)难点问题组织学生讨论，让学生畅所欲言；(3)作业布置给学生留有余地。三、激励性原则——重视师生的情感交流。试卷讲评课还要起到激励、唤醒、鼓舞的作用。激发学习兴趣，消除压抑感，增添成就感，让学生达到“胜不骄，败不馁”的境界。四、创新性原则——重视知识的内化和能力的提升。挖掘试题中的创新生长点，设计探究性活动，引导学生积极主动地参与学习。

《中学化学教学参考》2008 年第 5 期

论高三化学试卷讲评课的几个主要环节

陈贵新

一、准备环节：(1)记录答题情况，统计答对率；(2)找出错解原因，将问题归类。二、讲评环节：(1)巧妙公布成绩；(2)讲评要有侧重（错误原因分析、思想方法建立、解题思路优化、解题准确性和规范性）；(3)让学生参与。三、巩固、反思环节。

《中学化学教学参考》2008 年第 11 期

化学习题中的数字化实验

陈　凯　保志明

数字化实验与化学习题融合大致可分为图表观察与思考、图线对比与分析、图线预测与绘制及数字化结果综合计算等几种题型。命题者可根据手持技术类文章素材，从提问角度多样化、考查知识开放化、强化信息情境化、呈现形式图表化等方面进行创新。

《中学化学教学参考》2008 年第 11 期

化学复习教学的几点思考

薛秀学

一、依托教材，认真研究“两纲一题”，提高复习教学的针对性。认真钻研《课程标准》，树立课标意识、资源意识、整合意识和主体意识。深入钻研《考试大纲》。潜心研究新高考方案及高考试题。精心研究化学考试能力要求。二、加强复习的课堂教学策略研究，努力提高课堂教学效率。(1)复习课：常用的教学设计有先练后讲，以题目带知识、以结构带知识、问题导学式；(2)讲评课：几个环节“训练—批阅—反馈—讲评—补偿”。归类讲评、重点讲评、注重变式。要求学生红笔纠错、错题入集、二次批阅、专题补偿、三次过关。三、精心选编训练素材，提高训练的有效性。(1)要贴合自己的校情、教情、学情；(2)原创与改编相结合；(3)重视对教材习题的研究；(4)增设适当的开放性试题；(5)引导学生自主探究。四、向规范化训练要效益。五、突出学科特点，重视实验教学。从中学化学实验常用仪器的基本操作到整套装置中的作用，一种仪器多种功能，多种仪器同一用途，归类梳理，举一反三，注意从理解原理、掌握方法、学会分析、注重表达四个方面巩固深化。查漏补缺，强化起始年级实验教学的薄弱环节及盲点。进行实验设计训练。六、发挥集体智慧优势，向集体备课要效益。

《中学化学教学参考》2008 年第 12 期

认知负荷理论在优化化学习题教学中的应用

张经童

认知负荷理论认为，过高水平的认知负荷可能直接来源于呈现给学生的教学材料。降低了外在认知负荷的教学设计可以有效地促进学习。因此，化学习题教学中应从习题教学材料本身及其习题教学设计等方面来降低认知负荷，减轻学习负担，提高学习效率。从认知负荷理论的角度出发，探讨在高中化学习题教学设计中如何减少学习任务中不必要的认知负荷，从而提高学习者的学习效率的措施：1. 精选化学习题，减轻内在负荷；2. 优化教学设计，减轻外在负荷：“应试训练”和“问题拓展探究”是减轻学习中的外在认知负荷的化学习题教学常用的模式；3. 整合教学媒体，提高学习效率。

《化学教学》2008 年第 4 期

实验探究应成为复习课的重要“抓手”

汪习雄

高三化学复习内容多，知识杂，时间紧。有些教学内容，特别是元素化合物板块，选取主干知识点，“挤”点时间，进行必要的实验探究，不仅仅可以激发学生的学习热情，而且还能将实验内容融合在元素化合物知识的复习中，最终可提高复习课的

“效益”，可通过以下两种途径开展：适当探究感受探究过程、适当迁移提高探究能力。

《化学教学》2008 年第 4 期

问题解决与高三复习的有效性

刘革平

在高三化学复习中，通过第一轮的复习，同学们基本上比较系统地掌握了化学基础知识，并初步形成了知识体系，但是也暴露出一些问题。为了提高学生的学习效率，笔者将新课标理念所倡导的探究学习、合作学习、自主学习等方式引入复习课，本文就此进行了探讨。一、“问题”源的准备。二、问题解决的案例。1. 假如学生是高考命题专家。在众多灵活多变的复习课的导入方式中，自主命题一定是出乎学生预想的，最能引起学生的求知欲望，发挥学生的主观能动性，激发学生的灵感和学习的创造性。2. 假如学生是高考指导专家。“趁热打铁”教师提出：假如你是高考指导专家，如何指导学生进行这方面知识的整理并说说解答时应注意的事项等。3. 假如学生是化工专家。让学生去发现探索进而体验探索的乐趣与成功的喜悦，这种探索能够唤醒学生的学习潜能，激发封存的记忆，开启封闭的心志，使学生受益匪浅。三、问题解决反思。在教师恰当的引导下，以“问题解决”为主线，采用多种教学组织形式，使学生快速而主动地投入到这一中心内容的学习中去，在这过程中使学生的自学能力、思维能力、实验能力、语言表达组织能力、团结合作能力、归纳梳理能力等都得到了锻炼和提高，不仅提高了复习课的效能，还培养学生良好的科学素养。

《化学教学》2008 年第 8 期

归类·整合·拓展——化学新课程总复习教学策略研究

张经童

依据新课程实施中倡导的理念、策略和方法，通过归类、整合与拓展的教学策略来帮助学生理清知识脉络、构建知识结构、强化基础知识、加强纵横联系、注重知识应用。在概括整合和拓展应用中大幅度地提高化学新课程的总复习效率。一、知识归类，形成网络。归类的目的就是使所要复习的内容清晰明了，并使归类的知识系统化和条理化。二、主题整合，完善知识。主题整合式复习是对上述归类复习方法的补充和提升。三、合理拓展，发展思维。1. 重视科学方法的应用，拓展学生思维的维度。

让学生能够从多个角度，应用多种思路去分析同一问题。2. 加强问题情境的改造，拓展学生思维的灵活性。通过对问题的改造，实现教学情景的变化，可以达到开阔学生思维视野、培养学生思维灵活性的目的。3. 挖掘问题的内涵和外延，拓展学生思维的深度。思维的深刻性是思维品质的一个重要标志，思维的深刻性反映了思维的抽象程度和逻辑水平。

《化学教学》2008 年第 8 期

提高化学课堂练习教学的有效性

史育萌

一、改变观念，提高认识。练习不仅帮助学生掌握知识技能，而且培养解决问题的能力和创新意识，形成良好的情感、态度和习惯。二、练习设计，大胆创新。选择覆盖重点内容的典型练习。要研究课标、教材和学生。三、讲评练习，回归教材。讲解前，教师可以通过当堂学生互批、抽样检查或课后批改了解练习的解答情况。讲解时把握练习中的重点难点去讲，有的让学生讲，找出题目考查的知识点。四、练后反思，形成学法。留出时间让学生反思，找到正确的学习方法，尤其是思维方法。

《基础教育课程》2008 年第 2 期

新课程背景下化学习题的编制策略

张经童

一、《高中化学课程标准》中关于习题编制的要求。增加思考题、讨论题、实践题和开放题的比例。编制的习题应有助于学生发现问题和提出问题，鼓励学生深入生活实际，调查、咨询或进行实验，最终解决化学问题。二、现有化学新课程配套习题存在的主要弊端：(1)多数配套习题与教学内容脱节。(2)配套习题的难易程度难以适应学校的具体教学要求。(3)配套习题缺乏层次性，难以适应不同水平学生的学习要求。(4)配套习题缺乏开放性，不能满足学生个性发展的要求。三、化学新课程背景下习题的编制策略。(1)关注现代科技发展，增强化学习题的时代特征。(2)联系生产生活实际，创设化学习题的生动情境。(3)关注全体学生发展，设计开放性的化学习题。(4)渗透化学思维方法，凸显化学习题的探究能力。

《教学月刊（教学参考）》2008 年第 5 期

初中化学单元复习课和教学的探索与反思

阮文凯

一、问题式单元复习教学的探索：(1)在新的高度上设计和提出问题，促进学生的知识建构。比如“溶液”单元对饱和溶液概念的复习；《碳和碳的化合物》对二氧化碳物理性质的复习。(2)设计“问题型复习学案”，突出学生在学习中的主体地位。比如“酸的性质”的复习。(3)以综合实验创设新的问题情境，突出学科特征，提升学生能力。比如“二氧化碳制取的研究”的复习。二、问题式单元复习教学的反思：(1)以发现问题、解决问题的逻辑顺序为主线，而不是以学科知识的逻辑顺序为主线来组织教学内容。问题设计是课程内容设计的核心。设计问题时，要确定学生需要获得的基本概念和原理；问题是开放的、真实的，能够激发学生的动机，最后的答案能自然地反馈给学生。(2)根据学生层次，设计不同难度的问题。(3)根据学生的反馈，从问题的情境性、难易度、学生的认知水平、已有经验等多个方面优化问题设计。(4)教师多指导，少传授。

《教育导刊》2008 年第 6 期上

化学教学情境创设

【概况】研究者提出了创设教学情境的多样化素材，探讨了化学课堂教学问题情境的设计方法，指出了创设问题情境应注意的问题。还对新课程实施两年来的情境教学实际状况进行了调查，从教师开展情境教学的目的、态度、能力、方法、体验和教师对化学新教材情境内容的认识等方面进行了分析。

让古典诗词为化学教学服务

鲍继才

该文根据作者的教学实践，总结了几种运用古诗词为化学教学服务的做法：(1)用古诗词导入；(2)用古诗词激趣；(3)用古诗词营造情境；(4)用古诗词探究；(5)用古诗词励志；(6)用古诗词拓宽知识。

《化学教育》2008 年第 1 期

例谈化学课堂上教学情景的创设

胡久华　乔　敏

该文结合金属钠性质的教学案例，探讨了应该如何创设教学情景？怎样的教学情景更具有教学价值？质量较高的教学情景应该具有以下特点：(1)与学生的生活实际、社会实际相联系。(2)与核心的教学内容密切联系。(3)良好的教学情景应该能够使学生产生问题。(4)质量较高的教学情景应该能够贯穿教学的始终。

《化学教育》2008 年第 5 期

高中化学新课程实施中情境教学现状的反馈与思考——来自江苏新课程实验区的调查报告

陆　真　林菲菲　张怡天　郁　云

对江苏省实施化学新课程两年来的情境教学实际状况进行了调查，从教师开展情境教学的目的、态度、能力、方法、体验和教师对化学新教材情境内容的认识等方面进行了分析。调查结果表明大多数教师已经认可了情境教学的重要性，逐步理解其教学意义，开始能够在教学中重视和主动地设置教学情境；但在情境功能的认识、开展情境教学的能力与方法上还有待完善。此外，大多数教师希望能够得到优秀和系统的情境素材与教学案例的支持。并从科学教育哲学的角度为新进入课改实验区的省市的教师培训提出了以下建议。(1)深入理解教学情境的构建与概念转变的教学论含义。(2)应对情境教学对教师提出新的要求，教师要努力提高自身专业素养，培养创造性开发和使用教材的能力。(3)学科教学中开展情境教学应重视创设情境的真实性，协调理智型与情感型情境的统一。(4)加深对化学新教材中教学情境编制理念的全面理解，充分发挥情境素材作为知识获得过程的载体作用或支撑作用，设计学习的活动要突出知识的建构过程。

《化学教育》2008 年第 12 期

将生活寓于化学教学中

薛红梅

一、设置生活化的学习情境。二、设计生活化的化学实验。三、展示生活化的教具。四、采用生活化的课堂语言。五、列举生活化的例子。六、运用化学知识解决生活问题。

《中学化学教学参考》2008 年第 3 期

化学教学情景创设中存在的问题分析

张　勇　袁廷新　扬　帆

新课程改革特别强调通过创设适当的问题情景来引发学生认知冲突，启迪思维，改被动接受为主动探究，落实知识与技能、过程与方法、情感态度与价值观的教学目标。一些教师由于对创设问题情景的特性认识不清，存在许多问题。一、有景无情，难以激起学生的情感活动。创设的情景要让学生有身临其境的感觉，这样学生才能有求知的欲望，才会想学、想用新知。二、负面情感，情景让学生产生畏惧心理。要努力挖掘情景中的积极因素，要注意化学与化学品的区别，对于一些有关化学品的负面事件，要从正面加以引导，让学生感到，化学品对人类的贡献是巨大的。三、虚情之景，把化学课上成思想教育课。教师只有根据目标设置情景，才能避免无效情景和无效问题的产生。四、应景之作，情景与教学没关系。要重视问题研究，从情景中提取有助于教学开展的问题。五、虚设情景，失信于学生。

《中学化学教学参考》2008 年第 7 期

创设教学情境　改善教与学

裘建浩

教学情境是课堂教学的基本要素，有价值的教学情境不仅可以激发和促进学生的情感活动，还可以激发和促进学生的认知活动和实践活动。一、教学情境应具有引导性。教师讲授新知识之前，应先创设一个与教学内容适当相关的，包摄性较广、概括性较高的引导性的教学情境。二、教学情境应具有生活性。注重联系学生的现实生活，把化学带到生活中去，加强与社会生活的联系，使化学教学贴近学生的社会生活实际，使他们了解化学在现代社会生活中的价值。三、教学情境应具有形象性。直观可以使抽象的知识具体化、形象化，有助于学生感性知识的形成和理性认识的升华。四、教学情境应具有问题性。问题既是教学活动的起点和归宿，又是贯穿于整个教学过程的主线，创设问题情境的实质在于揭示事物的矛盾或引起主体内心的冲突，动摇主题已有的认知结构的平衡状态。五、教学情境应具有情感性。认知需要情感，情感促进认知。

《中学化学教学参考》2008 年第 6 期

利用模型降低化学平衡的学习难度

张 颖

一、迁移模型使学生对概念的理解更加准确生动。用连通器的物理模型，通过水位高度及其量的变化来帮助学生理解化学平衡移动及其物理量的变化。二、假设模型使问题化繁为简。对于等效平衡，主要抓住恒温恒容、恒温恒压的等效平衡，其余的都可以由此转化而来。三、过程模型使问题一目了然。

《中学化学教学参考》2008 年第 8 期

新课程背景下课堂教学情景创设的几点做法

秦才玉 张克强

一、以生活中的鲜活事例为背景创设教学情景。二、以新闻材料为背景创设教学情景。三、以科学发展史实为背景创设教学情景。四、以同学们熟悉的化学知识为背景创设教学情景。

《中学化学教学参考》2008 年第 8 期

新课程背景下化学教学内容的加工和呈现策略

李兴武

在新课程背景下，如何依据课程标准和学生的实际需要，创造性地对教材内容进行必要的补充、删减和加工处理，以尽量合理的方式组织和呈现教材内容，促进学生认知结构的构建和科学素养的全面提高，这是一个值得广大化学教师认真思考和研究的问题，因此尝试对此问题做了以下探讨。一、教学内容的经验化策略。例如物质结构与性质、化学反应原理知识的学习。二、教学内容的情景化策略，例如初中分子和原子的内容。三、教学内容的生活化策略。四、教学内容的问题化策略，例如盐类水解的内容。五、教学内容的可视化策略，例如物质结构的内容。六、教学内容的活动化策略，例如“二氧化碳的制取”。七、教学内容的结构化策略，例如化学事实性知识。

《中学化学教学参考》2008 年第 8 期

从北京奥运情景中创设化学教学情境的新视角

王 秋 施 阳

北京奥运会中蕴涵着大量与化学学科知识密切相关的内容，

是教师创设教学情境的新视点，化学教学中教师应该敏锐地关注和提取相关信息，创设具有基础性、现实性、思想性、现代性和基于学生经验的教学情境，引导学生有效学习。从“北京奥运中的化学”这一视角，分析了奥运火炬燃料、大气污染防治、污水处理、“水立方”材料、兴奋剂、“鸟巢”钢材等教学情境素材，探讨了相关化学教学情境的设计，并对教学情境设计中应注意的问题进行了讨论。

《化学教学》2008 年第 4 期

创设情境拓展材料　提高化学课堂教学的有效性

陈　寅

一、对一些问题的认识。1. 化学的定义。化学知识体系包括两部分：一是化学事实性知识。二是化学理论知识。2. 创设情境，拓展材料在中学化学教学中的作用。创设情境、拓展材料进行教学，能体现一种三维目标整合而成的新知识观，促进学生个性发展的新学生观，让课程回归生活世界的新课程观。3. 教学的有效性。教学有效性的问题实质上是教学价值属性的问题，其判断方式主要是把教学活动的结果和社会要求、人的需求进行对照。无论如何表述，教学的有效性一般包含这么几个关键词：效果、效率和质量。二、情境创设的若干方法。1. 巧用化学文化引入情境。利用化学文化引入情境更能逼近化学发展的真相，使学生清晰地认识学科发展的脉络，从而树立学科意识。2. 善用生活常识营造情境。3. 利用科技发展拓展情境。最新的前沿科技往往能激发学生学习的欲望，引领他们去打开智慧的大门。4. 跟踪新闻热点渲染情境。热点新闻是刚刚发生过的事件，通过学生熟悉的重大新闻与教材内容进行有机的结合，使学生将学习内容与社会生活之间建立起密切联系，这些新闻无形中起了先行组织者的作用。3. 编写提纲可使拓展的材料更加有效。三、反思。1. 提高教学的有效性关键在教师。2. 如何充分挖掘教学资源。课堂教育资源的获取可以分为：物质的，如教材、教具、多媒体、网络资源等；精神的，包括教师和学生的精神面貌、师生关系的展现等。

《化学教学》2008 年第 5 期

高中化学新课程教学中问题情境创设策略研究

王后雄

“探究式学习”总是围绕具体的问题展开的，这就要求学生具备较强的问题意识，能够发现、提出有价值的问题。创设丰富的问题情境是帮助实现这一目标的一种有效的教学手段。一、问题情境的含义及其在探究学习中的作用。二、化学课堂教学问题情境的设计方法。1. 利用生活经验创设问题情境。2. 利用社会实践创设问题情境。3. 利用化学实验创设问题情境。4. 利用生动故事创设问题情境。5. 利用化学史料创设问题情境。6. 利用认知矛盾创设问题情境。三、创设问题情境应注意的几个问题。1. 情境的全面性。一个良好的情境，不仅应该包含着促进学生智力发展的知识内容，帮助学生建构起良好的认知结构，而且应该蕴涵着促进学生非智力品质发展的情感内容和实践内容，能营造促进学生全面发展的心理环境、群体环境和实践环境，富有思想内涵。2. 情境的真实性。课堂中创设的教学情境越真实、越接近学生已有的生活体验和知识经验，就越能有效地促进学生对新知识的建构和内化。3. 情境的情感性。4. 情境的问题性。问题环境的设计不仅包括问题本身的设计，还包括问题的引入方式、利用方式、预计解决方式、连锁引发新问题的方式等。5. 情境的发展性。6. 情境的可接受性。创设问题情境中蕴涵的知识内容必须符合学生的认知发展水平。

《化学教学》2008 年第 7 期

高中化学教学生活化的策略

苏香妹

注重与现实生活的联系是新课程的基本理念之一。一、教学情境生活化。知识建构论认为，学生是在自己的生活实践基础上，在主动的活动中建构自己的知识，学习不单单是知识由外向内的转移和传递，而是学习者主动地建构自己知识经验的过程。二、教学内容生活化。教学的过程是一个还原生活的过程。知识源于生活，又高于生活。我们的教学内容应扎根于现实生活，对生活的意义进行探寻，对人生进行有意义的指导，让学生将学习到的知识运用于生活中解决实际问题，从而将所学的知识转化为能力。三、作业布置生活化。生活世界是生动的，作业与生活世界紧密联系，不仅能加深学生对所学知识的理解，同时也使学生意识到他们正在学习的知识的价值，从而体验到学习化学的乐趣与价值，增强学习化学知识和技能的信心与动力。

《教学与管理》2008 年第 2 期

高中新课程化学教学情景的创设

毛杨林　包朝龙　蒋维云　林晓华　赵丰平

创设情景的基本策略是：要对化学原始资料进行加工，尽量隐去介绍化学概念和原理的内容，即“谜底”不要在情景中出现，把那些能够强烈引起学生好奇的现象凸显出来。一、情景创设的原则。1. 目的性。2. 全体性。3. 全程性。4. 发展性。5. 真实性。6. 自主性。7. 实验性。8. 思考性。9. 直观性。10. 开放性。二、情景创设的途径和方法。1. 通过实验产生奇特现象创设情景。2. 通过介绍科学发展史创设情景。3. 通过讲述有趣的故事创设情景。4. 通过“常见而不知”的真实事例创设情景。5. 通过有争议的问题创设情景。6. 通过生活中奇怪的现象创设情景。7. 通过旧知识的拓展引出“错误”创设情景。8. 通过突发化学事件创设情景。9. 通过商品标签创设情景。10. 通过习题创设情景。11. 通过教师故作谬论创设情景。12. 通过介绍物质的用途或理论意义创设情景。13. 通过打比方、类比等方法创设情景。14. 通过多媒体动画创设情景。15. 通过教师自身的情感创设情景。

《现代中小学教育》2008 年第 9 期

化学教学设计

【概况】研究者结合案例探讨了化学教学设计的基本内容和基本方法。提出教学设计模型包含以观念为本的教学分析和以观念建构为本的教学策略设计两个过程。重视科学概念、科学本质观在教学设计中的核心作用。

新课程背景下化学课堂教学设计的实践与思考

林肃浩

化学课程标准下的化学课堂教学怎样才能体现出课程改革的新理念？从课堂教学的理念、课堂教学的宗旨、课堂教学的资源、课堂教学的过程等角度，探讨了新课程背景下化学课堂教学的设计与实施的准则与案例。(1)新课程标准下的课堂教学更应着眼于学生的发展。(2)新课程标准下的化学教育的宗旨是提高学生的科学素养。(3)新课程标准下的化学课堂教学资源要具有自我开发的意识。(4)新课程标准下的课堂教学更应关注课程目标的达成。

《化学教育》2008 年第 3 期

“支架式”与“抛锚式”化学教学设计的比较研究——以“盐类的水解”教学为例

古丽娜·沙比提　王秀红　哈丽旦

该文基于建构主义的思想，以“盐类的水解”教学为例，对在化学教学中“支架式”和“抛锚式”的教学设计进行比较研究。“支架式”教学设计的主要环节有：(1)搭建支架。(2)进入情境。(3)独立探索：将学生引入一定的问题情境让学生独立探索。(4)协作学习。抛锚式”教学设计的主要环节有：(1)创设情境、确定问题。(2)自主学习。(3)协作学习环境设计。(4)学习效果评价设计。两者相比较，可以发现：(1)教学情境的设置不同：“支架式”教学是用来确定情境中所包含的知识点和概念框架，通过知识点和概念框架来进入情境；“抛锚式”教学是通过选取典型情境教学的材料来创设情境。让学生通过自行实验发现问题。(2)教学方式的运用不同：在“支架式”教学中，框架的建立应遵循维果茨基的“最邻近发展区”理论。在“抛锚式”教学中，是探究式教学方式。(3)获得知识的途径不同：“支架式”教学是通过概念框架把学生的智力发展从一个水平引到一个更高水平，是在教师的引导下进行学习，感受较浅；“抛锚式”教学是根据论证的结果制订解决问题的计划，实施该计划并根据实施过程中的反馈，补充和完善原有认识，自己体验的感受较深；(4)效果评价的方式不同：“支架式”教学的效果评价是以两种方式为主，纸笔测验和活动表现评价；“抛锚式”教学的效果评价是小组对个人的评价和学生的自我评价，促使学生矫正偏差，找出差距，树立学习的自信心。

《化学教育》2008年第3期

新课程理念下元素化合物教学设计探微——以苏教版高中化学新课程“从铝土矿中提取铝”一节的教学为例

包朝龙　任志强

元素化合物知识是中学化学内容的重要组成部分，也是高中化学新课程《化学1》模块教学内容的主要组成部分。该文以苏教版高中化学新课程《化学1》专题3“从铝土矿中提取铝”一节的教学为例，阐述新课程理念下元素化合物知识教学中“从生活走进化学，从实验研究化学，从化学走向社会”的基本教学思路。(1)倡导在自然界和生产生活的背景中进行元素化合物知识的教学。

(2)了解必修模块的功能和定位抓住核心内容进行整合教学。(3)注重学生已有知识和经验创设以探究为核心的多样化活动。(4)教给学生研究物质的思路和方法，提高学生的科学素养。(5)一节好课来自多方的支撑和细致的磨炼。

《化学教育》2008 年第 4 期

基于“实验—探究”的课堂教学设计

吴　敏

该文以“普通高中课程标准实验教科书”《化学 1》专题 4 第一单元的“硫和含硫化合物的相互转化”为例，探讨了基于“实验—探究”的课堂教学设计的策略。提出“实验—探究”课堂教学的主要环节应该包括：提出问题→假设→实验→实验现象观察→分析→得出结论→归纳总结。应处理好以下几个问题：(1)实验课题选择的策略：实验课题的选择要贴近实际，实验课题的选择要有助于教学目标的达成，实验课题的选择要适合开展课堂探究活动。(2)探究活动的教学组织策略：问题的设计要有层次感，营造和谐、互动的教学氛围。

《化学教育》2008 年第 7 期

促进学生化学认识方式发展的“过程与方法”维度教学目标设计——基于对高中生化学概念发展水平的测查与思考

张莉娜　王　磊

该文通过对高中生化学概念发展水平测查结果表明，学生化学概念发展中存在两个问题：(1)认识角度尚待丰富；(2)认识水平尚需提高，如微观认识水平，定量认识水平，动态相互作用认识水平。基于对实际案例的分析指出了化学概念教学“过程与方法”维度目标设计中存在的一系列问题。最后提出了促进学生化学认识方式发展的“过程与方法”维度教学目标设计策略：关注学生认识角度的丰富，深入挖掘教学内容的认识方式价值；关注认识方式发展的阶段性与过程性。并据此给出一个教学目标设计案例。

《化学教育》2008 年第 8 期

“化学知识竞赛”活动课教学设计与实施

鄢　鹏

该文针对初中化学中事实性知识较多学生又较难落实的现象，设计了一节竞赛活动课。课前两周向学生透露本次竞赛活动的知识范围，主要包括化学之最、物质的俗称、物质的颜色、物质的用途、化学与生活、基本概念与原理等，让学生以小组为单位，进行归纳总结、主动记忆。上课时模仿娱乐节目，组织了“实力对决”“争分夺秒”“齐心协力”3轮竞赛活动，最后师生统计各组积分，给予表彰奖励，促进学生积极参与、寓教于乐，在游戏与竞争中不断完善认知结构，提高能力。

《化学教育》2008年第8期

观念建构为本的化学教学设计研究

王　磊　张毅强　乔　敏

帮助学生建立基本观念是学生未来发展的要求，重视基本观念的教学是当代科学教育改革的趋势。观念建构为本的教学理论基本要点。一、观念性知识与具体性知识。二、观念建构为本的教学。观念建构为本的教学中具体性知识是支撑观念建构的工具和载体。三、观念建构为本的教学设计模型。教学设计模型包含以观念为本的教学分析和以观念建构为本的教学策略设计两个过程。四、观念建构为本的教学设计与实施案例。1. 观念建构为本的教学设计，不能立足在一个课时或一节的教学内容上，而应该选择相关内容进行整体的单元设计。以观念建构为本的教学分析：以观念为核心的内容分析，一种采用自下而上的思路；另一种采用自上而下的思路；以观念为核心的学生特征分析；确定以观念建构为核心的教学目标。2. 以观念建构为本的教学策略设计。以观念建构为目的的情境设计；以观念建构为目的的问题设计；以观念建构为目的的小组活动设计；以观念建构为目的的反思策略。

《化学教育》2008年第6期

化学单元教学设计的探索

何彩霞

本文写出了笔者对单元与单元教学、化学单元教学设计的基本思路等的认识。一、为什么要进行单元教学设计。1. 三维目标怎么在一节课内实现。在实际教学中，要全面关注三维目标并将它们整合于统一的教学过程之中；落实三维目标的基本单位不应当是一节课，而应该是一个单元。2. 如何保证三维目标的有效落实。从教学实践层面看，任何教学目标的达成都要经过一个“时段”，但不同类别目标达成的“时段”并不一样。二、如何理解和建构“单元”。1. 什么是“单元”。单元是一个相对完整教学过程；单元是一个教学系统，由若干节具有内在联系的课所组成；单元是衡量教师教学和教材驾驭能力的基本单位。2. 教学单元的建构。教学单元的构建，涉及确立教学目标，界定学习者的需要，以及选择和组织内容等要项。教学单元的构建需要注意以下几个方面：根据课程标准和教材内容构建教学单元；对教材内容进行重组来构建教学单元；根据学生认知特点和实际来构建教学单元；根据当地的教学资源来构建教学单元。三、化学单元教学设计的主要内容。化学单元教学设计的一般流程可以分为：分析、设计、实施、反思与再设计几个环节。四、化学单元教学设计的意义。1. 单元教学设计与课时教学设计的比较。2. 化学单元教学设计的意义。通过单元教学，教师的教学设计视野从单课时的微观范畴转向更为宽阔的单元中观范畴，能够从单元整体上把握教学目标、内容和方法，有利于使宏观层面的课程目标落到实处。

《化学教育》2008 年第 3 期

基于当代科学本质观的“苯”的教学设计

丁华斌　梁永平

培养学生的科学素养是科学教育的一个永恒目标。适当理解科学本质观是培养学生科学素养的核心成分之一。以“苯”这一教学内容为基点，以当代科学本质观为思考理念，进行“苯”的课堂教学设计。一、当代科学本质观认为，科学知识是暂时的、主观的、建构的，它会不断地被修正或推翻。科学定律不同于科学原理，前者描述的是观察、现象之间的关系，后者则是对自然现象的推论和解释。二、苯的环状结构学说中折射出的科学本质观有：科学是建立在事实基础上的，科学认识的对象是客观的；科学理论的产生方式是建构式，科学家的原有知识背景影响着知识的建构；科学理论是相对合理的，具有暂时性；知道的并不都是看到的，观察和推论之间有明显区别；科学理论之所以被人们接受，是因为它能够较为满意地解释相关的事实，指导物质性质的研究并预言相关物质具有的性质。三、“苯”教学设计要思考：(1)苯的环状结构学说的内容是什么(What)。(2)苯的环状结构学说的价值是什么（What)。(3)苯的环状结构学说是怎样产生的（How)。(4)为什么说苯的环状结构学说是合理的（Why)。四、“苯”教学目标的构建。以“苯”与科学本质观和“苯”教学设计的认识论思考（WWHW 模型）为指导，以“横纵关照”为操作教学目标，以“过程-目标”模式表述教学目标。五、“苯”教学设计：学生已有经验分析、教学主题设计、教学过程设计、作业设计。六、基于方法论角度的反思。

《中学化学教学参考》2008年第1/2期

新课程背景下化学课堂教学目标的设计

吴江明

一、教学目标的制定依据：(1)课程标准确定的课程目标。国家规定的基础教育培养的总目标是第一层次目标，学科专家制定的学科课程目标及不同学段的课程目标是第二层次目标，化学教师制定的单元或章目标是第三层次目标，节或课时目标是第四层次目标。前一层次目标是后一层次目标的制定依据。(2)对学科知识、学生及社会的分析。二、教学目标的分类体系。加涅和布卢姆的分类系统被广为采用。我国化学课程标准列出了三类学习目标的各种学习水平。三、教学目标的表述方式——行为目标的ABCD表述法。A：audience，行为主体；B：behaviour，行为；C：conditions，条件；D：degree，程度。教学目标的表述要说清楚以上四项，比如“通过氧化还原反应的学习，学生能准确无误地分析常见的化学反应是否是氧化还原反应”。四、教学目标制定的注意事项：(1)要全面，要反映教育对人的全面发展要求，要体现多元化。(2)要明确，明确教学目标必须具备两点，要表明教师可观察到的学生的学习结果和要体现上述教学目标的“四要素”。(3)重点突出，在进行设计时教师要对各种目标进行权衡，确定主要目标，其他目标尽可能围绕主要目标设计。(4)要难易适中，目标的难度要接近学生的“最近发展区”。(5)要便于检测，应尽可能地用观察到的外显行为来描述，或用可测量的语句来陈述目标。(6)要有弹性，表现在两个方面，一是区别对待不同水平的学生；二是可有一些隐性目标或预期目标。(7)要注意各章节教学目标的互相调节，针对一节课设计教学目标时，还要结合实际对预先的安排做适当的微调，以保证各类目标的实现和分布的均衡。

《中学化学教学参考》2008年第3期

论化学教学设计中理智技能教学顺序确定的理论依据

王后雄

一、加涅由简到繁理论。例如根据此理论，高一学习氧化还原反应概念，应先从得氧失氧角度学习，再从化合价变化和电子转移的角度学习。二、布鲁纳的发现学习理论。例如根据此理论，高一学习氧化还原反应概念的教学要首先向学生提供问题情境和答题线索，并由学习者自己搜集证据，在探究中有所发现。三、奥苏伯尔的“先行组织者”理论。例如根据此理论，对“盐类水解”的教学可以从勒夏特列原理、水的电离平衡及平衡移动讲起。四、信息加工基本理论。例如根据此理论，对“原电池”的教学设计顺序为:(1)情境引入；(2)实验探究；(3)归纳本质；(4)巩固应用。

《中学化学教学参考》2008 年第 4 期

中学化学新课程课堂教学设计

王后雄

中学化学课堂教学设计包括教学目标、教学策略、教学情景、教学媒体、教学过程、教学评价等要素的设计。从化学新课程改革理念出发，运用具体案例探讨化学教学设计的基本内容和基本方法。一、教学目标的设计。教学目标就是学生学习目标，它表述的是学生的学习结果或体验，而不是说明教师将要做什么。1. 确定课时教学目标的依据。2. 课时教学目标陈述的基本要素。二、教学策略的设计。教学策略的设计是教学设计的重要环节，是有效地解决“如何教”“如何学”的问题。三、教学情景的设计。它能对教学过程起导引、定向、调节和控制的作用。1. 教学情景的类型。2. 教学情景的线索。四、教学媒体的设计。教学媒体是指在以教育为目的的活动中在主体客体之间传递信息的中间体。媒体的选择应力求组合优化，以发挥媒体的最佳功效。五、教学过程的设计。1. 发挥教师主导、体现学习者为主体和媒体优化作用。2. 遵循学习者认知规律和学习心理。3. 体现一定的教学方法。4. 根据学科特点和新课程化学教科书模块特点对教科书进行二次开发。六、教学评价与设计。课堂教学过程中的形成性评价设计应体现针对性、层次性、启发性、诊断性、补救性、多样性、适时性和全面性。

《中学化学教学参考》2008 年 10 期

化学教学中有效预设探新

吴学录

有效的预设，需要教师围绕教学目标，依循学生的认知曲线、思维张弛及情感波澜，有指向、有预见、有弹性的展开，并以灵动的教育机制随时调整教学策略和教学进程，促进预设转化为生成，及时发挥生成，放大生成，有效生成。一、导向性预设：自主预习，激发生成。引导学生预习是自主学习的重要体现，我们应重视预习的设计，发挥其良好的导向性、启发性、激励性，激发学生的自主学习意识。二、探究性预设：尊重教材，引领生成。尊重教材的价值取向，在这个基础上结合自身的教育经验挖掘和追求教材的延伸义、拓展义，形成自已的个性化解读。三、开发性预设：关注过程，调控生成。预设要为实际的教学留有余地，在教学中根据实际的情况，及时地对设计作有把握的调整和变更，给生成腾出时间和空间。四、拓展性预设：补缺提升，巩固生成。学生知识结构的最终形成，离不开对已有认知的修正和巩固，仍需在不断的同化、顺应与平衡中实现。

《中学化学教学参考》2008年第12期

新课程中“金属活动性顺序”教学功能的发掘与运用

经志俊

作者提出了在必修阶段用金属活动性顺序整合知识、把握规律，引导自主学习；选修阶段用金属活动性顺序创设情境、制造悬念，激发探究欲望；总复习阶段用金属活动性顺序专题复习、夯实基础、培养综合能力的三段教学方法和功能。

《化学教学》2008年第4期

促进学生科学本质理解的教学设计

梁永平

基于科学本质理解的教学，有助于促进学生对于科学本质的理解，有助于使学生理解性学习科学内容，有助于培养学生的批判精神和创造性思维。本文结合案例对促进学生科学本质理解的教学设计进行探讨。一、促进学生科学本质理解的教学设计理论。科学本质教育设计的理论可以概括为以建构主义为哲学基础，以探究性教学为基本活动方式，以显性和反思性活动为基本教学策略。二、促进学生科学本质理解的教学设计策略。1. 将科学本质理解作为显性教学目标。教师具有精深的科学本质理解和进行科学本质教学的意向是发展学生科学本质理解的两个必要条件。2. 设计具有认识论水平的教学主题。3. 能够显性区别观察和推论。4. 注重知识的产生方式。科学定律和科学理论最本质的区别就在于它们产生方式的不同，科学定律的产生方式是归纳模式，科学理论产生的方式是建构模式。5. 进行反思性评价活动。6. 在作业设计中关注科学本质。三、教学设计案例。包括：教学目标构建、教学主题设计、教学过程设计。以“化学键”为例。

《化学教学》2008 年第 9 期

试析化学教学目标表述中的问题及纠偏策略

许香玉　江家发

教学设计的首要环节是要确定教学目标，科学而明确的目标不仅能减少课堂生成的盲目性、随意性，而且目标的有效达成，更能激发后续的精彩生成。一、化学教学目标表述存在的问题。1. 问题 1——目标主体错位。2. 问题 2——目标动词不当。3. 问题 3——目标内容空泛。二、当前化学教学目标表述的纠偏策略。1. 策略 1——明确目标的主体。2. 策略 2——选用恰当行为动词。3. 策略 3——具体化目标的内容：行为对象的具体化；行为条件的情境化，在陈述教学目标时，可借助于完成行为所需的实验探究、讨论交流等各种活动方式或将目标行为置于特定的教学情境下来表述。三、化学教学目标表述案例。1. 确定初步的教学目标。2. 选择水平适合的行为动词。3. 叙写明确可行的教学目标。即使同一知识内容，采用不同的教学方式，学生会获得不同方面的发展。四、取长补短相得益彰。1. 假道伐虢。2. 珠联璧合。五、亡羊补牢，攻心为上。学法指导，既要解决全局共性问题，更要做个别学生的具体工作，这种指导不可空对空，光讲大道理，光鼓虚劲，而应以实务虚，以基础知识为线索，从方法引导入手，树立学生的自信心，促进他们发奋努力。

《化学教学》2008 年第 11 期

依据课标整合教材创新设计引导探究——苯酚的课堂教学设计

经志俊

新课程改革强调教材只是材料或范例，只是师生展开活动的中介和话题，给予了教师一定的运用教材的灵活性，教师可以根据教学实际，在课程标准的指导下，对比不同版本的教材，紧扣重点、大胆取舍，整合教学内容，创造性地实施教学。“依据课标整合教材，创新设计引导探究”是苯酚课堂教学设计的总体构想。文章介绍了课程标准，对三种版本的教材进行比较，设计出合理的教学设计思路——依据课程标准，对三种版本教材的教学资源进行整合，使教学内容和学习目标符合学生认知水平，教学环节“从生活走进化学”“用实验引导发现”“用事实形成观点”“从化学走向社会”“用板书巩固记忆”“用作业促成发展”充分体现新课程理念。最后给出具体的教学设计方案。

《化学教学》2008 年第 7 期

高中化学定量实验设计教学模式的研究

陈 悦 赵 毅

在上海二期课改新教材中，定量实验作为独立的一章呈现在教师和学生面前。讲授式的低思维容量的实验设计教学显然已不能满足二期课改的新要求。因此，我们在充分分析定量实验的特点和学生知识基础的前提下，进行了尝试。通过教学实践，归纳成以下定量实验设计教学的两个模式。高中化学定量实验教学可分为定量验证和定量分析，不同的实验教学思维上有所不同，设计上也存在差异。

定量验证如一定物质的量浓度溶液的配制和气体摩尔体积的测定，这类实验可深化对概念的理解，其实验原理是已有的概念和相关的定义式的应用。定量分析如硫酸铜晶体中结晶水含量的测定和酸碱中和滴定等。这类实验的设计需要先找到合适的相关反应并确定计量关系，然后围绕实验原理、准确测量展开关于操作原理和仪器原理的讨论，完成实验设计。和第一个模式不同的是，定量分析实验是根据实验原理先拟定实验步骤，然后根据步骤需要选择合适的仪器或根据步骤需要设计专用仪器，即一般以操作原理为核心完成实验设计，仪器原理只起辅助作用。在第一个模式中则恰好相反，往往是先有仪器，然后才以仪器及其使用原理为核心完成实验设计。

《化学教学》2008 年第 5 期

微粒作用观下的化学课堂教学

谢鸿雁

以《离子方程式的书写》和《盐类的水解》课堂实录为例，展示了教师打破常规，脱离教材束缚，使学生建立物质的微粒性认识，从微观的角度认识自然现象，对物质及其变化形成的科学认识，体现了教师对科学本质的深刻理解。

《教育理论与实践》2008 年第 2 期

试论化学教学中“情感、态度与价值观”目标的落实

吴 敏

当前中学化学教学实践中，“情感、态度与价值观”目标的落实仍处于被普遍忽视的状况。一、目前，在落实“情感、态度与价值观”目标中存在问题：1.“情感、态度与价值观”目标的设置比较空洞模糊。2.有关“情感、态度与价值观”目标的教学过程设计缺乏有效性。二、化学课堂教学中落实“情感、态度与价值观”目标的策略。1.研究制定“情感、态度与价值观”目标细则。首先，可以根据新课标的目标框架，将其进一步分解细化，并界定出目标层次。比如爱国主义教育、辩证唯物主义教育、培养科学态度、训练科学方法、竞争与合作意识教育、资源环境安全健康等意识教育、化学价值教育、化学史教育、化学审美素质教育、创新态度教育等。还要给出实现这些目标的对接点。其次，“情感、态度与价值观”目标绝对不是靠某一节课、某一周能够完成的，它更多的是在一个比较长的阶段，通过教师利用课程资源去渗透，让学生去体验，通过学生潜在的积累而获得的。再次，目标制定还要研究学生情感、态度、价值观发展的现状和规律。2.在“三维目标”的融合中落实“情感、态度与价值观”目标。策略一，对教学内容进行感性处理，创设出生动的教学情境，使情感教育像“润物细无声”的春雨一样渗透学生心田。比如《化学1》中的“硫和含硫化合物的相互转化”的教学设计。策略二，精心设计探究活动，使学生在探究的过程中，通过亲身体验，获得感悟，比如“元素周期律和元素周期表”的教学设计。

《上海教育科研》2008年第5期

化学教学评价

课程改革实施以来，全国各地致力于改革考试评价体系，促进学生发展、促进教师专业成长、促进学校主动发展，形成了有利于素质教育全面推进的正确的课程导向。

首先是教学过程性评价的改革。教育主管部门认为坚持把学生在学习过程中的表现作为评价的主要对象，让教师、学生、家长都参与到对学习的评价中来，实现评价主体的多元化；把学业考试与学生的成长档案结合起来，定性评价与定量评价结合起来，实现评价方式的多样化。

其次是改变中考与高中学校招生方式，各地级市纷纷提出与新课程相适应的中考改革方案，加快改革步伐。目前，各地级市已普遍把综合素质评价纳入考试评价方案，原始分与等级分相结合，部分科目中实行开卷与闭卷考试相结合的方式，化学、物理等科目的实验与操作考核被作为中考的重要组成部分，英语听力和口语测试制度逐步地建立，并已实行自动化考试。

2008 年化学教育评价研究既关注操作层面的纸笔测验、成长档案袋评价和活动表现评价，还关注新兴的 SOLO 分类评价理论。

对于考试试题的研究，主要集中在江苏、陕西、浙江等地区的当年高考化学试题分析和统计上。研究者重新审视高考化学命题，分析了各地九年级化学评价、中考化学试题命制的个性思维。

评 价 方 式

【概况】传统的纸笔测验作为主流的评价方式仍然是研究的重点。研究者们对评价标准展开了研究，对成长档案袋评价、化学学习的过程性评价也展开了诸多理性思考，给出了这些评价方式的操作性建议。

化学作业设计的探索与实践

许海卫

作业，作为教与学互动的重要形式，对学生知识的掌握、能力的形成、兴趣的培养和个性的发展均有不可替代的作用。该文对作业进行了较深入研究：(1)作业设计中的学生观：教师的“教”是为了学生的终身学习和终身发展。教师应该走下讲台，走近学生，俯身倾听学生的心声，设计出切合学生知识和能力层次、体现教与学统一、给学生带来积极的情感体验和自主学习需要的有效作业，以实现化学作业的优化。(2)作业设计中的评价观：作业设计的目标应基于《化学课程标准》，是《化学学科教学指导意见》的具体化。作业作为教学系统的重要组成部分，它的设计，同样遵循学习的一般规律，必须符合学生的认知特点和身心发展特点，渐进有序展开。作业的设计要具有针对性，适应学生个性发展和提高学生综合能力。(3)化学作业的功能观：作业的基础功能是以任务的形式促进学生巩固和强化课堂内所学的基础知识和基本技能，另一重要认知功能是知识的准备功能；作业的设计除了要落实和巩固知识目标外，更需要落实能力目标、过程与方法目标、情感态度目标、科学素养目标等，让学生学会学习，实现可持续发展；作业的评价不再只注重纯知识结果，追求的是对学生生命存在及其发展的整体关怀，强调的是评价的激励、调控、发展功能的充分发挥。

《化学教育》2008 年第 2 期

关注情景试题　构建有效学习

陶清华

随着新课标的实施，高考也正逐步落实新课标的思想，在这种背景下情景试题正逐年增加，该文结合化学课程学习和情景试题讨论了如何构建有效学习。情景试题是通过设置一定的情景来达到出题者的意图。情景试题取材广泛关注热点，重点关注了以下 7 个方面：科技研究热点中的化学基础问题、化学工业生产或产品、化学新材料或新物质、环境保护、化学史或化学理论、日常生活中的化学问题、与化学有关的社会事件。同时试题的呈现形式丰富多样，主要有以下 6 种：化学（电极）方程式、工艺流程图、纯文字、数据或表格、关系曲线图、物质结构或结构简式。化学情景试题的有效复习策略包括：(1)导课时引入情景教学；(2)讲授中注重问题探究；(3)小结时提倡答案多样；(4)备课时搜集情景素材；(5)考试前加强训练力度。

《化学教育》2008 年第 2 期

错题管理：从一道经典易错题谈起

符爱琴

调查显示：初中学生对待错题管理存在着盲目收集、简单处理、知识体系紊乱、缺乏管理策略的指导等问题，部分教师仍然采用“题海战术”，让学生无法腾出更多的时间从错题中进行学习，改变学习的方式和行为。而面对这一现状，我们缺少对错题管理的深入思考，事实证明师生应完善学科错题库的建设，尤其是个人学科错题库。文章最后提出了几点结论与思考：(1)错题管理措施不力；(2)错题库建设亟待突破瓶颈；(3)错因分析呼唤教学行为的跟进；(4)合理看待错题库的价值与作用。

《化学教育》2008 年第 12 期

新课程背景下的化学习题教学

陆庭銮

该文基于习题教学改革的必要性，探讨了化学习题呈现方式、题型的变化趋势、习题采集的原则以及评析试题的方式等问题。习题呈现的方式主要为：(1)构思别致、题材新颖、培养创造性思维的信息给予题；(2)紧密联系生活、解决实际问题、注重过程学习的科学探究题；(3)培养图像阅读能力、摄取有用信息的图表分析题；(4)体现人文精神、展现主体价值的知识阐述题等；(5)注重实用、提炼数据、培养分析和逻辑推理能力的计算评价题。新习题题型的变化趋势：定性问题定量化，定量问题定性化，探究试题趣味化，计算问题情境生活化。习题采集的原则：注重化学习题的时效性、人文性、情境性以及设计梯度，有效地指导学生自编习题，交流评析。评析习题的方式：审明题意，抓住核心；剖析题目，化难为易；把握特点，形成思路。

《化学教育》2008 年第 6 期

新课程下高考化学质量评价标准及试卷结构技术指标构想

王后雄

高考化学质量标准的技术指标包括试卷的结构模式、内容要素、能力要素、题型要素、难度要素、分数要素、长度要素、时限要素、等值要素，它是高考化学命题、审题评估监控的标准，是实现试题及试卷质量控制的依据。上述试卷结构构建的技术指标，可直接用于指导高考化学试题的命制，并可作为评价高考化学试卷质量的重要依据。

《中学化学教学参考》2008 年第 6 期

初中化学实验操作考核的反思和探索

冯翠典　卓　锋

实验操作考核进入终结性的学生学业成就评价体系，是承载了很多合理初衷和美好愿景，比如：丰富学生学业成绩评价方式，拓展学生学业成绩评价维度，引导教师重视实验操作教学。督促学校完善实验教学设备，经过几年摸索形成的操作模式看似效率很高，但深究起来，实验操作考核很大程度上陷入了走过场、形式主义的泥沼，导致考查层次低、评分不可信。建议把实验考核日常化、利用信息技术平台完成实验操作考核。

《化学教学》2008 年第 2 期

三层次分析概念图方案在化学学习评价中的应用

刘　翠　潘苏东

三层次分析概念图方案是专门为评价学生化学概念学习而设

计的。该方案主要基于概念图中连接的效用性、稳定性、复杂性，研究连接的数量、学生知识的稳定性、连接的复杂性，从而得到学生现有知识结构和学生如何获得知识的信息。教师可用该方案评价学生化学学习、了解学生知识结构。

《化学教学》2008 年第 1 期

化学新课程“定量实验”的作业设计和实施

毛东海

本文针对“定量实验作业的设计”作出了初步的思考和探索。作业设计的指导思想：作业设计要体现化学实验的特点，要体现三维目标的理念，要体现精致典型的要求，要体现课程建设的思想，要体现学习基础和教学阶段。作业设计的环节：按照“二纵”和“六横”初建作业的设计和管理框架；聚焦“内容”和“要求”，建立初选题组，做好精选准备；对照设计框架，核准初选质量，查漏补缺，完成作业初案；针对“要求”“安排”，根据教学实际，提出“建议”，完成定案。作业实施要处理好预设性与随机性的关系，要处理好作业难度与作业数量的关系，要处理好知识训练和能力培养的关系，要处理好三个实验的作业独立性和作业相关性的关系，要处理好面向全体和促进个性发展的关系。

《化学教学》2008 年第 6 期

课堂训练设计案例分析

范　标

课堂训练是教学过程的重要组成部分，好的课堂训练设计不仅有利于学生巩固已学知识，还能帮助学生实现知识与方法的迁移；不仅有利于教师及时了解教学目标的达成情况，还有利于教师教学行为的反思和矫正。本文从课堂训练的功能出发，根据课堂教学的实施过程，以“溶解度”一节的课堂训练为例从准备性训练、形成性练习、巩固性练习、诊断性训练、延伸性训练这五个方面探讨了课堂训练设计的问题。

《化学教学》2008 年第 7 期

初中化学实验探究题的设计新视角

钱海如

实验探究题具有立意新、综合性强、考查知识面宽、能力要求高的特点。笔者结合自己在教学实践中改编、创新设计的一些实验探究题，谈了谈这类试题的设计新视角：一、注重对化学变化的再思考，设计实证性实验探究题。教师要善于把握住课堂实验中生成的问题，引导学生抓住化学变化的本质进行探究，并设计一些实证性实验探究题，培养学生严谨的科学态度，严密的思维能力。二、注重对实验方案的再优化，设计定量性实验探究题。教师设计一些定量性实验探究题，可培养学生开放性思维，使学生学会对所学的化学原理进行综合应用。在搜集多种方案的过程中又培养学生缜密的思维和实验评价能力，学会分析误差的原因并设计实验来减少误差，保证实验数据的真实性。三、注重对化学工艺的再分析，设计推理性实验探究题。教师可根据工艺流程来设计一些推理性实验探究题，对培养学生的信息处理能力、推理和类比思维的能力是非常有益的，可以让学生学到分析和解决化学问题的方法，感悟到化学的真实性。四、注重对环保热点的再研究，设计应用性实验探究题。教师在平时可有意识地关注环保问题，在查阅相关资料的基础上来改编、设计一些实验探究题，引导学生运用化学的基本思想、基本方法来解决实际问题，挖掘学生的学习潜能，增强学生保护环境的意识，关爱健康的意识等，让学生从化学与社会的联系中体会和感悟到学习化学的价值。

《化学教学》2008 年第 9 期

“坏题”是学生学业负担的主要原因

郑胤飞

“题海”之大，习题集之多，鱼龙混杂，“坏题”俯拾皆是。一般“坏题”呈现出的特点是：钻牛角、文字游戏、指桑问槐、不是问题被问出来的问题、科学错误、想当然、语句不通……“坏题”浪费了学生和教师很多精力，引导了错误的学习方式，增加了学生的负担。笔者展示了一些化学方面的“坏题”，以期引起广大高中师生的警觉，从而共同努力铲除之、杜绝之。

《化学教学》2008 年第 10 期

初中化学实验素养考查模式的实践研究

赵　华

一、中考化学实验素养考查模式。1. 规定实验内容的考试模式。(1)考查内容以纲要形式下发；(2)考查方式采用等级制。2. 中考化学实验考查试卷个案分析。文章以扬州中考实验考察为例，分析试题设计包含实验标题、实验课题等 9 个要素。3. 创新中考化学实验考查模式，即将平时的实验成绩纳入到最终的考查结果中。(1)平时的实验成绩主要由两块构成。一是个人实验水平评价；二是个人实验合作能力评价。学生的实验能力主要包括自身能力、合作能力、组织能力。(2)平时的实验成绩分段记录和即时记录相结合。4. 体现个体特长的考试模式。(1) 实验能力定级和实验内容分类公布；(2)个性化考试应注重对创造性的激励。二、中考化学实验素养考查试题的设计。1. 基础实验考查内容设计注意针对性。(1)地域差异性；(2)操作便捷性；(3)真实适用性。2. 发展性实验考查设计注意多样性。(1)突出合作式；(2)重视自主式；(3)兼顾选择性。

《化学教学》2008 年第 10 期

浅谈针对描述性化学实验题的教学建议

汪肖楠　韦斯林　高福明

中学化学实验题当中就有这样一类题型，要求学生对化学实验某一阶段的操作、现象或原理进行描述，以检验学生对实验的理解和掌握，称之为描述性实验题。一、问题的提出及分析。笔者认为学生不能准确描述实验是以下两种原因造成的:(1)知识理解不深刻;(2)缺乏科学的态度。二、提高实验描述能力的教学策略。1. 加强学生对实验原理和实验现象的理解和记忆，策略为从“视觉形象——言语信息——化学原理”等方面对实验操作及现象进行“三重表征”。2. 教会学生捕捉关键实验现象，培养学生严谨的科学态度。首先，教师可以让学生带着目的去观察，在实验预习时就鼓励学生思考要观察什么，重点观察哪里，何时进行观察，预期的实验现象是什么等等；其次，教师可以在实验过程中进行提问，激发学生思考的积极性。3. 提高教师语言表达的科学性。教师在实验教学中，一方面，要在实验之前就对相关实验现象有一个客观准确的把握，对容易发生错误的部分着重给予关注；另一方面，教师要学会对自己的语言表达进行反思，看看有没有出现表述不完整或其他容易让学生产生误解的表达习惯。

《化学教学》2008 年第 12 期

“评价需要”的元素调查与分析

兰觉明

一、调查目的。本研究试图揭示学生评价的现状和规律，为中学化学教师展开学生评价工作提供方法指南。二、调查设计与方法。本研究把“评价需要”视为一个系统，分解出五种基本元素：评价主体、评价内容、评价方法、评价空间和评价时间，将其元素转化为中学生易于接受的调查问题，编制成问卷，以观察学生对评价的各种看法。在实施过程中，选择了重庆市不同类型的中学（重点中学、普通中学和农村中学）的学生作为样本，调查样本数477人，对他们表现出来的评价意向和愿望进行了调查研究。三、调查统计与分析。1. 学生对评价的表层需要；2. 学生对评价的深层需要：(1)主体需要，(2)内容需要，(3)方法需要，(4)空间需要，(5)时间需要。四、结论与建议。1. 认同多元的评价主体，2. 选择多维的评价内容，3. 运用多种的评价方法，4. 提供开放的评价空间，5. 确保有效的评价时间。

《化学教学》2008年第12期

新课程背景下的化学课堂教学评价标准探究

李颖 靳莹

课程评价是新课程改革的关键，而课堂教学评价是课程评价的重要组成部分。一、关于课堂教学评价标准。评价是一种价值判断过程，是在测量基础上对好与差、对与错、优与劣的判断。评价必然包括过程性、结果性、体验性内容，也自然而然要由教师和学生来共同完成。二、新课程中的课堂教学评价标准。在课堂教学中，应以结果与过程并重、凸显学生学习主动性、强调师生、学生的合作与交流、追求教学的有效性原则。三、对上述标准的一些说明。1. 恰当运用多种评价方式把对教学思想、教学目标、教学内容、教学过程及教学效果等的具体评价，转化为对基本知识技能的教学、实验与探究的教学、师生的课堂交流、科学技术与社会生活的联系这四个领域的评价。2. 关注评价的长时效应，以发展的眼光评价学生，给学生足够的发展空间，容忍学生在某些方面的暂时不完美。

《新课程研究》2008年第2期上

关于“个人学习情况记录作业”在化学教学中的设计与应用

李凤丽

在教学中，为了实现对每个学生及时的关注和引导，作者设计了“个人学习情况记录作业”。引导全班同学自我观察和自我监控，并在他们作出比较恰当的自我评价和向自己提出可能实现的目标时给予强化和积极的引导，促进学生主动进行自我调节，促使不同能力水平的学生成为自己的主人。该文主要就作业的实施情况和效果进行介绍。

《化学教育》2008 年第 11 期

新课程背景下初中化学学业评价策略

杨向红

就初中化学新课程理念下学业评价中学校操作层面的主要困惑进行了分析，并针对这些问题进行了为期一年多的探索和研究，在实践基础上，就化学过程评价与终端评价相结合的学业评价策略，提出了可行的建设性的建议。(1)初中化学学业评价的系统性——设计策略：调研学业评价的基础、分析学业评价的环节、制定学年度学业评价方案；(2)初中化学学业评价的时效性——行动策略：质性描述的经常性、成绩分析的客观性、初高中衔接的连贯性；(3)初中化学学业评价的多元性——方法策略：学业评价技术的多样化、化学评价材料的层次化、学业评价主体的多元化。

《化学教育》2008 年第 3 期

SOLO 分类评价理论在化学教学中的应用

陈　徽　钱扬义　李孟彬　邓　峰

SOLO 分类评价法是一种有发展前景的质性评价方法。该文在简介 SOLO 理论知识的基础上，通过化学教学以及评价的实例，分析该评价方法如何指导实践，旨在让中学化学教师能多了解这种方法并将其应用在日常教学中，使之发挥更大的作用。SOLO 在化学教学中的应用：(1)SOLO 对教师主导授课过程的指导：在教师备课、上课时给予其理论上的指导，在上课过程中帮助教师通过学生的反馈情况判断学生所处的思维发展阶段。(2)SOLO 在学生自主探究过程中的体现：在“提出问题—猜想和假设—实验验证—讨论与交流”的探究步骤里面同样也渗透着 SOLO 的指导思想。总之，SOLO 作为一种新型的评价方式，可以帮助教师更有层次地组织教学，也可以给教师提供一个评价的根据，学生是否具备思考问题的方法远比他们掌握知识点的多少重要得多，评价方式的转变最终一定会领引学生改变他们的学习方式。

《化学教育》2008 年第 10 期

高中化学学习过程性评价的思考与实践

严济良

高中化学学习过程性评价的理性思考：(1)坚持用发展的观

念看待评价对象——学生；(2)坚持用多元评价的观点评价学习过程；(3)坚持用辩证的观点继承传统评价方法。评价时采用学生自我评价、学生小组评价和教师评价相结合。认定模块学分时，将学习过程性评价成绩和模块成绩各以60%、40%的比例折算成模块总成绩。学习过程性评价项目细则如表所示：

学号	姓名	学习常规25分			课堂表现25分				融合式测验20分		实验素养20分				突出表现10分	总分100分
		出勤守时5分	作业提交10分	学习反思10分	听课效率10分	参与讨论5分	课堂笔记5分	基础应答5分	课堂练习10分	学段考查10分	实验习惯5分	实验操作5分	合作交流5分	实验报告5分		

计分规则为：平时成绩满分为100分，每位学生起评分为80分，根据平时过程性记录予以加减分，并有表现记录。各项扣分以该项目总分为上限。课堂练习和学段测试均采用百分制。

《中学化学教学参考》2008年第1/2期

SOLO分类评价理论在化学开放性实验试题中的应用与思考

王 春

一、解释：SOLO的英文全写是“Structure of Observed Learning Outcome”。SOLO分类评价理论有五个由高到低的层次：A—拓展抽象结构层次；B—关联结构层次；C—多元结构层次；D—单一结构层次；E—前结构层次。二、应用案例：(1)萃取实验；(2)喷泉实验；(3)制备 $Al(OH)_3$ 实验；(4)$Fe(OH)_2$的制备。三、几点思考：(1)应与其他评价方法相结合；(2)应综合运用多层次进行量化；(3)兼顾集体协商与合作。

《中学化学教学参考》2008年第6期

中考、高考研究

【概况】研究者们发现了诸多高考化学命题素材，对比分析了新课程实施以来各种化学高考试卷的特点，对命题原则等问题进行了思考。

几道高考化学史试题赏析及思考

汪斌权　陈卫君

该文通过几道高考化学史试题的赏析，探讨了编制化学史习题的几点注意点。(1)在编制习题中运用化学史实，要关注 3 个问题：谁在做化学？如何做化学？化学是什么？(2)选择一些经典的化学史实作为素材，在化学教学中运用的化学史实大致可分为 4 类：化学名著；化学历史名题；化学发展过程中的重要人物；化学自身的产生与发展。(3)编制化学史习题时，一般围绕"科学问题—科学假设—科学验证—科学结论—科学应用"这条主线。(4)化学史教育中更多则是注重化学史的情感维度效果，只是简单提及乃至没有提及化学史对于化学学习认知维度和文化维度的效果。(5)服务对象多样化，化学史习题既可以服务于化学概念的教学，也可以服务于定理的理解，还可以服务于化学思想的领悟。另外也可以从课堂教学环节的角度进行考虑。(6)编制化学史习题时，应根据化学史教学的内容、目标以及学生的特点选择不同层次的题型。

《化学教育》2008 年第 2 期

新课程背景下高中化学试题命制原则初探

陈　益

该文基于高中化学新课程教学理念和评价促进教学的观点，反思传统试题的不足和评价弊端，结合新课程高考试题样例，提出了新课程背景下高中化学试题命制的 6 条原则。(1)科学性原则：内容的科学性是试题命制的底线。科学性不仅要求试题内容学科逻辑正确，而且要求方法合理、操作可行、结论可靠。(2)探究性原则：命题者在试题设计中一要突出问题意识，即要引导学生学会观察、学会思考，善于提出问题；二要体现科学方法，即在试题中渗透探究手段，开启解决问题的智慧。(3)激励性原则：试题的命制应体现以人为本的思想，承认学生的个体差异，试题内容应具有基础性、发展性和选择性，让所有学生体验进步和成功。(4)真实性原则：强调试题命制体现化学的真谛及其与科学、技术和社会的关系，其情境、设问及解决问题的方法等都能反映化学学科的特点和独特价值。(5)开放性原则：要求试题命制着重考查学生多角度、多侧面、多层次地思考问题、理解试题，多渠道处理信息和总结多种表述方式，培养学生的发散性思维和创新能力。

(6)应用性原则：重视以生活、生产中的实际问题为载体，考查学生综合运用所学知识、技能和方法分析和解决问题的能力。

《化学教育》2008 年第 4 期

江苏高中化学学业水平必修测试的特点与启示

陆　军

化学学业水平必修测试源于普通高中毕业会考制度，具有内容划定体现课改精神、难度控制符合测试目的和考点分布紧扣主干知识等特点。该文分析了江苏高中化学学业水平必修测试对教学的启示：高中化学教学应该注重基础知识教学，强化知识价值体验，促进学科观念形成。最后也指出了江苏高中化学学业水平必修测试命题有待改进的问题：如问题能力层次不同，问题认知情景不同。

《化学教育》2008 年第 6 期

考查化学素养和综合能力　引领新课程实施——2008 年新课程高考江苏化学试题评析

刘江田

新课程要求学生形成的化学素养包括理解化学学科、形成信息素养、学会实验探究、解决化学问题 4 个方面。该文从化学素养和综合能力考查角度对 2008 年高考江苏化学试题的结构、特点及其教学导向进行了评析。(1)试题结构体现了新课程化学素养考查的基础性和选择性。总题量 21 题，总分 120 分，考试时间为 100 分钟。模块结构、内容结构、难度结构、题型结构与《测试说明》基本一致。(2)试题特点：以化学素养和能力立意为核心，注重考查化学主干知识及应用能力；以化学各种信息形式为载体，重视考查化学信息素养和学习能力；以实验分析为途径，注重考查科学探究能力；以真实问题为情境，注重考查分析解决实际问题的能力。最后简述了试题对教学的启示。

《化学教育》2008 年第 8 期

2008 年高考理综全国卷Ⅰ与卷Ⅱ化学试题的对比分析

杨辉祥

该文比较了 2008 年高考理综全国卷Ⅰ和理综全国卷Ⅱ的难度。总体来说，(1)2008 年高考理综全国卷Ⅱ化学试题，题型相对传统，比较平稳，难度适中，争议的题目较少，优秀学生完成化学试题后，能有一种兴奋感。理综全国卷Ⅰ化学试题，题目较难。命题者力图求新，随之而来的是一些题目的完备性差，争议的问题多，优秀学生完成化学试题后，感觉一般。(2)理综全国卷Ⅱ实际操作技能方面的考查相对较少，实验原理的考查相对多一些。

《化学教育》2008 年第 9 期

从几道 2008 年高考化学试题引发的思考

王云生

该文分析了部分教师对 2008 年几道高考化学试题的质疑，讨论高考化学试题命题要求、试题结构、呈现与表述方式，提出中学化学教学、高考备考和高考化学试题命制需要思考和注意的一些问题。(1)高考命题与生产生活联系紧密，强调让考生在新情景中分析、解决问题，对学科内各板块知识综合应用要求进一步提高，这是否会增加化学教学的难度？(2)怎样看待高考化学考试范围、要求、题型、难度的稳定性？(3)怎样处理试题情景设置、题设条件与问题呈现等表述方式的一致性与变通性？

《化学教育》2008 年第 9 期

在平实中继承和创新　以基础考查能力和素养——2008 年高考理科综合能力测试(全国卷Ⅰ)化学试题分析

王军翔

该文对 2008 年化学高考理科综合能力测试（全国卷Ⅰ）进行了评论，并结合典型例题展开了分析。(1)化学试题从总体上表现出在平实中继承和创新、以基础考查能力和素养的特征。试卷的总体结构具有高度的继承性，考查的都是中学化学基础知识，选材没有涉及日常生活、工农业生产和社会热点，精心选材，创新题设情境，考查能力和素养。最后对试题本身以及平时的教学提出以下几点反思和争鸣：(1)作为高考试题应有较好的区分度；(2)在选材及设置方面应科学严谨；(3)中学化学教学应以学生的发展为本。

《化学教育》2008 年第 9 期

对 2008 年高考理综全国卷Ⅰ化学试题的反思和商榷

方大学

该文认真总结了 2008 年理科综合能力测试全国卷Ⅰ化学部分的特点，并结合考生答题情况对高考化学复习作了深刻的反思，同时也对高考试题存在的问题提出了商榷。理综化学试题显示出三大特点：主干知识推陈出新；实验装置简单易行；计算能力要求提高。考生错误引发了几点教学反思：自学能力的培养不容忽视；科学态度的培养刻不容缓；应试心理和策略的指导必不可少。最后对理综化学卷的商榷：难道只有氧化还原反应这一主干知识重要吗？用MO书写化学方程式的答案公平吗？主观题编题一定要按无机化学、化学实验、有机化学排序吗？

《化学教育》2008年第10期

2008年全国各地高考卷非选择题部分中化学计算题考查内容的特色分析

赵　宇

2008年高考化学计算试题特色各异，难度较大，从不同侧面反映了中学化学科目中对计算能力要求的重点考查，较好体现了学科高层次的能力要求与素养。(1)注意培养联系生活实际能力，考查有关化学式等的计算；(2)注重培养创新思维能力，考查物质组成的定量分析；(3)注重培养综合应用知识的能力，考查社会生活中化学问题的综合计算；(4)注重培养学科间的融合能力，考查数学模型在化学中的应用；(5)注重培养探究性学习能力，考查对化学问题的计算性评价。

《化学教育》2008年第11期

元素及其化合物推断题的命题趋势与教学策略

于淑儿　王存宽

元素及其化合物推断题是高考的热点题型，以元素化合物性质和相互转化为载体，集基本概念、基础理论为一体的综合性题目；预计在今后的理科综合能力考查中，依然是化学学科的一种重要题型；对此题型的教学策略和探讨反思显得十分必要。该文对此题型的命题趋势进行了分析，并结合典型例题解析说明了此题型的教学策略，最后针对常见错误和失分原因进行了反思，提出了应对策略。

《化学教育》2008年第12期

高考试题分析之浅见

姚宏程　窦洪庚

一、归类框架的构建与理论思考。框架结构如下表所示：

一级	二级	三 级
知识再现型	推理题	无机推理（框图、文字） 有机推理（组成、结构、反应） 概念理论推理（物质结构、周期律、反应速率化学平衡、离子共存、离子方程式、离子浓度、氧化还原、电化学、热化学、环境保护等）
知识运用型	计算题	组成或结构问题（化学式、阿伏伽德罗常数、质量分数） 反应问题或有关组成的反应问题（化学平衡、热化学、气体体积、物质的量、物质质量）
	实验题	实验操作运用（基本操作、基本实验、研究性实验与化工生产） 实验原理运用（方案设计、基本智能、原理应用）

二、分析结果在备考教学与研究中的运用。(1)按题型归类的高考试题与索引。运用上述框架的 2003～2007 年江苏省高考试题进行了归类分析。(2)解答高考试题所运用的知识与索引。研究各类题型解答用到的陈述性知识与程序性知识，进而发现各类题型的特点与解题规律。(3)作为分析工具的试题归类框架。分析综合性试题题型，促进解题成功。构建问题解决的知识网络，促进问题解决能力的培养。

《中学化学教学参考》2008 年第 5 期

以教材实验为蓝本命题

刘积福　陈玉荣

高考化学实验试题有很多源于教材上演示实验、学生实验或化学实验习题，剖析这类实验题的命题思路、方法，提出以教材实验为切入点命题的技巧、方法。一、对教材实验“加一加”。二、对教材实验“拓一拓”。三、对教材实验“拆一拆、组一组”。四、对教材实验“评一评”。五、对教材实验“挖一挖”。

《中学化学教学参考》2008 年第 6 期

例谈对比性化学实验问题的思考角度

戴　峰

对比性化学实验的考查主要分为两种：实验装置设计对比和实

验方案设计对比。有以下几种思考角度：一、成本角度。(1)原料消耗；(2)原料来源是否方便；(3)原料价格是否便宜；(4)原料能否全部转化为所需要的产品。二、环保角度。(1)原料本身是否有污染或毒性；(2)产物是否有污染或毒性，主要考虑尾气处理。三、反应可行性角度。(1)生产成本，比如能耗；(2)对设备的要求，比如压强。四、产品的品质角度。产品的分离、提纯、干燥等条件。五、安全角度。(1)装置的合理性；(2)操作的规范性。六、制备角度。实验室制备和工业制备对量的要求不同。

《中学化学教学参考》2008 年第 7 期

2008 全国高考理综Ⅰ化学试题评析

赵根厚　吴林平　宋惠民

一、试题总体评价。(1)试题依纲靠本，遵循考试大纲。(2)注重基础知识，考查学科主干。(3)试卷结构稳定，体现了学科内知识的融合。二、试题命题特点。(1)突出考查学生信息获取与加工的能力。(2)题型设计创新，考查学生的创新能力及考验学生的心理素质。(3)转变命题理念，强化对知识深层理解和反应本质的考查。(4)难度增加，思维要求高，对优秀考生有一定的吸引力。三、试题中值得商榷的问题。(1)部分试题梯度设置不好，区分度欠佳，难以达到考查目的。(2)个别考点重复，影响试题质量。(3)对学生从化学视角分析解决生活实际问题的能力考查欠缺。(4)少数试题及答案还应该更加科学严谨。四、对中学化学教学的反思。(1)注重基础知识、基本技能和基本方法。(2)更新教育理念，坚持课改不动摇。(3)培养良好的心理素质，考试发挥正常水平。

《中学化学教学参考》2008 年第 9 期

2008 年广东高考化学试题评析

雷范军

一、试题重点考查化学基础知识和基本技能。二、试题重点考查主干知识，不强调知识覆盖面。三、试题突出考查化学用语及语言表达能力。四、不回避传统题，注意推陈出新。五、试题注重稳中有变，变中有新。六、试题注重对推理能力的考查，减弱了对计算能力的考查。七、试题注重对实验能力的考查，突出化学学科特点。

《中学化学教学参考》2008 年第 9 期

高考改革的先行者——2008 年江苏高考化学科试卷评析

张 弛

一、试卷特点：(1)突出时代性；(2)注重基础性；(3)体现选择性；(4)加强综合性（题型综合、知识技能综合、能力要求综合）；(5)更新设问方式和考查角度；(6)彰显江苏个性。二、问题探讨：(1)存在疑似“超纲”处；(2)存在不够严谨之处。

《中学化学教学参考》2008 年第 9 期

新课程高考化学的差异分析

陆 军

一、测试模块的差异。(1)《考试大纲》与《课程标准》设定的差异。《考试大纲》设定的必考模块有《化学 1》《化学 2》和《化学反应原理》，选考模块《化学与生活》《化学与技术》《物质结构与性质》《有机化学基础》。《课程标准》中的实验化学模块没有测试安排。(2)不同地区执行《考试大纲》时的差异。课程模块方面，山东、海南、宁夏选考内容有《化学与技术》《物质结构与性质》《有机化学基础》3 选 1，广东在《物质结构与性质》和《有机化学基础》中 2 选 1。学生实际被测了 4 个模块。而江苏学生实际被测了 5 个模块，这与课标略有不符。模块所占比例方面，选考模块权重小于 1/4（江苏 1/5）。二、考点要求的差异。有同一考点在不同地区的差异、同一考点在同一地区不同年份的差异。

《中学化学教学参考》2008 年第 11 期

新课程标准下对开放性试题的重新认识

曹 彬

将化学开放题定义为：能够给学生创设一个，能激发每位学生思考的问题情境，而且能让每位学生综合利用已有的生活经验、知识、技能、思维方法，利用已知条件或创设新的条件，通过各种不同的路径，得出各种丰富多彩而且合理的答案的问题。开放题试图通过把静态性和动态性知识系统有机融合，从而激发学生的学习兴趣和欲望。开放题的基本特征在于：(1)开放题应具有问题情境；(2)开放题的高参与性；(3)开放题思维训练的有效性；(4)开放题评价的开放性。开放题要收到预期的效果即增加学生学习的积极性，提高学生的发散思维能力，就要有与之匹配的体系，开放题源于教材，但反过来开放题要求教材要源于生活又要高于生活。开放题的取材应符合新课程标准的理念即“为了每个学生的发展”“在熟悉的生活情景中感受化学”，开放题中所包含的事件应为学生所熟悉的，其内容是有趣、实用的，是学生所愿意探究的，是通过学生现有的知识、生活经验能够解决的可行的问题；还要注意问题的可发展性，给学生一个提出新问题的机会，这可能比解题本身更重要。(1)弱化成题的条件，使其结论多样化；(2)隐去成题的结论，使其指向多样化；(3)给出结论，寻求使结论成立的充分条件；(4)比较某些对象的异同点；(5)设计解决某些实际问题方案或在实际问题中寻求多种解法与结论；(6)学科内部综合与不同学科间的相关内容的渗透、交叉和融合。

《化学教学》2008年第1期

高中化学“STSE”试题命制探微

陈　益

“STSE”教育理念与化学新课程理念一脉相承，探究高中化学“STSE”试题的命制，对有效落实新课程理念具有积极意义。从试题的结构、功能来看，高中化学“STSE”试题大致分为以下几种类型。

营造情境型：这类试题以自然界、社会现实生活中的某一热点问题，或以化学领域的某一科技新发现，或以生产实际中的某一原理为切入点营造探究情境，以启发学生学会观察，引导学生关心社会现实，激发学习兴趣，促进学生感悟、体验、评价等情感目标的落实。

拓展延伸型：这类试题常以最新的科技发现、研究成果应用为素材，向学生展示化学日新月异发展的诱人图景，拓展知识视野、更新观念，弘扬“化学——人类社会进步的关键”这一主题。

问题解决型：这类试题的情境构成要素同时亦是问题的载体。要求学生具有敏锐的接受新信息的能力，将现实情境分解，通过再认、辨析、迁移转换、重组、抽象归纳、逻辑统摄等思维活动，分析、综合，解决实际问题。强调理论与实际的联系、突出思维能力的考查，是这类试题的重要特征。

《化学教学》2008年第2期

新课程视野下高考化学命题设计的发展与创新

王后雄

高考化学试题设计的创新应与课程结构、试题的选材、考试的功能、能力要素、知识要求等结合起来，力图从“三个有助于”的原则出发，尽可能地使高等学校、中学教学、课程目标、考生的“要求”统一起来，借鉴世界各国高考命题改革的经验，在新课程理念下实现高考试题设计的发展和创新。新课程高考化学试题设计的思路可从以下几个方面发展与创新：重视试题的真实性与情境性；联系生活、社会和科学发展，体现实践性；加强对科学思维方法的考查；改进信息迁移题，考查学生学科素质；增加高考实验设计型试题；探索化学探究性和开放性试题；提高选做题“等值”的编制技术；对试题内容进行人性化处理等。要从新课程评价的高度认识试题内容和题型设计的发展与创新。

《化学教学》2008 年第 3 期

如何进行试卷分析初探

张顺清

试卷分析是对教学测试的反思，是对教师教的反思，也是对学生学的反思。本文从教师和学生两个方面对如何进行试卷分析做了探讨。一、教师需做的试卷分析。1. 对试卷的内容与结构的分析，具体包括：(1)考试类型分析；(2)试卷特点分析；(3)内容结构分析；(4)目标水平结构分析；(5)题型结构分析；(6)各题难度和区分度的统计。2. 对学生答题情况的分析，具体包括：(1)学生分数的统计；(2)每一小题学生错误人数统计；(3)学生典型错误或创新解答统计及原因分析。二、学生需做的试卷分析。1. 各知识点得分统计；2. 错因分析；3. 应得分与实得分；4. 自我归因分析；5. 考后感言；6. 制定改变现状的措施。

《化学教学》2008 年第 6 期

再审视中考化学试题命制中的问题及原则

赵　华

随着课程改革的深入，中考化学试卷的特点也日趋明朗，但更有必要对现阶段的命题深入反思，如：在突出学科特点、坚持创新与综合、注重探究与开放等方面还体现不够等，在一些试题中还出现了许多不合理的问题。一、存在问题分析。1. 试题化学味不浓；2. 结论开放盲目，典型的问题有：(1)题设限制不够，答案过分开放；(2)一些问题尚无定论，导致答案过分开放；(3)命题技术和素养欠缺导致问题试卷的产生。二、试题命制应注意的原则。1. 针对性原则；2. 公平性原则；3. 选拔性原则；4. 规范性原则，主要体现在四个方面：(1)流程规范；(2)结构规范；(3)语言规范；(4)符号规范。

《化学教学》2008 年第 12 期

2008 年 5 个课改实验区高考化学试卷评析及启示

曾兵芳　陆余平

本文拟通过解读分析 2008 年 5 个课改省份高考化学的试卷结构特点和试题特点两方面，以期获得对新课程高中化学教学的有益启示。一、课程标准化学卷的结构特点。总体上看，今年 5 省区的化学卷能体现课程设置的模式，虽然 2008 年 5 省区课程标准化学卷的结构存在较大差异，但它们与各地的高考方案相匹配，并受当地高考方案的影响。二、课程标准化学卷试题特点。1. 试题紧扣学科核心知识和主干知识；2. 突出考查化学实验探究能力；3. 注重信息给予形式的多样化；4. 体现新课程关注社会生活实际的理念，凸显 STSE 精神。三、教学启示。1. 认真研读课程标准，领会新课程理念；2. 积极开展探究教学；3. 在教学中关注社会生产实际，让学生学会从学科角度解决问题；4. 在复习时，强化知识系统性，加强化学主干知识的复习。

《化学教学》2008 年第 12 期

福泽人类的化学“表面”文章——2007 年诺贝尔化学奖成果解读与命题应用

徐　昀

一、成果解读：在相界面上所发生的一切物理化学现象统称为界面现象或表面现象，而研究各种表面现象实质的科学称为表面化学。埃特尔研究发现，氨的合成反应在铁催化剂表面进行时效率大大提高，这给人类社会的农业生产带来了巨大的经济效益。表面化学对于化学工业也很重要，它能解释铁为什么会生锈、燃料电池如何工作、汽车里的催化剂如何工作等。还能解释臭氧层等问题。埃特尔的方法论既被用于学院里的研究，也被用于工业生产中的化学过程。二、2008 年高考命题构想：(1)燃料电池与金属电极（如铂电极）表面关系。(2)固体参加化学反应的速率与固体接触面关系。(3)表面活性剂应用。(4)工业合成氨与催化剂。(5)钢铁生锈原理。(6)臭氧层破坏。(7)导体材料（如硅）。(8)汽车尾气处理。(9)纳米技术、纳米材料与表面化学。三、源于 2007 年化学奖成果的原创题举例。

《中学化学》2008 年第 1 期

化学新课程高考方案的思考与建议

王　磊　宋万琚　陈　颖

一、2007 年新课程高考化学学科考试方案。表 1：山东、广东、宁夏、海南 4 省、区 2007 年高考化学学科考试方案。二、2007年高考方案下实验区选修课程的实际开设情况。表 2：高中新课程实验区部分学校化学课程开设情况。学校层面开设模块课程数远远少于国家考试方案和省级考试方案规定的选考模块，从而造成模块课程开设的缺失，特别是实验化学模块，部分学生将失去学习这些模块的机会。三、化学新课程高考方案的思考与建议。(1)学生分为文、理 2 类，要求考 4 个模块的情况；(2)学生分为文、理 2 类，要求考 5 个模块的情况；(3)学生分为文、一般理工，化学相关专业 3 类的情况。

《中国考试》2008 年第 1 期

浅谈高考化学试题取材的走向

盛锡铭　张尚伟

一、关注社会生活。例 2006 年高考上海卷。二、联系化工生产。例 2007 年高考广东卷。三、重视环境保护。例 2007 年全国理综Ⅰ。四、展示科技成果。例 2006 年高考天津卷。五、倡导研究性学习。例 2007 年高考广东卷。

《理科考试研究》2008 年第 7 期上

考查学科素养　体现时代进步——广东等 5 个高中课改实验区 2008 年高考化学试题剖析

陈　熙

一、试题特点：(1)继承与发展。淡化计算，将计算与实验、物质性质、反应原理、工业生产有机地融合起来。没有出现“繁、难、偏、怪、超”题，注重对学生科学素养的检测与甄别。

(2)基础与综合：阿伏伽德罗常数、离子方程式、化学反应与能量、电化学、原子结构与元素周期律等常考点依然保留。突出学科内综合。(3)实验与探究：以物质制备、提纯、含量测定、生产流程、环保和物质性质探究等为载体，考查“基础知识、基本技能和基本方法”。该类题往往以解决实际问题为线索，要求学生提出假设→设计实验方案→填写实验过程（操作、预期现象、结论等）。(4)与时代同步，内容涵盖冶炼、医药、材料、新能源、日用、化工、环保等领域。二、复习建议：明确改革方向，巩固“三基”，抓主干知识，着眼应用，重视实验，强调规范。

《复印报刊资料中学化学教与学》2008年第11期

中考试卷集锦

南京市2008年初中毕业生学业考试化学试题

一、选择题（本题共15小题，每小题只有一个选项符合题意。每小题1分，共15分）

1. 宁宁在学习“化学元素与人体健康”后，查阅到如下资料，请你给下表的“＊”处选择恰当的选项。

＊　　种类	主要食物来源
钙	奶类、绿色蔬菜、水产品、肉类、豆类
铁	肝脏、瘦肉、蛋、鱼、豆类、芹菜
锌	海产品、瘦肉、肝脏、奶类、豆类、小米
碘	海产品、加碘盐

A. 元素　　B. 分子　　C. 原子　　D. 离子

2. 下列物质属于氧化物的是(　　)。

A. O_2　　B. CO　　C. $KClO_3$　　D. CH_3COOH

3. 当前高效能的砷化镓（GaAs）太阳能电池，产生能量的效率高达33%。已知GaAs中，As元素化合价为－3价，则Ga元素的化合价为(　　)价。

A. －1　　B. ＋1　　C. ＋2　　D. ＋3

4. 下列图示实验操作中，正确的是(　　)。

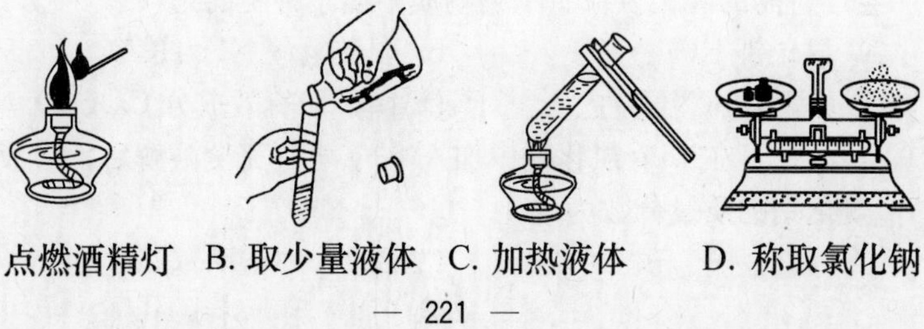

A. 点燃酒精灯　B. 取少量液体　C. 加热液体　D. 称取氯化钠

5. 今年6月1日起全国执行“限塑令”，南京市曾在鼓楼广场等地组织宣传活动，发放无纺布袋。生产无纺布的主要原料为：聚丙烯、聚酯和黏胶等。下列有关说法不正确的是（　　）。

A. 大部分塑料在自然环境中很难降解

B. 使用无纺布袋有利于减少“白色污染”

C. 生产无纺布与棉布的原料都是天然纤维

D. 聚乙烯、聚丙烯、聚酯都属于合成材料

6. 下列变化中，属于物理变化的是（　　）。

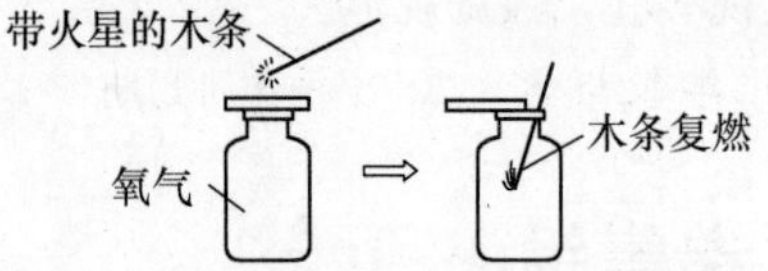

A. 氧气使带火星的木条复燃

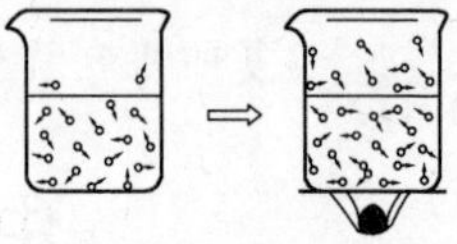

B. 水受热蒸发

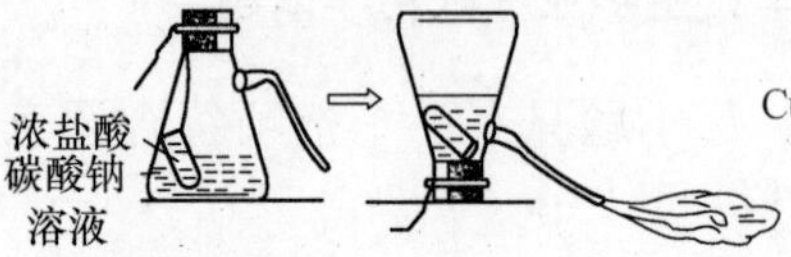

C. 液体混合产生气体

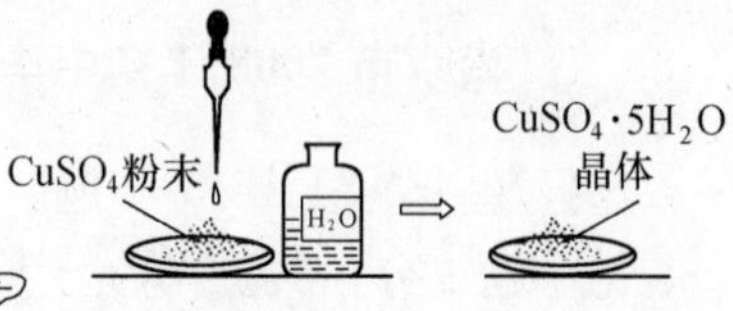

D. 白色粉末变成蓝色晶体

7. 下列做法不会危及人体健康的是（　　）。

A. 把霉变大米淘净后继续食用

B. 用甲醛水溶液浸泡水产品

C. 根据医嘱适量服用补钙剂

D. 用聚氯乙烯做食品包装袋

8. 氢是新型清洁能源，但难储运。研究发现，镧和镍的一种合金是储氢材料。下列有关57号元素镧（La）的说法不正确的是（　　）。

A. 该元素原子的质子数为57

B. 该元素原子的核电荷数为57

C. 该元素原子的核外电子数为57

D. 该元素为非金属元素

9. 2008年5月28日中央电视台报道，国务院要求各地保障农业生产所需的钾肥供应。下列物质中属于钾肥的是（　　）。

A. 氯化钾 KCl　　B. 碳酸氢铵 NH_4HCO_3

C. 尿素 $CO(NH_2)_2$　　D. 磷矿粉有效成分 $Ca_3(PO_4)_2$

10. 常温下，在15 g氯化钠中加入60 g水，完全溶解后，溶液中氯化钠的质量分数为（　　）。

A. 15%　　B. 20%　　C. 25%　　D. 33.3%

11. 抗震救灾，众志成城。用于汶川震后防疫的众多消毒剂中，有一种高效消毒剂的主要成分为三氯异氰尿酸（$C_3O_3N_3Cl_3$），又称高氯精。下列有关高氯精的说法不正确的是（　　）。

A. 高氯精由 4 种元素组成

B. 高氯精中 C、O、N、Cl 的原子个数比为 1∶1∶1∶1

C. 高氯精中 C、N 两种元素的质量比为 12∶14

D. 高氯精中氯元素的质量分数为 25%

12. 现有①液态氧；②铁锈；③食盐水；④小苏打；⑤氢氧化钾；⑥石油。对上述物质的分类全部正确的是（　　）。

A. 盐——③④　　B. 纯净物——④⑤⑥

C. 碱——①⑤　　D. 混合物——②③⑥

13. 下列说法正确的是（　　）。

A. 分子是构成物质的粒子，因此物质都是由分子构成的

B. 某雨水的 pH 小于 5.6，因此雨水中溶解的是 SO_2

C. C_{60}和石墨的组成元素相同、原子排列方式不同，因此它们的性质存在差异

D. 化学反应常常伴随着能量变化，因此有能量变化的都是化学反应

14. 下列物质长期露置于空气中，因发生化学变化而使溶液质量减少的是（　　）。

A. 浓硫酸　　B. 石灰水

C. 浓盐酸　　D. 氯化钠溶液

15. 在反应方程式 2A＋5B＝2C＋4D 中，C、D 的相对分子质量之比为9∶22。若 2.6 g A 与 B 完全反应后，生成 8.8 g D。则在此反应中，B 与 D 的质量比为（　　）。

A. 4∶9　　B. 8∶11　　C. 10∶11　　D. 31∶44

二、选择题（本题共 5 小题，每小题有一个或两个选项符合题意。错选、多选不给分。有两个答案的，只选一个且正确，给 1 分。每小题 2 分，共 10 分）

16. 第 29 届奥运会将于今年 8 月在我国举办，本届奥运会倡导“绿色奥运、科技奥运、人文奥运”的理念。下列选项符合“绿色奥运”理念的有（　　）。

A. 采用丙烷（C_3H_8）作火炬燃料

B. 所有奥运用品和食品都是绿颜色的

C. 把环境保护作为奥运设施规划和建设的首要条件

D. 奥运场馆建设均使用天然材料，不使用合成材料

17. 对下列实验事实的解释正确的是（　　）。

	实验事实	解释
A	长期盛放氢氧化钠溶液的试剂瓶口，出现白色粉末	氢氧化钠发生了潮解
B	硫在空气里燃烧，发出微弱的淡蓝色火焰；在氧气里燃烧，发出蓝紫色火焰	硫和氧气反应，氧气的相对含量不同，反应的剧烈程度不同
C	某化肥加熟石灰研磨，没有嗅到氨味	无氨气放出，一定不是氮肥
D	硝酸铵溶于水的过程中，温度计插入液体后显示温度下降	硝酸铵溶解时，扩散过程放出的热量小于水合过程吸收的热量

18. 下图是 a、b、c、d 四种固体物质的溶解度曲线；下表是这些固体物质在部分温度时的溶解度。

	NaCl	KCl	NH_4Cl	KNO_3
10 ℃	35.8 g	31.0 g	33.3 g	20.9 g
60 ℃	37.3 g	45.5 g	55.2 g	110.0 g

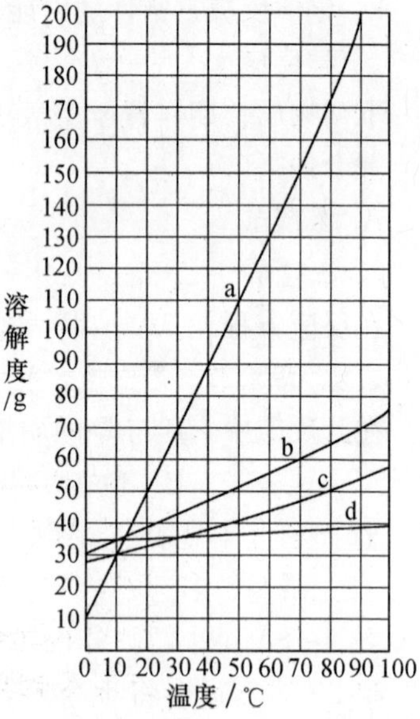

根据图表信息判断下列说法正确的是（　　）。

A. 图中 a 曲线表示 KNO_3 的溶解度曲线

B. b 的溶解度小于 a 的溶解度

C. 要从 a 与 d 的混合物中得到 a，通常采用蒸发溶剂使其结晶的方法

D. KCl 的不饱和溶液由 60 ℃降温至 10 ℃时变成饱和溶液

19. 某无色气体可能含有 CO_2、CO、H_2 中的一种或几种，依次进行以下实验（假设每步反应均完全进行）：①通过赤热的炭层后，恢复到原状态，气体体积不变；②通过灼热的 CuO 时，固体变成红色；③通过白色 $CuSO_4$ 粉末时，粉末变成蓝色晶体；④通入澄清石灰水中，石灰水变浑浊。下列判断正确的是（　　）。

A. 原混合气体中一定含有 CO_2、CO、H_2

B. 原混合气体中一定没有 CO_2，一定含有 H_2 和 CO

C. 原混合气体中一定含有 H_2 和 CO_2，可能含有 CO

D. 根据①④，可推断实验过程中一定有 CO_2 生成

20. 下图中连线两端的物质在通常情况下可以相互反应。下列四组选项中，符合该图要求的是（　　）。

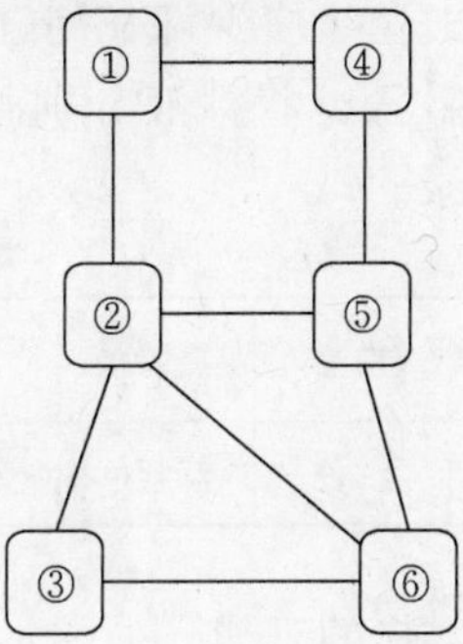

	①	②	③	④	⑤	⑥
A	CO_2	NaOH 溶液	稀 HCl 溶液	$Ca(OH)_2$ 溶液	$CuCl_2$ 溶液	Fe
B	CaO	稀 HCl 溶液	Fe	稀 H_2SO_4 溶液	Na_2CO_3 溶液	$Ca(OH)_2$ 溶液
C	Fe	稀 H_2SO_4 溶液	$BaCl_2$ 溶液	$Cu(NO_3)_2$ 溶液	$Ca(OH)_2$ 溶液	Na_2CO_3 溶液
D	Zn	稀 HCl 溶液	$CaCO_3$	$CuSO_4$ 溶液	NaOH 溶液	$FeCl_3$ 溶液

三、(本题包括 2 小题，共 12 分)

21. (5 分) 请根据下列装置图，回答有关问题：

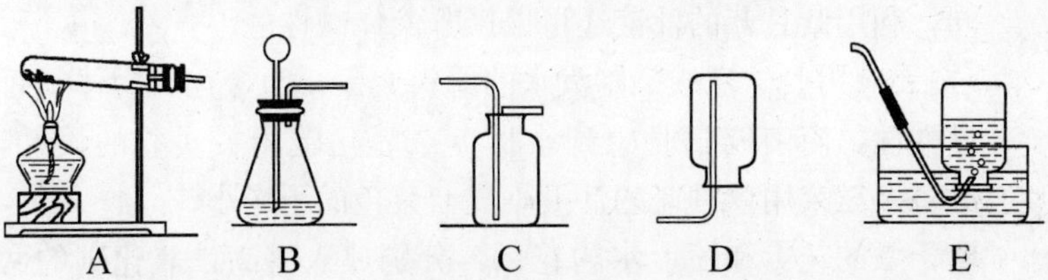

(1) 实验室用 B、C 装置制取二氧化碳的化学方程式为________________。

(2) 实验室用高锰酸钾制取氧气，可选用的发生装置是________________（填字母）。

(3) 实验室收集氢气可用 D 或 E 装置的原因分别是________________、________________。

(4) 实验室收集二氧化碳时，验满的方法是______________。

22. (7分) 南南同学跟妈妈学烧紫甘蓝（紫卷心菜），用油炒后加入食醋，发现紫色的叶片立即变红，激发了他的探究欲望。

[提出问题] 紫甘蓝的汁液能作酸碱指示剂吗?

[进行实验] 取紫甘蓝叶片少许在研钵中捣烂，用少量水浸泡，滤出蓝紫色的汁液。将汁液分别滴入下列液体中，观察其显示的颜色并记录。

液体名称	白醋	蒸馏水	食盐溶液	肥皂水	纯碱溶液
紫甘蓝汁液显示的颜色	红色	蓝紫色	蓝紫色	蓝色	绿色

[得出结论 1] 紫甘蓝的汁液__________（选填“能”或“不能”）作酸碱指示剂。

[质疑并求证] 紫甘蓝的汁液在均为碱性的肥皂水和纯碱溶液中，为何显示不同颜色?

用 pH 试纸测得上述肥皂水和纯碱溶液的 pH 分别为 9 和 11，则肥皂水的碱性比纯碱溶液的碱性（选填“强”或“弱”）____________________。

pH	7～9	10～11	12～14
紫甘蓝汁液显示的颜色	蓝色	绿色	黄色

查阅资料:

[得出结论 2] 紫甘蓝的汁液在不同 pH 范围内显示的颜色不同，利用紫甘蓝的汁液还可以区分液体碱性的__________。

[拓展应用] 柠檬酸是制汽水的原料之一，为探究其固体是否显酸性，南南同学联想到教材上二氧化碳相关实验的设计，准备了三朵用紫甘蓝的汁液染成蓝紫色的干燥小花。

取干燥的花①和喷上水的花②，分别放入盛满二氧化碳的两个集气瓶中，发现花①不变色，花②变成了________色。在干燥的花③上直接撒少量柠檬酸固体，花不变色，说明了__________；再向该花喷水，蓝紫色的花上出现了红色。

[反思] 上述花的变色均与水有关，水的作用分别是:

花②中____________________；

花③中____________________。

四、(本题包括 3 小题，共 13 分)

23.（4 分）请模仿示例，在空格处填上适当的化学式：

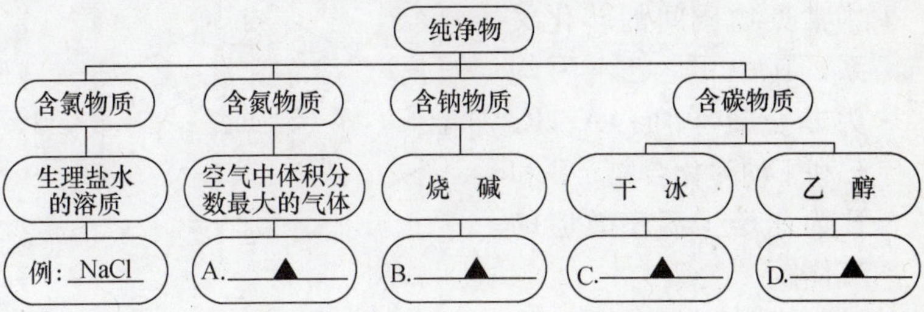

24.（2 分）今年 5 月 27 日上午 10 点 23 分，著名排球运动员孙玥在南京鼓楼公园点燃了奥运圣火盆。根据所学知识，你认为燃烧需要的三个条件是：

(1) ________；(2) ________；(3) 达到燃烧所需的最低温度（也叫着火点）。

25.（7 分）2008 年“中国水周”活动的宣传主题为“发展水利，改善民生”。

(1) ①水________（选填“属于”或“不属于”）六大类营养素之一。

②保持水的化学性质的最小粒子是________。

(2) 右图是活性炭净水器示意图，其中活性炭的作用是：不仅可以________的物质，还可以________的杂质。

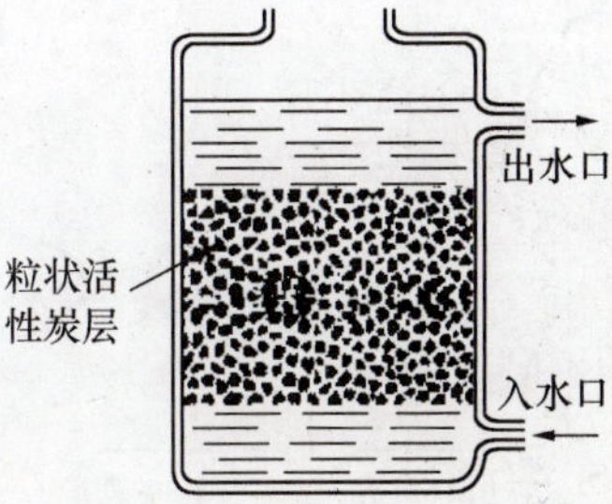

(3) 有一杯主要含有 $MgCl_2$ 和 $CaCl_2$ 的硬水。某兴趣小组设计出软化水的部分实验方案，请你一起来完成。

可供选用的物质有：$Ca(OH)_2$ 溶液、NaOH 溶液、饱和 Na_2CO_3 溶液、肥皂水。

实验步骤	现象	结论或化学方程式
① 取少量水样于试管中，向其中滴加 $Ca(OH)_2$ 溶液，直到不再产生沉淀	有白色沉淀产生	$MgCl_2 + Ca(OH)_2 = Mg(OH)_2\downarrow + CaCl_2$
② 继续向上述试管中滴加___▲___，直到不再产生沉淀	有白色沉淀产生	化学方程式：___▲___
③ 过滤	滤液澄清	
④ ___▲___	___▲___	证明硬水已软化

五、（本题包括 2 小题，共 15 分）

26.（4 分）右图是初中化学中常见物质间的转化关系，其中甲、乙、丙均为非金属单质；A、B、E 和丁均为化合物；B 和 E 为能产生温室效应的气体。

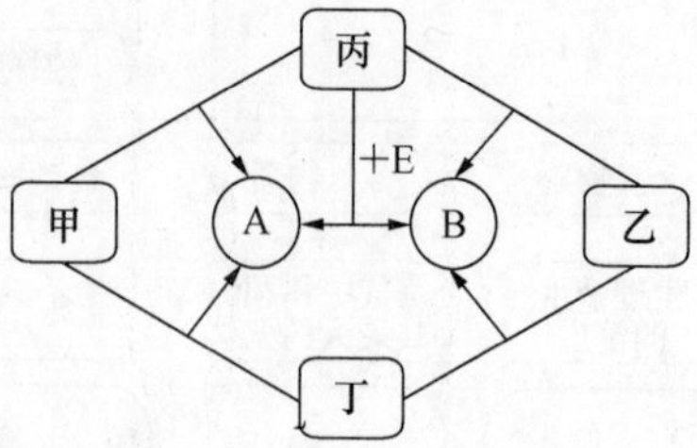

(1) 写出化学式：

甲________；乙_________。

(2) 写出丙和 E 反应生成 A 和 B 的化学方程式________。

(3) D 和 A 是组成元素相同的化合物，写出 D 在丁作催化剂条件下，分解生成 A 和丙的化学方程式_________。

27.（11 分）镁合金的强度高、机械性能好。这些特性使金属镁成为制造汽车、飞机、火箭的重要材料，从而获得"国防金属"的美誉。海水提镁是国际上的主要趋势，工业流程图如下：

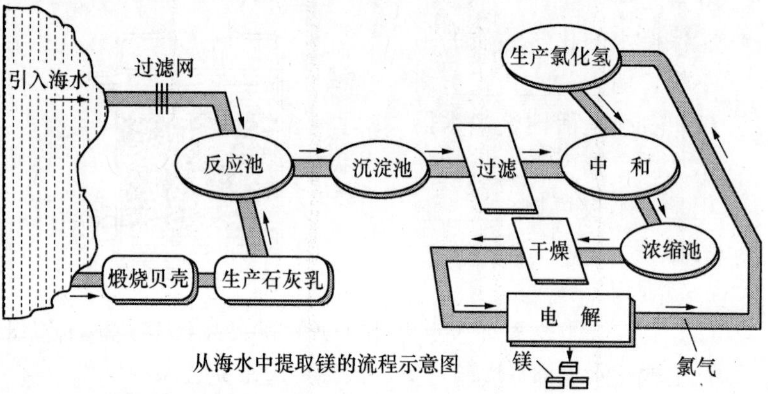

从海水中提取镁的流程示意图

其步骤为：

Ⅰ. 将海边大量存在的贝壳（主要成分为 $CaCO_3$）煅烧成生石灰，并将生石灰制成石灰乳。

Ⅱ. 将石灰乳加入到海水反应池中，经过沉降、过滤得到 $Mg(OH)_2$ 沉淀。

Ⅲ. 在 $Mg(OH)_2$ 沉淀中加入盐酸中和得到 $MgCl_2$ 溶液，再经蒸发结晶得到 $MgCl_2 \cdot 6H_2O$。

Ⅳ. 将 $MgCl_2 \cdot 6H_2O$ 在一定条件下加热得到无水 $MgCl_2$。

Ⅴ. 电解熔融的无水 $MgCl_2$ 可得到 Mg。

(1) 请根据上述步骤回答问题：

① 写出步骤Ⅰ、步骤Ⅲ的有关化学方程式：

Ⅰ. 贝壳煅烧成生石灰____________________。

Ⅲ. $Mg(OH)_2$ 沉淀中加入盐酸中和______________。

② 步骤Ⅰ～步骤Ⅴ中有分解反应的是(填写步骤序号) ____。

③ 步骤Ⅲ中的蒸发是利用风吹日晒来完成的，而在实验室中进行蒸发操作需要的主要仪器有______、______、酒精灯、带铁圈的铁架台、坩埚钳等。

④ 上述海水提镁的流程中，采取了哪些措施来降低成本、减少污染的？请写出其中一点：____________。

(2) 回答下列问题：

① 右图为镁元素的某种粒子结构示意图，该图表示（填序号）______。

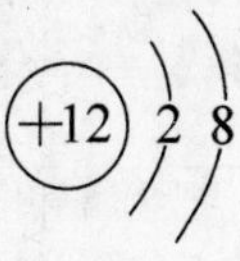

A. 分子　　B. 原子

C. 阳离子　D. 阴离子

② 镁原子在化学反应中容易失去电子，镁是一种（选填“活泼”或“不活泼”）________金属，除了能与氧气反应，还可以与氮气、二氧化碳等反应。

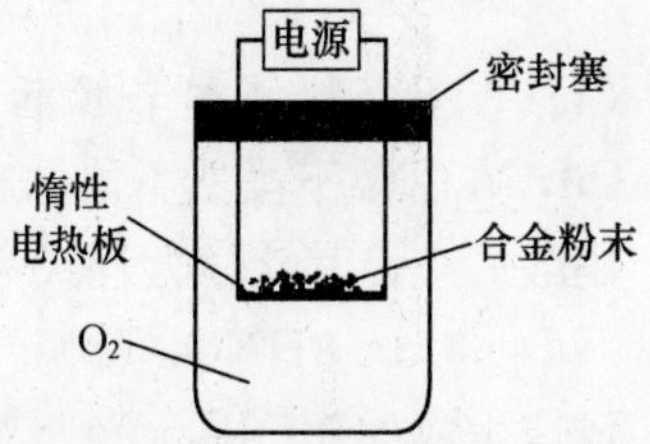

(3) 为测定约含镁 30%的镁铝合金（不含其他元素）中镁的质量分数。

① 第一小组设计下列实验方案：称量 a g 镁铝合金粉末，放在如下页图所示装置的惰性电热板上，通电使其充分灼烧。

讨论一：欲计算镁的质量分数，该实验中还需测定的一种数据是________。

讨论二：若用空气代替 O_2 进行实验，对测定结果（选填“有”或“无”）________影响。

② 第二小组设计下列实验方案：称取 b g 镁铝合金，与足量的稀盐酸完全反应。

欲计算镁的质量分数，该实验中还需测定的一种数据是__________。

六、(本题包括 1 小题，共 15 分)

28. (15 分) 京京同学对金属活动性顺序等知识进行了研究。

(1) 根据下页图中的实验现象判断，稀盐酸里的 A、B、C、D 四种金属中，在金属活动性顺序里，位于氢后面的金属是(填字母) ________。

(2) 将甲、乙两种金属片分别放入硫酸铜溶液中，乙表面析出红色固体，甲没有明显现象。判断甲、乙、铜三种金属的活动性由强到弱的顺序为__________。

(3) 查阅资料：金属在活动性顺序里的位置越靠后，其化合物越不稳定，所以它的氧化物越容易被还原。在下列①②中各写一个化学方程式，③中写出还原金属氧化物的方法。

把金属氧化物还原成金属的三种主要方法
→①金属氧化物加热分解：__▲__
→②用碳还原金属氧化物：__▲__
→③__▲__：$Fe_2O_3+2Al\xlongequal{高温}Al_2O_3+2Fe$

(4) 查阅资料：在金属活动性顺序里，位于氢后面的金属Cu，在常温下虽然不能与稀盐酸、稀硫酸反应，但可以与稀硝酸反应，其化学方程式为：

$$3Cu+8HNO_3(稀)=3Cu(NO_3)_2+2NO\uparrow+4H_2O$$

反应生成的NO是无色、难溶于水的气体，在常温下与空气中的O_2迅速化合生成NO_2，NO_2是红棕色、有刺激性气味的有毒气体。

用右下图所示实验装置进行实验，可以证明铜与稀硝酸反应生成的气体是NO。

① 检查装置的气密性：关闭弹簧夹，将干燥管放入带有水的烧杯中，若观察到__________，则表明该装置的气密性良好。

② 按右图所示进行实验：打开弹簧夹，用注射器慢慢抽取干燥管内的气体，稀硝酸沿着干燥管慢慢上升，直到__________，停止抽拉注射器，关闭弹簧夹，观察干燥管内的现象：__________。反应停止后，打开弹簧夹，用注射器抽取干燥管内的气体（事先已将注射器内原有的气体推出），关闭弹簧夹后取下注射器，并抽取一定量的空气，观察到气体变为红棕色。

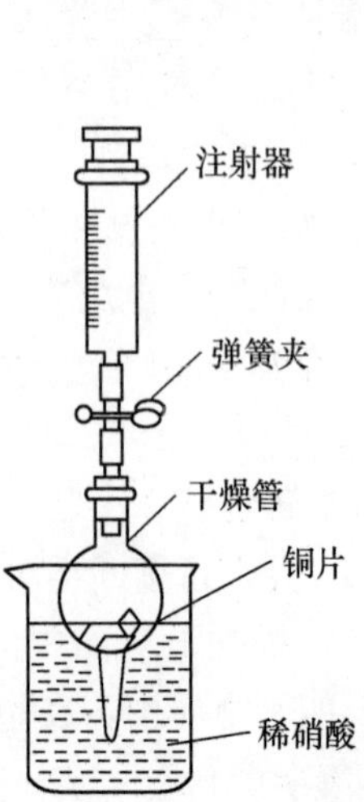

③ 上述实验完成后，用足量 NaOH 溶液将气体吸收，其目的是______。

④ 下图是 NO_2 气体和空气混合的实验示意图，观察图中 A、B、D 的表示方法，在 C 处画出相应的气体组成的粒子示意图。

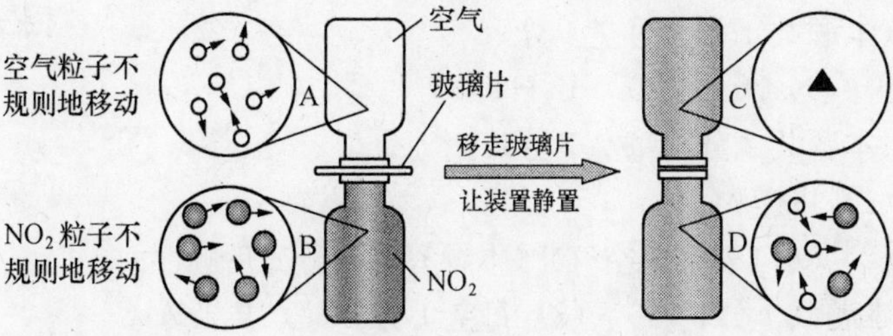

⑤在 3.84 g Cu 中加入 100 g 稀 HNO_3 溶液，如恰好完全反应，计算生成 NO 的质量（化学方程式见上）和反应前稀 HNO_3 溶液中溶质的质量分数。（请写出计算过程）

参考答案及评分标准

一、选择题（本题共 15 小题，每小题只有 1 个选项符合题意。每小题 1 分，共 15 分）

1. A　2. B　3. D　4. A　5. C　6. B　7. C　8. D　9. A　10. B
11. D　12. D　13. C　14. B　15. C

二、选择题（本题共 5 小题，每小题有一个或两个选项符合题意。错选、多选不给分。有两个答案的，只选一个且正确，给 1 分。每小题 2 分，共 10 分）

16. A C　17. B　18. A　19. B D　20. C

说明：1. 主观性试题，答案合理均可给分。
2. 书写化学方程式的评分标准：化学式写错不得分；条件、配平、气体或沉淀符号有错的扣 0.5 分，不累计扣分。

三、（本题包括 2 小题，共 12 分）

21.（本题共 5 分，每空 1 分）

（1）$CaCO_3+2HCl=CaCl_2+H_2O+CO_2$

（2）A

（3）氢气密度比空气小　难溶于水且不与水反应

（4）将燃着的木条放在集气瓶口，观察到木条熄灭

22.（本题共 7 分，每空 1 分）

[得出结论 1] 能

［质疑并求证］弱

［得出结论 2］相对强弱

［拓展应用］红　柠檬酸固体不显酸性

［反思］水与二氧化碳反应生成碳酸，碳酸在水中会解离出 H^+

柠檬酸溶解于水，在水中会解离出 H^+

四、(本题包括 3 小题，共 13 分)

23. (本题共 4 分，每空 1 分)

N_2　NaOH　CO_2　C_2H_5OH

24. (本题共 2 分，每空 1 分)

(1) 可燃物

(2) O_2（氧气或空气）(本题答案不分先后顺序)

25. 本题共 7 分，(1)、(3) 每空 1 分，(2) 共 1 分

(1) ①属于　②水分子（H_2O 分子）

(2) 滤去不溶性　吸附一些可溶性（本题答案不分先后顺序）

(3) ②（饱和）Na_2CO_3 溶液　$CaCl_2 + Na_2CO_3 = 2NaCl + CaCO_3$（只写此化学方程式即给分，再写 $Ca(OH)_2 + Na_2CO_3 = 2NaOH + CaCO_3$ 不扣分也不加分）

④取上述滤液少许于试管中，滴加少量肥皂水，振荡产生较多泡沫

五、(本题包括 2 小题，共 15 分)

26. (本题共 4 分，每空 1 分)

(1) H_2　C

(2) $CH_4 + 2O_2 = CO_2 + 2H_2O$

(3) $2H_2O_2 = 2H_2O + O_2$（催化剂可以写成：Fe_2O_3 或 CuO 等）

27. (本题共 11 分，每空 1 分)

(1) ① $CaCO_3 \xlongequal{高温} CaO + CO_2$　$Mg(OH)_2 + 2HCl = MgCl_2 + 2H_2O$

② Ⅰ、Ⅳ、Ⅴ

③ 蒸发皿　玻璃杯（本题答案不分先后顺序）

④ 电解产生的氯气用于生产 HCl（合理答案均给分）

(2) ①C　②活泼

(3) ①完全反应后生成的固体的质量　有

②充分反应后生成的氢气的质量（体积）

六、本题包括 1 小题，共 15 分

28. 本题共 15 分，第 (4) 题中⑤小题 5 分，其余每空 1 分

(1) D　　(2) 乙＞Cu＞甲

(3) ① $2HgO \xlongequal{\triangle} 2Hg + O_2$（合理答案均给分）

② $C+2CuO \xlongequal{高温} 2Cu+CO_2$（合理答案均给分）

③ 用一种金属还原金属氧化物（合理答案均给分）

(4) ① 若干燥管内的液（水）面比烧杯内的液（水）面低，且过一段时间后干燥管内的液（水）面保持不变

② 充满干燥管　铜片表面有气泡产生，铜片溶解，溶液由无色变成蓝色，液面下降

③ 防止污染空气　④ 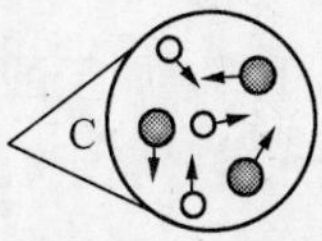

⑤ 解：设生成 NO 的质量为 x，稀硝酸中溶质的质量为 y（设和答共 1 分）

$3Cu + 8HNO_3 = 3Cu(NO_3)_2 + 2NO + 4H_2O$

64×3　　8×63　　　　　2×30

3.84 g　　y　　　　　　x

$x=1.2$ g（1分）

$y=10.08$ g（1分）

10.08 g/100 g×100%=10.08%（1分）

答：生成 NO 的质量为 1.2 g，稀硝酸中溶质的质量分数为 10.08%。

南通市 2008 年初中毕业、升学考试化学试题

第Ⅰ卷（选择题　共 40 分）

注意事项：

1. 答第Ⅰ卷前，考生务必将自己的姓名、考试号、科目名称用 2B 铅笔涂写在答题卡上。

2. 每小题选出答案后，用 2B 铅笔把答题卡上对应题目的答案标号涂黑。如需改动，用橡皮擦干净后，再选涂其他答案。不能答在试卷上。

一、选择题（本题共 15 小题，每小题 2 分，共 30 分）每小题给出的四个选项中只有一个选项正确，请将正确选项的序号填涂在答题卡上。

1. 北京奥运火炬的外壳主要采用高品质的铝合金材料制造，燃烧系统内装环保型燃料——丙烷（C_3H_8）。下列说法正确的是(　)。

A. 铝合金制作的火炬质量轻、不易腐蚀

B. 铝合金硬度小、不易导热

C. 丙烷分子中 C、H 电子数之比为 3∶8

D. 丙烷在常温常压下是固体

2. 把少量物质分别加入另一物质中，充分搅拌，可以得到溶液的是（　　）。

A. 碘加入汽油中　　B. 面粉加入水中

C. 高锰酸钾加入汽油中　　D. 植物油加入水中

3. 分类是学习和研究化学物质的一种常用的科学方法，下列分类正确的是（　　）。

A. 碳酸氢钠能解离出 H^+，属于酸

B. 一氧化碳中含有碳元素，属于有机物

C. 氢氧化钠中含有氧元素，属于氧化物

D. 绿矾可用化学式 $FeSO_4 \cdot 7H_2O$ 表示，属于纯净物

4. 要使一杯氯化铵不饱和溶液变为饱和溶液，可采取的方法是（　　）。

A. 加水　　B. 不断搅拌

C. 升高温度　　D. 加氯化铵晶体

5. 下列有关水的叙述中，不正确的是（　　）。

A. 水汽化时分子间隔发生了变化

B. 用明矾溶液可以区分硬水和软水

C. 工业废水处理后可以循环使用

D. 水是能溶解多种物质的常用溶剂

6. 古语道："人要实，火要虚。"此话的意思是说：做人必须脚踏实地，事业才能有成；燃烧固体燃料需要架空，燃烧才能更旺。从燃烧的条件看，"火要虚"的实质是（　　）。

A. 增大可燃物的热值

B. 提高空气中氧气的含量

C. 提高可燃物的着火点

D. 增大可燃物与空气的接触面积

7. 下列关于分子、原子、离子构成物质的说法中，不正确的是（　　）。

A. 汞原子聚集成金属汞

B. 氢原子结合成氢气

C. 氯原子和氢原子结合成氯化氢分子，氯化氢分子聚集成氯化氢

D. 氯原子和钠原子得失电子形成氯离子和钠离子，两种离子结合成氯化钠

8. 对有关实验现象的描述正确的是（　　）。

A. 碳在氧气中燃烧放出白烟

B. 干冰在空气中升华周围出现白雾

C. 铁丝在氧气中燃烧生成四氧化三铁

D. 硫在氧气中燃烧发出淡蓝色的火焰

9. 若金属锰(Mn)在金属活动性顺序中位于铝和锌之间，则下列反应不正确的是（　　）。

A. $Mn+H_2SO_4=MnSO_4+H_2\uparrow$

B. $Mg+MnSO_4=MgSO_4+Mn$

C. $Fe+MnSO_4=FeSO_4+Mn$

D. $Mn+CuSO_4=MnSO_4+Cu$

10. 下图是金刚石、石墨、C_{60}、碳纳米管结构示意图，下列说法正确的是（　　）。

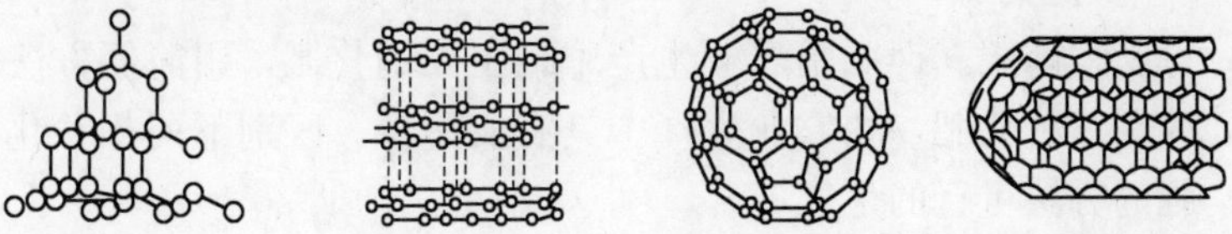

金刚石　　石墨　　C_{60}　　碳纳米管

A. 这四种物质都很软，可作润滑剂

B. 这四种物质碳原子的排列方式相同

C. 这四种物质完全燃烧后的产物都是 CO_2

D. 这四种物质的结构中都是每个碳原子连接 3 个碳原子

11. 下列制取气体的方案，可以直接采用右图所示装置进行的是（　　）。

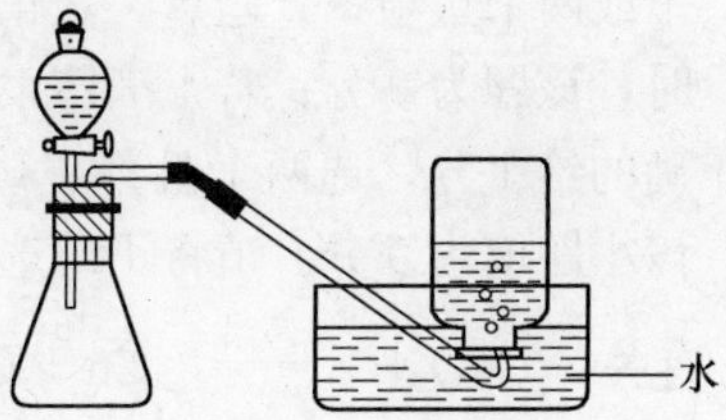

① 用 H_2O_2 和 MnO_2 制取 O_2

② 用 $CaCO_3$ 和稀盐酸制取 CO_2

③ 用 $KClO_3$ 和 MnO_2 制取 O_2

④ 用 Zn 和稀 H_2SO_4 制取 H_2

⑤ 用 Na_2CO_3 和 H_2SO_4 制取 CO_2

A. ①④　　B. ①②④　　C. ①②⑤　　D. ①②④⑤

12. 利用下列原理制取氧气，具有反应快、操作简便、能耗少、无污染的是（　　）。

A. $2\,KClO_3 \xrightarrow[\Delta]{MnO_2} 2\,KCl+3\,O_2\uparrow$

B. $2\,KMnO_4 \xrightarrow{\Delta} K_2MnO_4+MnO_2+O_2\uparrow$

C. $2\,H_2O_2 \xrightarrow{MnO_2} 2\,H_2O+O_2\uparrow$

D. $2\ HgO \xlongequal{\Delta} 2\ Hg + O_2\uparrow$

13. 下列物质的转化能实现的是（　　）。

A. $H_2SO_4 \longrightarrow HCl$　　B. $CO \longrightarrow Na_2CO_3$

C. $Cu(OH)_2 \longrightarrow NaOH$　　D. $NaNO_3 \longrightarrow Ba(NO_3)_2$

14. 下列说法不正确的是（　　）。

A. 碳酸氢钠可以用来治疗胃酸过多

B. 氨水（$NH_3 \cdot H_2O$）涂在蚊虫叮咬后的皮肤上，可减轻痛痒

C. 通过大量使用农药，防治病虫害，以提高产量，符合可持续发展

D. 汽油中加入适量乙醇作为汽车燃料，可节省石油资源、减少污染

15. 氮肥、磷肥、钾肥是农业生产中最主要的化肥，用简便方法区别三种化肥，在农业生产中具有实用性。区别下列相关化肥的方法可行的是（　　）。

A. NH_4Cl 与 KCl：观察外观

B. NH_4HCO_3 与 KCl：加水

C. K_2SO_4 与 $Ca_3(PO_4)_2$：闻气味

D. $(NH_4)_2SO_4$ 与 K_2SO_4：加熟石灰研磨后闻气味

二、选择题（本题共 5 小题，每小题 2 分，共 10 分）每小题有一个或两个选项符合题意。若正确答案只包括一个选项，多选时，该题为 0 分；若正确答案包括两个选项，只选一个且正确的给 1 分，选两个且都正确的给 2 分，但只要选错一个，该小题就为 0 分。请将正确选项的序号填涂在答题卡上。

16. 有关 $2\ CuO + C \xlongequal{高温} 2\ Cu + CO_2\uparrow$ 的反应，说法正确的是（　　）。

A. CuO 具有氧化性

B. C 发生了还原反应

C. 反应前后氧元素的化合价没有改变

D. 反应前后固体质量不变

17. 在生活、生产和科学研究中，常用 pH 试纸测定溶液的 pH。以下测定操作正确是（　　）。

A. 将被测液滴到放在玻璃片上的 pH 试纸上，显色后，与标准比色卡比较

B. 将 pH 试纸直接投入被测液中，显色后，取出与标准比色卡比较

C. 先用少量水湿润试纸，后滴上被测液，显色后，与标准比

色卡比较

D. 先用蒸馏水清洗滴管，随后吸取被测液滴到试纸上，显色后，与标准比色卡比较

18. 下列变化过程中吸收热量的是（　　）。

A. Zn 与盐酸反应　　B. NaOH 固体溶于水

C. CO_2 与 C 反应　　D. NH_4NO_3 固体溶于水

19. 除去下列物质中所含少量杂质的方法正确的是（　　）。

	物质	杂质	除杂试剂	提纯方法
A	CO_2	CO	O_2	点燃
B	KCl	MnO_2	水	溶解、过滤、蒸发
C	H_2O	$NaNO_2$	活性炭	吸附、过滤
D	Na_2CO_3	Na_2SO_4	$BaCl_2$	溶解、过滤、洗涤

20. A、B、C 三种物质各 15 g，它们化合时只能生成 30 g 新物质 D。若增加 10 g A，则反应停止后，原反应物中只余 C。根据上述条件推断，下列说法中正确的是（　　）。

A. 第一次反应停止后，B 剩余 9 g

B. 第二次反应后，D 的质量为 50 g

C. 反应中 A 和 B 的质量比是 3∶2

D. 反应中 A 和 C 的质量比是 5∶2

第Ⅱ卷（非选择题　共 60 分）

三、（本题共 4 小题，每空 1 分，共 20 分）

21.（6 分）化学可以帮助人类认识改造周围的世界，促进社会发展。

（1）糖类、油脂、蛋白质和维生素都是人类的基本营养物质。下表为某品牌燕麦片标签中的一部分。

每 100 g 含有营养成分	糖类	油脂	蛋白质	维生素 C	钙	镁	钠	锌
	7.6 g	7.8 g	7.4 g	18 mg	201 mg	18.2 mg	30.8 mg	8.1 mg

① 燕麦片的营养成分中能与水反应生成氨基酸的营养物质是________；每克营养物质氧化时放出能量最多的是________；人体必需的微量元素是________。

② 维生素 C 易溶于水，向其水溶液中滴入紫色石蕊试液，石蕊变红色，加热该溶液至沸腾，红色消失。因此，烹调富含维生素 C 的食物时，应该注意________；在碱性条件下，维生素 C 易被空气氧化，烧煮时最好加一点________。

(2) 我们穿的衣服通常是由纤维织成的，常见的纤维有棉花、羊毛、涤纶等。用灼烧法可初步鉴别三种纤维，给三种纤维编号后，分别灼烧产生的气味如下：

纤维编号	①	②	③
灼烧时的气味	特殊气味	烧纸气味	烧焦羽毛气味

则羊毛、棉花的编号分别为__________。

22. (4 分)

(1) 元素 X 的离子结构示意图为 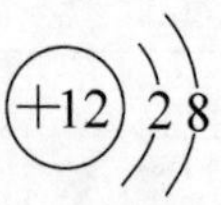，元素 Y 的原子结构示意图为 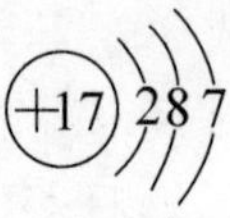。写出 X 的离子符号__________；X 与 Y 形成化合物的化学式为__________。

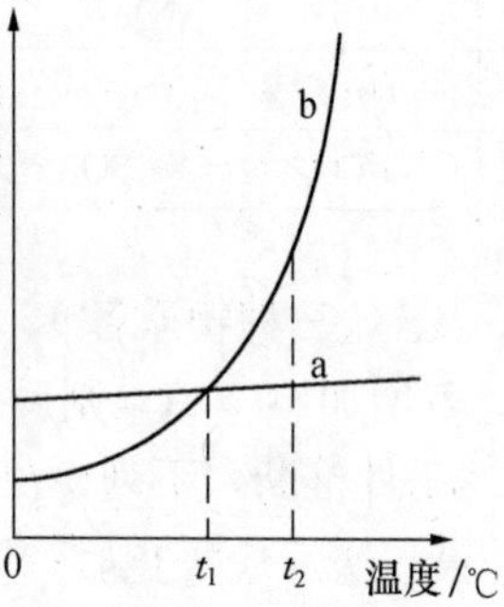

(2) a、b 两种固体物质的溶解度曲线如上图所示。在________℃时 a、b 的溶质质量分数相等。当 a 的饱和溶液含有少量 b 时，通过__________提纯 a。

23. (4 分) 1909 年化学家哈伯在实验室首次合成了氨。2007 年化学家格哈德·埃特尔在哈伯研究所证实了氢气与氮气在固体催化剂表面合成氨的反应过程，获得诺贝尔化学奖。

(1) 将氢气和氮气在高温、高压和催化剂的条件下合成氨 (NH_3)。反应的化学方程式为________________________________。

(2) 用 、、 分别表示 N_2、H_2、NH_3。观察下图，写出符合在催化剂表面合成氨反应过程的顺序____________________(将下面五张图按反应过程顺序用序号排列)。

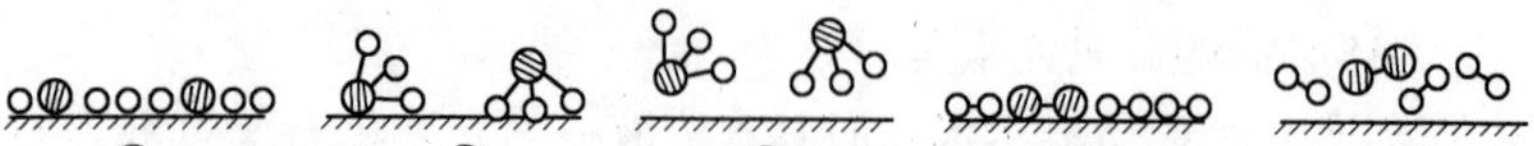

① ② ③ ④ ⑤

(3) 表面化学对于化学工业很重要，它可以帮助我们了解不同的过程。

在潮湿的空气里，铁表面吸附了一层薄薄的水膜，同时由于空气中O_2的溶解，水膜呈中性。若空气中CO_2溶解，水膜呈酸性，写出该反应的化学方程式______________。
在汽车排气管上安装尾气净化装置，可使尾气中的CO和NO在催化剂表面发生反应，产生两种空气组成的气体，写出该反应的化学方程式________________。

24.（6分）右图中A、B、C、D、E、F、G、H分别代表相关反应的一种物质。已知：X、H为黑色固体单质，D是大理石的主要成分，Y为红棕色粉末。常温下C、E、F、G均为无色气体，图中有部分生成物未标出。请填写以下空白：

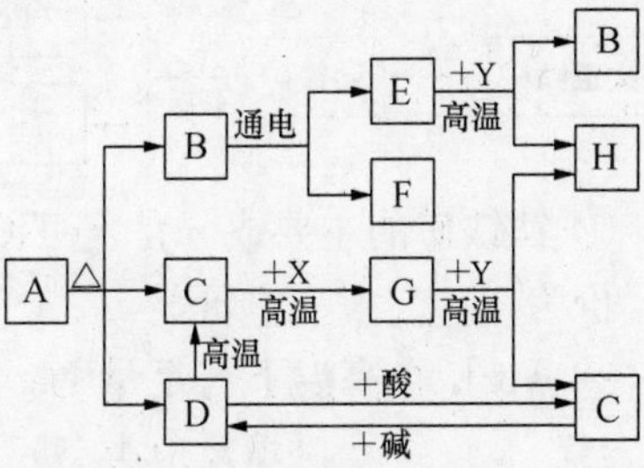

(1) 写出下列两种物质的化学式：
E________，X________。
(2) 写出下列反应的化学方程式：
① D $\xrightarrow{高温}$ C的反应：______________________________。
② C $\xrightarrow{碱}$ D的反应：______________________________。
③ F与H的反应：______________________________。
④ G与Y的反应：______________________________。

四、(本题1小题，每空1分，共10分)

25.（10分）“嫦娥一号”卫星发射成功，标志月球探测成为中国航天的现实。
(1)“嫦娥一号”使用的燃料是液氢，助燃剂是液氧。氧气从淡蓝色液体变成无色气体发生了__________变化，氢气燃烧的化学方程式为__________。液态氢作燃料除燃烧时产生较大的推动力外，另一个优点是__________。对于目前全世界出现能源危机，以及燃烧对环境的影响，我们应该合理开发利用的新能源有（至少填两种）__________。
(2) 月球上的^3He（3表示相对原子质量）蕴藏量巨大，探月的目标之一是探测核聚变燃料^3He的分布。地球上的氦元素主要以^4He形式存在。从原子的构成来看，^3He、^4He两种原子的__________数不同，化学性质__________。
(3)“嫦娥一号”另一个目标是探测下列14种元素的含量和分布：K、Th（钍）、U（铀）、O、Si、Mg、Al、Ca、Fe、Ti（钛）、Na、Mn、Cr（铬）、Gd（钆）。其中属于金属元素的有____________种。

(4) 月球表面富含钛铁矿，钛因其硬度大、熔点高、常温下耐酸碱、耐腐蚀等优良的性能，被誉为“未来金属”。我国四川省有大型钒钛磁铁矿，由钒钛磁铁矿提取金属钛的主要工艺过程如下：

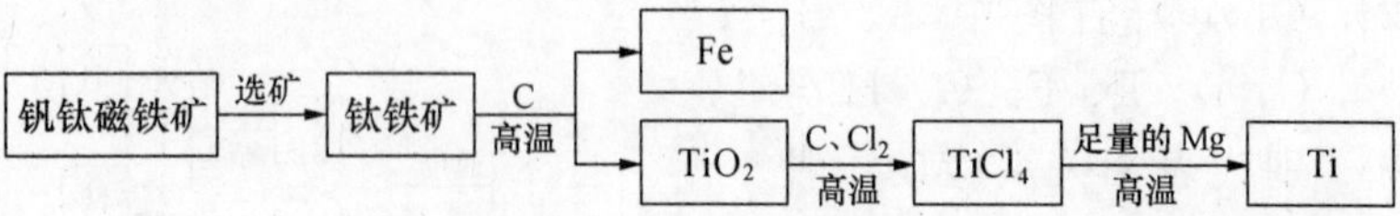

① 钛铁矿的主要成分是 $FeTiO_3$（钛酸亚铁），其中钛的化合价为____________价。

② $TiCl_4$ 在高温下与足量 Mg 反应生成金属 Ti，该反应属于____________（填反应类型）。

③ 上述生产过程中得到的金属钛中混有少量金属杂质，可加入____________除去。

五、(本题共 3 小题，每空 1 分，共 21 分)

26. (4 分) 规范的实验操作是实验成功的前提，请回答：

(1) 量取 8 mL 稀硫酸，应选用____________ mL 的量筒。

(2) 胶头滴管用过后应____________，再去吸取其他药品。

(3) 实验室用烧瓶制取蒸馏水时，烧瓶的底部应垫放____________。

(4) 玻璃管插入带孔橡皮塞，先把玻璃管的一端__________，然后稍稍用力转动插入。

27. (8 分) 已知某纯碱试样中含有杂质氯化钠，为测定试样中纯碱的质量分数，可用下图装置进行实验。

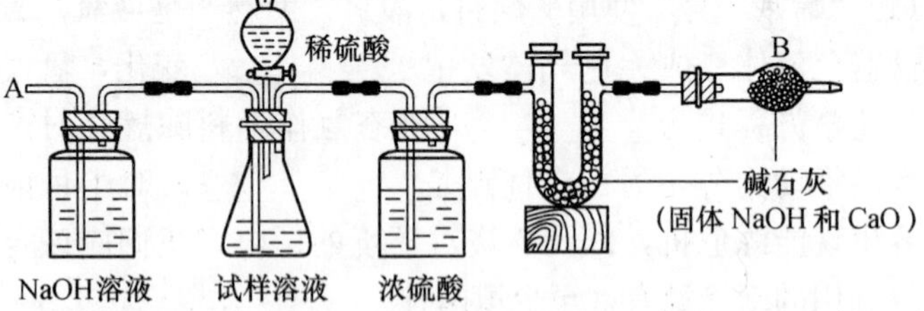

主要步骤如下，请填空：

①按图组装仪器，并检查____________；②将 10 g 试样放入锥形瓶中，加适量蒸馏水溶解，得到试样溶液；③称量盛有碱石灰的 U 形管的质量为 300 g；④从分液漏斗中滴入 20% 的稀硫酸，直到____________为止，写出反应的化学方程式______________________；⑤从导管 A 处缓缓鼓入一定量的空气；⑥再次称量盛有碱石灰的 U 形管的质量；⑦重复⑤和

⑥的操作，直到 U 形管的质量基本不变，测得质量为 303.3 g。

回答下列问题：

(1) 装置中浓硫酸的作用是__________________。

(2) 步骤⑤的目的是__________________。

(3) 试样中纯碱的质量分数为__________________。

(4) 分液漏斗中的稀 H_2SO_4 不能换成浓盐酸，理由是____________________________________。

(5) 若用生成沉淀的方法来测定试样中纯碱的质量分数，应选用的试剂是__________________。

28. (9 分) 请你参与下列探究：

【问题情景】某化学实验小组同学将铁粉投入硫酸铜溶液中，发现生成红色固体物质的同时有较多的气泡放出。这一现象激发起同学们的探究欲望，生成的是什么气体？

【提出猜想】从物质组成元素的角度，放出的气体可能是 SO_2、O_2、H_2。

【查阅资料】SO_2 易溶于水，它能与 NaOH 反应，生成 Na_2SO_3。

【方案设计】依据上述猜想，实验小组同学分别设计了如下方案：

(1) 甲同学认为是 O_2，则检验方法是__________________。

(2) 乙同学认为是 SO_2，则只需将放出的气体通入盛有 NaOH 溶液的洗气瓶中，称量通气前后洗气瓶的质量。写出 SO_2 与 NaOH 反应的化学方程式__________________。

(3) 实验小组同学合作设计了如下组合实验方案，排除和验证猜想的气体。

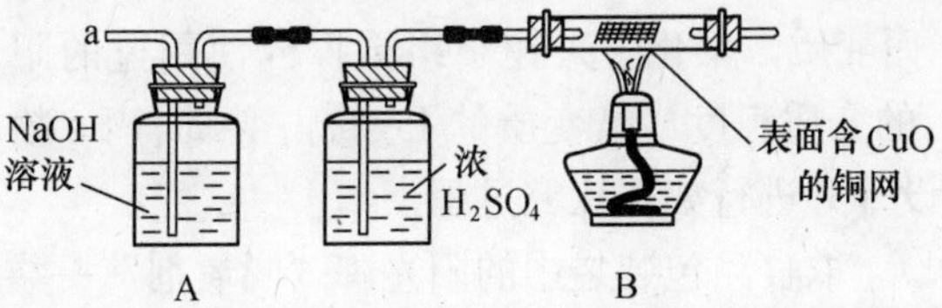

如果放出的是 O_2 和 H_2，你认为方案中的安全隐患是__________________。

丙同学认为：为确保安全，实验前应先收集一试管气体，用拇指____________，若不发出____________，方可采用上面的装置进行实验。

【实验探究】经丙同学确认安全后，小组同学首先对装置 A 进行称量，再将收集到的气体从 a 通入，过一会儿点燃 B 处酒精灯；一段时间后，发现表面含 CuO 的铜网由黑色变为光亮的红色；停止通气，再次称量装置 A，发现质量无增减。

结论：铁粉与硫酸铜溶液反应时，产生的气体是________________。

【思维拓展】

(1) 由上述实验可以推出，硫酸铜溶液中可能含有____________物质。

(2) 不通过称量，如何判断 SO_2 与 NaOH 溶液发生了反应呢？有一同学设计了右图所示的装置进行实验，发现试管内液面上升，就得出 SO_2 与 NaOH 溶液发生反应的结论。其他同学认为这一方案不严谨，理由是____________________。要想得到科学严谨的结论，仍利用该装置，补做的实验是____________________________。

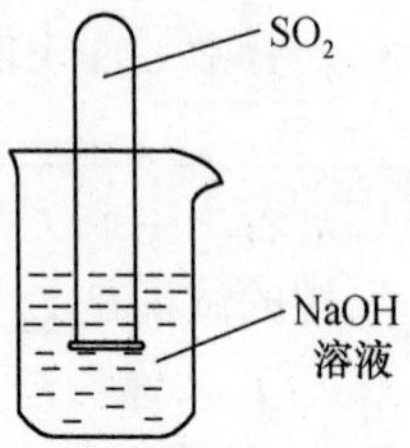

六、(本题共 2 小题，共 9 分)

29. (4 分) 2008 年 5 月 12 日四川汶川大地震后，为了预防疫情，防疫人员使用了各种消毒剂对环境进行消毒。亚氯酸钠 ($NaClO_2$) 是一种重要的消毒剂。试计算：

(1) 亚氯酸钠中 Na、Cl、O 三种元素的质量之比为________________。

(2) 现要配制质量分数为 16% 的亚氯酸钠消毒液 1 500 kg，需要亚氯酸钠__________kg。

30. (5 分) 阳光牌小包装“脱氧剂”成分为 Fe 粉、活性炭及少量 NaCl、水。使用一段时间后，其中的 Fe 粉会转变成 Fe_2O_3 而变质。某化学兴趣小组欲探究使用过的阳光牌“脱氧剂”的变质程度（已变质的 Fe 粉占变质前 Fe 粉的质量分数），设计并进行如下探究过程。

步骤(1)　取食品包装袋中的阳光牌“脱氧剂”一袋，将里面的固体溶于水，过滤、洗涤、干燥滤渣。

步骤(2)　取步骤 (1) 中的滤渣 8.0 g，加入足量的稀 H_2SO_4 与滤渣充分反应，过滤、洗涤、干燥得固体 1.2 g。

步骤(3)　取步骤 (2) 中的滤液，加入足量的 NaOH 溶液，得到的固体经洗涤后转移到坩埚中，充分加热、冷却、称量，得到 8.0 g Fe_2O_3（注：滤液中的 Fe 元素已全部转化为 Fe_2O_3）。

求：(1) 8.0 g 滤渣中 Fe 和 Fe_2O_3 两种物质的总质量。

(2) 该“脱氧剂”在未变质时，Fe 粉和活性炭的质量之比。

（3）该“脱氧剂”的变质程度。

参考答案及评分标准

一、选择题（本题共15小题，每小题2分，共30分）

1. A　2. A　3. D　4. D　5. B　6. D　7. B　8. B　9. C　10. C
11. A　12. C　13. A　14. C　15. D

二、选择题（本题共5小题，每小题2分，共10分）若正确答案只包括一个选项，多选时，该题为0分；若正确答案包括两个选项，只选一个且正确的给1分，选两个且都正确的给2分，但只要选错一个，该小题就为0分。

16. AC　17. A　18. CD　19. B　20. BD

三、(本题共4小题，每空1分，共20分)

21.（1）①蛋白质　油脂　锌　②不要高温加热　食醋
（2）③②

22.（1）X^{2+}　XY_2　（2）t_1　蒸发结晶

23.（1）$N_2+3H_2 \xlongequal[催化剂]{高温、高压} 2NH_3$

（2）⑤④①②③

（3）$H_2O+CO_2=H_2CO_3$　$2CO+2NO \xlongequal{催化剂} N_2+2CO_2$

24.（1）H_2　C

（2）① $CaCO_3 \xlongequal{高温} CaO+CO_2\uparrow$

② $Ca(OH)_2+CO_2=CaCO_3\downarrow+H_2O$

③ $3Fe+2O_2 \xlongequal{点燃} Fe_3O_4$　④ $Fe_2O_3+3CO \xlongequal{高温} 2Fe+3CO_2$

四、(本题1小题，每空1分，共10分)

25.（1）物理　$2H_2+O_2 \xlongequal{点燃} 2H_2O$　无污染　太阳能、风能
（2）中子　基本相同　（3）12
（4）① +4　② 置换反应　③ 稀盐酸

五、(本题共3小题，每空1分，共21分)

26.（1）10　（2）立即洗净　（3）石棉网　（4）用水润湿

27. ①装置的气密性　④不再产生气体　$Na_2CO_3+H_2SO_4=Na_2SO_4+CO_2\uparrow+H_2O$
（1）除去水
（2）使反应产生的CO_2全部导入U形管
（3）79.5%
（4）浓盐酸有挥发性，对测定有影响
（5）$CaCl_2$

28.【方案设计】

(1) 用带火星的木条试验，看木条是否复燃

(2) $SO_2+2NaOH=Na_2SO_3+H_2O$

(3) 实验时在B处易发生爆炸事故　堵住试管口，靠近火焰点火　尖锐的爆鸣声

【实验探究】H_2

【思维拓展】

(1) 酸性

(2) SO_2 易溶于水，也能使液面上升　将 NaOH 溶液换成水做对比实验

六、(本题共2小题，共9分)

29. (1) 23∶35.5∶32　(2分)

(2) 240　(2分)

30. 解：

(1) 1.2 g的固体是活性炭。　(1分)

8.0 g滤渣中 Fe 和 Fe_2O_3 两种物质的总质量为：

8.0 g−1.2 g=6.8 g　(1分)

(2) Fe元素的质量为：$8.0\ g\times\frac{112}{160}=5.6\ g$

则 Fe 粉和活性炭的质量之比为 5.6∶1.2=14∶3　(1分)

(3) 由于铁变质而增加的氧元素的质量为：

6.8 g−5.6 g=1.2 g

变质铁的质量为：$1.2\ g\div\frac{48}{112}=2.8\ g$　(1分)

脱氧剂的变质程度为：$\frac{2.8\ g}{5.6\ g}\times100\%=50\%$　(1分)

答：略

注：卷Ⅱ中，其他合理答案均给分。

常州市2008年初中毕业、升学统一考试化学试题

第Ⅰ卷（选择题　共40分）

一、选择题（本题包括20小题，共40分。每小题只有一个选项符合题意）

1. 下列物质中属于钾肥的是（　　）。

A. NH_4NO_3　　B. K_2SO_4

C. $CO(NH_2)_2$　　D. $Ca_3(PO_4)_2$

2. 关于仪器的用途，下列叙述中不正确的是（　　）。

A. 试管可以用作反应容器

B. 托盘天平可以称量物质质量

C. 量筒可以用作稀释浓硫酸的容器

D. 玻璃棒可以用来搅拌液体

3. 下列各组物质中，前者属于单质、后者属于混合物的是(　　)。

A. 氮气　蒸馏水　　B. 生铁　稀盐酸

C. 氢气　大理石　　D. 二氧化碳　空气

4. 下列物质的名称、俗名与化学式完全对应的是（　　）。

A. 氯化钠　食盐　$NaCl_2$

B. 碳酸氢钠　纯碱　$NaHCO_3$

C. 氢氧化钙　熟石灰　CaO

D. 氢氧化钠　火碱　NaOH

5. 钇铁石榴石（$Y_3Fe_5O_{12}$）可用作雷达微波过滤器里使用的铁氧磁性体，其中钇（Y）显＋3价，则Fe的化合价为（　　）。

A. 0　　B. ＋2　　C. ＋3　　D. ＋6

6. 等质量的下列物质中，蛋白质含量最高的是（　　）。

A. 鱼　　B. 大米　　C. 青菜　　D. 苹果

7. 下列仪器一般需经过磨砂处理的是（　　）。

A. 试管　　B. 烧杯　　C. 集气瓶　　D. 量筒

8. 常用的消毒剂有氯气（Cl_2）、二氧化氯（ClO_2）、漂白粉[$Ca(ClO)_2$]等，这三种物质都含（　　）。

A. 原子团　B. 氯分子　C. 氯离子　D. 氯元素

9. 下列反应中属于中和反应的是（　　）。

A. $Na_2CO_3+2HCl=2NaCl+H_2O+CO_2\uparrow$

B. $2NaOH+H_2SO_4=Na_2SO_4+2H_2O$

C. $SO_2+2NaOH=Na_2SO_3+H_2O$

D. $Zn+CuSO_4=ZnSO_4+Cu$

10. 铁生锈的条件（　　）。

A. 仅需要氧气　　B. 仅需要水

C. 氧气或水　　D. 氧气和水

11. 青蒿素（$C_{15}H_{22}O_5$）是我国首创的新型抗疟疾药，下列关于青蒿素的叙述错误的是（　　）。

A. 属于无机物

B. 含有三种元素

C. 相对分子质量为282

D. 碳元素的质量分数约为63.8%

12. 下列关于溶液的叙述中，正确的是（　　）。

A. 无色透明的液体一定是溶液

B. 溶液中各部分的性质均相同

C. 植物油分散到水中可以形成溶液

D. 溶液中只能有一种溶质

13. 下列叙述中，正确的是（　　）。

A. 原子的质量主要集中在原子核上

B. 构成物质的微粒只有分子和原子

C. 气体易被压缩，说明构成气体的分子在不断运动

D. 物质在不同条件下的三态变化主要是由于分子的大小发生了变化

14. “节能减排，保护环境，建设生态文明”成为确保我国可持续性发展的新的关键词。下列活动或举措与该主题无关的是（　　）。

A. 我市开展的“捐献一张废纸，献出一片爱心”活动

B. 我市对雨水、污水管道实施规范化整治，做到清污分流

C. 2007 年 6 月我市举办的“珍爱生命　拒绝毒品”大型签名活动

D. 2008 年 6 月 1 日起，我国全面实施“限塑令”

15. 对比实验是运用比较的方法来揭示事物的性质或变化规律的一种实验方法。课本中设计的下列实验不属于对比实验的是（　　）。

A. 铁钉锈蚀实验

B. 几种纤维的性质实验

C. 粉尘爆炸实验

D. 探究影响物质溶解性因素的实验

16. 下列各种物质间的转换通过一步反应不能实现的是（　　）。

A. $P \rightarrow P_2O_5$　　B. $CaCO_3 \rightarrow CO$

C. $Fe \rightarrow FeCl_2$　　D. $CuO \rightarrow CuSO_4$

17. 将一大烧杯倒扣在培养皿上，培养皿上所放物质如下图所示。下列对有关实验现象的描述肯定不正确的是（　　）。

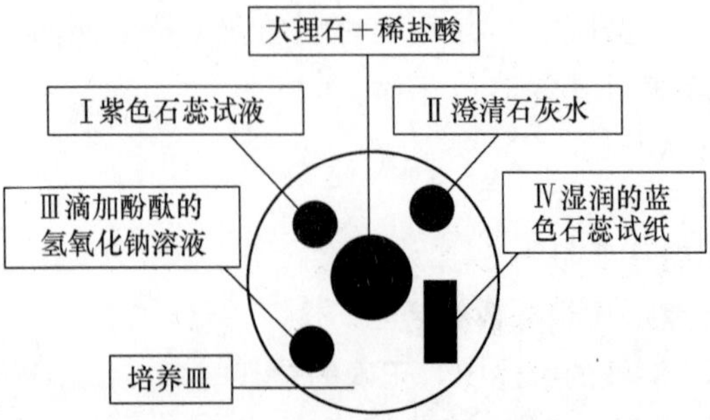

A. Ⅰ处试液变蓝　　　　　　B. Ⅱ处溶液变浑浊

C. Ⅲ处溶液颜色逐渐变浅　D. Ⅳ处试纸变红

18. “绿色化学”能实现零排放（即反应物中的原子利用率达到100%）。CO 和 H_2 在一定条件下按照不同的比例可以合成不同的有机化工原料。根据零排放的要求，以 CO 和 H_2 合成的有机物不可能是（　　）。

A. 甲醇（CH_4O）　　　　B. 乙醇（C_2H_6O）

C. 甲醛（CH_2O）　　　　D. 乙酸（$C_2H_4O_2$）

19. 图 1 可表示“M 与 N 的并列关系”，图 2 可表示“M 属于 N 的从属关系”。下列概念间的关系符合图 3 所示关系的是(　　)。

图 1

图 2

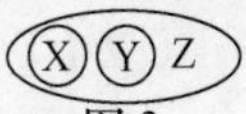

图 3

	X	Y	Z
A	溶质	溶剂	溶液
B	悬浊液	乳浊液	溶液
C	氧化物	酸碱盐	化合物
D	饱和溶液	不饱和溶液	浓溶液

20. 右图为 A 物质的溶解度曲线。M、N 两点分别表示 A 物质的两种溶液。下列做法不能实现 M、N 间的相互转化的是（A 从溶液中析出时不带结晶水）(　　)。

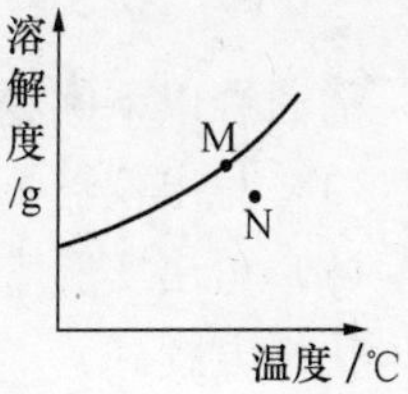

A. 从 N→M：先向 N 中加入适量固体 A 再降温

B. 从 N→M：先将 N 降温再加入适量固体 A

C. 从 M→N：先将 M 降温再将其升温

D. 从 M→N：先将 M 升温再将其蒸发掉部分水

第Ⅱ卷（非选择题　共 60 分）

二、(本题包括 4 小题，共 15 分)

21. (3 分) 数字在化学式不同部位可表示不同的意义：①表示微粒的数目；②表示元素的化合价；③表示离子的电荷数。
请你判断下列化学式中的“2”分别表示上述哪种含义？（填序号）

Mg^{2+} ________　2CO ________　$\overset{+2}{Ba}CO_3$ ________

22. (5 分) 写出符合下列要求的物质（或主要成分）的化学式。

（1）空气中含量最高的物质________________；

（2）天然气的主要成分________________；

（3）人体胃液中含有的酸________________；

（4）常用于人工降雨的物质________________；

（5）常用于改良酸性土壤的物质________________。

23.（4 分）请用“＜”“＞”或“＝”填空。

（1）相同条件下在水中的溶解性：氢氧化钙__________氢氧化钠；

（2）含碳量：生铁__________钢；

（3）pH：硫酸溶液__________氢氧化钠溶液；

（4）氢原子核内质子数__________氢原子核外电子数。

24.（3 分）选择恰当的试剂或方法除去括号内的杂质。

（1）$CaO(CaCO_3)$ ________________；

（2）$Cu(Fe)$ ________________；

（3）$NaCl(CuCl_2)$ ________________。

三、（本题包括 2 小题，共 14 分）

25.（7 分）以下是实验室制取气体常用的化学仪器。

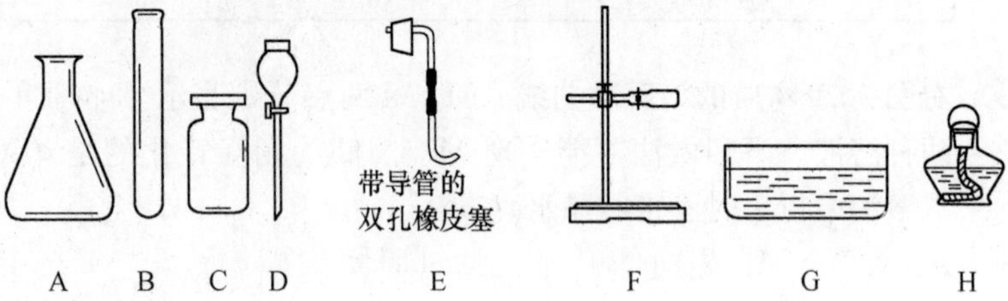

请回答以下问题：

（1）写出仪器 F 的名称：__________；

（2）写出实验室用双氧水和二氧化锰制取氧气的化学方程式：________________；制取大量氧气并用排水法收集时最好选用上述哪些仪器：__________（填字母）；

（3）做铁丝在氧气中的燃烧实验时，在集气瓶底部加少量水的目的是：________________；

（4）实验室通常用如右图所示的洗气装置对氧气进行干燥，里面填装的药品可以是：________（填字母）。

A. 浓硫酸

B. 氢氧化钠溶液

C. 生石灰

D. 氯化钠固体

26.（7分）小云同学对烧煮食物的某种固体酒精产生了浓厚的兴趣，于是她进行了以下探究活动。请你一起参与她的探究过程吧！

【提出问题】固体酒精是固态的酒精吗？

【查阅资料一】酒精，学名乙醇，化学式为 C_2H_6O，熔点为 −114.1 ℃，沸点为 78.5 ℃，易溶于水，能与水以任意比互溶。

【得出结论】小云认为固体酒精不是固态的酒精，她作出该判断的理由是：

____。

【实验探究Ⅰ】取少量固体酒精置于蒸发皿中，用火柴点燃，固体酒精完全燃烧后，蒸发皿中残余了少量白色固体。

【提出新问题】白色固体究竟是什么呢？

【查阅资料二】由硬脂酸和氢氧化钠反应生成的硬脂酸钠作为凝固剂，酒精填充在硬脂酸钠骨架间隙中，即可得到固体酒精。固体酒精在较高的温度下燃烧时，硬脂酸钠可完全转化为硬脂酸和氢氧化钠，硬脂酸和酒精均可完全燃烧生成二氧化碳和水。

【实验探究Ⅱ】请你完成以下实验报告。

序号	实验步骤	实验现象	实验结论
①	用铂丝蘸取该固体在酒精灯上灼烧	火焰呈黄色	固体中含有 Na^+
②	将该固体置于足量蒸馏水中	固体全部溶解	固体可溶于水
③	取少量②所得溶液，向其中滴加紫色石蕊试液，并振荡	溶液变蓝	溶液为碱性
④			（此格不必填写）

实验结论：小云认为该白色固体为 ____________。

【联想与解释】小云联想到老师用玻璃导管将纯净的氢气导出并点燃时，燃烧火焰为黄色，其原因可能是：____________

______。

四、（本题包括2小题，共14分）

27.（8分）联合钢铁工业的基本生产流程示意图如下：

请回答下列问题：

(1) 写出设备A的名称：____________；

(2) 写出以赤铁矿为原料在高温下与一氧化碳反应制取铁的化学方程式：

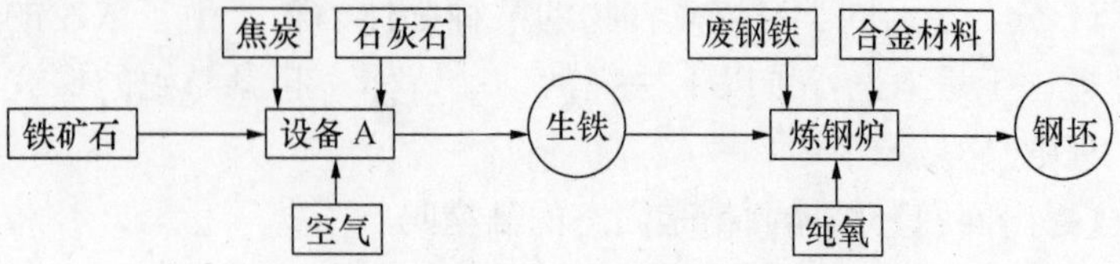

____；

(3) 应用化学原理分析，工业炼钢时用纯氧而不用空气的原因是：______________________________；

(4) 铁粉与生石灰都是常用的干燥剂，现欲用化学方法检验某食品袋中的干燥剂究竟是其中的哪一种？请你简述方法和现象：______________________________；

(5) 生产上要配制 1 200 g 溶质质量分数为 10%的盐酸来测定钢坯中铁的含量，则约需溶质质量分数为 40%的浓盐酸（密度以 1.2 g/mL 计）多少毫升？

28. (6 分) A、B、C、D、E 五种物质均为初中化学中所涉及的常见物质，它们存在如右图的转化关系，"→"表示可以向箭头所指方向进一步转化，弧线表示两种物质间可以发生反应，C 是常见气体，D 是常见单质，(反应条件与其他物质均已略去)。

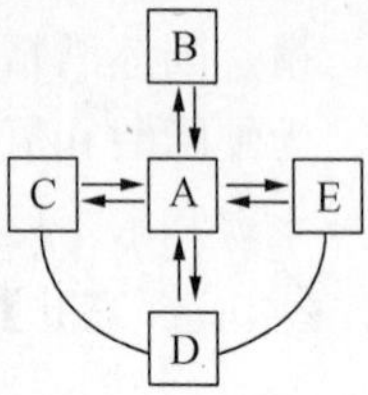

请回答下列问题：

(1) 若 A 在常温下为液体，则 C 的化学式为____________；

(2) 若 A 在常温下为气体，则 C 的化学式为____________；

(3) 无论 A 在常温下为液体还是气体，B 的化学式均为____________，D 的化学式均为____________；

(4) 写出 A→E 的化学方程式：______________________。

五、(本题包括 2 小题，共 11 分)

29. (5 分) 下图 1 是改进的电解水的实验装置示意图，下图 2 是课本中电解水的实验装置示意图。请据图回答下列问题：

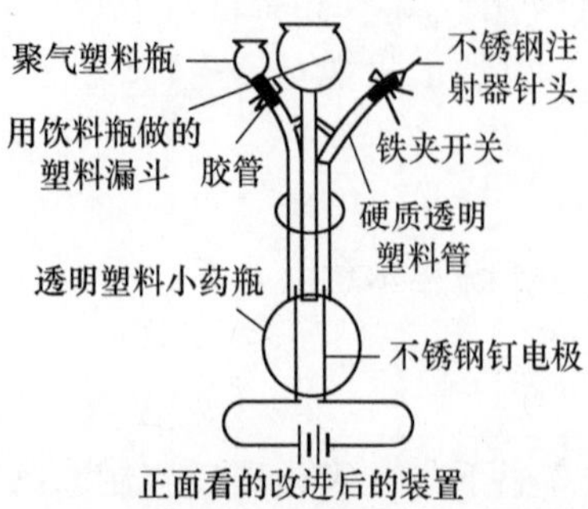

图 1

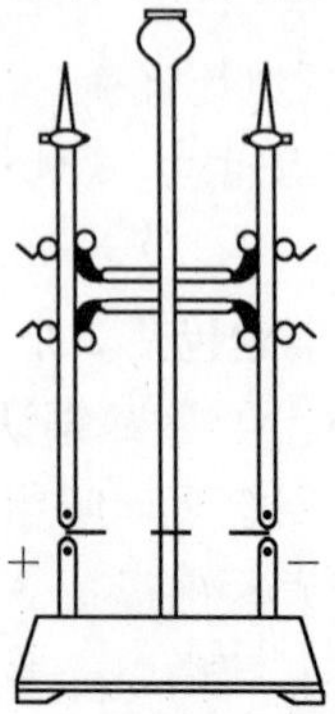

图 2

(1) 写出电解水的化学方程式：____；

(2) 用玻璃三通管将图1装置电解水时产生的气体混合在一起，点燃用该混合气吹出的肥皂泡时的实验现象是：______；

(3) 图1实验装置的优点是：____________________；

(4) 与图2装置相比，用图1装置进行该实验的主要不足之处是：________________________。

30. (6分) 某校化学兴趣小组为测定某硝酸铵样品的纯度，将10 g样品溶于30 g水后，再加入13.7 g氢氧化钠浓溶液共热，两者恰好完全反应（硝酸铵中的杂质不与氢氧化钠反应，也不溶于水，硝酸铵与氢氧化钠的反应方程式为：$NH_4NO_3 + NaOH \xlongequal{加热} NaNO_3 + H_2O + NH_3\uparrow$）。把产生的所有$NH_3$用足量的硫酸溶液吸收，同时测量2分钟内硫酸溶液增加的质量，结果如下表所示：

时间/s	0	20	30	40	60	80	100	120
增加的质量/g	0	0.7	m	1.2	1.5	1.6	1.7	1.7

试回答下列问题：

(1) 请在下面的坐标纸上，以反应时间为横坐标，以产生的NH_3质量为纵坐标，画出能够表明产生气体的质量随时间变化的关系曲线；

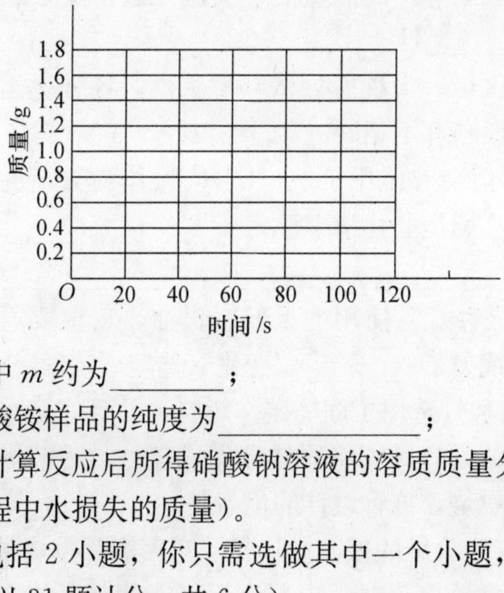

(2) 表中m约为________；

(3) 硝酸铵样品的纯度为______________；

(4) 试计算反应后所得硝酸钠溶液的溶质质量分数（不考虑反应过程中水损失的质量）。

六、(本题包括2小题，你只需选做其中一个小题，若两小题全做，则以31题计分，共6分)

31. (6分) 2007年12月22日，沉没在茫茫海域中800多年的中国古沉船“南海一号”的“惊艳一浮”，让无数国人为之自豪，它既为海上丝绸之路提供了实证，又推动了中国水下考古学科的建设。据保守估计，其上载有6万件至8万件文物，在已发掘出的文物中发现了大量瓷器、宋代铜钱、铁锅、梳篦等物品。

(1) 中国的陶瓷举世闻名，陶瓷材料属于________材料；

(2) 中国的铁锅源远流长，受到联合国卫生组织的推崇，原因之一是铁锅能为人体补充铁元素。若人体缺乏铁元素，容易引起________症；

(3) 被发掘出的宋代铜钱已经锈迹斑斑，这是因为铜能与空气中的氧气、水以及二氧化碳发生化合反应生成铜绿[$Cu_2(OH)_2CO_3$]，请写出该反应的化学方程式：________________；根据铜绿的组成判断，若要除去铜钱表面的铜绿，可选用的试剂为________（填化学式）；

(4) 在发掘过程中，发现有许多破碎的瓷片与淤泥混杂在一起。为使这些宝贵的文物不流失，请你设计一种可行的方法获得这些碎瓷片：________________。

32. (6分) 2008年5月8日，北京奥运会火炬、火种被送上海拔8 848.13 m的珠峰峰顶。象征着光明、和平、友谊、进步、和谐的奥林匹克圣火首次在地球之巅燃起，照亮了每个人的心灵之巅。而“奥运火　航天芯”再次奏响了“科技奥运”的主题。

(1) “祥云”火炬设计有回热管，即用铝箔将铜棒贴在燃料筒外侧，使火炬上下的热量能够交流，这主要是利用了金属铜的________性。

(2) 根据火炬、火种所处的环境不同，各种奥运火炬、火种灯采用的燃料都不相同。

① 悉尼奥运会曾使用丁烷（C_4H_{10}）作为火炬的燃料，请写出丁烷完全燃烧的化学方程式：________________；

② “高原火种灯”使用的是航空煤油，它主要通过石油分馏获得，分馏属于________变化（选填“化学”或“物理”）；

③ 珠峰火种灯选用了固体碳作燃料，并且完全采用了传统蜂窝煤煤炉的设计，即将固体碳做成碳柱，一节一节填充在容器内进行燃烧，这种设计的优点是________；

(3) “祥云”火炬的核心设计是“双火焰”燃烧系统，即使当外部火焰意外熄灭时，内部火焰仍能使其迅速再次燃烧，此过程中，内部火焰的作用是________________。

参考答案及评分标准

一、选择题（本题包括20小题，每小题2分，共40分）

1. B 2. C 3. C 4. D 5. C 6. A 7. C 8. D 9. B 10. D
11. A 12. B 13. A 14. C 15. C 16. B 17. A 18. B
19. C 20. D

二、（本题包括4小题，共15分）

21.（3分）③①②（各1分）

22.（5分）（1）N_2 （2）CH_4 （3）HCl
（4）CO_2 （5）$Ca(OH)_2$（各1分）

23.（4分）（1）＜（2）＞（3）＜（4）＝（各1分）

24.（3分）（1）加热（2）稀盐酸（3）氢氧化钠溶液（各1分）

三、（本题包括2小题，共14分）

25.（7分）

（1）铁架台 （1分）

（2）$2H_2O_2 \xlongequal{MnO_2} 2H_2O + O_2\uparrow$ （2分）

ACDEG或BCDEFG （1分）

（3）防止生成的高温熔融物炸裂集气瓶 （1分）

（4）AC（填对一个给1分，有错不给分，共2分）

26.（7分）

酒精的熔点为－114.1 ℃，即在常温下，酒精不可能为固态（1分）

【实验探究Ⅱ】请你完成以下实验报告。

序号	实验步骤	实验现象	实验结论
④	取少量②所得溶液放入试管中，滴加过量氯化钙溶液，待充分反应后，滴加数滴无色酚酞试液	有白色沉淀生成，溶液变红	（此格不须填写）

实验结论：该白色固体为氢氧化钠、碳酸钠。

本处仅检验氢氧化钠为1分，仅检验碳酸钠为3分（实验步骤、实验现象、实验结论各1分），两者都检验为5分（实验步骤、实验现象各2分，实验结论1分）。

玻璃导管的成分中可能含有钠离子（1分）

四、（本题包括2小题，共14分）

27.（8分）

（1）高炉（1分）

(2) $3CO+Fe_2O_3 \xlongequal{高温} 2Fe+3CO_2$（2 分）

(3) 促使反应更加剧烈，并获得更多的热量（1 分）

(4) 加入稀盐酸，有气泡产生的为铁粉，否则为生石灰（合理即可，1 分）

(5) 250 mL（列式正确给 2 分，结果正确给 1 分，共 3 分）

28.（6 分）

(1) H_2（1 分）　(2) CO（1 分）

(3) H_2CO_3（1 分）　O_2（1 分）

(4) $6CO_2+6H_2O \xrightarrow{光照、叶绿素} C_6H_{12}O_6+6O_2$（2 分）

五、(本题包括 2 小题，共 11 分)

29.（5 分）

(1) $2H_2O \xlongequal{通电} 2H_2\uparrow+O_2\uparrow$（2 分）

(2) 产生剧烈的爆鸣声（1 分）

(3) 仪器和装置都用生活中废旧物品制成，体现了环保与节约资源的理念（1 分）

(4) 硬质塑料管没有刻度，无法测量两种气体的体积比（1 分）

30.（6 分）

(1) 曲线图要求：曲线平滑、趋势正确、给出平台（1 分）

(2) 1.0 g（1 分）

(3) 80%（1 分）

(4) 解：设纯净硝酸铵的质量为 x

$$NH_4NO_3+NaOH \xlongequal{\triangle} NaNO_3+H_2O+NH_3\uparrow$$

85　　　　17

x　　　　1.7 g

$85/17=y/1.7\ g$　　$y=8.5\ g$　　（1 分）

$$\frac{8.5\ g}{10\ g\times 80\%+30\ g+13.7\ g-1.7\ g}\times 100\%=17\%$$　（2 分）

答：反应后所得溶液的溶质质量分数为 17%。

六、(本题包括 2 小题，你只需选做其中一个小题，若两小题全做，则以 31 题计分，共 6 分)

31.（6 分）

(1) 无机非金属（1 分）　(2) 贫血（1 分）

(3) $2Cu+O_2+CO_2+H_2O=Cu_2(OH)_2CO_3$（2 分）　HCl（或 H_2SO_4）（1 分）

(4) 用网眼小于碎瓷片的铁丝筐将混有淤泥的瓷片浸入水中旋转，然后取出（用类似过滤的方法即可）（1 分）

32.（6分）

（1）导热（1分）

（2）① $2C_4H_{10}+13O_2 \xlongequal{点燃} 8CO_2+10H_2O$（2分）

② 物理（1分）

③ 方便添加燃料，便于灰渣的排出，有利于空气的流通（任答1点，1分）

（3）使熄灭的外部火焰的气体的温度达到着火点（1分）

说明：1. 凡合理答案均相应给分。

2. 对化学用语的评分仍要严格。具体要求为：

（1）书写化学方程式时，化学式有错不得分；配平、条件、生成物状态有错、计量数不是最简比、没画"="（有机反应除外）等扣1分。

（2）化学专用名词写错别字，整体扣1分。

（3）元素符号书写不规范，整体扣1分。

3. 解计算题格式必须规范。解题过程中，无设和答步骤、设未知量带单位、运算过程中物理量的数值不带单位、解得未知量的单位带括号等共扣1分。

4. 最小得分值为1分。

江西省南昌市2008年初中毕业暨中等学校招生考试化学试题

一、选择题（本大题包括15小题，其中第1～10小题每小题1分，第11～15小题每小题2分，共20分。每小题只有一个选项，请将正确选项的代号填涂在答题卷的相应位置上）

1. "民以食为天。"下列过程主要属于化学变化的是（　　）。

A. 碾米　　B. 淘米　　C. 洗菜　　D. 酿酒

2. "慈母手中线，游子身上衣。"棉花的主要成分是纤维素$[(C_6H_{10}O_5)_n]$。下列说法不正确的是（　　）。

A. 纤维素是由C、H、O三种元素组成的

B. 棉线与羊毛线可用燃烧的方法区别

C. 纤维素中C、H、O三种元素的原子个数比为6∶10∶5

D. 棉花属于合成纤维

3. "安居乐业。"建筑材料有砖、钢筋、水泥、生石灰、大理石、PVC塑料（聚氯乙烯）等。对上述一些建筑材料主要成分的分类不正确的是（　　）。

A. 铁—单质　　B. 氧化钙—氧化物

C. 碳酸钙—酸　　D. 聚氯乙烯—有机物

4. "千里之行，始于足下。"汽车是常用的交通工具，但汽车尾气

会造成空气污染。下列能源的使用最有利于防止空气污染的是（　　）。

A. 太阳能　　B. 天然气　　C. 汽油　　D. 柴油

5. 2008 年 5 月 11 日，南昌市计划供水、节约用水办公室向全体市民发出节约用水倡议。下列做法或建议错误的是（　　）。

A. 洗澡擦肥皂时不关喷头

B. 刷牙少用一口水，洗脸少用一杯水

C. 选用节水型器具

D. 发现水管漏水及时向物业管理或供水部门反映

6. 以下跟酒精灯有关的实验操作正确的是（　　）。

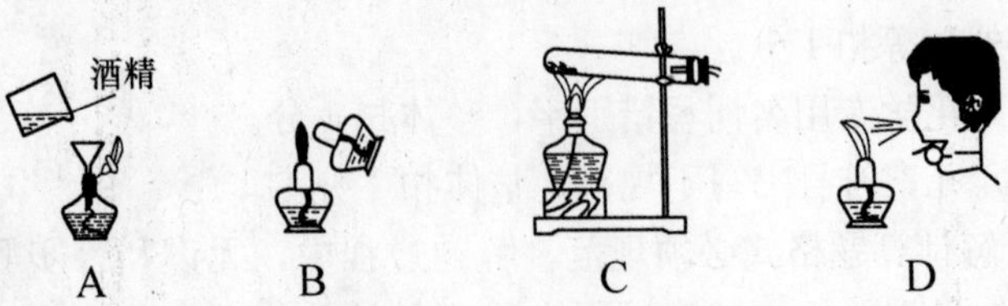

7. 下列物质溶于水后，能形成无色溶液的是（　　）。

A. 高锰酸钾　B. 蔗糖　　C. 汽油　　D. 面粉

8. “节能减排，我有责任。”下列实验操作不符合节约原则的是（　　）。

A. 甲学生用白色点滴板替代试管，进行酸、碱溶液与指示剂反应的实验

B. 乙学生配制 50 g 5%的氯化钠溶液，把配好的溶液装入试剂瓶中

C. 丙学生用氯酸钾和二氧化锰制氧气时，先点燃酒精灯，再去组装仪器

D. 丁学生做完金属与酸的反应实验后，把多余的金属回收

9. 下列四种粒子的结构示意图中，属于稀有气体元素的原子是（　　）。

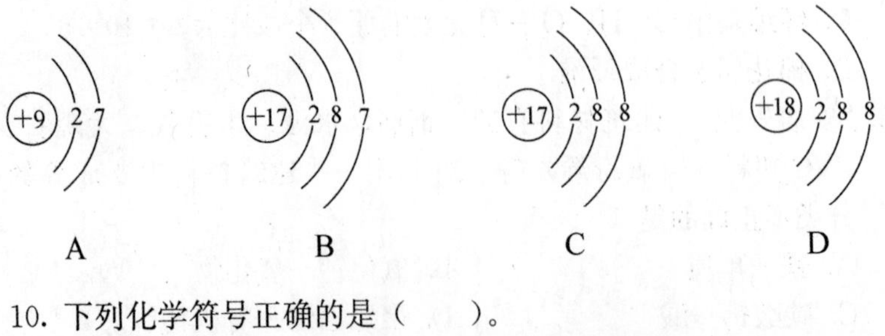

10. 下列化学符号正确的是（　　）。

A. 1 个一氧化碳分子：CO　B. 2 个碳酸根离子：$2CO_3^{2-}$

C. 3 个亚铁离子：$3Fe^{3+}$　D. 4 个氢原子：$2H_2$

11. 下列反应中，有单质出现，但不属于置换反应的是（　　）。

A. $Cu+2AgNO_3=Cu(NO_3)_2+2Ag$

B. $2Al+3H_2SO_4=Al_2(SO_4)_3+3H_2\uparrow$

C. $2Mg+CO_2\xlongequal{点燃}2MgO+C$

D. $2Na_2O_2+2CO_2=2Na_2CO_3+O_2$

12. 物质 X 可发生下列所示的两个反应，则 X 是（　　）。

① X＋酸→盐＋水　② X＋水→碱

A. CaO　B. Fe_2O_3　C. CO_2　D. NaOH

13. 白蚁能分泌出蚁酸。蚁酸的化学性质与盐酸相似，能腐蚀很多物质。下列最不容易被蚁酸腐蚀的是（　　）。

A. 镀锌水管　B. 铜制塑像

C. 大理石栏杆　D. 铝合金门窗

14. 鉴别下列各组物质，选用试剂（括号内的物质）正确的是（　　）。

A. 氢氧化钠溶液和澄清石灰水（稀盐酸）

B. 氯化钠溶液和稀盐酸（无色酚酞）

C. 硝酸铵固体和氢氧化钠固体（水）

D. 硬水与软水（食盐水）

15. 向装有 50 g 稀硫酸的小烧杯中，不断慢慢滴加 10% 的 $Ba(OH)_2$ 溶液至过量。有关量的变化情况见下图（横坐标表示氢氧化钡溶液的质量，纵坐标表示小烧杯中量的变化）。其中肯定不正确的是（　　）。

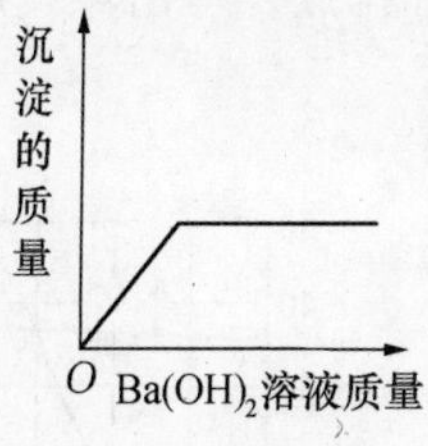

A

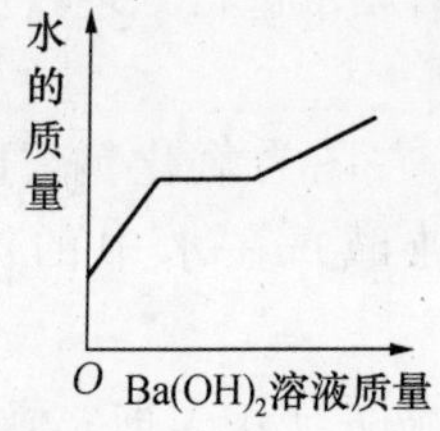

B

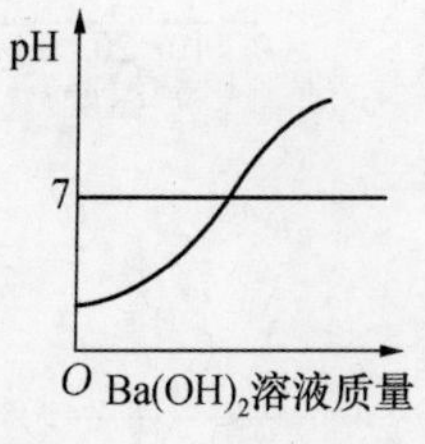

C

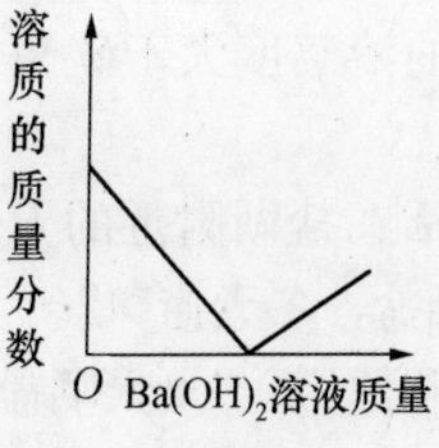

D

二、填空题（本大题包括 5 小题，共 17 分）

16.（4 分）化学源于生活，“柴、米、油、盐”中蕴涵着许多化学知识。请你填空：

（1）在新农村建设中，许多家庭兴建沼气池。沼气的主要成分是________。

（2）大米的主要成分是淀粉。淀粉属于六大营养素中的________________。

（3）餐具上的油污用加入洗洁精的水更易洗掉，原因是________________。

（4）市场上食盐的品种丰富，有碘盐、锌盐、钙盐、硒盐等。这些食盐中含的碘、锌、钙、硒等是指________（选填“原子”“离子”“元素”或“单质”）。

17.（2 分）请将下列短文中带点的部分，用恰当的化学用语填写在横线上：

2008 年 5 月 12 日，四川汶川发生了里氏 8.0 级地震，全国人民抗震救灾，众志成城。为确保大灾之后无大疫，卫生部门用优氯剂（含氯元素________）、漂白粉对饮用水等进行消毒。漂白粉的有效成分是 $Ca(ClO)_2$，带点元素的化合价是________________。

18.（2 分）（1）2008 年 5 月 16 日，奥运火炬在英雄城南昌传递。“祥云”火炬中的燃料含有 C_3H_8，它燃烧的化学方程式是________________________________。

（2）某化工厂产生的废水中含有氢氟酸（HF），技术人员用熟石灰对废水进行处理，使其达标排放。写出该反应的化学方程式________________。

19.（3 分）右图为氯化钠、碳酸钠（俗称纯碱）在水中的溶解度曲线。

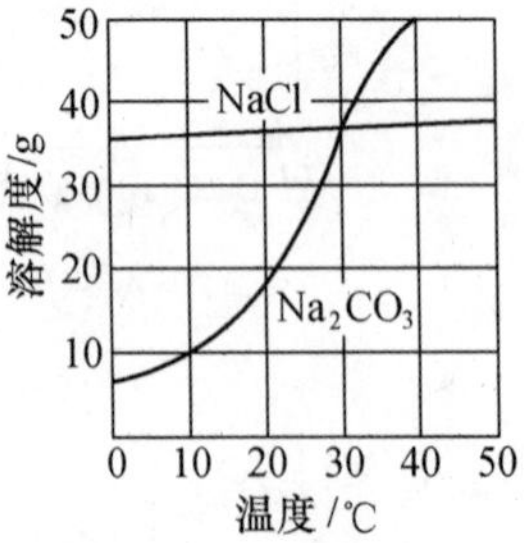

（1）当温度为 10 ℃时，碳酸钠的溶解度为__________；

（2）当温度为____________时，氯化钠的溶解度大于碳酸钠的溶解度；

（3）生活在盐湖附近的人们习惯“夏天晒盐，冬天捞碱”。

请你解释原因：“夏天晒盐”__________________。

20.（6分）右图表示的是物质A～H相互间的关系（"→"表示物质间的转化关系，"——"表示两端的物质能发生化学反应）。A、C都是单质，气体C常用于灭火，F是一种蓝色溶液，可用于配制农药波尔多液。请你回答：

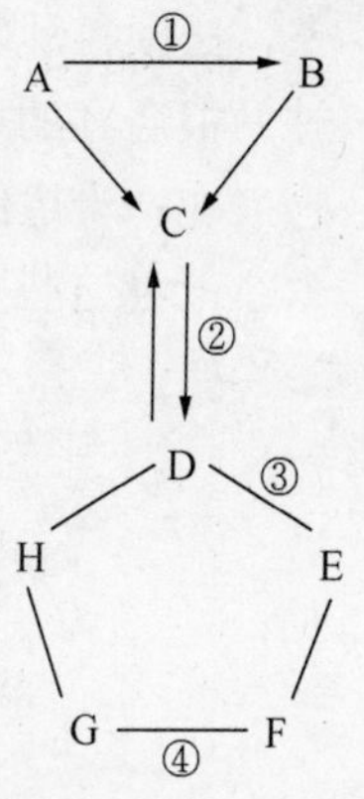

（1）C的化学式__________，H可能是__________；

（2）写出标号①、②、③、④的化学方程式：

①__________________________。

②__________________________。

③__________________________。

④__________________________。

三、实验题（本大题包括3小题，每空1分，共17分）

21.（4分）化学是一门以实验为基础的科学。

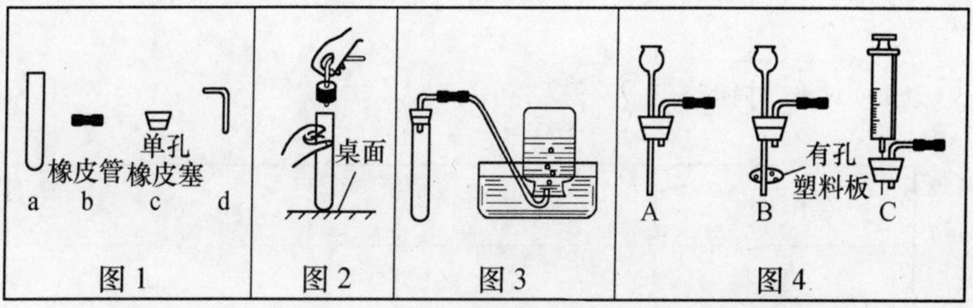

（1）根据图1回答：在连接c和d时，使d较易插入c中的措施是__________；

（2）采用图2所示操作可能造成的后果之一是__________；

（3）利用图3装置（夹持装置未画出）能进行的实验是__________；

A. 用高锰酸钾制氧气

B. 用石灰石与稀盐酸制二氧化碳

C. 用锌与稀硫酸制氢气

D. 用双氧水与二氧化锰制氧气

（4）图3中的气体发生装置虽然简单，操作方便，但无法控制反应速率。请从图4中选取__________（选填序号）与图1中a组装成新的气体发生装置，以达到控制反应速率的目的。

22.（7分）某校化学兴趣小组的同学在阅读资料时发现，18世纪末，法国科学家拉瓦锡曾经做了这样一个实验：让水蒸气通过一根烧红的枪管，生成了一种气体。同学们对这个实验很感兴趣：难道红热的铁能与水蒸气反应？生成的气体又是什么？带着这些疑问，他们设计了如下图所示的装置进行探究。

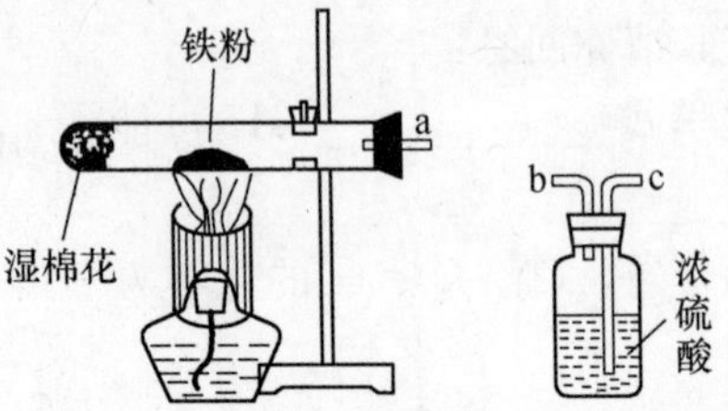

（1）已知试管内湿棉花不参加化学反应，它的作用是________________；

（2）若干燥从 a 导管出来的气体，应从__________（选填“b”或“c”）端管口通入；

（3）对化学变化过程中生成的气体同学们有以下猜想：

猜想一：生成的气体可能是氢气；猜想二：生成的气体可能是__________；

（4）请你对猜想二进行探究：

操作方法	现　象	结　论

（5）其实红热的铁遇到水蒸气，在生成气体的同时，还会生成一种黑色固体。你认为生成的黑色固体可能是________________。

23.（6 分）2008 年春节前夕，我省遭遇冰雪灾害。为了清除道路上的冰雪，有关部门投入了大量工业盐融雪剂用于除冰。同学们从资料中得知：①使用工业盐融雪剂后，道路两旁树木、农作物大量死亡；②桥梁路面除冰不得使用工业盐融雪剂。

[提出问题] 工业盐融雪剂对树木、农作物和桥梁为什么会造成危害？

[查找资料]（1）工业盐的主要成分是 NaCl 和 $NaNO_2$；（2）土壤盐碱化会造成树木、农作物死亡。

[作出猜想] 猜想一：工业盐溶液可能显碱性；

猜想二：工业盐溶液对钢铁可能有更强的腐蚀性。

[实验探究] 请你填空：

	实验操作	实验现象	实验结论
猜想一			工业盐溶液显碱性，会造成道路两旁的土壤盐碱化
猜想二	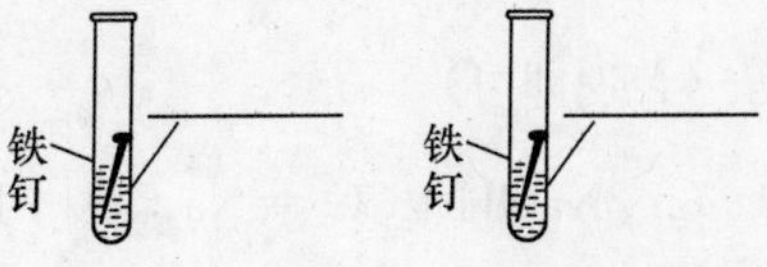 实验① 实验②	实验①：6～7天后明显生锈 实验②：2～3天后明显生锈	

［反思与应用］对于道路除冰，请你提出更好的建议________________________。

四、计算题（本大题包括1小题，共6分）

24.（6分）某校化学兴趣小组同学发现，长期使用的热水壶底部有一层水垢，水垢的主要成分是碳酸钙和氢氧化镁。他们为了测定水垢中碳酸钙的含量，将足量质量分数为10%的盐酸加入10 g水垢中，产生CO_2气体的情况如右图所示。

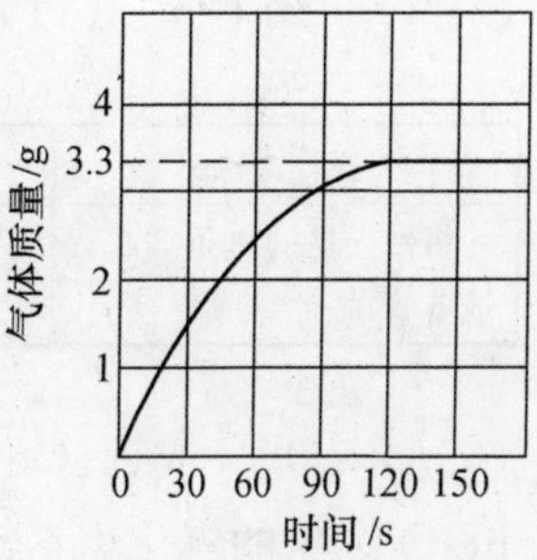

（1）水垢中碳酸钙的质量分数是多少？

（2）假设水垢中除碳酸钙和氢氧化镁外，不含有其他杂质，溶解10 g水垢，至少需要质量分数为10%的盐酸的质量是________（最后结果保留一位小数）。

参考答案及评分标准

一、选择题（本题包括15小题，其中第1～10题每小题1分，第11～15每小题2分，共20分。每小题只有一个选项符合题意。）

1. D 2. D 3. C 4. A 5. A 6. C 7. B 8. C 9. D 10. B

11. D 12. A 13. B 14. C 15. B

二、填空题（本题包括5小题，共17分）

16.（4分）（1）甲烷 （2）糖类 （3）洗洁精具有乳化功能 （4）元素

17.（2分）Cl　+1或$Ca(\overset{+1}{Cl}O)_2$

18.（2分）（1）$C_3H_8+5O_2 \xlongequal{点燃} 3CO_2+4H_2O$

（2）$Ca(OH)_2+2HF=CaF_2\downarrow+2H_2O$

19.（5分）（1）10 g　（2）小于 30 ℃

（3）氯化钠的溶解度受温度影响不大，夏天温度高水分蒸发快，氯化钠易结晶析出。

20.（6分）（1）CO_2　HCl等（合理即可）

（2）① $2C+O_2 \xlongequal{点燃} 2CO$　② $2NaOH+CO_2=Na_2CO_3+H_2O$

③ $Na_2CO_3+Ca(OH)_2=CaCO_3\downarrow+2NaOH$

④ $Fe+CuSO_4=Cu+FeSO_4$

三、实验题（本大题包括3小题，每空1分，共17分）

21.（4分）（1）将插入橡皮管的导管一端用水湿润

（2）压破试管（或刺破手）

（3）D（全对给1分）　（4）C

22.（7分）（1）提供反应所需水蒸气　（2）c

（3）O_2（填CO_2、CO不给分）（4）

操作方法	现　象	结　论
将带火星的木条放在a或b管口	木条复燃（或不复燃）	生成的气体是氧气（或不是氧气）

（5）Fe_3O_4（或FeO、FeO与Fe_3O_4混合也给分，但答Fe_2O_3、铁的氧化物不给分）

23.（6分）

	实验操作	实验现象	实验结论
猜想一	取样配成溶液，取少量溶液于试管中，滴入无色酚酞溶液	无色酚酞溶液变红	
猜想二	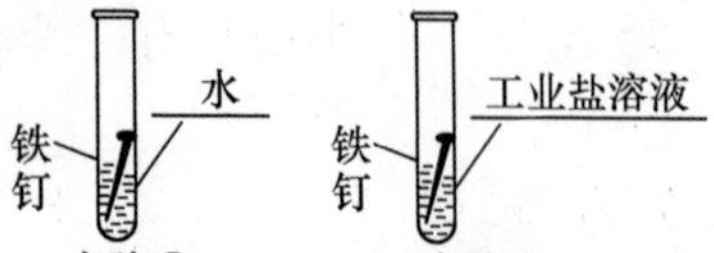 实验①　实验②		铁在工业用盐的溶液中生锈的速率比在水中更快

四、计算题（本大题包括1小题，共6分）

24.（6分）（1）75%　（2）86.2 g

2008年广东省初中毕业生学业考试化学试题

一、选择题（本大题包括14小题，1～8题每小题2分，9～14题每小题3分，共34分。在每小题列出的四个选项中，只有一个是正确的，请将答题卡上对应题目所选的选项涂黑）

1. 能调节新陈代谢，但一般在人体内不能合成，可从水果、蔬菜中摄取的营养素是（　　）。

A. 蛋白质　　B. 糖类　　C. 油脂　　D. 维生素

2. 下列选项中不属于化学研究的是（　　）。

A. 研发氢能源　　B. 合成新材料

C. 编写电脑程序　　D. 用石油生产化工原料

3. 化学反应前后可能发生变化的是（　　）。

A. 物质的总质量　　B. 元素种类

C. 原子数目　　D. 分子数目

4. 食品添加剂溴酸钾（$KBrO_3$）会致癌，已被禁用，其中溴元素（Br）的化合价为（　　）。

A. +1　　B. +3　　C. +5　　D. 无法确定

5. 下列物质的酸性最强的是（　　）。

选项	A	B	C	D
物质	牙膏	洁厕灵	油污净	橙汁
pH	8	2	12	3.5

6. 下列括号中对日常生活的变化判断正确的是（　　）。

A. 咀嚼米饭时有甜味（化学变化）

B. 玻璃窗破裂（化学变化）

C. 用醋酸清洗热水瓶的水垢（物理变化）

D. 纯净物加热后变为混合物（物理变化）

7. 生产生活中的以下想法或做法科学合理的是（　　）。

A. 循环用水以节约水资源

B. CO_2 会污染环境，溶于雨水形成酸雨

C. 锈蚀的钢铁不值得回收利用

D. 生活废水不会造成污染，可直接排放

8. 根据下图福娃的自述，下列说法正确的是（　　）。

A. 福娃的制作材料会引起白色污染

B. 两种材料可用燃烧法区别

C. 福娃的外衣材料是有机合成材料

D. 福娃的内充物吸水性和透气性较好

9. 20 ℃时，NaCl 溶解于水的实验数据如下表。则下列叙述正确的是（　　）。

实验序号	水的质量/g	加入 NaCl 的质量/g	溶液的质量/g
①	10	2	12
②	10	3	13
③	10	4	13.6
④	10	5	13.6

A. ②中所得溶液是饱和溶液

B. 20 ℃时 10 g 水最多能溶解 4 g NaCl

C. ③④溶液的溶质质量分数相等

D. ①所得溶液的溶质质量分数为 20%

10. 用右图的简易净水器处理河水，下面对该净水器分析正确的是（　　）。

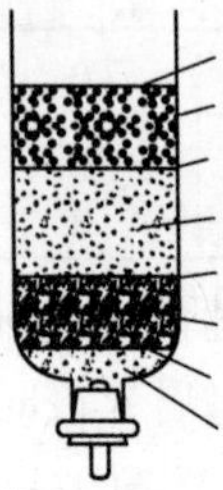

A. 能杀菌消毒

B. 能把硬水变为软水

C. 能得到纯净水

D. 活性炭主要起吸附杂质的作用

11. 对下列现象的解释或者结论错误的是（　　）。

A. “花香四溢”——分子在不断运动

B. 在钢铁制品表面涂油漆——可防止钢铁锈蚀

C. 把燃着的木条伸入集气瓶中，木条熄灭——瓶中气体一定是 CO_2

D. 绿色植物的光合作用吸收 CO_2——是自然界碳循环中的重要一环

12. 卟啉铁（$C_{34}H_{32}ClFeN_4O_4$）对人体缺铁性贫血有显著疗效。以下说法正确的是（　　）。

A. 卟啉铁中含有 5 种元素

B. 1 个卟啉铁分子中含有 34 个碳原子

C. 人体补铁的唯一方法是服用卟啉铁

D. “缺铁性贫血”中的“铁”指单质铁

13. 下图所示微观变化的化学反应类型，与下列反应的反应类型一致的是（　　）。

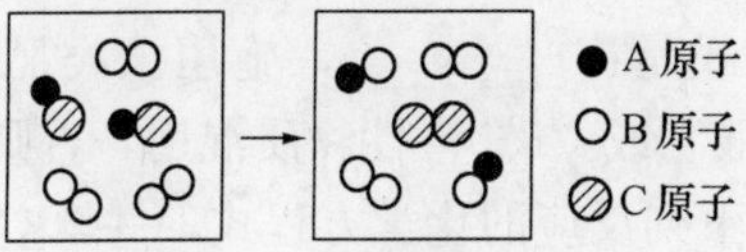

A. $2KClO_3 \xlongequal[\triangle]{MnO_2} 2KCl+3O_2\uparrow$

B. $2HI+Cl_2=2HCl+I_2$

C. $CO_2+C \xlongequal{高温} 2CO$

D. $2HCl+CuO=CuCl_2+H_2O$

14. 下列归纳中有错误的是（　　）。

A. 灭火方法	B. 食品安全
森林着火时，向火源喷水 实验桌上少量酒精着火，用湿抹布盖灭	工业酒精中含有甲醇等有毒物质，不能饮用 含亚硝酸钠的工业盐对人体有害，不能食用
C. 能源与环境	D. 实验安全
太阳能、水能、风能是人类正在利用的主要能源 煤、石油、天然气燃烧后的产物对环境无影响	不能用嘴吹灭燃着的酒精灯 用试管加热少量液体试剂时，试管口不能对着人

二、填空题（本大题包括5小题，共24分。请把下列各题的答案填写在答卷相应题目的答题位置上）

15. (3分) 下列物质的用途是（填序号）：干冰______、氯化钠______、铜______。

①制肥皂　②作建筑材料　③做导线

④制生理盐水　⑤用于人工降雨

硝酸铵	
化学式	NH_4NO_3
净　重	50 kg
含氮量	≥30%
注意事项	密封储存 防潮防晒 隔绝热源 ……

16. (5分) 某化肥包装袋上的部分说明如右图所示。

(1) 硝酸铵属化学肥料中的________（填序号）：

A. 钾肥　　B. 氮肥　　C. 磷肥

(2) 硝酸铵应具有的性质是________（填序号）。

A. 易溶于水　B. 有挥发性　C. 受热易分解

（3）硝酸铵能与强碱反应，其中与烧碱反应的方程式为：

$$NH_4NO_3 + NaOH = NaNO_3 + NH_3\uparrow + X$$

则 X 的化学式是：________；施用该类肥料时，要避免与____（填“酸”或“碱”）性物质混用，否则会减低肥效。

17.（7 分）写出下列反应的化学方程式，并填空：

（1）实验室用双氧水制取氧气________________________；

（2）镁在二氧化碳中燃烧生成氧化镁和炭黑__________；收集镁条燃烧后的固体粉末于燃烧匙中，将其放于酒精灯的火焰上灼烧，并用内壁涂有澄清石灰水的烧杯罩在燃烧匙上方，澄清石灰水变浑浊，证明该固体粉末含碳元素。你认为该结论______（填“正确”或“不正确”），理由是________________________________。

18.（5 分）下表是部分元素的原子结构示意图、主要化合价等信息请完成以下填空：

第二周期	(+3) 2 1 Li	(+4) 2 2 Be	(+5) 2 3 B	(+6) 2 4 C	(+7) 2 5 N	(+8) 2 6 O	(+9) 2 7 F
主要化合价	+1	+2	+3	+4，−4	+5，−3	−2	−1
第三周期	(+11) 2 8 1 Na	(+12) 2 8 2 Mg	(+13) 2 8 3 Al	(+14) 2 8 4 Si	(+15) 2 8 5 P	(+16) 2 8 6 S	(+17) 2 8 7 Cl
主要化合价	+1	+2	+3	+4，−4	+5，−3	+6，−2	+7，−1

（1）铝原子的最外层电子数是________。

（2）核电荷数为 12 元素符号是__________。

（3）原子序数为 8 和 14 的元素组成化合物的化学式是________________。

（4）请你总结出此表中的原子结构与元素化合价或周期数的关系____。（任写一条）

19.（4 分）把相同体积、相同质量分数的稀盐酸，分别滴到等质量、颗粒大小相同的 X、Y、Z 三种较活泼金属中，生成 H_2 的质量与反应时间的关系如右图所示。这三种金属的活动性顺序为________________；假如 X、Y、Z 都是 +2 价金属，则相对原子质量由大到小的顺序为__________。

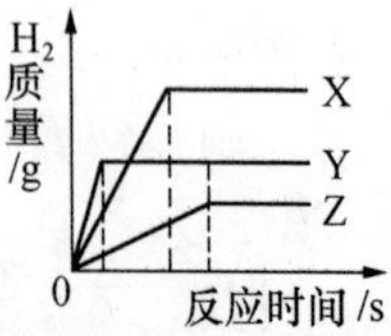

三、(本题包括 2 小题，共 18 分)

20.（10 分）右图是常见酸、碱、盐之间的相互转化关系。

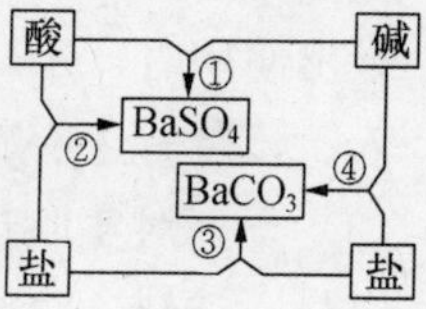

(1) 写出图中相应物质的化学式：酸________、碱________。

(2) 写出图中反应②和④的化学方程式：

②________________________。

④________________________。

(3) 总结化学反应的规律是我们学习化学的方法之一。请根据上图总结出酸、碱、盐相互反应的规律（写两点）________________、________________。

21.（8 分）氯化铁能腐蚀铜，工业上常用此原理生产印刷线路板。以下是印刷线路板的生产及废液的处理过程：

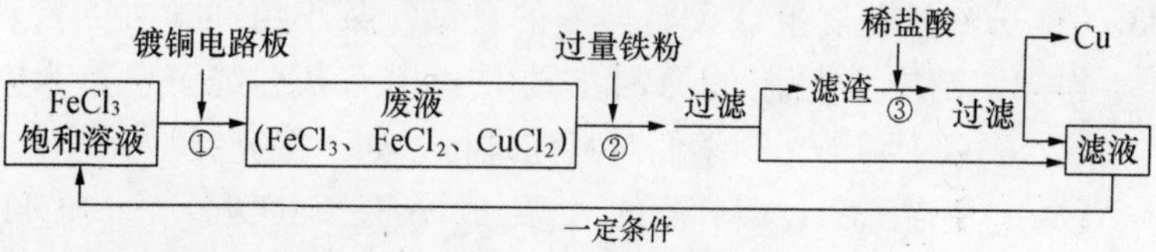

请回答下列问题：

(1) 步骤②中发生了两个反应：$2FeCl_3 + Fe = 3FeCl_2$ 和____________。

(2) 滤渣的成分有________，步骤③中发生反应的化学方程式是____________。

(3) 该流程中可以循环、回收利用的物质是____________________。

四、(本题包括 2 小题，共 27 分)

22.（14 分）现有以下实验仪器，请按要求填空：

(1) 仪器⑤的名称是________；配制一定质量分数的氯化钠溶液，需用到的仪器有________（填序号），还缺少的仪器是________（填名称）；如果用石灰石与盐酸反应制取 CO_2，可选上述仪器中的________（填序号）组合成制气装置。

(2) 某同学利用仪器①与⑥组合成一个储气装置。当装满水用排水法收集甲烷（甲烷难溶于水、比空气轻）时，气体应从仪器①的______（填“a”或“b”）通入；集满甲烷后将其导出使用时，水应该从仪器①的______（填“a”或“b”）导入。该装置还有其他用途，请你任举一例：__________。

（3）下列对实验现象或实验操作的叙述正确的是______（填序号，选错一个扣 1 分，本小题不出现负分）。

① 铁丝在空气中燃烧产生黄色火焰；

② 镁条在空气中燃烧发出耀眼的白光；

③ 将 CO 还原 Fe_2O_3 的尾气直接排入空气；

④ 不慎将氢氧化钠溶液溅在皮肤上，要用较多的水冲洗，再涂上稀硼酸溶液；

⑤ 加热高锰酸钾制备氧气、并用排水法收集满氧气后，先移出导管，后撤酒精灯。

23.（13 分）松花皮蛋是我们喜爱的食品。某小组同学查阅资料得知，制皮蛋料泥的原料主要是：生石灰、纯碱、草木灰（含 K_2CO_3）等。同学们对料泥进行了如下探究：

【猜想】猜想 Ⅰ：料泥的主要成分是 $Ca(OH)_2$、NaOH、KOH、$CaCO_3$、灰粉；

猜想 Ⅱ：料泥的主要成分是 NaOH、KOH、Na_2CO_3、$CaCO_3$、灰粉。

【实验与现象】实验过程与现象如下图：

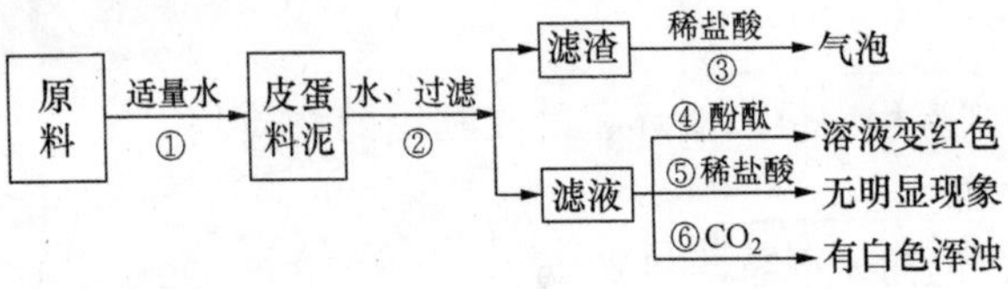

【问题与讨论】

（1）步骤②中所需要的玻璃仪器有：烧杯、__________，玻璃棒在步骤②中的作用是______________。

（2）步骤③的现象说明滤渣中含有：________（写化学式）。

（3）请写出步骤①发生的任意两个反应的化学方程式：______________、__________________。

（4）由上述实验现象推断，猜想________是正确的，其理由是____。

五、（本题包括 2 小题，共 17 分）

24.（7 分）2008 年年初，我国南方地区抗击暴风雪中融雪剂发挥了一定的作用。其中一种融雪效果好、无污染的融雪剂的主要成分是醋酸钾（CH_3COOK）。请回答：

(1) 醋酸钾中C、H、O元素的质量比为____________。

(2) 醋酸钾的相对分子质量为__________，钾元素的质量分数为____________。(保留一位小数)。

25. (10分) 某化学兴趣小组为了测定一工厂废水中硫酸的含量，取100 g废水于烧杯中，加入120 g质量分数为10%的氢氧化钠溶液，恰好完全反应（废水中无不溶物，其他成分不与氢氧化钠反应)。请计算：

(1) 废水中硫酸的质量分数；

(2) 该工厂每天用含氢氧化钙75%的熟石灰处理150 t这种废水，需要熟石灰多少t?

参考答案及评分标准

说明：

1. 提供的答案除选择题外，不一定是唯一答案，对于与此不同的答案，只要是合理的，同样给分。

2. 评分说明是按照一种思路与方法给出作为参考。在阅卷过程中会出现各种不同情况，可参考本评分说明，作出具体处理，并相应给分。

一、选择题（本题包括14小题，1～8题每小题2分，9～14题小每题3分，共34分）

1. D 2. C 3. D 4. C 5. B 6. A 7. A 8. B 9. C 10. D
11. C 12. B 13. B 14. C

(以下化学方程式的书写中，化学式正确1分；其他1分。其中不配平、错漏条件和“↑”“↓”任一种、两种或三种情况扣1分)

二、填空题（本题包括5小题，共24分）

15. (3分) ⑤ ④ ③

16. (5分) (1) (1分) B（多选错选0分）

(2) (2分) AC（多选扣1分）

(3) (2分) H_2O 碱

17. (7分)

(1) (2分) $2H_2O_2 \xlongequal{MnO_2} 2H_2O+O_2\uparrow$

(2) (5分) $2Mg+CO_2 \xlongequal{点燃} 2MgO+C$ (2分)

不正确 (1分) 酒精燃烧也产生CO_2 (2分)

18. (5分)

(1) (1分) 3 (2) (1分) Mg (3) (1分) SiO_2

(4) (2分) 周期数＝电子层数，或最外层电子数＝正价数，或负价数＝8－最外层电子数（合理表述均给分）

19.（4分）Y>X>Z（2分） Z>Y>X（2分）

三、（本题包括2小题，共18分）

20.（10分）

（1）（2分）H_2SO_4 $Ba(OH)_2$

（2）（4分）$H_2SO_4+BaCl_2=BaSO_4\downarrow+2HCl$（2分，其他合理答案都给分）

$Ba(OH)_2+Na_2CO_3=BaCO_3\downarrow+2NaOH$（2分，其他合理答案都给分）

（3）（4分）酸与碱反应生成盐和水；酸与盐反应生成新酸和新盐；碱与盐反应生成新碱和新盐；盐与盐反应生成两新盐（写对一点给2分。任意两点均可，其他合理答案都给分）

21.（8分）

（1）（2分）$Fe+CuCl_2=FeCl_2+Cu$

（2）（4分）Fe、Cu（或铁、铜，2分）

$2HCl+Fe=FeCl_2+H_2\uparrow$（2分）

（3）（2分）$FeCl_3$、Cu 或 $FeCl_2$、Cu

四、（本题包括2小题，共27分）

22.（14分）

（1）（8分）烧杯（1分） ③④⑤⑦（4分）

药匙（1分）②⑥ （选①⑥也给分，2分）

（2）（3分）b（1分） a（1分）除杂质（干燥气体等，合理均给分。1分）

（3）（3分）②④⑤（错选1个扣1分）

23.（13分）

（1）（3分）玻璃棒（1分）搅拌，加速溶解（或引流，防止溶液外溅，2分）

（2）（1分）$CaCO_3$

（3） （4分）$CaO+H_2O=Ca(OH)_2$，$Na_2CO_3+Ca(OH)_2=CaCO_3\downarrow+2NaOH$ 或 $K_2CO_3+Ca(OH)_2=CaCO_3\downarrow+2KOH$（任意两个均给分）

（4）（5分）I（1分）步骤⑤无明显现象（1分），说明料泥中无 Na_2CO_3（1分）

步骤⑥白色浑浊（1分），说明料泥中有 $Ca(OH)_2$（1分）

五、（本题包括2小题，共17分）

24.（7分）

（1）（2分）24∶3∶32

（2）（5分）98（2分） 39.8%（3分）

25. (10分)

解：(1) 设与氢氧化钠反应的硫酸质量为 x。

$H_2SO_4 + 2NaOH = Na_2SO_4 + 2H_2O$ (1分)

98　　80

x　　120 g×10% (1分)

$$\frac{98}{x}=\frac{80\ \text{g}}{120\ \text{g}\times10\%}$$ (1分)

解得：$x=14.7$ g (1分)

$$w(H_2SO_4)=\frac{14.7\ \text{g}}{100\ \text{g}}\times100\%=14.7\%$$ (1分)

(2) 设处理150 t这种废水，需要 $Ca(OH)_2$ 的质量为 y。

$H_2SO_4 + Ca(OH)_2 = CaSO_4 + 2H_2O$ (1分)

98　　74

150 t×14.7%　　y (1分)

$$\frac{98}{150\ \text{t}\times14.7\%}=\frac{74}{y}$$ (1分)

解得：$y=16.65$ t (1分)

$$\text{熟石灰的质量}=\frac{16.65\ \text{t}}{75\%}=22.2\ \text{t}$$ (1分)

答：(1) 废水中硫酸的质量分数是14.7%；(2) 处理150 t这种废水，需要熟石灰22.2 t。

学业水平测试

江苏省2008年普通高中学业水平测试（必修科目）试卷化学试题

一、单项选择题：在每题的4个选项中，只有1个选项是符合要求的（本大题17题，每题3分，共51分）。

1. 2008年北京奥运会火炬将使用丙烷作燃料。丙烷属于（　　）。

A. 无机物　　B. 有机物　　C. 氧化物　　D. 混合物

2. 下列物质敞口放置不会对空气造成污染的是（　　）。

A. 食盐　　B. 浓盐酸　　C. 苯　　D. 浓硝酸

3. 下列各物质完全燃烧，产物除二氧化碳和水外，还有其他物质的是（　　）。

A. 甲烷　　B. 乙烯　　C. 氯乙烯　　D. 乙醇

4. 某气体通入品红溶液中，溶液褪色，加热后又恢复为原来颜色。该气体是（　　）。

A. SO_2　　B. O_2　　C. CO_2　　D. H_2

5. 下列分散系能产生丁达尔效应的是（　　）。

A. 硫酸铜溶液　　B. 稀硫酸

C. 溴水　　D. 氢氧化铁胶体

6. 某溶液中存在较多的 H^+、SO_4^{2-}、Cl^-，该溶液中还可能大量存在的离子是（　　）。

A. OH^-　　B. Ba^{2+}　　C. NH_4^+　　D. Ag^+

7. 下列物质中，主要成分属于硅酸盐的是（　　）。

A. 烧碱　　B. 水泥

C. 石灰石　　D. 胆矾

8. 去年我国南方发生了半个世纪以来最严重的冰雪灾害。氯化钠、氯化钙、氯化镁等“化冰盐”能快速化冰融雪。下列说法正确的是（　　）。

A. 化冰融雪属于化学变化

B. 氯化镁的化学式为 MgCl

C. 氯化钠属于离子化合物

D. 大量使用“化冰盐”不会污染环境

9. 设阿伏伽德罗常数为 $6.02\times10^{23}\ mol^{-1}$。关于 1 mol H_2O 的叙述正确的是（　　）。

A. 含有 1 mol H_2

B. 含有 6.02×10^{23} 个水分子

C. 质量为 18 g/mol

D. 在标准状况下的体积为 22.4 L

10. 下列反应属于氧化还原反应的是（　　）。

A. $H_2SO_4+2NaOH=Na_2SO_4+2H_2O$

B. $2NaHCO_3\xlongequal{\Delta}Na_2CO_3+CO_2\uparrow+H_2O$

C. $NH_3+HCl=NH_4Cl$

D. $CuO+H_2\xlongequal{\Delta}Cu+H_2O$

11. 下列实验操作中，不能用于物质分离的是（　　）。

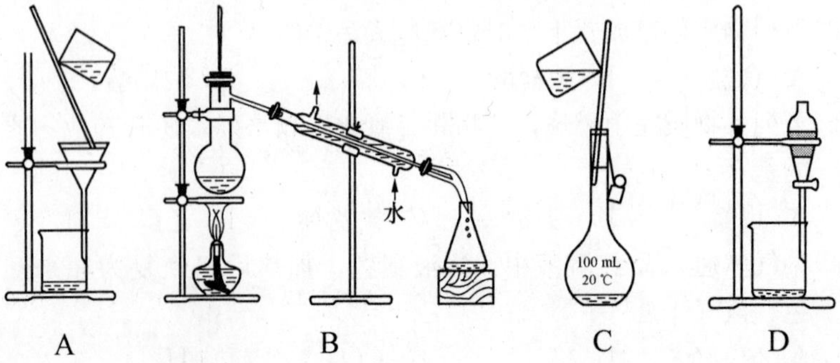

12. 2007 年我国首颗探月卫星“嫦娥一号”发射成功，其绕月飞行的目的之一是探测月球土壤中核聚变材料^3_2He 的含量。关于^3_2He 的说法正确的是（　　）。

A. 质子数为 2　　B. 中子数为 3

C. 核外电子数为 1　　D. 质量数为 2

13. 下列物质中含有自由移动 Cl^- 的是（　　）。

A. $KClO_3$ 固体　　B. Cl_2

C. HCl 气体　　D. KCl 溶液

14. 关于化学反应与能量的说法正确的是（　　）。

A. 中和反应是吸热反应

B. 燃烧属于放热反应

C. 化学键断裂放出能量

D. 反应物总能量与生成物总能量一定相等

15. 关于元素周期表的说法正确的是（　　）。

A. 元素周期表有 8 个主族

B. ⅠA 族的元素全部是金属元素

C. 元素周期表有 7 个周期

D. 短周期是指第一、第二周期

16. 正丁烷与异丁烷互为同分异构体的依据是（　　）。

A. 具有相似的物理性质

B. 具有相似的化学性质

C. 具有不同的分子结构

D. 分子式相同，但分子内碳原子的连接方式不同

17. 对于反应 $2H_2O_2 = 2H_2O + O_2\uparrow$，下列措施不能增大化学反应速率的是（　　）。

A. 减小 H_2O_2 溶液的浓度

B. 升高 H_2O_2 溶液的温度

C. 向 H_2O_2 溶液中加入少量 MnO_2 粉末

D. 向 H_2O_2 溶液中加入一定浓度的 $FeCl_3$ 溶液

二、单项选择题：在每题的 4 个选项中，只有 1 个选项是符合要求的（本大题包括“A. 化学与生活”和“B. 有机化学基础”两个模块各 6 题，每题 3 分。每个模块 18 分。注意：每位考生只可选择其中的 1 个模块作答。并填涂答题卡“填涂说明 2”中对应的方框）。

A. 化学与生活

18. 下列气体的排放可能会造成酸雨的是（　　）。

A. CO　　B. CH_4　　C. SO_2　　D. N_2

19. 人生病时要合理用药。下列药品与其作用相匹配的是（　　）。

A. 氢氧化铝：中和过多胃酸

B. 阿司匹林：消炎抗菌

C. 青霉素：解热镇痛

D. 医用碘酒：人体补碘

20. 下列食物中富含维生素 C 的是（　　）。

A. 食用油　B. 蔗糖　C. 西红柿　D. 鸡蛋

21. 下列物质的主要成分属于有机高分子材料的是（　　）。

A. 聚丙烯　B. 新型陶瓷

C. 镁铝合金　D. 钢化玻璃

22. 3 月 22 日是世界水日，今年世界水日的主题是“涉水卫生”。混凝法是净化水常用的方法，在天然水或污水中加入一定的混凝剂，可使水中的悬浮物变为沉淀而除去。下列物质中可以作为混凝剂的是（　　）。

A. 氯化钠　B. 氯气

C. 小苏打　D. 明矾

23. 下列说法错误的是（　　）。

A. 钢板镀锌可以防止锈蚀

B. 羊毛、蚕丝、棉花的主要成分都是纤维素

C. 高纯石英玻璃可用来制造光导纤维

D. 生铁和普通钢都是铁碳合金

B. 有机化学基础

18. 关于 $CH_3—CH_2—\underset{\displaystyle CH_3}{\underset{|}{CH}}—CH_3$ 的命名正确的是（　　）。

A. 2-甲基丁烷

B. 2-甲基戊烷

C. 3-甲基丁烷

D. 3-甲基戊烷

19. 在一定条件下，能发生银镜反应的物质是（　　）。

A. 乙酸　B. 苯

C. 乙醛　D. 乙酸乙酯

20. 下列有机物中含有两种官能团的是（　　）。

A. $CH_3—CH_3$　B. $CH_2═CHCl$

C. CH_3CH_2OH　D. $CH≡CH$

21. 通常情况下，下列物质能和氢氧化钠溶液反应的是（　　）。

A. 乙烯　B. 乙醇　C. 葡萄糖　D. 苯酚

22. 有关甲烷和乙烷的说法中，错误的是（　　）。

A. 互为同系物

B. 均不能使高锰酸钾酸性溶液褪色

C. 在核磁共振氢谱图（^{1}H 核磁共振谱图）中，均只有 1 个吸收峰

D. 二氯取代物均为两种

23. 下列反应的化学方程式正确的是（　　）。

A. 实验室制乙烯：$CH_3CH_2OH \xrightarrow[170\ ℃]{浓硫酸} CH_2=CH_2\uparrow + H_2O$

B. 苯酚钠溶液中通入 CO_2：

$C_6H_5ONa + CO_2 + H_2O \longrightarrow C_6H_5OH + Na_2CO_3$

C. 皂化反应：

$$\begin{array}{l} C_{17}H_{35}COOCH_2 \\ \quad\quad\quad\quad\ \ | \\ C_{17}H_{35}COOCH \\ \quad\quad\quad\quad\ \ | \\ C_{17}H_{35}COOCH_2 \end{array} + 3H_2O \xrightarrow[\Delta]{H^+} \begin{array}{l} CH_2OH \\ | \\ CHOH \\ | \\ CH_2OH \end{array} + 3C_{17}H_{35}COOH$$

D. 合成聚乙烯塑料：$nCH_2=CH_2 \longrightarrow \left[CH_2=CH_2\right]_n$

三、本大题包括 2 题，共 10 分。每题分为 A 题和 B 题，每位考生只可选做 1 题。选学《化学与生活》模块的考生答 A 题。选学《有机化学基础》模块的考生答 B 题。

24.（5 分）

A.（1）某肉制品包装上印有相关配料：精选瘦肉、食盐、亚硝酸钠、苯甲酸钠。其中属于调味剂的是________；属于发色剂的是________；属于防腐剂的是________。

（2）亚硝酸钠有毒，其外观和咸味与食盐很相似，因此要防止因误食亚硝酸钠而发生事故。亚硝酸钠和氯化钠的部分性质如下表：

性　质	亚硝酸钠	氯化钠
1. 酸性条件下的稳定性	微热分解为 NO 和 NO_2	微热时不分解
2. 熔点	271 ℃	801 ℃
3. 室温时的溶解度	约 80 g	约 35 g

请根据表中信息设计一种鉴别 $NaNO_2$ 和 NaCl 的方法，写出简单的操作过程、现象和结论：____。

B. 卤代烃的用途十分广泛。卤代烃______（填“能”或“不能”）跟硝酸银溶液反应生成卤化银沉淀。分子式为 C_3H_7Br

的卤代烃，其结构简式有两种，分别为______和________，它们与 NaOH 醇溶液共热生成的有机物的结构简式为______________。为了检验这种有机物，可把它通入盛有________________的试管中。

25. (5 分)

A. 糖类、油脂、蛋白质都是人体必需的营养物质。

(1) 油脂被摄入人体后，在酶的作用下水解为高级脂肪酸和________（写名称），进而被氧化生成二氧化碳和水并提供能量，或作为合成人体所需其他物质的原料。

(2) 氨基酸是组成蛋白质的基本结构单元，其分子中一定含有的官能团是氨基（$-NH_2$）和__________（写结构简式或名称）。人体中共有二十多种氨基酸，其中人体自身__________（填"能"或"不能"）合成的氨基酸称为人体必需氨基酸。

(3) 淀粉在淀粉酶的作用下最终水解为葡萄糖（$C_6H_{12}O_6$），部分葡萄糖在体内被氧化生成二氧化碳和水。写出葡萄糖在体内被氧化的化学方程式：____________________。

B.《茉莉花》是一首脍炙人口的江苏民歌。茉莉花香气的成分有多种，乙酸苯甲酯是其中的一种，它可以从茉莉花中提取，也可以用甲苯和乙醇为原料进行人工合成。一种合成路线如下：

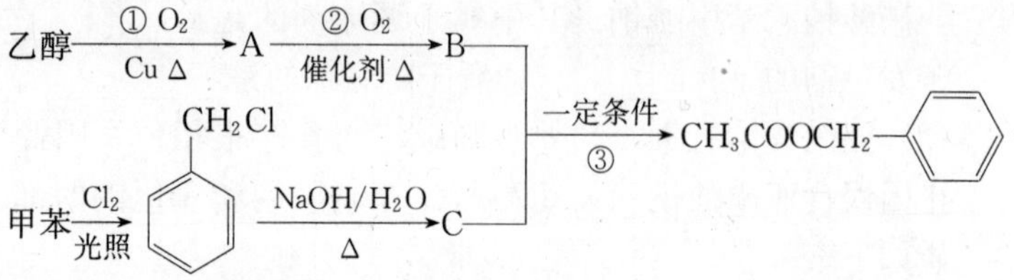

(1) C 的结构简式为____________________。

(2) 写出反应①的化学方程式：____________________。

(3) 反应③的反应类型为____________________。

(4) 反应________（填序号）原子的理论利用率为 100%，符合绿色化学的要求。

四、本大题 3 题，共 21 分。

26. (5 分) 某待测液中可能含有 Al^{3+}、Fe^{3+}、K^+、NH_4^+、Cl^- 等离子，现通过如下实验对其中的阳离子进行检验：

(1) 取少量待测液，仔细观察，呈无色；

(2) 向上述待测液中滴加 NaOH 溶液，有白色沉淀生成，NaOH 溶液过量后沉淀又完全溶解。实验过程中还有刺激性气味的气体产生，该气体能使湿润的红色石蕊试纸变蓝。

据此可以判断该待测液中一定含有的阳离子是________，一定没有的阳离子是________。还有一种阳离子没有检验，检验这种离子的实验方法是（填写实验名称）________，现象是________________。

27.（6分）下图中A～H均为中学化学中常见的物质，A、B、H是气体，它们之间有如下转化关系。（反应中生成的水已略去）

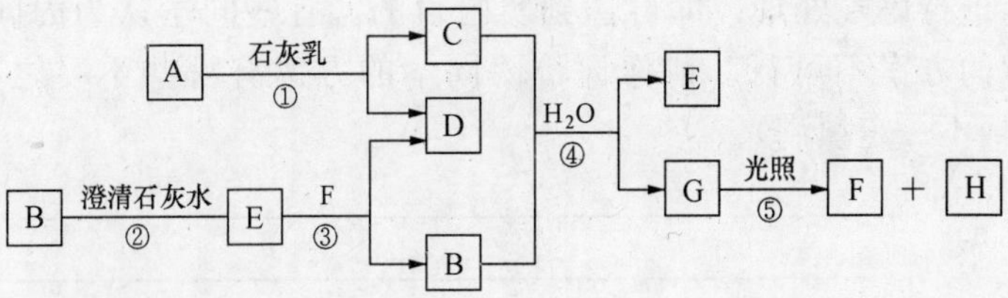

请回答以下问题：

（1）E是______，F是______，H是______。（填化学式）

（2）C物质在日常生活中可作______剂。

（3）写出反应①的化学方程式：________________。

28.（10分）一化学研究性学习小组对某工厂生产印刷电路板后所得废液进行探究（生产原理：$2Fe^{3+}+Cu=2Fe^{2+}+Cu^{2+}$）。请按要求完成下列探究报告。

[探究目的]

从废液中回收铜，并重新得到$FeCl_3$溶液。

[资料获悉]

① $3Fe^{2+}+NO_3^-+4H^+=3Fe^{3+}+NO\uparrow+2H_2O$

②有关金属离子从开始沉淀到沉淀完全时溶液的pH：

Fe^{3+}：2.7～3.7　Cu^{2+}：5.2～6.4　Fe^{3+}：7.6～9.6

[探究思路]

（1）先确定废液的组成及各金属离子的浓度；

（2）选择合适试剂回收铜，并重新得到$FeCl_3$溶液。

[实验探究]

取几滴废液于试管中加水稀释后，滴加KSCN溶液出现血红色，可知废液中除含有Fe^{2+}、Cu^{2+}外，还含有Fe^{3+}。

甲同学取10 mL废液，向其中加入足量的$AgNO_3$溶液，得到的沉淀经过滤、洗涤、干燥，称重得8.61 g；乙同学另取10 mL废液，加入某试剂将pH调至4.0，使其中Fe^{3+}转化为$Fe(OH)_3$沉淀，而Fe^{2+}、Cu^{2+}仍留在废液中，沉淀经过滤、洗涤、灼烧，冷却后称重得 0.32 g。通过计算可知废液中 $c(Fe^{3+})=$________ mol/L，$c(Fe^{2+})=$________ mol/L，$c(Cu^{2+})=$________ mol/L。

[交流讨论]

如何回收 1 L 废液中含有的铜，并重新得到 $FeCl_3$ 溶液？

丙同学认为应该先向废液中加入 a g 铁粉 [$a=c(Cu^{2+})\times 1\ L\times 56\ g/mol$]，使之充分反应置换出铜，过滤，得金属铜。再向滤液中加入适量的稀硝酸，将 Fe^{2+} 全部氧化为 Fe^{3+}，并进行尾气处理，即可达到实验目的。有些同学认为丙同学的方案不可行，请你评价丙同学的方案有哪些不妥之处？(不一定填满)

(1) ____________________________________。

(2) ____________________________________。

(3) ____________________________________。

该小组同学根据讨论得到的合理方案进行操作，最终达到了预期目的。(方案内容略)

[拓展延伸]

请画出 1 L 废液中加入铁粉的物质的量与废液中铜离子的物质的量的关系曲线，并利用图像计算，当铜离子的物质的量减少一半时，加入铁粉的质量是__________ g。

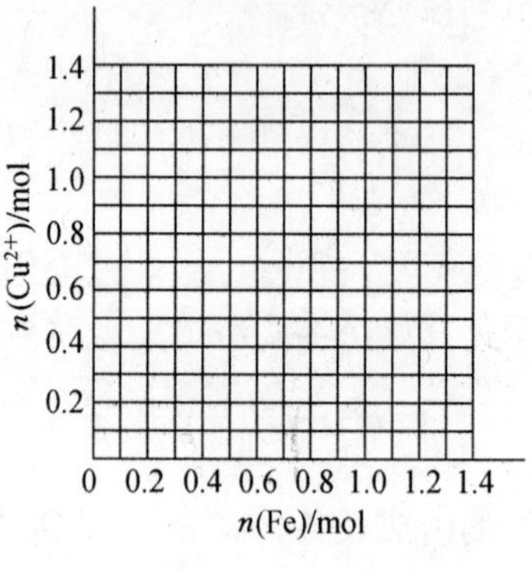

参考答案及评分标准

一、(共 51 分)

1. B　2. A　3. C　4. A　5. D　6. C　7. B　8. C　9. B　10. D　11. C　12. A　13. D　14. B　15. C　16. D　17. A

二、(共 18 分)

A. 18. C　19. A　20. C　21. A　22. D　23. B

B. 18. A　19. C　20. B　21. D　22. D　23. A

三、(共10分)

24.(A、B均5分)

A (1) 食盐，亚硝酸钠，苯甲酸钠（或苯甲酸钠和亚硝酸钠）各1分（共3分）

(2) 溶于水制成溶液，加入稀硫酸微热，有棕色气体生成者，原物质为 $NaNO_2$，否则为 NaCl；或用酒精灯加热，熔化者为 $NaNO_2$，不熔化者为 NaCl；或取两支试管，各加入 5 mL 水，分别溶解这两种物质，至不再溶解时，溶解量大的为亚硝酸钠，溶解量小的为氯化钠

B 不能，$CH_3CH_2CH_2Br$，$CH_3CHBrCH_3$，$CH_3CH=CH_2$，Br_2 的 CCl_4 溶液（或溴水，或 $KMnO_4$ 酸性溶液）各1分（共5分）

25.(A、B均5分)

A. (1) 甘油 1分

(2) —COOH 或羧基 1分

不能 1分

(3) $C_6H_{12}O_6+6O_2 \longrightarrow 6CO_2+6H_2O$ 2分

B. (1) 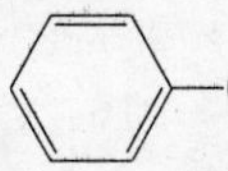—CH_2OH 1分

(2) $2CH_3CH_2OH+O_2 \xrightarrow[\Delta]{Cu} 2CH_3CHO+2H_2O$ 2分

(3) 酯化（或取代）反应 1分

(4) ② 1分

四、(共21分)

26.(5分)

Al^{3+}、NH_4^+ 各1分（共2分）

Fe^{3+} 1分

焰色反应 1分

透过蓝色钴玻璃观察到火焰呈紫色 1分

27.(6分)

(1) $CaCO_3$，HCl，O_2 各1分（共3分）

(2) 消毒（或漂白） 1分

(3) $3Cl_2+2Ca(OH)_2=CaCl_2+Ca(ClO)_2+2H_2O$ 2分

28.(10分)

[实验探究]

$c(Fe^{3+})=0.4\ mol/L$，$c(Fe^{2+})=1.6\ mol/L$，

$c(Cu^{2+})=0.8\ mol/L$， 各1分（共3分）

[交流讨论]

(1) 加入的铁粉不足，Cu^{2+} 有剩余　　1分

(2) 用 HNO_3 作氧化剂，带入了新的杂质离子 NO_3^-　　1分

(包括其他合理答案，只要答对 2 点就给 2 分)

[拓展延伸]

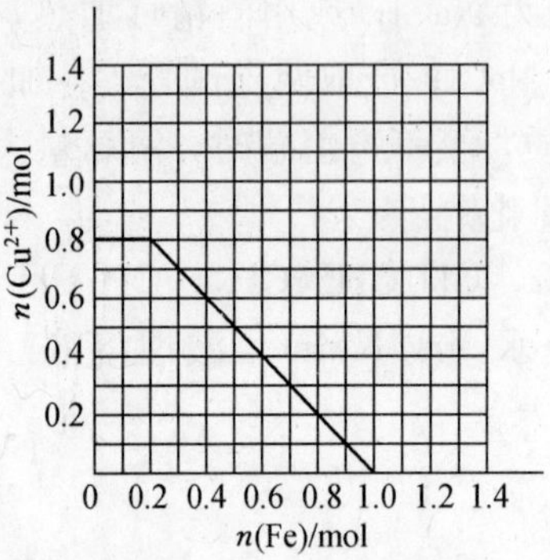

3分

33.6　　2分

2008 年安徽省普通高中学业水平测试科学基础（化学）

科学基础的化学部分

可能用到的相对原子质量：H—1　C—12　O—16　Ca—40

16. 2008 年北京奥运会祥云火炬的燃料为丙烷(C_3H_8)。下列关于丙烷说法错误的是(　　)。

A. 属于烷烃

B. 分子中含有碳碳双键

C. 丙烷燃烧是放热反应

D. 丙烷充分燃烧生成二氧化碳和水

17. 2007 年 10 月 24 日，我国首颗探月卫星"嫦娥一号"顺利升空。月球土壤中吸附着数百万吨可作为核聚变材料的 ^3_2He。下列有关 ^3_2He 的说法正确的是(　　)。

A. 质量数为 2　　B. 质子数为 3

C. 中子数为 3　　D. 核外电子数为 2

18. 下列化学反应中，属于氧化还原反应的是(　　)。

A. $Al_2O_3+6HCl=2AlCl_3+3H_2O$

B. $Cu+2H_2SO_4(浓) \xlongequal{\Delta} CuSO_4+2H_2O+SO_2\uparrow$

C. $2NaHCO_3 \xlongequal{\Delta} Na_2CO_3+CO_2\uparrow+H_2O$

D. $SiO_2+2NaOH=Na_2SiO_3+H_2O$

19. 下列操作方法或实验装置正确的是（　　）。

A.向容量瓶中转移液体

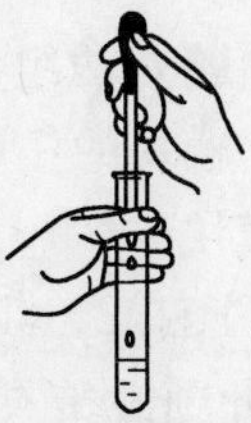

B.向试管内滴加液体

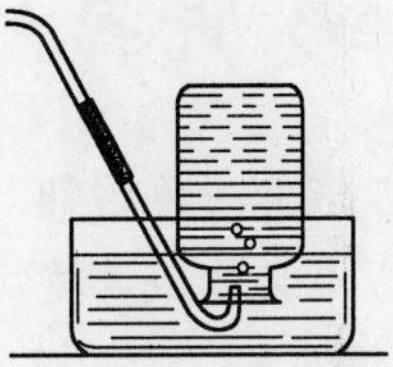

C.氨气的收集装置

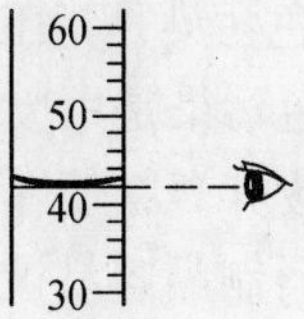

D.量取液体时读数

20. 把一小块钠投入滴有酚酞溶液的水中，下列有关该实验现象的描述错误的是（　　）。

A. 钠在水面游动　　B. 钠熔化成闪亮的小球

C. 钠沉在水底　　D. 溶液变为红色

21. 下列化合物中含有离子键的是（　　）。

A. SO_2　　B. H_2O　　C. NaCl　　D. HCl

22. 分类法是人们认识事物时常用的科学方法。下列关于“K_2SO_4”的分类错误的是（　　）。

A. 属于氧化物　　B. 属于离子化合物

C. 属于钾盐　　D. 属于电解质

23. 下列离子在溶液中可以大量共存的一组是（　　）。

A. K^+、Na^+、SO_4^{2-}　　B. K^+、H^+、OH^-

C. Na^+、Ag^+、Cl^-　　D. Ca^{2+}、OH^-、CO_3^{2-}

24. 右图为铜锌原电池的示意图，下列说法正确的是（　　）。

A. 铜片作为负极

B. 锌片作为正极

C. 铜片逐渐溶解

D. 该装置能将化学能转变为电能

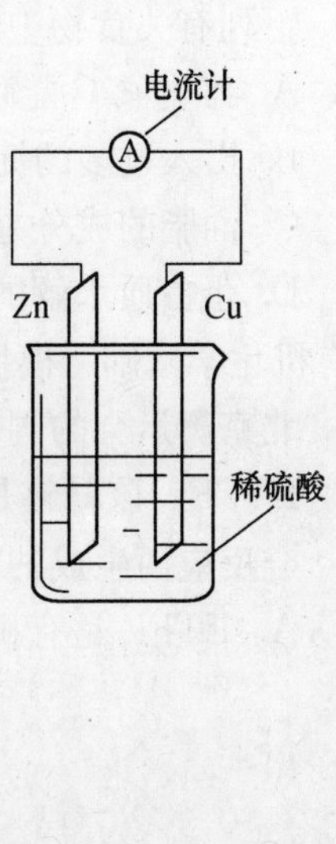

25. 下列物质能通过化合反应直接制得的是（　　）。

① $FeCl_2$　② H_2SO_4　③ NH_4Cl

④ NO

A. 只有①②③　　B. 只有②③④

C. 只有①③④　　D. 全部

注意：26～30 小题有两组，你可以选做《化学与生活》模块或《有机化学基础》模块的任意一组

《化学与生活》模块

26. 2008 年 6 月 1 日起，我国禁止超市、商场、集贸市场无偿提供塑料袋。此项政策有助于解决“白色污染”问题。下列关于“白色污染”的说法正确的是（　　）。

A. 白色污染是指工厂排放的白色烟尘

B. 白色污染是由废塑料制品造成的

C. 将废弃塑料填埋或倾倒在海洋中以减少白色污染

D. 塑料制品容易被微生物分解，所以不会造成环境污染

27. 下列关于材料的说法错误的是（　　）。

A. 普通玻璃属于硅酸盐材料

B. 塑料属于合成材料

C. 羊毛的主要成分是纤维素

D. 不锈钢属于一种铁合金

28. 下列关于药物的使用说法正确的是（　　）。

A. 药物的服用剂量越大，治疗效果越明显

B. 包装上印有“OTC”标志的药品属于处方药

C. 长期大量服用阿司匹林可预防某些疾病，没有副作用

D. 氢氧化铝可作为抑酸剂，用于治疗胃酸过多

29. 下列关于垃圾处理的说法错误的是（　　）。

A. 垃圾处理常用的方法有卫生填埋、堆肥和焚烧

B. 垃圾填埋只需挖坑、倾倒、深埋即可

C. 将垃圾分类是为了使垃圾中的再生资源得到充分利用

D. 可将生活垃圾焚烧发电，实现生活垃圾资源化处理

30. 下列有关食物中营养素的说法正确的是（　　）。

A. 维生素 C 能防治坏血病

B. 摄入过多的淀粉不会发胖

C. 油脂的成分是高级脂肪酸

D. 蛋白质水解的最终产物是葡萄糖

《有机化学基础》模块

26. 北京奥运会的国家游泳中心（水立方）的建筑采用了膜材料 ETFE，该材料是四氟乙烯（分子式为 C_2F_4）与乙烯通过聚合反应而生成的有机化合物。下列说法错误的是（　　）。

A. ETFE 是有机合成材料

B. 四氟乙烯属于烯烃

C. ETFE 属于高分子化合物

D. 四氟乙烯中含有碳碳双键

27. 能发生化学反应而使溴水褪色的物质是（　　）。

A. 己烷　　B. 乙酸　　C. 己烯　　D. 四氯化碳

28. 下列化合物中，属于酚类的是（　　）。

A. 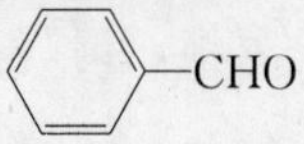　　B. 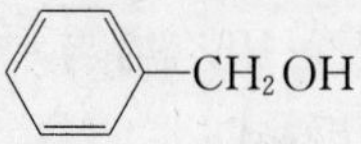

C. 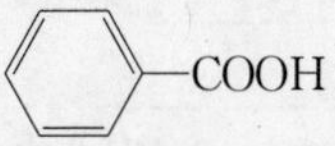　　D. 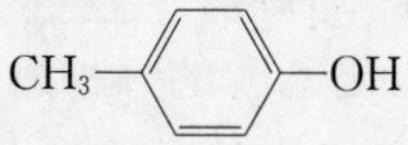

29. 下列反应中，属于取代反应的是（　　）。

A. $CH_3CHO+H_2 \xrightarrow[\Delta]{催化剂} CH_3CH_2OH$

B. 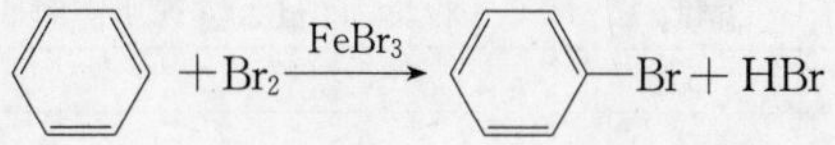

C. $CH_3CH_2OH \xrightarrow[170\ ℃]{浓 H_2SO_4} CH_2{=}CH_2\uparrow + H_2O$

D. $CH_2{=}CH_2 + HCl \xrightarrow{一定条件} CH_3CH_2Cl$

30. 肉桂酸的结构简式为 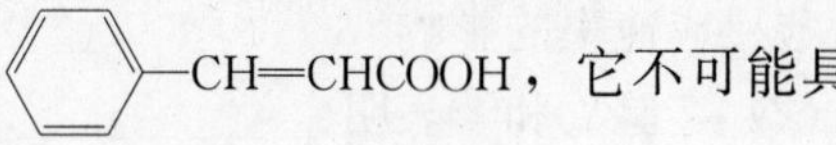，它不可能具有的性质是（　　）。

A. 能发生消去反应

B. 能发生聚合反应

C. 能使酸性高锰酸钾溶液褪色

D. 水溶液呈酸性

化学部分（包括 4 小题，共 20 分）

31.（5 分）下表为元素周期表的一部分，请针对所给的 5 种元素回答下列问题：

族 / 周期	ⅠA							0
一	①	ⅡA	ⅢA	ⅣA	ⅤA	ⅥA	ⅦA	
二				②	③			
三	④		⑤					

（1）元素①的原子结构示意图是＿＿＿＿＿＿＿＿＿＿＿＿。

（2）第二周期标出的元素中最高价氧化物对应的水化物酸性较强的是＿＿＿＿＿（填元素符号）；④、⑤两种元素的原子半径较大的是＿＿＿＿＿＿（填元素符号）。

（3）请写出元素⑤的氢氧化物和稀盐酸反应的离子方程式：

＿＿＿＿＿＿＿＿＿＿＿＿＿＿＿＿＿＿＿＿＿＿＿＿＿＿＿＿＿＿＿＿＿＿。

32.（5 分）乙醇是生活中常见的一种有机物，它的分子结构模型如右图所示。

(1) 乙醇分子中—OH 原子团的名称是＿＿＿＿＿＿＿。

(2) 一定条件下，乙醇能与乙酸反应生成一种具有香味的油状液体。该有机反应的类型是＿＿＿＿反应。

(3) 工业上可用乙烯与水反应来制取工业酒精，请写出该反应的化学方程式：＿＿＿＿＿＿＿＿＿＿＿＿＿。

(4) 请写出乙醇的一种用途：＿＿＿＿＿＿＿＿＿＿＿＿。

33.（5 分）某校研究性学习小组用相同质量的锌和相同浓度的足量稀盐酸反应，得到的实验数据如下表所示：

实验编号	锌的状态	温度/℃	收集 100 mL 氢气所需时间/s
①	薄片	15	200
②	薄片	25	90
③	粉末	25	10

(1) 该实验的目的是探究＿＿＿＿＿、＿＿＿＿＿对锌与盐酸反应速率的影响。

(2) 实验①和②表明：＿＿＿＿＿＿＿＿，反应速率越快。

(3) 能表明固体的表面积对反应速率影响的实验编号是＿＿＿＿和＿＿＿＿＿。

(4) 请你设计一个实验方案证明锌与盐酸反应速率与盐酸的浓度有关：＿＿＿＿＿＿＿＿＿＿＿＿＿＿＿＿＿＿。

34.（5 分）小明为测定某牙膏中碳酸钙的质量分数，取该牙膏 25 g，加入 200 mL 稀盐酸，恰好完全反应（其他成分不和盐酸反应），共收集到标准状况下 3.36 L 二氧化碳气体，请通过计算说明：

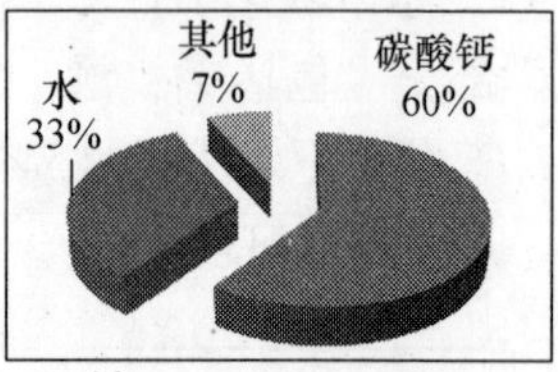

(1) 右图该品牌牙膏中碳酸钙的质量分数标注是否正确？

(2) 所用盐酸的物质的量浓度是多少？

参考答案及评分标准

16. B　17. D　18. B　19. D　20. C　21. C　22. A　23. A

24. D　25. D　26. B　27. C　28. D　29. B　30. A

有机基础模块答案略

化学部分（包括 4 小题，共 20 分）

31.（5 分）(1) （1 分）　(2) N（1 分）Na（1 分）

(3) $Al(OH)_3+3H^+=Al^{3+}+3H_2O$（2分）

32.（5分）(1) 羟基（1分）　(2) 酯化（或取代）（1分）

(3) $CH_2=CH_2+H_2O \rightarrow C_2H_5OH$（2分）　(4) 体积分数为75%的乙醇溶液用作消毒酒精（1分）（其他合理答案均给分）

33.（5分）(1) 固体表面积（或锌的状态）、温度（1分）

(2) 反应温度越高（1分）

(3) ② ③（1分）（两空都对才给分）

(4) 相同条件下，取相同质量的薄锌片与不同浓度的盐酸反应，测量收集100 mL气体所需的时间（2分）（其他合理答案均给分）

34.（5分）

(1) 该品牌牙膏中碳酸钙的质量分数标注正确（计算过程略）

(2) 1.5 mol/L

宁夏回族自治区2008年1月普通高中学业水平测试（化学）

第Ⅰ卷（选择题　共50分）

一、选择题（每题只有一个选项符合题意，每题2分，共50分）

1. 2008年北京奥运会火炬以中国传统祥云符号和纸卷轴为创意，由铝合金制成，使用的燃料为丙烷。下列关于丙烷的说法正确的是（　　）。

A. 常温常压下为液体

B. 与丁烷互为同分异构体

C. 能使酸性高锰酸钾溶液褪色

D. 充分燃烧的产物是水和二氧化碳

2. 近年每到秋末冬初季节，许多城市多次出现大雾天气，致使高速公路关闭，航班停飞。雾属于下列分散系中的（　　）。

A. 胶体　B. 悬浊液　C. 乳浊液　D. 溶液

3. 下列各组物质，按单质、化合物、混合物顺序排列的是（　　）。

A. 铁、干冰、氯化氢　B. 白磷、生石灰、纯碱

C. 液态氧、烧碱、碘酒　D. 氮气、空气、胆矾

4. 下列物质中，不含共价键的是（　　）。

A. Cl_2　B. NaCl　C. HCl　D. NaOH

5. 下列气体中，不能用浓硫酸干燥的是（　　）。

A. Cl_2　B. NH_3　C. CO_2　D. SO_2

6. 下列物质在一定条件下均能和铁反应，其产物中铁元素呈+3价的是（　　）。

A. 硫酸铜溶液　B. 稀硫酸

C. 氯气　　D. 浓盐酸

7. 在元素周期表中金属和非金属分界处的硅元素多用于制（　　）。

A. 电极　　B. 半导体材料

C. 催化剂　　D. 农药

8. 下列说法正确的是（　　）。

A. 摩尔是一种国际基本物理量

B. 通常状况下，气体摩尔体积约为 22.4 L

C. 1 mol 氧的质量为 16 g

D. 在同温同压下，相同体积的任何气体所含分子数相同

9. 氧化还原反应的实质是（　　）。

A. 电子的转移　　B. 化合价升降

C. 有无新物质生成　　D. 得氧和失氧

10. 氨气的喷泉实验主要体现了氨气的性质是（　　）。

A. 易液化　　B. 氧化性

C. 极易溶解于水　　D. 还原性

11. 下列物质中，溶于水可以生成两种酸的是（　　）。

A. Cl_2　　B. SO_2

C. HCl　　D. NO_2

12. 下列实验操作中错误的是（　　）。

A. 熄灭酒精灯时用灯帽盖灭

B. 用药匙或者纸槽把粉末状药品送入试管的底部

C. 过滤时玻璃棒的末端应轻轻靠在三层的滤纸上

D. 如果没有试管夹，可以临时手持试管给固体或液体加热

13. 下列物质中，既能与氢气在一定条件下发生加成反应，又能使酸性高锰酸钾溶液褪色的是（　　）。

A. 苯　　B. 乙烯　　C. 乙醇　　D. 乙烷

14. 目前，已发现的居室空气污染物达 300 多种。其中有一种来自人造地板、家具以及装修黏合剂，长期接触该物质，可引起过敏性皮炎、免疫功能异常。该污染物是（　　）。

A. 甲醛　　B. 一氧化碳

C. 一氧化氮　　D. 丁烷

15. 用 NaCl 固体配制一定物质的量浓度的溶液时，操作要领包括：①溶解；②定容；③转移；④计算；⑤称量等方面，其正确的操作顺序是（　　）。

A. ④①②③⑤　　B. ④⑤③②①

C. ①②③④⑤　　D. ④⑤①③②

16. 能在水溶液中大量共存的离子组是（ ）。

A. Mg^{2+}、SO_4^{2-}、OH^-、K^+

B. Na^+、Ag^+、NO_3^-、Cl^-

C. H^+、Cl^-、NO_3^-、Ba^{2+}

D. Ca^{2+}、CO_3^{2-}、K^+、NO_3^-

17. 下列说法中，正确的是（ ）。

A. 在周期表里，主族元素所在的族序数等于其原子核外电子数

B. 在周期表里，元素所在的周期数等于其原子的核外电子层数

C. 最外层电子数为 8 的粒子是稀有气体元素的原子

D. 同周期元素的原子序数越大，其原子半径也越大

18. 1 mol O_2 和 1 mol O_3 相比较，下列叙述一定正确的是（ ）。

A. 体积相同　　B. 质量相等

C. 原子数相等　　D. 分子数相等

19. Se 是人体必需的微量元素，下列关于 $^{78}_{34}Se$ 和 $^{80}_{34}Se$ 的说法正确的是（ ）。

A. $^{78}_{34}Se$ 和 $^{80}_{34}Se$ 是不同元素的两种原子

B. $^{78}_{34}Se$ 和 $^{80}_{34}Se$ 互为同位素

C. $^{78}_{34}Se$ 和 $^{80}_{34}Se$ 分别含有 44 个质子和 46 个质子

D. $^{78}_{34}Se$ 和 $^{80}_{34}Se$ 都含有 34 个中子

20. 除去镁粉中的少量铝粉，可选用（ ）。

A. 硫酸　　B. 盐酸

C. 氢氧化钠溶液　　D. 氨水

21. 化工生产中，为加快化学反应速率应优先考虑的措施是（ ）。

A. 选用适宜的催化剂　　B. 采用高压

C. 采用高温　　D. 增大反应物的浓度

22. 做化学实验时必须注意安全，下列说法中不正确的是（ ）。

A. 点燃甲烷气体前，必须先检验甲烷的纯度

B. 酒精灯洒出的酒精在桌上着火，应立即用湿抹布盖灭

C. 在实验室里，不能尝任何药品的味道

D. 碱溶液溅到皮肤上，应立即用抹布擦拭干净，再涂上稀盐酸

23. 下列化学反应中，其离子方程式可以用 $OH^- + H^+ = H_2O$ 表示的是（ ）。

A. NaOH 溶液与稀 HCl 的反应

B. $Cu(OH)_2$ 与稀 HNO_3 的反应

C. $Ba(OH)_2$ 溶液与稀 H_2SO_4 的反应

D. $Al(OH)_3$ 与稀 HCl 的反应

24. 某气体物质的质量为 6.4 g，含有 6.02×10^{22} 个分子，则该气体的相对分子质量是（　　）。

A. 32　　　　B. 64

C. $64\ g\cdot mol^{-1}$　　　　D. $32\ g\cdot mol^{-1}$

25. 关于如右图所示装置的叙述，正确的是（　　）。

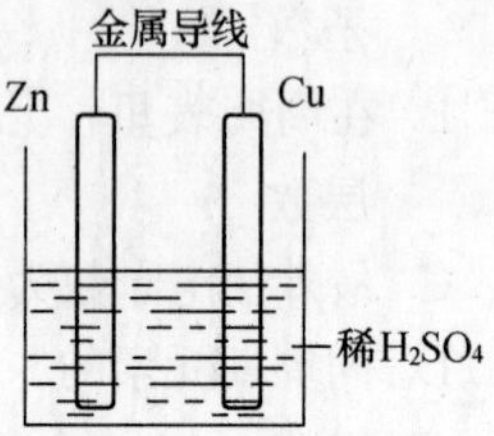

A. 铜是阳极，铜片上有气泡产生

B. 铜片质量逐渐减少

C. 氢离子在铜片表面被还原

D. 电流从锌片经导线流向铜片

第Ⅱ卷（非选择题　共 70 分）

二、填空题（每空 2 分，共 24 分）

26.（14 分）短周期元素 A、B、C、D 在周期表中的位置如图所示，其中 D 元素原子只有一个电子层，且单质化学性质稳定，一般不与其他物质反应。据图回答：

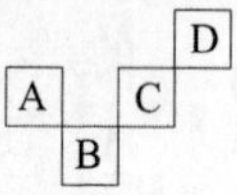

（1）A、B、C、D 的元素符号：________、________、________、________。

（2）A 元素气态氢化物的化学式为________，A 的气态氢化物的稳定性________ C 的气态氢化物的稳定性（填“＞”或“＜”）。

（3）B 元素的一种氧化物是形成酸雨的主要原因，该氧化物的化学式为______。

27.（10 分）在（A）CH_4　（B）C_2H_4　（C）C_6H_6　（D）C_2H_5OH　（E）CH_3COOH 五种有机物中，选编号填写：

（1）符合通式 C_nH_{2n+2} 的是____________。

（2）食醋的主要成分是____________。

（3）化学实验室常用作燃料的是____________。

（4）常用作有机溶剂，能将溴水中的溴萃取出来的是____________。

（5）其产量作为衡量一个国家石油化工发展水平标志的是____________。

三、实验探究题（共 20 分）

28.（6 分）下图中，A 是气体发生装置，B、C、D 是气体收集装置：试回答：

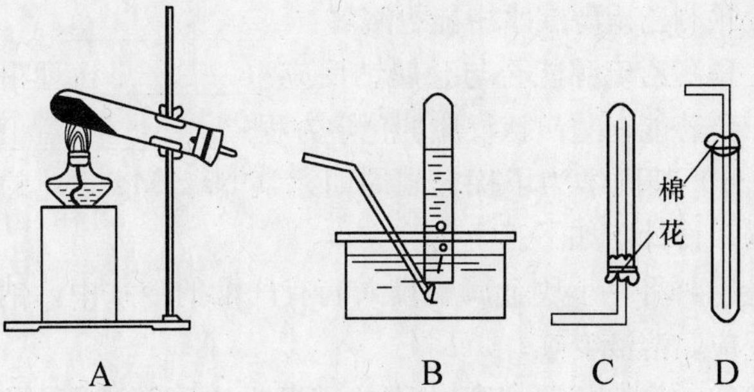

(1) 若要使用 NH_4Cl 与 $Ca(OH)_2$ 为原料制取氨气，写出 A 装置的试管中发生反应的化学方程式________________。

(2) 把湿润的红色石蕊试纸靠近 A 装置的导管口，观察到的现象是______________。

(3) B、C、D 是气体收集装置，其中可用来收集氨气的是______________。

29. (14 分) 下面是某同学研究氯气性质过程中的一个片段，请你帮助他完成部分实验并补全实验记录。

【观察】氯气的颜色、状态：________色气体；闻氯气的气味：________气味。

【预测】氯气能与多数金属、非金属化合。

【实验探究】

实验内容	实验现象	推断生成物
氯气与钠反应		
氯气与氢气反应		

【实验结论】

氯气是活泼的非金属单质，具有很强的________性（填“氧化”或“还原”）。

四、计算题（共 6 分）

30. 实验室中需要标准状况下 2.24 L 的氢气，现用一定量的锌粒和足量的稀硫酸反应来制取。问：

(1) 所需锌的质量为多少？

(2) 若反应后溶液体积为 500 mL，则反应后溶液中硫酸锌的物质的量浓度是多少？

五、附加题（共 20 分）

31. (8 分) 温馨提示：同主族元素的性质具有相似性。

乙醇中羟基（—OH）的氧原子被硫原子代替后生成的有机物为乙硫醇（C_2H_5SH）。乙硫醇显酸性。

(1) 预测乙硫醇在水中能否溶解？______________。

(2) 预测乙硫醇能否与金属钠反应？________，理由是________，若能，写出该反应的化学方程式________________。

32. (12 分) 某同学为了探究同周期元素 Na、Mg、Al 的金属性强弱，设计了如下三个实验。

实验①：将一小块金属钠投入滴有酚酞的冷水中，钠与水剧烈反应，溶液变红；

实验②：将一片除去氧化膜的镁条投入滴有酚酞的冷水中，无明显现象，然后加热溶液至沸腾，镁条表面有气泡，溶液变红；

实验③：将都除去氧化膜的相同大小的镁条和铝条分别投入到相同浓度的稀盐酸中，镁条比铝条反应剧烈。

(1) 由实验①②③现象表明，Na、Mg、Al 的金属性由强到弱的顺序为________，写出钠与水反应的化学方程式____________，写出镁与稀盐酸反应的离子方程式__________。

(2) 根据以上三个实验的结论，试判断 NaOH、$Mg(OH)_2$、$Al(OH)_3$ 碱性由强到弱的顺序为________________。

参考答案及评分标准

说明：

1. 本答案供阅卷评分时使用，考生若写出其他正确答案，可参照评分标准给分。

2. 化学专用名词中出现错别字，元素符号有错误，都应参照评分标准扣分。

3. 化学方程式未配平的，而反应物、生成物的化学式（分子式）书写正确的，可给一半分。

第Ⅰ卷（选择题　共 50 分）

一、选择题（每题 2 分，共 50 分）

1. D　2. A　3. C　4. B　5. B　6. C　7. B　8. D　9. A　10. C
11. A　12. D　13. B　14. A　15. D　16. C　17. B　18. D
19. B　20. C　21. A　22. D　23. A　24. B　25. C

第Ⅱ卷（非选择题　共 70 分）

二、填空题（共 24 分）

26. (每空 2 分，共 14 分)

(1) N　S　F　He　(2) NH_3　$<$　(3) SO_2

27. (每空 2 分，共 10 分)

(1) A　(2) E　(3) D　(4) C

（5）B（用化学式填写也可）

三、实验探究题（共 20 分）

28.（每空 2 分，共 6 分）

（1）$2NH_4Cl+Ca(OH)_2 \xlongequal{\triangle} CaCl_2+2NH_3\uparrow+2H_2O$

（2）试纸变蓝

（3）C

29.（每空 2 分，共 14 分）

黄绿　刺激性　有白烟生成　苍白色火焰　NaCl　HCl

氧化

四、计算题（共 6 分）

30. 解：

$Zn + H_2SO_4 = $	$ZnSO_4 +$	$H_2\uparrow$	（1 分）
65 g	1 mol	22.4 L	
$m(Zn)$	$n(ZnSO_4)$	2.24 L	（1 分）
$m(Zn)=6.5$ g	$n(ZnSO_4)=0.1$ mol		（2 分）

$c(ZnSO_4)=\dfrac{0.1\ mol}{0.5\ L}=0.2\ mol/L$　（2 分）

（其他合理解法均可得分）

五、附加题（共 20 分）

31.（每空 2 分，共 8 分）

（1）能

（2）能　同主族元素性质具有相似性（其他合理解释也可）

$2C_2H_5SH+2Na \rightarrow 2C_2H_5SNa+H_2\uparrow$

32.（每空 3 分，共 12 分）

（1）Na＞Mg＞Al（不用“＞”用“、”连接也可）

$2Na+2H_2O=2NaOH+H_2\uparrow$

$Mg+2H^+=Mg^{2+}+H_2\uparrow$

（2）$NaOH>Mg(OH)_2>Al(OH)_3$（不用“＞”用“、”连接也可）

高考试卷集锦

2008 年普通高等学校招生全国统一考试（江苏卷）化学试题

第Ⅰ卷（选择题　共 48 分）

一、单项选择题（本题包括 8 小题，每题 3 分，共 24 分。每小题只有一个选项符合题意）

1. 化学与生活、社会密切相关。下列说法不正确的是（　　）。
   A. 利用太阳能等清洁能源代替化石燃料，有利于节约资源、保护环境
   B. 凡含有食品添加剂的食物对人体健康均有害，不可食用
   C. 为防止电池中的重金属等污染土壤和水体，应积极开发废电池的综合利用技术
   D. 提倡人们购物时不用塑料袋，是为了防止白色污染
2. 下列文字表述与反应方程式对应且正确的是（　　）。
   A. 溴乙烷中滴入 $AgNO_3$ 溶液检验其中的溴元素：
   $Br^- + Ag^+ = AgBr\downarrow$
   B. 用醋酸除去水垢：$CaCO_3 + 2H^+ = Ca^{2+} + H_2O + CO_2\uparrow$
   C. 利用腐蚀法制作印刷线路板：$Fe^{3+} + Cu = Fe^{2+} + Cu^{2+}$
   D. 实验室用液溴和苯在催化剂作用下制溴苯：
   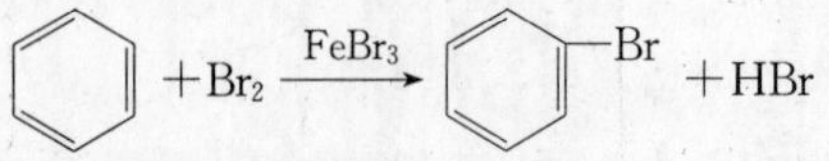
3. 用 N_A 表示阿伏伽德罗常数的值。下列叙述正确的是（　　）。
   A. 常温常压下的 33.6 L 氯气与 27 g 铝充分反应，转移电子数为 $3N_A$
   B. 标准状况下，22.4 L 己烷中共价键数目为 $19N_A$
   C. 由 CO_2 和 O_2 组成的混合物中共有 N_A 个分子，其中的氧原子数为 $2N_A$
   D. 1 L 浓度为 $1\ mol\cdot L^{-1}$ 的 Na_2CO_3 溶液中含有 N_A 个 CO_3^{2-}
4. 下列现象或事实可用同一原理解释的是（　　）。
   A. 浓硫酸和浓盐酸长期暴露在空气中浓度降低
   B. 氯水和活性炭使红墨水褪色
   C. 漂白粉和水玻璃长期暴露会变质
   D. 乙炔和乙烯使溴的四氯化碳溶液褪色
5. 镍镉（Ni - Cd）可充电电池在现代生活中有广泛应用。已知某镍镉电池的电解质溶液为 KOH 溶液，其充、放电按下式进行：$Cd + 2NiOOH + 2H_2O \underset{充电}{\overset{放电}{\rightleftharpoons}} Cd(OH)_2 + 2Ni(OH)_2$ 有关该电池的说法正确的是（　　）。
   A. 充电时阳极反应：$Ni(OH)_2 - e^- + OH^- = NiOOH + H_2O$
   B. 充电过程是化学能转化为电能的过程
   C. 放电时负极附近溶液的碱性不变
   D. 放电时电解质溶液中的 OH^- 向正极移动

6. 下列装置或操作能达到实验目的的是（　　）。

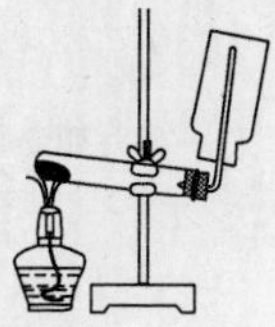

A. 实验室制取并收集 NH_3

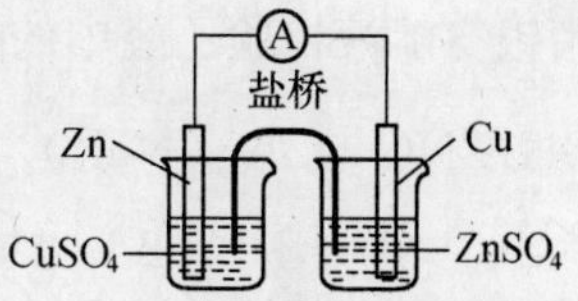

B. 构成铜锌原电池

C. 检查装置气密性

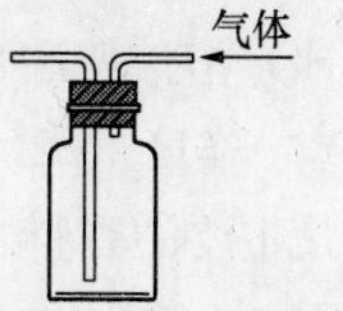

D. 利用排空气法收集 CO_2

7. 下列排列顺序正确的是（　　）。

① 热稳定性：$H_2O > HF > H_2S$

② 原子半径：$Na > Mg > O$

③ 酸性：$H_3PO_4 > H_2SO_4 > HClO_4$

④ 结合质子能力：$OH^- > CH_3COO^- > Cl^-$

A. ①③　　B. ②④　　C. ①④　　D. ②③

8. 在下列溶液中，各组离子一定能够大量共存的是（　　）。

A. 使酚酞试液变红的溶液：Na^+、Cl^-、SO_4^{2-}、Fe^{3+}

B. 使紫色石蕊试液变红的溶液：Fe^{2+}、Mg^{2+}、NO_3^-、Cl^-

C. $c(H^+)=10^{-12}\ mol\cdot L^{-1}$的溶液：$K^+$、$Ba^{2+}$、$Cl^-$、$Br^-$

D. 碳酸氢钠溶液：K^+、SO_4^{2-}、Cl^-、H^+

二、不定项选择题（本题包括 6 小题，每小题 4 分，共 24 分。每小题只有一个或两个选项符合题意。若正确答案只包括一个选项，多选时，该题为 0 分；若正确答案包括两个选项，只选一个且正确的得 2 分，选两个且都正确的得满分，但只要选错一个，该小题就为 0 分）

9. 以下实验或操作不能达到目的的是（　　）。

A. 用溴水鉴别苯、乙醇、四氯化碳

B. 准确称取 0.400 0 g 的 NaOH 固体配成 1 000 mL 浓度为 0.010 00 $mol\cdot L^{-1}$的溶液

C. 为除去苯中的少量苯酚，向混合物中加入适量的溴水后过滤

D. 用激光笔检验淀粉溶液的丁达尔现象

10. 下列离子方程式正确的是（　　）。

A. 用惰性电极电解饱和氯化钠溶液：

$2Cl^- + 2H^+ \xlongequal{电解} H_2\uparrow + Cl_2\uparrow$

B. 用银氨溶液检验乙醛中的醛基：

$CH_3CHO + 2Ag(NH_3)_2^+ + 2OH^- \xrightarrow{水溶加热} CH_3COO^- + NH_4^+ + 3NH_3 + 3Ag\downarrow + H_2O$

C. 苯酚钠溶液中通入少量 CO_2：

$CO_2 + H_2O + 2C_6H_5O^- \longrightarrow 2C_6H_5OH + 2CO_3^{2-}$

D. Na_2SO_3 溶液使酸性 $KMnO_4$ 溶液褪色：

$5SO_3^{2-} + 6H^+ + 2MnO_4^- = 5SO_4^{2-} + 2Mn^{2+} 3H_2O$

11. 香兰素是重要的香料之一，它可由丁香酚经多步反应合成。

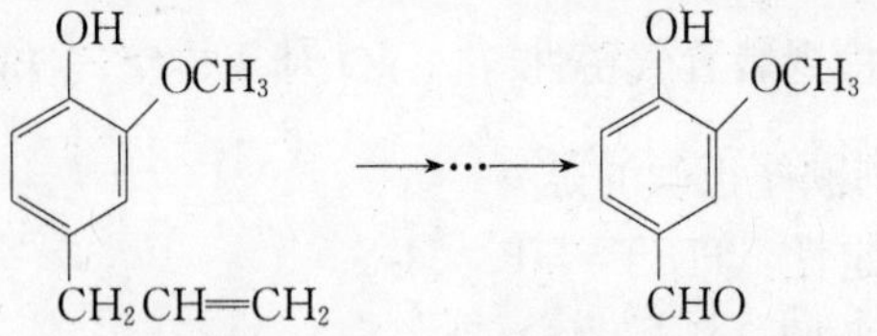

丁香酚　　　　香兰素

有关上述两种化合物的说法正确的是（　　）。

A. 常温下，1 mol 丁香酚只能与 1 mol Br_2 反应

B. 丁香酚不能与 $FeCl_3$ 溶液发生显色反应

C. 1 mol 香兰素最多能与 3 mol 氢气发生加成反应

D. 香兰素分子中至少有 12 个原子共平面

12. 下列溶液中有关物质的量浓度关系正确的是（　　）。

A. pH=2 的 HA 溶液与 pH=12 的 MOH 溶液任意比混合：

$c(H^+) + c(M^+) = c(OH^-) + c(A^-)$

B. pH 相等的 CH_3COONa、NaOH 和 Na_2CO_3 三种溶液：

$c(NaOH) < c(CH_3COONa) < c(Na_2CO_3)$

C. 物质的量浓度相等 CH_3COOH 和 CH_3COONa 溶液等体积混合：

$c(CH_3COO^-) + 2c(OH^-) = 2c(H^+) + c(CH_3COOH)$

D. 0.1 $mol \cdot L^{-1}$ 的 NaHA 溶液，其 pH=4：

$c(HA^-) > c(H^+) > c(H_2A) > c(A^{2-})$

13. 研究反应物的化学计量数与产物之间的关系时，使用类似数轴的方法可以收到的直观形象的效果。下列表达不正确的是（　　）。

A. 密闭容器中 CuO 和 C 高温反应的气体产物：

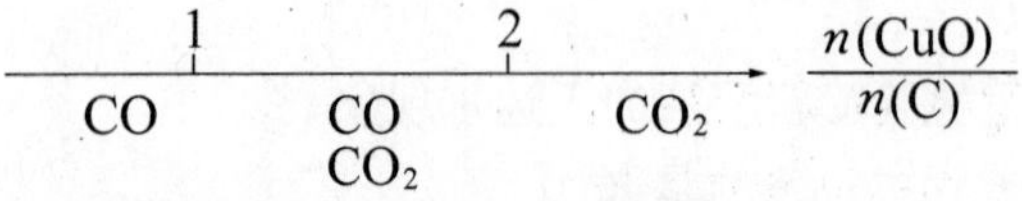

B. Fe 在 Cl_2 中的燃烧产物：

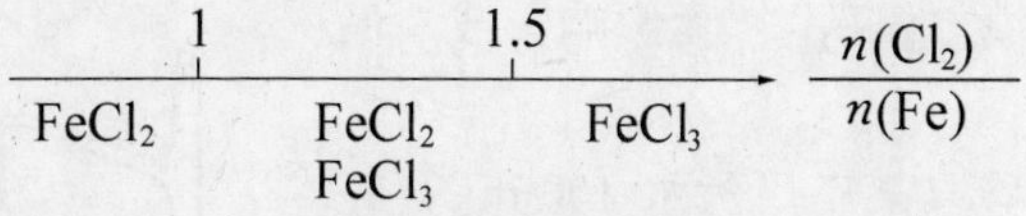

C. $AlCl_3$ 溶液中滴加 NaOH 后铝的存在形式：

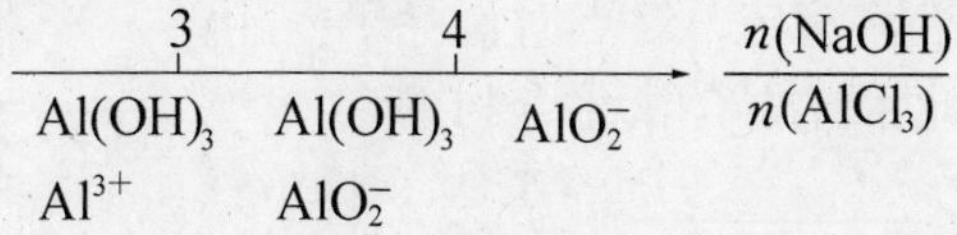

D. 氨水与 SO_2 反应后溶液中的铵盐：

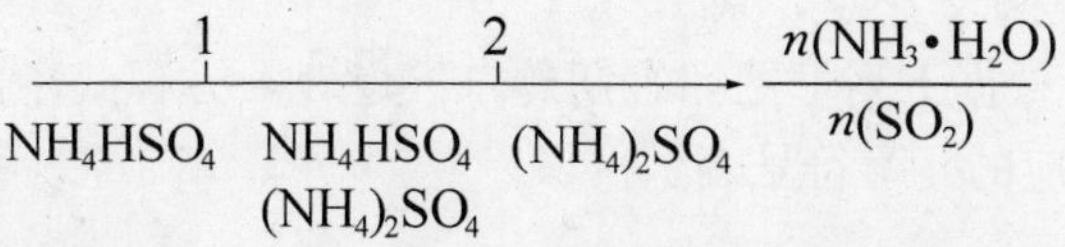

14. 某有机样品 3.1 g 完全燃烧，燃烧后的混合物通入过量的澄清石灰水，石灰水共增重 7.1 g，经过滤得到 10 g 沉淀。该有机样品可能是（　　）。

A. 乙二醇

B. 乙醇

C. 乙醛

D. 甲醇和丙三醇的混合物

第Ⅱ卷（非选择题　共 72 分）

三、（本题包括 1 小题，共 10 分）

15.（10 分）金矿开采、冶炼和电镀工业会产生大量含氰化合物的污水，其中含氰化合物以 HCN、CN^- 和金属离子的配离子 $M(CN)_n^{m-}$ 的形式存在于水中。测定污水中含氰化合物含量的实验步骤如下：

① 水样预处理：水样中加入磷酸和 EDTA，在 pH<2 的条件下加热蒸馏，蒸出所有的 HCN，并用 NaOH 溶液吸收。

② 滴定：将吸收液调节至 pH>11，以试银灵作指示剂，用 $AgNO_3$ 标准溶液滴定

$$Ag^+ + 2CN^- = [Ag(CN)_2]^-$$

终点时，溶液由黄色变成橙红色。

根据以上知识回答下列问题：

(1) 水样预处理的目的是________。

(2) 水样预处理的装置如下页右图，细导管插入吸收液中是为了____________。

(3) 蒸馏瓶比吸收液面要高出很多，其目的是____________
______。

(4) 如果用盐酸代替磷酸进行预处理，实验结果将_________

____（选填“偏高”“无影响”或“偏低”）。

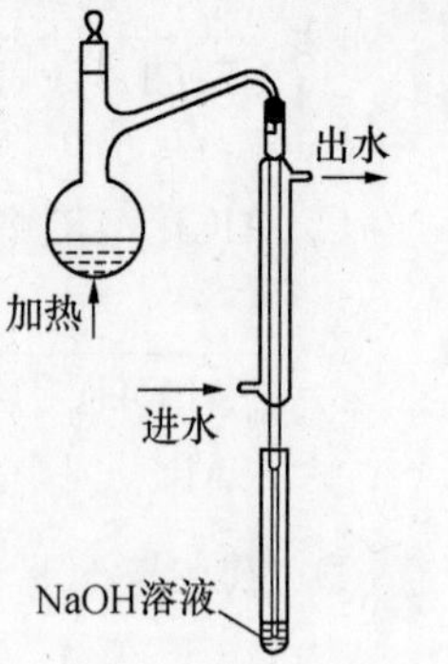

(5) 准确移取某工厂污水 100 mL，经处理后用浓度为 0.010 00 $mol \cdot L^{-1}$ 的硝酸银标准溶液滴定，终点时消耗了 21.00 mL。此水样中含氰化合物的含量为________ $mg \cdot L^{-1}$（计算结果保留一位小数）。

四、(本题包括 2 小题，共 18 分)

16. (8 分) 根据下列框图回答问题（答题时，方程式中的 M、E 用所对应的元素符号表示）：

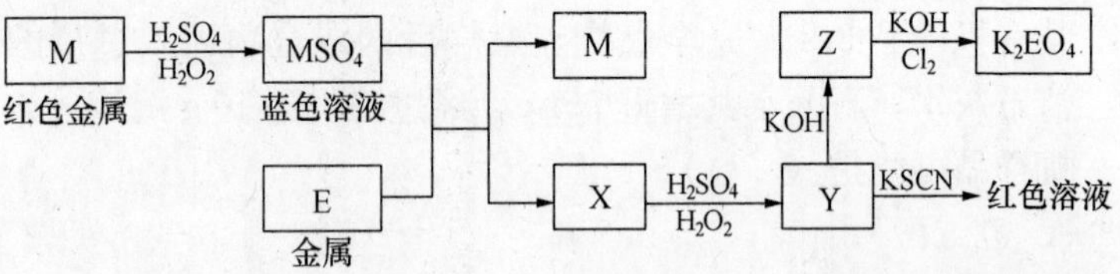

(1) 写出 M 溶于稀 H_2SO_4 和 H_2O_2 混合液的化学方程式：

________________。

(2) 某同学取 X 的溶液，酸化后加入 KI、淀粉溶液，变为蓝色。写出与上述变化过程相关的离子方程式：________、________。

(3) 写出 Cl_2 将 Z 氧化为 K_2EO_4 的化学方程式：__________。

(4) 由 E 制备的 $E(C_2H_5)_2$ 的结构如右下图，其中氢原子的化学环境完全相同。但早期人们却错误地认为它的结构为：

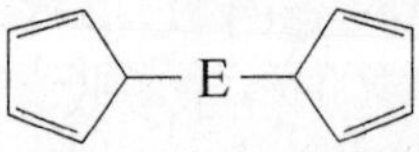

。核磁共振法能够区分这两种结构。在核磁共振氢谱中，正确的结构有______种峰，错误的结构有______种峰。

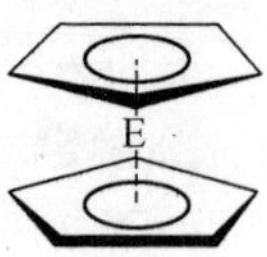

17. (10 分) 工业上制备 $BaCl_2$ 的工艺流程图如下：

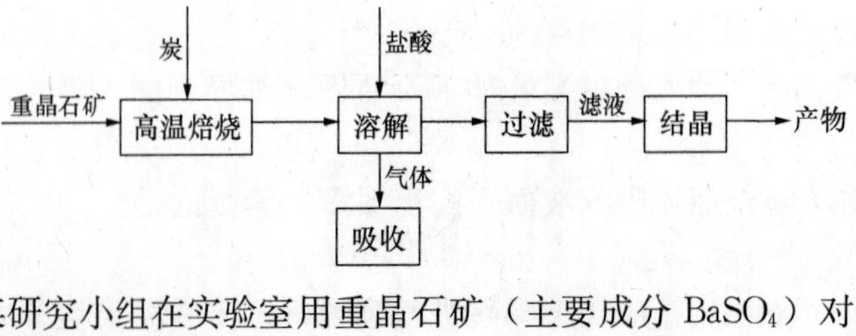

某研究小组在实验室用重晶石矿（主要成分 $BaSO_4$）对工业

过程进行模拟实验。查表得

$BaSO_4(s)+4C(s)\xrightleftharpoons{高温}4CO(g)+BaS(s)$，$\Delta H_1=571.2\ kJ\cdot mol^{-1}$①

$BaSO_4(s)+2C(s)\xrightleftharpoons{高温}2CO_2(g)+BaS(s)$，$\Delta H_2=226.2\ kJ\cdot mol^{-1}$②

(1) 气体用过量 NaOH 溶液吸收，得到硫化钠。Na_2S 水解的离子方程式为____________。

(2) 向 $BaCl_2$ 溶液中加入 $AgNO_3$ 和 KBr，当两种沉淀共存时，$\frac{c(Br^-)}{c(Cl^-)}=$____________。

[$K_{sp}(AgBr)=5.4\times10^{-13}$，$K_{sp}(AgCl)=2.0\times10^{-10}$]

(3) 反应 $C(s)+CO_2(g)\xrightleftharpoons{高温}2CO(g)$ 的 $\Delta H_2=$____ $kJ\cdot mol^{-1}$。

(4) 实际生产中必须加入过量的炭，同时还要通入空气，其目的是____________，______________。

五、(本题包括 1 小题，共 10 分)

18. (10 分)“温室效应”是全球关注的环境问题之一。CO_2 是目前大气中含量最高的一种温室气体。因此，控制和治理 CO_2 是解决温室效应的有效途径。

(1) 下列措施中，有利于降低大气中 CO_2 浓度的有：____________。(填字母)

a. 减少化石燃料的使用

b. 植树造林，增大植被面积

c. 采用节能技术

d. 利用太阳能、风能

(2) 将 CO_2 转化成有机物可有效实现碳循环。CO_2 转化成有机物的例子很多，如：

a. $6CO_2+6H_2O\xrightarrow{光合作用}C_6H_{12}O_6$

b. $CO_2+3H_2\xrightarrow[\triangle]{催化剂}CH_3OH+H_2O$

c. $CO_2+CH_4\xrightarrow[\triangle]{催化剂}CH_3COOH$

d. $2CO_2+6H_2\xrightarrow[\triangle]{催化剂}CH_2=CH_2+4H_2O$

以上反应中，最节能的是__________，原子利用率最高的是____________。

(3) 文献报道某课题组利用 CO_2 催化氢化制甲烷的研究过程如下：

反应结束后，气体中检测到 CH_4 和 H_2，滤液中检测到 HCOOH，固体中检测到镍粉和 Fe_3O_4。CH_4、HCOOH、

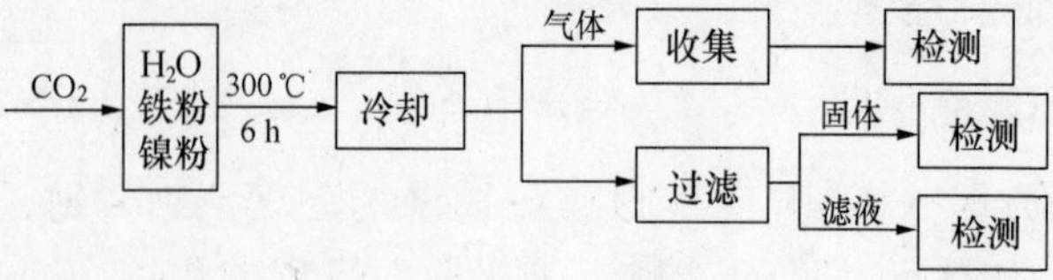

H_2 的产量和镍粉用量的关系如右图所示（仅改变镍粉用量，其他条件不变）：

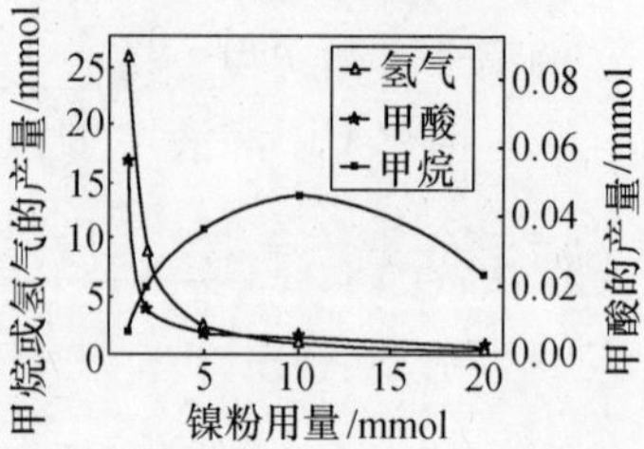

研究人员根据实验结果得出结论：

HCOOH 是 CO_2 转化为 CH_4 的中间体，即：$CO_2 \xrightarrow{\text{I}} HCOOH \xrightarrow{\text{II}} CH_4$

① 写出产生 H_2 的反应方程式________________________。

② 由图可知，镍粉是_________。（填字母）

a. 反应Ⅰ的催化剂

b. 反应Ⅱ的催化剂

c. 反应Ⅰ、Ⅱ的催化剂

d. 不是催化剂

③ 当镍粉用量从 1 mmol 增加到 10 mmol，反应速率的变化情况是__________。（填字母）

a. 反应Ⅰ的速率增加，反应Ⅱ的速率不变

b. 反应Ⅰ的速率不变，反应Ⅱ的速率增加

c. 反应Ⅰ、Ⅱ的速率均不变

d. 反应Ⅰ、Ⅱ的速率均增加，且反应Ⅰ的速率增加得快

e. 反应Ⅰ、Ⅱ的速率均增加，且反应Ⅱ的速率增加得快

f. 反应Ⅰ的速率减小，反应Ⅱ的速率增加

六、（本题包括 1 小题，共 12 分）

19.（12 分）布嗯布洛芬是一种消炎镇痛的药物。它的工业合成路线如下：

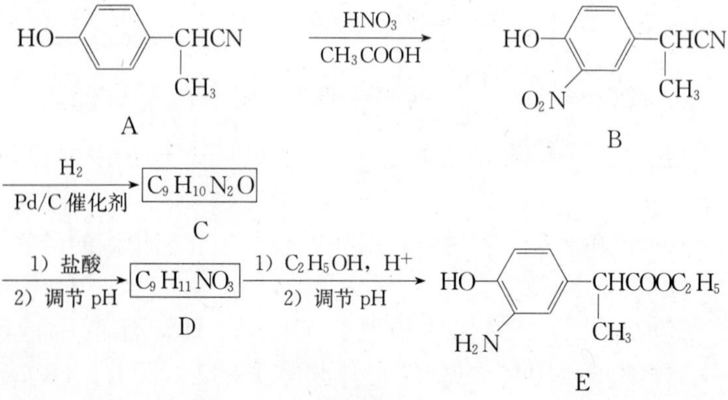

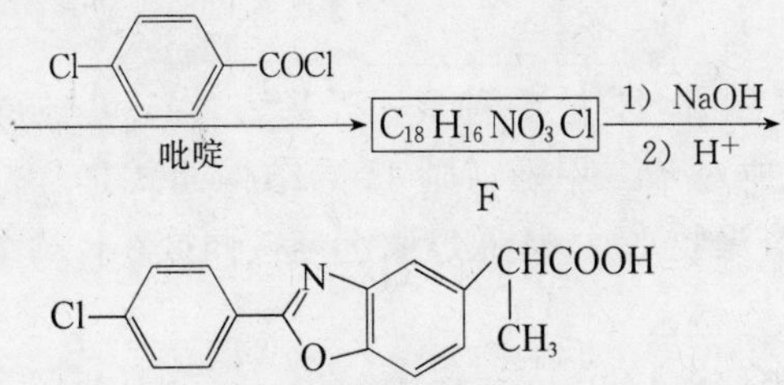

G　布噁布洛芬

请回答下列问题：

（1）A长期暴露在空气中会变质，其原因是______________________________________。

（2）由A到B的反应通常在低温时进行。温度升高时，多硝基取代副产物会增多。下列二硝基取代物中，最可能生成的是______。（填字母）

a. 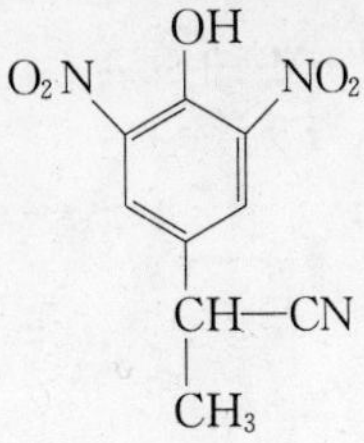

b. 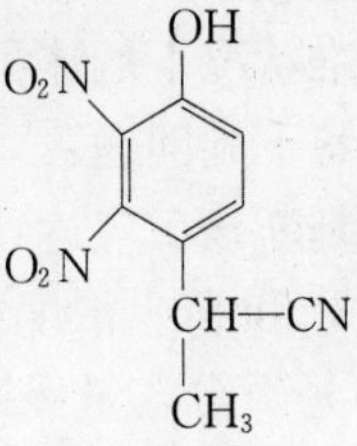

c. 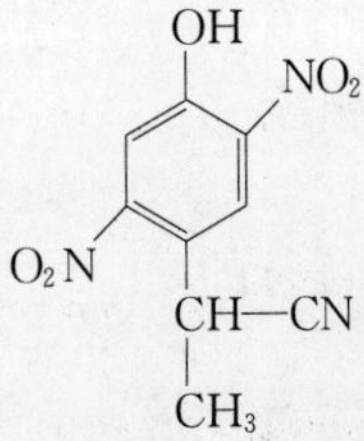

d. 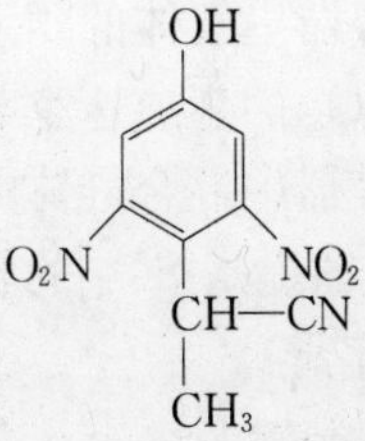

（3）在E的下列同分异构体中，含有手性碳原子的分子是__________。（填字母）

a. 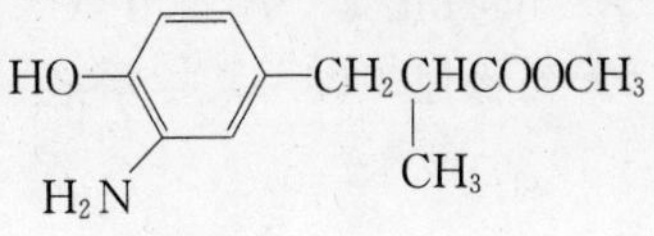

b. 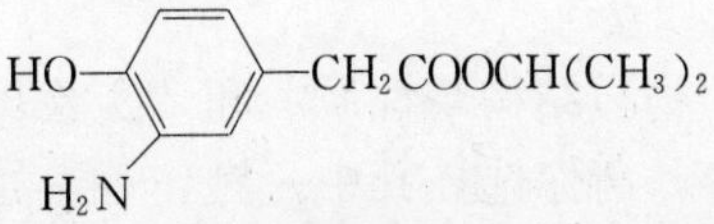

c. 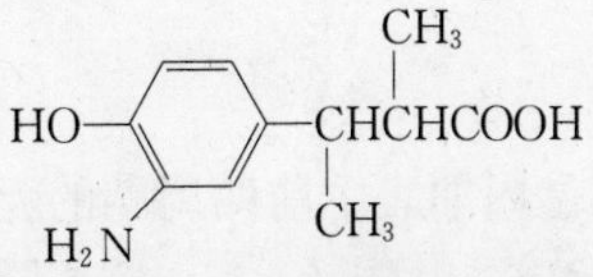

d. 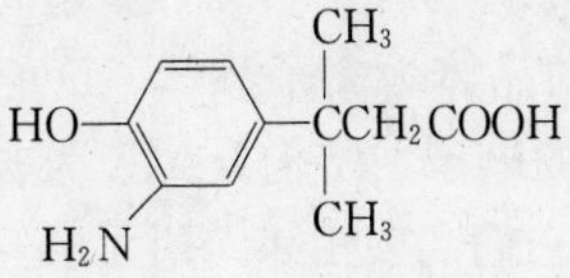

(4) F 的结构简式是________________。

(5) D 的同分异构体 H 是一种 α-氨基酸，H 可被酸性 $KMnO_4$ 溶液氧化成对苯二甲酸，则 H 的结构简式是________________。高聚物 L 由 H 通过肽键连接而成，L 的结构简式是________________。

七、(本题包括 1 小题，共 10 分)

20. (10 分) 将一定量的 SO_2 和含 0.7 mol 氧气的空气（忽略 CO_2）放入一定体积的密闭容器中，550 ℃时，在催化剂作用下发生反应：$2SO_2+O_2 \underset{\triangle}{\overset{\text{催化剂}}{\rightleftharpoons}} 2SO_3$（正反应放热）。反应达到平衡后，将容器中的混合气体通过过量 NaOH 溶液，气体体积减小了 21.28 L；再将剩余气体通过焦性没食子酸的碱性溶液吸收 O_2，气体的体积又减小了 5.6 L（以上气体体积均为标准状况下的体积）。(计算结果保留一位小数)

请回答下列问题：

(1) 判断该反应达到平衡状态的标志是______。(填字母)

a. SO_2 和 SO_3 浓度相等

b. SO_2 百分含量保持不变

c. 容器中气体的压强不变

d. SO_3 的生成速率与 SO_2 的消耗速率相等

e. 容器中混合气体的密度保持不变

(2) 欲提高 SO_2 的转化率，下列措施可行的是__________。(填字母)

a. 向装置中再充入 N_2　　b. 向装置中再充入 O_2

c. 改变反应的催化剂　　d. 升高温度

(3) 求该反应达到平衡时 SO_3 的转化率（用百分数表示）。

(4) 若将平衡混合气体的 5%通入过量的 $BaCl_2$ 溶液，生成沉淀多少克？

八、(本题包括 1 小题，共 12 分)

下列两题分别对应于“物质结构与性质”和“实验化学”两个选修课程模块的内容，请你选择其中一题作答，如果两题全做，则按 A 题评分。

21. (12 分)

A. 已知 A、B、C、D、E 都是周期表中前四周期的元素，它们的核电荷数 A＜B＜C＜D＜E。其中 A、B、C 是同一周期的非金属元素。化合物 DC 的晶体为离子晶体，D 的二价阳离子与 C 的阴离子具有相同的电子层结构。AC_2 为非极性分子。B、C 的氢化物的沸点比它们同族相邻周期元素氢化物的沸点高。E的原子序数为24，ECl_3 能与B、C的氢化物形成六配位的配合物，且两种配体的物质的量之比为2∶1，三个氯离子位于外界。请根据以上情况，回答下列问题：（答题时，A、B、C、D、E用所对应的元素符号表示）

（1）A、B、C的第一电离能由小到大的顺序为________________。

（2）B的氢化物的分子空间构型是__________。其中心原子采取______杂化。

（3）写出化合物 AC_2 的电子式________；一种由B、C组成的化合物与 AC_2 互为等电子体，其化学式为________。

（4）E的核外电子排布式是__________，ECl_3 形成的配合物的化学式为__________。

（5）B的最高价氧化物对应的水化物的稀溶液与D的单质反应时，B被还原到最低价，该反应的化学方程式是________________。

B. 醇与氢卤酸反应是制备卤代烃的重要方法。实验室制备溴乙烷和1-溴丁烷的反应如下：

$NaBr+H_2SO_4=HBr+NaHSO_4$ ①

$R—OH+HBr \rightleftharpoons R—Br+H_2O$ ②

可能存在的副反应有：醇在浓硫酸的存在下脱水生成烯和醚，Br被浓硫酸氧化为 Br_2 等。有关数据列表如下：

	乙醇	溴乙烷	正丁醇	1-溴丁烷
密度/$g\cdot cm^{-3}$	0.789 3	1.460 4	0.809 8	1.275 8
沸点/℃	78.5	38.4	117.2	101.6

请回答下列问题：

（1）溴乙烷和1-溴丁烷的制备实验中，下列仪器最不可能用到的是______。（填字母）

a. 圆底烧瓶　　b. 量筒　　c. 锥形瓶　　d. 布氏漏斗

（2）溴代烃的水溶性________（填“大于”“等于”或“小于”）大于相应的醇；其原因是____________________。

（3）将1-溴丁烷粗产品置于分液漏斗中加水，振荡后静置，产物在________（填“上层”“下层”或“不分层”）。

（4）制备操作中，加入的浓硫酸必须进行稀释，其目的是__________。（填字母）

a. 减少副产物烯和醚的生成　　b. 减少 Br_2 的生成

c. 减少HBr的挥发　　d. 水是反应的催化剂

(5) 欲除去溴代烷中的少量杂质 Br_2，下列物质中最适合的是________。(填字母)

a. NaI　　　　　　　　b. NaOH

c. $NaHSO_3$　　　　　　d. KCl

(6) 在制备溴乙烷时，采用边反应边蒸出产物的方法，其有利于________；但在制备 1-溴丁烷时却不能边反应边蒸出产物，其原因是________________。

参考答案

单项选择题：

1. B　2. D　3. C　4. D　5. A　6. C　7. B　8. C

不定项选择题：

9. BC　10. BD　11. D　12. AC　13. B　14. AD

15. (1) 将含氰化合物全部转化为 CN^-

(2) 完全吸收 HCN，防止气体放空

(3) 防止倒吸　(4) 偏高　(5) 109.2

16. (1) $Cu+H_2O_2+H_2SO_4=CuSO_4+2H_2O$

(2) $4Fe^{2+}+O_2+4H^+=4Fe^{3+}+2H_2O$　$2Fe^{3+}+2I=2Fe^{2+}+I_2$

(3) $10KOH+3Cl_2+2Fe(OH)_3=2K_2FeO_4+6KCl+8H_2O$

(4) 1　3

17. (1) $S^{2-}+H_2O \rightleftharpoons HS^-+OH^-$　$HS^-+H_2O \rightleftharpoons H_2S+OH^-$ (可不写)

(2) 2.7×10^{-3}　(3) 172.5

(4) 使 $BaSO_4$ 得到充分的还原(或提高 BaS 的产量)

①②为吸热反应，炭和氧气反应放热维持反应所需高温

18. (1) abcd　(2) a　c

(3) ① $3Fe+4H_2O \xlongequal{300\ ℃} Fe_3O_4+2H_2$　②c　③e

19. (1) 酚类化合物易被空气中的 O_2 氧化　(2) a　(3) ac

(4) 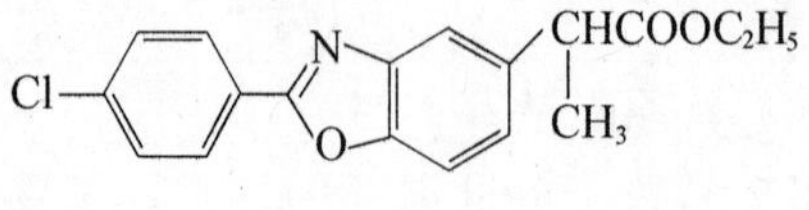

(5) 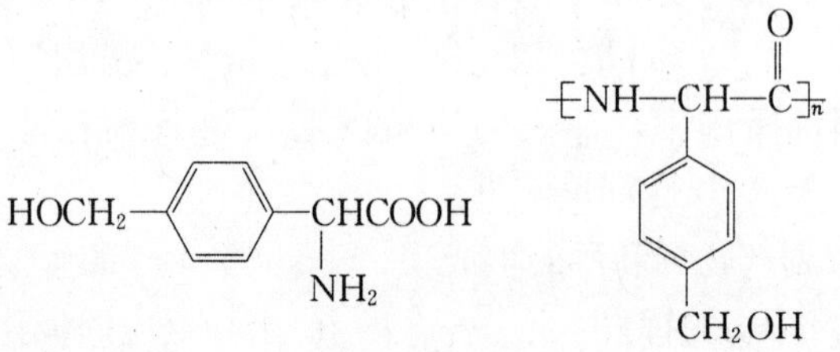

20.（10分）

（1）b c　（2）b

（3）消耗的 O_2 物质的量：$0.7\ mol - \frac{5.6\ L}{22.4\ L/mol} =$ $0.45\ mol$

生成的 SO_3 物质的量：$0.45\ mol \times 2 = 0.9\ mol$

SO_2 和 SO_3 的物质的量和：$\frac{21.28\ L}{22.4\ L/mol} = 0.95\ mol$

反应前的 SO_2 物质的量：0.95 mol

SO_2 的转化率：$\frac{0.9\ mol}{0.95\ mol} \times 100\% = 94.7\%$

（4）在给定的条件下，溶液呈强酸性，$BaSO_3$ 不会沉淀。因此 $BaSO_4$ 的质量 $0.9\ mol \times 0.05 \times 233\ g/mol \approx 10.5\ g$

21. A.（12分）

（1）C<O<N　（2）三角锥形　sp^3

（3）$:\ddot{O}::C::\ddot{O}:$　　N_2O

（4）$1s^2 2s^2 2p^6 3s^2 3p^6 3d^5 4s^1$（或 $[Ar]3d^5 4s^1$）

$[Cr(NH_3)_4(H_2O)_2]Cl_3$

（5）$4Mg + 10HNO_3 = 4Mg(NO_3)_2 + NH_4NO_3 + 3H_2O$

B.（12分）

（1）d

（2）小于　醇分子可与水分子形成氢键，溴代烃分子不能与水分子形成氢键

（3）下层

（4）abc

（5）c

（6）平衡向生成溴乙烷的方向移动（或反应②向右移动）

1-溴丁烷与正丁醇的沸点差较小，若边反应边蒸馏，会有较多的正丁醇被蒸出。

2008年普通高等学校招生全国统一考试广东卷

可能用到的相对原子质量：H—1　C—12　N—14　O—16　Na—23　Mg—24　Al—27　P—31　S—32　Cl—35.5　K—39　Ca—40　Fe—56　Cu—63.5　Sn—119

一、选择题（本题包括9小题，每小题3分，共27分。每小题只有一个选项符合题意）

1. 2007年诺贝尔化学奖得主 Gerhard Ertl 对金属 Pt 表面催化 CO 氧化反应的模型进行了深入研究。下列关于 $^{202}_{78}Pt$ 的说法正

确的是（　　）。

A. $^{202}_{78}Pt$ 和 $^{198}_{78}Pt$ 的质子数相同，互称为同位素

B. $^{202}_{78}Pt$ 和 $^{198}_{78}Pt$ 的中子数相同，互称为同位素

C. $^{202}_{78}Pt$ 和 $^{198}_{78}Pt$ 的核外电子数相同，是同一种核素

D. $^{202}_{78}Pt$ 和 $^{198}_{78}Pt$ 的质量数不同，不能互称为同位素

2. 海水是一个巨大的化学资源库，下列有关海水综合利用的说法正确的是（　　）。

A. 海水中含有钾元素，只需经过物理变化就可以得到钾单质

B. 海水蒸发制海盐的过程中只发生了化学变化

C. 从海水中可以得到 NaCl，电解熔融 NaCl 可制备 Cl_2

D. 利用潮汐发电是将化学能转化为电能

3. 下列涉及有机物的性质或应用的说法不正确的是（　　）。

A. 干馏煤可以得到甲烷、苯和氨等重要化工原料

B. 用于奥运“祥云”火炬的丙烷是一种清洁燃料

C. 用大米酿的酒在一定条件下密封保存，时间越长越香醇

D. 纤维素、蔗糖、葡萄糖和脂肪在一定条件下都可发生水解反应

4. 下列实验能达到预期目的的是（　　）。

A. 向煮沸的 1 mol·L^{-1} NaOH 溶液中滴加 $FeCl_2$ 饱和溶液制备 $Fe(OH)_3$ 胶体

B. 向乙酸乙酯中加入饱和 Na_2CO_3 溶液，振荡，分液分离除去乙酸乙酯中的少量乙酸

C. 称取 19.0 g $SnCl_2$，用 100 mL 蒸馏水溶解，配制 1.0 mol·L^{-1} $SnCl_2$ 溶液

5. 用铜片、银片、$Cu(NO_3)_2$ 溶液、$AgNO_3$ 溶液、导线和盐桥（装有琼脂-KNO_3 的 U 形管）构成一个原电池。以下有关该原电池的叙述正确的是（　　）。

① 在外电路中，电流由铜电极流向银电极

② 正极反应为：$Ag^+ + e^- = Ag$

③ 实验过程中取出盐桥，原电池仍继续工作

④ 将铜片浸入 $AgNO_3$ 溶液中发生的化学反应与该原电池反应相同

A. ①②　　B. ②③　　C. ②④　　D. ③④

6. 相同质量的下列物质分别与等浓度的 NaOH 溶液反应，至体系中均无固体物质，消耗碱量最多的是（　　）。

A. Al　　B. $Al(OH)_3$　　C. $AlCl_3$　　D. Al_2O_3

7. 某合作学习小组讨论辨析以下说法：①粗盐和酸雨都是混合物；②沼气和水煤气都是可再生能源；③冰和干冰既是纯净物

又是化合物；④不锈钢和目前流通的硬币都是合金；⑤盐酸和食醋既是化合物又是酸；⑥纯碱和熟石灰都是碱；⑦豆浆和雾都是胶体。上述说法正确的是（　　）。

A. ①②③④　　B. ①②⑤⑥

C. ③⑤⑥⑦　　D. ①③④⑦

8. 将 H_2(g) 和 Br_2(g) 充入恒容密闭容器，恒温下发生反应 $H_2(g)+Br_2(g) \rightleftharpoons 2HBr(g)$，$\Delta H<0$，平衡时 Br_2(g) 的转化率为 a；若初始条件相同，绝热下进行上述反应，平衡时 Br_2(g) 的转化率为 b。a 与 b 的关系是（　　）。

A. $a>b$　　B. $a=b$

C. $a<b$　　D. 无法确定

9. 已知 Ag_2SO_4 的 K_W 为 2.0×10^{-3}，将适量 Ag_2SO_4 固体溶于 100 mL 水中至刚好饱和，该过程中 Ag^+ 和 SO_4^{2-} 浓度随时间变化关系如右图（饱和 Ag_2SO_4 溶液中 $c(Ag^+)=0.034\ mol\cdot L^{-1}$）。若 t_1 时刻在上述体系中加入 100 mL $0.020\ mol\cdot L^{-1}$ Na_2SO_4 溶液，下列示意图中，能正确表示 t_1 时刻后 Ag^+ 和 SO_4^{2-} 浓度随时间变化关系的是（　　）。

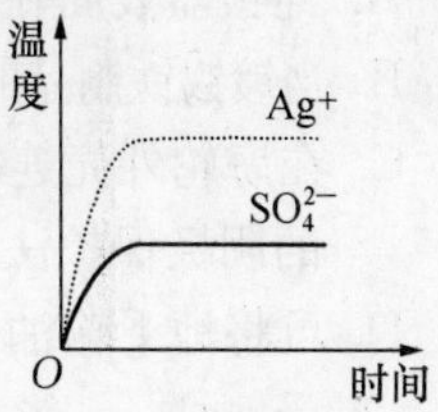

A.
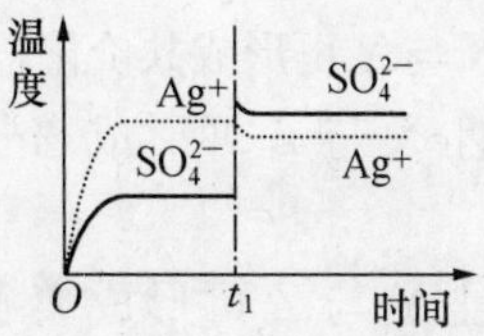

B.
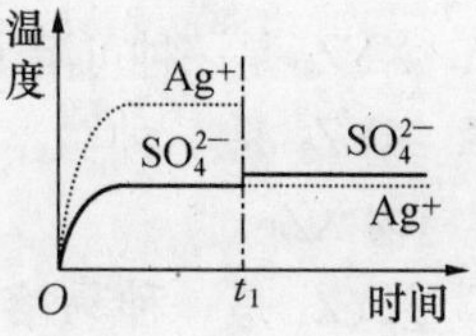

C.
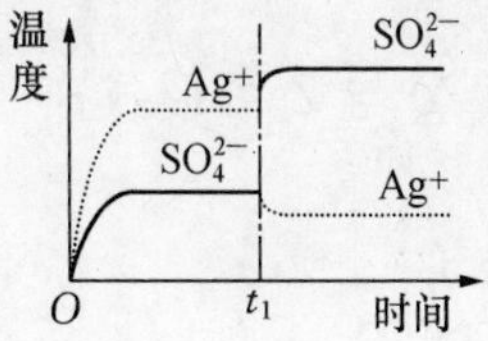

D.
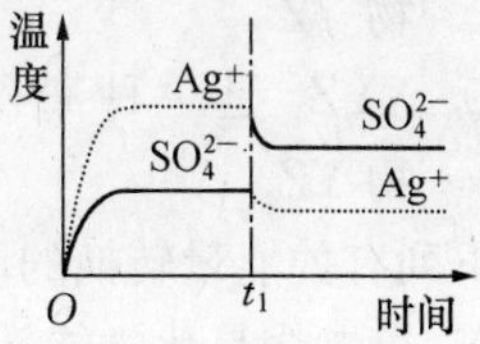

二、选择题（本题包括 9 小题，每小题 4 分，共 36 分。每小题有一个或两个选项符合题意。若正确答案包括两个选项，只选一个且正确得 2 分，但只要选错一个就得 0 分）

10. 设阿伏伽德罗常数（N_A）的数值为 n_A，下列说法正确的是（　　）。

A. 1 mol Cl_2 与足量 Fe 反应，转移的电子数为 3 n_A

B. 1.5 mol NO_2 与足量 H_2O 反应，转移的电子数为 n_A

C. 常温常压下，46 g 的 NO_2 和 N_2O_4 混合气体含有的原子数

为 $3n_A$

D. 0.10 mol Fe 粉与足量水蒸气反应生成的 H_2 分子数为 0.10 n_A

11. 下列化学反应的离子方程式正确的是（　　）。

A. 在稀氨水中通入过量 CO_2：

$NH_3 \cdot H_2O + CO_2 = NH_4^+ + HCO_3^-$

B. 少量 SO_2 通入 $Ca(ClO)_2$ 溶液中：

$SO_2 + H_2O + Ca^{2+} + 2ClO^- = CaSO_3\downarrow + 2HClO$

C. 用稀 HNO_3 溶解 FeS 固体：$FeS + 2H^+ = Fe^{2+} + H_2S\uparrow$

D. 氢氧化钙溶液与等物质的量的稀硫酸混合：

$Ca^{2+} + OH^- + H^+ + SO_4^{2-} = CaSO_4\downarrow + H_2O$

12. 下列有关金属腐蚀与防护的说法正确的是（　　）。

A. 纯银器表面在空气中因化学腐蚀渐渐变暗

B. 当镀锡铁制品的镀层破损时，镶层仍能对铁制品起保护作用

C. 在海轮外壳连接锌块保护外壳不受腐蚀是采用了牺牲阳极的阴极保护法

D. 可将地下输油钢管与外加直流电源的正极相连以保护它不受腐蚀

13. 元素 X、Y 和 Z 可结合形成化合物 XYZ_3；X、Y 和 Z 的原子序数之和为 26；Y 和 Z 在同一周期。下列有关推测正确的是（　　）。

A. XYZ_3 是一种可溶于水的酸，且 X 与 Y 可形成共价化合物 XY

B. XYZ_3 是一种微溶于水的盐，且 X 与 Z 可形成离子化合物 XZ

C. XYZ_3 是一种易溶于水的盐，且 Y 与 Z 可形成离子化合物 YZ

D. XYZ_3 是一种离子化合物，且 Y 与 Z 可形成离子化合物 YZ_3

14. 下列有关能量转换的说法正确的是（　　）。

A. 煤燃烧是化学能转化为热能的过程

B. 化石燃料和植物燃料燃烧时放出的能量均来源于太阳能

C. 动物体内葡萄糖被氧化成 CO_2 是热能转变成化学能的过程

D. 植物通过光合作用将 CO_2 转化为葡萄糖是太阳能转变成热能的过程

15. 碘钨灯比白炽灯使用寿命长。灯管内封存的少量碘与使用过程中沉积在管壁上的钨可以发生反应：

$W(s) + I_2(g) \underset{T_2}{\overset{T_1}{\rightleftharpoons}} WI_2(g)$，$\Delta H < 0$（温度 $T_1 < T_2$）。下列说法正确的是（　　）。

A. 灯管工作时，扩散到灯丝附近高温区的 $WI_2(g)$ 会分解出 W，W 重新沉积到灯丝上

B. 灯丝附近温度越高，$WI_2(g)$ 的转化率越低

C. 该反应的平衡常数表达式是 $K=\dfrac{c(W)\cdot c(I_1)}{c(WI_2)}$

D. 利用该反应原理可以提纯钨

16. $LiFePO_4$ 电池具有稳定性高、安全、对环境好等优点，可用于电动汽车。电池反应为：$FePO_4+Li \underset{充电}{\overset{放电}{\rightleftharpoons}} LiFePO_4$，电池的正极材料是 $LiFePO_4$，负极材料是石墨，含 Li 导电固体为电解质。下列有关 $LiFePO_4$ 电池说法正确的是（　　）。

A. 可加入硫酸以提高电解质的导电性

B. 放电时电池内部 Li 向负极移动

C. 充电过程中，电池正极材料的质量减少

D. 放电时电池正极反应为：$FePO_4+Li^++e^-=LiFePO_4$

17. 盐酸、醋酸和碳酸氢钠是生活中常见的物质。下列表述正确的是（　　）。

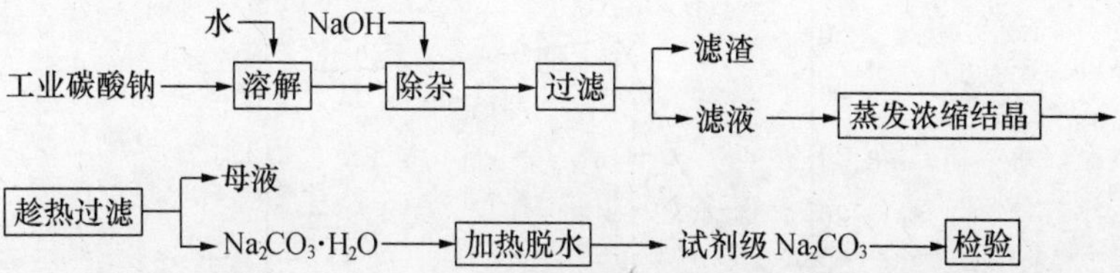

A. 在 $NaHCO_3$ 溶液中加入与其等物质的量的 NaOH，溶液中的阴离子只有 CO_3^{2-} 和 OH^-

B. $NaHCO_3$ 溶液中：$c(H^+)+c(H_2CO_3)=c(OH^-)$

C. 10 mL 0.10 $mol\cdot L^{-1}$ CH_3COOH 溶液加入等物质的量的 NaOH 后，溶液中离子的浓度由大到小的顺序是：$c(Na^+)>c(CH_3COO^-)>c(OH^-)>c(H^+)$

D. 中和体积与 pH 都相同的 HCl 溶液和 CH_3COOH 溶液所消耗的 NaOH 物质的量相同

18. 电导率是衡量电解质溶液导电能力大小的物理量，根据溶液电导率变化可以确定滴定反应的终止。右图是 KOH 溶液分别滴定 HCl 溶液和 CH_3COOH 溶液的滴定曲线示意图。下列示意图中，能正确表示用 $NH_3\cdot H_2O$ 溶液滴定 HCl 和 CH_3COOH 混合溶液的滴定曲线的是（　　）。

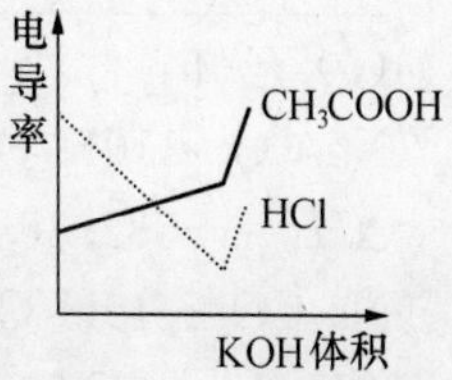

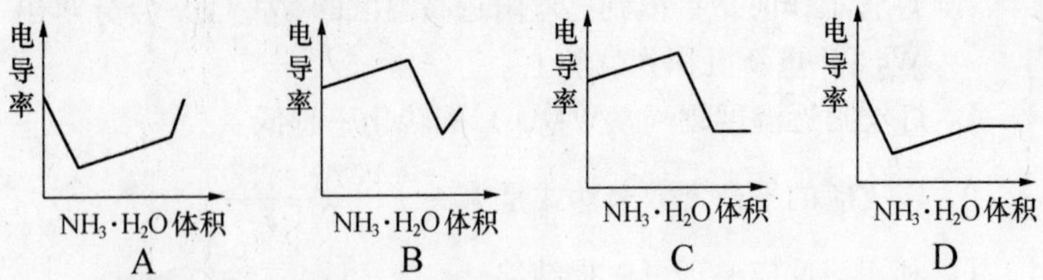

三、(本题包括 3 小题，共 34 分)

19. (11 分) 碳酸钠是造纸、玻璃、纺织、制革等行业的重要原料。工业碳酸钠（纯度约 98%）中含有 Ca^{2+}、Mg^{2+}、Fe^{3+}、Cl^- 和 SO_4^{2-} 等杂质，提纯工艺路线如下：

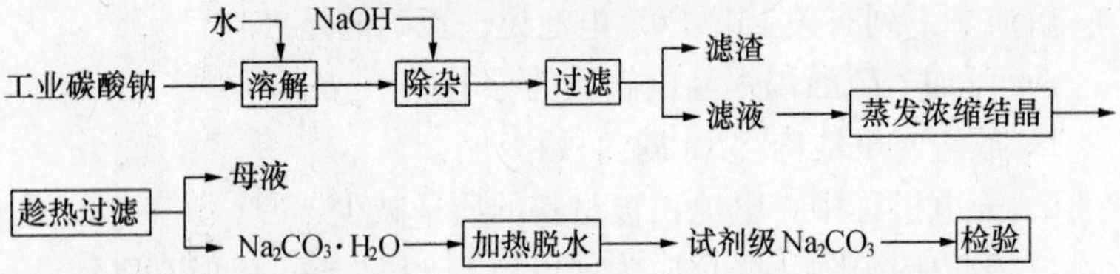

已知碳酸钠的溶解度（S）随温度变化的曲线如下图所示：

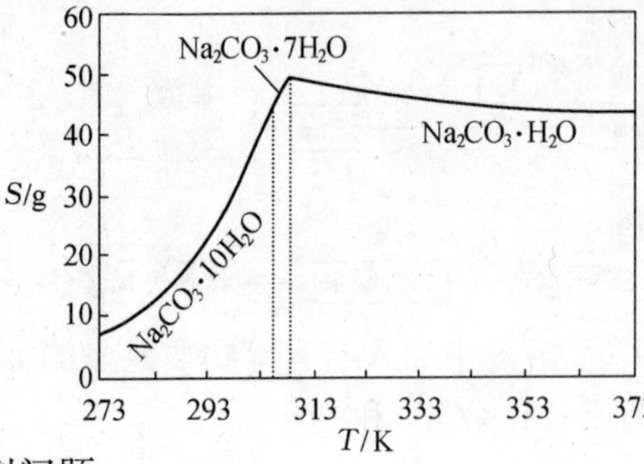

回答下列问题：

(1) 滤渣的主要成分为________________。

(2)“趁热过滤”的原因是________________。

(3) 若在实验室进行“趁热过滤”，可采取的措施是____（写出 1 种）。

(4) 若“母液”循环使用，可能出现的问题及其原因是________________。

(5) 已知：

$Na_2CO_3 \cdot 10H_2O(s) = Na_2CO_3(s) + 10H_2O(g)$

$\Delta H_1 = +532.36\ kJ \cdot mol^{-1}$

$Na_2CO_3 \cdot 10H_2O(s) = Na_2CO_3 \cdot H_2O(s) + 9H_2O(g)$

$\Delta H_1 = +473.63\ kJ \cdot mol^{-1}$

写出 $Na_2CO_3 \cdot H_2O$ 脱水反应的热化学方程式____________。

20. (11 分) 某探究小组用 HNO_3 与大理石反应过程中质量减小

的方法，研究影响反应速率的因素。所用 HNO_3 浓度为 $1.00\ mol\cdot L^{-1}$、$2.00\ mol\cdot L^{-1}$，大理石有细颗粒与粗颗粒两种规格，实验温度为 298 K、308 K，每次实验 HNO_3 的用量为 25.0 mL、大理石用量为 10.00 g。

(1) 请完成以下实验设计表，并在实验目的一栏中填出对应的实验编号：

实验编号	T/K	大理石规格	HNO_3 浓度/($mol\cdot L^{-1}$)	实验目的
①	298	粗颗粒	2.00	(Ⅰ) 实验①和实验②探究 HNO_3 浓度对该反应速率的影响；(Ⅱ) 实验①和____探究温度对该反应速率的影响；(Ⅲ) 实验①和____探究大理石规格（粗、细）对该反应速率的影响）
②				
③				
④				

(2) 实验①中 CO_2 质量随时间变化的关系见下图：

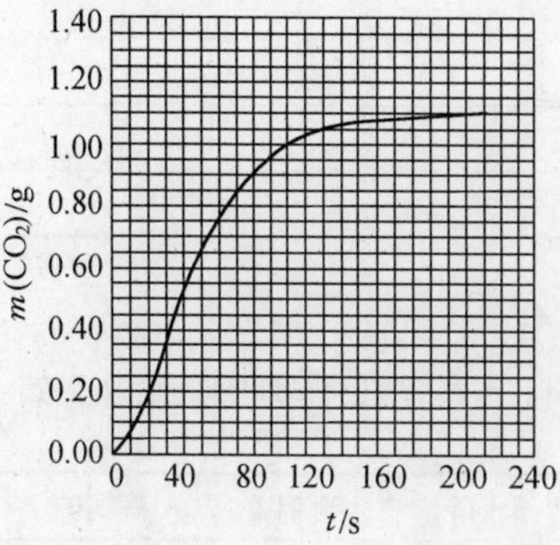

依据反应方程式 $\frac{1}{2}CaCO_3+HNO_3=\frac{1}{2}Ca(NO_3)_2+\frac{1}{2}CO_2\uparrow+\frac{1}{2}H_2O$，计算实验①在 70～90 s 范围内 HNO_3 的平均反应速率（忽略溶液体积变化，写出计算过程）。

(3) 请在答题卡的框图中，画出实验②、实验③和实验④中 CO_2 质量随时间变化关系的预期结果示意图。

21. (12 分) 某种催化剂为铁的氧化物。化学兴趣小组在实验室对该催化剂中铁元素的价态进行探究：将适量稀硝酸加入少许样品中，加热溶解；取少许溶液，滴加 KSCN 溶液后出现红色。一位同学由此得出该催化剂中铁元素价态为 +3 的结论。

（1）请指出该结论是否合理并说明理由____。

（2）请完成对铁元素价态的探究：

限选实验仪器与试剂：烧杯、试管、玻璃棒、药匙、滴管、酒精灯、试管夹：3 mol·L^{-1} H_2SO_4/3% H_2O_2、6 mol·L^{-1} HNO_3/0.01 mol·L^{-1} $KMnO_4$、NaOH 稀溶液、0.1 mol·L^{-1} KI、20% KSCN、蒸馏水。

① 提出合理假设

假设 1：________________________________；

假设 2：________________________________；

假设 3：________________________________。

② 设计实验方案证明你的假设（不要在答题卡上作答）

③ 实验过程

根据②的实验方案，进行实验。请在答题卡上按下表格式写出实验操作步骤、预期现象与结论。

实验操作	预期现象与结论
步骤 1：	
步骤 2：	
步骤 3：	
……	

四、（本题包括 3 小题，共 34 分）

22.（11 分）铜在自然界存在于多种矿石中，如：

矿石名称	黄铜矿	斑铜矿	辉铜矿	孔雀石
主要成分	$CuFeS_2$	Cu_5FeS_4	Cu_2S	$CuCO_3·Cu(OH)_2$

请回答下列问题：

（1）上表所列铜化合物中，铜的质量百分含量最高的是__________。

（2）工业上以黄铜矿为原料。采用火法熔炼工艺生产铜。该工艺的中间过程会发生反应：$2Cu_2O+Cu_2S\xlongequal{高温}6Cu+SO_2\uparrow$，反应的氧化剂是______________。

（3）SO_2 尾气直接排放到大气中造成环境污染的后果是__________；处理该尾气可得到有价值的化学品，写出其中 1 种酸和 1 种盐的名称__________。

（4）黄铜矿熔炼后得到的粗铜含少量 Fe、Ag、Au 等金属杂质，需进一步采用电解法精制。请简述粗铜电解得到精铜的原理：________________________。

(5) 下表中，对陈述Ⅰ、陈述Ⅱ的正确性及其有无因果关系的判断都正确的是______（填字母）。

选项	陈述Ⅰ	陈述Ⅱ	判 断
A	铜绿的主成分是碱酸铜	可用稀盐酸除铜器表面的铜绿	Ⅰ对；Ⅱ对；有
B	铜表易形成致密的氧化膜	铜容器可以盛放浓硫酸	Ⅰ对；Ⅱ对；有
C	铁比铜活泼	放在铜板上的铁钉在潮湿空气中不易生锈	Ⅰ对；Ⅱ对；有
D	蓝色硫酸铜晶体受热转化为白色硫酸铜粉末是物理变化	硫酸铜溶液可用作游泳池的消毒剂	Ⅰ错；Ⅱ对；无

23. (11分) 硅单质及其化合物应用范围很广。请回答下列问题：

(1) 制备硅半导体材料必须先得到高纯硅。三氯甲硅烷($SiHCl_3$)还原法是当前制备高纯硅的主要方法，生产过程示意图如下：

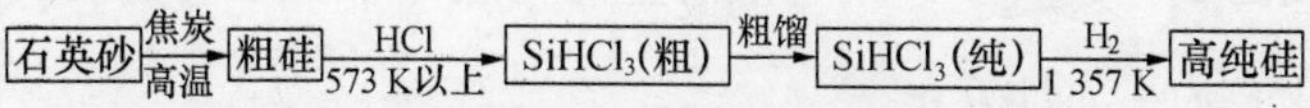

① 写出由纯 $SiHCl_3$ 制备高纯硅的化学反应方程式____________________。

② 整个制备过程必须严格控制无水无氧。$SiHCl_3$ 遇水剧烈反应生成 H_2SiO_3、HCl 和另一种物质，写出配平的化学反应方程式________；H_2 还原 $SiHCl_3$ 过程中若混 O_2，可能引起的后果是__________。

(2) 下列有关硅材料的说法正确的是______（填字母）。

A. 碳化硅化学性质稳定，可用于生产耐高温水泥

B. 氮化硅硬度大、熔点高，可用于制作高温陶瓷和轴承

C. 普通玻璃是由纯碱、石灰石和石英砂组成的，其熔点很高

D. 盐酸可以与硅反应，故采用盐酸为抛光液抛光单晶硅

(3) 硅酸钠水溶液俗称水玻璃。取少量硅酸钠溶液于试管中，逐滴加入饱和氯化铵溶液，振荡。写出实验现象并给予解释__________。

24. (12分) 科学家一直致力于研究常温、常压下“人工固氮”的新方法。曾有实验报道：在常温、常压、光照条件下，N_2 在催化剂（掺有少量 Fe_2O_3 的 TiO_2）表面与水发生反应，生成的主

要产物为NH_3。进一步研究NH_3生成量与温度的关系，部分实验数据见下表（光照、N_2压力1.0×10^5 Pa、反应时间3 h）：

T/K	303	313	323	353
NH_3生成量/(10^{-6} mol)	4.8	5.9	6.0	2.0

相应的热化学方程式如下：

$$N_2(g)+3H_2O(l)=2NH_3(g)+\frac{3}{2}O_2(g)，\Delta H=+765.2\ kJ\cdot mol^{-1}$$

回答下列问题：

(1) 请在答题卡的坐标图中画出上述反应在有催化剂与无催化剂两种情况下反应过程中体系能量变化示意图，并进行必要标注。

(2) 与目前广泛使用的工业合成氨方法相比，该方法中固氮反应速率慢。请提出可提高其反应速率且增大NH_3生成量的建议：______。

(3) 工业合成氨的反应为$N_2(g)+3H_2(g)\rightleftharpoons2NH_3(g)$。设在容积为2.0 L的密闭容器中充入0.60 mol $N_2(g)$和1.60 mol $H_2(g)$，反应在一定条件下达到平衡时，NH_3的物质的量分数（NH_3的物质的量与反应体系中总的物质的量之比）为$\frac{4}{7}$。计算：

① 该条件下N_2的平衡转化率；

② 该条件下反应$2NH_3(g)\rightleftharpoons N_2(g)+3H_2(g)$的平衡常数。

五、（本题包括1小题，9分）

25. (9分）某些高分子催化剂可用于有机合成。下面是一种高分子催化剂（Ⅶ）合成路线的一部分（Ⅲ和Ⅵ都是Ⅶ的单体；反应均在一定条件下进行；化合物Ⅰ～Ⅲ和Ⅶ中含N杂环的性质类似于苯环）：

回答下列问题：

(1) 写出由化合物Ⅰ合成化合物Ⅱ的反应方程式______（不要求标出反应条件）。

(2) 下列关于化合物Ⅰ、Ⅱ和Ⅲ的说法中，正确的是______（填字母）。

A. 化合物Ⅰ可以发生氧化反应

B. 化合物Ⅰ与金属钠反应不生成氢气

C. 化合物Ⅱ可以发生水解反应

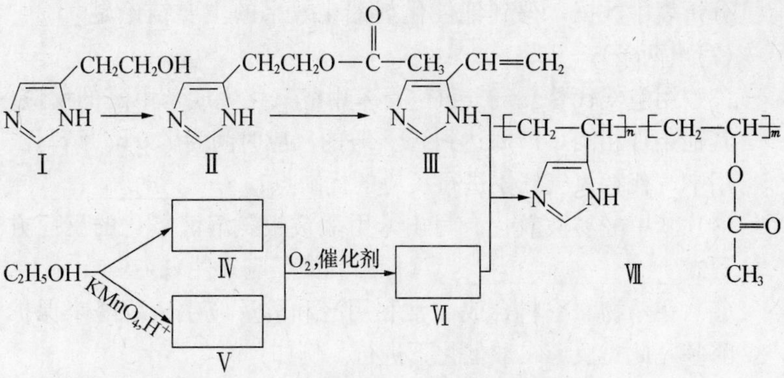

D. 化合物Ⅲ不可以使溴的四氯化碳溶液褪色

E. 化合物Ⅲ属于烯烃类化合物

（3）化合物Ⅵ是______（填字母）类化合物。

A. 醇　B. 烷烃　C. 烯烃　D. 酸　E. 酯

（4）写出两种可鉴别Ⅴ和Ⅵ的化学试剂______。

（5）在上述合成路线中，化合物Ⅳ和Ⅴ在催化剂的作用下与氧气反应生成Ⅵ和水，写出反应方程式______。（不要求标出反应条件）

六、选择题（本题包括 2 小题，每小题 10 分，考生只能选做一题。26 小题为“有机化学基础”内容的试题，27 小题为“物质结构与性质”内容的试题）

26.（10 分）醇氧化成醛的反应是药物、香料合成中的重要反应之一。

（1）苯甲醇可由 $C_6H_5CH_2Cl$ 在 NaOH 水溶液中发生取代反应而得，反应方程式为______。

（2）醇在催化作用下氧化成醛的反应是绿色化学的研究内容之一。某科研小组研究了钯催化剂在氧气气氛中对一系列醇氧化成醛反应的催化效果，反应条件为：K_2CO_3、363 K、甲苯（溶剂）。实验结果如下：

醇	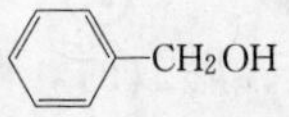	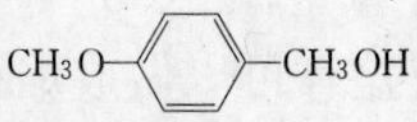	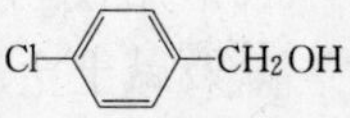
反应时间/h	2.5	2.5	2.5
醛的产率/%	95	96	94
醇	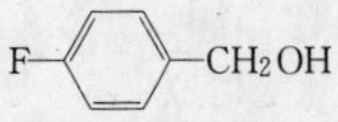	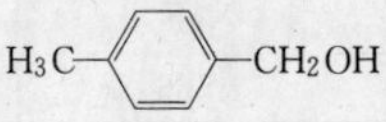	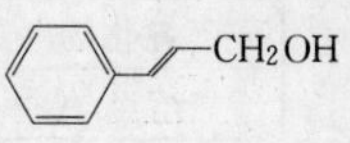
反应时间/h	3.0	3.0	15.0
醛的产率/%	95	92	40

分析表中数据，得到钯催化剂催化效果的主要结论是______（写出两条）。

（3）用空气代替氧气气氛进行苯甲醇氧化生成苯甲醛的反应，其他条件相同，产率达到 95%时的反应时间为 7.0 h。请写出用空气代替氧气气氛进行反应的优缺点：____________。

（4）苯甲醛易被氧化。写出苯甲醛被银氨溶液氧化的反应方程式__________________（标出具体反应条件）。

（5）在药物、香料合成中常利用醛和醇反应生成缩醛来保护醛基，此类反应在酸催化下进行。例如：

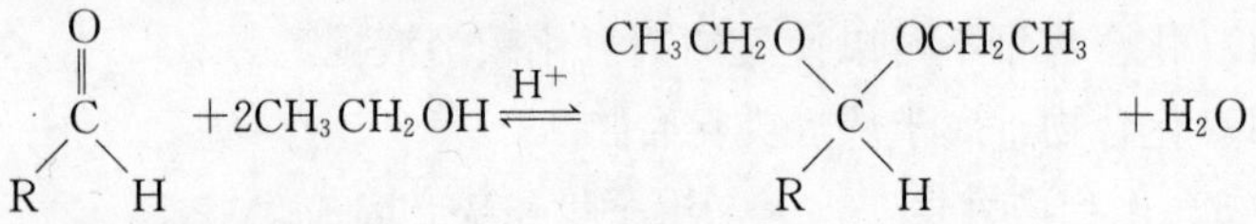

① 在以上醛基保护反应中要保证反应的顺利进行，可采取的措施有__________________（写出两条）。

② 已知具有五元环和六元环结构的缩醛比较稳定。写出用乙二醇（$HOCH_2CH_2OH$）保护苯甲醛中醛的反应方程式__________________________。

27.（10 分）镁、铜等金属离子是人体内多种酶的辅因子。工业上从海水中提取镁时，先制备无水氯化镁，然后将其熔融电解，得到金属镁。

（1）以 $MgCl_2$ 为原料用熔融盐电解法制备镁时，常加入 NaCl、KCl 或 $CaCl_2$ 等金属氯化物，其主要作用除了降低熔点之外还有______________________________________。

（2）已知 MgO 的晶体结构属于 NaCl 型。某同学画出的 MgO 晶胞结构示意图如右图所示，请改正图中错误：_________。

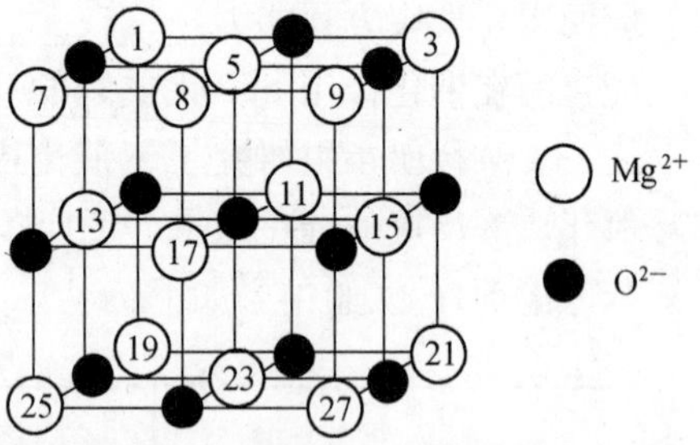

（3）用镁粉、碱金属盐及碱土金属盐等可以做成焰火。燃放时，焰火发出五颜六色的光，请用原子结构的知识解释发光的原因：_________。

（4）Mg 是第三周期元素，该周期部分元素氟化物的熔点见下表：

氟化物	NaF	MgF_2	SiF_4
熔点/K	1 266	1 534	183

解释表中氟化物熔点差异的原因：__________。

（5）人工模拟是当前研究的热点。有研究表明，化合物 X 可用于研究模拟酶，当其结合 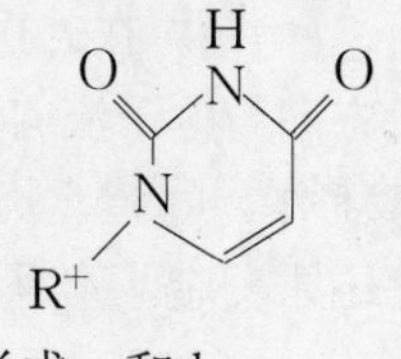 或 Cu(Ⅰ)（Ⅰ表示化合价为+1）时，分别形成 a 和 b：

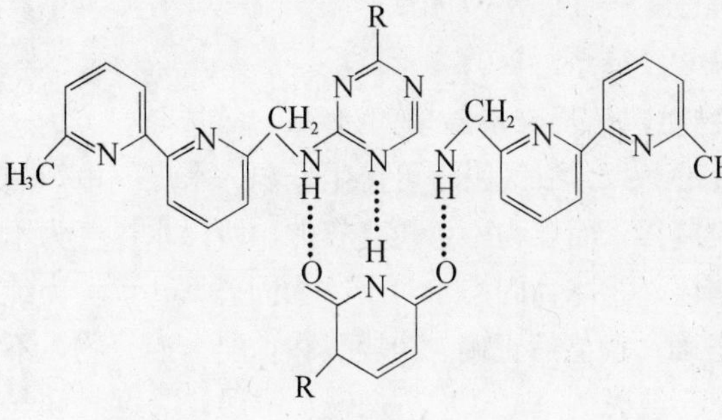

a

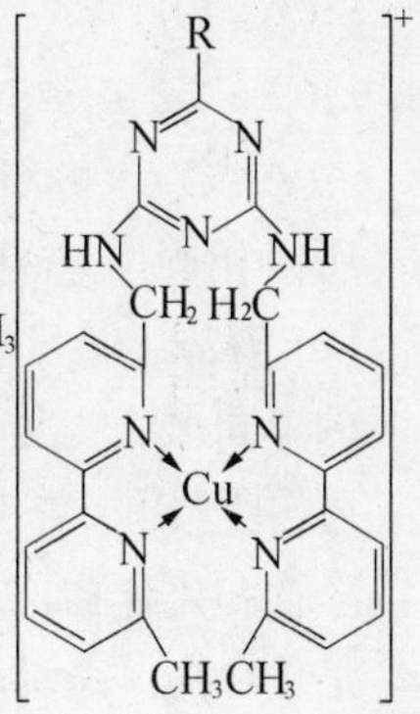

b

① a 中连接相邻含 N 杂环的碳碳键可以旋转，说明该碳碳键具有______键的特性。

② 微粒间的相互作用包括化学键和分子间相互作用，比较 a 和 b 中微粒间相互作用力的差异________。

参 考 答 案

1. A　解释：同位素定义：质子数相同，中子数不同的核素称为同位素。
2. C　解释：海水中钾元素以 K^+ 形式存在，生成钾单质必然发生化学反应，A 错。蒸发制海盐发生的是物理变化，B 错。潮汐发电是将动能转化为电能，D 错。
3. D　解释：由煤制备化工原料通过干馏（煤在高温下的分解），A 对。丙烷燃烧生成 CO_2 和 H_2O，并没有污染大气的气体生成，为清洁燃料，B 对。大米发酵生成乙醇，时间越长，乙醇浓度越大越香醇，C 对。纤维素水解生成葡萄糖；蔗糖水解生成葡萄糖与果糖；脂肪水解生成高级脂肪酸与甘油；葡萄糖为单糖，不会发生水解，D 错。
4. B　解释：配制 $FeCl_3$ 胶体无须用 NaOH 溶液，否则会生成 $Fe(OH)_3$ 沉淀，A 错。$SnCl_2$ 易发生水解，应该先将固体 $SnCl_2$ 溶于浓盐酸，再加水稀释配制，C 错。检验葡萄糖，应用新制的氢氧化铜溶液，加热检验，而不是用氢氧化铜粉末，D 错。
5. C　解释：Cu 作负极，Ag 作正极。负极：$Cu-2e^-=Cu^{2+}$；

正极：$Ag^+ + e^- = Ag$。在外电路中，电子由 Cu 电极流向 Ag 电极，而电流方向与电子流向相反，所以①错。没有盐桥，原电池不能继续工作，③错。无论是否为原电池，反应实质相同，均为氧化还原反应，④对。

6. A　解释：$m(Al):m(NaOH)=27:40$；
$m(Al(OH)_3):m(NaOH)=75:40$；
$m(AlCl_3):m(NaOH)=33.375:40$；
$m(Al_2O_3):m(NaOH)=51:40$；
所以相同质量的物质，消耗碱量最多的是 Al。故选 A。

7. D　解释：①显然正确；②沼气属于可再生资源。水煤气由炽热的煤同水蒸气反应制得，而煤为不可再生资源，所以水煤气为不可再生资源，故错误；③冰为固态水，干冰为固态 CO_2，均为纯净物和化合物，正确；④显然正确。⑤盐酸和食醋为混合物，不是化合物，错误；⑥纯碱为 Na_2CO_3 不是碱，错误；⑦豆浆和雾都能发生丁达尔现象，均属于胶体，正确。综上所述，选 D。

8. A　解释：正反应为放热反应，前者恒温，后者相对前者，温度升高。使平衡向左移动，从而使 Br_2 的转化率降低。所以b<a。

9. B　解释：Ag_2SO_4 刚好为 100 mL 的饱和溶液，因为 $c(Ag^+)=0.034\ mol\cdot L^{-1}$，所以 $c(SO_4^{2-})=0.017\ mol\cdot L^{-1}$；当加入 100 mL 0.020 $mol\cdot L^{-1}$ Na_2SO_4 溶液后，$c(SO_4^{2-})=0.0185\ mol\cdot L^{-1}$，$c(Ag^+)=0.017\ mol\cdot L^{-1}$（此时 $Q<K_{sp}$）。由计算可知选 B。

10. BC　解释：Fe 过量可使 Fe^{3+} 还原为 Fe^{2+}，A 错误。$3NO_2+H_2O=2HNO_3+NO$，易知 B 正确。C 中，可把 N_2O_4 看做 $2NO_2$，则有 1 mol NO_2，所以有 3 mol 原子；也可以用极端方法，看做全部 NO_2 或全部 N_2O_4 考虑，也可得出结果。$3Fe+4H_2O=Fe_3O_4+4H_2\uparrow$，由方程可知 D 错误。

11. A　解释：HClO 有强氧化性，可把 SO_3^{2-} 氧化为 SO_4^{2-}，B 错。稀 HNO_3 有氧化性，可把 S^{2-} 与 Fe^{2+} 氧化，应为 $FeS+4HNO_3=Fe(NO_3)_3+S\downarrow+NO+H_2O$（还有可能生成 SO_2，SO_3）C 错。D 应为 $Ca^{2+}+2OH^-+2H^++SO_4^{2-}=CaSO_4\downarrow+2H_2O$，所以 D 错。

12. AC　解释：银器在空气中久置会被 O_2 所氧化变黑，为化学腐蚀，A 正确。当镀层破损时，Sn－Fe 可形成原电池，不再起到保护作用，B 错。与 Zn 块形成原电池，Zn 作负极（阴极），从而保护 Fe 正极（阳极），所以 C 正确；外加电流保护法应该与直流电源的负极相连，故 D 错。

13. B　解释：由题目可知，XYZ_3 可能的物质有：$HClO_3$，$NaNO_3$，$MgCO_3$，$AlBO_3$。若 XYZ_3 为一种可溶于水的酸 $HClO_3$，XY(HCl) 不能形成共价化合物 A 错；若 XYZ_3 为 $MgCO_3$ 微溶于水，可 XZ 形成离子化合物 MgO，B 正确；若 XYZ_3 为 $NaNO_3$ 易溶于水的盐，YZ(NO) 不是离子化合物，C 错；若 XYZ_3 离子化合物，YZ_2 为 NO_2，CO_2 均不是离子化合物，D 错。

14. AB　解释：葡萄糖氧化放出热量，化学能转化为热能，C 错；选项 D 应该是太阳能转化为化学能，D 错。

15. AD　解释：该反应的正反应为放热反应，温度升高，化学平衡向左移动。所以灯丝附近温度越高，WI_2 的转化率越高，B 错。平衡常数，应为生成物除以反应物：$K=c(WI_2)/c(W)\cdot c(I_2)$。利用该反应，可往钨矿石中加入 I_2 单质，使其反应生成 WI_2 富集，再通过高温加热 WI_2 生成钨，从而提纯 W，D 正确。

16. CD　解释：放电时，负极：$Li-e^-=Li^+$，正极：$FePO_4+Li^++e^-=LiFePO_4$；充电时，阳极：$LiFePO_4-e^-=FePO_4+Li^+$，阴极：$Li^++e^-=Li$，所以易知 C、D 正确。

若加入硫酸，与 Li 单质（固体）发生反应，所以 A 错；放电时，Li^+ 应（正电荷）在电池内部（电解质中）向正极移动，故 B 错。

17. C　解释：A 中，生成 Na_2CO_3 溶液，CO_3^{2-} 会发生水解，生成 HCO_3^-，所以 A 错。

电荷守恒：$c(H^+)+c(Na^+)=c(HCO_3^-)+2c(CO_3^{2-})+c(OH^-)$

物料守恒：$c(Na^+)=c(HCO_3^-)+c(CO_3^{2-})+c(H_2CO_3)$

两式相减得：$c(H^+)+c(H_2CO_3)=c(CO_3^{2-})+c(OH^-)$，所以 B 错。

C 中，生成 NaAc，Ac^- 水解呈碱性，故 C 正确；相同 pH，相同体积的 HCl 和 HAc，因为 HAc 为弱酸，所以 HAc 的物质的量浓度大，HAc 所消耗的 NaOH 的物质的量多，D 错。

18. D　解释：

(1) HCl 为强电解质，HAc 为弱电解质，滴加 $NH_3\cdot H_2O$ 弱电解质先与 HCl 反应，生成同样为强电解质的 NH_4Cl，但溶液体积不断增大，溶液稀释，所以电导率下降。

(2) 当 HCl 被中和完后，继续与 HAc 弱电解质反应，生成强电解质 NH_4Ac，所以电导率增大。

(3) HCl 与 HAc 均反应完后，继续滴加 $NH_3 \cdot H_2O$ 弱电解质，电导率变化不大，因为溶液被稀释，有下降趋势。

综上所述：答案选 D。

19. (1) 滤渣的主要成分为 $Mg(OH)_2$、$Fe(OH)_3$、$CaCO_3$。

(2) “趁热过滤”的原因是使析出的晶体为 $Na_2CO_3 \cdot H_2O$，防止因温度过低而析出 $Na_2CO_3 \cdot 10H_2O$ 晶体，令后续的加热脱水耗时长。

(3) 若在实验室进行“趁热过滤”，可采取的措施是用已预热的布氏漏斗趁热抽滤。

(4) 若“母液”循环使用，可能出现的问题及其原因是：溶解时有大量沉淀生成，使 Na_2CO_3 损耗且产物 Na_2CO_3 混有杂质；原因：“母液”中，含有的离子有 Ca^{2+}，Na^+，Cl^-，SO_4^{2-}，OH^-，CO_3^{2-}，当多次循环后，使离子浓度不断增大，溶解时会生成 $CaSO_4$，$Ca(OH)_2$，$CaCO_3$ 等沉淀。

(5) 写出 $Na_2CO_3 \cdot H_2O$ 脱水反应的热化学方程式

$Na_2CO_3 \cdot H_2O(s) = Na_2CO_3(s) + H_2O(g)$，$\Delta H = +58.73\ kJ \cdot mol^{-1}$

解释与思路：

(1) 因工业碳酸钠中含有 Mg^{2+}，Fe^{3+}，Ca^{2+}，所以“除杂”中加入过量的 NaOH 溶液，可生成 $Mg(OH)_2$、$Fe(OH)_3$、$Ca(OH)_2$ 沉淀。

(2) 观察坐标图，温度减少至 313 K 时发生突变，溶解度迅速减少，若不趁热过滤将析出晶体。

(3) 思路方向：①减少过滤的时间；②保持过滤时的温度。

(4) 思路：分析“母液”中存在的离子，若参与循环，将使离子浓度增大，对工业生产中哪个环节有所影响。

(5) 通过观察两个热化学方程式，可将两式相减，从而得到 $Na_2CO_3 \cdot H_2O(s) = Na_2CO_3(s) + H_2O(g)$。

20. (1)

实验编号	T/K	大理石规格	HNO_3 浓度/$mol \cdot L^{-1}$	实验目的
①	298	粗颗粒	2.00	(1) 实验①和实验②探究 HNO_3 浓度对该反应速率的影响； (2) 实验①和实验③探究温度对该反应速率的影响； (3) 实验①和实验④探究大理石规格（粗、细）对该反应的影响
②	298	粗颗粒	1.00	
③	308	粗颗粒	2.00	
④	298	细颗粒	2.00	

(2) ①70～90 s，CO_2 生成的质量为：$m(CO_2)=0.95\ g-0.85\ g=0.1\ g$

② 根据方程式比例，可知消耗 HNO_3 的物质的量为：$n(HNO_3)$为 0.1/22＝1/220 mol

③ 溶液体积为 25 mL＝0.025 L，所以 HNO_3 减少的浓度 $\Delta c(HNO_3)=2/11\ mol\cdot L^{-1}$

④ 反应的时间 $t=90\ s-70\ s=20\ s$

⑤ 所以 HNO_3 在 70～90 s 范围内的平均反应速率为

$v(HNO_3)=\Delta c(HNO_3)/t=1/110\ mol\cdot L^{-1}\cdot s^{-1}$

(3) 作图略

作图要点：实验①HNO_3 与大理石恰好完全反应；

实验②中，HNO_3 不足量，纵坐标对应的每一个值均为原来的 1/2；

实验③和实验④的图像类似，恰好完全反应，但反应条件改变，升高温度与大理石细颗粒增大表面积可加快反应速率。所以图像曲线斜率变大，平衡位置纵坐标与实验①相同。

21. (1) 该结论不正确。稀 HNO_3 有强氧化性，若该铁的价态为＋2 价，则被氧化为＋3 价同样可使 KSCN 溶液变成血红色。

(2) ① 提出合理假设

假设 1：催化剂中铁元素的价态为＋3 价；

假设 2：催化剂中铁元素的价态为＋2 价；

假设 3：催化剂中铁元素的价态既有＋3 价也有＋2 价。

② 设计实验方法证明你的假设

③ 实验过程

实验操作	预期现象与结论
步骤 1：将适量稀 H_2SO_4 加入少许样品于试管中，加热溶解；	溶液呈黄绿色，说明溶液中含 Fe^{2+} 或 Fe^{3+}。
步骤 2：取少量溶液，滴加酸性 $KMnO_4$ 溶液；	若 $KMnO_4$ 溶液的紫红色褪去为无色溶液，则说明催化剂中铁元素的价态含＋2 价；若不褪色，则说明催化剂中铁元素的价态不含＋2 价。
步骤 3：另取少量溶液，滴加 KSCN 溶液。	若溶液变为血红色，则说明催化剂中铁元素的价态含＋3 价；若溶液无明显变化，则说明催化剂中铁元素的价态不含＋3 价。

22. (1) 表中所列铜化合物中，铜的质量百分含量最高的是 Cu_2S

解释：$CuFeS_2$：34.8%；Cu_5FeS_4：63.5%；Cu_2S：80%；

$CuCO_3 \cdot Cu(OH)_2$：57.6%

(2) 反应的氧化剂是 Cu_2O，Cu_2S

解释：Cu_2O，Cu_2S 的 Cu 由 +1 价被还原为 0 价，作氧化剂；Cu_2S 的 S 有 −2 价被氧化为 +4 价，作还原剂。

(3) SO_2 尾气直接排放到大气中造成环境污染的后果是形成酸雨。处理该尾气可得到有价值的化学品，1 种酸和 1 种盐的名称：硫酸，硫酸铵。

解释：处理 SO_2 尾气一般为循环制备硫酸和用 $Ca(OH)_2$ 或氨水吸收，可得到 $CaSO_4$ 和 $(NH_4)_2SO_4$ 等有价值的化学品。

(4) 简述粗铜电解得到精铜的原理：电解池中，粗铜作阳极，精铜作阴极，电解质为硫酸铜溶液。阳极上发生氧化反应，Cu 失去电子，使 Cu 单质变为 Cu^{2+} 进入溶液中 $Cu-2e^-=Cu^{2+}$；阴极上发生还原反应，Cu^{2+} 得到电子在阴极上析出 Cu 单质，$Cu^{2+}+2e^-=Cu$，从而达到精制 Cu 的目的。

(5) A、D

解释：稀盐酸可以同 $Cu(OH)_2$ 与 $CuCO_3$ 反应，而且稀盐酸不能与 Cu 反应。所以稀盐酸可以除铜器表面的铜绿（$CuCO_3 \cdot Cu(OH)_2$），A 正确。

铜表面不能形成致密氧化膜；铜和浓硫酸在常温下是反应的，生成硫酸铜、SO_2 和水，反应很慢，反应过程中放热，随着反应的进行，速率会越来越快的，所以不能用铜制容器装浓硫酸，B 错误。

因为 Fe 比 Cu 活泼，所以 Fe－Cu 形成的原电池中，Fe 作负极，更容易被氧化生锈，C 错误。

蓝色硫酸铜晶体受热转化为白色硫酸铜粉末，只有旧键的断裂，没有新键的形成（$CuSO_4 \cdot 5H_2O$ 中，H_2O 与 Cu^{2+} 有配位键），故不属于化学变化，只有物理变化；$CuSO_4$ 可用作消毒剂，但与前者没有因果关系，D 正确。

综上所述，答案选 AD。

23. (1) ① 写出由纯 $SiHCl_3$ 制备高纯硅的化学反应方程式：

$$SiHCl_3+H_2 \xlongequal{1\,357\ K} Si+3HCl$$

② $SiHCl_3$ 遇水剧烈反应生成 H_2SiO_3、HCl 和另一种物质，写出配平的化学反应方程式：

$SiHCl_3+3H_2O=H_2SiO_3+H_2\uparrow+3HCl$；

H_2 还原 $SiHCl_3$ 过程中若混入 O_2，可能引起的后果是：高温下，H_2 遇 O_2 发生爆炸。

(2) A B C D

解释：SiC 和 Si_3N_4 均为原子晶体，熔点高，性质稳定，AB 正确。光导纤维的材料为 SiO_2，C 正确。普通玻璃的主要成分为 Na_2SiO_3 和 $CaSiO_3$，它是以石英砂（SiO_2）、石灰石（$CaCO_3$）和纯碱（Na_2CO_3）为主要原料反应制成的。$Na_2CO_3 + SiO_2 \xlongequal{高温} Na_2SiO_3 + CO_2\uparrow$；$CaCO_3 + SiO_2 \xlongequal{高温} CaSiO_3 + CO_2\uparrow$，D 正确。

（3）生成白色絮状沉淀，有刺激性气味的气体生成；SiO_3^{2-} 与 NH_4^+ 发生双水解反应，$SiO_3^{2-} + 2NH_4^+ + 2H_2O = 2NH_3 \cdot H_2O + H_2SiO_3\downarrow$。

24. （1）画图略。

要点：

① 催化剂可降低反应的活化能，但对各反应前后能量变化并不产生任何影响。

② 该反应为吸热反应，所以反应物的总能量要低于生成物的总能量。

（2）请提出可提高其反应速率且增大 NH_3 生成量的建议：升高温度，增大反应物 N_2 的浓度，不断移出生成物脱离反应体系。

解释：该反应正反应是吸热反应，升高温度，使化学平衡向正反应方向移动，从而增大 NH_3 生成量，升高温度也能提高反应速率；增大反应 N_2 浓度，加快反应速率，并使化学平衡向右移动；不断移出生成物脱离反应体系，使平衡向右移动，增大 NH_3 生成量。

（3）① 该条件下 N_2 的平衡转化率：66.7%

② 该条件下反应 $2NH_3(g) = N_2(g) + 3H_2(g)$ 的平衡常数为 0.005

解释：由三行式法计算可知，起始时，$c(N_2) = 0.3\ mol \cdot L^{-1}$；平衡时，$c(N_2) = 0.1\ mol \cdot L^{-1}$；$c(H_2) = 0.2\ mol \cdot L^{-1}$；$c(NH_3) = 0.4\ mol \cdot L^{-1}$。

① 所以 N_2 的平衡转化率为 $(0.3-0.1)mol \cdot L^{-1}/0.3\ mol \cdot L^{-1} \times 100\% = 66.7\%$

② 反应 $2NH_3(g) = N_2(g) + 3H_2(g)$ 的平衡常数 $K = c(N_2) \times c(H_2)^3/c(NH_3)^2 = 0.005$

25. （1）写出由化合物Ⅰ合成化合物Ⅱ的反应方程式：

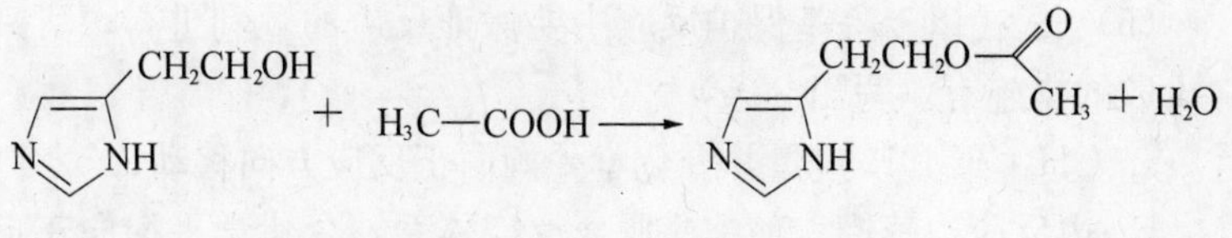

(2) ACE　解释：化合物Ⅰ官能团有羟基，碳碳双键，故可发生氧化反应，也可以与金属钠发生反应生成氢气，故A正确，B错误。化合物Ⅱ官能团有酯基，可以发生水解发生，生成相应的酸和醇，故C正确。化合物Ⅲ的官能团有碳碳双键，可以使溴的四氯化碳溶液褪色，属于以乙烯为母体的烯烃类衍生物，故D错误，E正确。

(3) 化合物Ⅵ是E（酯类）化合物。解释：化合物Ⅵ的结构为：

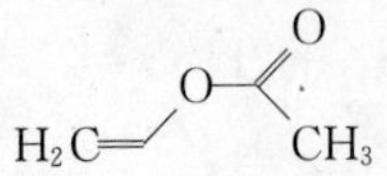

(4) 溴的四氯化碳溶液；Na_2CO_3 溶液

解释：化合物Ⅴ为乙酸，含有羧基，可与 Na_2CO_3 溶液反应，生成 CO_2，化合物Ⅵ则不能。化合物Ⅵ中，含有碳碳双键，可使溴的四氯化碳溶液褪色，化合物Ⅴ则不能。

(5) 在上述合成路线中，化合物Ⅳ和化合物Ⅴ在催化剂作用下与氧气反应生成Ⅵ和水，写出反应方程式：

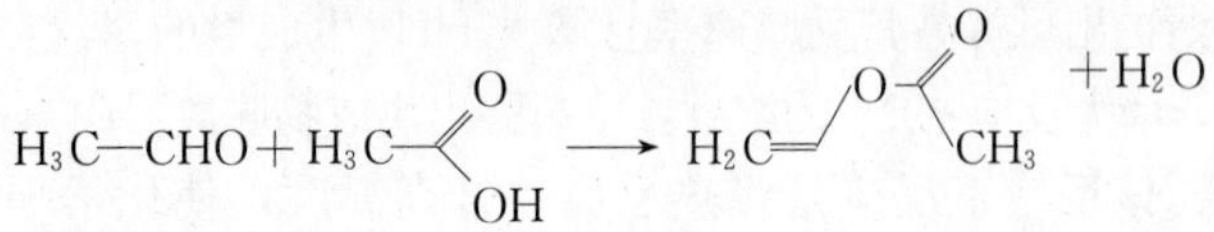

26. (1) 苯甲醇可由 $C_6H_5CH_2Cl$ 在 NaOH 水溶液中发生取代反应而得，反应方程式为：

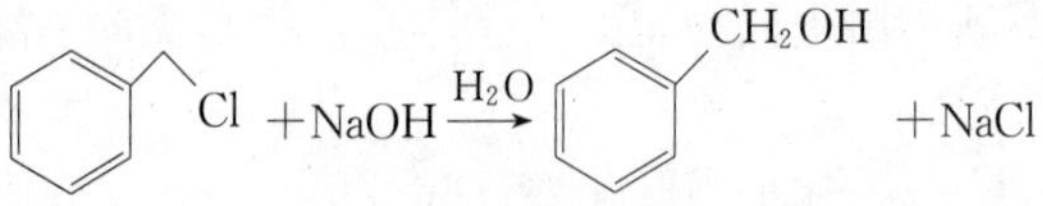

(2) 分析表中数据，得到钯催化剂催化效果的主要结论是

① 苯环上的取代基对醛的产率影响不大，对反应时间有一定影响。

② 与羟基相连的碳链长，大大降低醛的产率与增大反应时间。

(3) 用空气代替氧气气氛进行反应的优缺点：

优点：原料易得，降低成本。防止苯甲醛氧化为苯甲酸。

缺点：令反应时间增长。

(4) 苯甲醛被银氨溶液氧化的反应方程式：

$$C_6H_5CHO + 2Ag(NH_3)_2OH \xrightarrow{\text{水浴加热}} C_6H_5COONH_4 + 2Ag\downarrow + 3NH_3\uparrow + H_2O$$

(5) ① 在以上醛基保护反应中要保证反应的顺利进行，可采取的措施有（写出2条）

a. CH_3CH_2OH 过量，令化学平衡向正反应方向移动；

b. 边反应边蒸馏，使缩醛脱离反应体系，令化学平衡向正反应方向移动；

② 用乙二醇保护苯甲醛中醛基的反应方程式：

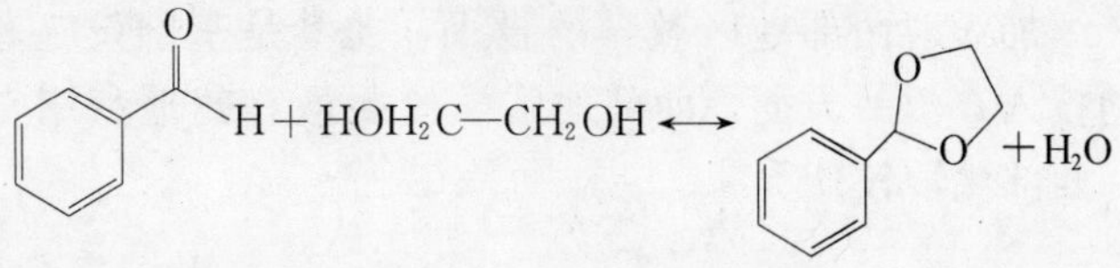

27.（物质结构选做题）

（1）以 $MgCl_2$ 为原料用熔融盐电解法制备 Mg 时，常加入 NaCl、KCl 或 $CaCl_2$ 等金属氯化物，其主要作用除了降低熔点之外还有：增大离子浓度，从而增大熔融盐的导电性。

（2）更正图中错误：⑧应为黑色。

（3）用原子结构的知识解释发光的原因：原子核外电子按一定轨道顺序排列，轨道离核越远，能量越高。燃烧时，电子获得能量，从内侧轨道跃迁到外侧的另一条轨道。跃迁到新轨道的电子处在一种不稳定的状态，它随即就会跳回原来轨道，并向外界释放能量（光能）。

（4）解释表中氟化物熔点差异的原因：NaF 与 MgF_2 为离子晶体，SiF_4 为分子晶体，所以 NaF 与 MgF_2 远比 SiF_4 熔点要高。又因为 Mg^{2+} 的半径小于 Na^+ 的半径，所以 MgF_2 的离子键强度大于 NaF 的离子键强度，故 MaF_2 的熔点大于 NaF。

（5）① a 中连接相邻含 N 杂环的碳碳键可以旋转，说明该碳碳键具有 σ 键的特性。

② 微粒间的相互作用包括化学键和分子间相互作用，比较 a 和 b 中微粒间相互作用的差异：a 中微粒间的相互作用为氢键，b 中微粒间的相互作用为配位共价键。

化　学　竞　赛

从高中化学奥赛看东西部化学教育之差距

乔丽君　莫尊理　赵钟丽

该文通过对比 2005～2007 年三年全国化学奥林匹克竞赛获奖情况，发现西部地区获一等奖人数与东部地区有着较大的差距，一定程度上体现了东西部化学教育的差距，并分析了主要原因。(1)西部地区化学教学设施与实验设备的应用相对薄弱，不利于学生综合素质的提高；(2)西部地区存在着优秀教育资源短缺，优秀教师数量不足，教师的高等教育培训不够的问题。此外，还提出了提高西部化学教育水平的对策：一方面，国家要继续加大对西部地区教育的投入，尤其是基础设施和教育资金的投入；另一方面，西部地区学校要最有效地利用自我资源提高西部化学教育质量。

《化学教育》2008 年第 9 期

高中化学竞赛“六抓”

吴　源

一、抓早。高一学生一进校，学校就开设一系列化学讲座和兴趣实验。采取自愿报名，教师动员数学好、头脑灵活对化学感兴趣的学生参加。二、抓奥林匹克精神训练。三、抓基础。先学习气体和溶液，然后学习原子结构和分子结构。不重复高中化学的内容体系。四、抓规范。根据学生情况制订培养计划，选好教材，编写教案，精心做好课件。从高一开始每周两个下午的最后两节课，周日半天上课。五、抓重点。有些学生逐渐被淘汰，在留下来的学生中精选好苗子，给他们开小灶。六、抓全员。学校给予各方面的有力支持，教师齐心协力，通过请进来送出去的办法开阔学生视野，完善知识结构，增强自信心。

《中学化学教学参考》2008 年第 6 期

化学实验改进与创新

2008 年关于化学实验改进与创新的研究，主要集中在常规实验改进、微型化学实验、趣味化学实验和探究性实验 4 个方面：

常规实验改进

【概况】研究者主要关注实验方案的改进、实验装置的开发和改进、实验现象的讨论和反思。

塑料瓶在中学化学实验中的另类利用

杨俊峰

利用各种低成本材料、废旧包装材料（如塑料瓶等）制作简易化学仪器和装置，对培养学生的动手制作能力以及物质再利用的环保意识——绿色化学有着深远的意义。(1)可乐瓶类的利用：制作药匙、钟罩、洗瓶、漏斗、防爆筒、防护眼罩；(2)塑料药瓶类的利用：启普发生器。

《化学教育》2008 年第 2 期

一种鉴别硝酸根离子的简便方法

陈瑞芝

提供了一种简便的鉴别硝酸根离子的方法，即在氢氧化钠溶液中，用铝箔或铝粉还原硝酸根离子，可生成铵离子。加热溶液，可生成氨气。并对其氧化还原反应进行了初步探讨。

《化学教育》2008 年第 3 期

碳酸氢根离子的检验

吴孙富　蔡祖华

对于固体物质，可直接取适量固体于试管内加热，若产生无色无味的气体，就将气体通入澄清的石灰水，石灰水变浑浊，则固体物质中含碳酸氢根。若产生的气体有刺激性气味，就将气体先通入水中（溶解降低 SO_2 等气体的含量）、再通入酸性高锰酸钾溶液（氧化除尽 SO_2 等气体），最后通入澄清的石灰水，若石灰水变浑浊，则固体物质中含碳酸氢根。该方法排除了硝酸盐和亚硫酸氢盐等的干扰。

对于溶液，先向溶液中加入足量的 0.05 mol/L 的 $BaCl_2$ 溶液，充分反应后静置，取上层清液滴加 3%的双氧水，若无沉淀（无 HSO_3^-），再滴加 0.05 mol/L 的 $Ba(OH)_2$（或 0.1 mol/L 的 NaOH）溶液，若溶液中有白色沉淀生成，则溶液中肯定有 HCO_3^-。滴加 3%的双氧水时，若有沉淀，则应继续滴加至不再生成沉淀后，再取上层清液滴加 0.05 mol/L 的 $Ba(OH)_2$（或 0.1 mol/L的 NaOH）溶液，若溶液中有白色沉淀生成，则溶液中肯定有 HCO_3^-。

《化学教育》2008 年第 3 期

铁与水蒸气反应的实验改进

赖陆锋　李春燕

对新人教版必修 1 中“铁与水蒸气反应”的实验装置进行了小改进，用湿沙子代替湿棉花，设计了一种实验装置同样简单易操作，但实验现象更明显，实验成功率更高的实验装置。

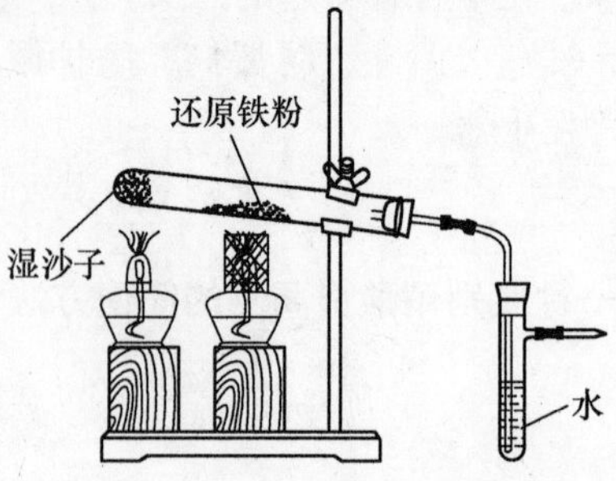

《化学教育》2008 年第 3 期

饱和食盐水电解器的设计

柴尔峰　王国锦

设计了电解饱和食盐水实验装置，既可以方便地收集气体，又能防止毒气的排放。

实验装置设计

各部分名称：①烧杯。②注射器。③绝缘导线。④铅笔蕊。⑤“+”“-”接线柱。⑥止气夹。⑦细玻璃导管（连接软橡胶管）。⑧水槽。⑨泡沫塑料板。

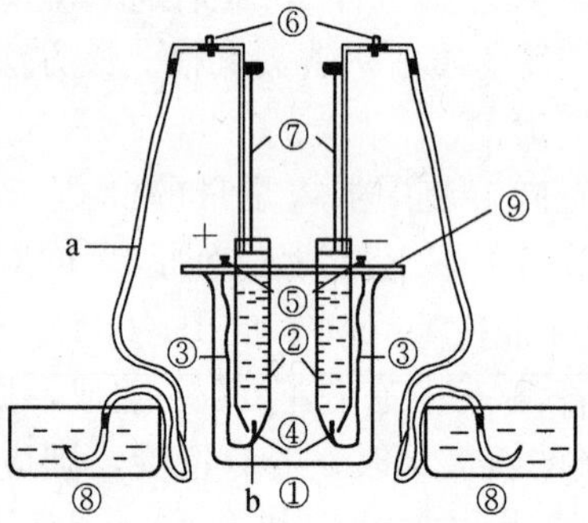

注意： 1. 为防止 a 处漏气，插入细玻璃管后用石蜡滴封。2. 为防止 b 处发生副反应，插入铅笔芯后用绝缘漆密封。

《化学教育》2008 年第 3 期

低温下提高铁材酸洗速度的工艺

骆仁新

在 HCl 含量低 $FeCl_2$ 含量高的酸洗液中，加浓硫酸，清除结晶盐后，再加浓盐酸，可以有效提高低温下铁材的酸洗速度。

《化学教育》2008 年第 3 期

铝和水反应实验的改进

陈文婷　王程杰

从铝的电极电势可知，理论上铝能和水反应产生氢气；同时，汞齐化的铝片在潮湿的空气中可与氧气发生反应。据此改进并设计了铝和水反应的连续实验：(1)去除氧化膜；(2)汞齐化；(3)与饱和氯化钠水溶液反应；(4)氢气的燃烧；(5)“白毛”实验。

《化学教育》2008 年第 5 期

对二氧化硫使石灰水变浑浊实验的再反思

王金龙　冯　艳　葛珊珊

通过改进实验方法，控制反应条件，对二氧化硫与石灰水反应过程进行阶段性定格。

［实验一］往盛有 15 mL 石灰水的 6 支试管中，分别滴加 0、1、2、3、4、5 滴饱和 H_2SO_3 溶液，振荡，试管口塞上胶塞，静置。每隔 1 h 观察 1 次，除第 1 支试管内无变化外，其他试管中均出现少量细小固体颗粒。

	1 滴	2 滴	3 滴	4 滴	5 滴
V/mL	0.046	0.091	0.137	0.183	0.229
t/h	20	18	12	8	1

［实验二］增加饱和 H_2SO_3 溶液的量，重复上述实验，分别滴入 24 滴、25 滴、26 滴、27 滴、28 滴、29 滴、30 滴、31 滴饱和 H_2SO_3 溶液，出现明显浑浊和最大浑浊时间，见下表。

	24 滴	25 滴	26 滴	27 滴	28 滴	29 滴	30 滴	31 滴
V/mL	1.097	1.143	1.189	1.234	1.280	1.326	1.371	1.417
t_1/s	41	39	38	37	40	42	44	45
t_2/s	—	175	134	112	127	146	171	—

经过实验分析、推理，提出反应过程中存在着“电离、晶粒聚集”期、“过饱和”期、“浑浊”期、“澄清”期，出现浑浊的原因是建立了平衡：

$$Ca(HSO_3)_2+Ca(OH)_2=2CaSO_3+2H_2O$$

《化学教育》2008 年第 5 期

简易无泄漏气体发生器

李　新

用矿泉水瓶制成的气体发生的取材、制作、使用、维护等，都极为方便简单，特别适合山区和农村的中小学使用。同时自制实验装置，有助于提高学生的实验兴趣和动手能力。制作：用红热的铁丝在两只矿泉水瓶的底部的最低处烫出若干个小洞，其中一只矿泉水瓶在下 1/3 处裁断。将半截的矿泉水瓶卡在另一只矿泉水瓶的底部，两只矿泉水瓶接起来，配上一个打了孔的胶塞，安装玻管、胶管、卡夹。

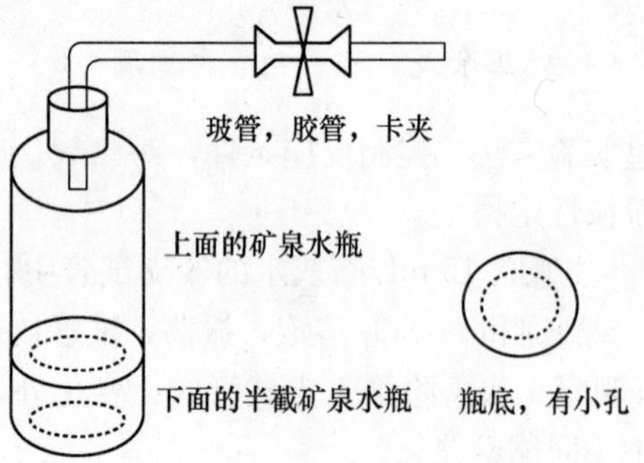

《化学教育》2008 年第 5 期

介绍一个富有创意的自制气体发生装置

吴启亮

该自制发生装置的器材全部采用废弃物组装而成，若算成本只不过 0.3 元左右，然而却能够极为方便地运用于反应物状态为固—液、液—液，并不需要加热制取气体的实验。

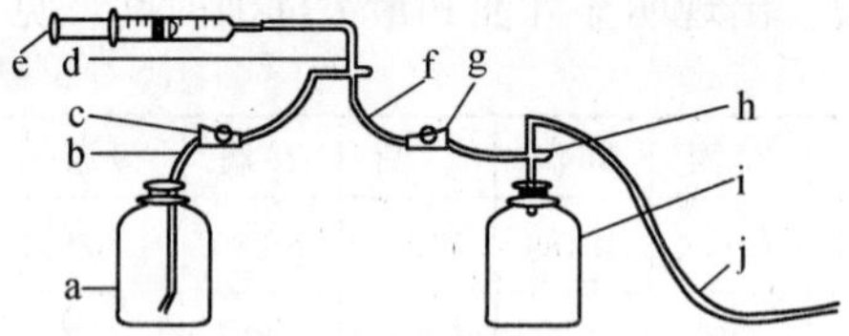

a. 盐水瓶 1　b. 吸液管　c. 旋塞 1　d. 插头 1　e. 注射器　f. 加液管　g. 旋塞 2　h. 插头 2　i. 盐水瓶 2　j. 导气管

《化学教育》2008 年第 5 期

制备过氧化钠演示实验的探究

张婉佳　黄　伟

探究制备过氧化钠的实验条件得出实验装置必须是一个既能

提供充足的空气，又能使生成物与空气隔离，并便于操作和观察，且环保性好的统一体。改进装置由气唧、乳胶管、硬质试管、酒精灯、铁架台、弹簧夹、盛水的烧杯等组成，生成过氧化钠的现象明显，样品得到长时间的保存。

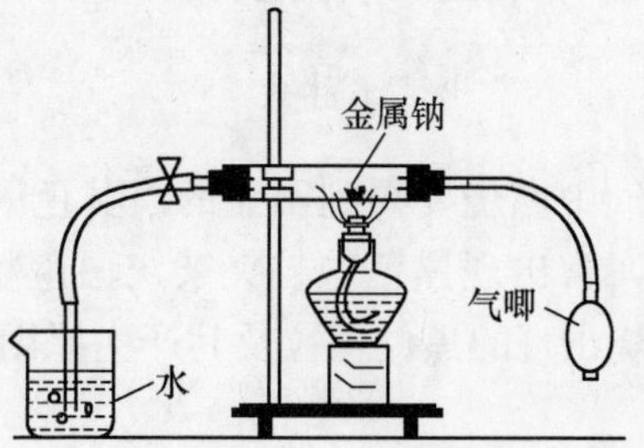

《化学教育》2008 年第 6 期

钠与硫酸铜反应的实证分析

刘怀乐

该文就不同条件下金属钠与 $CuSO_4$ 反应作了实证分析：(1)Na 和无水 $CuSO_4$ 粉末的反应；(2)Na 和 $CuSO_4$ 溶液的反应。

《化学教育》2008 年第 2 期

用亚硫酸氢钠加成法鉴别醛酮的实验研究

索福喜　杭烨超　徐建强　陈苏敏

饱和亚硫酸氢钠溶液的制备：直接溶解法、由二氧化硫制取。在醛酮与亚硫酸氢钠加成的鉴别实验中，可用亚硫酸氢钠固体直接配制饱和亚硫酸氢钠溶液。如此操作既简便，又节约试剂和节省时间，同时还减少了毒害和污染。进行醛酮的鉴别时应采取向醛酮样品中滴加亚硫酸氢钠饱和溶液的操作方法。亚硫酸氢钠饱和溶液中不加乙醇比加入乙醇时的实验现象更为明显。

《化学教育》2008 年第 5 期

如何使钠在空气中燃烧的主要产物为过氧化钠

朱心奇

改进人教版 2003 年版高一《化学》（必修）教材第 29 页演示实验［2－2］中提供的实验方法和条件。取一块钠，用滤纸吸干表面的煤油，切去表面的氧化层。然后切取黄豆大小的一块钠，放在大小适当的瓷碗碎片上加热。反应结束后继续加热1～3 min。可以看到的现象为：钠表面先氧化为灰白色，然后熔化成银白色小球，接着开始燃烧，产生黄色火焰，出现黑色熔融状，随后黑色物质逐渐减少，最后几乎完全消失，同时大量的淡黄色固体出现。

《化学教育》2008 年第 6 期

钠在空气中燃烧实验探究

王林兆

针对钠在空气中燃烧要得到明显的淡黄色固体（Na_2O_2）生成的现象比较难，常出现黑色颗粒夹杂灰白色粉末的异常现象，对钠在空气中燃烧出现的黑色颗粒及其产生原因的探究，并介绍了改进方法。

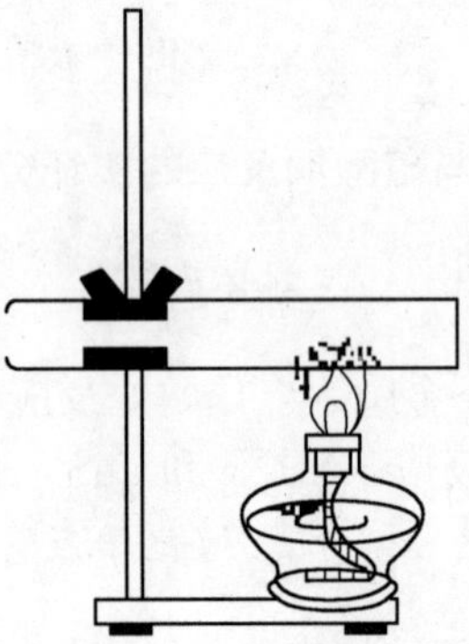

《化学教育》2008 年第 6 期

钠的两个性质实验的创新设计

赵东洋

用注射器改造成金属钠取用器，并对钠在空气中燃烧以及燃烧产物检验、钠与水反应以及生成气体的检验进行了创新。

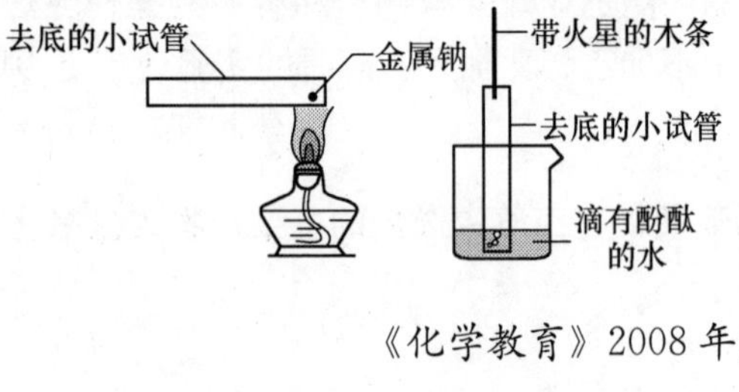

《化学教育》2008 年第 6 期

甲醛使蛋白质变性实验条件的探究

张晓巍

对甲醛使蛋白质变性的条件进行探究。

表 1　不同浓度的蛋白质溶液与 40%甲醛溶液反应

蛋白质溶液稀释度	蛋白质溶液用量	40%甲醛溶液用量	6 h 内现象
1∶4	2 mL	2 mL	—
1∶3	2 mL	2 mL	—
1∶2	2 mL	2 mL	立即出现轻微浑浊
1∶1	2 mL	2 mL	立即出现松散浑浊
未稀释的蛋白原浆	2 mL	2 mL	立即出现凝胶状浑浊

表 2　不同浓度的甲醛溶液与蛋白原浆反应

甲醛体积分数	甲醛溶液用量	蛋白原浆用量	6 h 内现象
10%	2 mL	2 mL	—
20%	2 mL	2 mL	—
30%	2 mL	2 mL	极轻微浑浊
40%	2 mL	2 mL	立即出现凝胶状浑浊

表 3　蛋白质溶液酸化

蛋白质溶液	0.2 mol/L 盐酸	pH	现象一	40%甲醛	6 h 内现象
1 mL	0 滴	11	—	1 mL	—
1 mL	1 滴	7	轻微浑浊	—	—
1 mL	2 滴	6	澄清	1 mL	—
1 mL	3 滴	5	澄清	1 mL	—
1 mL	4 滴	4	澄清	1 mL	—
1 mL	5 滴	3	澄清	1 mL	—
1 mL	6 滴	2	澄清	1 mL	—
1 mL	7 滴	1	澄清	1 mL	—

表 4　甲醛溶液酸化

甲醛溶液	0.2 mol/L 盐酸	pH	蛋白质溶液	6 h 内现象
2 mL	0 滴	6	2 mL	—
2 mL	1 滴	4	2 mL	轻微浑浊
2 mL	2 滴	2	2 mL	—

《化学教育》2008 年第 6 期

废真空集热管在基础化学实验中的应用

任有良　张国春　金振国　鄢焕荣

简述了废真空集热管的来源、性能及截割方法；详述了该方法在制作基础化学实验中用的大火酒精灯罩、燃烧管及装配柱状漏斗、冷凝管、简易水电解器、简易气体发生器、洗气装置等种种用途。

《化学教育》2008 年第 6 期

"氨分子扩散"实验绿色化设计

李德前

对人教版初中《化学》中"氨分子扩散"实验的不足进行了改进；新设计的"氨分子扩散"实验没有污染、操作简便、趣味性强。

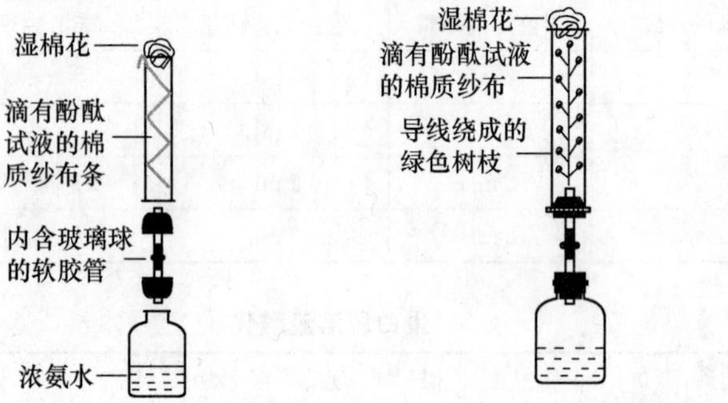

"氨分子扩散"实验装置　　"氨分子扩散"的趣味实验装置

《化学教育》2008 年第 6 期

关于测量反应速率的实验改进

吴名胜　杨秀芬　诸全头

从实验装置、实验操作上对人教版新教材（选修 4）中测量反应速率的方案进行了发生装置和操作、收集装置和操作、溶液浓度、测量反应速率的时间段等方面的改进，并创新了其他测量反应速率的方案。(1)用镁与硫酸溶液反应，测量金属质量的减少来计算反应速率；(2)用 $KMnO_4$ 溶液与 $H_2C_2O_4$ 溶液混合，测溶液褪色的时间来计算反应速率。

《化学教育》2008 年第 7 期

"黑面包"实验新设计

阙荣辉　熊言林　马　莉　罗娜红

对"黑面包"实验进行了新设计，将该实验及其气体产物的检验放在较环保的条件下进行，药品用量少，实验现象明显。

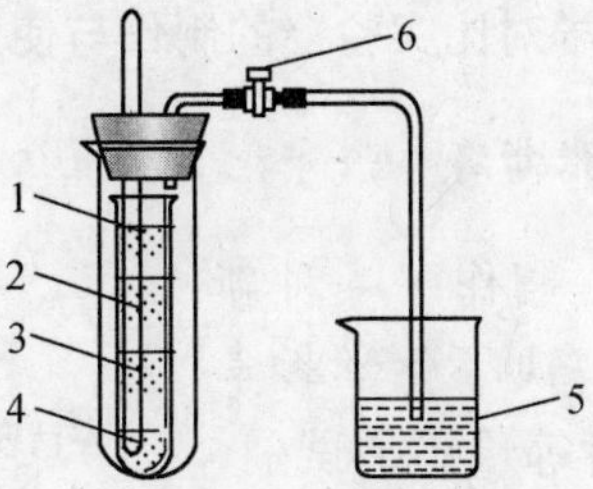

1. 湿润的蓝色石蕊试纸环　2. 吸有品红溶液的滤纸环　3. 吸有高锰酸钾溶液的滤纸环　4. 蔗糖和浓硫酸的混合物　5. 澄清石灰水　6. 止水夹

《化学教育》2008 年第 7 期

铝与烧碱溶液反应的实验改进

李玉安　李坚毅　郑杏珍

在大试管中加 2～3 g NaOH 固体，再加 6～7 mL 水，配成的 NaOH 溶液不超过试管容积的 1/3，（以反应最剧烈时，泡沫不溢出管口为准）加入 3～4 段铝条，由于现配的 NaOH 溶液是热的，反应迅速发生。用试管夹夹持试管并倾斜试管，用打火机不断点燃管口，每次都会产生回火，数次之后，在管内上 1/3 处，有持续火焰，直立试管，火焰上升至管口外沿并罩在管口上，随后，火焰中心出现黑洞，管口外沿上的蓝色火焰变为环状，再后，变为多个不连续的绿豆状蓝色小火球，在管口外沿上旋转，随着 H_2 量减少，火焰进入管内，并熄灭，再倾斜试管，用打火机不断点燃管口，每次都会产生回火，管内 H_2 量少，空气多时，可听到尖锐爆鸣声。整个过程非常生动好看。

《化学教育》2008 年第 7 期

乙酸酐水解反应可应用于化学实验的脱水操作

张振豹

乙酸酐水解反应需在酸催化或加热的条件下引发，为放热反应，产物内能低，反应完全。因而可除去体系中以氢键结合的水分、吸附水分及溶液、溶胶中的游离水分。乙酸酐不易与无机组分反应，其水解产物乙酸及产生的乙酸盐容易溶解分离。该脱水方法温和，操作简便，可在实验中灵活应用：(1)脱去 $FeSO_4 \cdot 7H_2O$ 中的结晶水；(2)在重量法测定样品中 SiO_2 含量的应用。

《化学教育》2008 年第 7 期

化学对比实验器的制作与使用

张新海　张守花　李　红

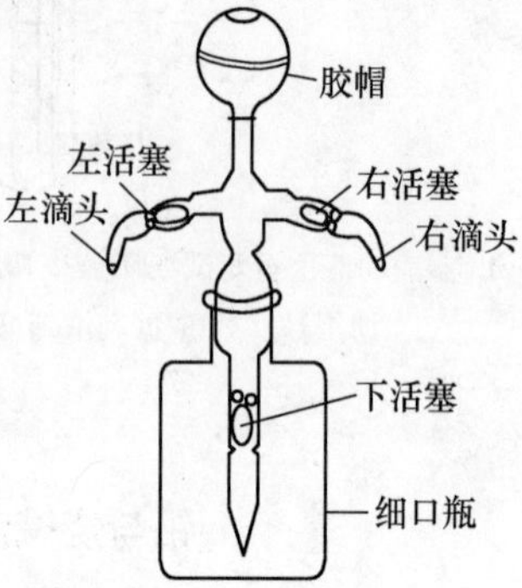

针对对比实验，制作了一种新的化学实验仪器，解决了化学教学中对比实验不能同时等量添加试剂、观察现象不明显的问题，可用于：(1)同种物质与不同种物质反应对比实验；(2)同种物质与不同浓度的同一种物质反应对比实验；(3)有无催化剂的对比反应实验；(4)用一种物质鉴别两种物质的对比实验。

《化学教育》2008 年第 7 期

滤纸上化学实验的研究

王红云　钟四姣

以滤纸为载体，在滤纸上进行的化学实验可较大限度减少试剂用量，且无废水排放等环境问题，是绿色化学的典范，值得研究、提倡与推广。该文简述了滤纸实验的实验准备，并进行了滤纸实验与常规试管实验对比、与点滴板实验、微型实验的对比。

《化学教育》2008 年第 8 期

新教材中乙酸乙酯制取实验的改进

王　娜　白新瑞

通过对稀硫酸、稀盐酸作催化剂条件下酯化反应的速率和产量的研究，证明了稀硫酸和稀盐酸均可作为中学实验中制取乙酸乙酯的催化剂；同时通过实验证明 9～11 mol/L 浓硫酸作催化剂的条件下，酯化反应后反应物的颜色及产物的量都非常适合做中学实验。

《化学教育》2008 年第 9 期

化学实验改进三则

陈毅贞

氯化铜溶液电解实验改进：取两段 6B 绘图铅笔，约长 8 cm，把一端削出铅笔芯约 1.5 cm，另一端露出铅笔芯约0.3 cm，能缠绕上铜丝导线。这样的两段铅笔就做成了拿取操作方便的电极。

把少量 $CuCl_2$ 溶液盛放到一个培养皿中，铜导线分别连接稳压直流电源的正、负极，在连接正极的那支铅笔靠近笔尖部位的笔身上缠绕一张湿润的淀粉碘化钾试纸。手拿铅笔让两支笔尖靠近，伸入盛有 $CuCl_2$ 溶液的培养皿中。接通电源，立刻会看到连接正极的铅笔尖上有气泡产生，且湿润的淀粉碘化钾试纸变蓝；同时连接负极的笔尖上覆盖一层红色的铜。硫与铁粉反应实验新操作：取 500 mL 旧白玻璃试剂瓶，截去瓶底。找边长大于瓶底直径的纸盒盛满平铺的细沙。取硫粉和铁粉按质量比5∶7在光洁纸上混匀，然后在细沙上堆成小丘状，用无底瓶罩住反应混合物，瓶壁稍插入沙中，起密闭作用。拿玻璃棒一端穿过一张硬纸板，另一端在酒精灯上烧红热，迅速伸入瓶底的反应物中间，移动纸板盖紧瓶口，防止气体外逸。立即看到反应物剧烈燃烧并发红光，随后反应停止，玻璃瓶上部有少量淡黄色硫沉积。乙酸乙酯水解实验改进：(1)用胶塞塞紧各反应试管，使酯的溶液与不同介质分别形成密封体系；(2)用温度计控制水浴温度，使水温始终保持在 70℃左右，以减少乙酸乙酯挥发及试管内气压；(3)反应前往盛碱的酯溶液里滴入几滴酚酞溶液，反应液即成红色，往中性酯溶液中加两滴石蕊，溶液显浅紫色。

《化学教育》2008 年第 9 期

氢氧化铁胶体电泳实验的改进

李　铜

(1)在洁净的 15 mm×150 mm U 形管中加入$Fe(OH)_3$胶体，从 U 形管底部到液面的高度约 6 cm，用滴管吸取环己烷 2 mL，分别沿 U 形管壁交替地缓慢滴入，再沿 U 形管壁加入 4 mL KNO_3 溶液和稀 HCl 5 滴，不能搅动胶体，要求上下两层之间有明显的界面。(2)将石墨电极分别插入 KNO_3 和稀 HCl 溶液中约 2 cm 处。(3)选用 240 V 高压直流电源，30 s 后即可见阴极区 0.05%KNO_3 和稀 HCl 溶液下面的胶体颜色加深，阳极区胶体颜色变浅，这表明 $Fe(OH)_3$溶液中正电荷在外电场作用下向阴极移动。

《化学教育》2008 年第 9 期

二氧化硫性质实验改进

游建军　孔鹤峰

用 50 mL 注射器和废弃的酸式滴定管尖嘴组成自制仪器，验证 SO_2 具有酸性氧化物通性、具有还原性、氧化性和漂白性。

《化学教育》2008 年第 10 期

二氧化硫性质实验新设计

张 艳

对 SO_2 性质实验的装置进行了改进以创设绿色微型化实验。

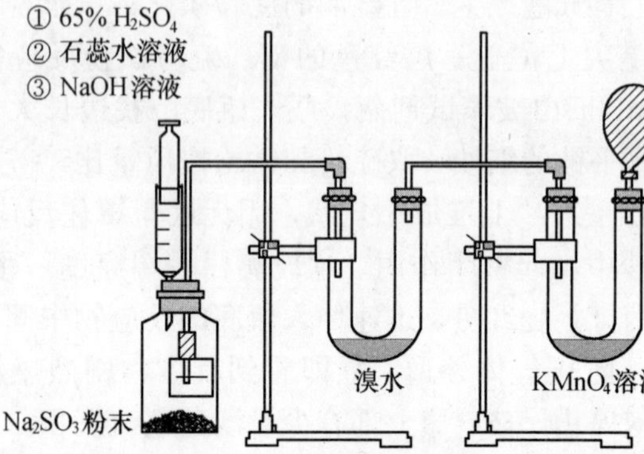

《化学教育》2008 年第 10 期

二氧化碳性质实验的综合设计

李德前

分析了教科书上“二氧化碳灭火”实验和“二氧化碳与水反应”实验的不足之处，并将这两个实验结合在一起进行了设计。新设计的实验成功率高、效果明显、趣味性强。

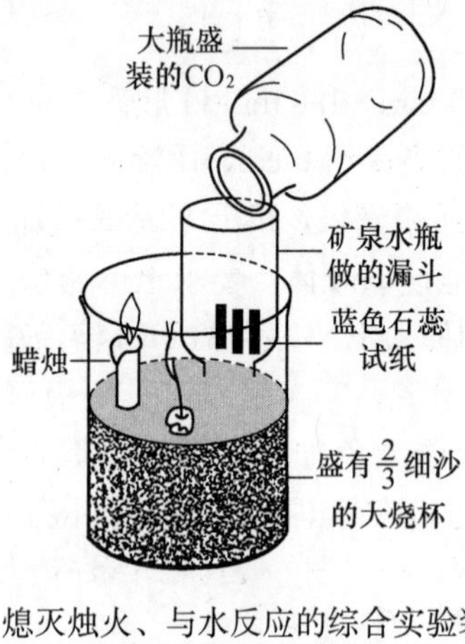

CO_2 熄灭烛火、与水反应的综合实验装置

《化学教育》2008 年第 10 期

废试管的妙用

刘宝国

举例说明废试管的利用：（1）红磷、白磷的着火点比较；

(2) 氯气、硫化氢、二氧化硫等气体的性质检验和尾气吸收。

《化学教育》2008 年第 10 期

抽提液高度可调的索氏抽提器

刘琼琼　徐冬梅　丛后罗　柳　峰

对普通玻璃索氏抽提器提出了改进，改进后的抽提器能调节抽提溶剂高度，从而能够在同一个仪器中实现不同固体量的快速抽提。

《化学教育》2008 年第 10 期

铜及其化合物系列实验探究

鞠东胜　王金龙

介绍了对有关铜及其化合物中几个热点问题的探究：(1)铜与浓盐酸反应吗？(2)用酒精灯加热硫酸铜晶体，它会分解吗？(3)还原醛和葡萄糖非得用新制的氢氧化铜吗？(4)如何演示氧化铜受热分解实验？(5)如何检验氧化亚铜？

《化学教育》2008 年第 11 期

乙烯使溴的四氯化碳溶液褪色实验的改进及验证结果

袁鸿志

分析了高中化学乙烯性质实验过程中乙烯使溴的四氯化碳溶液褪色实验设计的不严谨之处，并提出了切实可行的改进措施。

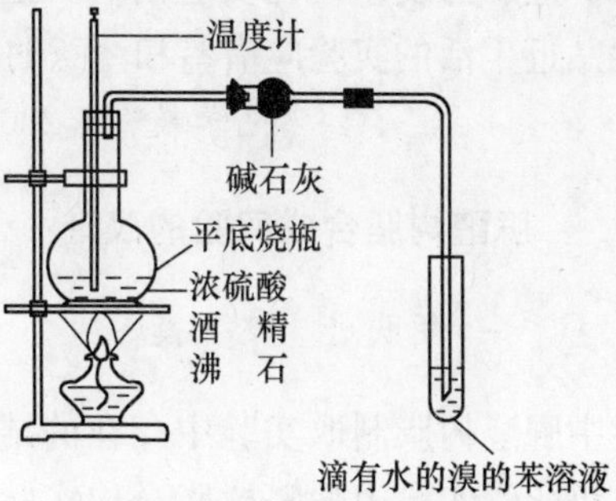

点燃酒精灯，使平底烧瓶中混合液温度迅速升至 170℃左右；将产生的气体通入已滴有 2～3 滴水的溴的苯溶液的试管中，就可以看到红棕色很快完全褪去。

《化学教育》2008 年第 11 期

氯化铵分解实验的创新

吴子由

创新设计了氯化铵分解实验，使用中间封闭的大试管，使氯化氢和氨气同时从试管两端排出，同时分别检验。革新了吸收分离手段，使氯化铵分解生成的氯化氢和氨气，在排出的最短时间内，就被吸收分离。采用了无机有机分层检验观察的新方法，既观察到了氯化氢和氨气的气泡，又检验出了氯化氢和氨气，还吸收了有毒的尾气。实验还具有多种功能；能分离出生成的氯化氢和氨气；能观察到无色的氯化氢和氨气的气泡；能检验出氯化氢和氨气。

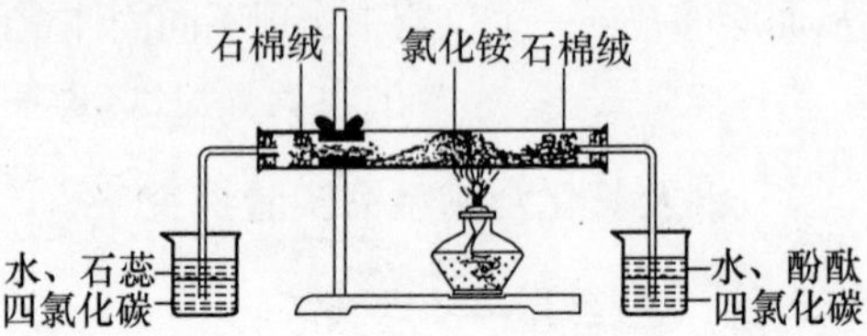

《化学教育》2008 年第 11 期

碘系列实验的设计与思考

王寿红　何彩霞　贯晓春

碘系列实验以生活中常见的含碘物质为实验素材，把碘元素的检测、碘元素的存在形态及其典型性质等化学学科知识与实验方法、学生的生活经验融为一体。包括加碘食盐中碘的检测、华素片中碘的检测、从海带中提取碘、维生素 C 的检测、指纹检测。阐述了碘系列实验的内容和设计原则，对碘系列实验内容的设计思路、教学价值和开发系列化实验的意义进行了分析，并提出了开发系列化贴近生活的实验应借鉴和注意的问题。

《化学教育》2008 年第 12 期

脲醛树脂合成实验的改进

胡明进　赵　霞

对中学教材中脲醛树脂制取实验中存在的结论性错误进行了澄清，对大学有机化学实验中脲醛树脂合成实验进行了合理的改进，确定了脲醛树脂的最佳合成工艺：尿素和甲醛按质量比 1∶2.8投料。投料后用 2%NaOH，调 pH 至 7.5～8.0，升温到回流并保温 30 min，然后用 2%甲酸调 pH 至 4.5～5.5，85 ℃以上保温至终点，调 pH 至 7～8，降温到 70～75 ℃补充部分尿素，使尿素和甲醛质量比达到 1∶2.4，保温 10 min 以降低游离甲醛含量，降温到 50 ℃，出料密封于玻璃瓶中，取产品适量加 20% NH_4Cl 调 pH 到 6 左右，作木材黏结实验。

《化学教育》2008 年第 12 期

阿司匹林半微量合成实验的改进

严正权　胡　蕾　梁大伟　王晶晶　张娟娟

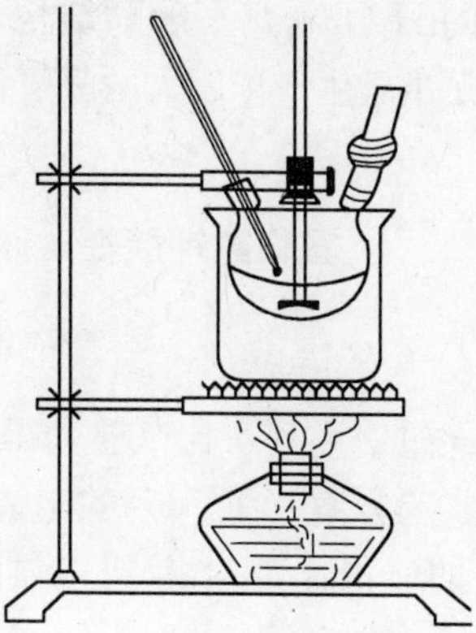

对传统文献中的阿司匹林半微量合成装置进行合理改进，从而达到有效控温、严格防潮、充分搅拌、提高反应速率的效果。(1)按装置连接好仪器。(2)向三口烧瓶中快速加入一定比例的干燥过的水杨酸、新蒸馏醋酸酐及适量催化剂（一般为浓硫酸），并连接好温度计、搅拌器及干燥装置。(3)开启搅拌装置，使反应体系充分搅拌，并在水浴中加热，控制体系温度（温度计指示数值）为70 ℃左右，保温20 min。(4)稍冷却后，冰水条件下使其充分结晶、抽滤、水洗、烘干、得粗产品。(5)粗产品的重结晶选用乙酸乙酯作溶剂代替水-乙醇体系。

《化学教育》2008年第12期

消石灰与氯化铵晶体混合后能导致结冰吗

陈勇敏

苏教版《化学反应原理》（选修）教科书第二单元中的消石灰与氯化铵晶体混合后导致结冰的实验现象不明显，对此实验做了探究和改进，实验数据见表1：

表1　不同混合物温度的变化情况/℃

组别	反应物	0 min	1 min	2 min	3 min	4 min	5 min
A	20 g $Ba(OH)_2\cdot 8H_2O$+10 g NH_4Cl	21.6	−10.8	−11.0	−10.6	−10.1	−9.6
B	20 g $Ca(OH)_2$+10 g NH_4Cl	21.6	21.3	20.0	19.6	19.2	18.8
C	20 g $Ba(OH)_2$+10 g NH_4Cl	21.6	21.5	21.4	21.6	21.7	21.7
D	15 g Na_2CO_3+10 g NH_4NO_3	21.6	21.2	20.8	20.4	20.1	20.1

实验证明，用$Ba(OH)_2\cdot 8H_2O$与NH_4Cl反应的结冰效果最好。

《中学化学教学参考》2008年第3期

Na_2O_2 与水反应后的溶液使酚酞褪色的原理探讨

刘怀乐

目前大多数学校的化学老师对 Na_2O_2 与水反应后的溶液使酚酞褪色的现象有三种解释。本文通过四个实验证实，Na_2O_2 与水反应生成的 H_2O_2 破坏了酚酞结构，使其褪色，此反应不具有可逆性，而不是由于生成浓度大的氢氧化钠使酚酞褪色。

《中学化学教学参考》2008 年第 4 期

重铬酸钾酸性溶液与乙醇反应的实验探究

郝金良　汪　霞

经过一系列对比试验，得出重铬酸钾酸性溶液与乙醇反应的最佳实验方案：将 70%的硫酸溶液和 2%的重铬酸钾酸性溶液按 1∶2 的体积比混合得到“强酸性的重铬酸钾溶液”，取该溶液 2 mL，滴加 2 滴乙醇，不必振荡，就能观察到自上而下逐渐出现暗绿色的 Cr^{3+} 的全过程，演示效果较好。

《中学化学教学参考》2008 年第 6 期

对乙酸乙酯水解实验的改进

夏立先　朱葆春

乙酸乙酯水解实验按照人教版和苏教版教材中的方法来做效果不好，经试验得出较好的实验方案为：(1) 取 3 支同规格试管，分别注入 4 mL 4 mol·L^{-1} NaCl 溶液（可降低乙酸乙酯的溶解度）、4 mL 4 mol·L^{-1} H_2SO_4溶液、4 mL 4 mol·L^{-1} NaOH 溶液。在 3 支试管中分别加入 2～3 滴甲基橙、石蕊以显示溶液颜色，便于看清水解后所剩乙酸乙酯的体积。(2) 在 3 支试管中分别加入 2 mL 乙酸乙酯，振荡后将其同时插入水浴（70～75 ℃），每 1～2 min 取出振荡后放回水浴。10 min 后比较加不同溶液的各试管中所剩的乙酸乙酯体积为：NaCl 溶液＞H_2SO_4 溶液＞NaOH 溶液。

《中学化学教学参考》2008 年第 6 期

萃取实验的绿色化研究

夏　凯

根据绿色化学对化学药品使用的“4R”原则（拒用危害品原则、减量使用原则、循环使用原则、重新利用原则），对现有的萃取实验加以改进。一、萃取物和萃取剂的用量　在100 mL蒸馏水中先加少量碘化钾晶体，再加 1 g 碘晶体搅拌溶解。取用10 mL

碘水和 5 mL 四氯化碳进行萃取实验。二、萃取物和萃取剂的回收　向碘的四氯化碳溶液中加入 4 mol · L^{-1} NaOH 溶液，直至四氯化碳层由紫色变为无色。分出的四氯化碳可以循环使用。向水层加入 2 mol · L^{-1} H_2SO_4，调至溶液近中性，得到碘水，可以再次循环用于萃取实验。

《中学化学教学参考》2008 年第 7 期

对实验“$FeCl_3$ 溶液与 KI 溶液反应限度”的探究

吴加祥

苏教版《化学(2)》专题 2 第一单元“化学反应速率与反应限度”的“活动和探究”实验改进方案一：(1)在中号试管中加入 4 mL 0.1 mol · L^{-1} $FeCl_3$溶液，再滴加 1 mL 0.1 mol · L^{-1} KI 溶液，观察到颜色变深。(2)加入 3 mL CCl_4 溶液进行萃取，上层溶液颜色明显变浅，下层溶液颜色为紫色，证明有碘分子生成。(3)在上层清液中加入 $PbCl_2$ 热溶液或醋酸铅溶液，产生黄色沉淀 PbI_2，证明有 I^- 剩余。同时做对比实验，往碘水中加 PbI_2 热溶液，不产生 PbI_2。改进方案二：(1)取 4 mL 0.1 mol · L^{-1} KI 溶液，滴加 0.1 mol · L^{-1} $FeCl_3$ 溶液 6～8 滴，观察到颜色变为棕黄色。(2)继续加3 mL CCl_4溶液进行萃取，上层溶液颜色明显变浅，下层溶液颜色为紫色，证明有碘分子生成。(3)取萃取后的上层清液，滴加 $K_4Fe(CN)_6$ 溶液两滴，立即生成蓝色沉淀，证明有 Fe^{3+} 剩余。

《中学化学教学参考》2008 年第 8 期

这种鉴别真假碘盐的方法科学吗

夏立先

化学教材上用碘化钾溶液和硫酸溶液检验食盐中是否含碘的实验不严密，因为使淀粉变蓝的碘有可能来自外加的碘化钾。改进：分别取约 2 g 待测食盐、0.5 g 亚硫酸钠固体放入同一支试管中，然后加入约 1 mL 1 mol · L^{-1}的稀硫酸，充分振荡 1～2 min，继续加入约 0.5 g 淀粉固体，充分振荡，最后加入约 1 mL 6%～8%的双氧水，观察溶液是否变蓝。

《中学化学教学参考》2008 年第 8 期

酯化反应实验中的几个问题

段昌平　梁治龙

酯化反应的演示实验和学生实验中应注意以下几个问题：(1)实验时各反应物加入顺序；(2)浓硫酸在酯化反应过程中的作

用，包括催化作用和吸水性；(3)酯化反应实验中的副反应；(4)饱和 Na_2CO_3 溶液所起作用，一是降低冷凝的酯在水中的溶解度；二是吸收挥发的乙酸蒸气；三是使挥发的乙醇部分溶解在饱和 Na_2CO_3 溶液中，且饱和 Na_2CO_3 溶液的弱碱性不会对生成的酯的水解作用产生实质性的影响；(5)反应中不加碎瓷片防爆沸的原因是因为若有碎瓷片表面上的铝离子可促进由醇生成的盐迅速转化为乙烯，从而抑制了由乙酸产生的锌盐与乙醇作用生成乙酸乙酯的过程。

《化学教学》2008 年第 1 期

NO 气体制备和性质实验装置的改进与创新

刘英杰

经过多次研究和改进，设计了铜与稀 HNO_3 反应制 NO 的实验，特点是装置很简单，效果特别好。(1)此实验将 NO 的制备和性质融为一体，既可看到无色的 NO 气体，也能看到 NO 遇空气（氧气）变为红棕色的 NO_2 这个变化，还能验证 NO_2 能与水反应这个事实，具有较强的直观性。(2)整个实验过程几乎均在密闭条件下进行，有害气体几乎不泄漏，防止空气污染效果极其显著。(3)该实验利用磁铁与磁铁之间的引力，巧妙地实现了使反应随时发生，随时停止。

《化学教学》2008 年第 1 期

碳酸钠黏结作用的正交试验

沈理明　毛群燕

用正交试验法研究无水碳酸钠加水对黄沙的黏结作用，无水碳酸钠与水的摩尔比为 1∶6 时黏结作用最强。黄沙的粗细对无水碳酸钠的黏结力有影响；通常黄沙颗粒越小，与碳酸钠形成的结晶水合物黏结得越牢固。

《化学教学》2008 年第 2 期

一个探究性实验教学课题的拓展——果汁饮料中维生素 C 含量的测定

唐立锋

苏教版高中化学选修教材《实验化学》专题 6“物质的定量分析”中有“水果中维生素 C 含量的测定”的定量分析实验，该实验提供了具体的实验原理与实验过程，要求定量的测定水果中的维生素C含量。所以，作者以此为根据进行拓展设计“果汁类饮料中维生素C含量的测定”的探究性实验活动。组1：调查本班同学中常饮用和市场上在售的果汁类饮料品牌，了解它们的主要成分及价格；组2：查阅文献或网络以获取维生素C的化学组成，主要理化性质等；组3：通过查阅资料，在教师的指导下确定合适的实验测定方法，最终选择滴定法。(1)整个探究实验过程，耗时半个月，有4个小组共20名学生参与。在实验中，学生是主体，教师只起指导作用。所有的资料查询、实验设计、实验测定、数据记录与处理都是学生独立完成，真正让学生体验了知识的探究过程。(2)学生在这个过程中，不但掌握了一定的知识，还学会了一些科学的实验方法，体会了小组的合作过程。

《化学教学》2008年第2期

过氧化氢制取氧气的新方法

卢香宇

探讨研究了用水泥作载体，用MnO_2与水泥按一定比例混合，加水搅拌制作粒状的MnO_2催化剂，用于过氧化氢制取氧气的实验，实验效果好，而且较好地解决了催化剂MnO_2粉末的回收问题。

《化学教学》2008年第3期

例谈改进化学实验的几点体会

王震宇

作者结合教学实践，通过举例说明总结了几点改进化学实验的心得体会：1. 改变实验地点：例如：①利用药店常卖的糖尿病简易检测试纸对清水和糖水进行检测；②调节好家里的水龙头出水速度使之形成一条细小的水柱，然后再用丝绸或皮毛摩擦过的玻璃棒靠近水柱，证明水是极性分子。2. 改良实验装置：教材的演示实验未必就能很好地适应所有学校的情况，这就要求教师因地制宜，有原则地改进教材的实验装置。此外如：二氧化硫的生成及性质的微型实验；燃烧条件实验的改进。3. 药品配方：用氢气流蘸取肥皂液吹气泡实验的改进；电解水实验的改进。

《化学教学》2008年第3期

测定空气中氧气含量的实验探究与反思

许小忠　陈和祥

师生围绕水位上升的高度与燃烧着的蜡烛火焰周围空气受热膨

胀有关以及和密闭容器内氧气消耗的程度有关等问题展开探究。由此给出了用红磷测定空气中氧气含量的实验建议和实验改进。

《化学教学》2008 年第 4 期

二氧化氯的实验室制法及其性质探讨

陈书 汤岚

通过对二氧化氯在中学化学教学中的重要性的论述，以二氧化氯的化学性质及其制备为研究对象，设计了有关二氧化氯的实验室制备方法以及氧化性实验：二氧化氯对锰(Ⅱ)的氧化实验；二氧化氯对铁(Ⅱ)的氧化实验；二氧化氯对硫化物的氧化实验，这为教师开发此类实验提供借鉴。

《化学教学》2008 年第 4 期

巧做蛋白质的盐析实验

李安峰 张景玉

作者总结出做这一实验有 4 个注意事项：1. 过滤鸡蛋白溶液时要用多层纱布；2. 选用的盐为$(NH_4)_2SO_4$ 溶液；3. 滴加足量的饱和硫酸铵溶液；4. 实验过程中不要剧烈振荡。

《化学教学》2008 年第 4 期

联合制碱法反应原理的模拟实验设计

王绪岩

联合制碱法是上海新教材拓展型课程第五章第三节“化工生产”中的一个重要教学内容。化工生产的教与学的重点应是化学反应的原理，而不是生产技术的细节问题。设计出一个实验，模拟联合制碱法的反应原理，对学生能产生较大的吸引力，达到“百闻不如一见”的教学效果。

实验用三颈烧瓶作反应容器，形成密闭的反应体系，确保通入的氨气和二氧化碳气体足够多，反应现象非常明显，适合课堂实验。一方面，多余的尾气用饱和食盐水吸收可防止多余氨气逸出影响环境，影响学生上课。另一方面，吸收尾气的食盐水可用于下一个班级的实验，有利于学生加深对工业生产原料循环使用的理解，真正起到模拟工业生产的作用。实验操作简单，容易成功。利用饱和的碳酸氢钠溶液除去二氧化碳中混有的氯化氢气体，只要通入的氨气是足量的，使溶液呈碱性，成功率就几乎百分之百。

《化学教学》2008 年第 5 期

二氧化硫性质实验的改进

徐晓峰

二氧化硫的演示实验是高一化学教学中的必做实验，为了克服某些不足，进行了以下改进。

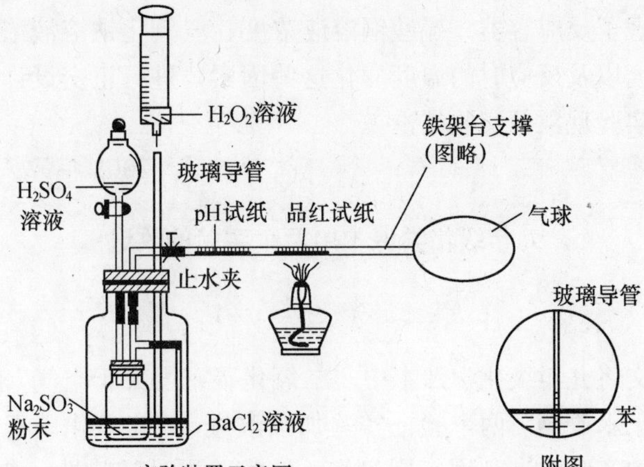

实验装置示意图

该实验的改进意义在于：

(1)能有效防止 SO_2 对空气的污染，有助于学生潜移默化地形成环保意识。

(2)操作简便，药品用量少，实验现象明显，成功率高。

(3)该装置有效克服了由于受 O_2 的影响而造成 SO_2 与 $BaCl_2$ 溶液反应失真的现象，真实地反映了实验事实。

《化学教学》2008 年第 5 期

硝化反应实验的改进

张宏良

旧人教版和新苏教版的化学教材中硝化反应的实验装置在进行实验后会在教室中留有较大的气味，并且由于硝基苯易挥发，毒性大，对身体健康具有一定的危害。经过思考现将硝化实验改进如下：(1)用长颈漏斗代替玻璃导管，里面放活性炭用于吸收硝基苯，防止实验过程中挥发出有毒的硝基苯；(2)用具支试管代替普通试管，实验完成后打开右边的止水夹可将试管内液体倒入烧杯中，以此防止实验结束时打开橡皮塞又挥发出硝基苯造成污染。

《化学教学》2008 年第 6 期

铜氨纤维制备条件的改进和体会

朱海英　杨　茵

铜纤维的制备实验是苏教版《有机化学基础》中纤维素的性质实验之一。本文提出了教材中该实验存在的问题并将实验进行了改进。在查阅相关资料后，笔者在操作过程中尽量简化实验步骤，考虑了反应容器、硫酸铜溶液浓度、氢氧化钠溶液浓度、稀硫酸浓度以及反应时的温度变化这些因素，进行正交设计实验并得出了实验现象及实验结论。

《化学教学》2008 年第 7 期

九年级化学课本中两个实验的改进

李　胡

本文将九年级化学课本中“二氧化碳密度大于空气”及“生石灰溶于水放热”两个验证实验加以改进。“二氧化碳密度大于空气”的实验改进利用了肥皂泡，使实验更具趣味性；“生石灰溶于水放热”实验的改进是将块状的生石灰碾成粉末状，增大石灰粉末与水的接触面积，实验耗时少、现象更明显。

《化学教学》2008 年第 7 期

“测定 1 mol 气体的体积”实验方法及装置的改进

张集川　闵庶弘

本文提出上海市现行的高中教材：《高级中学课本 化学 高中二年级第一学期（试用本）》（上海科学技术出版社，2007 年 8 月第 1 版），书中第 48～49 页上“化学反应气体体积测定装置及实验”中存在一个不容忽视的问题：按照教材的实验装置和方法会使测定氢气的体积不准确。为了减小或消除上述问题引起的误差，笔者改进了实验方法、进行了实验操作，并记录处理了相关数据。通过实验数据的分析，笔者的实验方法比教材中的实验方法得出的数据更贴近理论值，适于推广。

《化学教学》2008 年第 8 期

铝在氧气中燃烧实验改进

曹英姿

本文将铝在氧气中燃烧的实验进行了如下改进：①收集一大

瓶干燥的氧气（集气瓶中底部要放一些细沙）；②用包装香烟的铝箔纸，剪成细条状，在笔杆上卷成螺旋状；③点燃锡箔纸后马上伸入集气瓶中。改进后的实验现象非常明显，实验的成功率极高，操作也极简单，材料也很容易找，具有很高的实用价值。

《化学教学》2008 年第 8 期

一种不用电的镀覆技术——化学镀

李南方　王程杰

化学镀是一个无外加电场的氧化还原过程，利用适当的还原剂使溶液中的金属离子有选择地在具有催化活性的表面上还原析出成金属镀层，仅借助于化学还原剂将所镀金属从溶液中沉积到被镀物件上。本文以银镜反应为例介绍了化学镀的基本原理并切合中学化学里一些涉及化学镀的铜镜实验、树叶“镀金”实验、“铜变银”“银变金”的化学镀锌实验进行了介绍。

《化学教学》2008 年第 8 期

氨的性质实验改进二则

邓小林

本文将课本实验“氨溶于水的喷泉实验”改进为：改常规实验为微型实验，用一支 50 mL 试管收集满氨气，塞上插有针头的橡胶塞，再将一支 50 mL 注射器吸满含酚酞溶液的水，塞在针头上，挤压少量含酚酞溶液的水到试管中，立即见到试管内形成红色喷泉，注射器的活塞也随之自动向上移动，现象十分明显。将课本实验“氨与氯化氢的反应”改进为：“空瓶生烟”实验。在一个集气瓶中滴一两滴浓盐酸，然后盖上玻璃片再在另一个集气瓶中滴一两滴浓氨水，然后盖上玻璃片；将滴有浓盐酸的集气瓶连同玻璃片倒扣在另一滴有滴浓氨水的集气瓶上；然后抽走两块玻璃片，使两个集气瓶口相对，立即见到瓶内有大量白烟产生，现象十分壮观。

《化学教学》2008 年第 9 期

乙醇分子结构确定实验需要改进

李成国

高中化学教材，历来都有通过测定乙醇跟钠反应放出氢气体积的实验来确定乙醇的结构式。不过由于各方面的原因在中学很少有教师演示这个实验。针对此实验笔者就想到的一些问题谈一些认识。一、关于乙醇、钠的用量和处置。为了便于操作和获取便于论证的数据，无水乙醇的用量以 0.05 mol(2.3 g)为宜，钠应过量，用 2.3 g(0.1 mol)，以不超过 3 g 为好。量取乙醇时，必须把分液漏斗改换成可以准确计量液体体积，容量仅为 5～10 mL 的滴定管。为使 Na 与乙醇充分反应，必须把钠块放入装有适量煤油（或二甲苯）的烧瓶里微热，至钠熔化后用力振动，把钠荡碎成钠粉。然后倾去煤油，再把钠粉用于跟乙醇反应。二、关于实验装置。三、测定乙醇跟钠反应放出氢气体积的实验，在装置上须突破两点。1. 烧瓶上要配上恒压滴液装置。2. 创造一个直接用量筒量出水体积数的装置。四、测定方法。教学演示时，在从滴定管里把约 3 mL 无水乙醇一滴滴地加入烧瓶里时，移开止水夹。加入酒精的速度要慢，勿使反应发生得过于剧烈而引起乙醇挥发，同时还要不时振荡烧瓶，让乙醇与钠粉充分接触。这时生成的氢气就把广口瓶里的水压入量筒里直接计量。压入量筒里的水的体积，就等于放出氢气的体积。当烧瓶里的反应终止以后，让装置冷却到室温。然后调整广口瓶和量筒里的水在同一平面的时候，夹紧导管上的止水夹，缓缓取出量筒中的导管，观察记录下量筒中水的体积数。

《化学教学》2008 年第 9 期

硫和硫的化合物性质实验的设计

宋志贵

搞好硫及硫的化合物教学的关键是开发设计课堂演示实验，让演示实验引发学生的思考，促进教育教学目标的达到。以下是笔者对有关硫和硫的化合物部分实验的设计。一、硫和铁反应的实验。按硫和铁的质量以 4∶7 混合，将混合后的药品小心的装入一个直径 1 cm 长约 15 cm 的玻璃管中，然后将此玻璃管固定在铁架台上。接着用酒精灯加热玻璃管的一端，反应开始后撤去酒精灯，可以看到红热现象从玻璃管一端不断移动到另一端。二、硫和铜反应的实验。在一支试管中放入一团细铜丝，然后将试管固定在铁架台上，接着对试管中的铜丝加热，当铜丝红热时，撤去酒精灯，并用药匙向试管中撒入硫粉，可观察到铜丝与硫粉发生剧烈反应，持续发出明亮的红光，并产生炸裂般的声响。三、硫的燃烧实验。在试管中加入适量硫粉，对硫粉进行加热，加热不一会儿即开始通入空气，硫在试管中燃烧，产生的气体被烧杯中的 NaOH 溶液吸收。四、二氧化硫溶于水显酸性的实验。在两支试管上配大小合适的带有分液漏斗的橡皮塞，课前在一支试管中收集二氧化硫气体，用塞子塞紧，另一支试管中不收集气体。课堂演示时收集二氧化硫的试管迅速换上盛有紫色石蕊试液漏斗，另一支试管装上盛有水的分液漏斗。打开两个分液漏斗的活塞，观察现象，引导学生分析产生这种现象的原因和实验的原理。五、二氧化硫与溴水、高锰酸钾溶液反应的实验。在试管上配一大小合适带有胶头滴管的橡皮塞，课前在试管中收集二氧化硫气体后，用橡皮塞塞紧，课堂演示时迅速换上带有胶头滴管并吸入溴水或高锰酸钾溶液的橡皮塞。挤压胶头滴管胶头使溴水、高锰酸钾溶液滴入试管，振荡后观察到溴水、高锰酸钾溶液迅速褪色。六、二氧化硫与品红溶液反应的实验。将一片品红溶液浸湿的滤纸投入收集了二氧化硫的试管中，塞紧橡皮塞，摇动试管，滤纸的红色迅速褪去。然后对试管中的滤纸微微加热，滤纸又变为红色。

《化学教学》2008 年第 11 期

适于学生自主探究的电解饱和食盐水装置

沈小斌

电解饱和食盐水实验是联系元素化合物与电化学的纽带，在中学化学中具有举足轻重的地位，笔者对现行苏教版《化学 1》第 39 页“观察与思考”中电解饱和食盐水的实验装置进行了改进，并运用于学生自主探究活动，取得了良好的效果。一、实验材料及药品。二、基本装置的制作。1. 将 50 mL 注射器一分为二，两端打通形成两段等长的圆筒，分别在每个圆筒的一端配上橡皮塞。2. 在一个橡皮塞上配上铁钉（事先用砂纸打磨过，作阴极）和 25 mL注射器，在另一个橡皮塞上配上石墨棒（作阳极）和25 mL注射器，然后用橡皮筋将两圆筒绑在一起放入小烧杯中，形成一套基本装置。三、实验操作步骤。1. 向烧杯中注入饱和食盐水（事先滴加几滴酚酞溶液）至圆筒内液面恰好接触橡皮塞底部。2. 用带铜夹的导线将铁钉与 9 V 干电池负极相连，石墨棒与干电池正极相连，开始电解。当两注射器内有一定量气体时关闭电源。3. 将阳极注射器内气体缓慢注入 KI 淀粉溶液中，溶液颜色变蓝以检验 Cl_2。将阴极注射器内气体缓慢注入肥皂水中产生气泡，再用火柴去点燃气泡，听见爆鸣声以检验 H_2。同时还会观察到阴极圆筒内溶液变成红色，证明有碱性物质生成。4. 将多余的氯气及阳极圆筒内的溶液用注射器吸出，然后注入阴极圆筒内使之被碱溶液吸收，防止氯气外溢造成污染。四、实验装置的特点。1. 本装置集氯气的制取、性质演示、尾气吸收于一体，小巧精致，操作方便，实验现象明显，药品用量少，实验时间短，不易产生污染。2. 本装置产生的气体收集于注射器内，密封性好，便于保存和后续氯气性质实验的演示。3. 多余氯气的吸收采用内部消化方式，不需要另加尾气处理装置。五、注意事项。

《化学教学》2008 年第 11 期

对乙烯加成实验的绿色化改进

林绳轩　张爱武　王程杰

乙烯的加成实验是高中有机化学中一个典型实验，人教版新教材化学必修 2 对旧教材进行了较大的改进。新教材对该实验的改进，具有以下优点：(1)在制法上更简化，减少了副反应的发生；(2)药品用量相对更少；(3)用溴的四氯化碳溶液代替溴水，反应前后在溶液颜色变化上效果更明显。但改进后的实验还有不可忽视的缺点：①难以连续制取乙烯；②溴和四氯化碳都有较强的挥发性，且都有相当强的毒性，这与绿色化学的原则相违背。因此，笔者对该实验进行了绿色化改进。一、改进的理论基础。二、实验改进。1. 实验装置，所用试剂：①液体石蜡（液体凡士林）：分析纯度(AR 级)、密度 0.835～0.855 $g \cdot mL^{-1}$、馏出温度不低于 340 ℃，该纯度石蜡不含不饱和烃；②市售煤油；③3%高锰酸钾；④市售碘酒；⑤2%淀粉指示剂；⑥15%稀硫酸。2. 实验 1：石蜡油饱和度的检验，该实验得出结论：液体石蜡不含不饱和烃。3. 实验 2：石蜡油催化裂解产物与酸性高锰酸钾溶液的反应，该实验得出结论：液体石蜡能在氧化铝催化加热下裂解，产生的气体含有不饱和烃，该气体能使高锰酸钾溶液完全褪色。4. 实验 3：石蜡油催化裂解产物与碘水的反应，该实验得出结论：液体石蜡能在氧化铝催化加热下裂解，产生的气体含有不饱和烃，该气体含有乙烯，能与碘发生加成反应，$CH_2=CH_2+I_2 \rightarrow CH_2I-CH_2I$。三、实验改进小结。1. 试剂的用量更节省，1 mL 液体石蜡可以连续做几次实验，每次实验碘酒用量仅一滴。2. 乙烯的制取通过滴加液体石蜡或精制煤油，可以随意开启、关停。3. 避免采用易挥发且有毒的溴和四氯化碳试剂，更环保。

《化学教学》2008 年第 12 期

加热火柴头实验的创新设计

李忠元

一、存在问题。全国上教版九年级化学教材上册第 1 章第二节“活动与探究”中安排了一个“加热试管中的火柴头”的趣味实验，但在实际课堂教学过程中，笔者发现该实验存在以下不足：(1)橡皮塞的松紧不好把握，太松橡皮塞弹出力度不够；太紧橡皮塞弹出方向不好控制，容易击伤人，造成实验出现意外或失败，安全隐患多。(2)每次实验用到三根火柴头，浪费资源；加热火柴头燃烧时有二氧化硫生成，污染环境。二、改进思路和方法。针对以上缺点，笔者对该实验进行了重新设计和改进。改进的指导思想是：绿色环保、安全可靠、操作简便、现象明显、节约能源。1. 实验用品：青霉素瓶、铁丝或铜丝、尼龙细线、火柴、酒精灯。2. 方法步骤：(1)截取一根 25～30 cm 长的铁丝或铜丝，一端用力缠绕在青霉素瓶颈处，另一端做成手柄。(2)另取一根 100～150 cm 长的尼龙细线，一端固定在青霉素瓶塞的中心位置，另一端系在铁丝或铜丝上。(3)取一个火柴头，放入青霉素瓶内，塞紧瓶塞；手持手柄，在酒精灯火焰上均匀预热后再对准青霉素瓶底部加热，可观察到火柴头受热后会发生急速燃烧，产生的气体受热膨胀把瓶塞弹出。三、实验改进后的优点。(1)安全性增强。(2)节约药品，绿色环保。(3)就地取材，操作简单，可以人人参与。四、注意事项。火柴头不宜多放，实验时不能把脸部伸在实验器具上方观察。

《化学教学》2008 年第 12 期

钠与水反应实验的改进与探索

陈斌年

高一教材中学习金属及其化合物性质时，是以钠以及钠的化合物为代表来学习的。掌握钠的性质是通过钠与水反应实验来进行总结和探究的。为了有利于学生探究问题思维的建立和实验技能的培养，笔者特将实验如下改进。一、钠与水反应实验改进 1. 实验操作。将玻璃管和长颈漏斗插入橡皮塞中，玻璃管外套一乳胶管，乳胶管上接一金属尖嘴管，乳胶管上夹上弹簧夹。用 100 mL 的大试管盛约 60 mL 蒸馏水，其中滴加两滴酚酞指示剂，振荡混合均匀。再向试管中加入约 40 mL 的煤油。取2～3 粒绿豆大小的金属钠放入大试管后塞上橡皮塞，通过漏斗加水至满。2. 实验现象。钠在煤油中逐渐下沉，至水面时熔成银色小球，并有大量气泡冒出。水溶液从上至下逐渐变红色。携有气泡的钠球会在煤油中上下浮动。钠粒逐渐变小，大试管中液面逐渐下降，漏斗中液面逐渐上升，当漏斗中液面上升到一定高度后，打开弹簧夹点燃气体，有淡蓝色的火焰。3. 实验优点。(1)安全性强，现象鲜明。(2)通过演示实验的设计和操作，学生始终处于“思考，观察，探索”的状态，有利于培养学生探究问题的思维和实验技能。二、钠与水反应实验改进　1. 实验操作。(1)在塑料瓶中注入蒸馏水至水面与橡胶塞下端相切。取一小块钠，将其插在大头针上，在注射器中吸入 1～2 mL酚酞。(2)实验时，把止水夹打开，把插有钠和注射器的橡皮塞迅速插入瓶口，并塞紧。钠与水剧烈反应，塑料瓶中的水沿导管流入 100 mL 量筒。(3)反应完毕，将注射器中的酚酞推入塑料瓶，溶液变红。(4)更换 50 mL 注射器，抽取瓶内的气体。2. 实验现象。最终塑料瓶中溶液变红，通过操作（4）抽气后将注射器移进火焰，匀速推出气体，针头处立即燃起细长的火焰。3. 实验优点。(1)安全性强，现象鲜明。(2)可使学生理解气体压强可将液体从一个容器转移到另一个容器。(3)培养学生探究问题的能力。

《化学教学》2008 年第 12 期

铁丝在氧气中燃烧实验的改进

谭祥中　涂红梅

一、原教材中实验。原实验步骤：在螺旋状的细铁丝末端系上火柴梗，用坩埚钳夹住铁丝点燃火柴梗，至其快燃尽时伸入充满氧气且瓶底有少量水的集气瓶中。该实验存在的问题是：①如果火柴梗过长，会看不到铁丝在氧气中燃烧的现象；只能看到火柴梗在氧气中燃烧的现象。②如果火柴梗过短，由于红热的铁丝冷却很快，也会看不到铁丝在氧气中燃烧的现象。二、改进后的实验步骤。1. 把细铁丝的一端盘成螺旋状，另一端用坩埚钳夹住。2. 用小烧杯盛一定量的无水乙醇，待用。3. 把酒精灯和充满氧气且瓶底有少量水的集气瓶放在较近的位置，并点燃酒精灯。4. 用坩埚钳夹住细铁丝的一端并把螺旋状的另一端伸入无水乙醇中，使之蘸满无水乙醇。取出后，马上在酒精灯上点燃，并迅速伸入充满氧气且瓶底有少量水的集气瓶中，可以看到铁丝在氧气中剧烈燃烧，火星四射，放出热量，生成黑色固体物质。三、改进后的优点。此方法极易成功，实验效果好；也不会再为火柴梗燃烧的程度而担忧；更适合于开设学生实验；无污染，并节约了资源。

《化学教学》2008 年第 12 期

电解饱和食盐水实验的改进

丁淑儿

(1)在具支 U 形管的阴极管口接上带有尖嘴的玻璃导管，并将导管口深入肥皂泡中。(2)电解开始后，在尖嘴处产生肥皂泡，用火柴点燃肥皂泡，将听到爆鸣声。

《中学化学》2008 年第 1 期

镁与水反应实验的改进探究

龚成龙　刘鹏飞

一、镁与冷水缓慢反应，10 min 左右才有明显现象。二、镁与水蒸气的反应。方案 1：在 100 mL 锥形瓶中加入 20 mL 水，加热沸腾。当水蒸气充满锥形瓶且排尽空气后，将挂在铁钩上的镁条点燃并立即伸入瓶中，塞紧瓶塞。燃着的镁条在水蒸气中继续燃烧，发出强烈的白光。收集氢气，点燃。方案 2：把颗粒状的粉笔用热水浸润，与镁粉充分混合，加热可以得到氢气。三、镁粉在水中燃烧。方案 1：加热煮沸水，将打磨过的镁条点燃后迅速插入沸水中。可以观察到原本沸腾的水更加剧烈翻滚，镁条在沸水中继续燃烧发出耀眼的白光。反应后滴入两滴酚酞试液，溶液呈红色，底部有白色的氢氧化镁固体残留物。方案 2：燃烧匙内装满镁粉，用药匙将镁粉压实，加热燃烧匙将镁粉引燃。待镁粉燃烧起来以后，将燃烧匙插入盛 2/3 容积水的烧杯中。四、注意事项：此实验具有一定的危险性，操作时不宜太靠近烧杯，勿使燃烧匙接触到烧杯，以免炸裂。

《中学化学》2008 年第 2 期

苯酚显色反应中的“竞争”

谢曙初

向 2 mL 0.01 mol/L $FeCl_3$ 中滴加几滴苯酚的稀溶液，溶液立即出现紫色。“竞争”反应 1：在紫色溶液中滴加几滴浓盐酸，振荡，溶液的紫色消失。“竞争”反应 2：在紫色溶液中滴加几滴浓 NaOH 溶液，振荡，溶液的紫色消失，同时出现红褐色沉淀。“竞争”反应 3：在紫色溶液中加入适量的苯，振荡后静置分层，水层和有机层都变无色。“竞争”反应 4：在紫色溶液中加入适量铁粉（或锌粉），振荡后静置分层，溶液变为无色。“竞争”反应 5：在紫色溶液中加入适量的 NaCN 溶液，振荡后静置溶液变为无色。

《中学化学》2008 年第 5 期

$BaCl_2$、$CaCl_2$ 可否用于 Na_2CO_3、$NaHCO_3$ 溶液的鉴别

王楚芳　刘　晓

通过计算发现，不能用 $BaCl_2$、$CaCl_2$ 鉴别 Na_2CO_3、$NaHCO_3$

溶液，而 $MgCl_2$ 却可以。实验也证实了这一结论。

《中学化学》2008 年第 6 期

氧气化学性质实验的改进

郝晓红

一、改进原因：木炭、硫、磷、铁等在氧气中的燃烧实验需要事先收集氧气，且实验时会造成空气污染。二、改进：将制氧装置与燃烧装置连接起来。用双氧水分解，采用固液反应制气装置制备氧气，制得的氧气与粗玻璃管连通，在粗玻璃管中做燃烧实验。

《中学化学》2008 年第 7 期

教材演示实验改进两例

闫荣霞　李艳娥

一、镁在二氧化碳中燃烧的改进实验：1. 将适量碳酸钙固体加入烧杯中。2. 再加入适量盐酸。3. 待烧杯内产生大量气泡，点燃酒精灯，用坩埚钳夹住镁在酒精灯上引燃。4. 立刻将燃烧的镁条伸入烧杯的液面上方，可看到镁条继续燃烧，产生的灰白色固体掉入盐酸中，随即逐渐溶解消失，液面上漂浮着黑色的炭。

二、过氧化钠与二氧化碳反应的演示实验改进。1. 将适量碳酸钙固体加入烧杯中。2. 再加入适量盐酸。3. 待烧杯内产生大量气泡，用脱脂棉包裹适量过氧化钠粉末（要疏松透气），用坩埚钳夹住伸入烧杯内液面上方，可以看到脱脂棉很快着火燃烧。

《中学化学》2008 年第 8 期

氯气性质实验的改进

张宏志

一、实验步骤：1. 将白纸放在小培养皿里。白纸中间滴加 1 滴 84 消毒液和 1 滴稀硫酸，四周分别滴加 1 滴硫酸亚铁铵溶液、亚硫酸钠溶液、碘化钾溶液、鲜橙汁。立即盖上大培养皿观察现象。2. 移走大培养皿，滴加检测反应产物的试剂。3. 将步骤 1 中的 84 消毒液换成蒸馏水，其他试剂不变，做对比试验。

二、实验现象：

溶液用量	实　验　现　象
1 滴 84 消毒液＋1 滴稀硫酸	立即冒出大量的气泡，培养皿内有浅黄绿色的气体产生

续表

溶液用量	实验现象
1滴硫酸亚铁铵溶液	1 min后，液滴变成棕黄色，滴加1滴硫氰化钾溶液，呈血红色
1滴亚硫酸钠溶液	1 min后，滴加1滴盐酸酸化的氯化钡溶液，液滴产生沉淀
1滴碘化钾溶液	1 min后，液滴变成棕黄色，滴加1滴淀粉溶液，液滴变成蓝色
1滴鲜橙汁	1 min后，液滴由橙色变成无色
对比试验中的各液滴仍然呈现原来溶液的颜色，没发生任何变化	

《中学化学》2008年第8期

乙醇脱水制乙烯的创新实验设计

王金龙　鞠东胜

一、实验改进：传统做法用浓硫酸作催化剂。本实验采用P_2O_5、Al_2O_3作催化剂，以石棉绒作载体。二、实验结论：1. Al_2O_3作催化剂较好；2. 乙醇与催化剂要分隔放置。

《中学化学》2008年第8期

全封闭SO_2性质实验

孙艳芳

实验装置：两支具支试管中间连接两通管。一支具支试管用于制备H_2S气体，另一支具支试管用于制备SO_2气体。具支试管壁上贴上各种试纸小片检测气体性质。两通管一端连有气球，用于收集多余气体。

《中学化学》2008年第10期

例谈化学实验简约设计的策略

毛杨林

一、简化实验装置。(1)合并实验装置，比如铁与水蒸气反应的实验。(2)组合实验装置，比如氯气漂白实验。二、更换实验仪器。(1)用小灵通充电器充当9 V低压电源。(2)用塑料袋作气体发生装置。(3)用药穴板作井穴板，比如SO_2性质的实验。三、优化实验步骤。比如纤维素水解实验。(原载《实验教学与仪器》(长沙)，2008.2.33－35)

《复印报刊资料中学化学教与学》2008年第5期

两则化学实验的改进

李永强

一、木炭还原氧化铜的实验改进。竖放试管，先用胶头滴管滴入几滴水，使试管底部内壁附着一层水，再装入适量的木炭和氧化铜的混合物，有一部分混合物就被黏在试管内壁，然后用酒精灯将试管内的药品烘干，赶出水分。点燃酒精喷灯。1 分多钟后，便会看到试管内的药品像着火一样从底部开始向上蔓延，直至黑色粉末全部变为红色。熄灭酒精喷灯，迅速拔掉带导气管的橡皮塞，并用实心橡皮塞塞住试管口，冷却至室温。能看到光亮的铜犹如铜镜一般。实验关键：木炭最好新制，其质量与氧化铜的质量比为 1∶10～1∶12之间，充分研磨混合物。二、粉尘爆炸实验改进：将金属罐改为带橡皮塞的玻璃钟罩，取一块防火防酸的塑料布罩在一块泡沫板上，板上放一根蜡烛，一根放了少许面粉的空心玻璃管穿过泡沫板。实验时，点燃蜡烛，用玻璃钟罩迅速罩住，一手用力压住钟罩，另一手迅速用吸尔球鼓入空气。钟罩内迅速起火，"砰"的一声，钟罩上的橡皮塞被高高弹起。实验关键：动作迅速，用力压住钟罩。(原载《教学仪器与实验》(京)，2008. 2. 18)

《复印报刊资料中学化学教与学》2008 年第 6 期

化学平衡实验演示器

钟　云

一、仪器用途及特点：主要用于演示压强和温度对化学平衡的影响。制作简便，取材容易，安全可靠，现象明显。二、制作材料：60 mL 集气瓶两个，30 mL 一次性塑料注射器两支，带活塞玻璃管 1 支。三、制作方法：分别在与集气瓶配套的胶塞上打两个小孔，然后将两支注射器各安装在两个胶塞上，再用带活塞玻璃管连接两个集气瓶，并保证装置的气密性良好。四、实验方法及现象说明。取 NO_2 和 N_2O_4 混合气体演示压强和温度对化学平衡的影响。(原载《实验教学与仪器》(长沙)，2008. 3. 43)

《复印报刊资料中学化学教与学》2008 年第 7 期

氯气的制取及性质实验的改进研究

陈亦宵　陈迪妹

一、教材中氯气实验的问题：实验中会有氯气泄漏的危险，性质实验步骤多，浪费时间。二、氯气的制取与收集实验的改进：(1)原理：$2KMnO_4+16HCl$(浓）$=5Cl_2+2KCl+2MnCl_2+8H_2O$；(2)实验仪器和药品：具支试管、塑料针筒、橡皮塞、玻璃导管、T形管、气球、橡皮管、烧杯、集气瓶、活塞（止水夹)、$KMnO_4$、浓 HCl、10％NaOH 溶液。三、氯气性质实验的改进：方案1需要具支试管、塑料针筒、橡皮塞、玻璃导管、橡皮管、烧杯、$KMnO_4$、浓 HCl、10％NaOH 溶液、NaBr 溶液、蓝色石蕊试纸、淀粉-碘化钾溶液、品红试纸。方案2需要具支试管、塑料针筒、橡皮塞、燃烧管、玻璃导管、橡皮管、玻璃棒、烧杯、活塞（止水夹)、$KMnO_4$、浓 HCl、10％NaOH 溶液、KBr 溶液、淀粉-碘化钾溶液、品红试纸、NaOH-酚酞试液。方案3需要具支试管、塑料针筒、橡皮塞、燃烧管、T形管、玻璃导管、烧杯、活塞（止水夹)、酒精灯、$KMnO_4$、浓 HCl、10％NaOH 溶液、铜丝、无水 $CaCl_2$、品红试纸。四、改进方案的优点：综合性强，包含了制取与性质两个实验；操作简单，装置简明；反应速率可控，便于演示；节省药品，现象明显；尾气处理方便，安全无污染。（原载《教学仪器与实验》(京)，2008.4.17-19)

《复印报刊资料中学化学教与学》2008 年第 8 期

多功能白磷水中燃烧演示仪

王耀武

一、用途：除了水中白磷燃烧实验外，能满足中学化学大多数气体的制取和性质实验演示。尤其对于污染性气体实验，有良好的环保效果。二、制作材料：250 mL广口瓶1个、100 mL分液漏斗1个、50 mL长颈漏斗1个，双孔橡皮塞1个，钢珠1枚，玻璃棉少许。(原载《教学仪器与实验》(京)，2008.5.38)

《复印报刊资料中学化学教与学》2008 第 9 期

中学化学常见实验的改进方法

王鹏飞

一、原理上创新，比如氧气、氨气的制备。二、装置上创新，比如钠与水的反应、铜与稀硝酸的反应等。三、操作上创新，比如稀释浓硫酸，电解 $CuCl_2$。四、模拟实验上创新，用 Flash、PowerPoint、化学仿真软件等模拟实验。(原载《教学与管理》(太原)，2008.6.65-66)

《复印报刊资料中学化学教与学》2008 年第 9 期

新课程化学实验创新思维能力的培养——气体液体压强实验的创新设计

黄兴若

一、装置气密性检查：创新设计图 1 及例题。二、启普发生器原理。创新设计图 3 及例题。三、喷泉实验原理。创新设计图 5 及例题。四、防倒吸装置。创新设计图 7 及例题。五、气体体积的测定。创新设计图 9 及例题。六、其他特殊应用。创新设计图 11 及例题。（原载《实验教学与仪器》（长沙），2008. 5. 25－27）

《复印报刊资料中学化学教与学》2008 年第 10 期

浅谈化学实验的绿色化改进

许红霞

绿色化学实验的 5R 原则：Reduction－减量、Reuse－回收利用、Recycling－循环使用、Regeneration－再生利用、Rejection－拒用。一、实验装置的绿色化，例如 SO_2 的制备与检验。二、实验内容的绿色化，例如 O_2 的制备。三、实验试剂的绿色化，例如双氧水的分解等。四、采用微型化学实验，使化学实验绿色化。例如食盐水溶液的电解。（原载《内蒙古教育》（呼和浩特），2008. 5. 41－42）

《复印报刊资料中学化学教与学》2008 年第 10 期

化学探究式实验设计的思维方法

张克龙

一、转化法：例如极性分子的检验。二、逆向思维法：例如苹果切面颜色变深、乙酸与苯混合体积增大的实验。三、演绎思维法：例如关于盐桥的问题探究。四、彰显思维法：苯酚与溴的反应探究。五、改变强弱思维法：例如过氧化钠与水的反应。六、组合思维法：比如原电池的设计、乙醇催化氧化的设计。（原载于《教学月刊(教学参考)》：中学版（杭州）2008. 8. 62－64）

《复印报刊资料中学化学教与学》2008 年第 11 期

两则有机实验的微型化设计

徐昌学

一、淀粉的水解：①用药匙取绿豆大小的淀粉粉末，将其放在白色 6 穴点滴板的空穴中，并滴入 1 滴蒸馏水，用玻璃棒搅拌 2 s。②小心滴入 6～7 滴 98％浓硫酸，同时用玻璃棒不断搅拌 15 s左右，可看到糊状物变成透明米黄色或无色透明黏状液体。

③滴入1滴5%硫酸铜溶液。④至产生砖红色氧化亚铜沉淀为止，迅速滴入30%氢氧化钠溶液的同时用玻璃棒不断搅拌。二、纤维素的水解：①取1 cm见方滤纸1张，用1滴蒸馏水润湿后放入点滴板的空穴中。②小心滴入浓硫酸6～7滴，同时用玻璃棒不断搅拌成浅米黄色或无色黏状液体（需要10～15 s）。③滴入1滴5%硫酸铜溶液。④至产生砖红色氧化亚铜沉淀为止，滴入30%氢氧化钠溶液的同时用玻璃棒不断搅拌。（原载《教学仪器与实验》（京），2008.7.22）

《复印报刊资料中学化学教与学》2008年第11期

微型化学实验

利用针管进行氯气有关性质实验的研究

夏　凯

新课程背景下的化学实验更应突出绿色化、微型化、定量化、探究性和趣味性，在进行氯气性质实验时，为了解决氯气的污染问题，体现无(低)毒、低污染原则，利用针管进行氯气溶解性实验、氯水漂白性实验、氢气在氯气中燃烧实验，实验现象明显，操作简便，很好地发挥了实验的教育功能。

《化学教育》2008年第2期

学生实验中活用点滴板

李玉秋

要从高中化学实验绿色化、人性化的观点出发，着重研究点滴板在学生实验中的应用，特别是在点滴板中进行钠与水的反应，并很好地解决了产物的检验。(1)金属与溶液或水的反应：碱金属性质的递变——钠、钾与水的反应；第三周期元素性质递变——钠、镁、铝与盐酸的反应；镁条和同浓度的盐酸、醋酸的反应。(2)浓度等因素对化学反应速率和化学平衡的影响。(3)碳酸钠、碳酸氢钠与盐酸反应。

《化学教育》2008年第4期

原电池原理微型实验的研究

张新平

以人教版高二化学教材中实验4-14、实验4-15有关原电池原理的两个实验为基础，进行微型化改进——克服演示实验过程中观赏性差、浪费大，且有污染等不足。利于提高学生的参与率，变教师演示实验为学生边学习边实验的自主探究性实验，构建一个较佳的原电池原理微型实验模型。

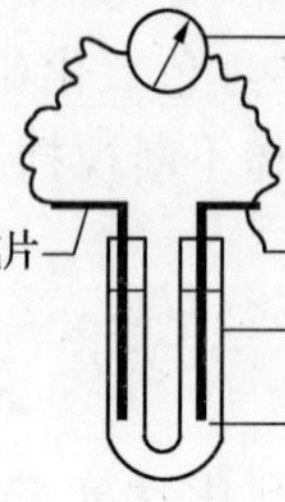

《化学教育》2008 年第 8 期

一滴紫甘蓝汁的微型电解实验

陈　凯　龙　琪　张丽娜

该系列实验以一滴紫甘蓝汁液作为电解对象，紫甘蓝汁液还兼做实验中的酸碱指示剂，进行了系列微型实验：(1)使用不同电极对紫甘蓝汁液电解实验；(2)添加不同电解质的紫甘蓝汁电解；(3)滤纸上的紫甘蓝汁电解。

《化学教育》2008 年第 8 期

一组微型实验的创新设计

李　红

本组实验是用一个大表面皿盖在一个小表面皿上，形成一个相对密封的气室，使生成有污染性的气体在密闭空间扩散，并与各液滴试剂迅速反应，现象明显，并可防止气体泄漏。进行了氯气、二氧化硫、氨气、二氧化氮的性质实验。

《化学教育》2008 年第 8 期

淀粉与碘显色现象探究的微型实验设计

赵　琦　彭伟民

将常规实验“淀粉与碘显色现象探究”设计成微型实验，对浓度、溶液酸碱度、溶剂的种类和含量进行探究。该方案操作便捷、现象明显，适合单人探究，教学效果好。

《化学教育》2008 年第 9 期

二氧化碳制取和性质实验的微型化一体设计

赵东洋　焦国芬

介绍了利用微型气体实验仪设计的二氧化碳制取和性质的微型化一体实验和二氧化碳溶于稀氢氧化钠溶液的喷泉实验，具有节约药品、实验容易控制、成功率高、二氧化碳排放量少等优点，有利于培养学生的创新精神和环境保护意识。

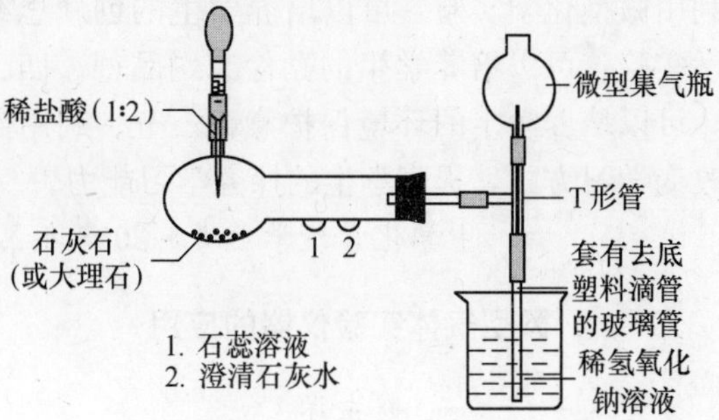

《化学教育》2008年第11期

制作“金属树”的微型趣味实验

陈　凯　陈昌云　张丽娜

一、滤纸上的“金属树”。将一张圆形滤纸置于培养皿内，再准备同样的反应装置一份。分别在其中滴加 1 mol·L^{-1} $CuSO_4$ 和 $SnCl_2$ 溶液，将锌粒（约米粒大）在两张滤纸中央各放置一颗，再盖好培养皿。1 min“锡树”以辐射状生成，“铜树”生长比较慢，大约需要 6 h。为了衬托“金属树”的颜色，可以在滤纸上滴加紫甘蓝汁，使滤纸显紫红色。二、粉笔上的“金属树”：将滤纸换成粉笔，同样可以生成“金属树”。

《中学化学教学参考》2008年第4期

以微型实验装置探究为载体培养学生的创新思维能力

董占伟　袁东霞　闫　盛

一、增加实验的学科内综合，培养思维的广阔性。例如：喷泉实验。二、分析、鉴别设计实验，培养思维深刻性。例如：铜与浓稀硝酸的反应。三、克服思维定式的束缚，培养思维的灵活性。例如：氯气的性质。四、增强微型实验装置设计的条理性，培养思维的逻辑性。例如：电解饱和食盐水、$Fe(OH)_2$ 的制备及性质实验。

《中学化学教学参考》2008年第8期

微型化学实验初探

程玉珊

在化学教学中引入微型化学实验，不仅能激发学生的学习兴趣，使学生更好地理解理论教学内容，而且能培养学生的实验操作、自主学习等多方面的能力，对提高学生的科学素养起着重要的作用。一、利用微型化学实验，可以培养学生学习化学的兴趣。二、利用微型化学实验，可以培养学生的创新思维。三、利用微型化学实验，可以培养学生的勤俭节约品德。四、利用微型化学实验，可以培养学生的环境保护意识。五、利用微型化学实验，可以改变学习方式，提高学生的探究学习能力。

《中学化学教学参考》2008 年第 11 期

微型气体实验仪器的应用

赵东洋

在已有微型气体实验仪器的基础上，笔者经过两年努力，创新设计了一套新型微型气体实验仪器，系统地解决了气体实验的难点问题，为学生人人动手实验创造了条件，有利于新课标的实施。该套微型气体实验仪器适用范围广，还可以用于其他有气体产生的实验，如浓硫酸跟蔗糖的脱水作用、铜和浓硫酸的反应以及产物的检验，等等，应用十分广泛。初步统计，利用该套装置可以完成初高中化学中氧气、氢气、二氧化碳、一氧化碳、氯气、氯化氢、硫化氢、二氧化硫、氨气、一氧化氮、二氧化氮、乙烯、乙炔 13 种气体的制备和性质实验，大约可以做 60 个探究实验。

《化学教学》2008 年第 1 期

关于发展和推广微型化学实验的一点看法

宋心琦

推广微型化学实验的关键在于：密切配合当前的教育改革形势，结合学科特点，以推进素质教育为着力点；发掘和设计一些更能发挥微型化学实验优势的化学实验体系，为开展探究性学习、特别是实验探究提供条件，并以此来充实化学教学内容和推进化学教学改革，包括基本的硬件和软件（具有示范作用和可供选择的化学实验体系以及必要的文字说明）；创设对部分教师的培训机制以及学生化学实验探究竞赛活动。把注意力过分集中于微型仪器的设计和制造的做法，只应是从无到有的启蒙阶段的重点。把传统的演示和教学实验由常规方法转为微型化的工作，是推广初期所必需的。但是仅止于此是不够的，除去因为更换仪器设备时必然存在的经费问题外，由于对教学的改进作用并不明显，使用者不一定愿意为了熟悉新的实验仪器花费自己的时间，也是一个很现实的原因（不应加以对新生事物不敏感或不重视的责备）。微型实验推广进程的差强人意，但与此有关。只有密切关注并努力配合当前化学教学改革的形势，把研究和推广的着眼点回归到化学学科的学习和创新人才的培养上来，才能有效地改变微型化学实验目前“研制者热，使用者冷”的局面。其实，后者更应当是化学教育工作者的专长所在和责任所在。

《化学教学》2008年第2期

试纸上的微型电解实验

陈　凯　张丽娜　龙　琪

利用不同试纸特点，设计一系列的试纸上的微型电解实验：(1) pH 试纸上的微型电解实验：将一片广泛 pH 试纸浸润 Na_2SO_4溶液，以两根铅笔芯为电极，接触于试纸上接通电源后，发现铅笔芯与试纸接触端各呈现两个微小的有色同心圆。其中阳极附近内圈 pH 显示约为 3，外圈约为 5；阴极附近 pH 约为 11，外圈约为 9。(2)碘化钾-淀粉试纸上的微型电解实验：蒸馏水湿润下的碘化钾-淀粉试纸电解实验中，阴极无明显现象，阳极出现蓝色；饱和食盐水湿润下的碘化钾-淀粉试纸电解实验中，意外地发现当对一张试纸通电反应时，与其并排放置的其他湿润试纸也迅速变蓝，此时能嗅到氯气特有的刺激性气味。还发现用阴极铅笔芯在试纸上蓝色区域滑动，可以在这块区域写出白色的字画。

《化学教学》2008年第4期

基于显微技术的微型化学实验——介绍一种新兴化学实验方法

陈　凯

显微技术用于微型化学实验，可以于细微之处见化学反应特色，一般适用于以下几类实验：(1)观察化学反应的沉淀结晶；(2)化学反应速率的探究；(3)微型电解实验。基于显微技术的微型化学实验不只是设计思路的新颖，其更多的意义体现在：(1)消耗药品用量极少，产生废气废液也极少，将化学药品可能产生的危害降到最低，充分体现了绿色化学理念。(2)将细微难辨的实验现象加以放大、强化，使得化学反应中的奥秘更加直观、鲜明地呈现出来。(3)充分展现了科学学科思维和技术的相互渗透，启发中学不同学科的教师在实验研究过程中应加强学科思维的沟通和技术的合作。(4)大大拓展了实验探究应用领域。

《化学教学》2008 年第 5 期

电解质溶液导电性测定的简易仪器——笔式电导率计

董金水　闫蒙钢

介绍一种在日常生活生产中常用的笔式电导率计，可定量地测量出各种电解质溶液的导电能力，把它引入中学化学课堂，可提高实验教学效果。

《化学教学》2008 年第 5 期

“喷吹法”在微型实验中的应用

杨绍武

在九年级化学中，氧气、氢气和二氧化碳的实验研究无论是从实验装置还是从操作方法上都比较复杂。本文尝试从改变原装置庞大、药品消耗过多这两个方面着手，用简单易得的材料，用极其微量的药品消耗完成九年级化学中有关这 3 种气体的主要化学实验。笔者介绍了“喷吹法”在微型实验中的实验设计：二氧化碳溶解于水的微型设计、二氧化碳与水反应的微型设计、二氧化碳与石灰水反应的微型设计。

《化学教学》2008 年第 7 期

钠在氯气中燃烧的微型实验

袁国新

教材中钠在氯气中的反应，存在下列不足的地方：其一，实验使用氯气量大，造成药品的浪费；其二，在实验操作过程中不可避免地有氯气外溢，会大大影响实验的效果；其三，实验需要加热或点燃，安全性不够。笔者通过反复实验，将该实验进行改进，将氯气的制取及与钠的反应放在同一个密封装置中进行，可有效防止环境的污染，且钠不需要点燃或加热，充分体现微型化、绿色化学和环保的理念。

《化学教学》2008 年第 7 期

对“石蜡的催化裂化”实验微型化改进新探索

翟志勇　金前英

石蜡的催化裂化实验是上海新一轮课改中新增的一个课堂演示实验。目前，按照教材实验操作方法和要求很难达到文中所叙述的实验效果，其原因主要是石蜡裂解中使用的催化剂氧化铝的选择是否合适值得商榷；试管之间导气管连接比较长，导致裂解过程中产生的气体部分液化。笔者结合有关专家、学者、同行对此实验研究的实践成果，在实践中运用微型实验理念，选用热裂化方法并作了新的探索。改进后的实验具有药品用量少、操作简便、现象明显、安全有保证、重现性好的优点。

《化学教学》2008 年第 8 期

肉和鱼类新鲜度的快速检验方法

解洪伟　谷海军　彭友舜

肉和鱼的食用是人类摄取蛋白质的主要途径之一，其新鲜与否将直接关系到人们的身体健康。笔者介绍了几种肉品及鱼类新鲜度的快速检验方法。一、氨的测定。蛋白质分解时可产生氨及碱性有毒胺，其含量与腐败程度有明显的对应关系，是衡量其质量的主要标志。操作：取蚕豆大小的一块肉品或鱼肉，挂在下端弯成小钩的铁丝上。然后取爱贝尔试液 2 mL，注入试管内，稍加振摇后，把待检肉样放入试管内，直到检样距液面 1～2 cm 处，迅速拧紧橡皮塞，立即在黑色背景下观察，看试管中样品周围的变化。鉴别。二、pH 的测定。新鲜肉品或鱼类为弱酸性，由于腐败时蛋白质分解出的氨和胺类物质会使肉品及鱼类逐渐趋于碱性，pH 升高。操作：用洁净的刀将瘦肉或鱼类沿与纤维垂直的方向横断切割，但不将肉块完全切断。取一条精密 pH 试纸，将其长度的 2/3 放入断面，合拢后使试纸紧贴肉面 5 min；或将 pH 试纸浸入被检物的浸出液中数秒钟，然后取出试纸与标准色板比较，直接读取 pH 近似数值。鉴别。三、硫化氢的测定。在肉品或鱼类的腐败分解过程中，含有巯基（—SH）的氨基酸在细菌作用下会放出硫化氢。测定硫化氢的存在对判断肉品及鱼类的新鲜度具有重要的参考意义。操作：称取肉品或鱼肉 20 g，装入小广口瓶内，加入 10％硫酸溶液 40 mL；然后取一张大于瓶口的滤纸，在滤纸中央滴加 10％醋酸铅碱性溶液（在 10％醋酸铅溶液中加入 10％氢氧化钠溶液，直到析出沉淀为止）1～2 滴，再将有液滴的一面向下盖在瓶口上并用橡皮圈扎好。15 min 后取下滤纸，观察其颜色有无变化。鉴别。

《化学教学》2008 年第 10 期

在 pH 试纸上做系列微型化学实验

陈 凯 张丽娜 胡应杰

笔者设计了在 pH 试纸上进行的微型电解、纸色谱法、验证溶液酸碱性以及演示水解平衡等实验。一、pH 试纸上的微型电解。取一条广泛 pH 试纸，浸润了饱和 Na_2SO_4 溶液后放置于玻璃片上，取两只回形针夹住试纸两端，另取导线、鳄鱼夹、9 V 电池连接好电路，当两根鳄鱼夹夹住回形针后，试纸上立刻出现以下现象：阳极回形针处很快出现大片红棕色，阴极附近迅速呈现大片蓝紫色，对照比色卡发现其 pH 约为 13。这是因为阴极发生如下电极反应：$2H_2O+2e^- \rightarrow H_2+2OH^-$。二、pH 试纸上的“纸色谱法”。取一张广泛 pH 试纸，在离试纸末端约 2 mm 处用铅笔画一条细线平行于短边。用多用滴管在细线处滴加一滴 10%的 NaOH 溶液，液滴立刻蔓延开来，显示蓝紫色 pH 约为 13。将 pH 试纸显示蓝紫色的一端浸在蒸馏水中，水平面与细线处大致相平，随着水在试纸上由底端向另一端展开，试纸上的颜色也逐渐展开，由下而上色带为淡黄色、蓝紫色、深绿色、青绿色。将试纸从水中取出，保持原来方向垂直放置片刻，待水相停止流动，颜色分布稳定下来时，pH 试纸由下而上的色素带分别为淡黄色、土黄色、青绿色、蓝紫色、墨蓝色，颜色所表示的 pH 与碱的浓度有关，距离浸入端越近的区域蒸馏水展开也多，NaOH 的浓度越低；但距离太远的地方，移动抵达的 NaOH 溶液也少。三、用 pH 试纸验证盐类溶液酸碱性。在玻璃板上放置 5 张 pH 试纸，每张纵向间隔 2 cm 左右。在每张试纸的一端分别放置一小粒不同盐类的固体，用多用滴管在盐粒上滴加两滴蒸馏水，即可见试纸上颜色变化。四、用 pH 试纸演示盐类水解平衡移动。分别配制饱和碳酸钠溶液与硫酸铝溶液，用玻璃棒蘸取少许盐溶液于两张广泛 pH 试纸上，显示颜色分别表现为 10 左右和 4。将浸润盐溶液的试纸置于酒精灯火焰上方 4 cm 处加热，随着温度升高，碳酸钠溶液浸润的试纸显示 pH 变大，而硫酸铝溶液浸润的试纸表现酸性增强。另取 8.2～10.0 范围内的精密 pH 试纸浸润碳酸钠溶液后在火焰上方加热，发现蓝紫色表现出的 pH 由原先的 10.0 的加深至 10.0 以上；而 0.5～5.0 范围内的精密 pH 试纸浸润硫酸铝溶液加热，颜色由 4 变到 3.5 再变到 3，而将试纸一移开火焰上方，pH 变大。

《化学教学》2008 年第 11 期

一则适合九年级化学的碳纳米管微型实验

陈　凯　陈　博　张丽娜

纳米碳管是一种重要的低维纳米材料，作为科普知识，纳米碳管已在各种中学化学相关的课外学习资料中频繁出现。九年级化学教材中设计了用烘烤过的木炭或活性炭使锥形瓶中红墨水褪色的实验，但在课堂实际演示中效果有时并不明显。笔者设计了碳纳米管与活性炭吸附性比较的微型化学实验，不仅仅让吸附性实验更清晰地展现，更为了通过实验展示“纳米技术”，让学生体验这个概念不只局限于书本和习题。实验步骤：碳纳米管外观呈现为棕黑色粉末。取两支胶头滴管，分别在滴管中部装填 1～2 cm 深度的活性炭和碳纳米管粉末，装填物上下用脱脂棉固定。用两支滴管分别吸取适当稀释的蓝墨水，吸取量需超过装填物的体积。静置 5～10 min，发现装填活性炭滴管的上部脱脂棉及上层清液泛微蓝色，而装填碳纳米管滴管的上部脱脂棉仍然为白色，且上层清液为无色。由此证明活性炭和碳纳米管均具有吸附性，但碳纳米管比活性炭的吸附性更佳。实验评价：本实验更贴近我国中学实际，而且器材简单，现象明显，适用于学生自行操作。

《化学教学》2008 年第 12 期

趣味化学实验

紫甘蓝色素作为酸碱指示剂的应用

米广春　马　辉

该文介绍了紫甘蓝色素的来源与结构、紫甘蓝色素的提取方法和稳定性以及紫甘蓝色素的变色机理。紫甘蓝色素作为酸碱指示剂在中学化学实验中的应用举例：家用 pH 试纸的制备、电解食盐水。

《化学教育》2008 年第 3 期

维生素 C 的化学实验

夏志清　刘玉荣　靳建华

通过实验让学习者了解维生素 C 的酸性和还原性；了解几种常见蔬菜和水果中维生素 C 的含量及人体摄入维生素 C 应注意的事项。

《化学教育》2008 年第 5 期

用纸上扩散法快速检测辣椒油中的苏丹红

袁　晨　康师源　段爱红　谌学先　杨东群　袁黎明

应用毛细现象知识以及物质的溶解、吸附原理，研究了一种仅用一小块打印纸、一支钢笔和少量酒精就能无环境毒害、简便、快速地检测辣椒油中是否含有苏丹红Ⅰ、Ⅱ、Ⅲ、Ⅳ的检测方法。该方法最低检出浓度为 0.8 g/L，与实验所测的辣椒油中需要加入苏丹红的最低以假乱真浓度基本一致。虽然少量染料对该检测可以产生误判，但在辣椒油中添加掺假染料必须考虑价格、颜色、油溶性、怪味、剧毒等性质，目前仅发现苏丹红能同时满足上述制假条件，因此它们并不妨碍该方法用于辣椒油是否含有苏丹红的自我保护性检测，其也非常适合执法人员的现场快速检验。该方法构思巧妙，具有非常强的实用性。

《化学教育》2008 年第 5 期

一个奇妙的化学振荡实验新设计

熊言林

培养学生学习化学的兴趣，化学实验是最直接、最直观、最生动、最现实的教学素材。在参阅前人研究的基础上，用过氧化氢、碘酸钾等试剂设计了一个操作十分简单、适合中学条件的化学振荡实验方案，其奇妙的振荡现象十分明显、有趣，引人入胜。

《化学教育》2008 年第 10 期

小学科学教育中的趣味化学实验

王　强　孙根班　关　燕　冯煤生

从 5 个方面阐述趣味实验的意义并举例说明，为小学科学教师提供了可以借鉴的理论依据，对激发小学生的主观能动性，培养动手能力，培养开拓、创新及合作精神，具有很好的理论及现实意义。1. 巩固知识型趣味实验：(1)讲“雨天中的布料”时，反向设计“烧不坏的手帕”；(2)讲“饮料罐的故事”时，可设计补做“废旧饮料罐制作净水器”；(3)讲“各种各样的液体”时，可设计补做“红糖制白糖”。2. 探究提高型趣味实验：(1)变形鸡蛋；(2)魔棒点灯。3. 导向实践型趣味实验：(1)蔬菜中维生素 C 的测定；(2)制作“叶脉书签”。4. 系列专题型趣味实验：身陷“地雷阵”趣味实验。5. 创新前沿型趣味实验：(1)“污水变纯净水”；(2)透明的“铝片”。

《化学教育》2008 年第 11 期

化学“速冻”趣味实验及其教学功能

龙 琪 王冬黎 芮巧云

化学“速冻”实验是指在较短的时间内突然出现凝固现象的实验。导致凝固的原因有两种：一种是由于过程吸热导致体系周围的环境温度降低，比如中学常见的 NH_4Cl 溶解吸热使烧杯与下面的小木块之间的水结冰，当烧杯被提起时小木块也随即被提起；另一种是反应体系中的液体变成固体，比如硅胶的制备，当向装有 Na_2SiO_3 的试管中滴加盐酸溶液，振荡片刻以后突然颠倒试管，原先的溶液被“冻”在试管底部掉不下来。一、液液“速冻”实验：取三个干燥的100 mL小烧杯。在一个烧杯中放入 1 g 硬脂酸固体，加 20 mL 无水乙醇，加热使其溶解，配成硬脂酸酒精溶液。在另一个烧杯中放入 2 g 固体 NaOH，加入 50 mL 蒸馏水，加热使其溶解，配成 1 $mol \cdot L^{-1}$的 NaOH 溶液。取 15 mL NaOH 溶液装入第三个 100 mL 小烧杯。举起装有 15 mL 1 $mol \cdot L^{-1}$ NaOH 溶液的小烧杯和装有 20 mL 硬脂酸酒精溶液的小烧杯，对倒，两种溶液相遇的瞬间即可“速冻”成白色胶状固体，它就是我们常用的固体酒精。二、固液“速冻”实验：取 4 g 聚丙烯酸钠固体放入大试管，加入 5 mL 蒸馏水，稍微振荡后，蒸馏水立刻被吸水性超强的聚丙烯酸钠吸收且膨胀起來，卡在试管底部，翻转试管，水不掉下来，仿佛被“速冻”。三、固固“速冻”实验：取一干燥的 100 mL 小烧杯置于潮湿的小木块上，称取 NH_4Cl 固体 2.7 g 放入小烧杯，再称取 $Ba(OH)_2 \cdot 8H_2O$ 晶体 7.9 g 放入该烧杯，迅速搅拌，40 s 后提起小烧杯，潮湿的小木块也随即被提起。

《中学化学教学参考》2008 年第 5 期

有关烟草的化学实验集锦

陈 博 陈 凯 胡益民

一、测定香烟烟雾的酸度；二、定性测定香烟烟雾中的固体颗粒；三、测定香烟烟雾中的CO；四、香烟的复燃实验；五、“虎门销烟”情景重现；六、香烟中尼古丁的检测。

《中学化学教学参考》2008 年第 7 期

维生素 C 的时钟实验

蔡敏尧　黄龙飞　范淑平　端木守拙

(1)准备一张含有淀粉的白纸，滴加碘酒。若出现紫黑色，说明富含淀粉。(2)取 1 000 mg 的维生素 C 片充分溶解在 600 mL 的水中，得到约 $0.01\ mol \cdot L^{-1}$ 的澄清溶液。(3)取配好的 10%的医药碘酒和一定体积的水混合，分别配成 1∶1，1∶2，1∶4，1∶8 的碘溶液。(4)在四个烧杯中分别添加 10 mL 的 $0.01\ mol \cdot L^{-1}$ 的维生素 C 溶液，再分别添加 5 mL 不同浓度配比的碘溶液（第三步配制），即可得无色的“墨水”。(5)先用铅笔在白纸上勾勒出所画图形，再用棉球蘸取“墨水”小心涂在铅笔描绘的区域中。做好图的纸用喷壶喷上相等体积双氧水和白醋的混合液，过一段时间后，即可呈现深蓝色图案。

《中学化学教学参考》2008 年第 8 期

碘酒五变色

相　虎

(1)在一只无色透明的带盖广口瓶（容积约 30 mL）中，加入约 10 mL 水，再滴加 2～4 滴碘酒，无色的水变成棕黄色。(2)取几根火柴，把火柴头靠在一起，划燃后迅速插入广口瓶内，燃尽后取出火柴梗，盖上盖子，振荡瓶内溶液，片刻成无色。(3)加入双氧水和稀硫酸，棕黄色又出现。(4)加入饼干屑或家用淀粉，溶液变蓝色。(5)加入几毫升 6 mol/L NaOH 略振荡，蓝色褪去。

《中学化学教学参考》2008 年第 9 期

压强差在气体性质实验中的应用

丁小勤

作者认为要提高演示实验的质量，首先要提高实验的可观性；其次要增加实验的趣味性，采用趣味演示能使学生的对实验有新奇感，让学生在愉快的实验中度过，轻松理解所学的知识。压强差在检验装置的气密性、防倒吸、防堵塞以及喷泉实验中得到很好的利用。不仅如此，压强差还可以用来设计有关气体的性质实验。本文结合具体的实验案例，从以下两个方面介绍了如何巧妙使用压强差来设计和改进演示实验：1. 利用反应产生的压强差，让实验现象更加鲜明；2. 人为利用压强差，巧妙设计实验。

《化学教学》2008 年第 8 期

有关电解池的一个趣味实验

姚志强　赵红丽

1. 首先将三层重叠的滤纸放置于铜板上，然后滴加 KI 溶液使滤纸完全湿润，再滴加几滴淀粉溶液和几滴酚酞。2. 将石墨棒与电源正极相连，铜板与电源负极相连。接通电源，用石墨棒在滤纸上画图，为蓝色。3. 重复步骤 1，将石墨棒与电源负极相连，在滤纸上画图，出现红色。

《中学化学》2008 年第 5 期

氢氧燃料电池的设计

陈贵新

用双刀双连开关组成电解水和氢氧燃料电池两个并联电路。容器中注入稀硫酸，用 4 V 直流电源电解水。合上 K1 开关，电解开始。几秒钟后，断开 K1 开关，合上 K2 开关，可看到发光二极管光。若接上电动剃须刀上的小马达，则马达转动。

《中学化学》2008 年第 6 期

改进的几个趣味小实验

杨进喜

一、手指着火：将线手套用水浸透，挤去水后戴在左手上，四个手指伸进盛有 40%酒精的烧杯中浸湿，再伸到酒精灯火焰上引燃。二、会喷火的玻璃管：在长玻璃管中隔绝空气加热红磷，冷却后得白磷。当白磷蒸气未全部凝固时，向管中吹气便可引起白磷燃烧。三、验证水是极性分子。打开水龙头，使水缓慢成股流下。用火柴盒大小的泡沫塑料在头上摩擦几下，靠近上端水流，发现水流向泡沫塑料方向偏转。四、自制甩炮：将 6 份氯酸钾研细后加水湿润，再加 1 份红磷拌匀，放入小纸筒的中间，纸筒两边堵上粉笔面后封口，放置约 20 min。用力甩出药品，药面接触坚硬的地面时发出响炮声。五、鸡蛋入瓶与出瓶。入瓶：燃着酒精棉团投入集气瓶，片刻后再将无壳鸡蛋（盐酸溶掉外壳）润湿后直立瓶口，鸡蛋便被吸入瓶内。出瓶：向上述装有鸡蛋的集气瓶中加入 20 mL $NaHCO_3$ 饱和溶液，迅速倒入5 mL浓盐酸旋转一下，立即翻转集气瓶，瓶口对着盛有清水的大烧杯，鸡蛋便自动进入大烧杯。

《中学化学》2008 年第 11 期

探究性实验

$NO_2-N_2O_4$ 平衡体系定量化探究

张英波

勒夏特列原理一直被描述为定性理论。以 $NO_2-N_2O_4$ 平衡体系为例，初探讨了化学平衡体系中吸光物质的浓度与压强、温度之间的函数关系。

《化学教育》2008 年第 1 期

试管为什么会破裂——学生自主实验研究报告

覃孔彪　马芝林　张桂兰　许爱华

按照教材提出的实验室用固体加热制取 NH_3 与 CH_4 的方案，容易导致试管的破裂。该文通过大量的实验研究与理论分析，找到了问题的原因，并提出了改进的办法。同时，对教材的编写也提供了可以参考的依据。

《化学教育》2008 年第 1 期

Fe^{3+} 在水溶液中的水解平衡和配位平衡

魏　锐　宋万琚　王　磊　范　林　刘　强　东启云

通过实验研究 Fe^{3+} 在水溶液中存在的水解平衡和配位平衡，探讨温度的改变对上述平衡移动的影响，并澄清了中学教学对 Fe^{3+} 颜色、水解平衡移动等问题的认识误区。

表 1　温度变化过程中溶液透光率的变化

溶　液	升　温	降　温
$FeCl_3$ 溶液（未酸化）	颜色变深，水解平衡右移，配位平衡右移	颜色变浅，配位平衡左移，水解平衡的移动微弱
新制 $Fe(NO_3)_2$ 溶液（未酸化）	颜色变深，水解平衡右移	颜色有微弱的变浅，水解平衡的逆向移动微弱
久置 $Fe(NO_3)_3$ 溶液（未酸化）	颜色变深，水解平衡右移	颜色变浅的程度更微弱，水解平衡的逆向移动更困难
$Fe(NO_3)_3$ 溶液（酸化）	颜色无变化，水解被抑制	颜色无变化，水解被抑制
$FeCl_3$ 溶液（酸化）	颜色变深，配位平衡右移	颜色变浅，配位平衡左移
向酸化的 $Fe(NO_3)_2$ 溶液加入 NaCl	颜色变深，配位平衡右移	颜色变浅，配位平衡左移

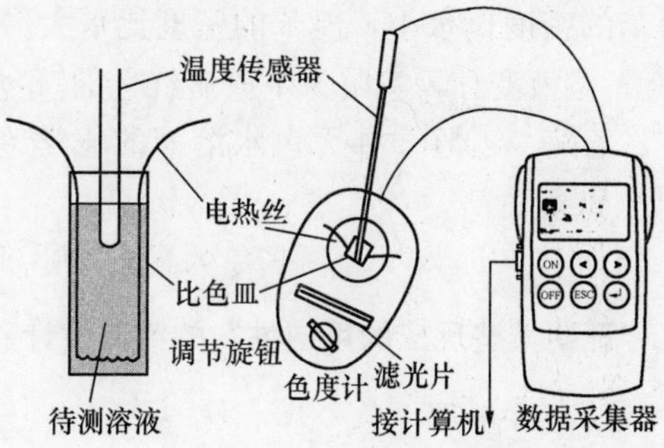

《化学教育》2008年第1期

一个培养学生信息处理能力的案例——将手持技术融入二氧化碳灭火实验的探究

陈 徽 钱扬义 王玉兰 眭苏奇

该文通过将手持技术应用于二氧化碳的灭火实验中的案例，尝试培养学生收集、筛选、解释信息的能力。

《化学教育》2008年第2期

烹饪状态下碘酸钾碘盐碘损失率研究

张小林 戴兴德 孙红娟 豆淑莲 牟海霞

目的：观察在不同介质中温度对碘盐中碘酸钾稳定性（碘损失率）的影响。方法：在模拟状态下，仿真多种情况，采用国家标准测定方法由同一个实验室检测样品碘含量变化，计算碘损失率。结果：(1)$T \leqslant 373$ K，pH＝1～14时（碘损失率≤3.1%），提示未发生明显碘损失。(2)在煮沸状态下，提示有明显碘损失；碘损失随pH减小、酸性增强而增大，pH<0时，损失率大增，有效碘损失将超过85%。(3)直接加热（爆炒状态）会造成大量碘流失，当灯焰持续加热时，碘酸钾完全分解，碘平均损失率达96%以上。

《化学教育》2008年第2期

用实验指证几个错误的“想当然”

罗华荣 彭晓玲

该文通过几个例证，指出要重视对引起因素的全面思考并重视通过实验探索求证。(1)在试管中注入某红色溶液，加热试管，溶液颜色逐渐变浅直至无色，冷却后恢复红色，则原溶液可能是稀氨水和酚酞的混合溶液，试分析加热时溶液由红色逐渐变成无色的原因。(2)浓HNO_3受热或见光很容易分解，实验室用浓HNO_3（质量分数69%）呈黄色，就是由于硝酸分解产生的NO_2溶于硝酸的缘故。(3)挥发性溶液浓盐酸、浓硝酸在空气中有白雾现象。(4)苯的密度比水小，溴苯的密度比水大。(5)$FeCl_3$ 溶液中加 KSCN，溶液变红，实质为生成血红色的$[Fe(SCN)_n]^{3-n}$。(6)对于乙酸、乙醛、乙醇 3 种无色水溶液的化学鉴别，多选用新制 $Cu(OH)_2$ 试剂。

《化学教育》2008 年第 3 期

"证明某些反应的可逆性"的实验设计

李　鹏　吴　悦　程　萍

对教科书中列举的 3 个有关可逆反应的演示实验分别提出质疑。并对每个实验做了探究或改进。进而对可逆实验有进一步的认识。(1)$CaCl_2$ 与 Na_2SO_4 的反应；(2)Cu 与 $AgNO_3$ 的反应；(3)$FeCl_3$ 与 KI 的反应。

《化学教育》2008 年第 3 期

探究式学习案例设计：废旧电池对水源的危害与处理

陈　斌

该文以废旧电池对水源的危害与处理为例阐述了探究式学习的一般过程、基本思路与方法，重点阐述了实验方案的形成过程。最后形成了相对比较完善的实验方案：(1)被电池污染过的水对动物生存的影响；(2)被电池污染过的水对植物生存的影响；(3)水葫芦对污染水的净化。

《化学教育》2008 年第 4 期

温度传感器测定过氧化氢分解热

梅　娟　盛国定　王志华

传感器和传感器技术在工业生产、国防建设和科学技术领域有着广泛的应用。本文介绍了用温度传感器测定过氧化氢分解热得到了较好的效果。

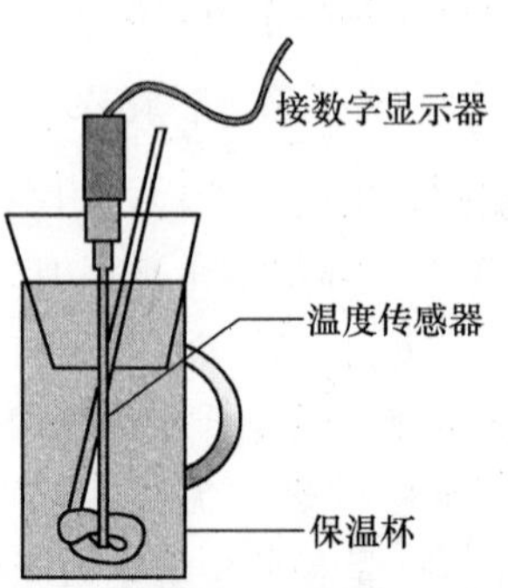

《化学教育》2008 年第 5 期

蛋白质盐析的实验探究

曹干林　肖超斌

通过实验探究蛋白质在不同盐溶液、不同酸度条件下盐析的效果，总结出使蛋白质盐析的最佳方法和所用的试剂。用呈弱酸性的盐使蛋白质盐析的效果好；盐酸、硫酸这些强酸的溶液均能不同程度的使蛋白质变性，磷酸不能使蛋白质变性。进行蛋白质盐析时，用 $(NH_4)_2SO_4$ 最合适，若加入一滴 4 mol/L 磷酸溶液，则盐析更快。

《化学教育》2008 年第 6 期

目视比色法测定甲醛含量

胡明进　朱年磊

戊二酮能与低浓度甲醛形成稳定的黄色物质，该物质颜色随甲醛浓度的微小变化呈现出显著变化。因此可采用目视比色法替代分光光度法，实现痕量甲醛的快速定性，从而评价周围环境或物质中甲醛是否超标。

《化学教育》2008 年第 6 期

乙二酸受热分解的探究性教学

杨伟珍

该文以乙二酸受热分解及产物检验的实验设计为例，开展了探究式教学法。

《化学教育》2008 年第 8 期

实验室制备乙烯的探究式学习

陈　斌

乙烯的实验室制法是中学化学中的一个重要实验，从探究式学习的角度，用对照实验分析并解决了乙醇和浓硫酸的最佳体积配比为 1∶3，反应温度控制在 160～180 ℃为宜等问题。并以此为例阐述了探究式学习过程中的基本思路与实施方法。

《化学教育》2008 年第 9 期

氯化汞鉴别碳酸钠和碳酸氢钠实验的设计与研究

李大塘　曹昌武

通过实验和理论推导论证了 $HgCl_2$ 鉴别 Na_2CO_3 和 $NaHCO_3$ 溶

液的可能性。结果表明，用 Cl^- 调变的 $HgCl_2$ 能鉴别常量浓度的 Na_2CO_3 和 $NaHCO_3$ 溶液。主要存在以下原因：①即使是稀 Na_2CO_3 溶液也比近饱和的 $NaHCO_3$ 溶液所产生的 OH^- 和 CO_3^{2-} 的平衡浓度要大。②$HgCl_2$ 溶液的 Hg^{2+} 浓度易受 Cl^- 调变。该方法仪器简单操作方便，药品易得，耗时短，现象明显易观察，成功率高效果好。

《化学教育》2008 年第 9 期

品红褪色的课外探究性实验

刘保恩　龚如英

就一次 SO_2 使品红褪色的演示实验中出现的异常褪色现象，指导学生展开了课外探究性实验，对 SO_2、NaOH 等使品红褪色的机理进行了合理的解释。

《化学教育》2008 年第 10 期

化学新课程实验中传感技术应用的报告——食品中维生素 C 含量测定的实验设计与实践

赵成兰　陈方炜　陆　真

化学实验中微观、定量、适时等难以实现和需要深入探讨的内容可以通过传感技术（又称手持技术）很好地实现。一、实验原理：色度计传感器的工作原理同可见分光光度计。为了能够测定样品中总的维生素 C 含量，可将样品用 1%草酸溶液稀释后用活性炭氧化，并与 2,4 -二硝基苯肼作用，生成的红色物质用硫酸溶解，用色度计传感器测其吸光率，再测出经过同样步骤处理的 Vc 标准溶液的吸光率，然后进行比色，即可求出样品中 Vc 的含量。二、实验步骤：(1)数据采集器设置与色度计的校正；(2)维生素 C 标准溶液的配制及其处理；(3)果蔬中维生素 C 的提取与处理；(4)果汁中维生素 C 的提取与处理；(5)显色反应；(6)测量吸光度并计算。三、实验数据及其结论：3 组白梨中维生素 C 含量的平均值为 7.23 mg/100 g。3 组果汁中维生素 C 含量的平均值为 20.8 mg/100 g。而成人每日对维生素 C 的正常需求量为 60～75 mg。四、实验说明。

《中学化学教学参考》2008 年第 1 - 2 期

探究 pH 相同的醋酸与盐酸混合后混合液的 pH

芮鹏程

一、理论探究：解答 1 认为醋酸稀释后电离度增大导致 pH 减小；解答 2 认为盐酸的同离子效应抑制醋酸电离导致 pH 增大，解答3认为醋酸平衡常数不变导致pH不变，解答4通过数学计算认为pH不变。二、实验探究：用pH计测量两个pH相同的醋酸与盐酸，发现混合后混合液的pH基本不变。

《中学化学教学参考》2008年第1-2期

新课程理念下学生探究活动设计一例

熊宗齐

该实验适用于探究与“化学反应速率影响因素”有关的主题。所需实验器材药品有：具支试管、普通试管、注射器、橡皮塞、导气管、量筒、集气瓶、铁架台、酒精灯；活性炭、红砖粉(Fe_2O_3)、氧化铜粉末、二氧化锰、过氧化氢溶液、蒸馏水等。

实验数据见下表：

表1　温度的影响数据

实验次数	H_2O_2 浓度及用量	水浴温度	收集气体体积	所需时间
1	30% 5 mL	87 ℃	2 mL	3″73
2	30% 5 mL	55 ℃	2 mL	10″76
3	30% 5 mL	35 ℃	2 mL	49″21

表2　浓度的影响数据

实验次数	H_2O_2 浓度及用量	催化剂用量	收集气体体积	所需时间
1	15% 1 mL	0.1 g	4 mL	6″04
2	5% 1 mL	0.1 g	4 mL	16″75

表3　催化剂的影响数据

实验次数	H_2O_2 浓度及用量	催化剂种类及用量	试管中的现象	所需时间
1	5% 3 mL	MnO_2 0.1 g	剧烈反应	8″18
2	5% 3 mL	CuO 0.1 g	无明显现象	——
3	5% 3 mL	Fe_2O_3 0.1 g	少量气体	未能达到
4	5% 3 mL	C粉 0.1 g	剧烈反应	12″32

表4　溶液酸碱度的影响

pH	3	5	7	9	11	12
现象	无明显现象	无明显现象	无明显现象	无明显现象	有微量气泡	有少量气泡

《中学化学教学参考》2008年第3期

Mg 与 $CuSO_4$ 溶液反应的真实性探究

刘怀乐

实验结论：一、$CuSO_4$溶液中的铜离子有两个去向：一是与镁发生置换反应生成铜（主反应）；二是水解生成不溶性的碱式硫酸铜。二、氢气由镁和水反应生成。三、氢氧化镁不可能出现在最后的沉淀中，因为它要在弱碱性环境（pH>11）才能析出，而 Mg 与 $CuSO_4$ 溶液反应的环境始终是弱酸性。

《中学化学教学参考》2008 年第 6 期

加碘食盐中碘的检验——一个贴近日常生活的探究活动

张守林　马宏佳

(1)配制 1%淀粉溶液。取 1/2 汤匙可溶性淀粉（约2 g）于透明塑料杯中，加水调成稀糊状，在不断搅拌下倒入盛有 200 mL（约 1/2 杯透明塑料杯）沸水的牛奶锅中，搅拌，继续煮沸至透明，冷却至室温，现配现用。(2)配制 V_C 溶液。取 1 片 V_C 放入透明塑料杯中，用竹筷用力压碎，并注入 5 汤匙（约50 mL）水，搅拌，V_C 片完全溶解至透明。(3)配置检测液。往一干净透明塑料杯中依次加入 1 汤匙（约 10 mL）白醋、1 汤匙（约 10 mL）V_C 溶液和 1 汤匙（约 10 mL）淀粉溶液，混合均匀。(4)取干净餐盘（白色）一只放在餐桌上，然后取 1 汤匙待测食盐并摊平。用干净塑料眼药水瓶吸入检测液，在已摊平的食盐上方滴 1～2 滴检测液。约 20 s 就可以看到液体滴落处出现的蓝色，所显蓝色可稳定数十分钟。(5)活动说明：淀粉溶液和 V_C 溶液要新制。食用盐国家标准 GB 5461－2000 规定食盐中 KIO_3 的加入量为含碘量（以碘计）35±15 mg/kg。此活动适用于普通高中化学选修模块“化学与生活”中与营养均衡人体健康有关的主题教学。

《中学化学教学参考》2008 年第 8 期

利用传感技术对硫酸铜与氢氧化钠反应的实验研究

朱鹏飞　马宏佳　杜　静

本实验采用传感技术以及 XRD 粉末衍射测定技术对 0.100 6 mol·L^{-1}硫酸铜溶液与 0.100 6 mol·L^{-1}氢氧化钠溶液反应的产物进行了研究。研究结论：(1)首先生成$Cu_4(OH)_6SO_4$，当 $n(CuSO_4)$∶$n(NaOH)$＝2∶3 时，全部生成碱式硫酸铜沉淀。(2)若继续加入 NaOH，$Cu_4(OH)_6SO_4$部分转化为 $Cu(OH)_2$ 沉淀。但转化不完全，始终为混合物。

《中学化学教学参考》2008 年第 9 期

不同酸根离子对“铝与铜盐反应”实验的影响探究

任志强　包朝龙

对比了铝与硫酸铜、硝酸铜和氯化铜溶液的反应，发现铝与氯化铜溶液的反应不仅氢气的生成速度很快，而且对铜的置换速度也异常快。硫酸铜、硝酸铜与铝的反应现象不明显。可能是由于氯离子分别与铜离子和铝离子形成配合物有关。

《中学化学教学参考》2008 年第 9 期

碳酸钠和碳酸氢钠鉴别实验中的意外发现

陈喜凤　孙锡凤

一、利用溶解度大小；二、碱性大小比较；三、热稳定性实验；四、与 $CaCl_2$ 溶液反应实验；五、与盐酸反应的比较。

《中学化学教学参考》2008 年第 10 期

氯水光解实验的探究

张婉佳　杨　熙　赵美玲

一、对氯水光解的原理及影响因素的探究。根据朗伯-比耳定律，氯水浓度是该实验成功的关键。氯水浓度被水槽中的水稀释是失败原因。二、对氯水光解实验方式和装置的探究。(1)优化实验方式。将水槽中的水换成饱和食盐水。但圆底烧瓶中的氯水会洒出，且不方便检测氧气。(2)优化实验装置：用倒置的分液漏斗装饱和氯水，并从侧面用长颈漏斗添加氯水。分解产生的氧气可从分液漏斗活塞处放出检验。

《中学化学教学参考》2008 年第 12 期

实验探究易拉罐的主要成分

尹文静

一、仪器与药品：酒精灯、烧杯、试管、试管夹、漏斗、滤纸、铁圈、玻璃棒、砂纸、剪刀、易拉罐、去污粉、NaOH 溶液、KSCN 溶液、盐酸、镁试剂、高碘酸。二、实验方案：(1)实验预处理；(2)实验结果：检测出铝、铁、锰、镁和铜。

《中学化学教学参考》2008 年第 12 期

关于“水果电池”的实验探究

杨玉琴

把教材中的实践活动设计成了实验探究活动。用生活中的物质进行探究，既能引起学生浓厚的兴趣，培养学生的探究意识，也加强了化学与生活的联系。探究目的：(1)巩固原电池的原理及形成；(2)认识影响水果电池产生电流大小的因素；(3)形成多角度思考问题的习惯；(4)加强化学与生活的联系。通过以上的实验探究，水果本身、电极材料及电极间的距离对水果电池产生的电流的影响：(1)不同的水果连接成的水果电池电流不一样，这与水果中所含的电解质溶液有关；(2)用 Cu－Zn 或活泼金属与碳棒作为水果电池的电极，效果较好；(3)电极间的距离越小，水果电池的电流越大，但电极距离太近易导致短路。

《化学教学》2008 年第 1 期

关于酸性高锰酸钾溶液氧化甲苯的探究

刘天凤

作者通过实验探究发现：(1)酸化高锰酸钾溶液时，硫酸浓度要适宜，硫酸浓度太大，会出现苯和甲苯同时使高锰酸钾溶液褪色，硫酸浓度太稀，甲苯不易被氧化，难使高锰酸钾溶液褪色，硫酸浓度以 1∶5 为宜。(2)酸化高锰酸钾溶液时，必须在实验前酸化，不可将高锰酸钾溶液与苯或甲苯混合后再加硫酸酸化，否则这样苯也能使高锰酸钾溶液褪色。(3)振荡或微微加热会加快反应速率，但不能加热时间太久，否则苯也能使高锰酸钾溶液褪色。

《化学教学》2008 年第 3 期

乙醛能被新制的氧化铜氧化

秦志武

作者通过实验证明，CH_3CHO 能被新制的 $Cu(OH)_2$ 氧化，也能被新制的 CuO 氧化。新制的 CuO 氧化 CH_3CHO 时，环境不同，还原产物不同。

《化学教学》2008 年第 4 期

陕北地区几种常见野菜中微量元素的测定

田　双　师　静

从实际出发，采用火焰原子吸收法测定了苣荬菜、山莴苣（甜苣)、荠菜、藜(灰菜)四种常食野菜中 K、Ca、Cu、Zn、Mn、Ni 六种元素的含量。为开发野菜资源，促进本地区经济发展以及指导人们合理膳食提供科学依据。可见野菜中微量元素总体上高于几种常规蔬菜。特别是野菜中 Ca 含量均比常规蔬菜高几倍，乃至几十倍。苣荬菜、山莴苣中 Cu、Mn 含量也高出其他品种几倍至十倍以上。Zn 含量在不同品种之间差别不大。

《化学教学》2008 年第 5 期

老话新说——碘与淀粉的显色反应

孙世云　陈碧华

用市售的碘水和自制的饱和碘水分别与等量淀粉反应，在实验中发现，其显色用量、显色时间明显不同，在此基础上，定量地探究了影响碘淀粉显色的其他一些因素，如碘酒或碘水中 I_3^- 含量对显色的影响、溶液温度对颜色的影响、溶液酸碱度对显色的影响、从而为增进碘淀粉显色实验的演示效果提供了具有一定价值的理论参考。认为碘与淀粉的显色反应是由 I_3^- 套入淀粉的螺旋环中得到一蓝色的包合物，这一包合物的形成过程受到很多因素的影响，通过对外界条件的控制可以控制包合物的形成速度和吸光度。

《化学教学》2008 年第 5 期

谈谈“CO 还原 $CuO(Fe_2O_3)$”实验中一些不容忽视的问题

钱　胜　刘秋实

本文就实验室制 CO 和用 CO 还原 $CuO(Fe_2O_3)$ 的实验中的几个问题进行了研究探讨并得出了结论：①在甲酸与浓 H_2SO_4 装放的位置上，作者认为把浓 H_2SO_4 放在烧瓶里，甲酸放在漏斗中最为合理；在甲酸与浓 H_2SO_4 的用量上，以体积比为1∶5为宜。②在加热反应物之前不要忘了检验 CO 的纯度；要解决好用酒精灯加热反应物和处理反应的尾气；应当规范试验结束时的操作，在停止加热后还应当继续通入 CO，以防澄清石灰水倒流的不安全事故的发生，直至玻管冷却至室温。且应注意，只要发生装置内还有 CO 气体生成，也就还有 CO 从洗气瓶的尾气管口流出，处理尾气的酒精灯不能熄灭，让它继续发挥处理尾气的作用。

《化学教学》2008 年第 6 期

新制氢氧化铜分解温度的实验探究

熊言林　黄　萍　张　燕　徐泽忠

众多资料对氢氧化铜分解温度的表述不尽相同，这种情况给化学教学带来一些不便。为更好地了解氢氧化铜的分解温度，实验中用氢氧化钠溶液和硫酸铜溶液反应来新制氢氧化铜，然后从几个方面进行实验探究。实验探究过程包括：1. 溶液的配制；2. 反应物温度不同的系列对比实验探究；3. 反应物物质的量不等的系列对比实验探究；4. 水温不同的系列对比实验探究；5. 水浴加热的系列对比实验探究。实验分析得到以下结论：1. 配制氢氧化钠溶液的过程中有热量放出，氢氧化钠溶液和硫酸铜溶液混合反应的过程中也有热量放出，对氢氧化铜沉淀的稳定性都有影响。2. 温度越高，氢氧化铜沉淀越易分解，且分解速度越快，分解越彻底。用水浴装置，可确保氢氧化铜沉淀的温度均匀上升。3. 新制的氢氧化铜沉淀在常温下就不稳定，在蓝色的氢氧化铜沉淀中夹杂有少许的灰黑色沉淀（6～7 min），随着放置的时间延长，蓝色絮状沉淀逐渐变少，黑色沉淀物逐渐增多，直到全部变成黑色沉淀。蓝色的氢氧化铜沉淀能溶于浓氨水，而黑色的氧化铜不溶于浓氨水。用浓氨水检验黑色沉淀物，该黑色沉淀物不溶解，说明新制的氢氧化铜沉淀在常温下就能缓慢分解成为黑色的氧化铜。由上可知，氢氧化铜在室温下就能缓慢分解，且温度越高，分解速度越快，分解越彻底。因此，氢氧化铜的分解温度没有一个准确的数值。

《化学教学》2008 年第 9 期

氯化铁溶液与氯化钾溶液反应限度实验探究

陈碧华

“苏教版”普通高中化学课程标准实验教科书第二册（必修）第 32 页上以 $FeCl_3$ 溶液与 KI 溶液反应的实验来证明化学反应是有限度的，并说明许多反应是可逆反应。但是中学化学教师在实际教学过程中，普遍提出该实验现象不明显的问题，笔者通过实验对此反应进行探究，找出了最佳的反应条件。按照教材步骤进行实验，实验现象的确不理想，可能原因可能是反应后萃取得到的溶液中剩余的 Fe^{3+} 浓度过低，导致生成的 $[Fe(SCN)_n]_n^{3-}$ 浓度偏低，因此就不容易观察到血红色现象。这是因为对于反应：$2Fe^{3+}+2I^- \rightarrow 2Fe^{2+}+I_2$，$K=1.02\times109>10^7$，其可逆的痕迹必定极弱，因此在反应物 Fe^{3+} 不足的情况下，难以检测到溶液中 Fe^{3+} 的浓度。根据可能原因分析及理论解释，笔者做了一系列的实验，主要考虑增加 $FeCl_3$ 溶液的用量。实验表明，化学教师在利用 $FeCl_3$ 溶液与 KI 溶液的反应来证明化学反应限度问题时，宜对教材上建议的用量进行适当调整，采用 2 mL 0.1 mol/L $FeCl_3$ 溶液和 5 mL 0.1 mol/L KI 溶液反应，方可取得较好的教学效果。

《化学教学》2008 年第 9 期

维生素 C 的碘时钟实验探索

朱思敏　张伟娜

笔者尝试用碘、维生素和双氧水等常见试剂来完成类似的碘时钟实验，并寻求最佳的反应物配比。在实验过程中出现了一些异常现象，也对此进行了理论上和实践上的探索。新实验原理：$I_2 + C_6H_8O_6$（过量）$\rightarrow 2H^+ + 2I^- + C_6H_6O_6$ ①慢；$C_6H_8O_6$（多余）$+ H_2O_2 \rightarrow C_6H_6O_6 + 2H_2O$ ②快；$2H^+ + 2I^- + H_2O_2 \rightarrow I_2 + H_2O$ ③快。实验过程中准备了以下药品：溶液 A：10～20 滴碘水，两滴维生素 C 溶液，2 mL 蒸馏水洗涤，振荡（可观察到碘水的棕色消失）。溶液 B：4～10 滴双氧水，5 滴淀粉溶液，2 mL 蒸馏水洗涤，振荡。将溶液 B 与溶液 A 混合并振荡，同时开始用秒表计时，观察各种实验情况下淀粉变色的时间及变色状况。实验中发现了异常现象：对于反应后的混合溶液，如果滴加 1～2 滴 Vc 溶液，振荡发现蓝色退去，但是不超过 30 s 的时间内蓝色又出现，如再滴加 1～2 滴 Vc 溶液，振荡发现蓝色仍然会退去，但是差不多在 30 s～60 s 的时间内蓝色又出现了，如此这样 5、6 次，仍然出现同样的现象，只是重新变回蓝色的时间加长。作出有关的设想。(1)设想氧化剂是空气中的氧气，通过设计实验基本上排除了氧气单独起作用的情况；(2)设想氧化剂是氧化态的 Vc，通过设计实验基本上排除了氧化态 Vc 单独起作用的情况；(3)设想氧化剂是碘酸根离子，由于条件所限并没有进行认真的实验设计和证明，因此这点还有待进一步的实验证实。作者认为：1. 此反应作为经典碘时钟的一种替代性实验还是比较可行的，可以用此实验来解释反应物的物质的量浓度与反应速率之间的关系。2. 该系列反应在操作过程中受到各种其他因素的影响。3. 该反应除了作为碘时钟实验以外，该系列反应还可以用来测定维生素 C 的物质的量。

《化学教学》2008 年第 9 期

氯化钴溶液变色实验的定量控制及相关趣味实验介绍

王海燕　刘　波

笔者针对影响氯化钴溶液变色的因素进行了定量控制并找出最佳配比。同时，介绍与其相关的趣味实验。实验 1：取一支洁净的试管加入 3.0 mL 0.5 mol·L^{-1}的氯化钴溶液（粉红色），然后逐滴加入浓盐酸，当颜色恰好变为紫红色、紫色和蓝色时分别记录所加入的盐酸的体积。然后将上述试管中的溶液一分为二，加入蒸馏水。实验 2：(1)取两支试管分别加入 0.1 g 的六水合氯化钴晶体、5.0 mL的 95%乙醇，振荡使其完全溶解（溶液显蓝色），然后用胶头滴管在其中一支试管中逐滴加入蒸馏水使溶液变为紫色，两支试管的溶液颜色分别呈蓝色和紫色，盖上橡皮塞作为标准比色液。(2)取一支试管加入 0.3 g 的六水合氯化钴晶体，6.0 mL 95%乙醇，然后用胶头滴管滴加蒸馏水到溶液恰好变为粉红色时停止加入，记录加入蒸馏水的滴数，塞上橡皮塞。然后将试管放入盛有水浴的烧杯中加热，放入温度计，与标准颜色进行对照，当颜色变为紫色和蓝色时，分别记录此时水浴的温度。当溶液变为蓝色时，停止加热，使其冷却并记录颜色重新变为紫色时的温度。(3)继续取不同质量的氯化钴晶体（$CoCl_2 \cdot 6H_2O$）和一定体积的 95%乙醇按照上述步骤进行实验，记录实验数据。相关的趣味实验包括 1. 显隐墨水；2. 自制晴雨花；3. 自制有色玻璃珠；4. 变色温度计；5. 带助手的氧化剂；6. 魔力变色线；7. 白瓷涂色。

《化学教学》2008 年第 10 期

钠燃烧异常现象探究

朱明斌　杨　茵

笔者重复了人教版高中《化学 1》（必修）教材中的钠在空气中燃烧这一实验。发现实验中会出现系列变色现象，在燃烧的产物中会有一些黑色物质，笔者进行了探究。一、探究变色现象。实验 1：加热 Na_2O_2。在蒸发皿中放适量的淡黄色过氧化钠粉末，用酒精灯加热。现象：①随着温度的升高，淡黄色粉末的颜色逐渐加深，出现系列变化，由淡黄色→橙黄色→巧克力色→黑色；②加热至沸腾时有少量气体产生。反应结束后蒸发皿中有白色固体生成。小结：钠在空气中燃烧时出现的黑色（绝大部分）、巧克力色、橙黄色……淡黄色物质，正是不同温度时的过氧化钠本身。二、探究黑色固体。实验 2：钠在二氧化碳中的燃烧。①向圆底烧瓶中通入经饱和 $NaHCO_3$ 溶液洗涤、浓 H_2SO_4 干燥的二氧化碳气体。②验满后，把一块用滤纸吸干煤油并切除表面氧化层的黄豆大小的金属钠，放进干燥烧瓶的底部。③先用酒精灯预热，再加热。现象：①钠熔化成小球，表面有一层灰白色的薄膜。用瓶中通入二氧化碳的玻璃管戳破薄膜，银白色的液态钠迅速流出并剧烈地燃烧，黄色火焰，瓶中充满白烟。②反应结束冷却到室温时，烧瓶底部有较多的黑色固体物质，瓶壁上附满白色粉末。③无淡黄色固体生成。实验三（步骤及现象）：产物的检验。①取适量实验二烧瓶壁上的白色粉末放入试管中，加水振荡；现象：粉末溶解，无气体产生。加入澄清石灰水；现象：澄清变浑浊。滴加稀盐酸；现象：浑浊变澄清，并有气泡产生。由此证明，产物中有碳酸钠。②向实验二烧瓶中加一些蒸馏水，振荡；现象：黑色固体物质不溶。③把经洗涤、过滤、干燥的黑色固体放入烧瓶中，加入适量浓硫酸；现象：黑色固体不溶。④加热此烧瓶。现象：有一股淡淡的刺激性气味的气体产生。⑤把此气体通入浅红色的酸性高锰酸钾溶液。现象：浅红色变为无色。小结：钠在空气中燃烧时，生成的极少量黑色固体，很可能含有单质碳。

《化学教学》2008 年第 10 期

洗衣粉去污力实验设计

张　燕　熊言林　徐泽忠　黄　萍

一、洗衣粉的种类及其成分。1. 洗衣粉的种类。我国生产的洗衣粉分为三类，其中一类为普通型；二类为低泡型；三类为浓缩型。2. 洗衣粉主要化学成分是十二烷基苯磺酸钠。二、洗衣粉的去污原理。三、市售洗衣粉去污力实验设计方案。1. 实验目的。(1)通过实验，让学生了解洗衣粉的去污能力，减少含磷洗衣粉的使用，尽量使用无磷洗衣粉，从而减少生活污水的排放，保护我们的生存环境，提高学生的环保意识；(2)了解洗衣粉对不同面料上的不同污渍的洗涤情况，学会如何鉴别其质量，提高洗涤效果；(3)培养学生的动手操作能力，提高学生科学探究能力。2. 实验原理。合成洗衣粉的表面活性剂主要有阴离子表面活性剂和非离子表面活性剂两种。非离子表面活性剂对油污具有良好的乳化能力和增溶能力，与阴离子表面活性剂配合使用时，即使加入量很少，也能大大增强体系的去污能力。3. 实验用品。4. 实验步骤。(1)污渍液的配置；(2)布上污渍的制作；(3)洗涤过程。5. 实验现象与记录。(1)洗衣粉去污力的评价标准；(2)不同品牌洗衣粉对不同布料上的污渍洗涤效果实验；(3)同一品牌洗衣粉对不同放置时间的污渍洗涤效果的实验；(4)水温不同，同一品牌洗衣粉对不同布料上的污渍洗涤效果的实验；(5)洗涤时间不同，同一品牌洗衣粉对不同布料上的污渍洗涤效果实验；(6)同一品牌、不同用量的洗衣粉对不同布料上的污渍洗涤效果实验。6. 实验结论。四、选购建议。1. 优质洗衣粉，粉为类似小米粒的空心颗粒状，粉体颜色纯正，装袋蓬松饱满，放入水中溶解快，无伤手的感觉。2. 品质较差的洗衣粉则夹杂粗颗粒或硬结块，粉体颜色灰黄，装袋后不满，袋空隙较大，放入水中溶解慢，有沉淀物出现，泡沫少，有烧手感，去污力差；加大量后，有刺鼻的碱性味。3. 如果加酶洗衣粉颜色为灰蓝色，表明酶活力已过期失效，或酶为其他染色后的物质。五、结束语。

《化学教学》2008 年第 11 期

酸与铁丝反应的化学振荡现象研究

徐 惠 朱鹏飞 马宏佳

所谓化学振荡，是在化学反应过程中的反应物、中间体或产生物随时间周期性重复的过程。一般来说，铁丝与酸反应有两种常见情况，一是生成氢气；二是被钝化从而阻止反应的进行，进而不产生氢气。而在特定的条件下，酸与铁丝的反应中可观察到产生氢气与钝化交替出现的振荡现象，笔者对此展开了研究。一、引发铁丝与酸反应的振荡现象。1. 实验器材及药品器材：烧杯（100 mL）、培养皿、钳子、铁丝（直径不限）等。溶液：1 mol · L^{-1}的磷酸溶液、市售过氧化氢溶液（30%）、10%盐酸、蒸馏水等。2. 实验过程。第一步，先用钳子将预备好的铁丝夹成 2 cm 左右的多段，然后在培养皿中加入盐酸，把铁丝放入其中，待有大量气泡产生后取出铁丝用蒸馏水冲净。第二步，在烧杯中加入 30 mL 1.0 mol · L^{-1}的磷酸溶液以及 3 mL 30%过氧化氢溶液，再将经第一步预处理的铁丝放入烧杯。经上述两步简单操作后即可观察到铁丝表面先产生气泡随后气泡消失，再产生气泡再消失的周而往复的化学振荡现象。振荡周期在 20 s 左右，且振荡现象可维持数小时。二、探寻影响振荡的因素。1. 金属丝的影响；2. 酸的影响；3. 过氧化氢量的影响；4. 温度的影响。三、对于振荡机理的探究。振荡现象发生的机理很复杂，但科学界一直认同化学振荡应存在：(1)远离平衡态；(2)有反馈存在；(3)有双稳定态三个特点。根据以上特点笔者认为：酸与铁丝的振荡体系中封闭反应环应为：(1) $Fe + 2H^+ \rightarrow Fe^{2+} + H_2$；(2) $2Fe^{2+} +$

$H_2O_2 + H_2O \rightarrow Fe_2O_3 + 4H^+$；(3)$Fe_2O_3 + 6H^+ \rightarrow 2Fe^{3+} + 3H_2O$；(4) $2Fe^{3+} + H_2 \rightarrow 2Fe^{2+} + 2H^+$，(1)→(2)→(3)→(4)→(1) ……通过实验证明，笔者的猜想是正确的。四、结语。本研究所涉及的振荡现象见于中学实验室，教师无论是将其作为氧化还原反应引入的趣味实验，还是将其设计成探究活动都将为给化学教学增色不少。

《化学教学》2008年第12期

二氧化碳能使燃着的木条熄灭的极限探索

吴 翔

将收集到的混有不同比例空气的二氧化碳用玻璃片盖住摇匀，放在桌上。用燃着的木条分别伸入集气瓶中检验，结果发现，当空气中的二氧化碳含量约为16%时，燃着的木条就会熄灭。

《中学化学》2008年第4期

化学信息技术进展

【概况】研究者介绍了各种新型化学软件的及其教学功能的开发利用。

一个形象、生动的化学实验模拟软件——Crocodile Chemistry简介

苏翠萍 马建峰

Crocodile Chemistry是一个化学类实验模拟软件，它提供了100多种化学药品和实验仪器，可以生动地模拟无机、分析、物化等实验，其界面简洁友好，操作简单方便，图形及动画直观生动。使用Crocodile Chemistry不仅可以定性显示化学反应现象，还可以利用其提供的图表工具定量的角度描述化学反应。本文主要介绍了Crocodile Chemistry的操作界面、主要内容和功能特点，并附案例说明具体的操作方法。

《化学教育》2008年第12期

计算机辅助化学探究性学习初步探索

王晓军 冉 鸣 张 勇 唐 杰

化学新课程实施是关系新课程改革成败的关键环节，这又突

出地体现在化学探究性学习广泛开展的程度上。计算机在开展探究性学习过程中到底能做些什么？在结合当前形势分析化学探究性学习开展现状的基础上，文章对计算机辅助化学探究性学习这一新兴领域进行了研究和尝试，提出了“探究性学习软件”这个概念并通过案例将其应用于新课程的课堂教学。

《化学教育》2008 年第 10 期

利用 ChemWindow 6.0 绘制流程图

孙永辉

以绘制 2007 年广东高考化学卷第 24 题流程图为例，说明了利用分子结构绘图软件 ChemWindow 6.0 绘制流程图的一般方法。

《化学教育》2008 年第 11 期

使用 Acrobat3D 与 VMD 制作三维化学课件

卢　天

结合使用 Acrobat3D 与 VMD，可以方便地制作内嵌三维立体分子的 PDF/PPT 课件，这种方法突破了常规课件制作在二维平面上的限制。教师可以在课堂上对分子进行实时操作和演示，使讲授的内容更加生动、直观。

《化学教育》2008 年第 9 期

在 Word 中绘制化学用图的技巧

高法平　卞小峰

文中主要介绍了在 Word 2003 中绘制原子结构简图和化学装置图的技巧。掌握这些技巧，再结合上篇文章《在 Word 中快速规范地输入化学符号的技巧》，用 Word 2003 和 ChemDraw 这两个软件，在中学阶段输入化学文档时遇到的问题基本上都可以解决。

《化学教育》2008 年第 8 期

在 Word 中快速规范地输入化学符号的技巧

高法平　何　平

从 6 个方面介绍了在 Word 2003 中快速、规范地输入化学符号的技巧。掌握这些技巧，用 Word 2003 和 ChemDraw 这两个软件，可以解决含化合价、上下标、反应符号、关系图、坐标曲线图、电子式、有电子转移的方程式、有机物结构式等文档的快速规范编制。

《化学教育》2008 年第 7 期

Chem Window 6.0 在 3D 分子模型绘制中的应用

孙昌梅　陈　厚　曲荣君　纪春暖　王春华　马松梅

主要介绍了如何使用 ChemWindow 6.0 中 SymApps 6.0 程序绘制三维分子模型，并结合具体实例，对 SymApps 6.0 的特点和功能进行了探讨。

《化学教育》2008 年第 6 期

中学化学教科书配套网站的设计与开发——北京科学版和粤教版网络资源“化学网上课堂”介绍

王玉兰　钱扬义

简要介绍了北京科学版和粤教版《义务教育课程标准实验教科书·化学（九年级）》配套网站——“化学网上课堂”，重点描述了该网站的结构设计、内容设计和交互设计及对中学教科书配套网站的发展提出展望。

《化学教育》2008 年第 5 期

交互 3D 技术在物质结构教学中的应用

王清华

介绍了交互 3D 技术在物质结构教学中的设计与应用，采用 3D Max 制作三维模型和 VirtoolsDev 中应用行为模块控制三维模型构成交互 3D 相结合，详细地描述了动态控制三维模型的方法，从而形成灵活、交互的三维作品。在化学多媒体教学中，可形象地模拟物质结构中的分子空间结构、晶胞堆积、晶体结构、原子杂化等相关微观知识，有利于物质结构的教学，提高教学效率。

《化学教育》2008 年第 5 期

基于 VRML 网络平台应用虚拟技术进行有机物结构教学的研究

王文昌　李　雯　张英锋　马子川

教学中从网上搜索有机物分子微观结构时，发现了一个非常好的网站，该网站可以利用 VRML 实现对有机物分子的虚拟生成，并可以将生成的文件保存下来，安装适当的插件后，可方便地通过 IE 浏览器浏览学习。目前，虚拟现实技术已广泛应用于航空航天、工程技术、建筑设计、医学实习、军事训练、艺术等许多领域。在发达国家，虚拟现实技术已应用于远程教育及课堂教学。如果我们能够借助此平台进行深入开发，并运用到有机物分子微观结构的教学中去，必将对现代有机教学起到重要的推动作用。

《化学教育》2008 年第 4 期

用 Microsoft Graph 绘制二元合金相图

于水军　毕文彦

介绍了用 Microsoft Graph 绘制金属的冷却曲线以及二元合金的温度——组成图的方法。该绘制方法方便、快捷、易于掌握，而且能同时绘制多个相图，并且可以对绘出的相图进行各种平移操作、类型转换、对比分析和曲线拟合，从而大大提高了工作效率。用该法绘制出的相图准确、美观。

《化学教育》2008 年第 3 期

交互仿真智能性课件运用于气体溶解教学初探

吴海燕　刘　源　冉　鸣

常见气体的溶解性研究一直是中学化学教学中的一个难点，笔者以 Flash 开发出的交互仿真智能性化学课件“常见气体在液体中的溶解性研究”为例，说明此类课件具有交互性、仿真智能性、探究性等特点。在多所中学试教后普遍反映良好，是对溶解度理论教学的补充，为溶解度的教学提供了有益的帮助，对溶解度这一知识点的教学进行了全新的探索。本文就此类课件的设计开发过程中的几个重要问题进行了陈述。

《化学教育》2008 年第 2 期

一种新型化学课件在科学探究教学中的应用

马文礼　冉　鸣

该文提出了一种新型的交互仿真智能性教学课件。并根据该课件的理念开发了“分子结构测定的科学探究实验”教学课件，探讨了其在科学探究教学中的应用与实施过程。案例应用交互仿真智能性教学课件从有机物研究方法的角度来介绍分子式确定的计算和结构式的确定，向学生展示了一种科学研究的途径或思维方式，有利于培养和训练学生的科学方法，加深学生对分子式确定计算和结构式的确定意义的理解，具有仿真性、交互性、智能性的特点。

《化学教育》2008 年第 1 期

河北省城市中学化学教师教育信息能力与培训现状的调查研究

马建峰　杨国萍

采用问卷调查法，对河北省城市中学部分化学教师的教育信息能力进行了调查，旨在从学科教师的角度了解他们的信息需求，以期为信息技术培训工程的培训内容和培训模式提出一些建设性意见。调查发现：(1)中学化学教师具备了基本的信息采集与加工的能力，但尚欠缺对化学专业软件的操作技能；(2)中学化学教师在理论上已经明确了信息技术与化学教学整合的层次及其作用，但在教学实践上仍停留在整合的初级阶段，信息技术只被用作演示工具；(3)大部分化学教师理解信息技术与课堂教学之间的关系，能够以理性的态度看待和应用信息技术整合于化学教学的实践；(4)中学化学教师的评价观亟须转变，信息技术培训部门应注重对教师进行过程性评价方式、方法的培训；(5)各学校应继续增加对信息技术设备的投入，以满足教师的需求；(6)信息技术培训机构在选择培训内容和培训模式上，要充分考虑教师的特点和需求。

《化学教育》2008 年第 1 期

浅谈蔡加尼克效应在化学 CAI 设计中的运用

刘　源　冉　鸣

介绍了蔡加尼克心理效应的由来和内容，蔡加尼克效应的定义为：指对中断而未完成工作不易遗忘的现象，亦即人对未完成工作的记忆优于已完成工作的记忆的现象。并着重讨论了如何将这种效应运用于化学 CAI 设计开发之中，以利于增强学生对化学实验现象的理解和记忆。(1)设计限时，提高学生张力系统，利用计算机将学生学习的 CAI 软件设置为有限时间，让学生在规定时间内必须做完；(2)创设悬念，培养学生学习创造性；(3)适当留白，发展学生探究性活动；(4)欲擒故纵，激发学生求知欲。

《化学教育》2008 年第 7 期

网络教育资源与化学教学整合的案例研究

富 瑶 生志昊 尹冬冬

该文以案例研究的形式，探讨了在化学教学中应用网络教育资源的整合模式。应用网络教育资源，使课堂教学直观化、情境化，可以激发学生的学习兴趣，提高学习积极性，促进学生对教学内容的理解和掌握，改善课堂教学效果；将自主研制的 MCAI 课件与学件类教育资源上传到互联网或局域网，为学生进行自主学习提供必要的资源支持，同时在学生的学习过程中及时给予必要的指导，能够卓有成效地提高学生的学习能力、科学素养及综合素质。常规课堂教学方式、学生的自主学习、网络教育资源、与自主研制 MCAI 课件与学件类教育资源相辅相成，提供了具有开放性、多样化等特点的教学整合模式，有利于学生化学学科知识的建构、科学方法的学习和情感态度与价值观的积极变化，有效地促进学生的全面发展。

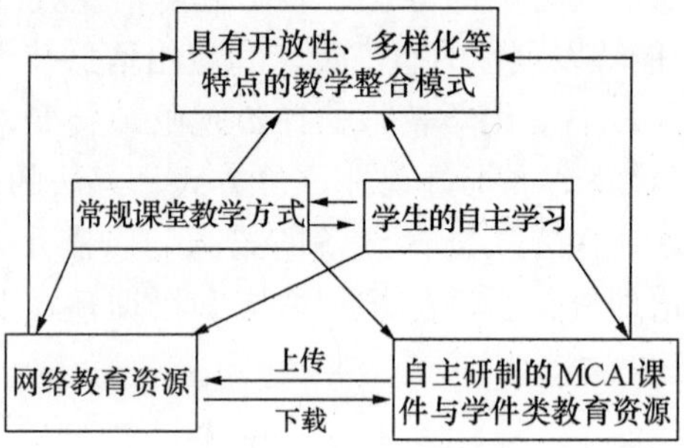

《化学教育》2008 年第 7 期

信息技术催生农村地区有效教研模式——网络远程教研

刘莉莉

农村地区由于地域和交通问题，给教师开展教研活动带来许多困难，信息技术催生的网络远程教研方式解决了地域和交通问题。该文就如何有效开展网络远程教研活动，结合传统教研活动的特点，对网络远程教研方式进行了研究和探索。农村地区开展网络远程教研的成效显著，网上远程教研活动并非只是传统教研活动简单替代和转化，低成本、高效率、参与面广等特点。

《化学教育》2008 年第 7 期

信息技术与化学课程整合研究历程

李 田 马建峰 陈志梅

以《化学教育》《化学教学》《中学化学教学参考》为研究对象，通过检索中国期刊全文数据库和查阅原始杂志，主要从论文年代分布、内容、作者所在地区、作者系统单位、作者合作情况五个方面对1998年至2007年10年来有关信息技术在化学教学中的应用的研究论文进行情报统计分析和评价，从另一侧面来探讨我国信息技术与化学课程整合的历程、发展趋势、存在的问题及建议。

《中学化学教学参考》2008年第6期

思维导图在高中化学教学中的应用研究

梁晓康

简单分析了思维导图在高中化学教学中应用的必要性、可行性、迫切性。介绍了思维导图的理论依据、特点和优势。介绍了如何利用思维导图辅助教师进行教学设计以及如何指导学生制作和使用思维导图。另外，对思维导图在化学教学中的实践进行总结，提出了学习和运用思维导图的几点建议，并对思维导图在教学方面的应用前景作了展望。

《中学化学教学参考》总第299期，2008年第7期

运用Excel计算溶液平衡体系中物质的浓度

徐守兵

在“水溶液中的离子平衡”的教学过程中经常要面对离子浓度的大小比较，往往需要定量计算才能令人信服，但当提笔计算时却又往往因计算量太大或需要解高次方程而不了了之，甚至产生了一些错误也得不到及时更正，笔者经过一段时间的研究，现在终于用Excel软件解决了这一困扰多年的教学难题，并通过在实验班教学中产生的两个教学案例加以介绍：1. 缓冲溶液中离子浓度的大小排序；2. 酸式盐溶液中离子浓度的大小排序。

《化学教学》2008年第1期

用Excel自动配平氧化还原反应化学方程式

孟金贤

用Excel编制成能用计算机实现自动、快速地配平氧化还原

反应化学方程式的模板文件，该模板文件根据输入的反应物和生成物中氧化剂和还原剂的电子转移数和最小公倍数，先自动配平反应前后反应物和生成物化学式中的电子得失数，然后再配平反应前后各元素的原子个数。

《化学教学》2008 年第 2 期

3DS MAX 在化学教学中的应用

许培亨

三维动画制作软件 3D Studio MAX 在化学教学中能得到广泛应用：1. 材质贴图虚拟宏观物质；2. 实体创建系统虚拟微观粒子；3. 动画功能虚拟运动中的微观世界；4. 粒子系统虚拟群体微观粒子。

《化学教学》2008 年第 3 期

计算机模拟在化学中的应用

张以群　石　英

计算机作为一种科学研究的重要工具，自问世以来，已经应用在自然科学的各个领域并由此发展了许多新的理论与方法。现在公认的是，计算机是理论研究的重要补充。它可以不加近似地给出某一模型的数值结果及直观图像，进而可以与试验相对照，从而对新理论的提出起到指导作用。所以，计算机模拟已经不再仅仅是理论物理学家手中的武器，而逐渐成为实验化学家必不可少的工具。随着计算机模拟技术的日益发展，化学研究的手段得到更新的发展和深化，化学研究也进入了一个新的阶段。传统的计算机模拟采用的方法大致分为两种类型：确定性模拟方法即在统计物理中称为分子动力学模拟方法；随机性模拟方法即蒙特卡洛方法（Monte Carlo），这两种方法在微观模拟领域都起到了重要的作用。计算机模拟技术自 20 世纪 90 年代初以来发展迅速，其在新材料的设计开发领域已成为一种十分重要的方法和工具。它不仅能提供定性的描述，而且能模拟出分子体系的一些结构与性能的定量结果。同时，计算机模拟方法不仅局限于科研领域，在工业生产中也发挥着巨大的作用。计算机辅助教学作为一种崭新的教学手段，在现代教学技术中显示出强大的生命力。与传统的教学方法相比，计算机辅助教学更加生动、直观，无疑显示出巨大的优势。

《化学教学》2008 年第 3 期

应用交互智能性教学课件培养学生探究能力初探

黄红梅　严海林　谢　康　冉　鸣

用“CO还原CuO”这一实际案例诠释了反应仿真智能教学课件在培养学生探究能力方面的成效。该课件优越性的具体体现：交互性、仿真性、智能性、可错性。

《化学教学》2008年第3期

互联网上港台地区及国外化学实验资源集锦

刘　斌　沈　婷　周志华

介绍了互联网上港台地区与国外一些优秀的化学实验资源，如香港中文大学化学教师信息网、威斯康辛大学麦迪逊分校化学系、英国利兹大学、“玩具店中的化学”创始人——David A. Katz的化学实验网站及气体微型化学实验资源等网站。通过浏览分析互联网上的港台地区与国外化学实验资源，我们强烈地感受到互联网上提供的港台地区和国外化学实验资源具有一些鲜明的特点：(1)实验原理易懂、表现形式新颖；(2)密切联系生活实际；(3)注重通过实验渗透科学方法。由于这些实验大多实验现象丰富、趣味性强，对于引起学生的好奇心、培养学生学习化学的兴趣具有很好的效果。某些实验经过改进设计，还可以作为学生探究性学习的素材。

需要注意的是，由于港台地区和国外与我国大陆的教学情况存在一定的差异，在引进这些实验时，要注意将其本土化，实验的仪器和药品的选择要考虑到我国大陆地区中学化学教学的实际，尽量选用实验室常见的和学生身边的物品作为实验药品，某些有危险性的实验，教师如要演示，一定要按照安全说明来进行，注意实验安全。此外，国外的一些实验有时为了追求实验现象的明显和新奇，往往采用了一些在我们看来是错误的做法，教师在使用的时候要结合我国化学教育的实际，处理好这些地方。

《化学教学》2008年第4期

计算机辅助化学教学的现状及对策研究

陈　晨　蔡其勇

介绍了计算机多媒体技术应用于化学教学在于：(1)多媒体

集文字、图形、图像、声音、动画、影视等各种信息传输为一体，具有真实感和很强的表现力，可以激发学习者兴趣，引起学习者注意，提高学习者学习化学的兴趣。(2)可以变抽象为具体，模拟微观世界的化学反应和现象，使教学更加形象、直观、生动，便于学习者理解和掌握。(3)可以动态地、对比地演示一些化学现象，有效地控制变化的速度，调节快慢，从而便于学习者观察和思维。(4)利用多媒体的人机对话、界面友善、超文本、人工智能、可编著工具、方便的外设、虚拟现实等功能，可以使学习者沿着自己的思路，适应自己的需要去发展学习的过程，及时反馈教学信息；可以突出重点，解决难点，增大课堂教学容量，极大地提高教与学的效率。(5)多媒体的各种信息传输手段作用于学习者，可以同时调动视、听、说等多种感官，形成合理的教学过程体系，使学习者在最佳的学习环境中学习，达到教学的最佳效果。(6)多媒体网络可以缩短时空距离，加强人与人之间的联系，拓展学习者的视野，形成互助合作的良好风气。但目前由于办学条件、师资力量、学生素质、教学环境等因素导致了计算机辅助化学教学总体水平偏低，提出为了改变现状，必须解决设备落后、资金短缺问题；化学课件的编制，建立各省市的信息交流网等措施。

《化学教学》2008 年第 5 期

利用 SPSS 14.0 软件进行化学计数数据的 χ^2 检验

孙　影　闫蒙钢　朱小丽

SPSS（Statistical Product and Service Solution，统计产品与服务解决方案）软件具有包括数据管理、统计分析、图表分析、输出管理等在内的所有基本统计功能。它清晰、直观、易学易用，掌握 SPSS 14.0 软件和科学的教育统计分析方法可以推动课程改革的进程，同时亦能促进化学教师的专业化发展。本文举例论述了 SPSS 14.0 统计软件在中学化学教育科学研究中对化学计数数据进行 χ^2 检验的实际应用。

《化学教学》2008 年第 7 期

Diamond 3 在中学化学晶体教学中的应用

鲍荣焕　叶兰峰

Diamond 3 不仅可以制作晶体模型还可以利用其进行课堂计算机辅助教学，提高学生空间想象力。例如利用 Super Cell 观看晶胞堆积图；利用 Polyhedra 分析离子晶体中阴、阳离子的配位数；利用 Atom Designs 和 Plane 分析晶胞中原子所含的原子个数；利用 Measure Distances/Measure Angles 比较分析金刚石和石墨的键长及键角；可以制作金属的堆积方式。

《化学教学》2008 年第 9 期

视频文件与 PowerPoint 的整合

金 勇

一、视频文件的准备。必要时可以用视频剪辑软件进行视频剪辑。二、整合视频文件与 PPT。1. 运行 PowerPoint 2003，切换到所需视频文件的幻灯片。2. 单击“视图”菜单，在弹出的下拉菜单中单击“工具栏”，在弹出的子菜单中单击“控件工具箱”。3. 单击“控件工具箱”中的“其他控件”按钮，弹出 ActiveX控件，在窗口列出的所有 ActiveX 中找到“Windows Media Player”并单击。4. 将光标移到 PowerPoint 的编辑区域中，鼠标变为“十”字形，按下鼠标并拖动，画出适当的播放区域。5. 右击播放区域，单击“属性”，弹出“属性”对话框。6. 单击自定义中的“扩展”按钮，弹出“属性”对话框，输入完整的视频文件路径。7. 放映幻灯片。

《化学教学》2008 年第 10 期

美国霜堡州立大学远程化学实验室及实验案例介绍

叶静怡　钱扬义

美国霜堡州立大学构建起一个能控制真实仪器的远程化学实验室供学生实验学习之用。一、远程化学实验室的构成。1. 硬件构成；2. 软件构成。二、远程化学实验案例。1. 实验内容及面向对象；2. 实验原理与装置；3. 实验流程。三、远程化学实验室的特点。1. 图像化界面（GUI）；2. 现场感（Being there）；3. 数据采集（Data acquisition）；4. 不受时空限制（Anytime & Anywhere）。四、远程化学实验室建设的意义。1. 促进教育平等，提供均等的教育机会；2. 突破时空限制，促进资源的有效共享；3. 实现危险实验的远距离控制，确保人员及环境的安全。

《化学教学》2008 年第 10 期

化学课程资源开发

所谓课程资源，是指富有教育价值的、能够转化为学校课程或服务于学校课程的各种条件的总称，它包括教材以及学校、家庭、社会中所有可资利用的、有助于提高学生素质的人力、物力与自然资源。化学知识是一个动态的、发展的知识体系，由于教材（课程资源的一种）内容有其时间、地域的局限性，不可能面面俱到，与学科知识和教育理论的前沿也有一定的时间差，所以课程资源的开发应结合教学实际，使其具有如下特性：1. 广阔性，即化学课程资源应包容比化学学科本身的系统材料更为广泛的客观外界资源；2. 综合性，即课程资源要注意反映不同学科间的交叉与渗透，化学与社会、生活、技术等方面的联系；3. 可探究性，即课程资源的开发要能够支持学生的探究活动，应当有利于学生从中发现和提出问题，从多种渠道搜集证据、观察实验、动手动脑地解决问题；4. 亲和性，即课程资源内容的选取和表达形式应能使学生感兴趣，有需要，能唤起思维的积极活动；5. 开放性，这包括两方面的内容：一是资源内容具有以化学为中心，向社会、生活、化学科研前沿的开放性；二是资源的信息渠道具有以学生为中心的开放性，让学生通过主动的探究活动获取各种信息，而不是被动地接收信息。

化学社会生活

【概况】2008 年化学教育文献涉及课程资源丰富多彩，其中体现生活、社会与化学联系的科普介绍类文章最多，为化学教师教学情境创设、实验设计挖掘、考试命题提供了丰富的素材。主题主要集中在营养健康、日化用品、环境保护、能源燃料、新型材料、首饰宝石这几个范围。2008 年发生的一些重大事件背后的化学原理也在文献中及时反映出来，体现鲜明的时效性。公共安全领域中的化学问题近年来颇受重视。

化学与禁毒

李文君　聂　鹏

此文介绍了禁毒工作的许多方面都体现了化学知识的具体运用，如毒品检验、查缉技术、禁毒立法和毒品预防教育等。化学在禁毒工作中发挥了基础性的支撑作用，将先进的化学理论和技术方法应用于禁毒研究，有助于解决时间工作中遇到的各种难题。这篇文章主要介绍了四个方面的内容，一是毒品与易制毒化学品，其中包括以下三个方面：传统毒品从药用到滥用，化学起到了推波助澜的作用、新型毒品的研制与化学密不可分、易制毒化学品的双重角色；二是毒品控制与化学技术；三是禁毒法律与化学知识；四是禁毒教育与化学常识。

《化学教育》2008 年第 12 期

酸奶中的化学

闫蒙钢　张艳华

此文从酸奶的营养价值与分类入手，以化学的独特视角，对酸奶组成中的营养成分、食品添加剂——增稠剂和甜味剂、酸味物质——乳酸，以及酸奶的风味作简要的介绍，以期丰富读者对酸奶的认识，以及酸奶的储藏和食用注意事项。本文主要从化学的角度对酸奶进行简要的介绍，希望对读者全面了解酸奶，正确的选用酸奶有一定的帮助作用。

《化学教育》2008 年第 12 期

胃黏膜保护剂中的化学

陈东文

抗消化性溃疡（指发生在胃及十二指肠的慢性溃疡）类药物主要包括抑酸剂、抗酸剂和胃黏膜保护剂。介绍了抗消化性溃疡类药物——胃黏膜保护剂的化学成分及其作用机制，其中包括铝剂、铋剂和前列腺类药物。

《化学教育》2008 年第 12 期

结石中的化学

姚成立　胡星明

此文是安徽省教育厅自然科学基金资助项目。结石病是一种常见病，它的形成过程属于生物异常矿化。结石的类型有多种，本文就人体和动物体内常见结石的形成过程与化学成分作一介绍。这篇文章主要介绍了两个方面的内容：一是人体内常见的结石，包括胆结石和尿结石；二是动物体内常见的结石，包括牛黄、马宝、狗宝、猴枣、珍珠。

《化学教育》2008 年第 10 期

人体必需的营养物质——肉毒碱

乔玉清　周晓宇　尹冬冬

肉毒碱被发现百余年来，科学界对其研究经久不衰，含有肉毒碱的药品、营养品备受消费者青睐。此文介绍了肉毒碱的来源、生物学功能、合成与应用。

《化学教育》2008 年第 11 期

环境激素对人体健康的影响

赵 军 韦 薇

本文主要介绍了环境激素对人体健康的影响，环境激素是环境中存在的能干扰生物系统或过程产生异常效应的物质；它能干扰生物体内激素，损害人类的生殖机能或引发肿瘤等，对人类的生存与健康构成严重威胁；防治环境激素的根本对策是杜绝其产生的源头。

《化学教育》2008 年第 11 期

环境友好型消毒抗菌剂——二溴海因

陆燕海 廖全堂 谢培轩

二溴海因是一种高效、广谱、低残留的新型环境友好型消毒抗菌剂。本文主要介绍了二溴海因的结构、性质、抗菌机理、生产工艺与应用等。

《化学教育》2008 年第 11 期

举重运动中的化学功能

袁 野 吴 星

我国是个举重强国，国家举重队在历届奥运会上都能够为中国奥运军团赢得多枚金牌。或许大家不太清楚，其实举重运动与化学有着密切的联系。此文主要介绍了举重运动中的化学功能。

《化学教育》2008 年第 11 期

珠宝首饰中的化学

过士成 余天桃

此文介绍了珠宝首饰的有关知识，如：一、常见珠宝的化学组成、性质、鉴赏；二、钻石和珍珠首饰的养护。

《化学教育》2008 年第 9 期

生 态 水 泥

孙凤琴　佟　为　吕和荣

此文介绍了生态水泥的新概念，并对城市垃圾、污泥等废弃物的处理现状、生态水泥的生产工艺和国内外生态水泥的现状进行了论述。用城市垃圾和污泥来生产生态水泥拓宽了原材料来源，减少了天然资源的消耗，降低了水泥生产的成本，是一条很有前途的、有利于水泥工业可持续发展的途径。

《化学教育》2008 年第 9 期

我国传统生产工艺中的瑰宝——红曲色素

杨贤放

大多数食品色素在提升食品色泽的同时，也由于本身的毒性受到使用量和使用范围的限制。从组成结构、性质、生产到使用等方面介绍了我国传统生产工艺中的红曲色素，使人们认识到红曲色素是一种安全性很高的微生物色素并了解红曲色素广阔的应用前景。

《化学教育》2008 年第 8 期

“宠物毒粮”中的假冒蛋白质——三聚氰胺

王娟娟　陈　凯　朱小蕾

详细介绍了三聚氰胺的结构、制备和性质；从各个角度分析了它的毒性，分析了它对人和动物的危害。

《化学教育》2008 年第 8 期

盐 粒 炸 弹

李小燕　鲍正荣　王　丹

主要介绍了一道化学高考题所涉及的关于“盐粒炸弹”的相关知识，包括其结构、制备过程、性质等，力求为中学教师的教学提供一定的背景知识。

《化学教育》2008 年第 8 期

奥运火炬中的化学

闫蒙钢　圣永刚　张剑锋

从化学的视角，对比分析了历届奥运火炬的制作材料及燃料的变迁，在简介北京奥运会火炬的基础上，介绍了其燃料——丙烷的燃烧反应机理。

《化学教育》2008 年第 7 期

隐藏爆炸物的化学探测方法

王爱华　李增新

如何及时预防、发现、制止恐怖爆炸行为不仅是公安刑侦工作的一项任务，也是科技工作者应具备的科学常识。介绍了隐藏爆炸物的分类、爆炸物证检验、隐藏炸药蒸气的检测及隐藏炸药的探测技术等。

《化学教育》2008 年第 7 期

防晒剂的分类、作用机理与评价

王丰玲　张英锋　马子川

随着科学的发展和人们健康意识的提高，紫外线对皮肤的危害已引起人们的广泛关注。炎热的夏季，越来越多的人开始使用各种防晒剂来保护自己，这促使其大量上市，前景广阔。但是，如何寻求安全、有效的防晒剂也是消费者和研究者的关注焦点。本文简要阐述了防晒剂的分类、作用机理与评价方法，并对防晒剂的进一步发展作了展望。

《化学教育》2008 年第 6 期

绘画用品与儿童健康

孙晓春

介绍了油画棒、水彩笔等绘画用品中的有毒物质及其对儿童健康造成的危害。

《化学教育》2008 年第 5 期

人工海水制剂——海水晶

陆燕海　谢培轩　忻　良

阐述了人工海水制剂海水晶的化学组成、发展历程、用途和不当使用的危害，并介绍了几种鉴别海水晶等假冒食盐简单可行的方法。

《化学教育》2008 年第 4 期

化学与发烟剂

陈书兵　李　伟

烟幕不仅对目视形成干扰，且能对高技术的光电武器系统进行干扰，已成为对付高科技武器系统的“软胄甲”。而烟幕的构成离不开发烟剂。从常见发烟剂的种类、发烟剂的化学组成和形成烟幕的化学反应等方面予以简单介绍，拓展化学基础知识在军事领域中的运用。

《化学教育》2008 年第 4 期

万能抗氧化剂——硫辛酸

周晓宇　尹冬冬

针对国际上逐渐兴起的“硫辛酸热”，简要介绍了有“万能抗氧化剂”美誉的硫辛酸的性质、生物学功能、合成方法及其应用。

《化学教育》2008 年第 4 期

海水淡化原理及方法综述

杨　钊　王明召

介绍了海水淡化的原理和多级闪蒸、反渗透这两种常用的海水淡化方法，并且简要回顾了我国海水淡化的研究和技术应用情况。

《化学教育》2008 年第 3 期

双歧因子功能性低聚糖

杨贤放　魏爱民

功能性低聚糖作为双歧杆菌增殖因子的研究开发与应用越来越受到学者的关注，目前已证实具有特殊保健功能的低聚糖有低聚果糖、低聚异麦芽糖、低聚木糖、大豆低聚糖和低聚乳糖等。介绍了几种重要低聚糖的化学组成、特性、制法和应用等。

《化学教育》2008 年第 3 期

防伪印刷技术与化学

陈　默　尹世久

随着科技进步与假冒伪劣产品对名优商品的冲击，防伪技术引起印刷与包装行业越来越多的关注，与人们的日常生活也休戚相关。从防伪油墨、防伪纸张与防伪印刷工艺这三个角度，对涉及包装和印刷方面的防伪技术及相关化学知识进行了扼要的分析与论述。

《化学教育》2008 年第 2 期

化学事故处置中的洗消现状及发展

王媛原　王炳强　普海云

介绍了目前我国化学事故处置中洗消的定义、洗消剂的种类、洗消方法及洗消的发展，以增强人们对化学事故处置中洗消的认识和了解。

《化学教育》2008 年第 2 期

居室甲醛污染的来源、检测与防治

洪　卫　陈　波　江家发

现代家装使居室环境越来越美化，但居室甲醛污染问题也日渐引起人们的广泛关注。在分析居室甲醛主要污染源的基础上，着重介绍了甲醛的危害、检测与防治方法，旨在帮助人们有效防范和避免甲醛对身体的伤害，保持健康。

《化学教育》2008 年第 1 期

储氢材料的研究进展

周建伟

日益严峻的能源危机和环境污染，使得发展清洁的可再生能源成为世界各国的重要课题。氢能源以其可再生性和良好的环保效应成为未来最具发展潜力的能源载体，氢能被公认为人类未来的理想能源，而氢的储存是发展氢能技术的难点之一。介绍了各类材料的储氢功能特点和近年来几类主要储氢材料的研究进展，并指出了储氢材料的发展方向。

《化学教育》2008 年第 1 期

谈农村初中化学教学中的“资源开发与利用”

何如涛

作者认为农村教学设施和器材十分短缺，但可以把目光投向身边的生活，就会发现农村周围有广泛的资源。一、农村初中化学课程资源的优势，作者列表一一举出。二、农村初中化学课程资源的整合与利用：1. 提高开发课程资源的意识和能力。广大农村化学教育工作者应积极参加教师素质培训，提高自己的专业素质，同时要经常深入农村调查研究，掌握农村的课程资源。2. 把农村课程资源融入课堂教学中去。3. 开展有关农村化学课程资源的探究活动。学生的生活经验是非常重要的课程资源。认识并充分利用这部分教学资源是落实课程改革目标、转换学生学习方式的需要。4. 把乡土资源融入实验教学中去。5. 充分利用学校现有的教学仪器开展丰富多彩的化学实验，新课程标准中由重视实验结果的“奉送真理”转变为重视在实验中“教人发现真理”，为学生提供了较大的发展空间。

《中学化学教学参考》2008 年第 4 期

新型陶瓷及其用途

徐明武

陶瓷、金属材料和高分子材料并称为当代三大固体材料。新型陶瓷在高科技、工程、人体等领域有着广泛用途。一、工程陶瓷：具有高强度、高刚度、耐磨、耐腐蚀等优点。二、功能陶瓷：(1)光学陶瓷：具有多种光学性能。(2)电子陶瓷：主要用于电磁反应的材料。(3)生物陶瓷：用于生命科学和生物工程。

《中学化学教学参考》2008 年第 1－2 期

化工新型材料——有机硅

凌　姗

现有的三大合成材料大多来自石油、天然气和煤，它们都是不可再生资源。而硅的含量比碳多几十倍，且几乎全部能回收。有机硅属于半有机半无机的高分子化合物，具有良好的耐温性、耐候性、电绝缘性、生理惰性和低表面张力表面能。有机硅可以分为硅橡胶、硅树脂、硅油等。

《中学化学教学参考》2008 年第 4 期

漫话融雪剂

卢香宇

一、融雪剂种类：一类是以醋酸钾为主要成分；另一类是以氯盐为主要成分。二、融雪剂的融雪原理：水的饱和蒸汽压下降。三、融雪剂的危害：(1)对道路两旁的绿化带、农田带来很大危害。(2)腐蚀道路、桥梁等路政设施。(3)污染地下水资源。

《中学化学教学参考》2008 年第 5 期

小小塑料袋　环保大问题

张益胜

一、塑料袋的发明和利用：1902 年 10 月 24 日，奥地利科学家马克斯·舒施尼发明了塑料袋，这在当时无异于一场科技革命。二、白色污染的危害：(1)视觉污染；(2)潜在危害：有损身体健康、恶化土壤环境、填埋和焚烧造成污染。三、如何防止：(1)寻找替代物；(2)生产可降解塑料；(3)回收炼油；(4)加工成再生塑料；(5)借鉴国外经验。

《中学化学教学参考》2008 年第 5 期

降解塑料简介

郭佑梅

介绍了生物降解塑料、光降解塑料、复合降解塑料的降解原理、影响降解的因素以及常见例子。

《中学化学教学参考》2008 年第 6 期

化学检验在侦破案件中的作用

韩瑞芳

一、指纹检验：(1)碘可检验数月前的指纹。碘易溶于油脂等有机溶剂。(2)硝酸银能检验更久前的指纹。硝酸银与氯化钠生成氯化银。氯化银见光分解为微粒银和氯气。银粒由棕色渐变成黑色，显示出指纹。(3)有机显示一两年前的指纹。指纹上的氨基酸跟氢茚三铜反应产生紫色物质。二、纸张、油墨、墨水、印泥的检验。纸张检验前先进行物理性能检验，再用化学染色法检验纸浆种类，再用化学方法检验纸浆的胶料、填料。薄层层析法和薄层色谱法可用于油墨、印油的检验。三、炸药。用到的方法有化学喷雾显色法、点滴反应实验、显色法、薄层层析法、气相色谱法、红外吸收光谱法、色谱-质谱法、离子选择电极技术、扫描电镜分析法等。四、油脂。用到的方法有萃取法、水蒸气蒸馏法、吸附剂分离法、荧光检查法、丙烯醛试验法、皂化试验法、薄层色谱法、薄层层析法等。五、植物检验。用到的方法有沉淀反应法、电泳分析法、紫外光谱法等。六、毒品。主要用植物检验技术对送检样品进行形态学、组织学、分子生物学的检验。

《中学化学教学参考》2008 年第 9 期

常见的净水剂、消毒剂

马会林

一、常见的净水剂及原理。明矾净水剂、氯化铁净水剂。二、常见的消毒剂及原理。(1)含氯消毒剂：漂白粉、氯气和二氧化氯、次氯酸钠（84 消毒液）、氯胺（NH_2Cl）。(2)臭氧。(3)高铁酸盐。三、四种消毒剂（氯、二氧化氯、氯胺、臭氧）的净水效果、稳定性、致癌作用。(1)净水效果：二氧化氯＞臭氧＞氯胺＞氯；(2)稳定性：氯胺＞二氧化氯＞氯＞臭氧；(3)致癌作用：氯＞氯胺＞二氧化氯＞臭氧。

《中学化学教学参考》2008 年第 11 期

氧化型染发剂简介

叶孝轩　王明召

染发剂是用来改变头发的颜色，达到美化毛发目的的一类化妆品。根据染发色泽持续时间长短的不同，我们可以将染发剂分为永久染发剂 、半永久染发剂和临时染发剂。其中永久染发剂染发时，染料分子直接进入毛皮质，形成的大分子有色色素固着在毛皮质内部，因此颜色可持续一个月以上，甚至半年。永久染发剂由于染发效果较好，持续时间也较长，因此是使用最广泛的一种染发剂。永久染发剂也称为氧化型染发剂，氧化型染发剂染发的具体过程及原理如下：(1)染料中间体的渗入；(2)染料分子的氧化和缩合作用。市售的氧化型染发剂有多种剂型，如粉状、液状、膏状及染发香波等，而将含染料中间体的染料基质与含氧化剂的基质分装的两瓶染发剂最为常见。这种染发剂在使用时，只需将两剂等量混合后均匀涂在头发上即可达到染发的目的。

《化学教学》2008 年第 1 期

从苏丹红谈天然红色素

刘德明

常见的天然红色食用色素有：1. 红曲米色素；2. 紫胶色素；3. 越橘红；4. 萝卜红；5. 辣椒红色素；6. 红花色素；7. 玫瑰茄色素；8. 高粱红；9. 可可色素；10. 辣椒橙。除上述 10 种外，还有传统糖色、焦糖等，天然食用色素的共同特征是无毒副作用或毒副作用极小，因此越来越受到人类的宠爱。我国自然资源丰富，从天然动植物及农副产品中提取红色食用色素的前景广阔，随着科学技术的不断提高和工业化的生产加工，天然红色食用色素将源源不断地供应市场，苏丹红在我国的食品市场永远无立足之地。

《化学教学》2008 年第 5 期

常见玩具中的化学知识

赵鹏忠　卢　杨　彭蜀晋

玩具在生活中被广泛使用，尤其是很受儿童的喜爱。本文主要介绍了生活中一些常见的与化学有关的玩具，以及这些玩具的性质、涉及的反应原理和制作工艺。

泡水膨胀类化学玩具、吹泡化学玩具、荧光棒玩具、硅胶玩具、冲力玩具，还有一些颜色变化的化学玩具、发热和吸热反应的玩具、人们还利用两种互不相溶的液体来制造玩具，这些玩具中的液体由于密度不同，颜色不同能形成独特的现象。

《化学教学》2008 年第 2 期

二氧化碳的排放与分离控制技术简介

申树芳　王换荣

目前，解决 CO_2 的排放有以下几种途径：一是地质储存法，即将 CO_2 加压后储存于石油、煤层、地下含水层和海洋中，这是 CO_2 减排技术发展的趋势。二是生物储存法，即植物和微生物等通过光合作用吸收和固定大气游离的 CO_2，并在一定条件下实现向有机碳的转化。三是化学转化法，即通过催化转化将 CO_2 转化为小分子产品（如甲醇、二甲醚、甲酸、低碳烃等）和其他具有高附加值、更有市场潜力的产品（如一些特殊功能的聚合物，重要的药物中间体，重要的有机化合物等）。从 CO_2 的转化与利用的角度，有以下几种典型的排放控制技术：CO_2 催化加氢合成甲醇、氨液喷淋法以及化学合成方法制取了一种超级海绵状物质捕捉 CO_2。

除了从源头上控制 CO_2 的产生之外，还需对已生成的 CO_2 进行相应的回收处理，才能最大限度地减少 CO_2 的排放量，缓解“温室效应”所带来的影响。CO_2 的分离回收技术一般包括吸收分离法、吸附分离法、膜分离法和低温分离法等。

《化学教学》2008 年第 2 期

臭氧的应用

黄文琼

本文首先论述了电解法、电晕放电法产生臭氧的优缺点：电解法制出的臭氧具有浓度高、成分纯净、在水中溶解度高的优势，在医疗、食品加工与养殖业及家庭方面具有广泛的开发价值。但与电晕放电法相比，电解法制臭氧量小，能耗大；而电晕放电法虽产量高、规模大，但气体需干燥，产出的臭氧浓度很低，电极易损坏，也存在诸多不足。其次介绍了臭氧在水处理，医疗保健，食品保鲜等方面的应用。

《化学教学》2008 年第 4 期

漫谈消泡剂

张　颖　林　丹　孙玉婷

消泡剂是某些生产过程中不可缺少的助剂。目前的消泡剂主要分为第一代消泡剂、聚醚类消泡剂、有机硅类消泡剂、聚醚改性聚硅氧烷类消泡剂四类。组分结构单一、经济效益较差的低档消泡剂被多功能、高效率的复配型消泡剂取代是未来消泡剂发展的趋势。一、消泡剂作用机理：1. 泡沫与消泡剂。“泡沫”就是一个不溶性气体在外力作用下进入液体之中，被液膜包围起来而形成相互隔离的非均相体系消泡剂是以低浓度加入到起泡液体中，能控制泡沫的物质之总称；2. 消泡机理：消泡剂是以微粒的形式渗入到泡沫的体系中，当泡沫要产生时，存在于体系中的消泡剂微粒能迅速破坏气泡的弹性膜，抑制泡沫的产生。二、消泡剂的分类：1. 第一代消泡剂；2. 聚醚类消泡剂；3. 有机硅类消泡剂；4. 聚醚改性聚硅氧烷类消泡剂。

《化学教学》2008 年第 11 期

维生素C让皮肤健康起来

蔡晶 楼帅

一、皮肤的常见问题。1. 皮肤衰老现象的出现；2. 色斑形成。二、维生素C的性质和用途。三、维生素C对皮肤的保养功能。1. 维生素C促进胶原蛋白的合成；2. 维生素C促进铁的吸收；3. 维生素C消除自由基；4. 维生素C能排除毒素。四、维生素C对皮肤具有美白作用。1. 黑色素形成的化学过程；2. 维生素C对皮肤的美白作用。五、合理补充维生素C。

《化学教学》2008年第12期

巧克力浅谈

居洋 江家发

巧克力由多种化学成分组成。在巧克力的加工过程中大约有400多种成分被发现。巧克力液体中含有55%的叫做可可油的物质，所含的脂肪均为三酸甘油酯。巧克力加工过程中的化学物理变化丰富多彩。在发酵的过程中具体发生了什么化学变化，人们还在研究中，尚无完全定论。其中，在厌氧反应阶段主要形成氨基酸、缩氨酸等含氮化含物；在需氧反应阶段主要形成乙酸。

在晾干阶段，水汽和可挥发性的物质，或是沸点低的酸性物质（如乙酸）都丢失了。这时的可可豆味较干涩。焙烧和控温是加工过程中最重要的环节，在这一环节中的化学反应常被称为“棕色反应”，通常是蛋白质和氨基酸之间发生的复杂反应给巧克力着上了棕色，同时糖类的含量也有所降低。食用巧克力有利有弊，科学合理食用巧克力是非常重要的。人们可以把适量食用巧克力作为健康平衡膳食的一部分。

《化学教学》2008年第5期

认识防晒化妆品

卢杨 赵鹏忠 彭蜀晋

防晒化妆品是指具有屏蔽或吸收紫外线的作用，能够减轻因日晒而引起的皮肤损伤功能的化妆品。在防晒化妆品SC中起防晒作用的是防晒剂(也叫做遮光剂)，其作用机理包括以下两个方面：(1)物理性的无机紫外线屏蔽剂；(2)化学性的有机紫外线吸收剂（具体可分为化学合成紫外线吸收剂和天然紫外线吸收剂）。

防晒化妆品SC的防晒效果评估应该由对UVA和UVB这两个波段紫外线的防御程度来评定。防晒化妆品总的发展趋势是以追求高安全性、高效、经济为最高境界。

《化学教学》2008年第6期

铊的中毒与救治

闫蒙钢　圣永刚

铊及铊化物均有剧毒，其常见化合物一般均为无色、无味、无臭，又极易溶于水和常见的各种食品、饮料中。本文介绍了铊中毒的症状及其中毒机理，在确认为铊中毒后，解毒的作用就是要选择一种竞争性更强的螯合药物，与侵入肌体内的铊形成稳定性高的螯合物，使之从酶的活性基中竞争出来，然后排出体外，恢复酶的活性，达到解毒目的。临床上，用于解铊中毒的螯合物常见的有：(1)二乙基氨二硫代甲酸钠($C_5H_{10}NS_2Na$)；(2)二巯丙醇($C_3H_8OS_2$)。

《化学教学》2008年第7期

松香在锡焊中的作用

吴孙富

松香是一种既有酸性、又有还原性的固体混合物。据此性质和锡焊的实际操作，本文探讨了松香在锡焊中的三点作用：①除掉金属表面的氧化膜，反应的化学方程式（以焊接铜为例）如下：$2RCOOH + CuO = (RCOO)_2Cu + H_2O$；②保护焊接点不被继续氧化；③保护焊锡不被氧化。总的来说，松香在锡焊中的作用是净化并保护金属的表面，确保锡焊在还原氛围中进行，提高焊接质量。

《化学教学》2008年第8期

河豚毒素的控制和应用前景

许亮亮

河豚毒素（TTX）是一种毒性极强、相对分子质量较小的神经毒素，为氨基全喹唑啉型化合物，分子式为$C_{11}H_{17}O_8N_3$，相对分子质量是319.27。TTX纯品是无色、无味、无臭的针状晶体，微溶于水、乙醇，易溶于稀酒精，不溶于醚、氯仿、苯及二硫化碳。TTX是一种生物碱，它在弱酸中相对稳定，在强酸性溶液中则易分解，在碱性溶液中则全部被分解。本文介绍了河豚毒素的毒性机制与控毒方法，河豚毒素的提取分离与检测方法以及河豚毒素在临床上的用途。

《化学教学》2008 年第 8 期

“碳中和”——走红西方的一种环保新理念

李耀军

自 1997 年问世以来，“碳中和”的概念在西方逐渐走红，实现了从“前卫”到“大众”的转变。本文对“碳中和”进行了简介并探讨了其背后巨大的商机。“碳中和”是现代人为减缓全球变暖所作的努力之一。利用这种环保方式，人们计算自己日常活动直接或间接制造的二氧化碳排放量，并计算抵消这些二氧化碳所需的经济成本，然后个人付款给专门企业或机构，由他们通过植树或其他环保项目抵消大气中相应的二氧化碳量。

《化学教学》2008 年第 8 期

食用色素知多少

陶俞佳　祝　炎

食用色素是用于食品着色的一类食品添加剂，这类添加剂可以使食品呈现出一定的色泽，诱发人的食欲。一、合成食用色素。合成色素因色泽鲜艳、稳定，着色力强等优点受到食品界欢迎。四种食品工业中常用的合成色素：1. 苋莱红；2. 胭脂红；3. 日落黄；4. 柠檬黄。二、天然食用色素。与合成色素相比，天然色素能更好地模仿天然物的颜色，着色色调比较自然。一些天然色素本身还具有营养价值及药用价值。五种天然食用色素：1. 番茄红素；2. β-胡萝卜素；3. 虾青素；4. 姜黄色素；5. 红曲色素。

《化学教学》2008 年第 12 期

生物质燃料乙醇展望

庞业伟

生物质包括各种速生的能源植物、农业废弃物、林业废弃物、水生植物以及各种有机垃圾等。一、生物质燃料乙醇的应用和效益。乙醇作为燃料，燃烧值高，污染小，已经成为我国“十一五”规划的重点发展项目。二、生物质燃料乙醇的代价和制约。生物质能源的发展不能依靠对粮食的占有和生产面积的挤压来实现，也不能以破坏自然生态环境为代价。三、木薯酒精的优势。木薯耐旱、耐瘠薄，对土质的要求低，可以充分利用边际土地。四、木薯酒精的生产及前景。到“十一五”末期，乙醇汽油将占我国汽油消费量的一半以上，形成以“非粮”原料为主、以技术进步为动力、经济效益为中心、缓解能源供应紧张压力和保护环境为目的的生物液体燃料产业链。五、结语。燃料乙醇直接打通了第一产业和第二产业。农民成了“新能源”提供者，这为几千年来以农为本的中国提供了一个新能源由梦想成为现实的可能。

《化学教学》2008 年第 10 期

在环保理念下使用融雪剂

孙树萍

一、融雪剂的融雪原理和效果。1. 溶液的蒸气压降低使冰点发生变化。2. 盐液浓度与冰点的实验数据。二、融雪剂的使用对植物产生的危害。1. 融雪剂使植物出现“水干旱”或“盐胁迫”问题。2. 融雪剂中某些离子对植物产生毒害作用。(1)离子的竞争性抑制作用导致营养缺乏；(2)离子对细胞膜和酶类有所伤害。三、使用融雪剂也会带来一些其他隐患，应该在环保理念下合理使用新型融雪剂。

《化学教学》2008 年第 10 期

21 世纪的三种新能源

李静雅

一、天然气水合物。因其外观像冰一样而且遇火即可燃烧，所以又被称做“可燃冰”。其主要气体为甲烷。具有使用方便、燃烧值高、清洁无污染的特点。在自然界广泛分布在大陆、岛屿的斜坡地带、大陆边缘的隆起处、极地大陆架、海洋和一些内陆湖的深水环境。全球储量是现有天然气、石油储量的两倍。二、生物质能。直接或间接地通过绿色植物的光合作用，把太阳能转化为化学能后固定和储藏在生物体内的能量。它是唯一可再生的碳源，可转化为常规的固态、液态和气态燃料，具有可再生性、低污染性、广泛分布性等特点。其消费总量仅次于煤炭、石油和天然气。三、燃料电池：主要特点是高效、安静、可靠。目前既可用于集中发电，建造大、中型电站和区域性分散电站，也可用作各种规格的分散电源。

《中学化学》2008 年第 2 期

烧烤　啤酒　果汁　健康

史延海

一、烧烤：烧烤类食品的安全性问题很严重。二、啤酒：适量饮用对人体有好处，吃烧烤喝啤酒，弊大于利。三、果汁：果汁中有大量维生素 C，烧烤时喝果汁对身体健康有利。

《中学化学》2008 年第 4 期

警惕包围人类的环境激素

顾娟红

1977 年 7 月，日本创造出“环境激素”一词。环境激素通过食物链进入人体，具有致癌性、致畸性以及免疫抑制性等。主要有多氯联苯、二噁英类、农用化学品类、双酚类和烷基酚类、邻苯二甲基酯类、金属类等。人们在日常生活中的预防措施：1. 不用泡沫塑料容器泡方便面；2. 不用塑料的婴幼儿用品；3. 尽量不食用近海鱼类；4. 尽量食用天然食物和有机食品；5. 家庭少用衣服防虫剂、杀虫剂、驱蚊剂和洗涤剂；6. 垃圾分类处理，不要焚烧。

《中学化学》2008 年第 5 期

成语中的化学知识

杨进喜

一、成语中有关燃烧的知识：刀耕火种、火树银花、炉火纯青、石破天惊、水火不相容、抱薪救火、百炼成钢。二、成语中涉及的物质性质：滴水穿石、沙里淘金、青出于蓝、灵丹妙药、信口雌黄。三、成语中的生活饮食知识。争风吃醋、甘之如饴、水乳交融、涂脂抹粉、饮鸩止渴、如胶似漆。

《中学化学》2008 年第 5 期

形形色色的“宝石”

王维德

1. 钻石：成分是碳。2. 红宝石、刚玉：成分是氧化铝。3. 蓝宝石、刚玉：成分是氧化铝。4. 祖母绿：成分是硅酸铍铝。5. 软玉：成分是硅酸钙镁铁。6. 硬玉：成分是硅酸钠铝。7. 金绿宝石：成分是氧化铍铝。8. 黄玉：成分是羟基硅酸氟铝。9. 珍珠：成分是碳酸钙、介壳素和水。10. 海蓝宝石——绿柱石：成分是硅酸铍铝。11. 紫水晶——石英：成分是二氧化硅。12. 黄水晶：成分是二氧化硅。13. 红榴石——石榴石：成分是硅酸镁铝。14. 贵镏石（石榴石）：成分是硅酸镁铝。15. 珊瑚：成分是碳酸钙、介壳素。16. 绿色钙铝榴石——石榴石：成分是硅酸钙铝。17. 琥珀：成分是有机植物树脂混合物。18. 橄榄石：成分是镁铁硅酸盐。

《中学化学》2008 年第 6 期

过氧碳酸钠知多少

王怀海

一、过氧碳酸钠的性质：$2Na_2CO_3 \cdot 3H_2O_2$，具有氧化性、碱性、低温下有漂白作用，稳定性差。二、过氧碳酸钠的制备原理：碳酸钠和过氧化氢的加成复合。三、过氧碳酸钠的工业生产方法：干法生产工艺、湿法生产工艺。四、过氧碳酸钠的生产现状及应用前景：洗涤助剂、医疗卫生、其他。

《中学化学》2008 年第 8 期

浅谈抗癌物质番茄红素

李俊生

一、分布：广泛分布于自然界成熟的红色植物果实中，如番茄、胡萝卜、西瓜等。二、番茄红素的结构及理化性质。分子式为 $C_{40}H_{56}$，含有 11 个共轭双键和 2 个非共轭双键。易溶于氯仿和苯，可溶于乙醚、丙酮等，难溶于甲醇和乙醇，不溶于水。它对酸不稳定，对碱则较稳定。三、番茄红素的主要保健功能：抗氧化作用、预防和抑制癌症、提高机体免疫功能。四、番茄红素的制取方法及应用前景。

《中学化学》2008 年第 9 期

揭开奥运火炬熊熊不熄的神秘面纱

林　丹　孙玉婷

一、奥运火炬的技术要求。二、奥运火炬的燃料：1956 年用镁铝。1960 年用天然树脂。1972 年首次改用液体燃料，24%丙烷和 76%丁烷混合。1976 年使用橄榄油。1996 年使用丙烯。2000 年、2004 年用 35%丙烷和 65%丁烷混合物。2008 年使用 99%以上纯度的丙烷。三、北京奥运火炬燃料和燃料系统。

《中学化学》2008 年第 11 期

初中化学教学中食品安全知识与食品添加剂

沈卫亮　胡恒武

一、关于食品添加剂的定义。二、食品中加入添加剂的作用：改善食品品质，如风味、色泽、口感等。改善食品加工工艺。节约资源、降低成本。三、食品添加剂的种类：按照来源有天然和人工两大类。按照用途有 22 类。四、常用食品添加剂：食品防腐剂、发色剂、乳化剂、漂白剂、甜味剂、抗氧化剂、酸味剂、增稠剂、稳定剂和凝固剂、水分保持剂。

《中学化学》2008 年第 11 期

“5·12”地震后选用的化学消毒杀菌剂

田宗学

一、由强氧化剂氧化细菌体内的活性基因而杀菌消毒。有液氯、高锰酸钾、臭氧、过氧化氢、氯胺、二氧化氯、过氧乙酸、84 消毒液。二、通过与细菌体的蛋白质结合，使蛋白质凝固或变性，达到消毒。有乙醇、来苏水、苯酚、甲苯酚、福尔马林、红汞、戊二醛。三、卤素及能产生卤素的化合物，使细胞蛋白质变性而杀菌消毒。有漂白粉、二溴海因、碘酒、氯胺。四、使细菌胞内物质外渗透，改变细胞浆膜的通透性。有新洁灭尔、消毒净。五、改变细菌的新陈代谢，产生抑菌作用而杀菌消毒。有乙酸、苯甲酸、甲紫。

《中学化学》2008 年第 12 期

化学史及其教育功能

【概况】2008 年的化学史主题文献不多，主要分为四类：中国近代化学史、化学史文献统计分析、化学史在化学教学中的应用和经典化学物质发现。

中国近代化学课程始端——“京师同文馆化学科”体系溯探

江家发　陈　波

京师同文馆化学科作为我国化学课程的始端，以课程设置及目的、课程内容与教材、课程的考试、教师与学生等要素，构成了学校近代化学课程体系，并以此为我国化学教育事业做出了开创性的贡献，其中化学科课程内容及编译教材包括化学科课程内容、化学科课程教材。

《化学教育》2008年第12期

中国近代教会大学化学教育（1901～1936）

王 炜

中国近代教会大学化学教育重理论基础，复旦大学和金陵大学后期才有化学工程科。与1935年教育部制定的课程比较，国防化学和化学工程在教会大学中几乎没有学校开设。虽然各校科目并不相同，但对基础理论课程的重视则是共同的，在1936年以前，化学工程类系科课程则较少。对实验也非常重视，实验课时一般比讲授时间和教育部规定的时间要多。教会大学严格的学分制和考试使学生毕业率很低，一般不到一半。但学化学的学生比其他专业的学生多。

《化学教育》2008年第10期

青出于蓝而胜于蓝——靛蓝与生活

张 宁 刘克文

靛蓝是重要的天然染料，它广泛应用在人们的生活中。靛蓝的人工合成更是人类史上合成天然染料的里程碑。

《化学教育》2008年第4期

格氏试剂的发现

张 宁 刘克文

格氏试剂的发现是20世纪初有机化学合成研究中的重大发现之一，它促进了有机化学合成的发展，发现者格林尼亚因此而获得1912年的诺贝尔化学奖。

《化学教育》2008年第2期

《化学教育》中化学史文献的统计分析——基于1980～2006年载文的研究

于建军 王秀红 张晓娟

以1980～2006年《化学教育》，中刊载的关于化学史的文章为研究对象，从文章内容、文章作者和文献引用3个方面进行统计分析，在一定程度上揭示了化学史研究的现状以及存在的问题，并对此提出了建议。

《化学教育》2008 年第 3 期

“文房四宝”中的化学

卢香宇

一、毛笔：毛笔可分为羊毫（软毫）笔、狼毫（硬毫）笔、兼毫笔和胎毛笔 4 种。因毛发主要成分为蛋白质，易被虫蛀，所以写完字后要及时洗净余墨，存放于阴凉干燥处。二、墨汁：制墨的原料主要为炭墨烟、动物胶、防腐添加剂。早期的墨汁是由木炭、煤灰悬浊在虫胶中制得，现在的墨汁主要以烟炱配以适量的胶和香料制成。三、纸：造纸的主要原料是以竹与木为主的植物纤维，其中主要含纤维素、半纤维素、木素三大成分，并含有少量的树脂、灰分等。四、砚台：砚石的化学成分因产地而不同。如歙砚石，其主要物质有绢云母及隐晶质（70%～90%）、碳质、金属矿物质、粉砂等，主要化学成分是二氧化硅和氧化铝。端砚石的化学成分为二氧化硅约 17%，氧化铝约 15%，三氧化二铁约 3%，氧化钙约 27%，氧化镁约 6%。

《中学化学教学参考》2008 年第 1－2 期

化学史中谬误理论与教学价值分析

邱道骥　孟献华

一、科学史中的谬误类型：(1)经验层次上的谬误。(2)理论层次上的谬误。(3)自然观层次上的谬误。(4)方法论层次上的谬误。二、科学史中谬误的教学价值。(1)用于创设学习情境，开发课程。(2)错误的理论或观点中往往包含着正确的思路和方法。(3)正确与错误的观点相互启发，本身就是探究性课程的最好素材。(4)有助于理解科学探究的真实一面。

《中学化学教学参考》2008 年第 4 期

结合化学史挖掘教材的教学价值

陈长应

一、展现思想方法论价值。例如原子概念的提出。二、加深对科学方法的理解。三、体现科学探究的过程。四、理解科学的历史价值。例如质量守恒定律的发现。五、注重知识的形成过程。例如科学家认识酸碱的过程。

《中学化学教学参考》2008 年第 11 期

化学史教育中易犯的错误

袁振东

一、对引用的化学史料缺乏考证。比如氧气的发现、我国化学史的奠基人、金刚石的发明等。二、培养学生科学方法时只介绍成功的案例。三、评价化学家时表现出“英雄崇拜”。比如要辩证地看待普里斯特利。

《中学化学教学参考》2008 年第 12 期

麻醉剂发现史话

刘敬华

麻醉剂能强烈抑制神经系统的活动，使机体全部或局部暂时失去知觉，特别是痛感消失，以便进行外科手术。中学教材中常见的化学物质包括：中国古代医学伟大的发明之一——麻沸散；令人愉悦的麻醉剂——笑气（主要成分为一氧化二氮）；麻醉新宠——乙醚；无痛妙方——氯仿；安全有效的麻醉剂——氟烷；应用广泛的局部麻醉剂——普鲁卡因；最新发现的麻醉剂——氙气。

《化学教学》2008 年第 9 期

化学前沿知识

模板反应及其在含氮大环金属配合物合成中的应用

张　宁　王明召

本文介绍模板反应的基本原理与分类，并以组环和开环为线索，举例介绍了模板反应在含氮大环配合物合成中的应用。

《化学教育》2008 年第 7 期

金属配合物与 DNA 的弱相互作用

王明召　黄凤仙　徐小燕　刘　琼　李海平　陈　希

介绍了金属配合物与 DNA 相互作用的嵌入、沟槽和静电 3 种主要模式，并介绍了目前常用的研究方法，包括紫外－可见吸收光谱法、荧光光谱、黏度法、循环伏安法。

《化学教育》2008 年第 10 期

化学遗传学简介

郭晓强　米　裕

化学和遗传学原本是两个关系不太密切的独立学科，但在 20 世纪 90 年代两者却融为一个新的交叉学科——化学遗传学，该学科主要应用化学中的一些有机小分子作为研究工具来确定基因的功能。化学遗传学大大促进了遗传学的研究领域，为生命科学的发展注入了新的活力，同时还扩大了化学的应用领域，因此化学遗传学成为当前生命科学研究和新药筛选的重要手段，已经取得的成果显示了巨大的应用潜力。通过介绍化学遗传学的产生、研究内容和研究意义等使大家对该学科有一个概括性的认识。

《化学教育》2008 年第 10 期

手性药物的酶催化不对称定向合成

蒋育澄　李淑妮　翟全国

手性药物目前已成为国际上新药研究的热点。手性药物及其中间体的酶催化定向合成与传统的有机合成反应相比，所需条件温和，无须强酸强碱、高温高压等极端条件，可大大降低对设备的要求，同时具备反应速度快、立体选择性高等优势，而且对环境污染小，属于绿色合成技术，因而成为制备手性化合物的最有前景的方法之一。本文主要介绍了手性药物的酶催化不对称定向合成的方式、催化机理及应用，并引入了一些最新进展情况。

《化学教育》2008 年第 12 期

新课程实施中对化学前沿知识课程资源的开发与利用

季春阳　付伟凭　廖志刚

化学前沿知识课程资源的开发和利用有利于培养学生的创新精神、实践能力、时代精神、科学和人文素养。一、化学前沿知识课程资源内涵的界定，课程资源是指形成课程的直接因素，是指形成课程的要素来源以及形成课程的必要而直接的条件。二、化学前沿知识课程资源的教育功能。1. 有利于培养学生的基本化学素养；2. 有助于提高学生的科学素养；3. 有利于培养学生的时代精神；4. 有助于提高学生的人文素养。化学前沿知识关注的是整个人类社会的发展，是对社会发展的科学化解释。三、利用化学前沿知识课程资源的方法。1. 利用化学前沿知识巧妙地设计习题；2. 探究学习——复现化学科学探究过程，通过运用化学前沿知识来创设问题情景，使学生领悟科学探究的思想，培养学生进行科学探究的能力，增进对科学探究方法与过程的理解；3. 把化学前沿知识转化为科普讲座；4. 组织学生收集相关的化学前沿知识信息，以形成学生自己的知识库；5. 作为课外阅读材料，丰富学生的化学知识。

《中学化学教学参考》2008 年第 4 期

“手性属性”与手性药物

张学红

由于自然界的生命体存在有手性，因而也就产生了手性药物。手性药物指分子结构中存在手性因素的药物。通常是指由具有药理活性的手性化合物组成的药物，或者是只含有效对映体或是以有效对映体为主的药物。按药效方面的简单划分，手性药物可能存在不同的情况。其中发展单一对映体手性药物是药品安全的需求。手性药物在体内的情况要复杂得多。对映体之间会相互转化、吸收和代谢的速率也不一样。这些事实表明，发展单一对映体对用药安全非常重要。在药理学上，服用单一对映体的手性药物可减少剂量和代谢负担，提高剂量的幅度并拓宽用途，对药物动力学及剂量能有更好的控制。在剂量设定时幅度更宽，反应较小。在剂量选择时更有信心。选用单一对映体的手性药物可减少与其他药物的相互作用，提高活性并减少剂量，提高专一性并降低由某种对映体引起的可能的副作用。对制药企业而言，发展单一手性药物可节省资源，减少废物排放，降低对环境的污染。手性制药是医药行业的前沿领域，手性药物以其疗效高、毒副作用小、用药量少的优点满足了市场的需求，因而成为未来新药研发的方向。

《化学教学》2008 年第 3 期

纳米气泡简介

郑最胜　李南方

本文首先介绍了纳米气泡的发现、形貌、形成（直接浸置法、外源法、醇水替换法、化学反应法）、性质（纳米气泡与疏水长程引力、纳米气泡与流体边界滑移、纳米气泡与增氧作用、纳米气泡与酶解过程、纳米气泡与荷叶自洁效应）及应用（用于矿石浮选；用于管道输油；用于治理环境污水；用于治疗癌症；纳米气泡浴）等知识，接着又展望了研究纳米气泡的发展前景。

《化学教学》2008 年第 3 期

托起“嫦娥”奔月的翅膀——漫谈航天器化学能推进剂

李峰屹

航天器推进剂依进入发动机的推进剂组元数目，分为单组元推进剂、双组元推进剂；依推进剂工作状态，分为液体推进剂与固体推进剂。“长三甲”火箭一、二级发动机推进剂为偏二甲肼/四氧化二氮，其中偏二甲肼为燃烧剂、四氧化二氮为氧化剂，它们在火箭发动机燃烧室中接触能发生剧烈的反应，产生大量高温燃气；三级发动机推进剂为液氢/液氧。其中液氢为燃烧剂、液氧为氧化剂；“嫦娥一号”卫星变轨与姿态控制发动机推进剂则为甲基肼/绿色四氧化二氮。

《化学教学》2008 年第 4 期

多功能沸石分子筛材料

吴　鹏

本文简要介绍了沸石分子筛的基本结构、分子筛的合成、沸石分子筛的应用和分子筛发展的展望。沸石分子筛是具有规则的均匀微孔结构的一类硅铝酸盐，其化学组成为：$M_{2/n}\cdot Al_2O_3\cdot xSiO_2\cdot yH_2O$，构成沸石分子筛骨架的基本结构为硅氧四面体($SiO_4$)和铝氧四面体($AlO_4$)。分子筛的合成主要有水热法、溶剂热法、氟化物体系法、干胶法和微波辐射法等。沸石分子筛的应用主要有以下三个方面：1. 分子筛吸附剂；2. 分子筛阳离子交换剂；3. 分子筛催化剂。今后随着新型结构尤其是大孔径多孔材料的研发，作为关键催化材料的分子筛将继续为开发绿色化学过程作出新贡献。

《化学教学》2008 年第 6 期

能源新秀——储氢材料简介

闫蒙钢　张　犟　朱小丽

本文以人类社会能源结构的演变为切入点，简述了氢能的优势及气态储氢、液态储氢和固态储氢的 3 种储存方法。笔者从化学的独特视角对目前研究的稀土系、镁系、钛系、配合物、纳米材料、玻璃微球6类储氢材料进行了简介，其中着重介绍了稀土系、镁系、钛系3类储氢合金的研究状况。本文还对目前储氢材料的用途作了简单的说明：(1)氢气分离、回收和净化材料；(2)制冷或采暖设备材料；(3)镍氢充电电池。

《化学教学》2008年第6期

纳米 TiO_2 与光催化技术

倪伶俐　吕　媛　张衍楠

纳米 TiO_2 光催化降解机理：hv(光照)＋SC(催化剂表面 TiO_2 粒子)→e^-(电子)＋p^+(正电荷空穴)。

A(催化剂吸附的电子接受体)＋e^-(电子)→A^-(ads)。

D(催化剂吸附的反应物分子)＋p^+(正电荷空穴)→D^+(ads)＋e^-＋p^+→N＋E。

纳米 TiO_2 光催化剂的制备有溶胶-凝胶法（Sol-Gel）和 $TiCl_4$ 水解法，新型纳米 TiO_2 光催化剂可用于空气净化、饮用水的处理、工农业废水的处理等方面。

《化学教学》2008年第7期

新型化学食品标签——时间-温度指示器

潘佐杰

新型化学食品标签——时间-温度指示器通过运用化学原理及方法对食品的储存时间和温度作出显示，供商家和消费者参考选择，是一种化学智能化包装标签，在现代食品的生产与销售中发挥了重要作用。本文介绍了化学食品标签——时间-温度指示器的类型及其化学原理，展现了化学研究在日常生活中的新领域。

《化学教学》2008年第8期

浅说“三谱”分析测结构

朱怀义　汪熹霞

一、“三谱”原理例析。1. 红外光谱分析法。普通红外光是指波长在2～15 μm的电磁波，能量较低，当它照射到分子上时，只能引起分子中成键原子核间振动和转动能级的跃迁。红外光谱是利用有机化合物分子中不同基团的特征吸收频率不同。2. 核磁共振谱分析法。有机分子中的氢原子核，若所处的化学环境不同，表现出的核磁性就不同，代表核磁性特征的峰在核磁共振谱图中横坐标的位置也就不同，即表现出不同的特征峰。3. 质谱分析法。在高真空下，有机化合物分子受到能量较高的电子束轰击时，会失去一个外层电子变成分子离子，电子流多余的能量再传给分子离子，又使之在一处或数处发生化学键断裂，产生许多“更小的原分子的碎片”，由于碎片的质量(m)和所带电荷(e) 的不同，到达检测器的顺序也不同，就得到各特征质量的碎片离子所对应的谱图。二、应用举例。

《化学教学》2008 年第 11 期

微胶囊自愈合技术与自愈合材料

谢美然　李金欣

自愈合材料属于智能材料，是模仿生物体损伤自修复的原理，具有感知和激励双重功能的材料，材料内一旦产生缺陷，在无外界作用条件下能够自我修复，从而消除隐患，增强材料的机械强度，延长使用寿命。近些年自愈材料的研究进展较快，归纳起来主要有液芯纤维法、热可逆自修复法和微胶囊法 3 种形式。一、液芯纤维法。液芯纤维法是将含有愈合剂的纤维添加到材料中，当基体材料出现裂纹时候纤维会破裂从而释放出愈合剂，使基体材料愈合。二、热可逆自修复法。Chen 等人用呋喃多聚体和马来酰亚胺多聚体合成了网状高分子材料，这种材料只要施以简单的热处理就可在要修补的地方形成共价键，并能多次对裂纹进行修复而不需添加额外的单体。三、微胶囊法。其原理是：微胶囊在基体出现裂纹时会破裂，释放出的愈合剂通过毛细作用到达裂纹面，愈合剂接触到埋在基体里面的催化剂引发聚合从而修复裂纹。微胶囊自修复法体系结构由以下几个部分组成：基体材料、微胶囊、愈合剂和催化剂。

《化学教学》2008 年第 12 期

机械力化学效应及应用

石海信

机械力化学效应是通过对物质施加机械力而引起物质发生结构及物理化学性质变化的过程。在机械力的不断作用下，起始阶段主要是物质颗粒尺寸的减小和比表面积的增大，但是达到一定程度后，由于小颗粒的聚集而出现粉磨平衡，但并不意味着粉磨过程中粉体的性质不变，事实上它会发生诸多的机械力化学效应。机械力的作用可引起物质化学键的断裂，生成不饱和基团、自由离子和电子，产生新的表面，造成晶格缺陷，使物质内能增加，处于一种不稳定的化学活性状态，并使许多在常压、室温条件下不能发生的反应成为可能。根据原料的状态可以将反应体系划分为固-固、固-液、固-气三大类。机械力化学的机理尚没有一个统一的界定，目前主要有等离子体模型、固态合成反应模型、热点理论等几种理论。机械力化学效应的应用主要应用在矿物活化与改性、合成纳米材料、合成高分子材料和有毒废物降解等领域。

《化学教学》2008 年第 5 期

优秀学科网站

人民教育出版社化学网站

网址：（初中化学）http：//www. pep. com. cn/czhx

网址：（高中化学）http：//www. pep. com. cn/gzhx

网站简介：教材和课程标准是基础教育新课程改革中最权威的指导，全国大部分省市都使用人民教育出版社的九年级和高中课标本教材，所以人教社的网站是广大一线教师的良师益友。适合九年级的初中化学站点包括“教师中心”“学生中心”“资源下载”“元素图册”“专题资源”“科学·技术·社会”“初中化学网刊”“最新文章”等栏目。

在提供了人教版九年级化学教材的电子版本之外，还提供了配套的教师用书、教学设计、图片素材、探究实验、同步练习、解析与测评、达标检测、视频资源、考试命题和课件等资源。充分考虑到初中一线教师的需求，网站接纳来自各地一线教师贡献的最新课件和教案，更新及时，能反映不同地区的课改实践经验；“初中化学网刊”以电子期刊形式呈现出化学教师对初中化学教学与命题的理解，贴合实际。

高中化学站点除了“课标大纲”“课标教材”“现行教材”等资源，还兼顾师生两方面，分别在教师中心和学生中心针对不同需求提供适时、丰富的指导，例如教师中心的“实验区风采”“教学研究”“课件资源”“教学设计”“实验教学”“教学随笔”等，为高中化学教师熟悉新课程、理解新理念、获取新资源提供了优质平台和优秀典范；而学生中心的“解题指导”“高考专题”“竞赛天地”“试题集锦”为广大学子提供了优质的试题、练习来源，“学生作品”栏目也为热爱化学的广大学子提供了展现风采的平台。“化学研究会”是中国教育学会化学教学专业委员会与广大教师交流沟通的平台，展现委员会组织的各种教学比赛、会议纪要。

另外，人民教育出版社与初中、高中化学分别配套的论坛也成为全国关注化学的教师和学生交流知识、共享资源的纽带。

中国化学课程网

网址：http：//chem. cersp. com

网站简介：教育部课程发展中心委托北京师范大学化学教育研究所建设、管理的化学新课程优质教学平台，近年来成为最受中学化学教师青睐的教学资源网站。“教学资源”栏目提供来自各个实验区的最新化学教学视频、教学设计和化学教学素材；“化学实验室”栏目信息量丰富，包含了教材实验改进、实验疑难分析、创新实验设计、化学实验教学体验与反思等多样化资源；“课程教材”栏目提供化学课程标准和各种版本化学教材、教师用书的电子书、图片格式，还提供了若干国外化学课程和教材的比较、研究论文；“考试评价”栏目关注各地高考自主命题化学卷、中考化学试题改革以及实验区的日常化学考试评价，既有专题练习，也有综合检测；“培训教室”栏目汇集各地化学新课程培训优秀资源、经验之谈，在与论坛合作的基础上，整理归纳中国化学课程历次网络教研成果精华；“走进实验区”栏目介绍了各个新课程实验区实施出色的学校、化学教研组，也通过“人物专访”介绍了在新课程实施过程中的专家、教授风采。“化学成长博客”是来自高校、中学的化学教师表达想法、交流合作的互动平台，例如北师大王磊教授、福建师大胡志刚教授和南京晓庄师范学院陈凯老师的博客都是广大一线教师和化学师范生关注的热门站点。

化学教育网

网址：http：//www. huaxue. com. cn

网站简介：隶属于学科教育网的一个子网站。采用互动建设、会员上传的模式。其内容主要依靠教师会员的上传共享，有些来自教师本人的教学原创，有些来自教师搜集、整理的网上资源。“下载中心”提供化学实验、竞赛、论文、积件素材等资源，“高中化学”和“初中化学”兼顾各种版本教材和中高考化学试题；“文章中心”提供了拓宽师生视野的“继续教育”“科学广角”资料。

化学学科网

网址：http：//hx. zxxk. com

网站简介：中学学科网采用会员贡献奖励制度和站长审核负责制度。已经成为拥有超过400万的会员和100多万套、3 000多G资料的资源库。通过站长和会员共建制发展起来的中学学科网资源体现了全、大、新、快的特点，受到了广大师生的好评。会员流量的急剧上升，使学科网的排名跻身于世界前6 000名，在国内综合教育资源网站中独领风骚！化学学科网是中学学科网的子网站，栏目分类既有不同层次的同步资料、分阶段的中高考复习资源以及初高中竞赛，也可以按照教材年级、版本的分类进行检索，也独家提供了中学学科网自己组织编写的原创资料。

天河部落

网址：http：//www. thjy. org

网站简介：天河部落由广州市天河区教育局教研室主办，全国四大教研博客之一，是一个基于Blog技术的教学研究平台，主要以注册会员，交友交流的形式切磋学习，分享经验。该网站涵盖了从小学到高中的各年级各学科的日志，不仅有学习资料，还有当前的各类学科最新信息和个人感悟。同时该网站也是一个学校、家长、学生三方交流，信息获取的渠道，是一种创新的教学研究网络。涉及化学主题的Blog分初三、高一、高二、高三等层次，与网友分享全国最新开展化学新课程的地区经验和资源。

广州中学化学

http：//hx1. guangztr. edu. cn

网站简介：广州中学化学网由广州市教育局教学研究室化学科，广州中学化学教学研究会主办，是一个基于广州市教师教学教育的网站。网站可以说是一个教师的天地，涵盖了各类文档，提供了丰富的教学资源。“教研资料”“教研会专栏”主要为教师提供了各时间段的教研活动及教研内容，属于一种针对教师的最新资料信息汇集。“教学研究”是为教师提供了一个教学经验交流的平台，便于教师们互相吸取教学经验，有助于教学界的加速高效发展。“试题资源”“课件资源”等栏目则包括许多下载资源，为教师提供了许多的练习资源。而“我的教学故事”“我与化学”等栏目则是教师的一种教学反思，尤其是对于年轻教师提供了一定启示。

化学教育资源网

http：//ngedu. net

网站简介：化学教育资源网是集试题、教案、课件、说课稿等资源为一体的免费下载资源网站。“试题中心”栏目提供了全国各地优秀的试题资源，有效地促进各地化学教学研究的交流，“教学参考”栏目内容是基于各地教师的教学归纳总结，是一种教学精华。“课件中心”“教案中心”则提供了大量的下载资源，便于教师丰富自身的教学课件，拓展自身的教学内容。“论文中心”“文章中心”栏目涵盖了各地教师的工作总结及工作研究结果，是一个教师沟通教学经验的优质平台。

中国微型化学实验研究中心

http：//www. cmlc. gxnu. edu. cn

网站简介：中国微型化学实验研究中心是经教育部高教司理科处的同意，由高等院校化学教育研究中心发文批准成立的，属该中心的一项研究机构。由广西师范大学化学化工学院主办，是一个非常专业的关于微型化学实验研究的网站。“ML 仪器”主要就是介绍微型化学实验各类仪器，“ML 著作”展示最新发表的文章，同时还有资源下载、电子期刊、探究俱乐部等众多栏目。网站的设立旨在加强微型实验工作者之间的交流，促进我国微型实验的发展。

高中化学教与学

http：//xkc. fsjy. net/Sites/gzhx

网站简介：高中化学教与学是佛山教育信息网的学科资源网站，以适应教育教学改革的需要，集结多所中学各学科带头人教师建设和整理与教学教育有关的资料，形成一个资源共享的平台。网站主要以高中课程各单元为组成结构，从必修到选修，分册分单元将课本内容相关的教学资源提供共享。“最新更新”和“下载排行”等栏目将会给经常关注本网站的人提供帮助与参考。“上载资源”为用户提供了一个学习经验交流的环境，让用户上传自己的创意的，有价值的内容。同时该网站也可以进行在线生成教案电子书，动态演示文稿，录入交互试题，上传网页压缩包等功能，为用户提供了一条捷径的渠道进行资料的生成。

飞雁化学网

http：//www. fyhxw. cn

网站简介：飞雁化学网主要是以化学 Flash 为主的化学网站，同时也为用户提供各种化学 PPT 等多媒体资料。“趣味化学”提供各种生活学习中的化学有趣资料，如化学版歌曲，化学情书等。“化学游戏”的内容新颖、创新，是活跃课堂教学的重要资源库。“化学电影”则以视频的形式展示各类生活化学，为教师的教学提供了丰富的资源，也拓宽了学生们的课外视野。此网站还提供详细的同步教学练习及各地中考试题，使用户在学习趣味化学的同时也做了知识的整理归纳练习。

学　科　动　态

学　科　概　况

会议和交流活动方面，中国化学会在天津南开大学举行了第26届学术年会。这是中国化学会历史上规模最大的一次学术活动，有包括31位两院院士在内的2 800余名海内外化学界的专家学者到会。年会以“化学与和谐社会”为主题展开学术交流。交流论文近3 000篇。中国教育学会化学教学专业委员会主办，北京师范大学承办、北京化学会协办了“第二届全国化学教育专题学术研讨会”。本次会议的主题是“新课程理念下的化学课堂教学设计研究”。会议共收到论文86篇，内容涉及化学教学策略、化学教学设计、化学教学理论和教师教育研究等方面。这次会议同时还组织了首届“全国高等院校化学专业师范生素质大赛”。华东师范大学985工程“教师教育理论与实践创新”基地召开了“全国学科教师教育论坛”。华东师范大学化学系、《化学教学》编辑部承办了“化学学科教育转型研究”学术分论坛。来自国内兄弟院校的近80余名专家、学者和研究生参加了本次会议。大会就新时期化学学科教育研究的课题及其方法论、高师“化学教学论”课程范式的转型等方面作深入的交流讨论。另外，各省市教研室和教科所都针对当地实际情况开展了丰富多彩的教学研究活动。2008年江苏省进入化学新课程改革，江苏省中小学教学研究室和江苏省化学化工学会教育研究工作委员会协同开展了初高中化学优秀教学设计评选活动和全省第五届中学化学实验调演活动。

重大课题方面，中国化学会化学教育委员会公布了基础教育“十一五”2008年度规划课题指南，给出了12项课题研究方向和范围。2008年江苏省教育科学“十五”规划课题结题项目中与化学相关的有7项。

教师教育方面，众多学者比较关注教师教育的培养模式改革、教师从教技能的培养、教师专业发展等方面的问题。北京师范大学、华东师范大学、山东师范大学、安徽师范大学等院校努力将《化学教学论》建设成为国家级精品课程。南京师范大学、华南师范大学、福建师范大学等努力将《化学教学论》建设成为省级精品课程。南京师范大学还在教师教育学院内培养化学师资，给我国传统的师范教育开辟了一条新路。重庆师范大学等院校还开设了科学教育专业。

港澳台以及国外化学教育注重培养学生的科学素养和创新能力，提供多元化的课程，满足不同学生的需要，拓展化学的视野，重视与其他学科的相互渗透，贴近学生的经验，充分体现化学课程的生活价值，精心设计课程内容，营造真实的学习情境，重视化学教育与人文教育的有机结合。

会议和交流活动

国家级的会议和交流活动主要由国家级的社团机构和教育部直属师范院校举办。省级的会议和交流活动在本册年鉴中仅选取了江苏省的有关内容。第一个原因是全国各省的活动太多，查找和筛选比较困难。第二个原因是 2008 年江苏省正好完成了整整一轮高中化学新课程改革，积累了比较丰富的改革经验，需要进行交流讨论，有关会议交流内容比较容易获取和甄别。所以，其他省份的相关内容编入 2008 年之前和之后的化学年鉴中。

中国化学会第 26 届学术年会

中国化学会第 26 届学术年会 2008 年 7 月 13 日至 16 日在天津南开大学举行。这是中国化学会历史上规模最大的一次学术活动，有包括 31 位两院院士在内的 2 800 余名海内外化学界的专家学者到会。年会以“化学与和谐社会”为主题展开学术交流。交流论文近 3 000 篇。

《化学教育》2008 年第 8 期

金立藩教授百岁寿庆活动

2007 年 12 月 8 日，苏州大学化学化工学院隆重举行“金立藩百岁寿庆”活动。学校主要领导及各有关部门负责人、特邀嘉宾、学院全体在职和离退休同志，学生代表等共 300 多人出席活动。活动隆重简朴，圆满成功。北京师范大学刘知新教授发来贺信。

金立藩教授 1929 年至 1933 年就读于东吴大学化学系，1933 年至 1935 年在东吴大学附属中学讲授化学课程，期间还担任过苏州正志中学校长。1953年到江苏师范学院（苏州大学前身）化学系任教，直至1987年在苏州大学退休，其中1958年至1962年由组织派遣，赴南通师专任理化科主任。

《中学化学教学参考》2008年总第293～294期

第二届全国化学教育专题学术研讨会

由中国教育学会化学教学专业委员会主办，北京师范大学承办、北京化学会协办的“第二届全国化学教育专题学术研讨会”于2008年10月25—28日在北京召开。来自全国60余所高等院校及有关杂志社的151位教师及研究生代表参加了会议，香港大学和香港中文大学的代表和部分一线中学化学教师出席了会议。

本次会议的主题是“新课程理念下的化学课堂教学设计研究”。会议共收到论文86篇，内容涉及化学教学策略、化学教学设计、化学教学理论和教师教育研究等方面。

会议开幕式由该会常务理事、北京师范大学王磊教授主持，副理事长东北师范大学郑长龙教授致开幕词，北京师范大学常务副校长董奇教授出席了开幕式并致辞，北京师范大学化学学院院长方维海致欢迎辞。

我国著名化学家徐光宪院士和著名基础化学教育家刘知新教授分别做了《与时俱进的化学科学和基础化学教育》和《回望我国基础化学教育30年》的报告，受到与会者的热烈欢迎。

本次大会特邀华东师范大学王祖浩教授、东北师范大学郑长龙教授、上海师范大学吴俊明教授、香港大学 Maurice Man-Wai Cheng 博士、南京师范大学李广洲教授、北京师范大学王磊教授作了大会报告，邀请香港中文大学张善培博士、山西师范大学梁永平教授、陕西师范大学杨承印教授、四川师范大学彭蜀晋教授作了大会发言。

与会代表观摩了北京市6位中学教师的化学课堂教学；会议围绕化学课堂教学设计组织了“教师论坛”和“研究生论坛”，代表们进行了热烈地交流和讨论。

高等院校化学专业师范生教学素质大赛

“第二届全国化学教育专题学术研讨会”于2008年10月25—28日在北京召开。这次会议同时还组织了由中国教育学会化学教学专业委员会、中国化学会化学教育学科委员会和教育部高师院校化学专业协作组主办，北京师范大学化学学院承办的首届“全国高等院校化学专业师范生素质大赛”。比赛内容：

(1)化学教学情景创新设计：紧密结合化学在社会生活中的应用、重要的化学史实、化学科技的最新进展、典型的化学实验等素材，创设真实、具体、生动、富有启发性和感召力的教学情境，内容应包括情境创设的意图或目的、情景素材、由情境引发的问题或问题组。

(2)中学化学实验创新设计：原理科学、装置简便、操作安全、现象明显，突出对学生思维的启发和引导，可以已有的化学实验从原理、装置、操作、条件等方面进行改进，更提倡联系社会生活实践、运用高新技术设计新的化学探究实验，内容应包括实验设计目的、实验原理、实验装置、实验操作步骤、实验现象、实验结论、设计的创新点。

本次大赛共收到来自全国27所高校的参赛作品413件。经过初评，有61名选手到京参加决赛。本次大赛共评出特等奖16名、一等奖74名。

2008年化学学科教育转型研究学术论坛

为进一步推动我国学科教育研究，提高高等师范院校教师教育的质量，华东师范大学985工程“教师教育理论与实践创新”基地于2008年4月11—14日召开“全国学科教师教育论坛”。教育部副部长陈小娅到会祝贺并就教师教育与学科教育研究作了专题报告。华东师范大学叶澜教授、张奠宙教授分别作了“走出学科教师教育的误区——学科中心主义”和“学科教育：可持续发展的战略重点”的大会主旨报告。

华东师范大学化学系、《化学教学》编辑部承办了“化学学科教育转型研究”学术分论坛。来自国内兄弟院校的近80余名专家、学者和研究生参加了本次会议。大会就新时期化学学科教育研究的课题及其方法论、高师“化学教学论”课程范式的转型等方面作深入的交流讨论。我国著名的老一辈化学教育家、北京师范大学教授刘知新先生特写信祝贺，并向大会赠送《刘知新化学教育文集》和书面论文“扎根实践、总结提升、衷心为基础教育服务”，勉励年轻的化学教育工作者，把握大好时机，积极进取，勇于面对挑战。

在化学学科论坛上，上海师范大学吴俊明教授、华东师范大学王祖浩教授、扬州大学吴星教授、山西师范大学梁永平教授、天津师范大学靳莹教授分别就“21世纪化学教育研究展望”“化学课程研究的领域及其思路”“化学学科能力评价”“理科教师科学本质观及其教学行为发展研究”“基于场认知方式的化学学习差异研究”等内容作了主题报告。南京师范大学陆真教授、福建师范大学胡志刚教授、晓庄学院龙琪副教授、首都师范大学董素静老师等围绕信息技术与化学课程整合、化学教学论本科课程建设等问题作了发言，马勇军、任红艳、丁伟等博士就理科教材的科学史设计、化学问题解决与教学研究、化学概念学习诊断等课题进行了交流。大会报告和学科论坛内容丰富、新颖，与会代表积极参与对话讨论，取得了很好的效果。

为充分探讨化学学科教育论课程范式的转型，本次论坛特请王程杰、吕琳两位老师分别进行了实验课、理论课的教学展示，代表们就课程设置、教材内容、教学方法、学习方式等问题展开了广泛的讨论。与会代表发言踊跃，大家就长期以来困扰教学的一系列问题展开了深入交流，在许多问题上取得了共识。

与会代表一致认为，化学学科教育是高师化学专业的重要学科，对于培养 21 世纪高素质的化学教师而言是不可替代的，因而在继承传统基础上必须积极探索化学教育转型的策略：针对高师院校学科教育被“边缘化”的某种倾向，广大学科教育教师应不懈努力、扎实研究以扭转这一局面；化学学科教育研究在继承优良传统、借鉴国内外经验的同时，针对本国化学教育面临的现实问题，努力形成具有“源于中国问题、提炼中国经验、达成全球共识”的研究优势，积极探索体现中国特色的化学教学规律和策略；化学学科教育在遵循以一般教育教学原理为指导的同时，避免简单地套用教育学框架的做法，注重从学科自身的内部规律出发，“自下而上”地探索学科本质对学生思维发展的影响，在更为微观的层面上揭示学科教与学的特质，发现和提炼学科教育的规律，形成学科教学研究优势；化学教育课程应始终不渝地着眼于师范生能力的培养，注重课程、教材、教学等方面的改革与课程资源和软环境的建设，在吸取国外的理念和方法的同时坚持走自主创新的道路；化学学科教育教师应该更多地关注师范生的学习心理，有效实施教学，同时不断提高自身的教育教学技艺，以为学生起着示范性作用；各高师院校应该积极展开交流与合作，以促进学科的发展。这些共识无疑对将来化学学科教育研究与课程的转型起着重要的导向性作用。

在分享经验的同时，许多专家学者就高师化学教育的研究也提出了不少现实问题，引发大家的思考，留给各位代表会后进一步研究和实践的线索。本次论坛在团结、奋进的氛围中圆满结束，代表们共同期待着能有更多的机会分享化学教育研究的新成果。

第三届“全国实验区高中化学新课程实施成果交流大会”

由中国化学会化学教育专业委员会举办的2008第三届“全国实验区高中化学新课程实施成果交流大会”于2008年3月21—22日在福建省厦门市隆重举行。本次大会由福建省普通教育教学研究室、厦门市教育科学研究院和厦门一中共同承办。

本次会议规格高、规模大。中国化学会化学教育委员会副主任委员、教育部初高中化学课程标准研制组组长、北京师范大学教授王磊，教育部高校化学教育研究中心学术委员、北京大学教授高盘良，教育部高校化学教育研究中心学术委员、首都师范大学曹居东教授，中国教育学会化学教学专业委员会顾问、河北师范大学潘鸿章教授，中学化学会化学教育委员会秘书长、教育部高中化学课程标准研制组核心成员刘克文副教授，福建省普通教育研究室理科室主任陈启新、化学教研员黄丹青，厦门一中校长周君力和厦门市教科院院长苏宜尹出席了会议。与会代表近600多人，全国近20个省市的400多名化学学科带头人和骨干教师以及厦门市200多名化学教师代表齐聚一堂，共同探讨高中化学新课程的实施。

会议为期两天，21日上午，王磊教授、曹居东教授作了专题报告，21日下午分4个会场交流新课程实施中的问题和策略。22日上午分4个会场进行现场演示，其中每个会场有4节课。授课主题为同一内容在必修和选修两个阶段如何处理，相同教学内容主题必修、选修不同模块螺旋发展教学专题，相同内容主题不同选修模块特色教学专题，以及复习教学专题。

22日下午课标组成员、学科与会专家、省教研员、化学教育专家等从不同角度对现场课进行点评，提出建议。最后为获奖的单位、学校及先进个人进行了颁奖。

本次会议旨在促进全国实验区高中化学新课程实施的交流，促进专家学者和一线教师的交流，促进中国化学教学的发展。

2008年（暨第三届）“全国实验区高中化学新课程实施成果”教学类一等奖

姓名	单　位	成果类型	成 果 名 称
袁廷新	安徽涡阳第四中学	1-1	饮食中的有机化合物
张勇	安徽涡阳第四中学	1-1	氧化还原反应
江萍	北京师范大学厦门海沧附属实验中学	1-1	化学能与电能的转化

续表

姓名	单　位	成果类型	成　果　名　称
徐艺展	福州第一中学	1-1	沉淀溶解平衡的应用
陈童芬	福建省政和一中	1-1	氮的循环
王哲	北京大兴第八中学	1-1	物质的量在化学实验中的应用
张瑶敏	福建省南平市第一中学	1-1	醇和酚
刘长军 刘敏	山东省北镇中学	1-1	循序渐进学电解——电能转化为化学能
黄建华 陈赛清 魏美珍 黄彪	福建省南平市高级中学	1-1	海水中的化学元素教学设计
谷杰涛	淮北市天一中学	1-1	元素与物质的分类
代文	宁夏石嘴山市第一中学	1-1	氮的循环
冯月娥	华南热带农业科学院附中	1-1	人教版盐类的水解
范晓凤 姜莹富	深圳龙岗平冈中学	1-1	铝　金属材料
何平汉	深圳龙岗平冈中学	1-1	氧化剂与还原剂
罗冰心	深圳市龙城高级中学	1-1	垃圾的妥善处理与利用
葛贺	深圳市福田中学	1-1	有机合成
崔树芹	山东省东营市利津县第二中学	1-1	元素周期表的应用
朱立群	辽宁省葫芦岛市第一高级中学	1-1	化学反应的限度
陈珍胜	厦门市翔安一中	1-1	微粒之间的相互作用力
王迎喜	山东师大附中	1-1	碳的多样性
孟令宝	安徽省霍邱县第二中学	1-1	化学键
姚林花	厦门集美中学	1-1	有机物的合成
郭存良	陕西省府谷中学	1-1	铝　金属材料
汤文炳	福建省宁德市第一中学	1-1	电能转化为化学能——电解
荣林	山东师范大学附属中学	1-1	硫的转化
孔瑛	中国人民大学附属中学	1-1	重要的化工原料——硫酸　硝酸
罗滨	中国人民大学附属中学	1-1	富集在海水中的元素——氯

续表

姓名	单位	成果类型	成果名称
朱锐敏 林捷 刘明	福建建瓯第一中学	1-1	研究物质性质的方法和程序
刘明	福建建瓯第一中学	1-1	氨基酸和蛋白质
祖建方 严玉华	福建省浦城县第一中学 高二化学组	1-1	硫的转化
唐晓恋	厦门外国语学校	1-1	硫的转化
李明松	安徽省蚌埠第三中学	1-1	饮食中的有机化合物——乙酸
耿纪行	深圳市南山外国语学校	1-1	影响化学反应速率的因素
刘晓华	山东师范大学附属中学	1-1	怎样科学使用卫生清洁用品
王霞	济南外国语学校	1-1	沉淀溶解平衡
彭胜勇	福建省厦门外国语学校 高中部化学组	1-1	电池探秘
钟晓英	福建省浦城县第二中学	1-1	化学反应的快慢和限度
李秀珍	深圳市龙城高级中学	1-1	离子反应
刘英	广东省深圳市龙岗区 布吉高级中学	1-1	盐类的水解
孙晓宇	北京市航天中学	1-1	硫和氮的氧化物
王菁菁	福建省福安市 第三中学化学组	1-1	醛和酮　糖类
徐荣芳	北京师范大学厦门海沧 附属实验中学	1-1	铝　金属材料
张登堃	安徽界首一中	1-1	电能转化成化学能——电解
胡贺冰 李亚妹	安徽省亳州市教育科学研 究所 亳州市中药科技学校	1-1	铝　金属材料
胡圣才	安徽省五河县第二中学	1-1	元素与物质的分类
徐敏	北京十五中	1-1	物质的量浓度
王冬松	北京十五中	1-1	氧化还原反应
李阳	北京十五中	1-1	氧化还原反应
师虹	北京十五中	1-1	探究铁及其化合物的氧化性和还原性
王建林	北京景山学校	1-1	铁及其化合物
宁滨	北京景山学校	1-1	铁及其化合物
全芙君	北京师范大学第二 附属中学	1-1	氯气
瞿辉	北京156中学	1-1	《化学1》元素化合物复习

续表

姓名	单　位	成果类型	成　果　名　称
冯慧	北京师范大学第三附属中学	1-1	《化学1》概念原理复习
宋晓敏	北京八一中学	1-1	铁及其化合物
于守丽	北京陈经纶中学	1-1	《化学1》元素化合物复习
吴珍丽	威海二中	1-1	物质的量浓度
邢启华[1] 李炜琴[2] 陆真[3]	1. 南京市金陵中学 2. 南京师范大学课程与教学论研究所（化学） 3. 南京师范大学教师教育学院	1-2	原子核外电子的运动
王涛	大连市第二十高级中学	1-2	化学反应限度
夏凯	大连市第二十高级中学	1-2	电解池
杨磊	大连市第二十高级中学	1-2	物质的分类
张展	大连市第二十高级中学	1-2	感受氧化还原反应
陈柳青[1] 郁云[2] 冯建农[1]	1. 南京市中华中学 2. 南京师范大学教师教育学院	1-2	钢铁的腐蚀和防护
宋利珠	山东济南第九中学（实验区试点学校）	1-2	铝　金属材料
常桂平	黑龙江省佳木斯市第二中学（黑龙江省示范高中）	1-2	用途广泛的金属材料
张素芳	深圳龙岗平冈中学	1-2	氮的循环
兰宁静		1-2	离子反应
刘怡 沈婷 钱海滨		1-2	弱电解质的电离
朱爱华 张怡天 邹正		1-2	金属晶体
陈小峰	首师大附中丽泽	1-2	铁的重要金属化合物
田玉凤	北京十二中	1-2	铁的重要化合物
穆卫国	北京市顺义牛栏山第一中学	1-2	金属与水反应
李秀珍	深圳市龙城高级中学	1-2	影响化学反应速率的因素
杨平	山东师范大学附属中学	1-2	实验室里研究不同价态硫元素间的转化

续表

姓名	单 位	成果类型	成 果 名 称
王海富 赵成兰 刘江田		1-2	化学反应速率
庞岳	北京三十五中	1-2	铁及其化合物氧化性和还原性的探究
廖玉美	福建省南平市高级中学	1-3	化学能转化为电能—电池
袁顺香	安徽淮北天一中学	1-3	自然界中的元素
王慧慧	安徽淮北天一中学	1-3	鲁科版必修1第一单元 全套教学课件
李登俊	广东省深圳市 福田区益田中学	1-3	鲁科版《化学1》 （必修1）第1章教学课件
夏清国	湖南省城步苗族自治县 第一民族中学	1-3	非金属及其化合物
韩小珊	深圳龙岗平冈中学	1-3	走进宝石世界
刘健	深圳龙岗平冈中学	1-3	高三专题复习—— 电化学知识复习专题
黄佳信	厦门市五显中学	1-3	鲁科版必修第一章整章学习课件
徐鹏	安徽省霍邱县第二中学	1-3	糖类、油脂、蛋白质、维生素
刘晓华	山东师范大学附属中学	1-3	原子结构
李成武	济南外国语学校	1-3	硫的转化
沈颖	福建省诏安一中	1-3	含硅矿物与信息材料
杨善香	安徽霍邱二中	1-3	金属及其化合物
韩丽丽 杜娟 陆真	南京市第九中学 南京师范大学化学课程与 教学研究所 南京师范大学教师教育学院	1-1/2	化学反应速率和化学平衡
邓小林	东莞市光明中学	1-1/2	硫酸
王冰梅	山东昌邑市文山中学	1-1/2	硫的转化　二氧化硫的性质
宋晓敏	北京八一中学	1-1/3	二氧化硅　硅酸
曾虹	厦门外国语学校高中部	1-2/3	化学反应的快慢和限度
赵玉泉	秦皇岛市实验中学	1-2/3	氯气性质专题
姜雪芹	深圳龙岗平冈中学	1-1/2/3	苯酚
陈敏	深圳市福田区福田中学	1-1/2/3	改善大气质量的课件
薛红	黑龙江省大庆市 第三十九中学	1-1/2/3	富集在海水中的元素——氯
孙娟	福建建瓯第一中学	1-1/2/3	铝　金属材料

2008 年（暨第三届）"全国实验区高中化学新课程实施成果"
教学类二等奖

姓名	单位	成果类型	成果名称
秦群 吴艳	安徽蚌埠二中	1-1	化学反应的热效应
宋国丰 司步磊	安徽蚌埠二中	1-1	化学能转化为电能——电解
司步磊 胡婷婷	安徽蚌埠二中	1-1	化学能转化为电能
钟淮真	北京师范大学 厦门海沧附属实验中学	1-1	乙酸
许志国	深圳市菁华中英文实验中学	1-1	有机合成
金黎明	山东省桓台第一中学	1-1	原电池
唐勇	海南省海口市第一中学	1-1	化学反应速率
夏嵚崟	海南省海口市第一中学	1-1	糖
丁培培	江苏省南通第一中学	1-1	物质的分类
刘建明 王孟芳	宁夏长庆高中	1-1	苯酚
李凤华	宁夏石嘴山市第一中学	1-1	醇和酚　苯酚性质
杨晓燕	宁夏石嘴山市第一中学	1-1	原电池
张晓梅	宁夏石嘴山市第一中学	1-1	碳的多样性
陈登春	福建省邵武第四中学	1-1	盐的水解
林海斌	浙江省温岭市温中双语学校	1-1	氯气的生产原理
李玲	黑龙江省牡丹江市 第一高级中学	1-1	铁的重要化合物
宗素萍	山东省桓台第一中学	1-1	化学平衡——影响化学平衡的条件
姜雪芹	深圳龙岗平冈中学	1-1	电池探秘
李敏	深圳龙岗平冈中学	1-1	汽车燃料的清洁化
洪泽猛	深圳龙岗平冈中学	1-1	探究碳酸钠和碳酸氢钠的化学性质
阮芳忠	福建省宁德市东侨实验学校	1-1	有机化合物结构的测定
孙凤香	济南市第三中学	1-1	化学反应的热效应
赵林芳	大连二十高中	1-1	硫和氮的氧化物
杨菁	安徽蚌埠市第一中学	1-1	Na_2O_2 水溶液使酚酞试剂 褪色的原因探究
吴长洪	福建省南平市光泽 第一中学	1-1	石油和煤　重要的烃
侯桂花	山东省菏泽市二十一中	1-1	弱电解质的电离　盐类的水解

续表

姓名	单 位	成果类型	成 果 名 称
韩冬	厦门市集美中学	1-1	电能转化为化学能
盛景云	厦门外国语学校	1-1	海水中的元素
左慧	山东省济南第三中学	1-1	原子结构模型
石屹 王秀忠	山东省实验中学	1-1	硫的转化
崔立勤	山东省济南第三中学	1-1	氧化剂和还原剂
黄润	深圳市盐田区外国语学校	1-1	硫的转化
吕锋	南京师范大学附属中学	1-1	新课程高三化学一轮复习《卤代烃》
洪莉娟	浙江省浦江县第二中学	1-1	铝的性质
王海平	海南省国兴中学	1-1	浓硫酸的性质探究
刘方军	海南省农垦实验中学	1-1	探究 $Fe(OH)_2$ 的制备实验
胥会敏 张玉彬		1-1	硫的转化
李传宝	海南省文昌市田家炳中学	1-1	一种重要的混合物胶体
李秀芝	山东省北镇中学东校区	1-1	有机合成教学设计
倪霞	安徽省淮北一中化学组	1-1	化学反应条件的优化——工业合成氨
何忠福	光泽一中	1-1	复合材料
张大山	济南外国语学校	1-1	物质的量
刘强	天津市西青道中学	1-1	气体摩尔体积
王雪玲	广东省佛山市顺德区 勒流中学	1-1	化学能与电能
徐晖	安徽界首一中	1-1	化学反应方向
李永辉	北京师范大学厦门 海沧附属学校	1-1	海水中的元素
杨善香	安徽霍邱二中	1-1	无机非金属材料的主角——硅
关强	安徽霍邱二中	1-1	化学反应进行的方向教学设计
于才	广东省深圳市福田区 福田中学	1-1	离子反应及其发生的条件
于茜 董一明	北京市顺义区牛栏山一中	1-1	金属与水的反应
张劲辉	福建省长乐第二中学	1-1	铝的性质
张娟	山东省济南市长清 第一中学高中部	1-1	石油和煤　重要的烃
左刚	合肥市第一中学	1-1	几种重要的金属化合物

续表

姓名	单　位	成果类型	成　果　名　称
林锦秋	厦门市乐安中学	1-1	海水中的化学元素
王孟芳	宁夏长庆高中	1-1	物质的量浓度
刘立雄	广东实验中学	1-1	有机化合物的命名
曲成波	大连市第二十高级中学	1-2	依托课本实验　寻找知识增长点
张庆东	济南外国语学校	1-2	化学反应的速率
刘强		1-2	气体摩尔体积
刘红	福建省光泽一中	1-3	认识有机化合物
王晓斌	北京师范大学厦门海沧附属实验中学	1-3	物质结构（会考复习）
李风华	宁夏石嘴山市第一中学	1-3	酸雨
庄绪上	山东师范大学附属中学	1-3	专题复习“有机合成与推断”
陈胜	七台河市高级中学	1-3	几种重要的金属化合物
章晓晴	深圳龙岗平冈中学	1-3	硫的转化与环境保护（硫的转化同步练习）
高飞	山东省五莲县职教中心高中部	1-3	铝的两性专题
吴征辉	安徽省蚌埠第三中学	1-3	原电池
何忠福	福建省光泽一中	1-3	复合材料
宫自娟 闫德岭	宁夏石嘴山市光明中学	1-3	原子结构与元素周期律复习
张汉祥	廊坊市第七中学	1-1/3	甲烷
童韬	福建省连城县连城一中	1-1/3	有机物中碳原子的成键特点
杨志鹏	厦门一中化学组	1-1/3	化学能转化为电能
徐建芳	福建省南平市浦城二中	1-1/3	氮的循环

2008 年（暨第三届）“全国实验区高中化学新课程实施成果”研究论文一等奖

姓名	单　位	成果类型	成　果　名　称
张小平	江苏省南通第一中学	2-1	今天的特色就是明天的主流——新课标·新教材的实践与思考
杨平	山东师范大学附属中学	2-1	普通高中化学课程标准《化学反应原理》选修教材三种版本分析与比较
杨明生	安徽省霍邱县第二中学	2-1	《有机化学基础》课程标准教科书的结构、特点及使用建议
喻建军[1] 廖军[2]	1. 湖南宁乡第一高级中学 2. 湖南宁乡中小学教研室	2-1	“必修 1 概念原理教学”实施研究

续表

姓名	单 位	成果类型	成 果 名 称
张德生	银川市第二中学	2－1	化学教材中科学方法教育比较研究
林肃浩	浙江杭州二中	2－1	新课程背景下化学课堂教学设计的实践与思考
孙元亮 李全海	山东省桓台第一中学	2－1	六读“元素周期表”
邱寒	安徽霍邱二中	2－1	新课标高中化学选修教科书《化学反应原理》三种版本的比较
赵玉泉	秦皇岛市实验中学	2－1	对氯气性质的比较研究和实践探索
王心田	安徽蚌埠二中	2－2	鲁科版高中化学必修教材的资源利用（一）
杨帆* 张凤桂	丽水学院附属高级中学	2－2	在磨课中体验新课程
李晋城	深圳龙岗平冈中学	2－2	新课程高中化学有效课堂教学之我见
刘健	深圳龙岗平冈中学	2－2	关于高中化学必修内容教学法的思考
范晓凤	深圳龙岗平冈中学	2－2	新课程中探究活动的常见问题和对策
王春	中国人民大学附属中学	2－2	化学课堂教学中“体验式学习”的教学形式与策略研究
孔瑛	中国人民大学附属中学	2－2	实验化学模块开设浅谈
罗滨	中国人民大学附属中学	2－2	《实验化学》给学生带来了什么
林捷	福建建瓯第一中学	2－2	“有效互动”让《化学与生活》更精彩
陈益	南京市金陵中学	2－2	中学化学微粒观的构建
由佳	广东省深圳市龙岗区坪山高级中学	2－2	浅谈主题式情境教学在化学教学中的应用
王巧艳	威海市第二中学	2－2	展示新教材实验教学的魅力
郑毓康	福建省宁德第一中学	2－2	实施探究式教学　实践新课程目标
严业安	福建省三明第一中学	2－3	化学教学中加强学生元认知能力的实验研究
谭冬云	深圳市福田中学	2－3	试谈在丰富的课程资源中生成高中化学新课程作业
谭敏 徐尧中	山东省北镇中学	2－3	2008年高考化学题型研究及复习策略
朱锐敏	福建建瓯第一中学	2－3	合作探究　激活思维——《有机化学——醇和酚复习》教学实录
邱德芹	济南外国语学校	2－3	高三化学高效复习心得

续表

姓名	单　位	成果类型	成　果　名　称
深圳中学化学课题研究组（朱立峰）	广东省深圳中学	2-3	化学探究式教学的研究与实践
安长忠	宁夏银川市教育科学研究所	2-3	银川市普通高中化学学科实施新课程成功做法及存在的问题剖析

2008 年（暨第三届）“全国实验区高中化学新课程实施成果”研究论文二等奖

姓名	单　位	成果类型	成　果　名　称
刘长军 丁纯新	山东省北镇中学	2-1	从新课程教材三种版本整合的角度学习《电解》
张凤桂 杨帆	丽水学院附属高级中学	2-1	油脂的科普网页的设计
张绪兰	山东省济南市长清区长清中学	2-1	新课改下的高三化学教学初探
沈永玲	银川二中	2-1	探究式化学课堂教学略谈
赵海涛	安徽省固镇县第一中学	2-1	用好新教材　落实三维目标
邓小林	东莞市光明中学	2-1	例谈化学课堂教学如何实现三维目标
朱恩	浙江省回浦中学	2-1	高中化学新课程低成本实验的探索
许建勋	海南省海南中学	2-1	第一轮高中化学新课程改革的实施体验与做法
邱新德	杭州市萧山区第六高级中学	2-1	成功是一个过程　高中新课程的实施与学生科学素养的培养
庄阳彬	福建省福州高级中学	2-1	理解新课程，扩大教学效益
王和圣	海南澄迈中学	2-1	五问高中新课程实施中的复习课教学
刘晓丹	大连市第 48 中学	2-1	三种版本高中化学新教材中《盐类水解》内容的比较
胥会敏[1] 戴奇志[2]	1. 沙头角中学 2. 盐田教育局	2-1	微型化学实验辅助《化学能转化为电能——电池》课堂教学
孟令宝	安徽省霍邱县第二中学　237400	2-1	研究新高考，把握高中化学新课程高考命题趋势
刘英	广东省深圳市龙岗区布吉高级中学　518123	2-1	高中化学（山东版）模块开设初探

续表

姓名	单 位	成果类型	成 果 名 称
徐荣芳 李永辉	北京师范大学厦门 海沧附属实验中学	2-1	山东科技版与苏教版化学1（必修）中“元素化合物知识”编写特点的分析与比较
杨善香	安徽霍邱二中	2-1	有机反应与无机反应类型比较
袁廷新	安徽涡阳第四中学	2-2	研究论文《例谈新课程背景下高中化学学案的设计》
刘建明 王孟芳	宁夏长庆高中	2-2	新课程背景下探究性学习与教师专业成长的探索与实践
陈萍	广州市番禺区石碁第三中学	2-2	新课程理念下高中化学有效教学的策略研究——谈谈实施小组合作学习和讲学稿导学的体会
郭裕茂 周忠辉 刘彬	杭州市第十四中学	2-2	《有机化学基础》模块实验教学的思考与实践
祝怀凤	山东师范大学附属中学	2-2	实施探究式教学　实践新课程目标
李敏	深圳龙岗平冈中学	2-2	关于分工合作、实验探究教学模式的几点思考
丁明庆	深圳龙岗平冈中学	2-2	高中化学新课程教学体验
祖建方 夏顺生	福建省浦城县第一中学	2-2	浅谈高中化学教学中学习方式的变革
江伟	深圳市红岭中学	2-2	有机化学探究性实验的开发
宫自娟 闫德岭	宁夏石嘴市山光明中学	2-2	新课程高中化学分层教学初探
冯慧俐	海南省海口市第二中学	2-2	化学反应原理教学中探究活动的开展策略
李泽恕	深圳市龙城高级中学	2-2	浅谈学生实验探究能力的培养
林海川	深圳市龙城高级中学	2-2	浅议高中化学新课程必修模块教学中教师行为的转变
倪霞	安徽省淮北一中化学组	2-2	化学教师如何在教学反思中提高自己
戴红盛	福州市福州高级中学	2-2	高中化学必修课教学设计应注意的几个问题
穆卫国	北京市顺义牛栏山第一中学	2-2	浅谈高中化学新课程课堂教学有效性的思考
彭胜勇	福建省厦门外国语学校 高中部化学组	2-2	浅谈高中化学新课程“化学与生活”模块教学中的合作学习策略
钟建华	广东省深圳市龙岗区 布吉高级中学	2-2	高中化学新课程中的愉快教学

续表

姓名	单位	成果类型	成果名称
孙晓宇	北京市航天中学	2-2	高中化学新课程必修教学的实践与体会
王雪玲	广东省佛山市顺德区勒流中学	2-2	实验教学应着眼于学生的未来发展
徐晖	安徽界首一中	2-2	创新　在做作业中体现
于茜 董一明	北京市顺义区牛栏山一中	2-2	新课程理念下的集体备课
张登堃	安徽界首一中	2-2	创造使用课程教材　科学培养自学能力
张娟	山东省济南市长清第一中学高中部	2-2	新课程高中化学课堂教学方法探索
卢志萍	山东省章丘市第七中学	2-2	授人以鱼，亦授之以渔——“自学—问题—引导—探究”式教学法在新课程教学中的建立与运用
巢华忠	江苏省常州市小河中学	2-2	探索实验在“自主·合作·探究”活动中的应用
赵方顺	山东省章丘市第七中学	2-2	学生品质的培养与新课程教学
刘建全	宁夏长庆高级中学	2-2	化学课堂教学中“激活”学生思维之我见
吴永忠	宁夏石嘴山第三中学	2-2	发挥《活动探究》栏目教学特点，培养学生科学探究能力
吴珍丽	山东威海二中	2-2	鲁科版化学必修教材“交流探讨”栏目的设置和使用
姜伟正	山东威海二中	2-2	浅谈新坐标与高中化学课堂中的教学
杜海军	宁夏长庆高级中学	2-2	构建创新课程教学模式的几点尝试
顾建新	江苏省南通第一中学	2-3	试题解答五悟
陈芳	宁夏石嘴山市第一中学	2-3	浅析 2007 年高考理科综合试题特点略谈化学复习策略
胡金来	海南省三亚市第一中学	2-3	新课程背景下高考化学复习的训练策略
姜雪芹	深圳龙岗平冈中学	2-3	新课标下高三化学复习课教学模式的探索与实践
罗桂山	深圳龙岗平冈中学	2-3	化学概念有效复习初探
蒋晓鸣	江苏省扬州中学	2-3	化学高考总复习专题复习导学模式
高良启	安徽省桐城中学	2-3	新课程理念对高三化学复习的启示
肖宜红	山东东明一中	2-3	等效平衡在高考题中的应用

续表

姓名	单 位	成果类型	成 果 名 称
张经童	浙江省宁波市镇海中学	2-3	归类·整合·拓展——高中化学新课程总复习教学策略
高瑞艳	陕西省榆林市第十中学	2-3	浅淡在新课标下高考化学复习的几点策略
沈颖	福建省诏安一中	2-3	深刻反思　归纳提炼　自主复习
徐守兵	南京市金陵中学	2-3	高三有机化学知识归纳要留有余地
杨旭升	安徽界首中学	2-3	新课程化学高考复习浅析
王仁阳	厦门华侨中学	2-3	高中化学新课程下高考命题趋势和复习对策
吴碧燕	福建厦门一中集美分校		新课程下的高中化学教育观

2008 年（暨第三届）“全国实验区高中化学新课程实施成果”
评价类一等奖

姓名	单 位	成果类型	成 果 名 称
赵继海 刘懿梅	安徽蚌埠二中	3-1	《化学反应原理》全册同步练习
贾若冰 李茹	安徽蚌埠二中	3-1	《有机化学基础》全册同步练习
罗桂山	深圳龙岗平冈中学	3-1	2007～2008 学年深圳市龙岗区化学 1 模块测试试题
章晓晴	深圳龙岗平冈中学	3-1	硫的转化与环境保护（硫的转化同步练习）
李新义 吴艳	安徽蚌埠二中	3-2	《化学与生活》全册单元测试
李莉 程红梅	安徽蚌埠二中	3-2	《有机化学基础》全册单元测试
孔瑛	中国人民大学附属中学	3-2	人大附中高一化学第一学段测试试题及其分析
张劲辉	福建省长乐第二中学	3-2	苏教版必修 1 专题 3 从矿物到基础材料单元测试卷
陆晓萍 秦群	安徽蚌埠二中	3-3	《化学反应原理》模块测试
黄钊 胡婷婷	安徽蚌埠二中	3-3	《有机化学基础》模块检测
李风华	宁夏石嘴山市第一中学	3-3	有机模块测试卷（市一中 2007—2008 年度第一学期高二化学期中试卷） 2007—2008 学年度第一学期期中考试化学试卷分析

续表

姓名	单位	成果类型	成果名称
朱锐敏 林捷	福建建瓯第一中学	3-3	高二化学《有机化学基础》模块测试及质量分析
王玲梅	济南外国语学校	3-3	《化学与生活》模块考试试题
邓彰意	济南外国语学校	3-3	化学必修一模块测试题
胡云贺	广东省深圳市龙岗区布吉高级中学	3-3	山东版《化学 1》（必修）模块试题
岳荣芝	山东省济南市长清一中	3-3	《化学反应原理》模块测试卷、答案及质量分析
张登堃	安徽界首一中	3-3	2007—2008 学年度第一学期三校联考高二化学试题
张宝杰 刘丽萍 孔晓曦	邵武一中　南平普教室 建阳一中	3-3	南平市 2007—2008 学年第一学期高一模块考试
刘丽萍 朱锐敏 吴汉兴	南平普教室 建瓯一中　邵武一中	3-3	南平市 2006—2007 学年第二学期高一模块考试
赵霞	山东师范大学附属中学化学组	3-4	2008 年度山东高考理综卷化学试题　模拟题
陈益、 冯建农、 陆建源、 刘江田、 刘言涛、 孙永辉	南京市金陵中学	3-4	南京市 2007—2008 学年度第一学期高三化学期末调研测试卷
邱寒	安徽霍邱二中	3-4	化学反应原理模拟测试题

2008 年（暨第三届）“全国实验区高中化学新课程实施成果”评价类二等奖

姓名	单位	成果类型	成果名称
章晓晴	深圳龙岗平冈中学	3-1	高三理基化学原创试题——有机化合物
梁珍	深圳龙岗平冈中学	3-1	原子的结构习题
高涛 吴艳	安徽蚌埠二中	3-2	《化学反应原理》全册单元测试
丁怡	济南外国语学校	3-2	《化学反应原理》第三章一、二节阶段测试题
刘健全	宁夏长庆高级中学	3-2	高一化学单元测试

续表

姓名	单　位	成果类型	成　果　名　称
陈美霞	济南外国语学校	3-2	《化学反应原理》第一、二章综合检测题
聂士江	大兴区教师进修学校	3-3	人教版必修1模块测试题
张绪兰	山东省济南市长清区长清中学	3-3	2007—2008学年度高中二年级第一学期期末考试
韩小珊	深圳龙岗平冈中学	3-3	化学与生活自编习题
郭见见	山东省东营市一中	3-3	2007—2008年东营市一中高二期末考试化学模拟检测题（二）
薛红	黑龙江省大庆市第三十九中学	3-3	2007—2008学年度第一学期期末检测高一化学试题（人教版第一模块）模块测试
徐守兵	南京市金陵中学	3-3	金陵中学河西分校2006—2007学年度第二学期高二期末试卷
刘蕾 李宗安	山东师范大学附属中学化学组	3-4	2008年度山东高考理综卷化学试题　模拟题

江苏省2008年初、高中化学优秀教学设计评选

根据苏教研［2008］23号文件的精神和省教研室关于举办全省“三项评比”文件的有关规定，江苏省中小学教学研究室和江苏省化学化工学会教育研究工作委员会共同组织力量对各市选送的优秀教学设计进行了认真评审。参加本次评选活动的教学设计都是经过各市教研部门初评后择优选送的，所以总体质量较好，反映了当前该省广大中学化学教师深入开展教学改革、推进素质教育的成果。本次评选活动共收到教学设计261篇，结果评出一等奖36篇，二等奖67篇，三等奖152篇。获奖名单如下：

一等奖36篇		
二氧化硫的性质	金陵中学	李惠娟
氨气的性质	南京十三中学	项云
金属材料	南京市39中学	周玉梅
铁、铜及其化合物的性质	无锡市青山高级中学	江锡钧
盐类的水解（第1课时）	无锡市惠山区教研室	薛青峰
金属的化学性质	无锡市锡山区教研室	强美凤
天然气的利用　甲烷	徐州市高级中学	朱莉

续表

一等奖 36 篇		
乙醇	徐州市第一中学	陈兴　李剑亮
质量守恒定律	沛县实验中学	张平
盐类的水解	常州市第一中学	奚小玲
石灰石的利用	金坛市第三中学	蔡红
人类对原子结构的认识	常州市教育教研室	李军
苯酚的性质	江苏省苏州中学	顾菲菲
盐类的水解	江苏省木渎高级中学	钱雪良
《常见气体的实验室制法》专题复习	吴江市桃源中学	冯志伟
羧酸　酯	江苏省南通第一中学	陆莉
分子的性质	江苏省栟茶高级中学	丛高
质量守恒定律	如东县实验中学	朱建明
对含氯消毒剂的探究	新海高级中学	孙运利
有机合成材料	新浦区教研室	刘岩
化石燃料的利用	淮安市教研室	肖红梅
化学能与电能（第 1 课时）	淮安市北京路中学	戴乐
沉淀转化及其应用（第 3 课时）	江苏省盐城中学	颜兆仁
水的净化	盐城市教育科学研究院	梁雪峰
化学反应速率	扬州市第一中学	耿志琴
苏教版必修 1 专题 1 复习课	扬州市新华中学	王峰
易拉罐中主要成分的探究	扬州市文津中学	游霞
氨气　铵盐（第 1 课时）	江苏省丹阳高级中学	许国霞
二氧化硫	江苏省镇江第一中学	陈春红
物质的溶解（第 1 课时）	丹阳市第三中学	单陶文
浓硫酸	江苏省泰兴中学	于爱萍
苯	江苏省姜堰中学	杨晓丽
奇妙的二氧化碳（第 2 课时）	泰州实验学校	杨文国
硝酸的性质	泗洪淮北中学	王城
性质活泼的氧气	沭阳县怀文中学	陈新蓉　叶敬华
原电池	江苏省宿豫中学	侍小伟
二等奖（67 篇）		
生活中常见的有机物	高淳高级中学	周国军
食盐中碘元素的存在形式的探究	南京九中	李虎山
离子反应	金陵中学	张宁梅
水资源的污染及保护	南京六中	唐玫
分子和原子	南京市伯乐中学	孙宁军

续表

二等奖（67 篇）		
爱护水资源	无锡市滨湖区教研中心	朱韶红
硫酸的制备和性质	无锡市第三高级中学	徐晓丰
石油炼制　乙烯	无锡市青山高级中学	张琳
盐类的水解（第 1 课时）	江苏省宜兴中学	吴坤
溶解度（第 2 课时）	江苏省锡山高级中学	陈悦
氧气的获得	徐州市西苑中学	许波梅
盐类的水解	邳州市炮车中学	石海平
化学能与电能的转化	邳州市宿羊山高中	杜户银
金属钠的性质与应用	江苏沛县职业教育中心	吴伟
二氧化碳的实验室制法	铜山县大许镇中心中学	耿乙卫　佟梅
淀粉和油脂	武进卞戈初级中学	周采霞
二氧化硫的性质和应用	江苏省武进高级中学	陆亚平
煤的综合利用　苯	常州市第三中学	陆琴英
高三复习课《二氧化硫》	常州市北郊中学	赵辉
用微粒的观点看物质	常州市龙虎塘中学	朱志慧
元素周期表	苏州新区第一中学	杨砚宁
醇	江苏省苏州中学	王小莉
二氧化碳的实验室制法	苏州市吴中区木渎实验中学	朱亚明
从铝土矿中提取铝	太仓市明德高级中学	黄旭东
铜及其化合物复习课	苏州工业园区第三中学	曹旭琴
甲烷	江苏省南通第一中学	林宏
离子键	江苏省南通第一中学	朱时来
化学能与电能	海安县曲塘中学	孙秀红
如何正确书写化学方程式	如皋初中	蒋新建
二氧化碳制取的研究	如东县实验中学	郭玲凤
晶体的常识	南通市紫琅中学	胡燕
难溶电解质的溶解平衡	东海高级中学　东海县教研室	韩程明 王愫懿
金属的腐蚀与防护	赣榆高级中学	潘长仕
CO_2 制取的研究	东海县实验中学	支维洲
燃烧和灭火	赣榆县实验中学	高彩云
探究双氧水分解的催化剂	赣榆县外国语学校	李秀莲
由多种物质组成的空气	淮安市清浦中学	陈琴
铁的冶炼	涟水县郑梁梅中学	董广苏
气体摩尔体积	淮安市清浦中学	左万勇

续表

二等奖（67 篇）		
化学能与电能	江苏省盱眙中学	赵斯红
无机非金属材料的主角——硅（第 1 课时）	江苏省清江中学	郑瑾
乙炔	江苏省盐城中学	成娴
金属钠的性质与应用	亭湖区新兴中学	夏国梁
原电池	江苏省射阳中学	陈爱民
乙醇	江苏省滨海中学	茆建军
奇妙的二氧化碳	盐城市盐阜中学	徐观花
电能转化为化学能	扬大附中	蒋艳旻　杨大强
物质的分散系	江苏省邗江中学	刘金翠
油脂	翔宇教育集团宝应中学	吕同花
从铝土矿中提取铝	扬州市邗江区瓜洲中学	孙安龙
探究空气的成分	扬州广陵区教研室	王国峥
金属钠的性质与应用	翔宇教育集团宝应中学	朱晨
溴、碘的提取	丹阳市吕叔湘中学	施明森
一种重要的分散系——胶体	江苏省镇江第一中学	谭大鹏　谭素明
元素周期律	江苏省丹阳高级中学	李胜荣
微粒之间有间隙	句容市教研室	方扬平
性质活泼的氧气（第 2 课时）	镇江市第三中学	吴静
物质的溶解	泰州实验学校	袁月萍
富集在海水中的元素——氯	靖江市第一中学	闻超杰
中和反应	姜堰市南苑学校	刘春林
组成物质的化学元素（第 1 课时）	泰州实验学校	宋薇
共价键	泰州市第二中学	徐雪梅
影响化学反应速率的因素	泗洪淮北中学	尹修林
天然气的利用　甲烷	宿迁市汇文中学	庞守浩
硫酸的制备和性质	宿迁市马陵中学	康映卓
沉淀溶解平衡	宿迁青华中学	嵇广华
质量守恒定律	宿城区洋北初中	苏良
三等奖（152 篇）		
影响化学平衡的条件	金中河西分校	陈廷俊
维生素和微量元素	南京十三中学	沙晓红
酚	南京第四中学	刘伟
铁及其重要化合物	高淳高级中学	洪春贵
醛	南京三十九中	尤素兰
分子的立体结构——价层电子互斥模型	高淳高级中学	龚仁宗

续表

三等奖（152 篇）		
弱电解质的电离	南京十三中	刘怡
《物质的化学变化》三轮复习	南京市雨花台中学	李娜
过氧化氢制氧气的研究与实践	南京 29 中致远校区	戴秀芹
《金属的性质》单元复习	江宁区桃红中学	张尤胜
二氧化碳性质的探究	南京孝陵卫中学	沈正斌
原子的构成	浦口区浦厂中学	王红娣
物质的聚集状态	江苏省宜兴第一中学	马娟娟
化学反应的限度	宜兴市丁蜀高级中学	王纪明
生产生活中的含氮化合物（第 1 课时）	江苏省宜兴第一中学	周燕
氯气的性质	江阴市长泾中学	华建峰
离子键	江阴高级中学	马晓燕
油脂	江阴第二中学	汤丽
化学元素与人体健康	无锡市外国语学校	季亚烽
质量守恒定律	江阴第二中学	俞秋霞
燃烧与灭火	无锡市洛社初级中学	冯敏玉
二氧化碳和一氧化碳（第 2 课时）	无锡市港下中学	顾丽梅
金属材料	无锡市查桥中学	金星宇
原子的构成	无锡市河埒中学	王东
燃烧与灭火（第 1 课时）	徐州市潘塘中学	蔡红
氯气的性质	徐州市第三十六中学	张兴涛
碳酸钠的性质及应用（第 1 课时）	徐州市第五中学	朱瑞瑾
探究空气的成分	徐州市第八中学	王绍凯
溶液的配制及分析（第 1 课时）	邳州市八义集中学	王慧丽
人类对原子结构的认识	邳州市铁富高级中学	刘新华
离子键	邳州市第五中学	花修山
化学能与电能的转化	丰县第二中学	惠大超
原电池原理及其应用（第 1 课时）	江苏省丰县华山中学	邱祥志
二氧化硫的性质和应用	江苏省睢宁高级中学	邢新侠
苯	睢宁高级中学	苗清华
奇妙的二氧化碳	铜山县马坡镇中心中学	厉玉祥
离子反应	金坛市第一中学	徐群策
有机化合物组成的研究	华罗庚中学	王更飞
酯与油脂	金坛市金沙中学	吴艳
氯气的性质	江苏省溧阳中学	徐加刚
治理大气污染	溧阳市第三中学	刘淑红

续表

三等奖（152 篇）		
化学与能源	溧阳市上黄中学	刘叶兰
铁的冶炼	溧阳市燕山中学	杨志娟
铁及其化合物的应用	江苏省武进高级中学	徐凌刚
化学与环境	武进运村初级中学	顾琴芳
化学反应的限度	武进湟里高级中学	秦青梅
水的净化	常州市第二十四中学	王庆
质量守恒定律	常州市正衡中学	艾璐
人类对原子结构的认识	苏州蓝樱学校	张燕燕
用微粒的观点看物质	昆山市周庄中学	郑伟
金属的电化腐蚀	昆山市陆家中学	韩清
自然界中的水	昆山市陆家中学	刘波
对比实验的分析	吴江市芦墟第一中学	迮丽新
精确测定烧碱样品中碳酸钠质量分数	江苏省太仓高级中学	戴明
溶解度	太仓市浮桥中学	张蕴菊
化学中的控制变量法	苏州工业园区星港学校	冯佩娟
乙醇	苏州相城区陆慕高级中学	庄德刚
有关氧气对比实验探究	张家港市梁丰初级中学	邹汉江
卤代烃	张家港沙洲中学	王丽娟
奇妙的二氧化碳	张家港市鹿苑中学	许进法
分散系及其分类	南通市天星湖中学	秦秋梅
金属的化学性质	南通市天星湖中学	赖军
配合物理论简介	海安县李堡中学	卢丛建
混合物的分离和提纯	江苏省如皋中学	徐明奎
葡萄糖结构和性质	江苏省白蒲高级中学	陆志新
硫酸	如东双甸高级中学	薛海云
物质的量在化学实验中的应用	通州市石港中学	殷铁新
分子和原子	如皋磨头镇中	李晓燕
二氧化碳	如皋初中	王晨敏
燃烧与灭火	如皋初中	严春建
溶解度	如东县新光中学	黄宏兵
盐类的水解	东海高级中学	朱明红
造福人类健康的化学药物	东海县房山中学	康海凤
氮肥的生产和使用	赣榆厉庄高级中学	盛斌
苯酚	赣榆海头高级中学	鲍仁余
氯气的性质	海州高级中学	刘佳　汪习雄

续表

三等奖（152篇）		
原电池原理及应用	海州高级中学	许璠
铁、铜及其化合物应用	新海高级中学东方分校	王岚
常见碱的化学性质探究	东海县实验中学	郭强　张方铃
质量守恒定律	赣榆县实验中学	李家亮
元素	赣榆县外国语学校	郭娟
物质的溶解（第1课时）	淮安市文通中学	董伏海
探究奇妙的二氧化碳	淮阴区棉花镇一中	刘殿峰
中和反应	淮安市文通中学	卢兆仁
化学与材料	楚州区施河中学	韦现发
金属的防护和回收	涟水县高沟中学	陈思
卤代烃	郑梁梅高级中学	缪新亮
化学能与电能	江苏省涟水中学	孙昆山
金属的电化学腐蚀与防护	江苏省淮安中学	杨益俊
富集在海水中的元素——氯	淮安市北京路中学	吕娟
二氧化硫的性质探究	江苏省清浦中学	盛萍
硫和氮的氧化物	江苏省盱眙中学	高海峰
几种重要的金属化合物（第3课时）	江苏省盱眙中学	黄芳
最简单的有机化合物——甲烷	江苏省淮安中学	林纪强
原电池工作原理	东台市三仓中学	周小强
化学能与电能（第1课时）	阜宁县明达中学	王建华
苯酚的性质	江苏省响水中学	陈仕功
空气（第1课时）	盐城市文峰中学	周峰
物质构成的奥秘	盐城市景山中学	蔡东
分子和原子	东台市实验初中	季晖
碳和碳的氧化物	阜宁县明达中学	刘德兵
神秘的二氧化碳	滨海县第一中学	严梅香
化学使世界变得更加绚丽多彩	滨海县第二中学	王可斌
金属的化学性质	响水县实验初中	陈明权
二氧化碳	响水县教研室	董广富
原电池的工作原理	扬州邗江红桥高级中学	王朝琴
淀粉和葡萄糖	扬州中学教育集团树人学校	王珠
金属的防护和回收	扬州市文津中学	徐洋
金属与金属矿物	仪征市新集初级中学	薛久林
实验探究复习	扬州中学教育集团树人学校	杨燕
化学反应的限度	宝应县安宜高级中学	杨华文　卞明巧

续表

三等奖（152篇）		
铁的获取及应用	扬州市维扬中学	张松林
常见的碱——氢氧化钠	江都市昭关中学	周志源
综合性探究——物质的制备	北京新东方扬州外国语学校	朱扬
胃酸与胃药	扬州田家炳实验学校	王慧
组成物质的化学元素	扬州市翠岗中学	鲁向阳
羧酸的性质和应用	江苏省镇江第一中学	王颖
镁的提取及应用	江苏省大港中学	朱风琴
氮肥的生产和使用	江苏省大港中学	王正兵
硫酸的制备和性质	丹阳市第六中学	倪玉娣
原电池的原理及应用	句容职教中心	殷国群
碳酸钠的性质和应用	丹阳市教研室	荆峰
化学反应热的计算（第1课时）	丹阳市第六中学	班学祥
溶液的酸碱性	镇江市石桥中学	贾红霞
金属与金属矿物	丹阳市云阳中学	蔡灵毅
化学方程式的书写和含义	句容二圣中学	许能安
影响物质溶解性的因素	句容二中	张琴
物质组成的表示方法	镇江丹徒区宝堰中学	王凯
金属的化学性质（第1课时）	泰州市第二中学	袁紫薇
催化剂	泰兴市洋思中学	房华明
物质的分离与提纯	江苏省靖江高级中学	刘芹
探究空气的成分	泰兴市洋思中学	毕兴男
二氧化硫	靖江市第一中学	卢涛
难溶电解质的溶解平衡	江苏省靖江高级中学	钱仁慧
化学与材料	靖江外国语学校	严秀梅
富集在海水中的元素——氯	江苏省姜堰中学	杨永根
铁的重要化合物	江苏省姜堰中学	黄晓慰
盐类的水解（第1课时）	江苏省姜堰中学	丁艳
水的净化	泰东实验学校	王元正
盐类的水解	泰州市第二中学	鲍海萍
离子反应专题复习	江苏省宿迁中学	梁书军
金属钠的性质与应用	江苏省泗阳中学	乔成
氯气（第1课时）	泗阳县众兴中学	祝士文
硫酸	江苏省泗阳中学	孙明林
原子的构成（第1课时）	沭阳县怀文中学	魏家曙
氮肥的生产和使用	宿迁市青华中学	王猛

续表

三等奖（152篇）		
醇的性质和应用	沭阳县建陵中学	毛善锋
羧酸的性质和应用	泗阳县众兴中学	张青
性质活泼的氧气	宿豫实验初中	胡巢生
电解池的工作原理及应用	宿迁市马陵中学	曹宏海
燃烧与灭火	宿豫区皂河初中	葛锋
溶解的过程	宿迁市三树中学	晏翠华

江苏省第五届中学化学实验调演评比

根据苏教研［2008］20号和48号文件的精神，2008年10月15～18日在江苏省镇江中学举办了全省第五届中学化学实验调演活动。本次活动共有76个实验进行了演示和交流，评委会从实验的创新性、科学性、实用性和现场演示效果等方面综合考虑，认真进行了评议，结果评出一等奖19名，二等奖43名，三等奖14名。

参加本次调演的实验主要呈现以下几方面特点：首先，一个最显著的特点就是创新。其中既有根据教学需要自行设计、补充的创新实验，又有对初、高中新课标教材中有关实验的改进、完善，还有一些实验仪器、教具的创新设计，包括自制或改进的实验仪器等。这些都是该省广大化学教师改革、创新思想的集中体现。其次，参加本次调演的实验，类型丰富，形式各异，实验内容和手段更加注重时代性、社会性。如重视实验的数字化、绿色化、微型化、家庭化，重视实验的探究性、实用性、趣味性等。最后，不少实验的设计比较精彩，令人耳目一新。这些实验设计巧妙，现象明显，效果显著，具有较高的推广价值。

本次活动集中展示了江苏省广大中学化学教师近几年课程改革过程中，开展实验教学研究和改革的经验与成果。这些经验与成果的交流和推广，将有利于更好地实施化学新课程，有利于进一步提高该省中学化学教学水平和质量。

获奖名单如下：

一等奖（19名）

编号	单位名称	姓名	实验名称
1	淮安市北京路中学	戴乐　姜兵	氢氧燃料电池演示仪的制作与使用
2	江苏省苏州中学	徐惠	铝空气电池的设计、制作与探究

续表

编号	单位名称	姓名	实验名称
3	苏州市南环中学	叶敏	二氧化碳与碱性物质反应的探究
4	江苏省泗阳中学	胡春涛	用汽水瓶做二氧化碳喷泉实验
5	无锡市市北高级中学	贾宁竹	氯气的制备与性质微型实验
6	徐州市第一中学	张帮成	焰色反应
7	徐州市大庙中心中学	杨庆	木炭、铁丝在氧气中燃烧实验的改进
8	宝应县实验初中	张建祥	石灰石快速分解的系列方案设计
9	扬州市扬大附中	蒋艳旻　杨大强　李岚	家庭实验：自制海水电池
10	金陵中学河西分校	马惠燕	应用传感技术对化学新教材中一些实验的改进
11	南京市江宁区铜井中学	魏红保	CO_2 与 NaOH 反应的实验设计
12	江苏省镇江中学	杜娟　钱进	电解水以及氢氧燃料电池的实验改进
13	丹阳市第六中学	商立新　祁锁芳	侯氏制碱法微型实验
14	东海县桃林中学	赵越	《燃烧的条件》实验改进
15	连云港市海州高级中学	汪习雄	硝酸与铜反应的实验一体化设计
16	江苏省南通一中	林宏	石蜡油分解
17	江苏省姜堰中学	杨晓丽　陈顺祥	由 H_2O_2 清洗试管内壁银引发的探究实验
18	江苏省滨海中学	陈而　王中荣	测定香烟烟雾成份的实验设计
19	盐城市教科院 盐城景山中学	梁雪峰　袁明方	用 Y 管实现化学演示实验绿色化三例

二等奖（43 名）

编号	单位名称	姓名	实验名称
1	省常中	江军	DIS 探究苯酚与溴水反应类型
2	溧阳市光华中学	周雪峰	蔗糖与浓硫酸反应的实验设计
3	武进牛塘初级中学	俞敏霞	双氧水制氧气改进方案
4	江苏省淮安中学	孙义	二氧化硫与硫酸型酸雨实验设计
5	淮安市淮海中学	蒋士超	铜与稀硝酸反应实验的改进设计
6	淮阴师院附中	范庆英	一套装置改进多个实验
7	淮安市开明中学	曹杨娟　杨涛	一氧化碳还原氧化铜实验改进
8	太仓市第二中学	严卫中	火柴燃烧质量变小了吗?
9	苏州市第三中学	缪晨燕	镁和水反应的实验改进
10	苏州外语学校高中部	张　中	“酒水分家”化学实验
11	宿豫中学	张刘　林红娟　张振	“乙醇催化氧化及产物检验”实验设计

续表

编号	单位名称	姓名	实验名称
12	江苏省淮北中学	王城	利用注射器巧做铜与硝酸实验
13	沭阳县怀文中学	任利进 徐力	混合物中各组分性质的实验设计
14	江苏省南菁高级中学	曲宪春 王飞	“氮氧化物的转化”创新实验设计
15	宜兴市宜城中学	沈建英	过氧化氢制氧气的改进实验
16	江苏省宜兴中学	杭 作	氢气的制取、收集、燃烧、爆炸一体化装置
17	无锡市市北高级中学	潘娟湘	数字化的中和滴定实验
18	铜山县大许镇中心中学	张玲	火柴头爆炸实验的创新设计
19	徐州市高级中学	法浩	铜与稀硝酸的反应
20	徐州市睢宁县教研室	王西甫	桃花朵朵开——氨分子扩散实验的改进
21	江苏省高邮中学	钟志健 蔡玉华 董真山 汤文来	“喷泉实验”改进方案研究
22	扬州市第一中学	朱雷 陈盛艳	CO 还原 CuO 的实验改进
23	江苏省扬州中学	王金龙 葛珊珊 何非	铜催化氧化乙醇实验的创新设计
24	南京十三中科利华分校	陈芳芳	催化剂在氯酸钾分解制氧气实验中的作用
25	南京十三中	项云	氨气喷泉实验的创新设计
26	南师附中	袁青云	绿色燃料电池创新实验
27	南京大厂高级中学	林尤宏 李正	气体产生与检验简便实验装置设计
28	江苏省丹阳高级中学	孔玲芸 李胜荣 张春英	“用铜电极电解饱和食盐水”实验装置的改进
29	江苏省扬中高级中学	阮方来	铜与浓、稀硝酸反应的探究
30	丹阳华南实验学校	谢丹敏	微粒运动实验装置的创新设计
31	东海实验中学 东海高级中学	郭强 韩程明	“二氧化硫漂白性与危害”探究实验改进
32	连云港市猴嘴中学	江宋超	胶体的丁达尔效应复合实验设计
33	连云港市海宏中学	王艳	微型实验——测定空气中氧气含量
34	新海高级中学东方分校	赵红蕊	变色喷泉——钠与水反应实验改进
35	南通三中 如皋实验初中	谢峰 钱有军	黏合剂在化学实验中的应用
36	南通市虹桥二中	葛德新	活性炭吸附 NO_2 气体实验
37	如皋实验学校	张冰峰	氢气燃烧性质实验探究
38	江苏省兴化中学	经志俊	一氧化氮与二氧化氮的转化实验
39	泰兴中学 靖江中学	孙飞 周行知 蒋郸骥	胶体丁达尔现象演示实验的改进

续表

编号	单位名称	姓名	实验名称
40	兴化市戴窑高级中学	朱石明	铁的吸氧腐蚀演示实验
41	江苏省泰州中学	孙健　王瑶	过氧化钠与二氧化碳反应的小实验
42	盐城市初级中学	周超	酸雨危害的模拟实验改进
43	江苏省响水中学	孟令艳　朱宏杰	铜与硝酸反应实验的改进设计

三等奖（14 名）

编号	单位名称	姓名	实验名称
1	省常中	胡爱彬	结合 DIS 实验系统改进制取溴苯的实验
2	江苏省清江中学	郑瑾	巧用试管实验：酒精测试仪模拟装置及铝热反应
3	苏州市吴中区临湖二中	顾明华	关于《空气中氧气含量测定》的实验改进
4	江苏省沭阳高级中学	郁道宽	关于碘化钾溶液和氯水反应的探讨
5	宿迁市宿城区洋河中学	贺尔忠	创新实验设计——水下着火
6	江苏省天一中学	汪卫敏　钱维嘉	多彩硅胶的制作——课外趣味实验
7	铜山县伊庄中学	牛大学	铁丝燃烧实验改进
8	扬州邗江蒋王中学	崔晨昀　王德平	“污水处理——电浮选凝聚法”实验的改进
9	丹阳市云阳中学	吴云霞　朱素珍　王国忠	酸雨的形成和危害模拟实验
10	江苏省海门中学	董金水	利用现代传感技术　演示放电制备气体
11	江苏省如东中学	王丽华	“滴水之恩，涌泉相报”创新实验
12	泰兴市洋思中学 兴化市边城学校 泰州二中附属初中	毕庆男　张永红　谈璞	“空气中氧气含量的测定”演示实验的改进
13	阜宁新沟实验学校	曹效卫	自制导热“U”形管，测化学反应中能量变化
14	东台市城南中学	朱东海	利用注射器改进的两个实验

重大课题介绍

中国化学会化学教育委员会基础教育“十一五”2008 年度规划课题指南

“十一五”是我国全面建设小康社会的第一个五年，是我国经济社会加速发展的又一个关键五年。为进一步推动我国化学教育事业的发展和繁荣，为我国的基础教育改革与发展服务，根据教育部2001年6月颁布的《基础教育课程改革纲要（试行）》和我国基础教育中化学教育教学的发展现状，制定本课题指南。

一、重点课题

此类课题主要研究我国基础教育中化学教育教学改革与发展的方向性、全局性、前瞻性等问题。要求对我国中学化学教育教学理论与实践有重大创新和以中学化学教育教学改革发展的重要现实问题为重点，进行系统研究，形成标志性成果，代表中等化学教育教学研究最高学术水平，为中学化学教育教学实践作出突出贡献。研究者应系统总结已有研究成果，运用适切的研究技术和方法，立论有据，论证有力，结论可信。研究成果能出版专著，或在核心期刊上发表学术论文，并在学术界和实践领域产生积极的影响。

二、规划课题

此类课题以促进学生全面发展为核心，围绕解决中学化学教育教学实践中存在的典型问题，探索有效实施中学化学教育教学的教育教学观念、运行机制、实践模式等。此类课题要注意突出时代性、新颖性、深刻性、基础性、创新性的特点。

三、课题研究方向和范围

1. 中学化学教育教学理论与实践研究
2. 中学化学新课程教材理论与实践研究
3. 中学化学新课程改革研究
4. 化学教师教育理论与实践研究
5. 信息技术与化学教育教学研究
6. 化学与社会研究
7. 化学教学方法研究
8. 实验设计与创新研究
9. 教学质量评估研究
10. 学生成长评价研究
11. 高考和中考研究
12. 中外化学教育比较研究

四、课题研究选题示例

为了方便课题申报者选题，现给出一些选题示例。

示例1

关于“1. 中学化学教育教学理论与实践研究”，可具体选择以下课题进行研究：

1. 元素化合物教学中落实三维目标的教学策略及其实施案例

研究

2. 概念原理教学中落实三维目标的教学策略及其实施案例研究

3. 必修模块探究活动开展策略研究

4. 必修模块教学深广度把握相关研究

5. 运用单元整体教学设计，提高必修模块教学效益的案例研究

示例 2

关于“10. 学生成长评价研究”

1. 建立学生化学学习档案袋，促进学生学业成长的实践研究

2. 结合章节教学实施活动表现评价，提高学生探究能力的实践研究

3. 改进传统的习题作业系统，对学生化学认知能力发展的作用研究

4. 基于模块的多样化评价设计及实施研究

中国化学会化学教育委员会将组织相关专家对申报的课题进行评选，确定课题承担者及承担课题的类别。

江苏省教育科学“十一五”规划课题结题一览表

（2008，化学）

申报单位	课题名称	主持人	课题类型
徐州师范大学	高师化学专业环境教育模式研究	朱亦仁	立项
南京师范大学	高师理科研究性学习指导策略与评价体系的构建与研究	陆建隆	重点
江苏大学	综合理科师资的培养模式	赵晓	重点
南京师范大学	STS 教育的德育功能——高校学科教育在德育教育中的渗透	周志华	立项
常熟高等专科学校	小学科学师资培养规格与模式研究	汪学英	立项
南京晓庄学院	中加化学教育比较研究	龙琪	青年专项
徐州师范大学	构建江苏省初中综合科学课程体系的研究	潘苏东	立项

教育部课程教材研究所重点课题《高中化学教材研究与有效教学实验》广东省教育厅“十一五”课题《分类开展化学新课程优质教学的研究》中国化学教学专业委员会重点课题《新课程化学优质教学实验》（联合课题）课题要点

一、本课题研究的基本思路和方法、研究内容

（一）研究的基本思路和方法：组织有代表性地区、学校的

化学教学骨干构成总课题组，选择城市与农村、经济发达与欠发达、高水平学校与一般中学等不同类型地区学校作实验点（子课题）进行实验；从优质教学资源的有效整合（包括教材资源、教学实施经验资源、教学资源等的构建与应用等方面）与共享、不同类型学校如何有效开展优质教学两大方面，采用行动研究方法系统地开展实验与研究。

（二）课题研究的基本内容：结合化学新课程的实验，比较系统地探索不同类型地区不同类型学校有效开展优质教学的研究实验，构建供全省化学教师共享的化学新课程优质教学资源库，探索化学新课程优质教学分类有效实施的策略和途径，促进全省化学新课程教学质量的提高。

内容 1：化学新课程优质教学资源库建设

整合化学新课程教材资源、教师化学新课程教学实施经验资源、化学新课程教学资源等的优质资源，通过《中国化学教研网》《国家基础教育课程资源（广东平台）》（化学主页），提供资源共享的平台，推进化学优质教学资源的应用。

(1)整合新课标各版本化学教材中的优质资源（新科技的文字材料、图片资料、科学探究资料等）。

(2)新课标各版本化学教材实施中的典型教学案例、各种学生学习与评价的优秀资源、信息技术多媒体教学资源、化学实验探究资源等。

(3)新课标各版本化学教材优质教学的策略、模式、方法途径等教学实施层面的经验资源，新课标各版本化学教材完善与改进的措施，化学课程标准修改意见等。

内容 2：化学新课程优质教学分类有效实施探索

（各类型地区、学校开展优质教学的教学资源、媒体手段、教与学方法方式、教学模式、特色课、教师能力发展等的研究与实验）

(1)化学新课程优质教学资源应用研究；(2)信息技术与化学教学整合实验研究；(3)教与学方法方式优化的实验研究（特别是启发教学与自主、合作、探究相结合的研究）；(4)探索优质课堂教学模式，培养创新型人才的研究；(5)优质课特色课研究；(6)化学教师实施新课程能力发展研究。

二、研究工作进度和预期研究成果

（一）工作进度分三个阶段：

1. 启动与教材的研究（2006/3—2007/8）：课题方案设计、队伍建设，化学新教材核心知识的研究、分析，相应教学资源构建、教学实验；

2. 教学实践研究与资源库建设（2007/1—2008/8）：多媒体教学资源整合、建网，各类型学校开展优质教学实践研究、分析；

3. 课题阶段（2008/8—2008/12）：课题全面总结，迎接验收。

（二）预期研究成果（教师、学生使用的优质教学资源）

教师版：

1.《化学新课程核心知识分析与单元（章）整体教学设计》（高中各模块）；

2.《化学新课程教学与评价指导书》（高中各模块，附：优质课特色课）；

3.《化学新课程多媒体优质教学资源汇编》光盘；

4.《化学新课程优质教学成果汇编》书；

5.《化学新课程优质课特色课设计》（初中）。

学生版：《化学新课程教与学指导丛书——学材与评价》（高中每模块一册）；

《化学新课程教与学指导丛书——学材与评价》（初中人教版）；

《2007 高考化学备考指导——高考化学命题素材、高考文科基础（化学）、高考理科基础（化学）》共三册。

三、预期价值：本课题理论创新程度或实际应用价值

（一）提出各层次学校化学新课程有效实施优质教学的教学模式、高水平学校的网络开放互动教学课堂、课程自主学习的创新型人才的培养模式等，这些都有一定的理论创新。

（二）构建包括化学新课程教材资源、教师化学新课程教学实施经验资源、化学新课程教学资源等的优质资源在内的化学新课程优质教学资源库，并通过《中国化学教研网》《国家基础教育课程资源（广东平台）》（化学主页），提供资源共享的平台，丰富全省化学教学资源，提高优质资源的利用，对促进教学质量的提高具有实际应用价值。

教师继续教育

新课程理念下化学教师知识结构的现状调查

吴江明　王永明　江　南　余建军　程　辉

化学新课程改革的实施和学生的发展对中学化学教师的知识结构提出了新的更高的要求。通过学生问卷调查了解中学生眼中的化学教师知识结构的现状，包括对于教师职业道德的看法、对于化学教师知识结构的看法、学生对于化学课程及化学教学过程的看法以及教学能力等方面，并提出了改善中学化学教师知识结构的建议。(1)化学教师应充实化学知识，拓展科学与人文知识，形成复合型的知识结构。(2)加强实践性知识的学习和积累，促进各项教学能力水平的提高。(3)学习掌握学生心理学知识，与学生进行有效的沟通。(4)加强教育教学研究，促进知识结构的优化。

《化学教育》2008年第3期

我国教师教育人才培养模式探究

徐菁 张文华 万坚 曾艳 郭能

通过分析国内外教师教育人才培养模式，并结合我国教师教育发展状况，尤其是针对“4＋2”教师教育人才培养模式的不足，提出了“1＋3＋1”教师教育人才培养模式，这对于全面深化我国教师素质的改革具有一定意义，(1)适应性高，符合当前教育、经济和社会发展的要求。(2)功能性强，有效改善我国教师素质的状况。(3)可操作性强，符合师范生的认知规律和心理发展规律。(4)创新性高，为国际教师教育师资培养模式改革探索新路。

《化学教育》2008年第8期

农村初中新课程实施中教师素质发展状况的调查报告

王荣标

采用统计法和师生问卷法，从农村初中实施新课程教学的教师队伍构成状况和教师发展状况两方面入手，就教师类型构成、年龄结构、学历情况、新型师生观的形成、教师理念的调整、教学技能和手段的掌握运用、教师的成长需求作了调查。通过调查结果的分析，对教师素质发展中存在的主要问题进行总结，并提出了相应的改进对策。

《化学教育》2008年第9期

主题式教研活动的尝试和思考

汪纪苗

教研活动是教研组建设的重要组成，通过开展主题式的教研活动，提出了学习型教研组的现代教研活动方式和教师之间的新型关系。

《化学教育》2008年第10期

关于化学学科教育的几点认识

倪　娟

当前化学学科教育地位与其本身的重要性极不匹配。化学学科教育处于双重困境，既被大教育“去学科化”、又深受化学学科“学科中心主义”的影响而被“去学科化”，化学学科教育正被逐渐边缘化。这种情况致使化学教育在研究机构、研究项目、研究队伍、研究水平等各方面，都出现了许多不容忽视的现实问题，有待引起学科及教育双方的关注与重视。化学学科教育需要克服困境立地重生着重在以下两点：(1)化学学科教育的发展必须要有化学学科的支持。(2)从体制上克服学科教育被“去学科化”倾向。

《化学教育》2008 年第 11 期

继承　转型　发展——2008 年全国化学学科教育转型研究学术论坛综述

韦斯林　米广春　王祖浩

全国化学学科教育转型研究学术论坛涉及新时期高师化学学科教育的定位、化学教学论课程与教学范式的转型、化学教育研究的领域与方法的转型等方面的内容，该文对此予以综述，并对未来我国化学学科教育研究的方向进行了讨论。

《化学教育》2008 年第 12 期

化学教师批判思维教学效能感的发展规律及其影响因素研究

盖立春　郑长龙　林　娟

使用“批判思维个人教学效能感”量表，对 103 名高中化学教师的批判思维个人教学效能感的发展规律和影响因素进行了研究，结果表明：在学校类型、教师的性别、教龄和学历 4 种因素当中，教龄的影响最大，但不存在一个明显的分界点；教师批判思维个人教学效能感并不是随着教龄的增长而单调递增的，而是波动的；任教第 13 年时，教师的批判思维个人教学效能感最低。

《化学教育》2008 年第 12 期

视频教学案例在师范生化学教学能力培养中的应用实践——化学学科教育转型之研究报告

陆　真　李炜琴　程　萍　张怡天

该文介绍了在化学学科教育转型时期应用视频案例教学方法

来培养本科师范生教学设计和实施能力的研究，采用了“精选案例—介绍观摩—讨论交流—理论提升—微格训练”的教学途径。实践过程中，运用案例教学法实现教学设计能力构建的模式，选择优秀的教学视频案例；教师介绍案例对应的教学理念、教学模式、教学设计基本思想、教学的重难点，边观摩，边剖析教学过程和教学模式的方式；学生针对所观摩的案例提出个人见解，哪些值得学习，哪些可以进一步改进；教师进行总结评价，深化对案例的理解。在微格训练过程中，主要是“微格教案设计—微格训练（录像）—小组讨论（重放录像、自我分析、讨论评价）—归纳总结”。最后提出了化学学科教育对教师的新要求：具备现代教育理念和教学观念、一专多能的知识结构、多维立体教学能力和角色转换。

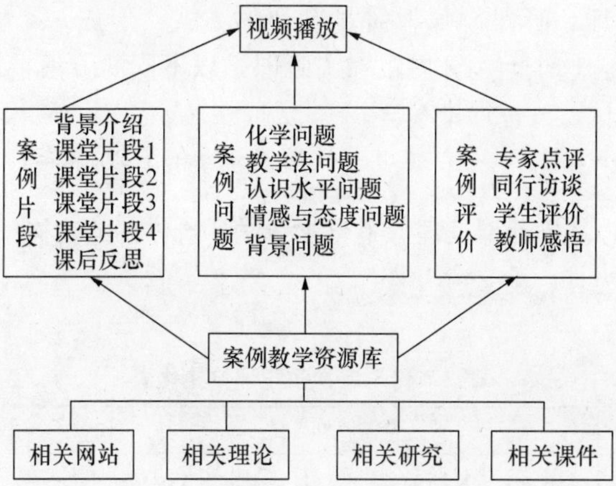

图1　视频案例课堂教学结构图

《化学教育》2008年第9期

让集体备课走向高效

李小君

一、明确集体备课的重心。二、规范集体备课的程序：(1)个人钻研，形成初案：确定三维目标、备课程资源、备学生、备教法。(2)集体交流，形成预案：每次备课都要有具体问题的引领。(3)反复修改，形成个案。(4)集体反思，形成精案。三、完善集体备课制度：(1)有效的过程监控，落实时间、内容、人员、要求和评价。(2)合理的考评制度。

《中学化学教学参考》2008年第6期

加强课例研究　推进校本教研

陈　伟

一、一人同课多轮的课例研究。教师针对某个课例，经系统备课后，在多次教学体验中不断反思教学中存在的问题，调整完善教学设计，从而改进教学的研究。二、多人同课的课例研究。(1)多人同课异构：同年级的教师选定课题内容，采用不同的构思、不同的切入点和不同的侧重点进行设计，阐述自己的教学设计意图，听完课后集体进行分析研讨。(2)多人同课同构：同年级的教师共同选定课题内容，采用相同的结构模式，不同的教师针对不同的教学细节予以个性化处理，充分体现教师自己的教学风格，鼓励教学创新。(3)跟踪式听课：听课教师与上课教师共同经历"听课→课后反思研讨→再听课→再反思研讨"的过程，以任课教师自评、听课教师教研员互评的方式，形成一个共同的问题，再结合这个问题开展跟踪式听课，以不同的方法在课堂教学中进行尝试，改进课堂教学。

《中学化学教学参考》2008 年第 9 期

基于新课程理念下化学教学评价体系的建构

王　春

表 1　化学课堂教学评价量化表

评价项目	评价要素	权重	得分
教学理念及教学目标	教学三维目标定位准确，符合学生实际特点，体现新课程标准要求	5	
	教学目标的制定具有层次性和可操作性	5	
	教学目标的导引性较强，能充分体现以学生发展为本的教学理念	5	
	重视培养学生的问题意识、创新精神和实践能力	5	
	能很好地创设化学问题情境，教学方法灵活，教学层次清晰，重难点知识讲解突出	10	
	恰当运用化学演示实验或学生实验进行探究性教学	10	
教学过程及教学方法	教学中注重面向全体学生，能有效指导学生开展学习和探究活动	10	
	学生学习的积极性、自主性和创造性得到充分调动，能广泛参与	10	
	恰当选择信息技术，且科学有效地使用，对学生的学习方式与效果产生良好促进作用	10	

续表

评价项目	评价要素	权重	得分
教学素养	教学语言表述清楚、科学、准确、语言生动、精练、富有感染力	5	
	实验操作准确、规范，现象明显，效果好，注意安全和环保	5	
	教态自然亲切，应变能力强，板书设计有特点，重点突出，书写工整	5	
教学效果	三维目标得到落实，课堂时效性较强	5	
	学生的学习兴趣高，思维活跃，精神状态好	5	
	学生的学习积极性和主体意识得到充分调动	5	

表 2　学生学习活动评价量化表

评价项目	评价要素	权重	得分
学习情感	学习目标明确，学习兴趣浓厚	5	
	能主动参与，学习广度较大，想学，愿学，乐学	5	
	能表达自己的不同观点，阐释自己的奇思妙想，学得愉快，学得轻松，知识的构建水到渠成	5	
学习习惯及学习方法	有良好的读书、动手、思考、探究等习惯，善于观察，主动积极质疑及提问答问等，与人合作学习、交流分享的习惯	10	
	能获取信息，运用比较、分类、归纳、推理等方法得出结论，善于将知识进行前后联系，融会贯通	10	
	有一定自我监控，自我反思，自我调整的意识与能力	10	
学习活动及学习过程	能自主阅读、实验、体验、练习、质疑及自我探究学习等	10	
	能进行组内、班内的讨论与交流、反思、组间竞争评价方法，小组合作学习，分组实验等多样的学习活动	10	
	能主动参与，积极思维，联系原有认知结构的接受学习，参与度高，基础掌握好，学科思维品质得到锻炼，各种能力提升较高	20	
学习效果	具有热忱的学习探究情绪，思维实践活动充分，不同层次的学生都有不同程度的发展	5	
	个性得到张扬，特长得到发展，学习中出现的错误得到矫正，教学设计的三维目标得以实现	5	
	发言、答问、练习、实验等过程中反应快，准确率高	5	

表 3　学生学业成绩评价量化表

评价项目	评价要素	权重	得分
过程性评价（40%）	模块学习课时 该项主要体现学生学习的参与程度，按模块学习课时情况考核。上课全勤者得满分，有缺课者，根据缺课数相应进行扣分，缺课数达开课数 1/6 以上，该模块不能认定学分	5	
	学习情感态度 ① 上课听讲、问答和质疑情况，小组活动情况 ② 预习（包括实验预习和实验报告的设计）、复习情况 ③ 课堂笔记的情况（包括实验数据的记录） ④ 爱护学校教学实施、设备情况（包括实验仪器）	5	
	完成书面作业情况 ① 实验报告的设计与完成情况 ② 作业完成情况（包括作业上交次数，有无抄袭等情况）	10	
	实验操作与实践活动 此项主要依据实验课学生的实验态度（实验预习情况、实验课堂纪律、实验报告）、实验能力（实验操作）、实验创新能力以及爱护仪器情况进行考核	10	
	平时各种测验 包括单元测试、统一练习、课堂测试等	10	
终结性评价（60%）	期中测试成绩	10	
	期末测试成绩	10	
	模块综合测试成绩	40	
学分认定	总成绩＝过程性评价得分＋终结性评价得分		
	得分达 60 分（含 60 分），即通过本学科模块结业考试，并可获得 2 学分；达 85 分（含 85 分）以上为“优秀”，75～84 分为“良好”，60～74 分为“合格”		

《中学化学教学参考》2008 年第 9 期

听课技能：提高教师听课效率的关键

肖红梅

一、注意观察的全面性。二、重视环节的完整性。三、正确把握听课要领。(1)听：授课语言、课堂发言。(2)看：对课标和教材的把握，教学内容和教学过程的安排，切合实际程度，教学功底。学生参与度，活动表现，师生互动。(3)记：课堂实录和教学评析。

《中学化学教学参考》2008 年第 10 期

在化学课堂教学中发挥教师资源的积极作用

郑学裕

教师资源是教学资源的重要组成部分，随着社会的发展，教师资源在教学中的作用不断地被更新、完善。一、发挥教师资源的定位作用。(1)严格执行国家课程标准，弄清必修和选修在要求上的差别，要注意即使是选修内容的教学仍属于基础教育。(2)全面评价学生的学习。要面向全体学生，全方位、多层次、多角度地去看待和发现学生身上每一个“闪光点”，用赏识的观点评价学生。二、发挥教师资源的服务作用。(1)利用教师资源营造积极的课堂氛围，创设能引导学生主动参与的教育环境，为学生的自主学习创造条件。以学习“乙酸”中的酯化反应为例。(2)利用教师资源协调各种关系，协调快与慢的关系，协调讨论、交流、实验与讲授的时间关系，协调教师自己与学生的关系。(3)解决学生学习中的困难，教师在学生遇到困难时除了进行点拨、指导、鼓励外，也可对知识进行解释、解答，减少不必要的弯路。三、发挥教师资源的促进功能。(1)尊重学生，尊重学生选择的学习方式。(2)培养和训练学生解决问题的能力。(3)培育学生健康的心理和品德。

《化学教学》2008 年第 1 期

新课程背景下化学说课的理论视角与实践

孟献华

本文以《普通高中化学课程标准》(以下简称《课程标准》)中体现的理念，探讨如何在说课中体现新课程的观念，从而更好地发挥说课的功能。一、教材分析。1. 教材的作用与地位。2. 教学目标的确立与依据。第一，教学目标是教育目标的下位概念。第二，教学目标具有多维度、多层级的结构。以往的知识目标、能力目标、情感目标分类方式尽管注重了学生的全面发展，但这种简单的目标罗列形式渐渐显露出明显的不足。第三，教学目标以学生具体的、外显的行为加以描述，这样制定的教学目标便于操作，能够客观地交流与评价。第四，教学重点、难点的确定。二、教法与学法分析。教法分析要求说明教学过程中主要采用的教学方法、手段以及理论依据，对于重点部分的教法设计应阐述其中蕴涵的教学原则、具体的操作模式以及与其他方法的权衡取舍。学法是结合教学内容与教学设计，试图使学生采用的主要学习方式。三、教学程序分析。说课中的教学程序分析要求简要说明该课各个具体教学环节的名称与相关教学内容、师生活动的组织安排，即每一主要教学环节中预设的知识点、提出的问题与练习(教什么)；组织的课堂教学活动将采用的教学方法(怎样教)；每一重要的、体现出教师本人创造性教学设计中内隐的教育教学思想以及与其他教学设计的利弊权衡比较的依据。四、板书设计。板书设计要求文字精练，说明板书的整体布局即可，有条件的可用多媒体直接呈现。

《化学教学》2008 年第 1 期

“动手—动脑”教学中教师自我效能感量表的制定

张　莹　范文贵

自我效能感是一个认知心理学概念，表示一个人对自己完成复杂任务能力的信任程度，是一个人的主观认知因素。它和下面因素相关：(1)个体能够判断如何组织和采取行动达到远期目标。(2)自我效能感帮助个体预言未来的成绩。自我效能感包括两个成分，即结果预期和效能预期。在分析“动手—动脑”教学理论精髓、教师自我效能感含义的基础上制定了评价教师自我效能感的预试量表。为进一步评价教师在具体教学过程中的效能感提供工具和支撑。本研究被试来自锦州市三所（小学、初中和高中各一所）学校的教师。发放问卷 100 份，获得有效问卷 88 份，有效率为 88%。对该量表采用 SPSS 统计分析信度与效度，表明该量表在信度上是可靠的，在结构上是合理的。

《化学教学》2008 年第 1 期

化学校本教研主题甄选策略初探

张琳龄

本文结合化学教学实践和体会，从化学教研选题的基点、焦点、支点和原则四方面对其策略作一探讨。1. 选题基点：选题的基点是校情。所谓校情，这里主要指学校发展的总体目标、课程建设特色和相应的资源环境等。建议可从学校的发展目标、课程建设特色中开发教研主题；2. 选题焦点：学情是校本教研的焦点，只有生发于学情的选题才具有蓬勃的生命力，建议可以从课改与学情的融合中设计、从课堂教学实践中生成教研主题；3. 选题支点：只有充分认可并发挥教师原有特长能力，激发教师内在情感需求，才能充分调动教师积极主动的研修热情，教研主题的开展才有支撑点。因此，师情是选题的支点，可以针对教师关注的热点或依据教师的特长能力定题；4. 选题原则：几年的实践体会到教研主题的选择需要贯彻以下几条原则：(1)先进性和实效性结合；(2)阶段性和延续性结合；(3)共性和个性结合。只有立足“三情”，重视“三结合”的教研主题甄选策略，具有较高的可行性，才能较好地促进化学教师的专业化发展。

《化学教学》2008 年第 4 期

浅谈化学新教师教学中容易出现的问题及其对策

杨明生　何鼎友

化学新教师如何适应新的工作岗位、新的教学对象，如何实现更快的成长与成熟，不仅应该引起新教师的积极思考，同时也应该引起教育主管部门、教师培训机构、师范院校，以及用人学校的普遍关注。化学新教师存在的普遍性问题包括：(1)强调教学内容的计划性，教学过程机械而呆板；(2)学科教学经验缺乏，教学内容处理容易失当；(3)过分依赖教材教辅，忽视课标、大纲的应用；(4)强调试题的教学功能，步入题海战术的极端；(5)迷信于专家的权威性，影响教师个性化成长。化学新教师的问题是客观存在的，也是现实的。尽管有些是普遍的，有些是极富有个性化的，但无论何种类型的问题都不是可怕的，关键是如何对待这些问题，解决这些问题。化学新教师实现专业成长的有效策略包括：(1)学会对教学行为的反思，不断优化教学过程；(2)会与同伴交流合作，在借鉴与分享中进步；(3)学会教育科研，在以校为本的教科研中成长；(4)学会教学资源的开发，重视素材性资源的运用；(5)学会在学习中内化，让能力与水平同步提高。

《化学教学》2008 年第 4 期

化学教学中值得关注的一些问题

唐　敏

在平时的教学中，如上课或命题时，我们经常会发现教师也会犯一些错误，但自己仍然认为是正确的。这些错误有时候没有显性的影响，是因为在大型的测试中没有涉及，但我们不容忽视这些问题。一、以偏赅全的经验型错误。几种常见的错误表达，如 pH 试纸在使用时不能湿润，酸酐就是酸性氧化物等问题。二、简单迁移的想当然型错误。教师在应用类比和迁移时，有时会不注意查证，时常出现一些想当然的错误，在教学中，总结了一些规律或经验，这是很好的，但不能想当然，要去查证，并在实践中进一步提炼和检验其合理性。三、专业匮乏的科学性错误。在教学中，不能把话讲得太死，这样容易犯科学性错误，同时，我们要重视新知识的学习，因为只有多学习、多充电，才能不断地纠正自己对一些问题在认识上的误区，从而不断地完善自己的知识体系。四、忽视细节的定式思维型错误。在教学中，忽视细节的定式思维型错误，既是学生易犯的错误，也是教师易犯的且不容忽视的错误。

《化学教学》2008 年第 11 期

新课程下对教学反思行为的思考

虞志鸿

新课程下教师不能只满足于写教案、上课、批改作业，还应积极反思自己的教学行为，记录教育教学过程的所得、所失、所惑，不断总结，以提高教育教学水平、促进学生全面发展、促进自身专业技能和理论水平的螺旋式向上发展。一、教学反思行为的内涵。教学反思是指教师为了实现有效教学，对已经发生或正在发生的教学活动，以及这些教学活动背后的理论、假设进行积极、持续、深入、自我调节性的思考，在思考过程中能够发现、清晰表征所遇到的教学问题，并积极寻求方法来解决问题的过程。二、教学反思的意义。(1)有利于提高教师专业素质，是教师专业发展的内驱力；(2)促进教学实践更加合理，推动教学研究的深入；(3)把学会教学与学会学习统一起来的有效途径。三、实施教学反思的途径。(1)对教学理念展开反思；(2)对教材展开反思；(3)对课堂教学行为和教学方式展开反思；(4)对观摩学习展开反思；(5)对作业反馈展开反思；(6)整理信息，撰写反思文本。

《化学教学》2008 年第 12 期

对好课标准的几点思考——以化学学科为例

许应华　黄坤林

一、体现学科特色：要有化学实验，利用化学的思维方法和语言来教学，体现化学求真、实用等学科价值。二、开放性和封闭性的统一。化学教学中，不是越开放越好，通常有多种实验方案设计的内容、学生模糊观念较多的地方、教学的疑点、关键的定律和原理、一些和课本描述有冲突的实验现象等可以作为课堂教学的开放点。三、外在活跃和内在活跃的统一。外在活跃表现为课堂上学生动手、动口、讨论乃至辩论，而内在活跃表现在学生的思维活动。一堂好课的“活”能带给学生理智上的挑战、认知上的冲突、内心的震撼和无言的感动。四、知识的确定性和不确定性的统一。不确定性知识主要有三类：物质化学变化的复杂性、化学概念和理论的适用范围、学科的发展。五、教师教的问题和学生学的问题的统一。没有任何问题的课是假课。好课的问题性是指应有的教学内容已经基本解决，但学生还提出一些值得思考的问题。六、教师创造性和学生创造性的统一。教师创造性主要表现在化学实验设计或改进、教学方法和教学模式、教学资源以及教学机智。学生创造性主要表现在敢于质疑教师、权威和教材。提出新颖的实验设计、假设、问题等。七、教师个性和学生个性的统一。(原载于《教学月刊(教学参考)》:中学版(杭州)2008.7.44-46)

《复印报刊资料中学化学教与学》2008年第11期

北京师范大学化学教学论精品课程

(1)课程历史

在我国，化学教育学科从1865年萌芽，20世纪30年代，北京高等师范学校化学系正式开设“中等学校化学教材教法”课程。1951—1956年，教育部颁布《师范学院化学系化学教学法试行教学大纲》，受教育部委托，由北京师范大学化学系牵头编著《化学教学法讲义》，试用两轮后1957年由人民教育出版社出版。20世纪80年代，教育部组织，以北师大为主编写的《师范院校化学系中学化学教材教法教学大纲(修订草案)》出台，对本学科建设与发展起了显著的推动作用，课程名称更改为《化学教学论》。1990年由北师大化学系刘知新教授主编，多所高师院校合作编写的《化学教学论》由高等教育出版社出版，并获教育部高等教育教材二等奖。

1993年开始，北师大化学系在刘知新教授和何少华老师的带领下，在全国率先开设了化学教学论的教学实践配套课程《化学教学技能训练》，取得了极好的改革效果，对全国产生了重要影响，从此，很多高师院校都配套开设了这门课程，全面增强了化学教学论课程的教学实践性。

1998年，由北师大化学系王磊教授主持的教育部“面向21世纪教育振兴计划重点课题——《高师院校化学教学论课程改革》”，提出培养发展型化学教师的化学教学论系列课程建设思路，全面改革化学教学论课程的教学方式和评价方法。该项成果获北京师范大学优秀教学成果一等奖，引领和推动了20世纪90年代后期的全国高师院校相关课程的系统改革。

2001年开始，王磊教授主持教育部“面向21世纪教育振兴计划重大课题”——《义务教育化学课程标准和普通高中化学课程标准研制与实施》，主编教育部立项教材《普通高中化学课程标准实验教科书》。2001年和2003年，初中和高中化学课程标准相继颁布，2004年全套高中化学新教材出版并进入全国实验区使用。这一系统成果直接影响甚至决定了新一轮的高师院校化学教学论课程改革的方向和进程。北京师范大学化学学院化学教育研究所这两年在以前教学方式和评价方法改革的基础之上，着重进行了学科建设、课程理念和课程内容的深度改革。

2008 年，王磊教授主持的化学教学论课程荣获“北京市高等教育精品课程”称号，标志着该门课程的建设进入了高水平发展阶段。

党的十七大报告中明确提出要优先发展教育，温家宝总理多次视察北师大，明确指出教育发展要优先发展教师教育，提高教师培养质量，并建立免费师范生教育系统。面临新形势，化学教学论课程迎来了难得的发展机遇。

（2）师资队伍

该课程的教学队伍由 13 人组成，教学队伍层次合理、学历较高、职称和学科背景结构优化。其中，教授 3 人（2 名博士生导师），副教授 3 人（硕士生导师），讲师 3 人。博士学位获得者 4 位，在读博士 1 位。上述教师毕业于北京师范大学、华东师范大学、四川大学等全国著名高师院校。从整个教学队伍来看，师资结构合理，化学教育学科背景、化学学科背景、理论专长、实验专长、教学实践专长等多元化人员构成，而且都非常熟悉和了解当今中学化学和大学化学教育教学改革的现状和发展趋势。这样的课程教学团队构建模式在全国尚属首创。它对于全面提升《化学教学论》课程的教学水平，对于化学教师和化学教育工作者的职前培养都将产生重要而积极的影响。

学生与辅导教师的比例是 10∶1，有效地保证了正常的教学需求，有利于整个课程的建设与发展。课程打破了传统的由一个人从头讲到尾只由化学教学论教师承担的封闭式结构模式，而创新性地采用首席负责制的多元化课程团队协作模式。包括首席主讲教师、轮值主讲教师、专题主讲（讲座）教师、实验主讲教师、教学实践指导教师。

王磊教授是该课程负责人首席主讲教师。是教育部初、高中化学国家课程标准研制组负责人，北师大“新世纪”高中化学教材的主编之一，长期从事化学课程与教学论、教材研发、教师培养、化学学习心理方面的研究。在基础教育化学课程教材和教学改革，以及高师院校化学教学论系列课程的改革中始终发挥着核心的领导作用。长期坚持本科教学，教学受到学生好评。

刘知新教授是该课程的顾问和专题讲座教师，他是我国化学教学论课程的开创人，他主编的化学教学论教材一直是全国高师院校的首选教材，并多次获得教育部优秀教材奖、获得面向21世纪教材和北京市高等学校精品教材建设项目资助。刘先生作为该课程的顾问，体现了北师大化学教学论课程的历史继承性和学科优势的传承。

刘克文、胡久华和魏锐是该课程的轮值主讲教师，他们都是博士学位获得者，已经主讲过多届本科必修课《化学教学论》，在国家级核心刊物上发表丰富的教学研究论文，教学受到学生好评。申秀民副教授作为国家级实验教学示范中心的副主任，具有扎实的学科研究的基础和丰富的实验教学经验，取得多项北京市和学校教学成果奖。刘小英老师是该课程的实践课主讲教师，特别是在中学化学实验教学方面，成绩显著。

陈光巨教授和王明昭博士是该课程的学科顾问和专题讲座教师，是我院结构化学和无机化学的中青年专家，也是北师大"新世纪"高中化学教材的主编，教育硕士指导教师，曾获国家级教学成果奖二等奖和国家精品课的负责人之一。在该课程中负责讲授中学化学选修课程与现代化学进展专题。

田玉凤、支瑶和徐敏老师是该课程的教学实践指导教师，分别是北京十二中、北京三十五中和北京十五中的化学特级和高级教师。他们既具有非常丰富的中学化学教学经验，又是北师大"新世纪"高中化学教材的核心编写人员，同时还是教育硕士的指导教师。他们的加盟大大加强了化学教学论课的实践性，受到学生的高度欢迎。

（3）课程设计

北京师范大学以教师教育和教育学科为特色，注重在化学基础专业教育中加强化学教育特色，在化学教育中体现化学学科基础研究的优势。从而形成了北师大化学教师教育及化学教学论课程的定位。

依照北京师范大学的本科生总体培养计划，以及学校教师教育类课程方案，《化学教学论》课程是一门将来想要从事化学教育教学工作的学生、想要进行教育实习和获得教师资格证的化学专业学生必修的专业课程。

该课程密切结合初中化学和高中化学的课程及教学实际，通过丰富的教学案例和教学问题的研讨等多种学习活动，向学生介绍化学教育教学（课程与教学）系统的各核心要素，如有关中学化学课程结构、化学课程与教材内容、化学核心教学内容教与学的理论与方法、化学教学评价等，以及国内外化学教育教学改革的动态和发展趋势。从而引导和帮助学生树立正确的化学教育教学观念、了解现代化学教育教学的基本理论和基本方法，初步形成化学教师教学工作的基本能力。

该课程还与《中学化学实验及教学》《中学化学教学设计与实践》两门实践类课程构成本科生的教育实习通行证课程。与《中学化学教材分析与研究》《化学实验设计与研究》《化学习题和考试设计与研究》《中学化学教学案例与赏析》《化学教学心理》《化学教学研究方法》《化学教学测量与评价》《国内外化学教育改革动态》等构成免费师范生的化学教师教育类专业课程体系。

下表是理论课的知识模块顺序及对应的学时：

专题一　绪论	3 学时	学生活动	教学要求
一、化学教学论课程的性质 二、化学教学论的研究对象及主要问题 三、本课程的内容及学习方法		"我心目中的化学教师"——化学教师专业素养构成、"我心目中的化学教学"——化学教学工作系统及教学设计工作系统简介 1. 化学教学基本功测试——学生每人上台试教 5 分钟 2. 观摩化学优质课教学录像 3. 讨论："我心目中的化学教师""我心目中的化学教学"	引导学生认识化学课程与教学论的内容对象，感受化学教师专业素养要求和化学教学工作系统的基本构成，了解化学课堂教学设计系统。为后续学习搭建基本认识框架 初步建立以教学设计为核心的教师教学工作系统与化学课程教学论的研究对象和内容系统之间的关系 激发学生学习动机和理论联系实际的意识，明确本课程的学习目标和学习方法
专题二　中学化学课程目标与课程结构	6 学时	学生活动	教学要求
一、科学教育与中学化学教育目的 二、中学化学课程的价值、性质和目标 三、义务教育阶段化学课程结构 四、普通高中化学课程结构		1. 针对科学素养全面发展目的观与简单"双基"应试目的观开展辩论 2. 以高中化学课程的必修课和选修课结构方案为例组织学生开展讨论 3. 学生评价和设计具体课堂教学目标	结合义务教育化学课程标准和结合普通高中化学课程标准，以及国际科学教育领域对科学素养和教育目的的研究成果，引导学生认识中学化学课程的价值、性质和目标 初步树立以培养学生科学素养为宗旨的现代科学教育目的观 学习如何设计"知识技能、过程方法、情感态度价值观"的三维课堂教学目标 了解义务教育阶段化学课程结构和普通高中化学课程结构，建立对中学化学课程的整体认识

续表

专题三　义务教育阶段化学课程内容与教材分析	3学时	学生活动	教学要求
一、初中化学课程内容介绍 二、义务教育阶段科学课程中的化学内容介绍 三、初中化学教材分析		学生小组分工合作完成下列工作并进行汇报交流： （1）义务教育课程标准的内容标准分析 （2）几个主要版本初中化学教材的总体特点、内容选取与组织、教材呈现方式的分析 （3）针对某具体教学主题进行教学内容设计	结合义务教育化学课程标准和科学课程标准，主要版本初中化学教材和科学教材，以及对国内外化学课程内容的研究成果，引导学生认识义务教育阶段化学课程及教材内容的构成特点、组织结构 学习教材分析和教学内容设计的基本方法
专题四　高中化学课程内容与教材分析	6学时	学生活动	教学要求
一、高中化学必修课程内容介绍 二、高中化学选修课程内容介绍 三、高中化学课程内容的主要变化 四、高中化学教材介绍与分析		学生小组分工合作完成下列工作并进行汇报交流： （1）高中化学课程标准的内容标准分析 （2）几个主要版本高中化学教材的总体特点、内容选取与组织、教材呈现方式的分析 （3）针对某具体教学主题进行教学内容设计	结合高中化学课程标准和主要版本高中化学教材，以及有关国内外化学课程内容的研究成果，引导学生认识高中化学必修课和选修课课程内容的构成特点、组织结构 理解高中化学课程内容的改革和变化特点 学习教材分析和教学内容设计的基本方法
专题五　中学化学核心内容教与学的理论和方法——元素化合物知识	6学时	学生活动	教学要求
一、元素化合物知识的内容构成 二、元素化合物知识的学习特点 三、元素化合物知识的教学方式和教学策略 四、元素化合物知识的教学设计		1. 教学案例观摩与分析 2. 教学方案设计	通过分析和讨论元素化合物知识的典型教学案例，引导学生认识元素化合物知识的学习特点，了解元素化合物知识的教学方式和教学策略 学习如何进行元素化合物知识的教学设计

续表

专题六　中学化学核心内容教与学的理论与方法——概念原理知识	6学时	学生活动	教学要求
一、化学概念原理知识的内容构成 二、化学概念原理知识的学习特点 三、化学概念原理知识的教学方式和教学策略 四、化学概念原理知识的教学设计		1. 案例观摩与分析 2. 教学方案设计	通过分析和讨论化学概念原理知识的典型教学案例，引导学生认识化学概念原理知识的学习特点 了解化学概念原理知识的教学方式和教学策略 学习如何进行化学概念原理知识的教学设计
专题七　中学化学教学评价	6学时	学生活动	教学要求
一、学生的化学学业成就评价方式 二、化学学业成就发展性评价的设计与实施 三、教师的化学课堂教学评价要求 四、化学中考和高考研究		1. 分组进行有关同步作业习题、期中期末测验、模块学分认定考试、中考试题和高考试题的分析、评价和设计 2. 围绕中考和高考方案改革和命题改革开展辩论	通过对课程标准、各类化学考试评价案例和试卷的分析和讨论，使学生了解化学学业成就多样化评价方式和策略 学习依据课程标准设计具体评价方案和命题组卷的基本方法 通过教学案例的分析，熟悉化学课堂教学评价的要求
专题八　国内外中学化学教学改革动态	9学时	学生活动	教学要求
一、国内外中学化学教学改革动态概述 二、基于实验探究和问题解决的化学教学理论和方法 三、基于STS教育思想的化学教学策略 四、现代教育技术与化学教学整合 五、化学课堂教学设计的方法和策略		1. 中学现场观摩 2. 教学案例分析 3. 专题研究汇报	结合国内外科学教育和中学化学教学改革动态，以及具体的教学案例分析，引导学生较为深入地了解有关探究式教学、STS教育、信息技术与学科教学整合等科学教育教学方式改革的内容和要求，树立现代科学教育教学观念 学习如何设计和组织化学实验探究、开放教学内容进行STS教育、有效使用现代教育技术和教学手段的基本方法

续表

专题八　国内外中学化学教学改革动态	9学时	学生活动	教学要求
六、与化学相关的研究性学习和校本课程的开发与实施			通过典型学校经验的介绍和实施案例的观摩，使学生熟悉与化学相关的研究性学习和校本课程的实施现状
专题九　中学化学教学研究与教师专业发展	9学时	学生活动	教学要求
一、中学化学教学研究的主要内容 二、中学化学教学研究的基本方法 三、中学化学教师专业发展的要求		1. 外请中学化学教师作专业成长报告 2. 观摩中学化学教学研究课题组活动 3. 学生完成本课程的学期论文，进行每人10分钟的论文汇报和答辩	通过学生自主选择中学化学教学研究内容，完成本课程的学期论文，并进行每人10分钟的论文汇报和答辩，使学生熟悉和体验中学化学教学研究的主要内容和基本过程和方法 通过外请中学化学教师做专业成长报告，以及反思总结前面课程的学习体会，明确中学化学教师专业发展的要求，树立终身学习和发展的思想和意识
拓展报告专题		学生活动	教学要求
1. 从学科发展看中学化学教育 2. 从社会发展看中学化学教育 3. 从学校发展看中学化学教育 4. 从职业发展看中学化学教育		邀请相关领域的学科专家、企业家、文化学者、校长或著名特级教师作报告 开设本科生和硕士生及博士生的联合论坛	引导学生站在大教育的视野上，从更开阔的角度理解化学教育。更新教育观念，提高自身素质
实践活动专题		学生活动	教学要求
1. 教学技能实践训练 2. 教学见习观摩 3. 实验及实验教学训练 4. 网络教研实习		1. 分成小组，进行片段或整课教学展示 2. 去中学进行教学见习和观摩 3. 分成小组，进行中学化学实验的研究与教学训练 4. 参加中国化学课程网“高端备课和教学研讨”	可以与《中学化学实验及教学研究》和《中学化学教学设计与实践》等任选课相互结合。进一步培养学生实际开展化学课堂教学的能力 可以与中国化学课程网以及网络教研基地学校连通合作，使学生亲身感受当前真实的学校教研发展

化学教学论基础课程设置了两门配套的实践类课——《中学化学实验及教学研究》以及《中学化学教学设计与实践》(各1学分)。

《中学化学实验及教学研究》的课程学习将使学生了解和掌握中学化学教学要求的有关实验基本操作技能;了解中学化学实验演示教学的特点及要求,形成正确开展化学演示实验教学的技能;体会中学化学实验探究教学的特点及要求,掌握重要的实验条件,学习组织开展探究性实验教学的基本方法;了解中学化学实验技术的发展,初步形成使用传感技术进行化学实验的能力;通过亲身经历对中学化学实验的选择、改造设计与开发过程,初步形成中学化学实验的研究能力。

《中学化学教学设计与实践》的课程学习将使学生了解中学化学课堂教学的特点和要求,熟悉中学化学教学内容,初步学习化学教学的基本技能,如讲解的技能,书写板书的技能,使用教学辅助工具的技能,以及化学课堂教学的驾驭能力。使学生了解元素化合物知识与概念理论知识的教学特点,并能够设计符合这些知识教学特点的教案,能够完整地讲完一节课,从而使学生能够胜任教育实习,以及为他们以后就业和从事教师职业打下初步的基础。

这两门实践课程与化学教学论课一同构成化学教学论基础课程,对于师范生的化学教学素养和基本的化学教学能力培养发挥着重要的奠基作用,长期以来作为化学学院学生教师资格证书获得及参加教育实习的通行证课,同时它们已经列入化学学院国家级教学实验中心的建设课程之列。它们深受历届学生的欢迎,在最近的一项调查中,学生们反映这是对他们参加教育实习和去中学求职试讲最有帮助的课程,很多学生认为由于这两门课中都有许多训练他们当众讲解表达知识的心理素质和能力训练,所以对于学生的个人素质的提高都很有益处。对于理解和应用化学教学论理论和培养教学能力非常重要。

下表是《中学化学实验及教学实践训练》的主要内容:

专 题	实 验 内 容	学时
中学化学实验基础	实验1　粗盐提纯 实验2　一定质量分数溶液的配制 实验3　一定物质的量浓度的溶液配制 实验4　从碘水中萃取碘 实验5　盐的精制 实验6　从自来水制取蒸馏水 实验7　一组常见气体的实验室制备	3学时 选做5个实验

续表

专题	实验内容	学时
	实验8　常见离子检验 实验9　滴定测定和重量分析 实验基本技能考试	
中学化学实验及演示教学研究	实验10　一组元素性质实验 实验11　氧气的制备及性质 实验12　氢气的制备及性质 实验13　氯气的制备及性质 实验14　常见有机化合物的性质及转化 实验15　电化学 中学化学演示实验的教学案例讨论	6学时选做4个实验
中学化学实验及探究教学研究	实验16　不同价态硫元素之间的转化 实验17　补铁剂中铁的存在形式及其含量测定 实验18　阿司匹林药片中有效成分的检测 实验19　反应条件对化学反应的影响 实验20　蜡烛燃烧的相关探究 实验21　我们吸入和呼出的气体有什么不同 实验22　金属的腐蚀与防护 中学化学探究实验的教学案例讨论	6学时 选做4个实验
中学化学新型实验技术	实验23　基于传感技术的化学概念原理实验系列 实验24　传感技术在环境检测实验中的应用实验系列 实验25　中学化学微型实验系列 实验26　中学化学网络虚拟实验系列	3学时 选做2个实验
中学化学实验设计与开发	实验27　生活问题探究实验系列 实验28　生产工艺模拟实验系列 实验29　实验的绿色化设计系列 实验30　现代化学实验引入中学系列 实验设计及展示交流	2周开放实验室准备 选做任意一个系列

下表是《中学化学教学技能实践训练》的主要内容：

训练专题单元	主要活动内容	教学要求和学时
元素化合物知识教学训练	学生对中学化学教学中的元素化合物知识进行一个片断设计，写出详细的教案，要求有两个以上的演示实验，并且自己进行试讲。课上，每个学生模拟中学化学课堂教学，面对老师和同学进行现场讲解(15分钟)。小组讨论交流，教师分析、评价、总结，并对元素化合物知识教学的特点进行评析	4学时 了解元素化合物知识教学的基本特点，如实验的特点，教学内容的展开，联系生活实际等；能够独立完成元素化合物知识教学片断，具有初步的化学教学技能，如讲解技能，书写板书的技能

续表

训练专题单元	主要活动内容	教学要求和学时
概念理论知识教学训练	学生对中学化学教学中的概念理论知识进行一个片断设计，写出详细的教案，要求运用现代教学辅助工具。课上，每个学生模拟中学化学课堂教学，面对老师和同学进行现场讲解（15 分钟）。小组讨论交流，教师分析、评价、总结，并对概念理论知识教学的特点进行评析	4 学时 了解化学概念理论知识教学的基本特点，如概念理论知识教学的基本环节，概念原理教学内容的展开等；能够独立完成化学概念理论知识教学片断，具有初步的使用教学辅助工具的技能
整堂课教学训练	学生在课下准备一节完整地课堂教学的教案，课上，每个学生模拟中学化学课堂教学（30 分钟），让学生在实践中学习如何组织一节课，控制整节课堂教学的进程等	8 学时 了解一整堂化学教学的基本特点，知道一整堂化学教学的基本环节，包括引入、展开、结束和布置作业，能够独立完成一整堂化学教学，具有初步的化学课堂教学的驾驭能力

（4）课程实施

安排 1～2 年级渗透性教学观摩和见习，3 年级系统学习化学教学论基础课程（包括化学教学论（化学课程与教学概论）、中学化学教学设计与实践、中学化学实验及教学）、4 年级教育实习和自愿选修化学教学论提高课程（包括理论性课程——化学教学心理学、国内外化学教育改革动态、现代化学进展与中学化学课程；方法类课程——化学教学研究方法、化学教学测量与评价等；能力类课程——化学教学案例赏析与研究、化学实验设计与研究、化学教材分析与研究、化学习题与测验设计与研究）。

《化学教学论》理论课的教学主要通过多样化的教学方法与教学手段，从各个方面调动学生的积极性与主动性。

① 基于问题与活动驱动的方法和手段

教师设置多种活动任务，一般分为三大类：辩论活动、分析活动、设计活动。教师将学生分成若干个小组（为便于组织与活动，可以按学生宿舍分组），活动任务的内容紧密围绕教学专题设计，如辩论素质教育与应试教育；初中化学课程标准分析及其与教学大纲的比较；从知识体系与呈现两个方面分析现行高中化学教材；认识与研究探究教学；设计一节元素化合物内容的课堂教学，并进行说课；设计学生化学学习成就评价方案等。

② 基于案例观摩与分析的方法和手段

根据本科生的已有认识和经验，在教学中充分利用中学化学教学案例，避免从理论到理论的讲解。关于案例，主要是教学录像。将优秀的教学案例上传到网络上，学生可以充分利用业余时间观看，教师在课堂上组织学生进行分析与研讨。在使用教学案例的过程中，还突出应用对比策略。对同一个化学教学内容，让学生观摩或教师介绍不同教学处理的案例，这种不同教学处理可以是不同方面的，如教学内容展开主线索的不同，采用核心教学方法的不同，学生活动线索的不同，学生活动组织形式的不同，教学内容取向的不同（STS取向或者化学学科取向），核心驱动性问题的不同等。例如，同样是氨气的教学内容，可以按照氨气的结构与性质为主线展开教学，也可以按照核心问题解决为线索（如氨气能够溶于水吗？氨气能够与水发生反应吗?）；同样是盐类水解内容，可以通过泡沫灭火器相关问题的分析学习盐类水解的概念及其规律，也可以通过盐溶液是否都呈中性这一问题展开教学活动，也可以从哪些因素可以促进水的电离这一问题进入学习内容。通过这些对比案例的分析，使学生充分体会多种教学方式与教学策略的应用，认识不同教学处理的特点，打开教学设计的思路与线索，展示化学教学的艺术性，让学生初步能够进行教学设计并实施教学。

③ 基于化学课堂教学模拟的方法与手段

为了让学生亲身感受到化学课堂教学，体会站在讲台上的神圣与责任，感受课堂教学的基本要求。给学生机会走上讲台，模拟中学化学课堂教学，其他大学生扮演中学生。为了让学生初步实践不同类型教学内容的教学过程，组织开展元素化合物知识和概念原理知识的微格教学实践训练。

④ 基于专题讲座的方法与手段

为了拓宽学生的视野，及时了解中学化学教育的现状，专门请中学一线优秀教师或学科专家来给学生进行专题报告，让学生密切关注中学化学改革前沿，也让优秀教师介绍化学教师的专业发展体会。例如，邀请北师大二附中的特级教师王美文介绍研究性学习的具体实施情况；邀请北京十二中特级教师介绍现代教育技术与中学化学课堂教学的整合；邀请人大附中罗滨副校长介绍中学化学教学研究；邀请支瑶和徐敏老师指导教学技能训练并介绍教师成长体会等。聘请学科专家，如中国化学会前任理事长宋心琦教授、中国科学院资深院士徐光宪先生、中国工程院院士金涌先生、本校化学学院陈光巨教授和王明昭博士给学生作现代化学进展与中学化学课程的关系的学术报告等。

⑤ 基于走进中学化学课堂的方法与手段（基于“走出去”和

"请进来"的方法和手段）

为了让学生更真实的认识中学化学教学，扭转大学生对中学化学教学的偏差认识，尤其从偏远、落后地方来的学生，或者是在中学阶段以接受应试教育为主的学生，更需要到北京的中学现场，观察并认识现在的中学化学课堂，分析现在中学老师应用的教学方法、教学手段和教学策略。并采取平时分散进行教学见习，集中开展教育实习的办法。另外，定期邀请有经验的一线中学化学教师来到大学课堂"现身说法"介绍自身成长和课堂优质教学的经验体会，深受学生欢迎。

通过采用多样化的教学方法，使用多样化的教学手段，尤其是充分发挥现代教育技术手段，让学生经历多样化的学习活动，从而激发学生对化学教育的热情，真正实现学习的积极性与自主性。

⑥ 基于多媒体和网络化的教学手段

本课程全程采用多媒体教学，并且利用网络辅助学习和管理，定期组织网上在线研讨活动（具体见附件和网络课程http://chem.cersp.com/JPWZ/200905/6320.html）。学生通过计算机平台提交作业、撰写论文和进行演示汇报。

《中学化学实验及教学实践训练》有两种教学组织形式。教学组织形式一：学生分组实验、教师进行指导、实验前讨论、实验后学生总结、演示和交流。教学组织形式二：学生选择实验课题之后，自主查阅资料、设计实验、筛选优化实验方案、展示汇报研究成果。

《中学化学教学技能实践训练》的教学将学生分成训练小组，每组8～10人，配备1名指导教师。每个训练单元，每个学生在台上教学展示15分钟，并进行自我评价，然后小组同学进行评价分析，最后指导教师进行综合点评。每期训练还设有一次45分钟整堂课教学实践，训练过程配有微格录像。

（5）课程评价

《化学教学论》理论课程实施过程性表现性评价（包括基本功摸底测试、平时学习活动汇报、教学设计、片段教学展示、学期课程论文汇报答辩）与终结性纸笔考试相结合的课程评价方式。

中学化学实验及教学训练课的考核：以实验过程中的表现和实验报告为依据的平时成绩占50分；期中演示实验教学技能考核占20分，期末实验设计成果汇报表演占30分。

中学化学教学设计与实践课的考核：三次教学试讲训练70分，三次教学方案设计30分。

华东师范大学化学教学论精品课程

（1）课程历史

华东师范大学是全国开设“化学课程与教学论”最早的院校之一，在20世纪50年代组建化学系初期就开设了培养和强化教师技能的《中学化学教材教法》。经过多年的实践和研究，华东师范大学化学系以“化学教学论”“中学化学教学法实验”“中学化学创新实验”“高中化学教材研究”为核心的“化学课程与教学论”课程体系正式形成。1979年招收研究生，系国内化学教学论专业最早的硕士点。1995年，华东师大化学系作为学校教学改革试点系之一，立项进行整体教学改革的研究。1997年，华东师范大学与上海教育学院合并，化学教学论的师资力量得到加强，并大力进行课程建设，配套建设实验室，教学法实验课受到学生好评。同年，本教研室首批承担教育部“教育硕士”（化学教学论）研究生的培养工作。2003年，本学科获得博士学位授予权。

（2）师资队伍

该课程的教学队伍由12人组成，具有学历层次高、年纪轻、师资配备合理等特点。从整个教学队伍来看，教师知识结构合理，都具备扎实的理论功底和良好的研究能力，表现出以化学教学论为核心，以中学化学实验教学、教材教法以及信息技术为支撑的体系。教师队伍年龄结构结构合理，形成以老教师为核心、中年教师为骨干、青年教师为补充的老、中、青三代相配合的教学梯队。其中，教授3人，副教授4人，讲师1人（目前在日本攻读博士学位），助教1人。此外，还有4位博士生作为课后辅导教师。上述教师毕业于北京师范大学、华东师范大学、上海师范大学等全国著名师范类院校。可见，教师队伍学员结构较为合理。

（3）课程设计

《化学教学论》课程由理论课和实验课两大部分组成。授课时数为80学时，《化学教学理论研究》40课时，《化学实验教学研究》40课时。

下表是理论部分——《化学教学理论研究》的内容设计：

章	节	内容要求
第一章 与化学专家教师的对话	化学与化学教育的发展	了解化学与化学教育发展的线索及新动向 领悟化学教育的社会价值 认识该课程的性质、任务以及学习方法 增强课程学习的动机，明确学习目标
	化学教育的社会价值	
	化学教育的新视野	
	化学教学论课程的任务	

续表

章	节	内容要求
第二章 化学课程标准与教科书	化学课程的设置	了解中学化学课程的设置及其历史变革
	化学课程标准	了解化学课程标准的性质、内容，理解其核心理念
	化学教科书	了解化学教科书编制依据、内容体系 学会正确使用化学课程标准及教科书
第三章 化学教学设计	化学教学设计的概述	了解化学教学设计的内涵、类型和一般步骤
	化学教学设计的理念	领悟化学教学设计的理念和基本要求 掌握化学课时教学设计的环节、步骤及方法
	化学课时教学的设计	初步学会教学分析、教学设计和编写教案
第四章 化学教学过程与教学方法	化学教学过程	了解化学学科特点，理解化学教学过程的本质
	化学教学原则	认识化学教学的原则并学会运用于具体教学中
	化学教学方法	了解化学教学方法的分类，会使用重要的教学方法
	化学教学模式	了解重要的化学教学模式，能联系实际加以理解
第五章 化学课堂教学基本技能	化学课堂教学呈示技能 化学课堂教学观察技能 化学课堂教学互动技能 化学课堂管理调控技能	了解化学课堂教学语言、板书、肢体动作、教学演示、课堂观察、课堂互动、课堂组织管理、课堂反馈等技能的基本知识 通过具体的练习实践掌握各种化学课堂教学重要的基本技能，培养课堂教学能力
第六章 现代教育技术的应用	常用教学媒体的应用 化学软件的应用 网络化学资源的利用 掌上实验室的应用	认识到现代教育技术应用于化学教学的意义及其注意事项 了解当前常用的教学媒体的原理和基本操作 学会使用实物投影、计算机、音视频设备、网络、掌上实验室、重要化学软件等
第七章 化学微格教学实践	微格教学的任务	认识到微格教学应用于化学教学的任务及意义
	化学微格教学的实践	自行设计教学片段进行微格教学实践
第八章 化学学习策略及实施	化学学习策略概述 事实性知识学习策略 理论性知识学习策略 技能性知识学习策略 情意类内容养成策略 化学问题解决的策略	了解学习策略的含义、作用，化学学习策略的类型 了解事实性知识学习的具体策略，掌握其在教学中的应用 了解理论性知识学习的具体策略，掌握其在教学中的应用

续表

章	节	内容要求
		了解技能性知识学习的具体策略，掌握其在教学中的应用 了解情意类内容养成的具体策略，掌握其在教学中的应用 了解化学问题解决过程、机制、策略，学会组织问题解决教学
第九章 化学学习 评价策略	化学教学评价概述	认识到化学教学评价的功能，了解其类型及适用范围
	化学教育测评的工具	了解化学测验类型及难度、区分度、效度、信度的评价方法
	化学试题的编制	了解化学试题的类型，初步掌握各类试题的编制方法
	化学测验分数处理与分析	理解分数特征量的含义，学会对分数进行统计处理及分析
	化学课堂教学诊断	意识化学课堂教学诊断的意义，了解其内容和策略，初步学会和掌握
第十章 化学教育 研究	化学教育研究概述	意识到化学教育研究的意义，了解其类型和一般过程
	几种常用的教育研究方法	了解调查法、文献法、实验法、行动研究法等的基本步骤
	化学教育论文的撰写	初步学习论文选题与撰写，增强研究的意识及研究能力
第十一章 化学教师的 专业发展	化学教师的素质	了解教师的素质构成及化学教师特质
	反思型教师实践的特征	意识教学反思的意义，了解其内容、过程，初步学会应用
	专家教师与一般教师比较	了解专家教师的特征、专家一般教师的差异，明确学习目标
	行动研究与教师专业发展	了解行动研究的含义、特点、意义及一般过程

实验部分《化学实验教学研究》旨在通过研究中学化学实验和化学实验教学的原理、过程、内容和方法，使师范生掌握化学实验研究和化学实验教学研究的基本知识和基本技能，培养从事化学实验教学工作和进行实验教学研究的初步能力，为中等学校化学基础教育改革培养探究性、创新性的教育师资。

《化学实验教学研究》的教学内容如下所示：

第一章　走进中学化学实验教学

第二章　化学实验基本操作练习

第三章　气体的制备与性质研究

第四章　物质的性质与反应研究
第五章　物质的制备与合成研究
第六章　化学反应条件实验研究
第七章　化学定量测定实验
第八章　趣味性化学实验的研究
第九章　化学实验投影片的制作
第十章　学生实验设计与交流

（4）课程评价

课程成绩由期末考试成绩 60%＋平时成绩（含课程作业、实验报告、课堂表现等）40%合成。考核形式为书面考试（开卷）。考试时间为 120 分钟。考试题型主要有辨析题（或判断题）、简答题、设计题。考试内容涵盖理论部分的“内容要求”与实验部分的“实验目的”。

试题举例：

◇ 辨析题：新课程的“内容标准”是对某一主题下所列内容应达到的最高学习要求。

◇ 简答题：对于 50 mL 水和 50 mL 乙醇相混，体积约缩小 3 mL（即混合后体积约为 97 mL），而苯和二氯乙烷两种液体混合后，体积略有增加。你将如何分别向中学生解释上述“矛盾”？

◇ 设计题：以“从碳酸饮料探究二氧化碳的性质”活动为主题，设计简要的探究性学习活动方案。

山东师范大学化学教学论精品课程

（1）课程历史

山东师范大学化学化工与材料科学学院的前身是 1950 年成立的山东师范学院化学系，1981 年随学校更名为山东师范大学化学系，2003 年合并成山东省化工学校，成立化学化工与材料科学学院。学院现有化学（师范类）、应用化学、化学工程与工艺、制药工程四个本科专业。其中化学（师范类）专业是办学历史最长、办学实力最强的专业，化学教学论则是化学（师范类）专业体现教师教育特色的一门重要的专业必修课。

我国化学教学论课程最早正式开设于 1932 年的北京高等师范学校，当时的名称为“中等学校化学教材教法”，1959 年人民教育出版社出版了国内第一本高师院校教材《化学教学法讲义》。1986 年在山东师范大学召开的“全国高师理科教学法学科建设研讨会”上，与会代表明确提出建立“学科教育学”的倡议，并上报国务院学位办；1988 年在北京参加“高师院校本科化学专业化学学科基本要求审定会”的化学教育组专家一致同意采用“化学教学论”作为本学科的名称，以替代沿用已久的“中学化学教材教法”等名称；1990 年由高等教育出版社出版了刘知新教授主编的全国通用教材《化学教学论》，供各师范院校教学选用。

山东师范大学自建校以来一直开设化学教学论（法）课程，特别是 1978 年以来，本学科课程的发展步入正轨，至今经历了三个主要发展阶段：

第一阶段：1980—1994 年。以石德宽、茅树国、葛金环等教师为主体，在规范教学秩序、明确研究方向、加强课程建设等方面奠定了本课程发展的基础。这一阶段教学论教研室明确了集体备课制度、建立了与省市教研部门的合作制度，强调紧密结合中学教学实践开展课题研究，形成了中学化学教材编制、中学化学实验设计两个研究方向，并主编出版了《义务教育初中教材·化学》（1990 年通过教育部审定）、《中学化学实验大全》（1991 年）、《化学教育学》（1992 年）《化学教学与能力培养》（1994 年）等一批有影响的成果。

第二阶段：1995—2001 年。以毕华林、章国贞（现在美国）、裴新宁（现在华东师大）等教师为主体，加强课程理论研究，不断深化本课程的教学改革。1990 年，毕华林从北京师范大学化学教学论专业研究生毕业回到山东师范大学，即担任本课程的教学工作。在老教师的引领下，继续与教研部门合作深入开展化学教材的编写、评价研究，积极参加中学化学教学实践，同时结合自身的理论优势，深入探讨课程内容和教学模式的改革。1998 年由毕华林等主编的化学教学论教材《化学教学原理与方法》、《化学实验教学研究》正式出版，为全省各高师院校选用并获得好评。2000 年毕华林荣获“山东师范大学首届十大青年教学能手”称号，2001 年《发展型教师培养的化学教学论课程改革》获得山东省优秀教学成果奖二等奖。

第三阶段：2002 年至今。以毕华林、亓英丽、姜言霞等老师为主体，进一步加强理论与实践的结合，深化科研与教学的联系，形成了自己的教学特色和研究方向。1998 年我校获得了化学教学论硕士学位授权点，并成为首批教育硕士培养试点单位，这为化学教学论课程改革和学科发展提供了机遇。2001 年毕华林作为国家化学课程改革专家组成员，全程参与了化学课程标准研制、新教材开发和教师培训工作，保证了本课程建设的先进性。2005 年由毕华林、亓英丽主编的《高中化学新课程教学论》出版，为多所师范院校选用，并获得 2008 年山东省高校优秀教材二等奖。在深化课程内容改革的基础上，重视课程结构的改革，加强课程资源的建设以及师范生实践环节的改革研究。2002、2005 年分别承担了“微格教学和师范生化学教学能力培养研究”“高师化学专业‘3+1’培养模式化学教育类课程体系改革研究”等教改立项课题，出版了《化学新教材开发与使用》《化学探究学习论》《化学教育科研方法》等著作，产生广泛影响。2005 年毕华林被评为山东师范大学首届教学名师，2006 年《化学教学论》课程评为校级精品课程，2007 年评为山东省高等学校基础学科建设项目。

（2）师资队伍

化学教学论教研室现有在职教师 7 人，外聘教师 1 人。在职教师中，教授 2 人，副教授 1 人，讲师 3 人，助教 1 人，博士 1 人，硕士 4 人；50 岁以上教师 2 人，40 岁以上教师 1 人，30 岁以上教师 3 人，20 岁以上教师 1 人。1 人毕业于北京师范大学，其余 6 人均毕业于本校。

目前该课程师资队伍数量充足，职称、年龄结构基本合理，理论课教师与实验课教师比例恰当，完全满足课程教学的需要。但学员结构有待改善，今后将有计划地派出青年教师外出攻读博士学位或引进高水平学校的博士毕业生。

（3）课程设计

山东师范大学是一所省属重点师范大学，学校的办学目标是建设具有鲜明教师教育特色的国内一流的教学研究型大学。为适应社会发展对教师教育改革的需求，构建了以“培养发展型教师”为宗旨的“一个模式，两个层次、三种类型立体化”的化学专业课程体系。

“一个模式”就是“3＋1”模式。其中，“3”是指前三年所有的学生完成公共必修课和学院通识课的学习，“1”是指第四年实行职业分流，选择教师职业的学生重点选修化学教育类课程。“两个层次”是指化学教育类课程分为必修和选修。“三种类型”是指化学教育类课程包括“化学教育理论”“化学教学技能”和“化学教学实践”三类。所谓“立体化”课程是指不仅包括文本教材，还包括多媒体课件、网络课程等多种资源的有机融合。

在此课程体系中，《化学教学论》是化学专业学生的必修化学教育理论课程。从教师教育的人才培养目标及化学教育对教师能力的需要出发，围绕培养发展型教师这一宗旨，充分考虑学生的知识基础和学习需求，确定了《化学教学论》课程目标为：

使学生形成先进的化学教学思想观念，认识化学教学的基本特征和规律；了解进行化学教学设计和组织教学活动的程序和方法，形成基本的化学教学能力；认识化学教育科研的意义，了解化学教育科研的基本方法。

化学教育理论课程用自己编写的《高中新化学课程教学论》教材，全书从整合课程与教学的系统观出发，遵循“整体—部分—整体”的认识思路，确定了 12 个专题作为内容主题，构建了如下图所示的课程内容体系。努力引领师范生从整体上认识化学课程改革的目标，在深入理解化学课程内容、化学学习特点和教学策略的基础上，形成化学教学设计的系统观念，提高实施化学新课程的能力。

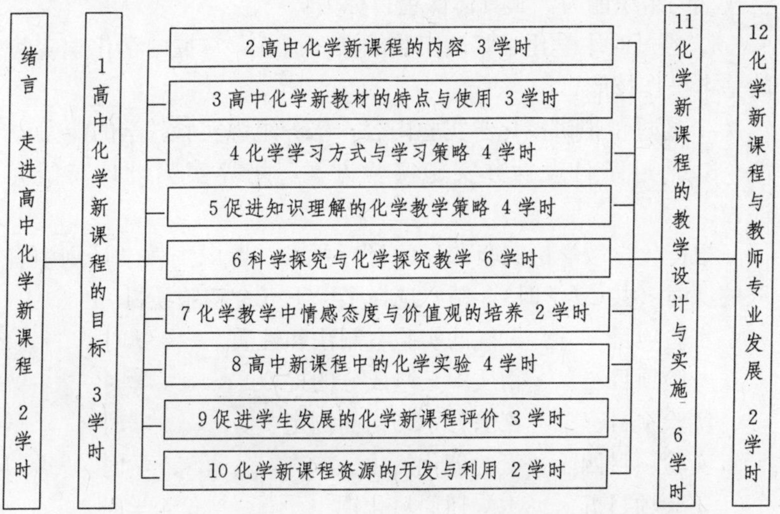

化学教学论的知识对于师范生来说，主要是一种实践性知识，理论与实践紧密结合是化学教学论课程最显著的特点。微格教学作为一种利用现代教学技术手段培训教师的实践性较强的教学方式，是引导师范生将所学理论运用于实践、提高教学技能和能力的有效途径。

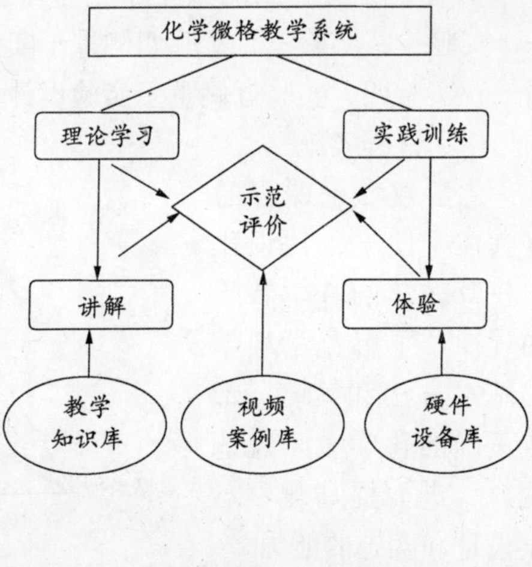

在理论研究和实践探索的基础上，构建了化学微格教学的理论模型，如图所示。完整的微格教学过程包括理论学习和实践训练两个部分，二者缺一不可。理论学习是实践训练的基础和依据，它主要以教师讲解为主；实践训练是提高能力的保证，它以师范生的亲身体验为主。在整个过程中，优秀案例示范和教师的反馈评价是实施微格教学的关键和核心。而必需的教学知识库、视频案例库、硬件设备库是实施微格教学的支持系统。

化学教学论实验（也称为《化学实验教学研究》）是在学生完成了无机、分析、有机、物化等专业实验训练后开设的，因此它与上述专业实验有着明显的不同，化学教学论实验不是以掌握实验技术、验证所学专业知识为主要目的，而是着眼于培养师范生养成规范的实验操作技能，学会合理设计和改进实验，提高实验教学的组织能力。其具体课程目标为：

1. 通过对中学化学基础实验的操作训练，掌握中学化学实验的基本操作技能；

2. 通过模拟讲授化学实验内容，培养组织实验教学的能力；

3. 通过亲自设计并实施实验方案，培养实验设计与研究能力。

根据化学教学论实验课程的目标要求，考虑到教学计划中有限的课时（共 20 学时），精心选择了以下五个实验项目。

实验项目一	氧气的实验室制法和性质	4 学时
实验项目二	物质中某些成分的提取	4 学时
实验项目三	乙醇分子结构的测定	4 学时
实验项目四	氨的催化氧化	4 学时
实验项目五	木炭还原氧化铜	4 学时

实验一、实验二侧重于学生基本操作技能和实验规范的训练，实验一、实验三、实验四侧重于实验教学的设计和组织，实验二、实验四、实验五侧重于实验设计和研究的训练。

（4）课程实施

化学教学论课程的重点在于使学生认识化学教育教学的基本特征和规律，了解化学教学的基本方法和策略，形成正确的化学教学思想观念，进而提高化学教学设计和实施的能力。

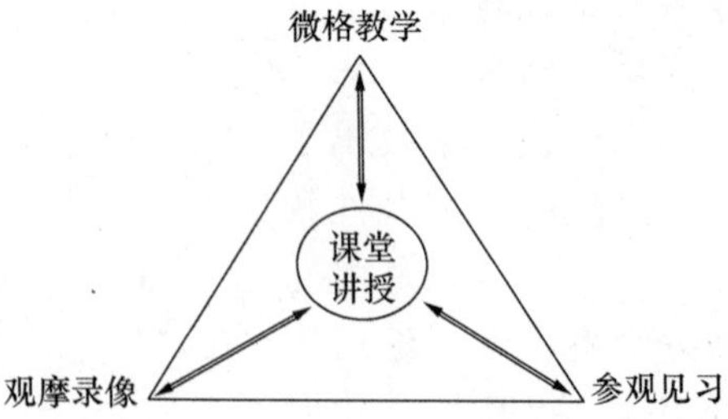

由于理论的抽象性，加上师范生教学实践经验的缺乏，因此学生在学习化学教学论课程时往往感觉枯燥乏味，难以将教学理论与教学实践有机结合起来，实现知识向能力的转化。因此，如

何将理论学习与实践训练有机结合起来，是化学教学论课程学习的难点。

基于此，应改革传统教学先是教师系统讲授理论知识，最后让学生集中练习的教学模式，而是将课堂系统讲授与学生实践活动有机地结合起来，重视从学生已有的知识经验出发，采取观摩录像、参观见习、微格教学、课堂讲授等方式，使学生能够增加感性认识，获得亲身体验，在实际运用中加深对理论知识的理解和掌握，形成先进的教学思想观念，同时锻炼和发展基本的教学技能和能力。

① 以学生为实践主体，构建主动参与的教学模式

学习过程是学生主体性形成和发展的过程，只有让学生积极、主动地投入到学习活动中去，才能获得最好的教学效果。为此，应在课堂教学中重视从学生已有的知识经验出发，采取小组讨论、作业设计、试讲练习、观摩录像、参观见习等方式，努力构建学生主动参与、积极实践的教学模式，突出学生在教学活动实践中的主体地位。使他们通过一定的实践活动，增强感性认识，获得亲身体验，能够学以致用。

由于学生人数较多，而课堂教学时间有限，为使学生获得尽可能多的实践练习机会，还采取了三项措施：一是在实验课中，每次请 2 或 3 名同学上台演示讲解有关的实验内容，为学生提供实践的机会；二是聘请教育硕士专业学位研究生为学生的指导教师，负责审阅教案，听试讲，进行实践教学指导；三是运用现代教学技术，为学生录制试讲录像带，自行观摩分析，提供自我反馈的机会，培养学生自我反思的意识和能力。

② 以问题为中心，构建“问题讨论式”教学模式

问题是思维的源泉和动力，为充分调动学生学习的主动性和积极性，构建和应用了“问题讨论式”的教学模式，即根据教学内容首先提出问题，让学生思考讨论，然后教师进行总结讲解。针对不同的教学内容教师讲解的形式也不完全相同。教学理论知识部分的学习，教师在讲解时更多的是联系典型案例或呈现某一情境（如录像片段、课堂笔录、教案设计等），通过对事例的分析，加深学生对知识的理解，其基本模式为：问题讨论—情境分析—总结整理。

教学设计和实施部分的学习，提出问题之后，在学生充分讨论的基础上，教师进行初步的总结，使学生对不同类型知识的教学设计和实施过程有一个概略的了解，然后组织学生观摩相关的教学录像，教师和学生共同对录像进行评析，使学生进一步掌握

有关的教学技能，然后每个学生亲自进行实践练习，通过练习运用所学知识，使之系统化、概括化，训练和提高自己的教学能力，其基本模式为：问题讨论—理论讲授—观摩录像—分析总结—试讲练习—概括提高。

③ 加强信息技术与课程整合，改变学生的学习方式

在教学手段方面，改革了“黑板+粉笔”的传统教学方式，充分发挥现代教学手段在教学中的重要作用，加强现代信息技术与课程教学的整合。具体做法为：一是为学生介绍相关的教学网站，提高优秀教师的教学课堂录像，既可以组织学生在课堂上集体观摩优质课例录像，也可以自己课后通过网络在线观摩，提高了学习的自主性；二是利用现代信息技术制作教学课件，不仅可以提高课堂教学的信息容量，还可以提供典型的教学情境、案例，增进学生对化学教学论知识的理解；三是运用现代信息技术实施微格教学，为学生录制课堂教学的录像带，自行观摩分析，提供自我反馈的机会，培养学生的自我反思和教学设计能力。

化学教学论实验的教学过程主要包括以下三个阶段：

① 学生课前预习，完成实验预习报告。在进入实验室之后，学生将预习报告放在实验台面上，教师进行检查批阅，并评定成绩。

② 实验教学过程：首先请学生交流实验预习情况，提出实验中可能存在的问题及应注意的事项，特别是基本操作和实验安全问题。通过师生共同讨论，确定实验方案，然后学生独立完成实验，教师巡视指导，及时发现和纠正学生不规范、不合理的实验操作，学生实验操作结束后，各小组选择 2 或 3 名学生模拟讲授此实验，师生对其教学过程和实验操作进行评议，并总结本次实验的情况。

③ 实验课结束后，学生对实验过程进行总结反思，独立完成实验报告。

（5）课程评价

化学教学论实验课程的考核采取“三结合”的方式，即将学生的预习报告、实验操作、实验报告三个方面综合起来进行考核评价。三方面所占的比例分别是：预习报告占 30%，实验操作占 40%，实验报告占 30%。

南京师范大学化学教学论精品课程

（1）课程历史

自 1952 年我校建立化学教学专业以来，该课程正式设立，

经过52年的建设与延续，经历了五六代人的潜心构建，形成了以实验研究、计算机辅助教学和紧密结合中学化学发展为特点的课程体系。近十年来，随着学校进入“211工程”和高师发展以来，对原有的教学论实验和实习等环节进行了持续调整、整合、优化，按照理论教学、实验教学、实践教学三大模块进行教材建设，整合教学内容，优化教学方法，开发教学资源。目前已有的教材建设成果为：《化学教学论》2001年出版，《化学教学论实验》2000年出版，《化学教育统计与测量》1999年出版。加强了教学实践，培养师范生教学技能。初步形成了传统教学技能和化学实验演示技能规范化，课件制作、现代多媒体设备使用普遍化，探究、自主、合作学习教学设计意识化的要求和氛围。课程建设所获奖励为：1998年，获省高校课程建设二类优秀课程奖；2002年，获江苏省教育厅教育研究树勋奖一等奖；2002年，被列入省高校特色专业建设规划。

（2）师资队伍

自1990年以来，通过引进、选留和在职读博，教师队伍素质不断提高。目前该课程共有教授3位、副教授1位、讲师2位、实验师1位，形成了一支学历、年龄结构合理的师资队伍。与此同时，先后申请成功课程与教学论博士方向、硕士点、教育硕士专业学位单位、省级实验中心、国家级、省级中学化学骨干教师培训基地，成立了化学教育研究所，聘请了国内外一批知名学者和专家为客座教授和研究人员。课程建设有了合理的教师梯队和高水平的学术支撑。

（3）课程设计

化学课程论（含实验）主要内容有化学课程与教学论理论知识教学和实验教学、备课试教、见习等，是培养和训练师范生化学教学和研究基本能力的重要专业基础课程。

《化学教学论》理论课总学时数54，主要是研究化学教与学规律及其应用。教学内容和课时安排如下所示：

（一）绪论（2课时）

1. 化学教学论的设课目的，2. 化学教学论的研究对象和研究方法，3. 化学教育的发展和化学教学论的形成。

（二）化学课程论（4课时）

1. 中学化学课程的地位和设置，2. 中学化学教学大纲，3. 中学化学课程的内容和化学教科书的体系分析，4. 中学化学教材的评价，5. 国内外中学化学教材近年改革和发展趋势介绍。

（三）化学教与学的一般原理和方法

1. 化学教学的特征，2. 化学教学的理论基础，3. 化学教学的一般原则，4. 化学教学方法，5. 化学学习的原理和方法，6. 化学教学中直观教具的使用。

（四）化学教学中学生能力的培养（3 **课时**）

1. 培养能力的重要意义，2. 化学方法论是培养能力的依据，3. 化学教学中培养能力的方法和途径。

（五）化学教学中的思想政治教育（2 **课时**）

1. 辩证唯物主义教育，2. 爱国主义教育，3. 科学态度教育，4. 科学方法论教育，5. 化学史教育。

（六）化学教学系统的设计与实施（6 **课时**）

1. 化学教学系统与要素，2. 化学教学系统与设计，3. 化学教学程序设计方案的实施——化学课堂教学，4. 化学课堂教学质量的分析评价和课后工作，5. 化学课外活动。

（七）化学用语的教学（3 **课时**）

1. 化学用语在化学教学中的意义，2. 化学用语的分类，3. 化学用语教学的要求，4. 化学用语教学示例。

（八）化学基本概念的教学（3 **课时**）

1. 化学基本概念在化学教学中的地位和作用，2. 化学基本概念的系统和分类，3. 化学基本概念的形成过程与方法，4. 化学基本概念教学中需要注意的几个问题，5. 化学基本概念教学示例。

（九）化学基本理论的教学（3 **课时**）

1. 化学基本理论在化学教学中的地位和作用，2. 化学基本理论的主要内容和体系，3. 化学基本理论教学中需要注意的几个问题，4. 化学基本理论教学示例。

（十）元素化合物知识的教学（3 **课时**）

1. 元素化合物知识在化学教学中的地位，2. 元素化合物知识的内容和体系，3. 元素化合物知识教学的要求，4. 元素化合物知识教学示例。

（十一）有机化合物知识的教学（3 **课时**）

1. 有机化合物知识在化学教学中的地位和作用，2. 有机化合物知识的体系，3. 有机化合物知识教学的基本要求，4. 有机化合物知识教学示例。

（十二）化学与社会联系知识的教学（3 **课时**）

1. 化学与社会联系知识的教学内容和特点，2. 生产和生活中化学教学的方法，3. 化学生产知识教学的方法，4. 社会生活中化学知识教学的方法。

（十三）化学复习的教学（3 **课时**）

1. 化学复习的意义，2. 化学复习的类型，3. 化学复习的一般要求，4. 单元复习和总复习的方法。

（十四）化学教学研究的方法（4 **课时**）

1. 化学教学研究的基本环节，2. 化学教学研究课题的选定，3. 化学教学研究的一般方法，4. 化学教学研究论文的撰写。

《化学教学论实验》学时为 36。该课程以学生已有的化学基础知识和基本实验技能为基础，训练和培养学生独立从事中学化学实验教学工作的基本技能和初步进行实验教学研究的能力。具体包括让学生了解中学化学实验教学的功能、内容和实验教学的基本要求、开展中学化学演示实验教学的训练和研究、设计和改进中学化学实验等。

实验项目与提要如下表所示：

序号	实验项目	必做 选做	学时	内容提要	实验 类型	每套 仪器 人数
		必做	3	化学实验要求与规则 实验理论专题讲座		
1	氧气	必做	4	掌握气体制备实验的技术关键；熟练掌握排水集气操作	验证	1
2	氢气	必做	4	掌握启普发生器和氢气的安全操作	综合	1
3	氨氧化制硝酸	必做	2	掌握氨催化氧化的技能和实验室制取硝酸的操作	综合	1
4	胶体	必做	2	掌握制备胶体及演示性质实验的技能	综合	1
5	电解质溶液	必做	2	掌握离子迁移及电解饱和食盐水及氯化铜溶液的技能	综合	1
6	铝的性质	必做	4	掌握关于铝的两性的实验；简易铝热法的演示	验证	1
7	甲烷 乙烯	必做	4	掌握有关甲烷、乙烯的实验室制取方法（含药品的预处理）	验证	1
8	乙醇氧化制乙醛	必做	2	掌握乙醇在催化剂和受热情况下氧化生成醛的演示技能	综合	1
9	物质式量的测定	必做	2	掌握定量测定物质式量的技能；学会电子天平的使用	综合	1
10	酯与纤维素的水解	选做	4	掌握酯和纤维素水解的演示实验	综合	1

续表

序号	实验项目	必做 选做	学时	内容提要	实验类型	每套仪器人数
11	中和反应 pH 的变化	选做	2	掌握 pH 计使用方法和数据收集与处理，体会不同类酸碱的滴定 pH 变化，了解数据采集系统的工作原理	综合	2
12	海带中碘的测定	选做	4	了解测定碘的原理和方法，提高设计解决实践问题的能力	综合	2
13	硫酸的性质与制取	选做	4	掌握浓硫酸性质实验的演示操作、实验室接触法制取硫酸的操作	设计	1
14	氯气	选做	4	掌握关于有毒气体制取及性质实验操作	设计	2
15	化学电池	选做	4	根据干电池、蓄电池和燃料电池的工作原理制作电池	设计	2
16	喷泉实验	选做	4	利用物理方法和化学方法设计各种喷泉实验	设计	1
17	探究性实验设计	必做	8	学生自己设计的实验	设计	
18	考核			实验技能和综合实验设计能力考查	综合	1

（4）课程实施

在多年的教学实践中，不断优化教学方法，充分利用各种教学手段，主要有以下几点：

1. 立足于扎实全面的基础知识，突出重点、难点和疑点，同时注重融会贯通，充分利用案例分析、交流讨论、专题研究等方式促进学生深入了解化学课程与教学的基本理论，并初步形成正确的教育观念。

2. 理论教学、实验教学和实践教学有机结合，实际操作能力与基础知识同步增长，以实验和实践促进理论学习，以理论学习引导实验和实践。认知与情感并重、课内与课外结合、校内与校外互补，重视学生理论联系实际能力的培养，促进学生学习知识的同时发展能力。

3. 高度重视现代教育技术的应用。教师在教学中利用课件、音像资料（课例、典型实验、优秀教学课件、电子图片等）等优化和丰富教学情境，在实验和实践环节利用录像、照相及微格教学设备提高教学效率和效果，指导学生课外访问化学教育实习分网站和浏览、搜寻网上化学教育信息。

(5) 课程评价

《化学教学论》理论考试采取卷考试形式，试卷中含10%～15%的实验笔试题。难易度为中等水平，题型及分数比例：选择题(5%)、判断题(10%)、填空题(30%)、简答题(14%)、实验技能题(12%)、综合题(16%)、教学程序设计(13%)。

《化学教学论实验》成绩考核方法为平时实验成绩(70%)+探究实验设计(30%)。

中国港澳台地区课程教学动态

中国香港科学教材中知识呈现方式分析

杨妙霞

本文以科学课程标准(实验稿)为指导，对中国香港版《综合科学》(第二版)教材中的知识呈现方式进行了分析，以期为今后科学教材的编写与评价提供一定的参考。文章重点介绍了香港版教材中知识内容的呈现方式并对此进行分析。香港版教材是按照最新编订的科学学科中中学课程纲要而编写的综合理科教材，教材中知识内容的呈现方式多种多样，主要有引言——为单元知识做铺垫；实验——是教材的特色部分，组成上分为示范实验和学生实验；活动——考查学生应用知识的能力；阅读材料——使科学教材在内容上更加弹性化、综合化以补充正文，由额外资料和文章阅读坊构成；科学新探索——提供研究课题；学多一点点——提供额外资料；此外还有插图、概念图、课文摘要、测试站、延展教材、英汉对照及词典、索引共12部分。分析可以发现，香港版教材栏目多样化、版式新颖化、内容情境化、语言通俗化、培养目标的科学性、注重科学探究以及实验安全。

《中学化学教学参考》2008年第3期

中国台湾中学化学实验趣味化方法浅析

王彦昌　任荣贞　杨承印

以中国台湾地区南一书局1999年出版的高级中学化学教材和台湾彰化师范大学化学系承担的台湾地区教育部“提升大学基础教育计划”分项计划三“以电脑多媒体改进化学教学计划”项目成果“中学化学示范实验”为参照，通过和大陆新课程标准下的化学教材中所涉及的实验相比较，来介绍和分析台湾中学化学实验的趣味性这一特征。通过对台湾中学化学实验的研究和分析，介绍了台湾中学化学实验趣味化的四种途径：变换实验名称，替换实验材料，与生活结合，打破常规。研究台湾中学化学实验的趣味化途径，希望对于新课程改革中实验趣味化进程和开发具有本地特色的趣味实验课程提供一定的帮助。

《化学教学》2008 年第 1 期

中国香港麦克米伦中学化学教材“氮肥”中的 STS 教育解读

魏 钊

中国香港麦克米伦中学化学教材较好地体现了香港课程改革的精神。这套教材在知识顺序和课程结构上与大陆传统教材安排不同，作为一种参考，可以使大家扩大视野。作者选择能很好地体现 STS 教育的思想的“氮肥”一节进行分析，为老师了解发达国家和地区的课程理念对学生进行科学教育提供了绝好的借鉴。文章先简单介绍了中国香港麦克米伦中学化学教材“氮肥”一节的具体内容包括教材背景简介、作为化学教材的评价以及教材内容。接着介绍了 STS 教育，强调为科学学习提供起初世界情景的重要性，重视科学原理的发现或证明，而不是绝对真理的盲目接受，重视把科学看成是一种学习过程。并根据教材中的“氮肥”一节进行 STS 教育解读，指出教材内容“贴近生活，贴近社会”，内容组织体现了“从生活走近化学，从化学走向社会”，教材内容提供了丰富的学习情景素材。最后得出结论。

《化学教学》2008 年第 9 期

国外化学教育动态

浅谈国外基础有机化学教材的特点——关注科学前沿使化学学科更加迷人

孙 逊 谢齐威 胡 茄 李艳梅

中外教材在内容的更新、广度、章节安排等方面都存在较大差异，但是国外教材对最新研究成果表现得更为敏感，更善于吸收新研究成果。在当今，有机化学的发展可谓突飞猛进，各种新研究成果，包括一些对先前理论的修正、完善，层出不穷，从这点就足以可见教材内容不断更新的重要，这也是一本教材保持旺盛生命力的客观要求。本文仅以不同的中外基础有机化学教材对乙烷构象稳定性的阐述为例，对国内外有机化学教材进行对比。乙烷构象存在两种极端情况——交叉式（staggered）和重叠式（eclipsed），这两种构象稳定性不同，其中重叠式的构象能量很高，很不稳定，而交叉式构象却正好相反。传统教材中通常使用的理论依据是非键链的相互作用，但并没有统一的解释。2001 年 Nature 上发表了对于乙烷的交叉式构象更为稳定的新研究成果，对于这一报道，国内外的教材反映是不一样的，国外在 2004 年出版的由 T. W. Graham Solomons 和 Craig B. Fryhle 编著的《有机化学》第 8 版中就在烷烃一章中引入了 Nature 上发表的结果，更新了前一版所述的内容，然而国内的教材对这个新发现并没有给予足够的关注。

《化学教育》2008 年第 2 期

英国“Advanced Chemistry”教材有机化学内容编排的评析

田 红 周 青 杨辉祥

由 Oxford University Press 出版的“Advanced Chemistry”（高级化学）（2000 年版）有机化学部分内容的编写注重知识的系统性、方法性、技术性和实用性，有利于培养学生的化学素养和科学探究能力，对我国高中有机化学教学具有一定的借鉴作用。文章首先简单介绍英国“Advanced Chemistry”教材，并以图表及文字的形式具体介绍了教材中有机化学部分各章节内容。其次着重介绍了教材有机化学内容编排特点：在内容选取上注重系统性与实用性——教材有机化学内容具有很强的系统性，包含有机化学学科的基本内容，对烃、烃的衍生物，有机合成，生物化学，制备与分离，光谱和结构做了系统的介绍，同时，在每一章内，编者也都是从基础知识出发，引出若干个相关的具体知识；注重技术性与方法性；注重前沿性——将当代最新科技成果及快速发展的研究领域直接反映到书中，并且在书中引进了一些新的合成方法及反应。在内容呈现上：注重直观性——运用了大量的模型，特别是球棍模型与大量三维立体图形，增加了立体化学的直观性和可视性。在内容编排上体现循序渐进性——教材编著者采取了演绎的方法，把基本概念和基本理论集中安排在最前面第 21 章，在每一小节前都有一个学习目标(objectives)，在每一小节的最后都有一个对本节重要内容的小结(summary)。最后作者论述了“Advanced Chemistry”教材有机化学部分的启示。

《化学教育》2008 年第 3 期

英美两种高中化学教材中原电池内容的编制特点

周 青 朱雪莲 杨辉祥

“原电池”是高中化学课程的重要知识内容，对学生综合能力的培养有着重要的作用，国内外高中化学教材都极为重视原电池内容的设计。对国外两种高中化学教材中原电池内容的编制进行了剖析，以利国内学界参考。本文对英国 2000 年牛津大学出版社出版的《高级化学》（Advanced Chemister）和美国 2005 年 McGraw-Hill 公司出版的《化学：概念和应用》（Chemistry: Concepts and Applications）教材进行分析阐述，介绍了英国《高级化学》教材中原电池内容的编排特点原电池内容安排在第十三章——氧化还原平衡中，题目为：“氧化还原反应的应用：原电池”，这套教材在这一内容的编排上系统性强，内容较深，突出电化学知识，加入了一些我国大学“普通化学”教材中的内容，如能斯特方程的计算。同时新型化学电池引入教材，体现了教材内容的科学前沿性。也介绍了美国《化学：概念和应用》教材中原电池内容的编排特点，内容安排在第十七章——电化学中，与英国《高级化学》中原电池内容的安排顺序相似，紧挨在氧化还原反应之后，该教材的一个突出特点是：内容呈现的方式上，不仅插图与图表并举，注意文字的情境化，而且栏目的设置多样化。由此，对我国中学化学教材编制的启示：英美这两套化学教材将氧化还原反应和原电池内容作为整体介绍，化学知识按学科逻辑顺序以直线式编排，体现了较强的系统性；但同时，在知识的呈现方式上，将化学知识融入学生生活经验、科技和社会情境中，教学资源丰富，具有很强的生活实用价值，可读性、可视性很强，尤其是美国教材，体现了教材设计的经验性、生成性与直观性。教材设计体现了 STS 教育的思想，引导学生正确地认识和处理科学、技术和社会的关系。

《化学教育》2008 年第 1 期

国内外关于“物质的量”概念的研究及启示

方 婷 王祖浩

从 3 个方面对国外“物质的量”概念的研究进行了分析：(1)关于“物质的量”相异概念心理机制的研究；(2)关于学生

"物质的量"问题解决的学习方式的研究；(3)关于学生对"摩尔"的直观认识的培养研究。同时，结合国内"物质的量"概念教学研究的现状，通过比较得出了一些有借鉴价值的启示。

《化学教育》2008 年第 5 期

美国《化学教育》"Research：Science and Education"专栏载文的调研

张 琳 李广洲

调阅、梳理了美国《化学教育》"研究：科学与教育"专栏的载文，分析了国际化学教育研究所体现出的关注学生概念学习、注重学习过程、重视改进研究方法的发展趋势。

《化学教育》2008 年第 5 期

美国高中化学教师用书中的特殊教育

王 燕 周 青 杨辉祥

全纳教育理念要求课堂教学关注每一个学生的学习和发展，不能排斥任何有问题、有障碍的学生。中小学各学科教师均应了解特殊需要学生的特点，有针对性地进行教学，以满足特殊需要学生的需求。因此，教师培训和各学科教师用书编写时要体现全纳教育理念，提供相应的教学策略指导，促进教师专业发展，帮助各学科教师对特殊需要学生进行适当的教学。

《化学教育》2008 年第 7 期

ThinkQuest 化学主题作品分析

陈 凯 王晓君 周志华 陆 真

ThinkQuest 网络评价赛是国际上中学生进行基于网络专题研究性学习的奥林匹克大赛。文章通过分类评析化学主题 ThinkQuest 作品，探讨其在化学教与学中的意义。

《化学教育》2008 年第 7 期

为发展学生的科学思维和研究能力奠基——澳大利亚昆士兰州高中化学课程述评

罗美玲 王祖浩

通过对昆士兰州《高中化学课程大纲》(2007) 的分析，从课程目标体系、课程内容的建构线索、教学的组织方式、学习的评价体系这 4 个方面介绍澳大利亚昆士兰州高中化学课程在培养学生的科学思维和研究能力上的特色，旨在为我国的高中化学教育改革提供借鉴与启发。(1)完备的课程目标体系，(2)学科思维和能力培养，(3)结合实际情境教学，(4)学习评价的可操作性。

《化学教育》2008 年第 9 期

化学平衡移动概念的建立、理解与巩固——英国高中教材《高级化学》中“勒夏特列原理”的编排特点

陈 伟 沙 靖 周 青

勒夏特列原理，即化学平衡移动原理，是高中化学教学的重点和难点，也是高考的热点内容之一。在勒夏特列原理教学中，很多学生往往只凭记忆记住了这个规律，并没有从微观上深入理解，不能从本质上进行思考，无法解决遇到的实际问题。英国高中化学教材《高级化学》（牛津大学出版社于 2000 年首次出版，是英国主流高中化学教材，现仍然广泛使用）按照建立感性知识、微观解释和拓展巩固三个环节编排勒夏特列原理，帮助学生突破难点。《高级化学》在勒夏特列原理的编排上，设计两节内容介绍浓度、温度和压强对化学平衡移动的影响。第一节给出勒夏特列原理，介绍浓度和压强对化学平衡的影响，设计了三个实验，第二节突破温度对化学平衡的影响设计了两个实验，并简介了工业合成氨。总体布局按照建立对化学平衡移动的感性认识——演示实验，化学平衡移动的理论分析——深入理解，勒夏特列原理的应用拓展三个步骤完成，最后进行小结。

《中学化学教学参考》2008 年第 4 期

新加坡 O Level 化学教材内容及栏目设置研究

马艳芝

以 Christopher N. Prescott 编写并由新加坡权威的联邦政府出版社（Federal Publications）在 2000 年出版的 O Level 化学教材为蓝本，在介绍化学教材内容及栏目设置的基础上，对其设置特点进行分析。文章分为引言、“O Level Chmistry”教材内容及栏目设置、设置特点三个部分。新加坡 O Level Chmistry 教材中有广阔的知识内容、多样化的栏目设置，是很多教师和学生喜爱的教材，课程包含 25 章，内容涉及化学学科研究领域以及前沿学科的各个方面。每个章节的设置都包含 6 个栏目：学习目标、

课程内容、总结、概念地图、习题以及想象空间。设置特点有：大视野、多角度的学科内容，丰富多样的栏目设置及插图艺术，重视环境教育，经济理念的渗透，实验，信息技术和国家教育信息的紧密结合。

《中学化学教学参考》2008 年第 11 期

化学前沿学科知识在美国化学教材中的体现

王瑞政　周　青　阙丽丽

介绍了美国 Prentice Hall《Chemistry》教材中关于药物化学、酶化学、基因化学知识与基础化学知识的三种融合方式。文章首先介绍了 Prentice Hall《Chemistry》教材中的药物化学、酶化学与基因化学知识，并具体指出了教材中的相关内容。接着文章以诸多案例论述了药物化学、酶化学、基因化学知识与基础化学知识融合的三种形式：利用药物化学、酶化学和基因化学知识导出基础化学知识；基础化学知识作为药物化学、酶化学和基因化学知识的背景；药物化学、酶化学和基因化学知识作为基础化学知识的拓展。指出这种以化学知识作为基础，利用化学知识拓展出与之相关的药物化学、酶化学与基因化学知识形式，不仅有利于巩固所学的化学知识，使学生在掌握化学知识点后，增加课外知识来拓宽视野，给学有余力的学生留下更大的学习和思维空间，便于继续探索和钻研。同时克服了学科本位的思想，用化学知识来解释不同领域中遇到的问题，使学生认识到化学学科的实用性及普遍性，体现了自然学科的整体性和相融性。最后作者得出结论：此教材为教师教学提供丰富的素材，有利于学生的 STS 教育也有利于培养学生的综合素质。

《化学教学》2008 年第 1 期

“JCE Classroom Activity”专栏介绍

王　敏　马宏佳

“JCE Classroom Activity”，即“化学实验活动”专栏，以后每年的第 1、2、3、4、5、9、10、11、12 期均刊出一个实验活动，至 2007 年 5 月共刊出 90 个实验活动。该活动专栏以活页形式设计，正反两面，正面为教师提供指导参考，反面为具体的学生活动方案。教师活动参考主要是为教师提供活动的一些相关知识，具体包括背景知识介绍、实验活动应用于化学课上的建议具体活动及活动原理的分析、学生活动中所设问题的参考答案，参考文献与相关活动等。学生活动一般包括这样几个方面的内容：活动内容简介、具体实验活动过程和步骤、提出的问题、相关可以参考查询的网络信息。“JCE Classroom Activity”专栏为我们提供了很多值得借鉴的实验活动，为我们进行实验探究活动教学以及化学教学提供了一些很好的素材。

《化学教学》2008 年第 2 期

美国 2005 年版 Prentice Hall《化学》教材中的单位教学

朱雪莲　周　青

在中学化学教学中，教师常发现学生单位学习和运用方面存在着较大问题。美国 2005 年版 Prentice Hall《化学》教材的设计对我们突破单位教学难点有一定的启示，文章介绍并分析该教材中的单位教学内容，以期从中得到一些有益的启示。文章首先介绍了美国《化学》教材中单位教学内容及特点，美国 2005 年版 Prentice Hall《化学》教材将关于单位及其换算问题编排在第 3 章“科学测量（Scientific Measurement）”和第 10 章“化学量(Chemical Quantities)”内容中，具体来讲，“科学测量”内容分为：测量及其不确定性，第一节内容从测量的角度使学生体验单位对于化学学科的重要性，接下来介绍准确度、精密度、误差的概念及其区别；国际单位制(SI)；转换问题三部分。然后作者对中美中学化学教材中单位教学的内容进行对比，得到启示：系统性，使学生对有关单位方面的知识系列有系统整体的认识，方法性以及实用性。最后作者提出单位教学的策略：化学教师应重视单位知识系统性的教学；要系统地介绍国际单位制；要练习巩固，强化理解。

《化学教学》2008 年第 5 期

知情相融的新加坡化学课程体系探析

陈　波　江家发

本文就以新加坡知情相融的课程观、体系完善的课程实践、特色鲜明的学习形式、根植社会的教学主题和导向积极的评价目的五个方面进行了介绍。作者认为：就我国而言，《普通高中化学课程标准（实验）》将“情感态度与价值观”列为三维课程目标之一，确立了通过化学课程对学生进行情感和人文精神的培养。这就意味着，我国的化学课程也具备了和新加坡化学课程观相类似的知情相融的教育指导理念，理论研究工作较为完善。然而，在实践层面上，由于缺乏相应完善的运行体系，化学课程实践中过于偏重认知目标的问题仍然存在，知情相融的新加坡化学课程体系无疑对我们的化学课程实践具有借鉴意义。

《化学教学》2008 年第 7 期

A Level 与中国高中化学新课程标准之比较研究

马艳芝 Syed Mozammil Ahsan

A Level 即 General Certificate of Education Advanced Level（普通教育高级证书），是英国的国民教育课程，也是英国学生进入大学前的主要测试课程。A Level 课程是英国教育体制下的课程体系，一些世界级顶尖的学校需要学生有 A Level 课程的考试成绩。A Level 化学课程与新课程化学课程的比较从以下几个方面进行。(1)课程目标：化学学科的主体概念，一部分的应用化学知识，以及重点强调的实验教学。(2)课程内容的比较：A Level 化学课程包含三个方面的内容：无机化学部分，有机化学部分以及应用化学部分，共计近 20 个主题，其中无机化学包含 9 个主题，有机化学包含 7 个主题，应用化学包含大约 3～5 个主题。(3)A Level课程特点分析：①知识进行模块化分类，内容由浅入深，过渡自然；②基础课程的知识面宽泛，形式多样；③注重学生的实验技能以及实验设计思路的培养；④注重化学与实际的联系，特别是在环境方面的教育。(4)总结。A Level 课程对我国的教学有很大的借鉴价值。

《化学教学》2008 年第 10 期

美国 RIP 和 4－H 科学探究模型评析及启示

严文法

当前世界各国都纷纷将科学探究作为科学教育的一个重要目标和方法。我国颁布的课程标准也将科学探究列为科学教育的第一目标。这给我国科学教育工作者及广大教师提出了一个崭新课题。RIP 和 4－H 两种美国常用的科学探究模型，希望能给我国科学探究教学带来一些启示：RIP 科学探究模型通过提供给学生发现自己不明白问题的答案的技巧来提高学生学习的兴趣；4－H 科学探究模型的核心包含三个环节：操作、反思、应用；五个阶段：体验、分享、加工、归纳、应用。国外科学探究模型对我国有一定的启示。1. 科学探究没有固定的模式但包含共同要素，2. 科学探究不是按照要素进行的线性过程，3. 科学探究能力是一种具有复杂结构的高层次能力。

《化学教学》2008 年第 11 期

美国化学教科书的配图研究

何　穗　王祖浩

本文以美国高中化学教科书《化学：概念和应用》(Chemistry:Concepts and Application) 为研究对象，运用统计方法分析该教科书配图的形式、内容及其功能特点，并在比较我国和美国化学教科书配图差异的基础上，提出我国化学教科书配图编排的若干建议，希望能为我国教科书的完善提供一些参考意见。美版教科书共 21 章内容，正文配图 1 152 幅，加上目录和附图的 116 幅，共 1 268 幅。从配图数量和形式上说，照片 726 幅、模型图 231 幅、示意图 80 幅、表格 60 个、坐标图 19 幅、卡通图 13 幅、饼图 9 幅、直方图 6 幅，可以看出配图形式和内容丰富，而且模型图应用广泛。从内容上可以分为 6 类，概念原理 330 幅、探究实验 240 幅、日常生活 233 幅、科技应用 195 幅、自然现象 95 幅、科学史 59 幅，可以看出教科书重视核心知识体系建构，强调现实主义的情景认识，突出了科学过程技能的显性表征。从功能上讲，表征性配图数量最多为 575 幅、理解性配图 341 幅、组织性配图 185 幅、装饰性配图 52 幅，可以看出教材弱化了配图的单纯装饰，强化了配图的表征和理解功能。通过比较分析，美版化学教材对我国的启示有：丰富配图种类，平衡配图比重；优化配图的物理特征；加强图文的关联度；重视概念的理解和应用；渗透比较和模型化方法。

《化学教学》2008 年第 12 期

浅谈德国卡尔斯鲁厄物理课程的化学思想

宁彦锋

德国的卡尔斯鲁厄物理课程（简称 KPK）是一门非常有特色的科学课程。从 KPK 的视角看，化学和物理关系密切。化学家和物理学家运用许多类似的方法。按照 KPK 中的化学势概念，化学反应即化学张力驱动下化学势的流动与转化，人们可以通过反应泵和反向反应泵来控制和影响化学反应的发生及转化速率。作为一个理科课程现代化的典型范例、一种研究和理解化学现象的新视角，KPK 为我们当前的化学教育改革提供了有益的启示：

(1)系统的思维，(2)实用的内容，(3)简化的结构，(4)开放的视角。

《化学教学》2008 年第 12 期

高中化学教材综合化设计的分析与思考——以 2005 年版美国《化学：概念与应用》教材为例

周 青 朱鹏涛 杨辉祥

教材是学生学习的资源，是促进学生发展、实现课程目标的工具。以学科为基础的综合化分科教材设计是高中化学教材处理好综合性内容与化学学科内容的关系，体现自然学科知识与社会学科知识之间的内在联系及化学与社会和学生和谐发展的一个有效途径。本文以 2005 年版美国《化学：概念与应用》教材为例，先对教材进行简单介绍，接着论述了教材编写体系的综合化设计，《化学：概念与应用》教材整合了学科中心、学生中心和社会问题中心的教材编写思想，主题框架采用学科中心的编写体例，而教材学习内容的选取与学习方式的设计是以学生中心和社会问题中心的体例编排的。在选取内容的综合化设计上，教材中化学与文学、艺术、历史、物理、生物、健康以及地球科学都有联系。此外，教材还设置了日常化学、化学与社会、化学与技术、工作原理、化学中的人物等栏目。教材还包括实验内容——科学探究部分。最后笔者从此教材的编写中得出启示：中国编者要借鉴此教材编写方面的一些优势，以便更好的发挥我们的优势和特长，编写出适合我国国情的更好的化学教材。（原载于《课程·教材·教法》（京）2008.3.92－96）

《复印报刊资料中学化学教与学》2008 年第 6 期

中加化学新课程比较研究

龙 琪

一、化学课程目标的比较：中加两国化学课程的总目标都是培养学生的科学素养。但我国更强调能力培养，把“过程与方法”从“技能”中拆分出来，以突出科学探究的重要性。加拿大将 STSE 教育从“态度”中分离出来，单独列出，更加强调科学教育服务于个人与社会，科学促进人类可持续发展的基本理念。加拿大立足理科课程整体来设计科学素养的培养目标，STSE 目标、技能目标和态度目标没有按照学科划分，知识目标分为化学、物理、生物和地球空间。二、化学课程设置及学习时间比较：我国化学课程从初三（9 年级）开始，单科设置，不分层次。高中化学有 2 个必修模块，6 个选修模块。高中毕业以及报考人文学科或社会科学的学生，最多不超过 3 个模块；报考理工类专业的学生，最多不超过 4 个模块；报考化学及其相关专业的学生，最多不超过 6 个模块。每个模块 2 学分，36 学时。加拿大化学课程被纳入理科课程结构中，各省结构有所不同。以安大略省为例，9～12 年级的化学与物理、生物、地理空间、科学并行开设。9～10 年级的理科被合并在《科学》这门课中，各占一章，权重各为 1/4。11～12 年级的理科课程分科设置。学习时间上，我国中学生学习化学的时间比加拿大要长很多。三、化学课程内容比较：我国化学课程内容比较全面，既有大量的化学事实，也有系统的化学理论，并且把以实验为主要手段的科学探究作为显性的课程内容放在了较为突出的位置。加拿大的化学课程内容主要是化学原理，较少涉及化学事实，特别是元素及其化合物的知识很少，突出了化学的理科特性。化学实验及科学探究没有被刻意强调，而是无形地渗透在化学课程之中。四、化学课程评价比较：我国化学课程评价的核心理念是促进学生科学素养的全面发展。加拿大化学课程评价的核心理念是促进学生学习。（原载于《教学与管理》：理论版（太原）2008.12.158－160）

《复印报刊资料中学化学教与学》2008 年第 7 期

学 术 机 构

科 研 院 所

南京师范大学化学教育研究所

现任所长：李广洲　前任所长：周志华

成员：邱道骥　马宏佳　龚正元　程　萍　任红艳　杨民富

网址：http：//hky. njnu. edu. cn/xygk

南京师范大学化学教育研究所成立于1997年10月，现有近20名专兼职研究人员。主要研究方向为：①化学课程与教学内容、化学发展史研究；②化学课堂教学与学习心理研究；③教育技术与化学实验研究。近10年来，研究人员先后完成各类科研项目近20项，在研5项，获得的科研经费、学科建设资助超过100万元；发表学术论文200多篇，出版专著、教材、参考资料等书籍20余本。

研究所依托的化学课程与教学论学科，1996年至今已培养化学课程与教学论方向博士研究生10人、硕士研究生90多人、化学学科教学方向教育硕士360多人。

该所教师20多年来一直承担着国家级、省级高中化学骨干教师的培养、培训任务，为江苏省内外培训高中化学骨干教师近千人；创办于20世纪80年代的《化学教与学》直接服务于中学化学课堂的教学活动，受到了各方面的称赞。

安徽师范大学化学教育研究所

所长：闫蒙钢

成员：江家发　熊言林　顾家山　吴凤夕　阙荣辉　程瑶琴
　　　孙　影　张四方

安徽师范大学化学教育研究所成立于1998年，设有化学教学论教研室、《中学生化学》编辑部和课程与教学论（化学）省级重点学科，是国家级化学骨干教师培训基地。研究所至成立以来，成功主持科研项目40余项，出版专著26部。

主要研究领域有化学课程论、化学教学论、化学实验论等 8 个方向。

东北师范大学化学教育研究所

所长：郑长龙

成员：王秀红　周仕东　姜鹏

网址：http://chem.nenu.edu.cn/jf-web/history.asp

2003 年以教法教研室为基础组建了东北师范大学化学教育研究所，在化学教学中的科学方法论、理科课程论、化学实验教学理论等研究领域较有建树。标志性研究成果有《化学实验论》《化学实验教学论》《化学实验教学新视野》《英国的国家理科课程研究》《构建科学素养教育的理科课程》《日本理科课程发展史研究》等。

北京师范大学化学教育研究所

所长：王磊

成员：胡久华　刘克文　刘小英　朱玉军　魏锐

近五年来的教研活动的核心领域包括：基础教育化学课程、教材和教学的改革，以及化学教师教育的课程内容改革和教学资源建设。另外，在下列领域也开展了丰富的研究：化学教师教育的理论和方法、公民科学素养的培养计划研究、大学化学及化学教学论课程教学改革、化学教学实验的技术与方法改革。通过主持研制教育部初、高中化学课程标准、主持编写教育部立项教材“普通高中化学课程标准实验教材（8 本）”、主持教育部新课程和普通高中化学新课程骨干教师和培训者的国家级培训项目、主持教育部全国高师院校化学教学论教师的国家级培训项目、主持教育部高中化学新课程教师远程研修项目等一系列研究和教改项目。

山东师范大学化学教育研究所

所长：毕华林

成员：亓英丽　姜言霞　王洪鉴　李晓林

主要研究兴趣在化学课程与教科书编制、科学学习心理学研究。1998 年获得了化学教学论硕士学位授权点，并成为首批教育硕士培养试点单位。2001 年毕华林作为国家化学课程改革专家组成员，全程参与了化学课程标准研制、新教材开发和教师培训工作，保证了本课程建设的先进性。2005年由毕华林、亓英丽主编的《高中化学新课程教学论》出版，为多所师范院校选用，并获得2008年山东省高校优秀教材二等奖。在深化课程内容改革的基础上，重视课程结构的改革，加强课程资源的建设以及师范生实践环节的改革研究。2002年、2005年分别承担了“微格教学和师范生化学教学能力培养研究”“高师化学专业‘3＋1’培养模式化学教育类课程体系改革研究”等教改立项课题，出版了《化学新教材开发与使用》《化学探究学习论》《化学教育科研方法》等著作，产生广泛影响。

学 术 团 体

中国化学学会及化学教育学科委员会

中国化学学会是从事化学或与化学相关专业的科技、教育工作者自愿组成并依法注册登记的学术性、公益性法人社会团体，是中国科学技术协会的组成部分，是我国发展化学科学技术的重要社会力量。

中国化学学会于1932年在南京成立。1959年，中国化学学会曾与中国化工学会筹委会合并成立中国化学化工学会。1963年又分为化学、化工两个学会。

中国化学学会是国际纯粹与应用化学联合会（IUPAC）、亚洲化学学会联合会（FACS）等5个国际组织的成员。中国化学学会和国外许多化学学会及与化学有关的单位建立了良好的关系。

中国化学学会有会员5万多人，团体会员60余个。

中国化学学会的宗旨是团结组织全国化学工作者，促进化学学科和技术的普及、推广、繁荣和发展，提高社会成员的科学素养，促进人才的成长，发挥化学在促进国民经济可持续发展和高新技术创新中的作用，为力争使我国化学科学跻身国际先进行列而不懈努力。

中国化学学会秘书处：

地址：北京市中关村北一街2号

通信地址：北京2709信箱

邮编：100190

网址：http://www.ccs.ac.cn

联系电话：010-62568157，62564020，

62625584，62625583
传真：010－62568157
邮箱：fangz@iccas. ac. cn
学术交流：maria@iccas. ac. cn
国际事务：zcc@iccas. ac. cn　期刊：liusx@iccas. ac. cn
化学竞赛与奖励：wlbai@iccas. ac. cn
科学普及和产学研合作与促进：binjiao@iccas. ac. cn

主办期刊：

燃料化学学报	J. of Fuel Chemistry and Technology
亚洲化学杂志	Chemistry-an Asian Journal
结构化学	Chinese Journal of Structural Chemistry
化学教育	Chinese Journal of Chemical Education
分子科学学报	Journal of Molecular Science
物理化学学报	Acta Physico-Chimica Sinica
无机化学学报	Chinese Journal of Inorganic Chemistry
高分子学报	Acta Polymerica Sinica
高分子通报	Polymer Bulletin
分析化学	Chinese Journal of Analytical Chemistry
电化学	Electrochemistry
催化学报	Chinese Journal of Catalysis
色谱	Chinese Journal of Chromatography
高分子科学	Chinese Journal of Polymer Science
应用化学	Chinese Journal of Applied Chemistry
有机化学	Chinese Journal of Organic Chemistry
大学化学	University Chemistry
化学学报	Acta Chimica Sinica
化学通报	Chemistry
中国化学快报	Chinese Chemical Letters
中国化学	Chinese Journal of Chemistry

中国化学会组织机构：

化学教育学科委员会

挂靠单位：北京师范大学化学学院
主任：方维海　电子信箱：fangwh@bnu. edu. cn
副主任：王磊　段连运　郭祥群　宋天佑
秘书：刘克文　电子信箱：liukewen21@163. com
通信地址：北京师范大学化学学院；邮编：100875
委员：方维海　王　磊　段连运　郭祥群　宋天佑　郑增仪

孙汉文	赵祥大	唐建华	徐　剑	王作民	时利民	梁福沛
刘宏民	刘万毅	张新荣	徐　刚	吴启勋	周宁怀	吕九如
史　真	臧树良	王志林	王春明	陆　靖	童叶祥	李梦龙
史济斌	陈琪琳	王　晶	张　勇	陆嘉星	金仲鸣	张正方
程　鹏	周益民	旷亚非	张友楚	刘克文	钱杨义	毕华林
郑长龙	吴　星	王明召	朱玉军			

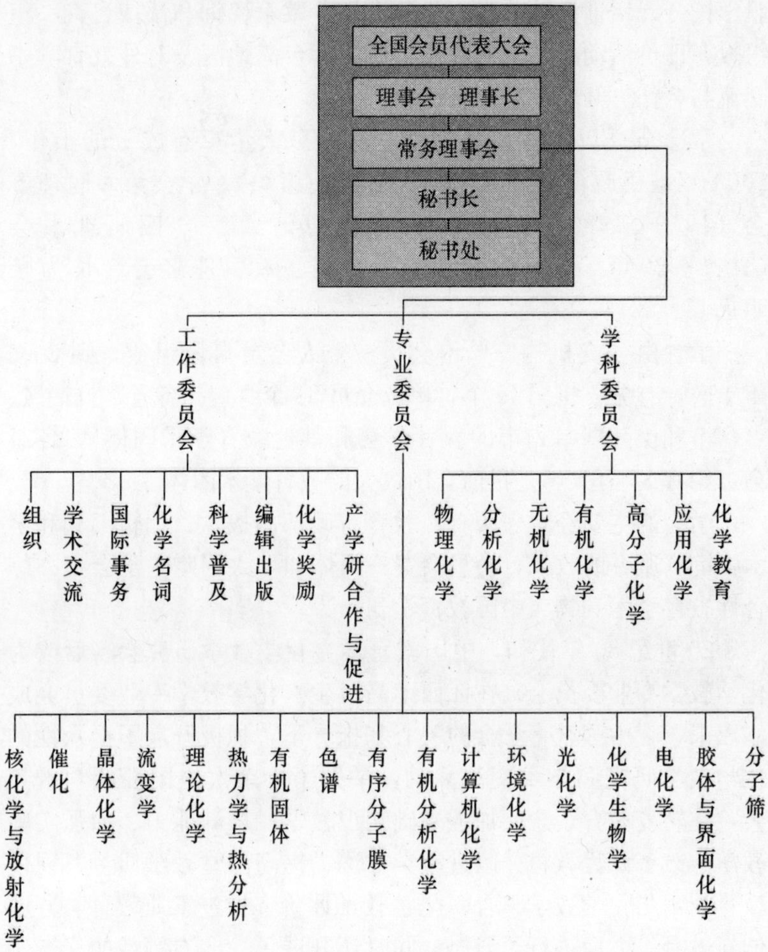

中国教育学会及化学教学专业委员会

中国教育学会（The Chinese Society of Education，缩写为 CSE）成立于 1979 年 4 月 12 日，是全国群众性学术团体。

学会以马列主义、毛泽东思想、邓小平理论和“三个代表”重要思想为指导，全面落实科学发展观，团结和组织全国有志从事教育科学研究的教育工作者，遵循“百花齐放，百家争鸣”的方针，开展学术活动，研究教育的理论和实际问题，为促进教育的改革和发展，繁荣教育科学，建立具有中国特色的社会主义教育体系，实现社会主义现代化作出贡献。

学会的业务范围：开展群众性教育科学研究，教育教学改革实验和学术交流活动；为教育决策提供科学分析、信息反馈和咨询意见；组织教育科学研究成果和教育教学改革实验成果的鉴定和推广；研究、编写教材，出版学术性书刊。举办基础教育的实验学校开展培训活动；开展业务咨询、政策咨询和法律咨询；组织教育评价活动；开展对香港、澳门和台湾地区及对外教育学术交流与合作；开展其他有关活动。

学会成立以来，在业务范围内做了大量卓有成效的工作，2004 年被民政部评为“全国先进民间组织”。学会第一届理事会（1979—1983）会长为董纯才，第二、三、四届理事会（1983—2000）会长为张承先，第五、六届理事会会长为顾明远。

学会由分支机构、单位会员、个人会员自愿组成，到 2006 年年底，有分支机构 49 个，单位会员 51 个（包括各省、自治区、直辖市和原计划单列市的教育学会和其他教育学术团体），各级会员约有 85 万人，是目前全国最大的教育学术团体。

学会的主要经费来源有：教育行政部门拨款；编辑书刊和学术咨询、服务的收入；会员会费；团体和个人捐赠。学会主办综合性教育学术刊物《中国教育学刊》。

20 世纪 80 年代初，中国教育学会化学教学研究会（后改为化学教学专业委员会）在江西南昌诞生。化学教学专业委员会成立以来，在中国教育学会的关心和指导下，积极开展了群众性的化学教学研究和学术交流活动，举办了十余次全国性的学术年会，在转变教育观念、加强基础知识教学、培养能力、加强实验教学、改革课程教材、改进教学方法、提高课堂教学质量、现代教育技术与化学教学整合、化学教学评价、推进素质教育、开展创新教育等方面进行了研讨，同时还开展了一些专题性的交流研讨活动。各地在开展教育科研化学课题研究方面也做了很多工作，并取得了一定成果。

中国教育学会化学教学专业委员会第六届理事会组织机构及主要成员名单：

学术委员会

主任：张健如

副主任：孙元清　王　晶　徐远征

委员：高剑南　潘鸿章　施其康　汪永琪　郑长龙　王　磊

王祖浩　吴俊明　周志华　李广洲　宋心琦　严宣申
吴国庆　夏正盛　许广林　马胜利　王春花　孟蔚时
李松华

化学教师教育研究中心

主　任：郑长龙

副主任：王　磊　王祖浩　吴俊明

小学教师化学教育研究中心

主　任：冷燕平

副主任：沈　峥

化学竞赛研究中心

主　任：郑忠斌

副主任：陈　晨

中国教育学会化学教学专业委员会第六届理事会成员名单

理事长：张健如

副理事长：孙元清　郑长龙　郑忠斌　王晶　徐远征

秘书长：王晶（兼）

副秘书长：陈　晨　韩　颖　龙官吾　毕华林

常务理事：韩家勋　张健如　王　晶　王　磊　王祖浩
郑长龙　吴俊明　毕华林　彭蜀晋　郑忠斌
唐建华　刘红梅　王艳春　李　桢　孙元清
徐　睿　黄建国　夏正盛　徐远征　魏现州
徐晓雪　崔　敏　许广林

理事：郑增仪　韩家勋　郁　波　彭　实　张健如　王　晶
王　磊　王祖浩　郑长龙　孙锡凤　李远蓉　胡满成
钱扬义　周荫庄　吴俊明　马宏佳　孟令鹏　毕华林
彭蜀晋　潘留芳　沈　峥　韩　漠　唐建华　郑忠斌
刘红梅　高仰山　郑永信　冯　宇　杨春雁　王艳春
赵　宁　朱　靖　赵玉玮　孙元清　徐　睿　王国树
张天若　韩　颖　任雪明　夏建华　陈启新　王云生
潘毅鹏　孔令鹏　卢　巍　戢　明　杜才盛　夏正盛
蔡玺祥　邹海龙　黄利华　王益群　詹木良　冯　华
吴益平　徐晓雪　陈治国　尹团结　武有伦　李存雄
李瑜峰　崔　敏　王陇生　王　翎　马桂萍　许广林
吕晓玲（西藏暂缺，待补）

特邀理事：徐远征　黄建国　彭运锋　龙官吾　刘宝剑
魏现州　胡新懿　李　桢　李文亮　朱文祥
徐承波　杨辉祥　顾云平

中国教育学会化学教学专业委员会秘书处
地址：北京市海淀区中关村南大街 17 号院 1 号楼
邮编：100081
电话：010－58758370
传真：010－58758380
邮箱：wangj@pep. com. cn

学 术 期 刊

化学教育

［基本信息］

主办单位：中国化学学会

通信地址：北京师范大学化学学院

邮编：100875

电话：010－58807875

邮箱：Hxjy－jce@263. net

刊号：ISSN/1003－3807，CN11－1923/O6

《化学教育》是由中国科学技术协会主管，中国化学学会主办的国家级化学教育类学术月刊。读者对象为高等师范院校及中学化学教师、研究生、大学生，及广大化学教育工作者。它的任务是放眼化学学科的发展方向，围绕我国化学教育事业的发展，重点报道化学教育领域内的改革动态和研究成果，介绍化学学科的新成就和新发展；化学教育的新理论、新观念；化学教育教学改革新经验，为提高化学教育工作者的业务水平服务，为我国化学教育事业的发展服务。《化学教育》于 1992 年就被《中文核心期刊要目总览》（第 1 版）列为核心期刊。近年来，《化学教育》又有较大发展，据“中国学术期刊（光盘版）电子杂志社”，“中国科学文献计量评价研究中心”出版发行的《中国学术期刊综合引证报告》（2004 年版）的统计数据显示，《化学教育》的影响因子已达到 0. 305 7。

1980 年 4 月《化学教育》创刊至 2010 年的 30 年中，《化学教育》从 48 页扩版至 64 页，又由 64 页扩版至 80 页；从双月刊变为月刊，从最初的几个栏目发展至今天的 17 个栏目。《化学教育》定位于为化学教师的专业化发展和化学教师教育搭建平台、提供支持，以融合“化学”和“教育”为宗旨。同时，《化学教育》根据教师知识结构理论，精心设置栏目、促进交流研讨，为化学教师深入理解和掌握化学学科知识、一般教育学和心理学理论和化学教育教学规律提供帮助。

《化学教育》坚持贯彻落实党和国家的教育方针和新闻出版政

策，坚持百花齐放、百家争鸣，坚持客观、公正、严格的审稿程序，坚持执行各项有关标准和规范，坚持抵制学术不端行为，坚持严谨求实的科学态度，坚持用事实和证据说话，坚持履行好自身的职责、锐意进取、开拓创新，坚持热诚服务于广大读者和作者。

30 年来，《化学教育》以忠实、严谨、专业、客观、公正、负责的态度，权威记录了化学教育改革的历程和优秀成果、思想言论，以立言传世。《化学教育》提倡广开言路、集思广益，注重实践、拒绝空谈，强调学术开放、反对自娱自乐，回归科学本质、重视化学实验，结合我国国情、不搞崇洋媚外，注重系统研究。

《化学教育》已经形成了自身的特色，努力做到“博、精、新、通”，“博”指以广阔的视野遴选稿件，体现化学教育的广博性，容纳不同的声音和观点；“精”指就化学教育的论题刊发精辟、深刻、有创见的文章，力求短小精悍，不提倡求大求全；“新”指及时报道化学教育的新成果、新信息、新资料、新观点、新思想、新经验、新做法，促成解决新问题；“通”指将化学学科内容知识和一般的教育心理学知识融会贯通，探寻化学教育教学的基本规律，形成化学教育理论，力求通达可行。

主要栏目：国内外信息、化学奥林匹克、复习指导、高考改革、化学史与化学史教育、问题讨论与思考、实验教学与教具研制、信息技术与化学、调查报告、教师教育、教学研究、新课程天地、课程与教材研讨、专论、知识介绍、化学与社会、生活中的化学。

国内外信息：介绍国内外化学教育和化学学科的最新进展、动态和重要的科研成果，以增加杂志的信息量，使读者从信息中得到启发。内容包括：①近年化学教育出现的新理论、新概念、新成就、新方法、新思想及重大事件；②化学教育的现状和发展趋势（包括课程、教材、科学、技术、社会、教学理论、教学方法、教学实验、国际会议、国内会议、科研活动、业务进修、师资培训、化学竞赛、课外活动等）；③国内外化学科学的新发明和新发现；④介绍与化学教育有关的新书籍和刊物。

化学奥林匹克是为了发展化学奥林匹克运动，提高化学教育质量，促进化学教育改革。发现和培养一批优秀化学人才，吸引更多的青少年致力于化学事业。主要内容包括：①介绍国际化学奥林匹克的历史、思想、意义及竞赛活动；②国际、国内化学奥林匹克竞赛试题、答案及赛题分析；③化学奥林匹克在化学教育中的意义、作用和前景；④化学竞赛的辅导与正常教学的关系等问题的经验交流与探讨。

复习指导为中等学校教师提供进行化学复习以及教学目标、

测试与评价等方面的参考资料。主要内容包括：①化学复习的建议、新的经验及做法；②典型例题的解题思路分析；③中、高考试题分析及对教学的启示；④教学目标、测试与评价方面的评述和实施计划。

高考改革报道高考改革方面的新精神、新要求及高考命题等信息。主要内容包括：①介绍教育部领导部门和考试中心每年对高考改革方面的新精神、新要求以及高考命题的新说明等信息；②介绍高考命题研究专家的见解和看法；③对每年命题的评述和对典型试题、明星试题的点评等。

化学史与化学史教育介绍化学学科发展的历史、特点和规律，以及国内外著名化学家的重要贡献和生平。使读者从中受到教育和启发。主要内容包括：①近代、现代化学史的研究及重要的化学史料；②著名化学家、化学教育家在学术上、教育上的主要成就、贡献及生平介绍；③结合教材进行化学史教育的教学方法和特点。

问题讨论与思考帮助教师解决教学中的疑难问题，启发思考，展开探讨，形成学术讨论的风气。主要内容包括：①中等学校化学教学中常遇到的问题；②教师有争议、不易解决的问题；③对教师有启发性的问题。

实验教学与教具研制介绍中等学校化学实验教学的改革成果。主要内容包括：①中学化学实验内容和操作技术的更新与改进；②改进和创新的实验方法、操作技术；③改进和创新的实验仪器及教具；④实验室的科学管理与建设。

信息技术与化学推进现代信息技术在化学教育领域的应用。主要内容包括：①有关信息技术在化学教学中的应用的经验和体会；②介绍利用互联网技术实施远程教学，组织探究性学习的做法；③利用多媒体技术和软件制作工具制作教学课件、电子教案、辅助实验教学等方面的经验。

调查报告报道国内化学教育研究成果和研究进展。主要内容包括有见地、数据翔实、有分析的调查报告。

教师教育介绍和交流教师教育（含大学和大学以后阶段）方面的新鲜内容和实施经验。主要内容包括：①为教师和教研员系统进修开设的专业理论和教育教学研究课题选录；②高层次的实验技术与操作培训展示；③学员在接受教师教育期间撰写的论文（研究成果）；④组织实施各层次教师教育的总结性文章。

教学研究交流教学及教学研究的成果，探索提高教学及教学研究水平的途径，传播新的教学经验。主要内容包括：①化学教学模式、教学方法及策略的研究改进；②新颖的化学教学经验；③研究或运用化学教学心理学的成果。

新课程天地为促进新课标的进一步完善，新教材质量的进一步提高，新教学模式和教学方法的创新服务。主要内容包括实施新课标，使用新教材中的经验、体会和碰到的新问题。

课程与教材研讨探研化学课程设置与教材建设方面的理论和实践。主要内容包括：①中等学校、高等师范院校、教育学院等院校化学课程的研究；②课程与教材的评论；③课程、教材改革实验成果。

专论介绍或评述现代化学教育教学领域里的研究成果。主要内容包括：①国内外当代化学教育教学重要论题述评；②现代化学教学论某一领域的研究成果；③化学教育及其边缘（或交叉）学科发展展望。

知识介绍栏目介绍化学各学科的较新的基础理论、基础知识，帮助读者更新化学知识，了解化学及其相关的交叉学科的新进展、新动向以拓宽读者的知识面。主要内容包括：①重要的化学基础理论和基础知识及新学科、新理论、新概念的介绍；②重要的现代化学研究方法与原理；③化学及交叉学科的研究动态与新进展；④化学各学科的新成果、新技术、新材料及新应用。

化学与社会介绍化学与相关学科、社会、环境、技术和经济等方面的关系及其在各个领域中的应用。主要内容包括：①论述化学在社会发展中的地位、作用；②介绍环境科学、生命科学、卫生保健、生活消费等领域中的化学问题和研究状况评述；③介绍化学在新材料、新能源及新技术等方面的应用与展望。

生活中的化学旨在宣传、普及与每个人日常生活有关的化学知识，提高人们的科学素养，养成科学的生活习惯，不断提高生活质量和健康水平。生活中的化学知识也是素质教育的最好的素材之一。本栏目可为广大教师提供丰富、新颖和贴切的与日常生活密切相关的化学科学素材和信息，为帮助教师丰富课堂教学内容，提高探究性教学的质量服务。主要内容包括个人及家庭生活各个方面的化学问题，如衣、食、住、行、医疗、保健等涉及的化学问题。

中学化学教学参考

[基本信息]

主办单位：陕西师范大学

通信地址：西安市长安南路 199 号陕西师范大学出版总社有限公司

邮编：710062
电话：029－85234213
邮箱：Chem－2009@sina.com
刊号：ISSN1002－2201，CN61－1034/G4

《中学化学教学参考》创刊于1972年10月，至今已有36年历史。是由中华人民共和国教育部主管、陕西师范大学主办的全国中等教育类核心期刊，入选2004年版《中文核心期刊要目总览》。为中学化学教学服务，为中学化学教师的专业化发展服务，是《中学化学教学参考》的办刊宗旨；融科学性、知识性、前导性、实用性于一体，是《中学化学教学参考》的办刊方针；36年来，《中学化学教学参考》与时俱进、勇立潮头、引领基础教育发展的潮流而享誉全国中学教育界，以能够想读者之所想、急读者之所急、全心全意地为读者服务而深得广大读者的支持和厚爱。36年来，《中学化学教学参考》帮助一代又一代的教师成就事业，帮助一代又一代的学子实现梦想，为祖国的化学教育事业做出了杰出的贡献。

如今，随着全国基础教育课程改革的深入推进，《中学化学教学参考》以推进基础教育课程改革和考试改革为己任，积极传播课程改革和考试改革的理论及实践研究成果，为广大读者适应课改、搞好化学教育教学服务，为广大化学教育工作者交流教育教学研究成果、展示自我提供舞台。辟有“教育理论与教学研究”“课程改革与教实学践”“课程资源与教材研究”“实验园地”“复习应考”“试题研究”和“动态资讯”七大模块，共几十个栏目，所刊文章既有理论性、知识性，又有指导性、实践性，因此受到广大读者的喜爱与支持。

主要模块及栏目：

卷首主要刊登教育、教学、评价、考试改革等方面的重大观点及论述，传播重要的教育资讯，发布办刊过程中的重大举措和行动。

教育理论与教学研究模块着重从理论层面反映中学化学教育教学研究的最新成果及进展，强调用理论指导并反思教育教学实践。重点介绍国内外在知识、学习、课程、教学、评价、质量等方面的先进理论，介绍先进的教育教学研究方法及成果；帮助教师开阔视野，拓展思路，形成教育教学思想。此模块刊登的文章追求理论与化学学科教学实践的有机结合，坚决反对假、大、空。该模块的主要栏目有专家笔谈、知识与学习、评价与教学、教育与社会、教研心得等。

专家笔谈刊登专家对教育教学的独特认识及建树，传播其最新的研究成果。知识与学习探索知识的本质、类型，研究教与学的方式方法是此栏目的功能和价值之所在。评价的取向往往直接影响着教师如何教、学生如何学的问题。究竟应该用怎样的价值观来指导评价改革，用什么样的标准来鉴定和评判教师的教学业绩，用哪些办法来促进学生学业的发展，评价与教学究竟有怎样的关系，探索这些问题正是教学与评价栏目设置的目的。教育与社会主要针对理科教师教育学、心理学、人文学知识相对薄弱的特点和教育改革急需这方面的知识和能力而设置，目的在于培养教师的教育智慧，提高教师认识、分析和理解教育问题及教育现象的能力。教研心得介绍教研的基本方法，教研历程的经验与感悟，教研论文写作的要领、特点及范式等。

课程改革与教学实践模块着重从实践层面来反映中学化学教学实际及中学化学课程改革的最新进展，重点介绍对教师的教、学生的学所进行的探索和取得的成果，体现课改目标、理念和精神，以学为主，进行探究式、开放式、活动式教学，进行自主、合作、互动、创新学习，探索新的教学范式及方法。该模块的主要栏目有教学论坛、互动课堂、课例点评、实验教学、学法指导、方法与技巧、问题争鸣、教学随感等。

教学论坛模块以中学化学教学活动为中心，发表有实践操作、有理论分析，对教学实践有指导意义的教学研究论文。互动课堂以课改为中心，反映课改实践的最新动态及研究成果，交流课改经验，介绍新课程的课堂教学范式及方法。课例点评刊登有较高点评价值的已经实施的或成功或失败的课堂教学实例，组织多种形式的点评活动，点评力求基于课例又高于课例，准确客观，针对性和操作性强。实验教学发表化学实验教学的组织形式，实验教学的方式、方法，实验教学在化学学科教学中的作用，实验教学功能的开发等方面的研究论文。学法指导刊登对学习规律及学习方法的研究和探究、对学习过程的具体而有效的指导等方面的论文。教育随感刊登一线教师在教学实践过程中的各种体验和感受，或成功或失败，或机智或蹩脚，重在真实而感人，重在启迪和警示。方法与技巧模块发表广大教师对一些具体教学内容的处理方法，包括精彩片段、微型设计、教学艺术、课堂机智处理等，重在突出一个“巧”字。问题争鸣对教学、教材、教研中有研究价值的带有普遍性的疑难问题展开讨论，引发争鸣，集思广益，析疑解惑。

课程资源与教材研究模块的设置是因为随着课程改革的深入，课程观正在发生深刻变化。从广义的角度来讲，凡能够用来促进学生发展、提高学生学科素养的一切素材都可以作为课程资源来开发。但目前，教材仍然是学科教学最重要的资源。开发、研究、利用、提供各种化学课程资源，解读新课标，研究新教材，为广大教师提供教学参考时的必然取向。该模块的主要栏目有课程·教材·教法、基础与提高、化学·生活·社会、现代教育技术、化学史与化学教育等。

课程研究解读新课标，传播新的化学课程理论及研究成果，介绍课程开发的经验及方法等。教材评说以教材研究为中心，发表对各种不同版本教材的设计思路、特点（包括优点和缺点）等方面的研究及评论文章；也刊登有关不同版本教材的比较研究论文，既可以是横向的比较，也可以是纵向的比较等。目的在于彰显不同教材的特色，最大限度地实现教材的设计意图和功能。校本课程介绍学校在化学校本课程开发方面的做法、经验及成果，促进推广与交流。释难解疑刊登对重点难点以及容易产生歧义的化学内容进行诠释、对习惯性的错误认识进行澄清等方面的文章。基础知识着重于与中学化学基础知识相关的知识拓展。目的在于帮助师生疏通思维障碍，加深对中学化学基础知识的理解，达到融会贯通。坚决反对照搬大学化学基础知识。课外活动刊登师生在课外开展的社会实践及探究性学习活动的组织、内容、经验、体会与反思方面的文章。化学与社会刊登化学在社会、生产、生活及科技应用方面的文章，包括化学与环境、化学与健康、化学与科技等。现代教育技术模块刊登现代教育技术在化学教学中的应用，现代教育技术与化学学科教学的整合，CAI课件及其制作和应用等方面的论文。

实验园地模块着重报道实验原理、技术、方法、装置等方面的研究及成果，目的在于加强实验探索，提高实验教育的质量和水平。该模块的主要栏目有改进与创新、趣味与新奇、研究与探索等。

改进与创新刊登对有关中学化学实验原理、方法、装置进行的改进和创新以及新设计的实验等。趣味与新奇模块着重于趣味性实验的开发，吸引学生的好奇心，培养学科兴趣，提高实验探究意识和能力。

复习应考模块关注考试动态，研究考试发展的趋势，交流先进的复习备考经验、方法和体会等。该模块的主要栏目有高考研究、中考研究、会考研究、备考指导、奥赛辅导、试题研究、命题新探、试题分析、解法指津、题卷交流等。

高考研究关注高考动态，解读高考大纲，评析高考试卷，研究高考命题的特点及发展趋势，为复习备考提供指导。中考研究报道各地中考改革的新成果，研究中考命题的新特点新趋势，评析中考试卷，推动中考改革。备考指导着重介绍复习备考的组织管理及有关具体内容的复习方法等。奥赛辅导以全国化学奥林匹克竞赛初赛为重点，为竞赛辅导提供素材、交流辅导方法及经验等。

试题研究模块集中研究各类化学试题，揭示化学试题的类型及特点，研究解题思路和方法，交流解题技巧，交流新题新卷。主要栏目有命题新探、试题分析、解法指津、题卷交流。

命题新探介绍有关化学试题的命制策略和原理，交流命题方法及经验，揭示化学试题的发展变化规律。试题分析就课本内外的典型试题，高考、中考、奥赛等各级各类考试试题进行分析，揭示命题特点及解题思路；剖析典型的错题、错解，从反面提供借鉴。解法指津对不同类型试题提供解题方法指导。题卷交流交流新题新卷。

动态资讯模块着重介绍国内外教育教学及考试改革动向，报道中学化学教研活动及会议简讯和纪要，推介新书新资料，报道编辑部的办刊动向，反映读者、作者的需求和心声。主要有“瞭望之窗”“化学广角”“编读互动”三个栏目。“瞭望之窗”主要报道我国香港、澳门、台湾地区以及外国教育与考试方面的新动向。“化学广角”主要包括化学科技文摘以及有关中学化学教研活动的会议简讯、纪要等，并推荐新书新资料。“编读互动”是由“编读往来”栏目发展而来，除了原有功能外，将更进一步反映读者、编者、作者的交流互动。

每一年都会对栏目进行适当调整，是为了更好地引领和反映化学教育教学研究及实践，更好地满足广大化学教育工作者的需要，坚持走研究、策划、编辑、经营一体化的办刊之路，以研究为基础带动办刊，力争为教师提供最新的信息，报道最前沿的研究成果；以策划为核心，做好重大选题的策划报道工作，继续坚持开放办刊，如追踪课改新动向，加大向专家、教改积极分子约稿的力度，招聘栏目主持人，吸引广大读者、作者参与办刊，进一步加强网上网下编读互动，及时了解广大读者的需求，以便改进工作。

化学教学

[基本信息]

主办单位：华东师范大学

通信地址：上海市中山北路 3663 号

邮编：200062

电话：021－62232484

邮箱：ecnuhxjx@online.sh.cn

刊号：ISSN/1005－6629，CN31－1006/G4

《化学教学》是教育部主管、华东师范大学主办的中等教育类期刊，创刊于1979年，现为月刊。1992年、1996年、2000年连续三次被评为全国中等教育类核心期刊。

《化学教学》的出版宗旨是为广大的中学化学教育工作者提供最新的教育教学理论和化学科学前沿知识，介绍各地化学教学实践经验，为探讨中等化学的教育改革、提高教师的专业和教学水平服务。

《化学教学》已经成为我国广大中学教师、师范院校师生切磋交流教学经验、研究化学教学改革的措施、共同提高业务水准和教学质量的园地。《化学教学》创刊二十多年来，一直坚持为中学及各类中等专科学校的化学教学服务，坚持为工作在中学及中等专科学校教学第一线的化学教师们服务，得到了广泛的赞誉。

主要栏目：专论、课程改革、双语教学探索、习题与解题思路、教师论坛、化学竞赛、科学教育研究、研究性学习探索、知识介绍、考试研究、学位论文选登、问题解答与讨论、教学设计、读者信箱、教改实践与探索、国内外化学教育动态、教师教育、教研员手记、实验与创新思维、计算机在化学中的应用等。

中学名校、名师

中　学　名　校

江苏省天一中学

校训：诚

江苏省天一中学（简称“天一中学”）是江苏省重点中学，国家级示范性高中。创办于1946年，1978年被确定为省首批办好的16所重点中学之一，1990年被省教委确认为“江苏省首批合格重点高中”。她以出众的办学业绩饮誉大江南北，是全国中小学德育工作先进学校、全国绿色学校、江苏省模范学校、省德育先进学校、省绿色学校、教育部重点课题实验学校和全国超常教育实践基地。

天一中学以“诚”为训。经过长期的积淀，形成了“敬业奉献，崇尚科学，追求卓越”的“天一精神”。在教师眼中，“每个孩子都是一座金矿”，学校努力“让每个学子在天一校园享受成功的喜悦，让每个学子的个性和才能得到最大限度的发展”。学校在超常教育、科技教育等方面形成了特色。

江苏省天一中学现有61个教学班、学生3 000余名、教职工300余人。由锡山区政府投资3亿元建设的东亭校区占地480亩，校园环境优美，文化氛围浓厚。凉亭曲桥、假山飞瀑；常年绿草如茵，四季鲜花吐艳；林中百鸟齐鸣，池中游鱼戏水，草坪百鸽翔集；生态园、气象站、金苹果、文化走廊……良好的生态系统和浓郁的文化氛围营造了良好的育人环境，被多家报刊称赞为“立体的教科书”。

江苏省天一中学校风优良，有省级以上专家、特级教师、优秀教育工作者32名，省级评优课一、二等奖获得者35名，全国、省专业学会理事20多人。一支具有现代教育思想、具有现代教育资质的高素质师资队伍已经形成。

天一中学化学教研组教师实力雄厚。代表性的有：杜宏伟，男，研究生学历，中共党员，中教高级。天一中学党支部副书记。省优秀教师、优秀班主任，淮北一中化学骨干教师，高中化学全国奥林匹克竞赛教练员，曾获市优质课一等奖。王长征，男，高级教师，市优秀教师、优秀班主任，曾被评为教坛新星、教科研先进个人。在《中学生化学》《中学化学》《中学生理化报》《考试报》《学习报》《考试》等省级、国家级杂志发表论文数十篇，参编《中学化学巧学活题巧解大全》一书。杨涛，中教一级，天一中学化学组教研组长，有多年高三把关经验。2007 年，在淮北市化学优质课大赛中获一等奖。所设计的课件“元素周期表的应用”在第二届“全国试验区高中化学新课程实施成果”大赛中，获教学类三等奖。校 2006～2007 学年度综合测评一等奖。

江苏省泰州中学

校训：明理达用

江苏省泰州中学（简称“泰州中学”）始于 1902 年在宋代著名教育家胡瑗讲学旧址上创立的泰州学堂，是一所历史悠久、文化底蕴深厚、具有优良办学传统的百年名校，是中国百所知名中学之一。学校先后被评为省属重点中学、国家级示范高中、省四星级高中。1999 年建成的新校区占地 226 亩，建筑面积 7 万平方米，校园环境幽雅，办学条件一流，拥有多媒体教室、电子阅览室、闭路电视、校园网、体育馆、游泳馆、影剧院、400 米塑胶跑道田径场和高标准学生公寓等设施。学校先后获得了全国文明单位、全国精神文明建设工作先进单位、全国教育系统先进集体、全国体育卫生先进单位、江苏省文明单位标兵、江苏省模范学校、江苏省园林式单位等四十多个荣誉称号。

在长期的办学实践中，学校逐步形成了“和谐、求实、进取”的校风，“忠诚、谨业、创新”的教风，“好学、善思、致用”的学风和“平和从容，博雅大气”的办学风格，办学实绩硕果累累，为国家培养了大批优秀人才。其中杰出校友有：中共中央总书记、国家主席、中央军委主席胡锦涛，中国科学院或中国工程院院士李德仁、童凯、侯德元、支秉彝、夏道行等多名院士，著名企业家陶建幸、陆海明等，著名表演艺术家林达信、著名作家李进，世界举重冠军袁爱军，以及外交界郁兴志、陈来元大使，军事界颜敏，教育界程崇庆、袁振国，等等。2007 年张子扬同学成为泰州教育史上获得国际奥林匹克学科竞赛金奖“第一人”。

近几年来，学校确立了“明理达用”的校训、“倡导负责任的教育”的办学理念、“领袖风范、领军人物”的育人目标，彰显“精品化、多元化、现代化”的办学特色。作为“全国首批百所高中特色建设项目学校”，泰州中学大力加强教育教学管理与创新，深化素质教育，教育教学质量和学校美誉度不断提升，高考成绩省市一流，每年有一大批优秀学子考取清华大学、北京大学、中国人民大学、复旦大学、南京大学、香港大学及国外知名高校，成为全国 39 所中学首批获得北京大学“中学校长实名推荐”资质学校之一。在扩大国际交流方面，先后接待了来自美、澳、日、韩、英等国家的代表团，并与澳大利亚特拉蕾根中学结为友好学校，进行师生互访交流活动。学校已先后开办雅思英语班、苏教国际班、韩国留学生班等班型。

学校现有 59 个班级，在校学生 3 000 余人，教职工 271 人，其中特级教师 8 人，享受国务院特殊津贴 1 人，全国人大代表 1 人，获苏步青数学教育奖 1 人，教授级教师 2 人，全国优秀教育工作者 2 人，省级有突出贡献中青年专家 2 人，泰州市突贡专家、名教师、学科带头人、十佳青年教师 11 人，中学高级教师 137 人，具有研究生学历的教师 32 人，在读博士、硕士研究生 20 余人，常年聘请外籍教师 4 人。经教育部立项、由著名特级教师洪宗礼先生主编的苏教版初中语文实验教材，已在全国 26 个省市累计发行 1.3 亿余册，由他主持的“江苏母语课程教材研究所”系省教育厅特批的普教界两个专业研究所之一。目前学校有两项经全国教育科学规划办列项课题。

泰州中学化学组具有极强的团结协作精神，凝聚力强，青年教师成长快速，老、中、青年龄结构合理。目前，化学组共 26 人，其中特级教师 1 人，高级教师 11 人，中级教师 12 人，二级教师 2 人，比例适当。另外，硕士研究生 4 人，教师整体素质高。在校首届名师评选活动中，化学组有 4 人被评为教学能手，4 人被评为校级学科带头人，1 人为教坛新秀。近两年化学组有多名同志分别获得泰州市突出贡献专家、泰州市十佳青年教师、泰州市教学能手、泰州市教坛新秀、泰州市优秀班主任等荣誉称号。

化学组一直致力于校本化研究，坚持教学资料的校本化，从 2003 年开始，化学组高三年级组就统一使用学案，实行严格的集体备课制度，每周星期四上午一、二两节课为各备课组专门的备课时间，在开学初备课组长就安排好每周的主讲人，主讲人提前一周将要用的学案在备课组主讲，在此基础上，其他老师再发表修改意见，在形成共识的基础上由主讲人执笔修改订稿。每次考试都及时组织科学的质量分析与反思，分析资料齐全，活动记录完整，有较高的参考价值。

化学教研组是学校 2007—2008 年先进教研组，作为学校的基层单位，化学组教师教科研能力强，组风正，成果显著。2008 年高考中全校化学成绩达 B 率名列大市第一。张子旸同学在 2007 年化学国际奥林匹克竞赛中获金牌。在 2007 年度省级竞赛考试中，有 6 人获一等奖，泰州市共有 13 人获一等奖。2008 年化学竞赛有 1 人获全国一等奖（泰州市仅此 1 人，）省一等奖、二等奖人数达 39 人，创历年新高。2007 年化学组有一项省级课题顺利结题，并获省三等奖，泰州市共 2 个课题获奖。化学组教师近两年主持的课题，共有一个国家级课题结题，两个省级课题结题，一个市级课题结题。

江苏省苏州中学

校训：诚、思、信、勇

从 1035 年到 2009 年，苏州中学走过了近千年的历程：1035 年北宋名相范仲淹创办苏州府学；1713 年清代理学家张伯行创设紫阳书院；1904 年新学发轫；1912 年改办江苏省立第一师范学校；1927 年爱国教育家汪懋祖组建苏州中学；1978 年，学校定名为江苏省苏州中学，成为省内首批恢复的重点中学之一。1985 年，学校与中国科学技术大学联合创办了“大学少年班预备班”，探索对智力超常少年儿童的发现、培养、教育的途径和方法。从 1992 年起，学校开始以“推进特色教育，适应国际竞争”作为教育教学改革的主旋律，举办了“初中外语特色班”“高中国际班”。1995 年，《江苏省苏州中学教育现代化工程实施规划》正式出台，学校教育改革步入了教育现代化工程的轨道。苏中学子曾两中江苏省高考状元，四摘国际奥赛金牌，数以千计的学生在各级各类学科竞赛、发明创造比赛中获奖。学校的集团化发展是优质教育的辐射和延伸。1996 年创办的以初中为主体的苏州立达中学（2005 年改制为国有控股的股份制苏州立达学校），现已成为苏州市民首选的初中教育品牌学校。创办于 2003 年、位于苏州工业园区的苏州中学园区校，以其“多元文化教育”“地球学习村”“全寄宿制和小班化教学”“校园湿地文化”“对外汉语推广”等鲜明特色，成为社会关注的新焦点、学子向往的新天地、国际融合的新典范。目前，苏州中学集团化办学已形成“各具特色、资源共享、优势互补、和谐发展”的良好局面。

1997 年，学校通过了首批国家级示范性普通高中的省级验收，2004 年，学校被评定为江苏省四星级普通高中，1999 年以来连续三届被中共江苏省委、江苏省人民政府授予“江苏省文明单位标兵”荣誉称号。

自范仲淹创始至今已有974年历史的苏州中学，既充满传奇又富有活力。自1904年改办新学以来，国学大师罗振玉、王国维、钱穆，语言学大师吕叔湘，美术大师颜文樑，史学大师吕思勉，地理学家胡焕庸，教育家孙起孟等都曾在苏中执教，蔡元培、胡适等名家亦曾到苏中讲学、授课。目前苏州中学已拥有一支由5位教授级中学高级教师和19位在职省特级教师领军的优秀教师团队。

苏中百年新学培养了一大批牵动社会历史发展走向，构建人文、科学美好世界的时代精英。他们中既有秦邦宪等中共早期领导人，也有党和国家领导人周永康以及为我国体育事业作出杰出贡献的袁伟民；不仅有叶圣陶、顾颉刚、胡绳、匡亚明、吴作人、陆文夫等大师名家，还有诺贝尔物理学奖获得者李政道博士和钱伟长等40余位中国科学院、工程院院士。

改革开放以来，苏州中学培养的一大批具有较强国际竞争能力的拔尖创新人才，目前也已在世界舞台上崭露头角。其中的佼佼者有：31岁即成为荣获美国麦克阿瑟基金“天才奖”的华人科学家、哈佛大学物理化学双聘教授庄小威（女），24岁即成为哈佛大学终身教授的蔡天西（女），全美Pew学者奖获得者美国密执安大学教授许朝晖，世界上最著名的财经杂志《福布斯》封面人物、红豆集团总裁周海江，目前中国最大的专业住宅开发企业——万科企业股份有限公司总裁郁亮等。

进入全球化时代，学校大力推进国际化战略，努力融入国际教育。学校和日本、新加坡、英国、美国、加拿大、澳大利亚、新西兰等国的十多所著名大学（如美国麻省理工学院、日本早稻田大学等）和知名中学（如英国伦敦德威学院、新加坡立化中学等）建立友好合作关系，积极拓展学生发展的国际通道，每年均有10%左右的学生通过学校的国际合作项目出国留学；2007年又成功引进了英国剑桥国际高中课程。

2007年，随着学校领导班子的新老交替，苏州中学又进入了一个全新的发展时期。在继承优良办学传统的基础上，立足国家、社会对学校办学的新要求和学校对自身发展的高要求，始终坚持“发展是硬道理，质量是硬道理，领先是硬道理”。力求和谐创新科学，推进学校发展；力求高尚多元阳光，落实素质教育；力求科学细致到位，提高教育质量；力求高质领先卓越，建设理想学校。

顾德林，中学化学特级教师。1982年1月毕业于江苏师范学院（现苏州大学）化学系。他严谨治学，坚持学科教学以提高学生素质，发展学生个性和能力为总目标，坚持启发式教学，总结出“强化双基为主导，实验探索为基础，精讲精练为主线，发展能力为核心”的教学经验，逐渐在组内推广。上课语言精练，深入浅出，分析透彻。积极组织学生进行化学奥赛辅导，所教的学生在化学高考和化学竞赛中成绩优秀，先后有几十名学生荣获省化学竞赛一等奖，近十名同学获全国化学竞赛一等奖。他积极参与教育教学科研，注意总结教学经验，积极带领课题组老师一起认真完成“九五”苏州市教育科学立项课题“学生解决实际问题和创造性思维能力培养”，撰写的“坚持素质教育，培养化学尖子”“启迪思维，培养能力”“高三化学总复习教学中发展学生学习潜能的初步探索”“谨防化学选择题中的陷阱”等论文先后在有关报刊上发表，参与编写了十几本高中化学教学参考书，如“名师指导——高二化学”“随堂学练考丛书”“点击名师”等，品位质量高，深受同行和广大学生的好评。

江苏省启东中学

校训：厚德博学

江苏省启东中学创办于 1928 年，1990 年 4 月成为江苏省首批办好的重点中学，1998 年 4 月顺利通过国家级示范性普通高中评估验收，2003 年 12 月成为江苏省首批四星级学校。学校现有教职工 299 人，60 个教学班，学生 2 816 人。近几年来，学校坚持以“科学发展观”统领学校工作全局，以“办人民满意的教育”为目标，以“全面推进教育现代化工程”为抓手，秉持“面向全体学生，促进全面发展，培养个性特长，为学生的终身发展奠基”的办学理念，锐意进取，开拓创新，取得了显著的办学业绩，得到了全社会的充分肯定。

学校精神逐步彰显。以“厚德博学”为校训，确立了“志存高远，追求卓越”的学校精神，形成了“勤奋朴实，团结守纪”的校风，“严谨踏实，勤奋创新”的教风，“勤奋刻苦，求实奋进”的学风。

教育质量高位走强。多年来，高考均取得优异成绩，每年都有 15 名左右的学生被清华大学、北京大学录取。在国际中学生学科竞赛中，获得 13 块金牌 2 块银牌共 15 块奖牌。学校被评为省青少年科技发明先进集体。

近年来，学校先后获得全国精神文明建设先进集体、省文明单位标兵、省先进基层党组织、省模范学校、省德育先进学校、省依法治校示范学校、省模范职工之家、省五四红旗团委标兵等荣誉称号，2009 年 1 月被评为全国文明单位。

师资力量日益雄厚。现有专任教师 228 人，中高级教师占专任教师的 73%。其中研究生以上学历 42 人，占专任教师的 18.4%。研究生课程班结业 8 人。学历达标率为 100%。特级教师 4 名，启东市、南通市级骨干教师和学科带头人 40 人，南通市级以上名特优教师 10 多人，其中享受国务院特殊津贴专家 1 人，省首批“人民教育家”培养对象 1 人，省“333 工程”培养对象 3 人，教授级中学高级教师 1 人。

钱宏达，中学化学特级教师。现任江苏省启东中学副校长，启东市政协常委。重视教学教法研究，在教育教学实践中他形成了“教案学案一体化，知识、思维、能力三到位”的教改新思路，受到学生的广泛欢迎。

江苏省南通中学

校训：诚恒

江苏省南通中学是由清末状元、著名实业家和教育家张謇先生于 1909 年亲手创办的。历经世纪风雨的洗礼，“诚于做人，恒于学问”的通中精神生生不息，代代相传。办学之初，教育先驱蔡元培欣然题词：“积健为雄”，西学大师杜威翁远涉重洋，登台讲学；一代硕儒朱东润、姜亮夫殚精竭虑，铸就“严谨善教”的凝重教风，几辈先贤江上清、钱素凡上下求索，打下“爱国求真”的光荣传统。正是这厚实的学术底蕴、丰润的文化背景、中正的道德文章，使通中成为人才的摇篮、精英的故乡。在历届毕业生中，有备受敬仰的革命先烈、勇攀高峰的科技英才、闻名遐迩的艺术大师、为国争光的体坛明星、身居要职的党政领导、自领风骚的十七位两院院士等。通中在办学近百年里为祖国培养了一大批优秀杰出的栋梁之才。

学校优良传统与时代精神的结合，是通中这所百年老校永远充满生机与活力的源泉。近年来，随着学校办学的跨越发展和教育改革的不断深入，全校上下对通中办学多年来积淀的厚重的人文精神和以人为本的教育思想进行了全面挖掘与和深入思考，不断丰富、提炼其内涵，凝铸成“以人为本，追求卓越，为学生的终生发展打下坚实基础”的办学理念。

近年来，学校党领导班子抓住机遇，因势而上，对学校发展适时做出调整与完善，不断提出新的目标，带领全校师生负重开拓、锐意进取、团结奋斗。加强常规管理，加大改革力度，加快建设步伐取得了令人瞩目的办学业绩。全校上下心齐劲足，师资队伍持续优化，办学实力不断增强，在校师生已经超过 5 600 人，校舍面积达到了 8 210 平方米，固定资产超过 1 亿元，教学设备总值达到 2 515 万元。学生在中考、高考中屡创佳绩，教师在任教与科研中取得丰硕成果，学校屡获国家表彰，开创了通中办学的崭新局面。

学校以“难忘教育”闻名全国，中共中央第三代领导核心江泽民欣然为通中题词“百年通中，英才辈出”。恢复高考以来，南通中学共培养出省高考状元 6 名，省前三名 18 人。

南通市中学化学组实力雄厚。陆军，江苏省首批教授级中学高级教师，曾获江苏省中等师范学校中青年学科带头人、南通市学科带头人、江苏省“333 高层次人才培养工程”中青年科学技术带头人和南通市“226 高层次人才培养工程”中青年创新创业领军人才等称号。2007 年被聘为人民教育出版社新课程教科书培训团专家。先后在化学教育界有影响的期刊上发表论文百余篇，出版论著多部。

徐宾，江苏省化学特级教师，同时担任政协南通市常委，民进南通市常委，南通市中学化学教学研究会常务副理事长等职。徐宾老师教书与育人并重，教学与科研结缘，具有丰富的教育思想和鲜明的教学特色。曾获得过“南通市高中化学骨干教师”“南通市新世纪学术与技术带头人培养对象”等光荣称号。

南京外国语学校

南京外国语学校是在周恩来总理直接关心下，于 1963 年创办的全国首批外国语学校之一。学校倡导“求实、奋进、博学、谦逊”的校风和“严、新、细、活”的教风，立足于培养“理想远大，热爱祖国，道德高尚，胸怀宽广，行为文明，气质高雅，外语扎实，学识渊博，勇于创新，学有所长，行知统一，脚踏实地，心理健康，体魄强健”的高素质人才，概括起来，就是以“有外语特长、文理兼通、综合能力强的国际化复合型人才”为培养目标。

在四十年的办学历程中，学校坚持“以人为本”的教育理念，重视培养学生的主体意识，发掘学生的潜在能力，积极开展素质教育，取得了骄人的成绩。学校开设英语、德语、法语、日语四个语种，现有班级 55 个，在校生 2 828 人，教职工 265 人，其中特级教师 7 人，高级教师 63 人。迄今为止，已为国家培养了 5 000 多名高素质的中学毕业生。

学校在强调勤、实、专、博学风的基础上，充分尊重学生的个性发展，营造平等、民主、开放、活泼、和谐的教育教学氛围，这是南外人引以为自豪的精髓。开展丰富多彩的活动，提供各种各样的机会，让学生的各种能力得到锻炼，这是南京外国语学校校园特有的一道风景线。外语节、艺术节、读书节、科技周、体育节、远足、音乐会、学生会干部竞选、才艺展示、演讲会、辩论会等，使学生们在学中“玩”，在“玩”中学，知和行得到了统一。

南京外国语学校是一个崇尚开放的地方，洋为中用，兼收并蓄，各种文化在校园里交相辉映。我校与日本的东邦高校、美国的华盛顿大学附属中学、法国的枫丹白露中学、澳大利亚的泰勒学院、英国的哈尔中学、加拿大的渥太华利斯卡高级中学等三十四所学校建立了友好姐妹学校关系，使得我校能够得心应手地组织师生到国外留学、访问或开展夏令营活动，也吸引了外国师生来校访问交流和留学。学校与加拿大合作开办了中加双文凭国际高中实验班、与澳大利亚共同进行“中澳班”的合作教学，吸收了来自德国、意大利、日本、韩国等国家的数十位留学生就读。在不同背景文化的碰撞中，学生们的视野开阔了，各方面的能力均得到了锤炼。

南京外国语学校每年都有一大批学生在国内外各种比赛和竞赛中脱颖而出，成绩名列前茅，每年都有一大批优秀学生被国内外著名大学所录取，在北大、清华，美国的哈佛、麻省理工、耶鲁、斯坦福、康奈尔、哥伦比亚大学，英国的剑桥、牛津大学，加拿大的多伦多大学，澳大利亚的墨尔本大学，法国的巴黎大学，德国的柏林自由大学，日本的东京大学、早稻田大学等世界著名高等学府中都能看到南外学子在那里勤奋求学的身影。近年来，南京外国语学校一直保持较高的高考升学率，连年居全省之首。

南京外国语学校已为国家输送了近 200 多位优秀的外交骨干人才。其中有七位校友出任驻外大使，八位校友担任参赞，先后有几十人在邓小平、江泽民、胡锦涛等党和国家主要领导人身边工作。许多毕业生在党政军机关和大公司、大企业中担任领导职务，也有相当数量的校友成为知名的专家学者。

南京外国语学校化学组曾被评为南京市第五届优秀教研组。孙夕礼，南京外国语学校副校长，江苏省第二批教授级教师。在中学化学教育教学、科研、竞赛等各方面均取得了突出成绩。1994 年高三（2）班化学高考均分达 135 分的好成绩，所带班级曾被评为南京市先进集体，市先进团支部。1997 年指导的学生参加江苏省化学竞赛获一等奖 11 人，其中 3 人进入江苏省前 10 名，

1人入选国家冬令营。在核心期刊和省级以上刊物上发表论文共100多篇，其中8篇被人大复印资料全文转载，多篇文章被其认为有较高价值而编加索引，多篇论文获省、市专业委员会一、二等奖。主持的江苏省教研课题第5期重点课题“高中化学教学中各课型教学模式的研究”顺利结题并被评为省一等奖。

化学教研组组长陈懿为南京市第四届高中化学学科带头人、曾获南京市首届素质教育贡献奖、全国高中化学竞赛决赛优秀教师指导奖、新课程实施先进个人、江苏省高中学生化学竞赛培养优秀指导教师奖等荣誉。二十多年来一直致力于中学化学教学和化学教育研究，所带学生在中考、高考中化学成绩名列南京市和江苏省前茅，参与或主持多项省级和国家级课题研究，多篇论文发表和获奖，出版多种教学用书。作为南京市化学学科高中教研中心组成员，多次为省、市教研室向教师开设各类讲座，多次参加教研室的各类命题工作，2008年参加南京市初三化学中考的审题工作。2006年被国家课程教材研究所人民教育出版社聘为人教社新课程实验教材讲师团专家，连续三年多次为辽宁省、江西省等新实验区教师开设新教材培训讲座。近三年中所带学生获高中化学奥林匹克化学竞赛江苏省一等奖的学生有18人，二等奖的有35人，网上有名3人（国家级一等奖）。2008届姜夕骞同学参加全国奥林匹克冬令营比赛获得全国一等奖第一名，入选国家队，作为中国国家队的4名选手之一参加在匈牙利举行的第40届国际奥林匹克化学竞赛获得国际金牌，他的成绩排名是世界第四位，中国第二位。这是南京市获得的第一块国际奥林匹克化学金牌。

南京师范大学附属中学

校训：嚼得菜根，做得大事

创立于1902年的南京师范大学附属中学（简称“南师附中”）是一所享誉国内外的一流中学，位于六朝古都南京，在一个世纪的办学过程中，学校十易其名，七迁校址，是教育部教育实验基地、中国基础教育十大名校之一，以慎聘良师、锐意实验、校风诚朴、善育英才而著称。在百年的发展历程中积累了丰富的办学经验，为国家培养了大批杰出人才。走出了袁隆平、韦钰等四十位院士校友，还有巴金、彭珮云、严济慈、唐圭璋、斯霞、朱逢博等一大批知名人物。历年来，附中不仅以高升学率引人注目，更以高层次、高质量的素质教育享誉全国。

学校秉承百年附中优良传统，适应学生和教师高质量发展的需要，以“名校办学、专家治校、名师执教”为办学方针，把学校办成一所在国内有重大影响、国际上有一定知名度的现代化、实验性、示范性中学，培养“既有中国文化底蕴、又有世界眼光的创造性人格特征明显的人才”，使之成为学生一生回眸、教师终身坚守、社会普遍尊崇的教育圣地。

南师附中化学组是一个团结和谐内敛的集体，每位教师都甘为人梯，为学生和学校默默地做出奉献。化学组师资力量雄厚，在教研组组长保志明的带领下，形成了年龄结构合理的教学梯队，既有特级教师曹云军，又有优秀青年教师韩宏兵、龚国祥、周崎峰等。化学组与国内外大学、江苏省化学化工学会以及各类社会教育团体均有广泛联系。南师附中的学生在各级化学奥赛中也屡获佳绩。

江苏省淮阴中学

校训：进德修业　弘毅笃行

江苏省淮阴中学（简称“淮中”）创建于 1902 年。初建之时为江北大学堂，是遵旨（光绪二十八年）设立的一所高等学校，在省内外很有声誉。随着社会政治经济中心的转移，江北大学堂逐渐演变为师范学校，此后，在漫长的历史风雨中，师范学校与淮阴中学两者交替向前发展。江北大学堂校址，在现今淮中北院，为清末科举考棚即考试院改设。省立第六师范时期和省立淮阴中学确立之后，学校规模逐步扩大，至 1932 年改设为省立淮阴师范时，与当时全省同类学校相比，办学条件较为优越。1934 年，又将学校外围房屋收购；1935 年，在女生操场北面又建楼房一排。至此，学校建设规模保持到新中国成立初期。1953 年，淮中经中央教育部批准，成为江苏省首先办好的 14 所重点中学之一。

江苏省淮阴中学百年发展的各个历史阶段，都注重延聘名师执教和提高教师队伍的整体素质。1990 年起，实行“导师制”，重在培养一批骨干教师；1995 年起，实施名师工程，重在培养一批专家型、科研型教师；目前，继续实施“名师工程”，并用教师的现代素质要求，整体提高教师素质。1990 年以来，学校有特级教师 10 人，受国家级表彰 9 人，受省级表彰 14 人，市级有突出贡献中青年专家 3 人。现有专职教师 212 人，具中、高级职称教师 129 人，骨干教师、市级学科带头人 30 多人。2000 年，学校被授予江苏省优秀教师群体称号。

1990 年以来，江苏省淮阴中学通过专家组的评估验收，先后成为江苏省合格重点中学、江苏省模范学校；2000 年学校顺利通过江苏省国家级示范性高级中学的评估验收。2002 年，学校隆重庆祝建校一百周年。

1993年以来，淮中进一步实施“科研兴校”战略，在实际工作中以科研为先导进行教育管理和教育教学改革，做到融管理与科研为一体、教研与科研为一体，并结合学校实际设立研究课题。2000年，有2个国家级课题、1个省级课题、6个市级课题、34个校级课题先后结题。学校“八五”省级课题《中学爱国主义教育研究》、“九五”省级课题《多媒体课堂教学模式最优化研究》，都以丰硕的成果完满结题，《上海教育》《中国教育报》《成才导报》等报纸杂志都曾刊登阶段性研究成果和淮中教育科研情况，在省内外产生一定影响。这10年间，淮中两次在江苏省重点中学教育科研工作会议上介绍经验，早在1994年就被授予江苏省教育科研先进集体称号。

近10年来，各教研组在现代科学理论指导下进行了课堂教学改革，大面积地提高了教学质量，有1 000多人次的学生在省和全国的学科竞赛中获奖。近几年高考本科录取率稳定在90％左右，重点大学录取率稳定在65％左右。学校涌现一批特优生，继1986年、1987年两名学生分别获得江苏省高考文科第一名后，又有两名学生分别获全省高考文科第一、二名，2002年、2003年有30名学生考取北京大学、清华大学。近几年有相当一部分学生高考单科成绩进入全省前10名，还有一些学生被清华、北大破格提前录取。

江苏省海门中学

校训：务真、求实

江苏省海门中学创建于1912年，是全国最早在当时的教育部注册备案的私立完全中学之一。1954年，学校被江苏省人民政府正式确立为江苏省首批省属重点中学；十一届三中全会以后首批重新恢复为省重点中学；1990年首批通过江苏省重点中学检查验收；1998年，首批通过江苏省国家级示范性普通高中检查验收。

在长期的办学实践中，学校形成了“博学笃行、敬业乐群”的校风，“严谨、求精”的教风和“厚积、有恒”的学风以及“务真、求实”的校训，积累凝聚成“追求真理、严谨治学、厚积有恒”的学校精神。建校91年来，为国家培养了38 000余名各行名业的优秀人才，其中近20 000名进入高等院校深造，成为社会主义建设事业的栋梁之才。知名校友中，既有国内外著名的专家学者、文化名人，也不乏业绩卓著的党政领导、实业巨擘，著名政治活动家、原农工民主党主席季方曾在这里任教，现代著名文学家、诗人卞之琳，台湾远东集团总裁徐友庠，世界著名桥梁专家杨裕球，中科院院士邱竹贤、沈其韩，著名将领茅程、郁文等 13 位将军在这里度过了中学时代。

近年来，学校坚持社会主义办学方向，以全面贯彻党的教育方针、坚持面向全体学生、促进学生全面和谐发展为宗旨，遵循教育规律，深化教育改革，推进素质教育，大力实施教育现代化工程，在科学管理、人本师训、校本课程三个方面取得了突破性进展，形成了“现代化、高质量、示范性、有特色”的办学风格。1990 年以来，学校获省部级以上表彰 21 次，先后被评为全国贯彻《体育卫生条例》优秀学校、全国勤工俭学先进集体、全国电教示范学校以及江苏省德育、党建、治保、群体、劳技、教科研、绿化、校园、电教示范、勤工俭学等先进学校，两次被评为江苏省模范学校，连续 6 次被评为江苏省文明单位。

目前，学校共有 36 个班级，1 782 名学生，218 名教职工，156 名专任教师，其中特级教师 2 名、中学高级教师 57 名、中学一级教师 55 名，高级教师占全校教师总数的 36.5%，学历达标率 98.07%。

岑彭新，海门中学教导主任，中学化学高级教师，海门中学化学首席教师，近年来有十多次荣获市级以上表彰，先后被评为海门市科技拔尖人才、海门市十大杰出青年、南通市优秀党员、南通市先进教育工作者、南通市优秀骨干教师、江苏省实施素质教育先进个人等。辅导 100 多名学生荣获江苏省化学竞赛一、二、三等奖。注重教学科研，发表省市级论文十余篇，主编化学教学读物五套。

江苏省常州高级中学

校训：存诚、能贱

江苏省常州高级中学（以下简称“省常中”）创办于 1907 年，1953 年被确定为江苏省首先办好的十四所中学之一，1960 年在全国文教群英会荣获“全国先进单位”称号，1984 年成为全省 12 所大改试点学校之一，是江苏省首批创建的国家级示范高中，先后多次被评为江苏省文明单位、江苏省模范学校。现有班级 40 个，常年在校学生2 000人左右。

自创建以来，省常中向国家和社会输送了 4 万多毕业生，其中有中国共产党早期领袖瞿秋白、张太雷、中科院院士和工程院院士 10 多人，部省级领导、人民解放军将领 10 多人，专家、教授、学者不胜枚举。省常中桃李满天下，校友遍中华。李岚清同志曾为学校题词：“坚持德智体全面发展，为培养跨世纪优秀人才作贡献。”

省常中的办学理念是：全面推进素质教育，确立先进的教育价值取向，积极探索社会主义市场经济要求和符合教育自身规律的现代办学体制，实施品牌教育，提高学校的发展力和凝聚力。崇尚民主和科学的管理模式，建设敬业精神和专业素质兼优的教职工队伍、塑造科学素质和人文精神兼备、创新精神和实践能力并存、具有较强自主发展意识和能力的优秀人才，把学校办成和谐发展的开放型学习化组织。

校训：存诚、能贱。校风：严谨、活泼、创造。教风：勤奋、厚实、爱生。学风：好学、求实、攀登。

学校坚持以人为本，全面发展，学有特色，是江苏省德育先进学校，省青少年科技教育特色学校，全国、省体育卫生工作先进集体和先进单位。学校重视教育现代化硬件建设，提高数字化的利用效率，是全国现代教育技术实验学校。学校加强与国内外高校、教育研究机构的合作交流、重视各类教育资源的整合，不断深化教育改革，发挥重点中学的实验、示范、辐射作用。学校向教改要质量，向科研要效益，重视研究性学习、自主性学习的开展和评价，努力促进学生潜能的发展。严谨、科学的教育教学结出了丰硕的成果，多年来，各学科竞赛和高考本科进线率均在全省名列前茅，2000 年、2001 年分获第 41 届世界中学生数学奥赛金牌和第 13 届世界中学生信息学奥赛铜牌。

为充分发挥学校优势和挖掘教育资源，探索在新的历史条件下更高、更好地培养尖子人才的道路，省常中独资创办了公有民营全日制完全中学——常州外国语学校（省常中分校），她秉承省常中优良传统，以创办现代化的一流学校为目标，强化外语、理科、信息技术等办学特色，着力营造外语教学优势。2001 年开始和省常中一起面向全省、全国招生，受到各级领导和社会各界的关心支持，声誉和影响与日俱增。

戚宝华，男，1969 年生，江苏姜堰人，1991 年毕业于南京师范大学化学教育专业，中共党员，中学化学高级教师，常州市中学化学专业骨干教师，现任江苏省常州高级中学副校长、常州外国语学校（省常中分校）校长。

近年来获得的主要荣誉称号有：1994 年 9 月被评为常州市优秀教师；1996 年 1 月荣获常州市托利多教育奖励基金会奖励；1999 年 10 月常州市区中学中青年教师化学优秀课评比一等奖；2002 年 3 月常州市人民政府记三等功；2002 年 4 月获常州市第二届“十大杰出青年”称号；2002 年 8 月破格晋升中学高级教师。近年来发表了多篇论文和多本论著。

中学名师

江苏省化学特级教师

工作单位	姓名	性别
江苏省高淳高级中学	张培成	男
南京市金陵中学	邹　正	男
江苏省江宁高级中学	张发新	男
南京市第十三中学	钱海滨	男
南京市教研室	杨剑春	女
宜兴和桥高级中学	王乃伦	男
无锡市第一女子中学	孙广华	男
辅仁高级中学	孙天山	男
辅仁高级中学	诸松渊	男
运河高等师范学校	戴志群	男
徐州高级中学	姚　斌	男
金坛市华罗庚中学	潘溪民	男
金坛市教育研究与培训中心	曹少华	男
常州市第一中学	陈雪泥	男
常州市第一中学	钱承之	男
常州外国语学校	崔壬生	男
常州市前黄中学	陆亚东	男
江苏省常熟中学	顾伟光	男
江苏省苏州中学	顾德林	男
苏州大学附属中学	张　援	男
南通第一中学	陈辉祖	男
南通中学	徐　宾	男
启东中学	钱宏达	男
通州市人大	吴晓辉	男
新海高级中学	袁君强	男
连云港外国语学校	张祥林	男
连云港新世纪学校	邵世环	女
连云港市教育局教研室	殷志宁	女
新海高级中学	刘同萍	女
江苏省盐城中学	谢兆贵	男

续表

工作单位	姓名	性别
江苏省滨海中学	王中荣	男
新华中学	张天若	男
扬大附中	严济良	男
扬州中学西区校	沈怡文	男
江苏省丹阳高级中学	李　霖	男
镇江外国语学校	潘晓芙	女
江苏省丹阳高级中学	周炳兴	男
泰兴市教育局教研室	闻国泉	男
泗洪中学	江玉安	男
宿迁市教研室	邓善银	男
泗洪县教育局	张涛涛	男

江苏省教授级中学高级教师

江苏省的教授级中学高级教师评审工作启动于2006年。《江苏省教授级中学高级教师资格条件》规定，参加评聘的教师必须具有所教学科、课程系统而坚实的理论基础和专业知识，具有很强的教学能力，教学经验丰富，教学效果显著；能对本学科、课程的教育教学方法进行开创性的改革，在本市有较高的知名度，在本学科领域的教学科研中起带头示范作用；掌握本学科国内外教育教学改革与发展的最新动态，具有较强的创新意识和教学科研能力，具有丰硕的教学科研成果；具有应用现代教育信息技术的能力；具有良好的职业道德和敬业精神。

这是教授级中学高级教师评聘的总体要求。在实际操作中，首先在评聘的对象上向教学第一线的教师倾斜，其次在业绩方面更加注重的是教师的教育教学能力、教科研水平和教育教学改革的创新成果。

中学教师最重要的任务是课堂教学，上好课是教授级中学高级教师评审的最基本也是最重要的条件。具体体现在：申报人员必须完成省、市规定的教学工作量，任现职期间平均周课时须在10课时以上，其中校长、副校长、中层管理干部要坚持上课，教学工作量分别不少于专任教师规定工作量的1/4、1/3、1/2，且申报学科与所教学科一致；要能按照新课改要求，为学生开设相应的必修、选修课程和校本课程；要能根据课程改革目标、学科特点，开创性地对本学科、课程的教育教学方法进行改革；要能按照新课改的要求开设教学示范课、研究课和观摩课，积极进行教育教学改革，教学质量高，在县（市、区）级及以上范围多次开设过示范课或获过较高级别的教学竞赛奖，在所在市有较高知名度。

此外，在教科研成果方面，参评教师必须在省级及以上刊物发表本专业教育教学研究论文或学术论文 5 篇以上，其中 2 篇在核心刊物或公认的本专业高水平刊物上发表；主持或作为课题组核心成员参加过省级以上教科研课题 1 项，并通过成果鉴定。

教授级中学高级教师和特级教师有什么区别？特级教师和教授级中学高级教师都是对中学教师教育教学业绩、教学能力和水平的一种认可，但两者之间有着明显的区别。一是定位不同。特级教师是一种荣誉称号，而教授级中学高级教师是专业技术职务的最高档次。二是评聘的范围不同。特级教师面向全省所有中小学、幼儿园教师评审；教授级中学高级教师目前仅在全省普通中学教师中开展，以后将逐步扩大到各级各类中学和教研室。三是岗位设置要求不同。特级教师无按校设岗要求，地区、城乡之间明显存在不平衡；而教授级中学高级教师评聘作为专业技术职务制度，强调按需设岗、按岗评聘，并积极考虑地区、城乡以及学科之间的平衡。四是评审数额不同。特级教师总数控制在中小学教师总数的 1.5‰以内；而教授级中学高级教师职务岗位数为各市在职在岗中学高级教师总数的 2%。五是评审条件标准侧重不同。特级教师评审侧重于师德表率、教书育人和教育教学实绩；教授级中学高级教师评审更加注重教育教学能力和教科研水平、教育改革创新成果。

江苏省首批教授级中学高级教师（2006 年）	
南京市金陵中学	李惠娟
南京外国语学校	邹　正
无锡市辅仁高级中学	孙天山
徐州高级中学	吕锡扬
常州市第一中学	陈雪泥
江苏省武进高级中学	陆亚东
苏州大学附属中学	张　援
苏州市吴中区苏苑高级中学	郭瑞春
江苏省海安高级中学	杨　斌
江苏省南通中学	陆　军
江苏省启东中学	钱宏达
江苏省新海高级中学	袁君强
邗江实验学校	杨国斌

续表

江苏省首批教授级中学高级教师（2006年）	
扬州市新华中学	张天若
江苏省泗洪中学	江玉安
江苏省第二批教授级中学高级教师（2010年）	
南京外国语学校	孙夕礼
南京市教研室	杨剑春
江苏省南通中学	徐　宾
如东实验中学	缪　徐
连云港市教育局教研室	殷志宁
扬州大学附属中学	严济良
扬州市梅岭中学	杜稼勤
江苏省大港中学	仲伟贵
江苏省兴化中学	经志俊
江苏省泗阳中学	朱志江

中学名师简介

邹　正

男，1983年6月毕业于苏州大学化学系，同年8月在南京十中（现金陵中学）参加工作，先后担任南京市金陵中学团委书记、德育处主任、校长助理、副校长，1999年5月担任南京外国语学校副校长，2007年11月担任南京市金陵中学校长。

江苏省化学特级教师，江苏省首批教授级中学高级教师，教育部NCCT“外国人子女学校”认证专家，江苏省“333工程”首批培养对象，南京市中学化学学科带头人，南京市有突出贡献中青年专家，南京市与院士结对的中青年拔尖人才。江苏省教育学会化学专业委员会委员，南京市教育学会化学专业委员会副理事长。

在国际、国内重要学术刊物上发表论文30余篇，出版专著10余部。

从教26年来，他一贯注重课堂教学的实效性，善于启发引导，在传授知识的同时，立足于把德育教育寓于课堂教学之中。

为了更好地探索课堂教学的有效性，2007年起，他主持南京市中青年拔尖人才科研项目资助经费课题《新课程背景下应用思维导图优化教学效果的实践研究》，通过该课题的研究，希望能在新课程背景下将思维导图应用到学科教育教学实践，并渗透在日常教与学的各个方面，改变现有的以知识立意为导向的教与学模式，引导教与学向情景立意、能力立意和问题立意转变，从而提高课堂教学效率、优化课堂教学效果，为高中新一轮课程改革提供有效的教学方法、模式。

在学校管理工作中，他积极引导全校师生继承发扬金陵中学的优良传统。2008 年金陵中学建校 120 周年之际，他带领师生挖掘并赋予校训“以诚为本，唯真是求，勤勉执著，以仁为怀”新的时代内容。提出了“为学生一生奠基，对民族未来负责”的教育理念和“让课堂充满生命的活力，让校园焕发绿色的生机，让环境放射人文的光芒”的教育主张，使百年老校焕发出鲜活的少年精神。作为校长，他把对学校和师生深沉而厚重的爱化作以“关爱生命与国际化人道主义救助接轨”为目标，引入现场初级急救培训；将“阳光体育，快乐健身”落到实处，营造一个师生共同参与的快乐健身氛围；以“金陵中学科技长廊”“造纸作坊”“数字星空”等项目为平台，将大师引进校园，积极推进创新型教师和学生的培养；提升学校课程领导力，让“和谐学习，快乐人生”伴随金中人的成长；创办金中国际部，加强对外合作办学、引进国际课程，拓展师生的国际视野，为学生建立生涯规划的立交桥；努力营造敬业、爱生、民主、宽松、和谐的校园氛围，让师生学有榜样、赶有目标；有效发挥金中优质教育资源的先进性、示范性和辐射性，办好金中河西分校、金陵汇文学校、金中实验小学，加强和南京实验国际学校的紧密合作。

现在，他正带领全校师生以“国内一流、世界知名，教育高质，管理高效”为发展定位，依据金陵中学的实情实施素质教育，促进师生的和谐发展。培养可持续发展的学生，造就可持续胜任的教师，实施可持续提升的教育。

主要经历：

1988.8—1999.5　南京市金陵中学化学教学、团委书记、学生处主任、校长助理、副校长

1999.5—2007.11　南京外国语学校化学教学、副校长

2007.11 至今　南京市金陵中学化学教学、校长

主要成果：

《思维导图在中学化学教学中的运用》入选第 19 届世界化学教育年会交流（韩国首尔）2006.6

《一个关于燃烧的研究性学习案例设计》化学教与学　2006.8

《信息技术与化学新课程整合的研究——思维导图及 Mind Manager 与化学模块化学习》中学化学教学参考　2006.11

《让化学史实在原子结构教学中熠熠生辉》中学化学教学参考 2007.7

《实施有效教学 提高生命质量》南京教育 2007.12

《让每一个孩子都快乐成长》成才导报·教育周刊 2008.1.2

《学校创新文化的几点思考》江苏教育研究 2008.8

论著情况：

《SAT 高分入门——化学》江苏人民出版社 2006.12 任主编承担全书的约四分之一

课题情况：

主持《中、美、英、德、法、日六国中学理科教育比较研究》（2002—2005）江苏省教育科学“十五”规划立项课题；已结题并获江苏省第二届教育科学优秀成果实践探索类三等奖。

主持《中学生学习策略与策略学习》（1998—2002）南京市级课题；获市优秀课题研究评比二等奖并主编出版了《走向成功——和中学生谈学法》。

参与《成绩优良学生道德发展的研究与实践》（1998—2000）中国-加拿大道德教育合作课题；已结题。

作为课题主要负责人参加了全国教育科学“十五”规划教育部规划课题“面向 21 世纪的外国语学校高中选修课Ⅱ课程开发和实验研究”，现已结题。

参加了《中国科协青少年创新人才培养项目》（该项目同时被列入教育部“十五”规划重点课题之子课题）的课题组。2007 年 10 月随中国科协青少年部组织的中国高中科学教师考察团一行 10 人，在团长上海华东师范大学教育学系霍益萍教授的带领下，围绕“高中科学教育”这一主题，赴法国进行了教育考察。

主持省教育科学十一五规划课题：《百年老校，少年精神——金陵中学文化底蕴与办学特色的自我审视与建构的研究》（进行中）

主持市中青年拔尖人才资助项目的课题《新课程背景下应用思维导图优化教学效果的实践研究》（进行中）。

获奖情况：

1997 年入选江苏省“333 跨世纪学术技术带头人培养工程”第三层次培养对象，2001 年考核合格（2001.12）；江苏省人才工作领导小组

江苏省信息技术科普工作先进个人（2004.9）；江苏省教育厅、省科协

南京市有突出贡献的中青年专家（2004.2）；南京市人民政府

南京市中青年拔尖人才（2007.9）；南京市人民政府

江苏省化学特级教师（2002.9）；江苏省人民政府

江苏省“333高层次人次培养工程”中青年科学技术带头人(2007.4—2010.12)；省人才工作领导小组

张 援

男，江苏苏州大学附属中学工作，教授级高级教师，中学特级教师，毕业于哈尔滨师范大学化学系。长期从事高中化学教学工作，致力于培养学生能力、发展学生智力、提高学生综合素质的探索和实践，教学经验丰富，教学成果丰厚，教学特色鲜明，多次在省、地、市级公开课、观摩课及录像课中展示其教学风采，广受专家和同行的好评，多次获江苏省化学教学业务比赛一等奖。

以教育科研促教学提高，是张老师教学工作的一大特色，他结合自己的教学工作实践，在中学化学教学的许多领域开展了卓有成效的探索工作，取得了丰厚的教育科研成果，先后在国家和省级刊物上发表论文50余篇，多项成果获国家及省、市级奖励。曾荣获全国优秀教师、江苏省劳动模范等荣誉称号20多项。

主要经历：

1980.8—1985.7　黑龙江省绥阳林业局中学　高中化学教师

1985.8—1999.8　黑龙江省密山市一中　高中化学教师

1999.8至今　苏大附中　高中化学教师

主要成果：

《对化学实验探究教学模式的认识》　苏州教育学院学报 2004.09

《实验探究教学案例点评》　化学教学与实验 2004.10

《手持技术环境下的中学化学实验》　化学教学与实验 2007.4

《现代有机结构的图谱分析》　化学教与学 2009.3

《分子极性实验新探》2004.10　江苏省第四届中学化学实验调演一等奖〔省教研室〕

主要获奖情况：

全国优秀教师　2004.9　教育部

江苏省中学特级教师　2005.9　江苏省人民政府

江苏省劳动模范　2006.5　江苏省人民政府

苏州市优秀教育学会会员　2004.3　苏州市教育学会

谢兆贵

主要经历：

1983.8—1995.8　江苏省盐城中学　高中循环教学、班主

任、教师

1995.8—1997.8　江苏省盐城中学　高中循环教学、班主任、教研组长

1997.8—1999.8　江苏省盐城中学　高中循环教学、班主任、年级副主任

1999.8—2001.8　江苏省盐城中学　高中循环教学、班主任、学校教务处副主任

2001.8—2003.6　江苏省盐城中学　高中循环教学、学生处主任

2003.5—2005.6　江苏省盐城中学　高中循环教学、校长助理

2005.7至今　江苏省盐城中学　高中循环教学、副校长

主要成果：

论文发表：

新课程理念对高考命题的影响，2007.2，试题与研究，独立作者

化学实验基本操作方法的创新，2007.6，试题与研究，独立作者

通过化学教学培养学生的创新能力，2007.11，中国科教创新导刊，独立作者

在化学教学中全面提高学生的学习能力，2007.11，中国科教创新导刊，独立作者

常见金属考点归类例析，2008.6，中学化学教学参考，独立作者

做好典型试题，明析知识要点，2008.7，中学化学教学参考，独立作者

新课标人教版“醇”的课堂文字实录，2008.10，中学化学教学参考，独立作者

镁铝相关计算突破，2008.11，高中数理化，独立作者

常见气体的实验室制法考点探析，2009.4，高中数理化，独立作者

论文获奖：

《中学生对化学活动课的认识和态度的问卷调查与思考》，2008.12，中国教育教学研究会主办的“2008中国教育系统（基础教育）年度论文评比”活动中荣获一等奖。

《新课程背景下化学活动课的实践与思考》，2008.11，在2008年全国教育技术学术正文评比中荣获二等奖。

课题研究：

2005 年，中国教育技术协会全国教育科学“十五”规划重点课题《信息化进程中的教育技术发展研究》子课题组长。

2008 年，中国教育技术协会全国教育科学“十一五”规划一般课题《信息技术环境下多元学与教方式有效融入日常教学的研究》子课题组长。

获奖情况：

1994 年 9 月被评为盐城市“教坛十杰”。

1998 年被盐城市组织部作为“跨世纪人才工程”培养对象。

2001 年被江苏省人民政府授予“江苏省具有突出贡献的中青年专家”。

2001 年 2 月被中共盐城市委、盐城市人民政府评为“优秀知识分子”。

2001 年 9 月被江苏省教育厅评为“江苏省优秀工作者”。

2002 年 9 月被盐城市政府表彰为“市中小学优秀指导教师”。

2002 年 9 月被江苏省人民政府评定为“中学化学学科特级教师”。

2003 年被市人才工作领导小组作为江苏省“333 二期工程”第三期培养对象。

2004 年 9 月被教育部授予“全国优秀教师”称号。

2005 年 4 月、2008 年 1 月连续被苏州大学聘为教育硕士专业学位指导教师。

2007 年被人民教育出版社化学室表彰为“积极推进新课程实验改革先进个人”。

2008 年被表彰为“享受国务院特殊津贴的中青年专家”。

2009 年 4 月被盐城师范学院聘为化学化工学院兼职教授。

2009 年 4 月被聘为江苏省化学化工学会第十届理事会理事，省教育学会化学专业委员会理事。

潘晓芙

女，中学高级教师，省特级教师，省“333 工程”（第二期）第三层次培养对象，市有突出贡献中青年专家，市学术技术带头人，镇江市外国语学校校长，多年来一直从事初中化学的教学与研究，工作勤奋踏实并卓有成效。对所教学科有系统、扎实的基础理论知识和丰富的教学经验，教学讲求艺术性和实效性，多年来逐步形成了独特的教学风格。曾于 1992 年获镇江市青年化学教师基本功竞赛一等奖，1994 年获江苏省青年化学教师优秀课评比一等奖。多次被学生选为“我最喜爱的老师”，1995 年被评为江苏省优秀教育工作者。2000 年 10 月至 2001 年 10 月，参加了在北师大举办的全国中小学骨干教师国家级培训。

主要经历：

1982.8—1983.7　溧水县柘塘中学　教师

1983.3—1986.7　溧水县城郊中学　教研组组长

1986.8—2003.6　镇江市第十二中学　教师、教研组组长、教科室主任、校长助理

2003.7 至今　镇江市外国语学校教师、校长

主要成果：

在反思与研究中实现自身发展．新教育，2004.

要让学生敢于怀疑和批判．上海教育科研，2004.

促进教师专业化的校本管理．21 世纪校长，2006.10.

教育信息化背景下的教师管理新体验．江苏教育，2007.

不断攀登教育新高度．中国教育报，2008.12.

荣誉称号或奖励名称：

江苏省青年化学教师优质课评比一等奖，江苏省教育厅，1994.

江苏省优秀教育工作者，江苏省人事厅、教育厅，1995.

江苏省特级教师，江苏省人民政府，2002.

镇江市有突出贡献的中青年专家，镇江市人民政府，2003.

镇江市科技标兵，镇江市人民政府，2005.

镇江市学术技术带头人，镇江市委、市政府，2006.

镇江市人民奖章，镇江市人大常委会，2006.

江苏省先进工作者，江苏省人民政府，2006.

江苏省“333 工程”中青年科学技术带头人，江苏省人才工作领导小组，2007.

张天若

张天若教授，新华中学校长，特级教师，全国模范教师，享受国务院特殊津贴专家，国家高中化学课程标准组核心成员，主持编写新课标教材《有机化学基础》。市直中学化学科唯一教授。

主要经历：

1984.8—1993.10　江苏省高邮中学　教师 班主任

1993.10—1996.6　江苏省高邮中学　教师 班主任　教研组组长

1996.6—1997.6　江苏省高邮中学　教师 教学管理　校长

助理

1999.7—2003.2　江苏省高邮中学　教师 学校管理　副校长

2003.2—2005.12　江苏省高邮中学　教师 学校管理　担任书记　副校长

2006.1—2006.7　扬州大学进修　兼职教授

2006.8—2007.9　扬州市新华中学　教师 学校管理　党委副书记　副校长（主持工作）

2007.9 至今　扬州市新华中学　教师 学校管理　校长　党委副书记

主要成果：

普通高中课程标准实验教科书有机化学基础·选修，2004.12，江苏教育出版社出版，副主编、统稿、第一作者，共约 12 万字

普通高中化学课程标准（实验）解读，2004.4，教育部基教司组织编写，湖北教育出版社，参编第五章

走进高中新课改化学教师必读，2005.4，南京师范大学出版社，编写第 3、4 章，约 8 万字

有机化学基础·教学参考书，江苏教育出版社，2006.2. 主编第 1 章

普通高中新课程教师研修手册化学课程标准研修，教育部基教司、师范司组织编写，高等教育出版社，2004.7. 参与专题五

普通高中新课程教学研究与案例丛书化学教学研究与案例，教育部基础教育课程教材发展中心，2006.12. 参与第 6、7、8 三章，共约 7 万字

走进新课程——国家基础教育课程改革课程标准教师培训，普通高中国家课程标准教师培训光盘，2004，教育部基础教育司组织北京腾图电子出版社，方圆电子音像出版社，作为课标组核心成员参与其中 5 张光盘的制作

义务教育课程标准实验教科书　化学　九年级，湖南教育出版社出版，2008.6.

给化学教师的 101 条建议，南京师范大学出版社，2006.3. 编著部分条目　约 3 万字

普通高中化学课程标准（实验），国家法规性文件，人民教育出版社，2003.4.

化学问题设计与问题解决，高等教育出版社，2003.8. 编写第 5、6 章，约 5 万字

国家基础教育新课程的研究、实验与推广，分课题“高中化

学课程标准研制”，2001—2005—2006

中学化学活动课程设计与实践，2001，国家级骨干教师培训课题，报告获一等奖，独立承担结题报告约5万字，获一等奖

利用地方资源开展研究性学习，2001—2005，省教科所“十五”立项课题，2005年已结题

江苏省化学课程改革实施指导意见，2004.11，省教研室，参与执笔

江苏省化学课程标准必修教学要求，2006.4，省教研室，审阅

修订江苏化学会考纲要，1999.9，省会考办，修订

参与省考试院相关工作，2004年起，省教育厅，参与

评价高考试题命制质量，2006年，教育部，参与

稠环芳烃中应注意的几个问题，1997.10，发表于《化学教学》1997年第10期，全部3 000字

高中化学奥林匹克（初级本），2000.7，江苏教育出版社，编者，第2～8讲约8万字

观察　想象　推理　抽象，1997.12，发表于《化学教育》1997年第12期，全部　5 000字

培养学生跨学科综合解题能力示例，1997.4，发表于《中学化学》1997年第4期，全部2 000字

初中化学备课大全，2002.7，江苏教育出版社，编者　第1、2章

高中化学情景·背景·应用，2002.8，南京师范大学出版社，主编　每章前两部分，约23万字

中学教师继续教育用书高中化学教学大纲及教材分析，2001.7，东北师范大学，编者，第一部分

新精讲高一化学（上），2001.8，江苏教育出版社，全部14.6万字

解有机推断题的思维方法和要领，1999.11，发表于《中学理科教学参考》1999年第11期，全部3 000字

近年高考化学试题中几个值得商榷的问题，1995.7，发表于《化学教育》1995年第7期，全部3 000字

由简单到复杂、由个别到一般，1995.10，发表于《化学教育》1995年第10期，全部3 000字

试论科学方法论对化学教学过程设计的优化，1997.12，省论文评选一等奖，全部8 000字

从化学实验能力内涵看实验教学中存在的问题，1998.10，省论文评选一等奖，参加全国年会交流，全部5 000字

溴苯制备实验改进方案，1998.10，省实验调研一等奖

电解的原理，1999.4，省多媒体课件展评一等奖

主要荣誉称号或奖励：

政府特殊津贴，2001年，国务院

江苏省有突出贡献的中青年专家，2002年，江苏省政府

江苏省特级教师，2000年，江苏省政府

全国模范教师，1998年，教育部，人事部

优秀共产党员，2000年，中共扬州市委

江苏省劳动模范，1996年，江苏省人民政府

江苏省优秀教育工作者，1995年，江苏省教委、省人事局

省“333工程”培养对象，1997年起至今，中共江苏省委组织部

优秀竞赛指导教师奖，1999年，中国化学学会

江苏省化学竞赛成绩优胜奖，2001年，江苏省化学化工学会

孙天山

无锡市辅仁高级中学化学教师，兼年级组长、学科组长。从教20多年来，兢兢业业，埋头苦干，在教育教学与科研方面都取得了骄人业绩。近年来，他先后荣获省首批教授级中学高级教师、省化学特级教师、省师德先进个人、市有突出贡献的中青年专家、市优秀教育工作者等荣誉称号。

孙老师热爱教育，关爱学生，师德高尚，经常放弃自己的休息时间为学生无偿补课辅导，从来不计较个人得失，是学生、家长称赞的好教师，在教育系统有口皆碑。孙老师重视教学科研，主持省级课题《高中化学减负增效教学模式的研究》，先后在《化学教育》等国家级核心刊物上发表教育教学论文100多篇。多年的教学实践中，孙老师形成了自己独特的教学风格。授课充满激情，幽默生动，善于联系生活，激发兴趣，教学循序渐进，启迪心智。他辅导的学生常常荣获全国化学竞赛一、二等奖，所带毕业班高考化学成绩名列全市第一。他无愧为教育系统的先进模范代表。

陈雪泥

大学毕业，苏大研究生结业，1968年参加工作，1972年任教，1994年晋升中学高级教师，1998年评为市学科带头人，2001年评为校导师，现任化学教研组长，高三年级组长。陈老师热爱学生，爱岗敬业，任班主任20年，所带班级多次被评为校、市先进集体，他学术造诣深厚，理论功底扎实，刻苦钻研课堂教

学艺术，他上课语言生动，充满激情，感染力强，所教班级高考成绩多年名列全市前茅。1994年他指导学生获省高中化学竞赛一等奖，1998年他指导学生获省青少年科技发明一等奖。1993年他获常州市中青年教师教育教学基本功大奖赛标本奖，1998年他的创新实验获省实验调研一等奖。他积极参加国家"八五"重点课题"STS教育"和"九五"重点课题"诱思探究教学"研究，并取得突出成绩。他先后在《化学教学》等国内一流杂志发表文章20篇，其中获得全国一等奖的论文有4篇，参编著作10本。他发明的"安全开瓶器"和"多功能制图板"获得中华人民共和国专利。他热心指导青年教师取得出色成绩。他1991年被评为市优秀教育工作者，1998年荣立市二等功，2000年被评为"江苏省九五跨世纪奉献杯立功竞赛先进个人"，2002年被评为"常州市劳动模范标兵"。

陆亚东

江苏省前黄高级中学副校长。1987年毕业于扬州师范学院化学系，1997年苏州大学硕士生课程班结业，化学奥林匹克竞赛高级教练员。常州市化学学科带头人，常州市首届特级教师后备人才，2005年被评为江苏省特级教师，2006年被评为江苏省首批教授级中学高级教师。

参加高中化学评优课获县第一名，常州市第二名。主持了全国教育科研"十五"规划重点课题《以科学探究为核心的教育教学策略研究》的分课题研究工作，获得了总课题组科研成果一等奖，被评为武进区教科研工作先进个人。撰写教育教学论文，其中1篇获全国年会论文二等奖，6篇获江苏省一等奖，另有20多篇获全国和省级奖励，18篇在省级以上刊物上发表，出版教辅专著一部。制作的化学多媒体课件获江苏省二等奖。指导学生参加化学奥赛，有一人入选省集训队，5人获省一等奖、30多人获省二等奖，两次被中国化学会表彰为有突出贡献的优秀教练员，两次被省教委等单位评为省优秀科技辅导员。2000年4月代表武进市赴陕西安康市作"高考理科综合"辅导报告，受到与会的200多位教师的好评。

先后被表彰为"武进市优秀教师""武进市优秀青年"，2004年被评为常州市优秀教育工作者。同时由于学术上的成就，被聘为武进区高三化学指导小组成员，成为江苏省教育学会会员、江苏省考试学会会员，担任常州市科技教育协会理事、武进区教育学会化学教学专业委员会理事等职。

陆 军

1983年7月毕业于扬州师范学院化学系，获理学学士学位，1997年8月修完南京师范大学硕士研究生主要课程。1983年8月至2001年7月任教于江苏省南通师范学校，2001年8月调入江苏省南通中学工作至今。1992年12月晋升讲师，1996年12月破格晋升高级讲师，2006年12月晋升（江苏省首批）教授级中学高级教师，2007年被聘为人民教育出版社新课程教科书培训团专家。先后在《化学教育》《中学化学教学参考》等杂志发表《江苏高中化学新课程实践的回顾与反思》《新课程要求下化学有效教学的备课策略》等论文160余篇（其中全国中文核心期刊30余篇，被人大复印报刊资料全文转载12篇），出版专著《新课程化学教学的思考与实践》，是江苏教育出版社和湖南教育出版社课程标准教科书编写组成员，在江苏、河南、辽宁、新疆、陕西等省区进行新课程培训和示范教学50多场次。2000年被评为江苏省中等师范学校中青年学科带头人，2006年被评为南通市学科带头人，2007年被评为江苏省“333高层次人才培养工程”中青年科学技术带头人和南通市“226高层次人才培养工程”中青年创新创业领军人才。

钱宏达

1984年1月毕业于南通师专化学科，1989年江苏教院化学本科毕业。现任江苏省启东中学副校长，启东市政协常委。中学化学特级教师，教授级中学高级教师，国家化学奥林匹克高级教练。

从教以来，他把“爱的教育”的理念渗透到教育教学工作中去，为事业，他恪尽职守，呕心沥血；对他人充满爱心，热忱坦荡；对后学他热忱关心，帮助提携，创造了辉煌的教育业绩，受到学生和家长的尊重爱戴，获得了社会各界的一致好评。他送走的多届高中毕业班，化学高考成绩均名列全省前茅，2003年高考，他任教的班级有三分之二的学生高考化学成绩达到140分以上。注重对学生的因材施教，在特长生培养方面取得了显著的成绩。他辅导的学生中有50多人获江苏省化学竞赛一等奖，40多人获省二等奖，5位同学入选国家冬令营，其中，周璐同学获第29届国际化学奥林匹克竞赛银牌，倪犇博同学获第35届国际化学奥林匹克竞赛金牌。他主编的《高中化学奥林匹克精华详析》《高中化学奥林匹克竞赛集训教材》《高中化学实验技能训练》等教辅材料，成为省内外许多重点中学化学奥赛培训的主要教材。近几年来，在《化学教育》《中学化学教学参考》等国家级核心期刊上发表论文近 20 篇。多次应邀赴省内外各地讲学，是省级课题《中学生学习特长与个性发展》和南通市级课题《教学中学生个性特长的实验研究》的主要负责人。

袁 君 强

现任新海高级中学副校长。中国化学会委员、江苏省化学会理事、连云港市化学会理事长。连云港市化学学科带头人、市首批名师。从教以来辅导学生化学奥赛成绩突出。经常为连云港市及外地化学教师开设示范课、高考专题讲座。热心指导、培养青年教师，其中 7 人获省、市优质课比赛一等奖。主持省级课题两项，在省级以上报刊发表学术论文 170 余篇，参编著作 6 部。1998 年、2004 年分别获江苏省中学化学实验比赛一等奖，化学优质课比赛一等奖。

江 玉 安

苏州大学化学系 1987 年毕业，获学士学位。泗洪中学高中化学教师，教科室主任，现任教高三化学。2002 年被评为江苏省高中化学特级教师，2006 年被评为教授级中学高级教师。2006 年参加全国高考化学江苏卷命题工作；2007 年参加宿迁市中考命题工作，担任物理化学卷命题组长；2008 年被苏州大学聘为教育硕士指导教师。在《化学教育》《化学教学》《中学化学教学参考》等刊物发表论文 20 余篇。编写江苏教育出版社出版的面向全省高中生的教辅用书《创新读本》《学习与评价》等。主持研究省规划办课题《引导自主建构提高学习能力的研究》《新课程背景下高中科学史教学研究》，并已通过验收。曾任宿迁市高中化学学科教研基地副组长。担任学校校本课程《化学传奇——历史中的智慧》主讲教师。

杨 剑 春

女，1983 年 7 月毕业于扬州师范学院化学系，理学学士。1997 年 7 月结业于苏州大学化学专业研究生课程进修班。2004 年 1 月进修于澳大利亚格林菲斯大学。现担任南京市教研室中学化学教研员、课改办副主任。先后被评定并授予“江苏省有突出贡献的中青年专家”“江苏省中学化学特级教师”“江苏省三八红旗手”等荣誉称号，被评定为“江苏省 333 二期工程”第一批第三层次培养对象，“南通市教育系统首批学科带头人”“南通市跨世纪科学技术带头人”“南通市新世纪科学技术带头人”等。从事中学化学教学和教学研究二十多年来，潜心研究中学化学实验教学、中学化学课堂结构的优化、中学化学教学思维和学生思维能力的培养，形成了具有独特风格的教学思想和教学方法。培养了大批青年教师成为市、县化学学科带头人和骨干教师。在担任如东县教研室化学教研员和教研室副主任期间，组织全县以提高课堂 45 分钟的效益为目标，以抓课堂结构的优化为突破口，努力贯彻“以教师为主导，学生为主体、训练为主线、思维为核心”的教学思想，进行“讲与练的有机结合”和“习题课”“专题课”“讲评课”等课型的研究，并狠抓落实和过程控制。如东县化学高考平均分和理科综合高考平均分，从 1997—2001 年均列为江苏省第一名。在南京市教研室工作期间，倡导课程改革“基地辐射，学科推进”的策略和实践，努力进行化学新课程的研究和培训，进行高中化学分层次调研的研究。曾连年担任南通市中考化学命题组长和江苏省普通高中会考化学命题组长。主持了多项省市级教学研究课题，在《化学教育》《中学化学教学参考》《化学教学》《中学化学》《教学月刊》等省级以上刊物上发表教学论文四十多篇，其中有的被人大资料复印中心全文收录，有的被教育网全文转载等。为中国化学会会员、江苏省化学教学专业委员会会员、南京市中学化学教学专业委员会副理事长。

徐　宾

1983 年 7 月毕业于扬州大学化学化工学院化学教育专业，同年分配至江苏省如皋师范学校任教，次年调入江苏省南通中学工作至今。徐宾老师现为江苏省化学特级教师，江苏省南通中学教务处副主任，同时担任政协南通市常委，民进南通市常委，南通市中学化学教学研究会常务副理事长等职。徐宾老师教书与育人并重，教学与科研结缘，对高中化学课堂教学规律的认识不断深化，形成了“以探索性实验激发学生思维，以化学知识体系整合课堂知识版块，以科学方法的点拨提升学生的学科素养，以科学态度和科学精神的培养作为化学教育的终极目标”的教育思想和教学特色。曾经被评为首批“南通市高中化学骨干教师”，“南通市新世纪学术与技术带头人培养对象，参加过省教育厅组织的省化学骨干教师培训班的学习。

发表的主要论文：

漫谈化学教师的语言修养　　《青海教育》1988年第5期

甲醛还原新制氢氧化铜的实验《中学化学》1989年第4期

浅谈化学课堂提问的艺术性　《中学化学教学参考》1990年第2，3期

锌碘化合实验的改进　　　　《江苏教育》1990年第4期

除杂质的原则与方法　　　《中学生化学报》1990年第4期总131期

“实验室制取硫化氢三题”《青海教育》1990年第9期

“习题与解精选”　　　　《中学化学》1991年第9期

“讨论法解元素推断题”　　《中学生化学报》1992年第2期（总150期）

过氧化钠与二氧化碳反应的实验《中学化学》1991年第3期

硫的氢化物教案　　　　《甘肃教育》1992年第9期

裂化与裂解　　　　　　《中学化学》1993年第1期

浅谈化学课的导言设计　《青海教育》1993年第12期

碱金属三问　　　　　　《中学化学》1994年第2期

“乙醛”教案　　　　　《中学化学教学参考》1994年第7期

化学教学中的设疑　　　《天津教育》1994年第9期

物质提纯二十法　　　　《高三数理化》1995年第1期

碳族元素导学　　　　　《化学教与学》1996年第12期

殷志宁

女，现任职于市教育局教研室，中国化学会会员，省化学专业委员会常务理事，市化学专业委员会副理事长。曾先后被评为市优质课评比一等奖、市巾帼建功先进个人、省“333工程”第三层次培养对象。主持省级课题的研究并于2005年结题。参加过1992年江苏省高考预选、2008年省高中学业水平测试（必修）的命题工作和《2009年省高中学业水平测试考试说明》（必修）的编写工作。近年来，在省级以上刊物发表教学论文40余篇，其中在核心期刊发表9篇，参编教学参考书10部。

严济良

男，大学本科，理学学士。现任扬州大学附属中学校长，校党委副书记。1985年8月参加工作，历任扬州大学附属中学教务处副主任；扬州市新华中学教学副校长；扬州教育学院附属中学校长；扬州大学附属中学教学副校长、校长兼党委副书记。1999年8月被评为“扬州市首批中青年教学骨干”；2002年10月被评

为"扬州市高中化学学科带头人"；2003 年 12 月被评为"扬州市有突出贡献的中青年专家"；2005 年 9 月被评为"江苏省中学化学特级教师"。2003 年 7 月被评为"优秀共产党员"；2004 年 9 月被评为"江苏省优秀教育工作者"；2007 年被评为"扬州市名校长"。

大 事 记

化学教学专业委员会2008年工作会议纪要

中国教育学会化学教学专业委员会2008年工作会议于8月28日在内蒙古呼伦贝尔市召开，会议由该会主办，内蒙古自治区化学教学专业委员会承办。出席本次会议的有该会主要领导张健如、郑忠斌、王晶、吴俊明、李桢、唐建华、王艳春、黄建国、夏正盛、徐晓雪、陈晨、龙官吾，19个省级化学教学专业委员会的秘书长（或化学教研员）和代表共30余人。会议期间，还举办了化学教育智力支边（内蒙古）义务讲学活动。

会议由该会副理事长兼秘书长王晶主持。理事长张健如从以下几方面回顾了一年来该会的主要工作：筹备“全国初中化学优质课观摩评比暨教学改革研讨会”；了解“十一五”课题研究情况；继续举办2008年全国初中学生化学素质和实验能力竞赛（第十八届天原杯），并在青海召开了第三次全国初中化学竞赛研讨会；与人民教育出版社、课程教材研究所联合在安徽屯溪召开了高中化学新课标教材实验研讨会，还加强了该会秘书处的建设等。大区及高师开展了一些学术活动：全国初中化学优质课（西南区）观摩评比暨教学改革研讨会在重庆举行；华北五省市区、中南六省区协作会经协商，拟于2008年下半年分别在北京、广西举办全国高中化学新课程课堂教学观摩评比（华北片）和专题研讨（中南片），另外，2009年拟在云南举办高中化学实验创新大赛观摩会。该会化学教师教育研究中心主办、江西师范大学承办了“全国化学教育硕士首届教学技能大赛”，等等。各省级学会分别开展了一些不同专题的教学研究活动和课题研究工作。同时，该会对下一阶段工作安排提出了初步意见。副秘书长陈晨报告了财务收支状况和有关化学竞赛活动的情况与问题。会议就今后工作进行了讨论，提出了很多好的意见和建议。王晶对会议进行了小结。

经讨论，代表对一年来的工作给予了充分的肯定，对下一阶段的工作达成了以下共识：

一、决定于11月上旬在安徽举办“全国初中化学优质课观摩评比与教学改革研讨会”。

二、研究并决定于2009年3月底在浙江杭州召开“全国化学特级教师杭州论坛暨第十三次学术年会”，进一步体现我会学术性和群众性相结合的特点。主题：课程改革与化学教学改革。重点：减轻过重学业负担与提高化学教学质量，推进素质教育。拟请各地推荐若干名在我国有影响的化学特级教师讲演，并分专题论坛交流、研讨。各省除特级教师与会外，另分别组织广大中青年教师与会并推荐选送第十三次学术年会论文，该会予以评奖。

三、研究并适时召开“十一五”化学科研课题汇报研讨会。各课题组1或2人参加，汇报交流经验并研究有关问题。

四、2009年下半年举办全国化学教研员研讨会等专题活动，推荐评选优秀教研员。

五、进一步开展全国初中学生化学素质和实验能力竞赛活动并做好有关竞赛工作，继续研讨举办高中一、二年级化学素质和实验能力竞赛活动的可能性。

六、根据需要与可能，做好“化学教育西部行”支边讲学等工作。

七、深入开展教师教育专题研讨活动，2008年下半年在北京师范大学举行第2次全国化学教育专题学术研讨会，主题为“新课程背景下的化学课堂教学设计研究”；2009年在广州华南师范大学举行全国化学教师教育第四届学术研讨会。适时召开小学教师化学教育专题研讨会。

八、2009年在云南举办京、津、沪、川、渝、辽、粤、滇、黑、冀十省市化学实验创新研讨会，请有关省市积极筹备，另有意参加或列席该研讨会的省级化学教学专业委员会，请省学会秘书长或省教研员与承办研讨会的云南省化学教学专业委员会秘书长尹海川联系。

九、结合有关教研活动，纪念该会成立25周年。11月上旬在安徽举办“全国初中化学优质课观摩评比与教学改革研讨会”上，表彰一批全国初中化学教学改革优秀教师；12月底前，编辑出版该会成立25周年纪念文集《改革进取开创化学教育新局面》。华北、中南等及高师举办有关化学教研活动。

十、加强学会自身建设，做好服务工作。该会要搭建不同层次的“平台”，使更多的教师能参与学会活动；提高学会活动的“学术含量”，打造学会的“品牌”；增强服务意识，体现该会群众性、学术性、公益性特点。该会和各省级教研部门要有兼任的学会干部，有健全的秘书处班子，有一批学会工作的积极分子。工作中逐步建立一些规章制度或办法，进一步做好《通讯》工作，请各省级学会秘书长或省教研员，每半年至少向该会通报一次本省化学教研活动情况。开好学会年度工作会议。积极筹措活动经费，做好财务收支工作，促进学会活动健康、持续发展。

第21届全国高中学生化学竞赛暨冬令营

第21届全国高中学生化学竞赛暨冬令营于2008年1月8日至14日在江苏省南京市举行。参加本届冬令营的有来自全国各省、市、自治区和香港、澳门特别行政区的32支代表队；有两院院士、教育部门专家和学者共计400余人。

1月9日上午，化学竞赛暨冬令营开幕式在南京华东饭店隆重举行。冬令营开幕式由中国工程院院士、江苏省化学化工学会理事长、南京化工大学欧阳平凯校长主持并致欢迎词；中国化学会副理事长、习复研究员向江苏省化学化工学会赵伟建秘书长授营旗；南京师范大学党委沈健书记、南京大学潘毅副校长和习复副理事长分别致辞，对冬令营的隆重开幕表示热烈的祝贺，并对冬令营的意义和价值表示充分的肯定。贵阳一中周颖同学代表全体参赛学生发言，表达了探求化学之美的愿望。江苏省科协党组徐耀新书记对各位专家和同学来宁表示亲切问候。江苏省副省长何权代表省委、省政府热烈欢迎各省代表，并表示本次活动在江苏南京举办，既是对我省化学化工学会、南京大学、南京师范大学等承办单位的信任与肯定，也是化学教学研究的一次检验与激励，最后，他预祝本届赛事圆满成功。

此次冬令营是全国高中学生最高水平的化学赛事，它由中国化学会主办，江苏省化学化工学会、南京大学和南京师范大学共同承办。活动得到了江苏省人民政府、江苏省科学技术协会、扬子石化有限公司等单位的大力支持。

冬令营旨在普及化学基础知识，早期发现和培养优秀学生；激励中学生接触化学发展的前沿，了解化学对科学技术、国民经济和人民生活以及社会发展的意义；学习化学家的思想方法和工作方法，提高中学生对化学的兴趣爱好，培养创新意识和创新思维；促进化学教育教学新思想与新方法的交流，推动大学与中学的化学教育教学改革，提高我国化学教育教学水平。

本届竞赛遵循全国高中学生化学竞赛的章程，让参赛的选手们畅游化学海洋，展现青春风采，实现自我价值，收获丰硕成果。

著作、论文索引

著作索引

1. 菲利普．科学发现者：化学概念与应用（上、中、下）（全三册）[M]. 王祖浩，等，译．杭州：浙江教育出版社，2008.
2. 江家发．化学教学论 [M]. 合肥：安徽人民出版社，2008.
3. 马宏佳．以科学探究为核心的科学教育教学策略研究 [M]. 北京：高等教育出版社，2008.
4. 任红艳．化学问题解决及其教学的研究 [M]. 北京：高等教育出版社，2008.
5. 王后雄．高中化学新课程教学案例研究 [M]. 北京：高等教育出版社，2008.
6. 吴俊明，骆红山，马勇军，张洪洋，张荣华．科学教育基础 [M]. 北京：科学出版社，2008.
7. 闫蒙钢．化学教育科学研究方法 [M]. 合肥：安徽人民出版社，2008.
8. 余自强．科学课程论 [M]. 北京：教育科学出版社，2008.

论文索引

化学课程研究

1. 陈波，江家发．知情相融的新加坡化学课程体系探析 [J]. 化学教学，2008(7).
2. 陈斌．开发高中化学校本课程的实践与思考 [J]. 中学化学教学参考，2008(5).
3. 程国清．谈新课程背景下高中化学教学的基础与能力 [J]. 中学化学教学参考，2008(4).
4. 曹葵，牛桓云．透过离子鉴别方案的探讨看“实验化学”课程的价值 [J]. 中学化学教学参考，2008(4).
5. 陈素余，蔡亚萍．论随机进入化学教学 [J]. 化学教学，2008(7).
6. 陈书，王祖浩．博茨瓦纳国家高中化学课程特色述评 [J]. 中学化学教学参考，2008(12).
7. 陈颖，王磊，宋万琚．新课程背景下高中生具备的有机化学知识基础探析——基于高考选拔和大学课程学习的需要角度[J]. 化学教育，2008(7).

8. 陈颖，王磊．高中化学新课程《物质结构与性质》选修模块学科问题访谈录——访北京师范大学化学学院结构化学专家李宗和教授[J]. 化学教育，2008(3).
9. 曹志兵．对新教材中“氧气制备实验”的教学思考[J]. 化学教学，2008(11).
10. 付超群，李广洲，任红艳．一种新颖的类比活动在“化学平衡”教学中的尝试[J]. 中学化学教学参考，2008(6).
11. 方婷，王祖浩．国内外关于“物质的量”概念的研究及启示[J]. 化学教育，2008(5).
12. 冯新平．化学教学中互动教学模式的探讨[J]. 化学教学，2008(12).
13. 郭丽楠．感悟高中化学教学反思[J]. 化学教学，2008(8).
14. 高修库．基于“问题-建构”的概念教学[J]. 化学教学，2008(7).
15. 胡久华．从课程标准到教材到教学——以高中化学新课程必修模块氧化还原反应内容为例[J]. 化学教育，2008(9).
16. 韩静，吕琳，郑春花．优化认知结构学好物质结构知识[J]. 中学化学教学参考，2008(5).
17. 何开平．在化学实验教学中培养学生的科学探究能力[J]. 化学教学，2008(4).
18. 郝玉梅．浅谈如何引导学生提出有探究价值的化学问题[J]. 化学教学，2008(1).
19. 江永君．化学教学中生命教育资源的开发[J]. 中学化学教学参考，2008(7).
20. 经志俊．新课程中“金属活动性顺序”教学功能的发掘与运用[J]. 化学教学，2008(4).
21. 李德胜．在初中化学教学中培养学生自主探究[J]. 化学教学，2008(3).
22. 李芳，王祖浩．高中生化学问题表征中信息识别深度差异的研究[J]. 化学教学，2008(2).
23. 李桂林，王祖浩．以色列高中化学教育的发展——魏兹曼研究所的特色介绍[J]. 中学化学教学参考，2008(9).
24. 李红，白金兰．培养学生形象思维策略研究[J]. 中学化学教学参考，2008(4).
25. 陆军．江苏高中化学新课程实践的回顾与反思[J]. 中学化学教学参考，2008(8).
26. 李玲，李广洲．研究性学习的现状与反思 [J]. 中学化学教学参考，2008(12).
27. 罗美玲，王祖浩．为发展学生的科学思维和研究能力奠基——澳大利亚昆士兰州高中化学课程述评 [J]. 化学教育，2008(9).
28. 刘瑞，郑长龙．展现科学探究个人的一面——波普尔科学知识增长论的视角 [J]. 化学教育，2008(5).
29. 陆庭銮．在化学教学中"习得性无助"的归因和转化策略 [J]. 化学教学，2008(8).
30. 李田，马建峰．在化学教学中渗透食品安全教育 [J]. 化学教学，2008(1).
31. 冷燕平，宋心琦．关于中学化学教学实验改革问题的思考 [J]. 化学教学，2008(4).
32. 梁永平．论化学学习中的能量观建构 [J]. 化学教育，2008(8).
33. 刘阳阳．加工深度、言语指导对化学实验程序性知识学习影响的研究 [J]. 中学化学教学参考，2008(4).
34. 麻昌爱．基于建构主义理论的初中化学概念转变学习策略研究 [J]. 中学化学教学参考，2008(11).
35. 马宏佳，梁卉．从化学学科观念的公众调查中得到的启示 [J]. 中学化学教学参考，2008(3).
36. 满苏尔那斯尔．新课标下中学化学教学中少数民族学生科学探究能力的培养 [J]. 化学教学，2008(10).
37. 马艳芝．A Level 与中国高中化学新课程标准之比较研究 [J]. 化学教学，2008(10).
38. 宁彦锋．浅谈德国卡尔斯鲁厄物理课程中的化学思想 [J]. 化学教学，2008(12).
39. 钱海滨．也谈新课程标准初高中化学衔接教学 [J]. 化学教学，2008(2).
40. 秦俭，王曙军．初中化学新课程实施情况调查报告 [J]. 化学教学，2008(9).
41. 秦守进．问题式教学的层次性及环节设计 [J]. 化学教学，2008(12).
42. 施军．浅谈研究性学习中创新教育的实施 [J]. 化学教学，2008(5).
43. 沈理明，朱妍，邵锡昌．化学教学中学生元认知能力的培养 [J]. 中学化学教学参考，2008(1/2).

44. 宋心琦．关于发展和推广微型化学实验的一点看法 [J]. 化学教学，2008(2).
45. 宋心琦．高中化学课程标准指导下的元素化学教学问题 [J]. 化学教学，2008(9).
46. 尚瑶．今后我们该怎样教化学 [J]. 化学教学，2008(1).
47. 魏爱民，江家发．高中化学新课程的二次开发研究 [J]. 化学教育，2008(6).
48. 王春．化学教学中合作学习策略实施的实效性研究 [J]. 化学教学，2008(8).
49. 王凤兰．论非智力因素在化学教学中的培养 [J]. 化学教学，2008(7).
50. 王后雄．化学问题解决的策略研究 [J]. 化学教学，2008(1).
51. 王建锋．高中化学实验复习中学生思维能力的培养 [J]. 化学教学，2008(11).
52. 吴江明．新课程背景下中学生化学学习动机的调查与分析 [J]. 化学教学，2008(11).
53. 吴俊明．刍议化学学科教育的研究与转型 [J]. 化学教学，2008(8).
54. 王苹．重视实验教学促进学生化学学习 [J]. 化学教学，2008(6).
55. 王升利，王祖浩．高中化学样例学习的差异研究 [J]. 化学教学，2008(4).
56. 汪晓飞，周勇．化学合作学习策略的行动研究 [J]. 化学教学，2008(1).
57. 吴雪梅．浅谈普通初级中学的化学教学 [J]. 化学教学，2008(12).
58. 吴依楠．论化学实验教学中学生观察能力的培养 [J]. 化学教学，2008(8).
59. 王艳云，张欣．高中化学新课程与大学无机化学相关性的调查研究 [J]. 化学教学，2008(7).
60. 王祖浩，韦斯林．新时期化学学科教育转型研究的思考 [J]. 化学教学，2008(11).
61. 王祖浩．为不同能力倾向学生科学素养的发展奠定基础——高中化学选修课程内容分析及教学建议,(待续)[J]. 中学化学教学参考，2008(10).
62. 王祖浩．为不同能力倾向学生科学素养的发展奠定基础——高中化学选修课程内容分析及教学建议,(续)[J]. 中学化学教学参考，2008(11).
63. 魏樟庆．新课程必修教材中“化学进化”观念的建构 [J]. 化学教育，2008(7).
64. 魏樟庆．新课程高中化学“微粒性”观念的建构 [J]. 化学教育，2008(10).
65. 魏钊．中国香港麦克米伦中学化学教材“氮肥”中的 STS 教育解读 [J]. 化学教学，2008(9).
66. 奚达宝．探索化学课堂教学的自我超越 [J]. 化学教学，2008(7).
67. 肖桂林．依托化学教学开发乡土课程 [J]. 化学教育，2008(4).
68. 解守宗．浅论高中化学教育改革的四个问题 [J]. 化学教学，2008(7).
69. 严济良．新课程背景下化学探究教学的哲学思考 [J]. 中学化学教学参考，2008(9).
70. 叶静怡，钱扬义．美国霜堡州立大学远程化学实验室及实验案例介绍 [J]. 化学教学，2008(10).
71. 阎蒙钢，马旭明．综合实践活动中培养学生化学科学素养的探讨 [J]. 化学教育，2008(2).
72. 杨明生，何鼎友．浅谈化学新教师教学中容易出现的问题及其对策 [J]. 化学教学，2008(4).
73. 严文法．美国 RIP 和 4－H 科学探究模型评析及启示 [J]. 化学教学，2008(11).
74. 叶雅美．对化学“引导-探究式”学习方式的思考 [J]. 化学教学，2008(9).
75. 于鹰，宋心琦．关于课堂实验与研究性学习的一点看法 [J]. 化学教学，2008(5).
76. 虞志鸿．新课程下对教学反思行为的思考 [J]. 化学教学，2008(12).
77. 张长江．从教学本质谈中学化学课堂教学的生成性 [J]. 化学教学，2008(5).
78. 郑长龙，姜鹏．论化学科学经验的课程化 [J]. 化学教育，2008(1).
79. 郑国武．化学课堂教学要为学生的发展而设计 [J]. 化学教学，2008(5).
80. 张国喜．化学教学中合作学习的实践与探索 [J]. 化学教学，2008(11).
81. 赵华．初中化学实验素养考查模式的实践研究 [J]. 化学教学，2008(10).

82. 张经童. 认知负荷理论在优化化学习题教学中的应用 [J]. 化学教学，2008(4).

83. 张琳龄. 化学校本教研主题甄选策略初探 [J]. 化学教学，2008(4).

84. 赵亲水. 及时捕捉生成性资源　实现课堂教学的动态生成 [J]. 化学教学，2008(10).

85. 郑文年，宋心琦. 由《海水"晒盐"的过程》教案想到的一点看法 [J]. 化学教学，2008(10).

86. 张晓玲，黄荣生. 从实践看化学新课程实施中的有效环境教育对策 [J]. 化学教育，2008(7).

87. 翟远杰. 谈实施高中化学新课程的几点做法 [J]. 中学化学教学参考，2008(11).

88. 郑雅敏. games-to-teach 理念在化学教学中的应用 [J]. 化学教学，2008(2).

89. 朱智铭. 喜见新课程教学对学生的关注 [J]. 化学教育，2008(7).

化学教材研究

1. 蔡文联，饶志明，李燕琴. 高中选修模块教材《实验化学》三种版本的比较分析 [J]. 化学教育，2008(2).

2. 蔡文联，饶志明，胡路漫. 鲁科版《化学反应原理》模块与其他模块知识点的衔接 [J]. 中学化学教学参考，2008(5).

3. 陈伟，沙靖，周青. 化学平衡移动概念的建立、理解与巩固——英国高中教材《高级化学》中"勒夏特列原理"的编排特点 [J]. 中学化学教学参考，2008(4).

4. 陈勇敏. 美玉更需精雕琢——谈苏教版高中化学教科书细小处的优化 [J]. 中学化学教学参考，2008(7).

5. 顾晔. 谈"物质的分类"在新教材中的地位和作用 [J]. 化学教育，2008(2).

6. 龚正元，王祖浩. 化学教科书中科学过程及其表征方式 [J]. 中学化学教学参考，2008(5).

7. 何穗，王祖浩. 美国化学教科书的配图研究 [J]. 化学教学，2008(12).

8. 蒋念龙，姜妹月. 高一化学新教材的特点和教学建议 [J]. 中学化学教学参考，2008(6).

9. 邝贤毅. 必修模块元素化合物知识内容分析与教学探讨 [J]. 中学化学教学参考，2008(1/2).

10. 邝贤毅．人教版必修教材概念原理内容分析与体系构建 [J]. 中学化学教学参考，2008(3).

11. 邝贤毅．必修模块有机化学知识内容分析与教学探讨 [J]. 中学化学教学参考，2008(4).

12. 刘彩燕，黄秀梅，钱扬义，等．物质结构内容呈现方式对学生学习效果的影响——以高中化学新教材《物质结构与性质》中的“σ键、π键”为例 [J]. 化学教育，2008(12).

13. 林丹．香港、内地三版高中教科书对氮有关内容的编写特点比较 [J]. 中学化学教学参考，2008(7).

14. 刘敬华．试析鲁科版化学必修教材中科学方法的教育 [J]. 中学化学教学参考，2008(8).

15. 陆军．新课程高中化学教科书中的学科观念体系 [J]. 中学化学教学参考，2008(5).

16. 刘晓红，郑萍，郭琦．化学新教材学生使用情况的调查与研究 [J]. 中学化学教学参考，2008(12).

17. 陆小燕，沈理明，曹愔荃．三套选修模块教材《化学与生活》中的化学实验比较 [J]. 化学教育，2008(1).

18. 刘一兵，范增民．高中化学教科书中化学史的内容分析与编写建议 [J]. 化学教育，2008(11).

19. 梁永平，王林琴．基于认识论信念发展的理科教科书设计 [J]. 化学教育，2008(2).

20. 马艳芝．新加坡 O Level 化学教材内容及栏目设置研究 [J]. 中学化学教学参考，2008(11).

21. 潘清，李艳灵，曹玉民．人教版高中《化学》，(必修). 模块 STSE教育内容主题及其呈现方式特点分析 [J]. 中学化学教学参考，2008(5).

22. 阮礼安，曲海鸥．苏教版化学 2 “活动与探究”栏目教学体会与思考 [J]. 中学化学教学参考，2008(9).

23. 任志强，徐素芳．苏教版《化学反应原理》中值得商榷的几个问题 [J]. 中学化学教学参考，2008(11).

24. 孙逊，谢齐威，胡笳，等．浅谈国外基础有机化学教材的特点——关注科学前沿使化学学科更加迷人 [J]. 化学教育，2008(2).

25. 田红，耿思文，周青，等．美国高中化学教材《化学概念和应用》中的几则应用性案例 [J]. 中学化学教学参考，2008(8).

26. 田红，周青，杨辉祥．英国“Advanced Chemistry”教材有机化学内容编排的评析 [J]. 化学教育，2008(3).

27. 吴方持．化学新教材中“拓展视野”栏目的教学处理［J］．化学教育，2008(10)．
28. 王后雄，史俊玲．中国香港麦克米伦版与大陆课标版化学教材比较研究——以“氮及其化合物”内容为例［J］．化学教育，2008(10)．
29. 王后雄．高中化学新课程教科书单元内容设计及知识价值分析［J］．化学教学，2008(4)．
30. 王磊，齐红涛，赵河林，等．高中化学选修模块教材《物质结构与性质》对学生认识发展的影响研究［J］．化学教育，2008(1)．
31. 王瑞政，周青，张建军．认真研读新课标科学使用新教材——氧化还原反应在4种高中化学教材中的编写特点比较与建议［J］．化学教育，2008(11)．
32. 魏巍，芦岳锋．STS主题式课程设计与核心概念教学策略［J］．中学化学教学参考，2008(1/2)．
33. 王祖浩．化学学科知识与社会实际的有机整合“苏教版”《化学1》教材解析及教学建议［J］．中学化学教学参考，2008(1/2)．
34. 肖红梅．上教版初中化学教材“你已经知道什么”栏目的分析和使用［J］．化学教学，2008(2)．
35. 于海强，余丽霞．化学双语校本选修教材开发初探［J］．中学化学教学参考，2008(6)．
36. 闫蒙钢，陈英．高中化学新教材，2008(必修1)．中“物质的量”内容的难度分析［J］．化学教育，2008(5)．
37. 杨妙霞．香港科学教材中知识呈现方式分析［J］．中学化学教学参考，2008(3)．
38. 杨梓生．试析《化学1，2008(必修)．》教材如何引导学生形成化学观念［J］．化学教育，2008(4)．
39. 周青，朱雪莲，杨辉祥．英美两种高中化学教材中原电池内容的编制特点［J］．化学教育，2008(1)．
40. 朱雪莲，周青．美国2005年版Prentice Hall《化学》教材中的单位教学［J］．化学教学，2008(5)．

化学教学实践

教学实践

1. 白涛，魏群．对“硅”教学中几个疑问的探讨［J］．化学教学，2008(3)．
2. 陈美蓉．同课异构使课堂教学更精彩［J］．化学教学，2008(2)．
3. 曹小华，张康华，徐常龙，等．强化 C_3H_3 元素培养提升学生

综合素质 [J]. 化学教育，2008(12).
4. 陈寅．创设情景　拓展材料　提高化学课堂教学的有效性 [J]. 化学教学，2008(5).
5. 陈悦，赵毅．高中化学定量实验设计教学模式的研究 [J]. 化学教学，2008(5).
6. 邓云玉．试谈新课标下的初中化学分层教学 [J]. 化学教学，2008(8).
7. 范标．课堂训练设计案例分析 [J]. 化学教学，2008(7).
8. 冯翠典，卓锋．初中化学实验操作考核的反思和探索 [J]. 化学教学，2008(2).
9. 范例．探寻化学教学中学生提问能力的培养策略 [J]. 化学教学，2008(11).
10. 富瑶，生志昊，尹冬冬．网络教育资源与化学教学整合的案例研究 [J]. 化学教育，2008(7).
11. 盖立春．化学实验呈现方式的含义、类型和功能 [J]. 化学教育，2008(1).
12. 胡超群．学法引导策略五则 [J]. 化学教学，2008(11).
13. 黄萍，熊言林．金属钠与硫酸铜溶液反应产物的实验探究 [J]. 化学教学，2008(6).
14. 何如涛．谈农村初中化学教学中的“资源开发与利用” [J]. 中学化学教学参考，2008(4).
15. 黄秀芬，李景海．刍议水的离子积 [J]. 中学化学教学参考，2008(4).
16. 郝晓红．实验教学中意外情况的处理 [J]. 化学教学，2008(2).
17. 季春阳，付伟凭，廖志刚．新课程实施中对化学前沿知识课程资源的开发与利用 [J]. 中学化学教学参考，2008(4).
18. 经志俊．依据课标整合教材 创新设计引导探究 [J]. 化学教学，2008(7).
19. 经志俊．正确掌握阅读方法　提高自主阅读效率 [J]. 化学教学，2008(3).
20. 李栋林．农村初中化学实验教学的改进策略 [J]. 化学教育，2008(8).
21. 刘革平．问题解决与高三复习的有效性 [J]. 化学教学，2008(8).
22. 李国英．化学诗词——科学素养和人文素养教育的一种生动载体 [J]. 化学教育，2008(8).
23. 梁峻峰．借助构建简易周期表进行有效解题的几例习题分析

[J]. 化学教学，2008(5).
24. 陆建源. 在化学实验教学中培养学生创新能力的探究 [J]. 化学教学，2008(1).
25. 刘凌. 浅谈新课程背景下实现化学学科的有效预习 [J]. 化学教学，2008(7).
26. 李文福. 化学解题思维受阻时的心态及对策 [J]. 化学教学，2008(3).
27. 李兴武. 新课程理念下化学课堂教学的生成策略 [J]. 化学教学，2008(4).
28. 刘晓燕，乌晓璐. 新课程下化学实验课的留白艺术 [J]. 化学教学，2008(2).
29. 卢兆松，刘成坤. 高中化学新课程课堂教学改革思路 [J]. 化学教学，2008(9).
30. 孟庆玲. 化学教学中的提问艺术 [J]. 化学教学，2008(6).
31. 孟献华. 新课程背景下化学说课的理论视角与实践 [J]. 化学教学，2008(1).
32. 满旭，陈运秀. 对高中化学实验使用有机萃取剂的建议 [J]. 化学教学，2008(6).
33. 聂建林. 化学教学中容易误解的几个概念 [J]. 中学化学教学参考，2008(3).
34. 钱胜，刘秋实. 谈谈“还原”实验中一些不容忽视的问题 [J]. 化学教学，2008(6).
35. 佘平平，熊辉. 色度计传感器在教学中的应用实例 [J]. 化学教学，2008(7).
36. 孙宪启. 探究实验设计　引领新课学习 [J]. 化学教学，2008(7).
37. 佘永. 化学反应的焓变与键能关系辨析 [J]. 中学化学教学参考，2008(4).
38. 盛珩. 关于有效课堂的思考 [J]. 化学教学，2008(12).
39. 单朝辉. 中学化学教学中学生资源的利用和开发 [J]. 化学教育，2008(2).
40. 魏东. 化学新课程教学的实践和体会 [J]. 化学教学，2008(10).
41. 王芳. 提高化学课堂教学中知识呈现方式的有效性策略初探 [J]. 化学教学，2008(4).
42. 吴刚明. 用好化学演示实验　培养学生创新能力 [J]. 化学教育，2008(4).
43. 王后雄. 高中化学新课程教学中问题情境创设策略研究 [J].

化学教学，2008(7).
44. 王健．初中化学习题变式教学初探 [J]. 化学教学，2008(6).
45. 吴良根．新课程理念下中学生化学实验心理探微 [J]. 化学教学，2008(6).
46. 王梅生．实施“课时学案”教学的体会 [J]. 化学教学，2008(8).
47. 王秋，施阳．从北京奥运情景中创设化学教学情境的新视角 [J]. 化学教学，2008(4).
48. 汪嵘．浅谈耗散结构理论在化学教学中的应用 [J]. 化学教学，2008(3).
49. 汪肖楠，韦斯林．浅谈针对描述性化学实验题的教学建议 [J]. 化学教学，2008(12).
50. 汪习雄．实验探究应成为复习课的重要“抓手” [J]. 化学教学，2008(4).
51. 吴永才．例析化学探究学习的实施策略 [J]. 化学教学，2008(6).
52. 王震宇．例谈改进化学实验的几点体会 [J]. 化学教学，2008(3).
53. 谢鸿．雁新课程理念下“板书技能”的转变研究 [J]. 化学教学，2008(1).
54. 徐建春．化学创意实验的设计与教学应用 [J]. 化学教学，2008(8).
55. 解吉普．试论课堂教学方案的“重新包装” [J]. 化学教学，2008(5).
56. 谢立华．依托发现法理论 强化等效平衡的有效性教学策略的研究 [J]. 化学教学，2008(6).
57. 须晓燕．探究性学习中生成性资源的应用 [J]. 化学教育，2008(7).
58. 熊言林．化学实验设计的内容与思考 [J]. 化学教学，2008(2).
59. 许香玉，江家发．试析化学教学目标表述中的问题及纠偏策略 [J]. 化学教学，2008(11).
60. 许振勇．建构主义下高中化学课堂有效提问的策略 [J]. 化学教学，2008(3).
61. 杨春英．引领学生在反思中感悟 [J]. 化学教学，2008(5).
62. 杨广斌，贺宏．剖析师生对绿色化学的认知偏差 [J]. 化学教育，2008(4).
63. 杨俊峰，李汉廷等．新课程理念下提高化学教学效率的实施

策略 [J]. 化学教学，2008(2).
64. 茆建军. 新课程背景下化学概念的教学策略 [J]. 化学教学，2008(6).
65. 严西平，袁蕾. 化学双语课双教师共同执教的尝试 [J]. 化学教学，2008(12).
66. 殷玉霞，陈建明. 实验教学与学生创造性能力的培养 [J]. 化学教学，2008(6).
67. 张发新. "追问"——提高化学课堂教学效益的一种有效方式 [J]. 化学教学，2008(5).
68. 宗汉. 加强仪器功能开发 培养学生创新能力 [J]. 化学教学，2008(7).
69. 张经童. 归类、整合、拓展——化学新课程总复习教学策略研究 [J]. 化学教学，2008(8).
70. 赵宁，王粤敏. 农村初中化学教学资源现状的调查报告 [J]. 化学教学，2008(1).
71. 曾平. 一个馒头引发的探究教学 [J]. 化学教学，2008(8).
72. 钟汝永. 高考化学复习课的误区与对策 [J]. 化学教学，2008(2).
73. 翟新民. 化学课堂有效讨论的几个着力点 [J]. 化学教学，2008(6).
74. 郑学裕. 在化学课堂教学中发挥教师资源的积极作用 [J]. 化学教学，2008(1).
75. 张怡纳，王祖浩. 基于MAS问题编码的化学知识多重表征研究 [J]. 化学教学，2008(3).
76. 张英武，郑启昌. 新课程理念下中学化学课堂"有效教学"探索 [J]. 化学教学，2008(5).
77. 周玉枝. 关于营造良好化学课堂教学氛围的几点思考 [J]. 化学教学，2008(9).

教学案例

1. 包朝龙，任志强. 新课程理念下元素化合物教学设计探微——以苏教版高中化学新课程"从铝土矿中提取铝"一节的教学为例 [J]. 化学教育，2008(4).
2. 陈辉，郑文年.《化学 1，2008(必修).》序言"走进奇妙的化学世界"教学设计 [J]. 化学教学，2008(11).
3. 陈兴. "乙醇"的教学设计理念 [J]. 化学教学，2008(3).
4. 曹志兵. 以实验为基础的"硫酸的氧化性"教学设计 [J]. 化学教学，2008(10).

5. 莘赞梅．验证乙二酸分解产物的探究式教学设计 [J]. 化学教学，2008(3).
6. 丁华斌，梁永平．基于当代科学本质观的“苯”的教学设计 [J]. 中学化学教学参考，2008(1/2).
7. 房宏．“铝的性质”教学设计 [J]. 化学教学，2008(7).
8. 龚国祥．“葡萄糖结构和性质”的教学设计 [J]. 化学教学，2008(6).
9. 龚继新．“烷烃”教学设计，2008(苏教版)[J]. 化学教学，2008(9).
10. 顾秀恋，许英慧．对症施药优化潜能生——“化学反应进行的方向”教学案例及分析 [J]. 化学教学，2008(10).
11. 戈益超，蒯世定．同周期元素金属性变化规律探究性教学 [J]. 中学化学教学参考，2008(7).
12. 惠海涛．“海水资源的开发利用”教学设计 [J]. 中学化学教学参考，2008(9).
13. 胡玉娇．食物中的营养素的教学设计——糖类维生素的教学案例 [J]. 化学教育，2008(9).
14. 姜承彬．“托盘天平使用”一节教学案例分析 [J]. 化学教学，2008(5).
15. 吕彩玲．关于“单元整体教学设计”的尝试与思考 [J]. 化学教学，2008(11).
16. 刘海平．“二氧化碳制取的研究”教学案例剖析 [J]. 化学教学，2008(2).
17. 梁峻峰．原电池原理及其应用，2008(第 1 课时). 教学设计 [J]. 化学教学，2008(6).
18. 历晶，李红梅．“环境保护”双语教学设计 [J]. 化学教学，2008(2).
19. 陆菁．创设有序探究互动 促生精致高效课堂——“酸与碱之间会发生什么反应”教学设计与反思 [J]. 中学化学教学参考，2008(11).
20. 陆军“金属的电化学腐蚀与防护”教学设计 [J]. 化学教学，2008(9).
21. 刘其凯．“苯”的教学设计 [J]. 化学教学，2008(3).
22. 李顺友．浅谈难点专题“两种化学平衡状态的比较”的突破教学 [J]. 化学教育，2008(4).
23. 李小芬．“沉淀溶解平衡，2008(一).”教学案例 [J]. 化学教学，2008(11).

24. 李学海．“二氧化碳性质和用途”教学设计［J］. 化学教学，2008(11).

25. 李晓文．“化学反应的限度”的教学设计与反思［J］. 中学化学教学参考，2008(12).

26. 马启元，赵志明．引领学生探幽入微——“乙烯结构与性质”的教学及反思［J］. 中学化学教学参考，2008(5).

27. 马然．苏教版《化学 2》“乙酸”的教学设计［J］. 化学教学，2008(10).

28. 马晓梅，蒯世定．“离子键”的教学设计［J］. 中学化学教学参考，2008(11).

29. 缪徐，殷志宁．“固体物质在水中的溶解度”教学设计及点评［J］. 中学化学教学参考，2008(1/2).

30. 秦会利．“碳氢化合物的宝库——石油”教学实录［J］. 化学教学，2008(2).

31. 索金龙．让“矛盾”激活学生的思维——“离子晶体”教学实践与反思［J］. 化学教育，2008(7).

32. 史良君．新课程理念在现代化学课堂教学中的深化——铁与水反应的教学模式分析［J］. 中学化学教学参考，2008(8).

33. 佘平平，熊辉，黄令．初高中衔接过程中化学实验教学“学案”的特点——以新课程人教版“萃取”为例［J］. 化学教育，2008(6).

34. 沈小斌．“从铝土矿中提取铝”，2008(第一课时）教学设计［J］. 化学教学，2008(12).

35. 孙夕礼．“Fe^{2+} 与 Fe^{3+} 转化”的教学案例设计及反思［J］. 化学教学，2008(9).

36. 唐超，徐慧．梦幻纳米——一次全校公选课［J］. 化学教育，2008(6).

37. 王芳，童宝康．以苏教版“酚的性质和应用”为例谈教学设计［J］. 化学教学，2008(6).

38. 温海波，左香华．“氯气的实验室制法”创新教学设计［J］. 化学教学，2008(8).

39. 王国峥．“化合价与化学式”教学难点突破的策略［J］. 中学化学教学参考，2008(6).

40. 王国峥，陈兴玉．“石灰石的利用”课堂教学创新设计［J］. 中学化学教学参考，2008(12).

41. 王海富，赵成兰等．“化学反应速率”高三复习课教学案例设计及反思［J］. 化学教学，2008(9).

42. 王海富．在开放中生成　在合作中探究——《混合碱中碳酸钠含量测定方案的设计》教学案例及反思［J］．中学化学教学参考，2008(5).
43. 王静霞，张新宇．“一定物质的量浓度溶液的配制”的创新教学设计［J］．化学教学，2008(2).
44. 吴名胜，李献军．“中和滴定”的教学设计［J］．化学教育，2008(6).
45. 王萍．“化学式相对分子质量”一节小组合作教学展示课探析［J］．中学化学教学参考，2008(7).
46. 王赛萍．化学非预设性课堂初探——学生实验“电解饱和食盐水”［J］．中学化学教学参考，2008(6).
47. 吴天颖．“二氧化硫”教学案例［J］．化学教学，2008(10).
48. 王学兵．“开发利用海水资源”的教学设计［J］．化学教学，2008(4).
49. 魏壮伟．“质量守恒定律”的教学设计［J］．化学教学，2008(3).
50. 夏旭初．“主题式”复习课教学模式例析——与“二氧化硫”相关知识的复习［J］．中学化学教学参考，2008(3).
51. 熊言林，黄萍．一堂化学公开课的评课实录及其思考［J］．化学教育，2008(5).
52. 熊宗齐．新课程理念下学生探究活动设计一例［J］．中学化学教学参考，2008(3).
53. 喻建军，廖军．“氧化还原反应”教学实录［J］．化学教育，2008(8).
54. 鄢鹏，何彩霞，王凤余．打通物质之间的联系——谈“碳和碳的氧化物”单元教学［J］．化学教育，2008(11).
55. 鄢鹏，咸蕊．关于“分子”课题的学生调研及教学对策研究［J］．化学教育，2008(5).
56. 鄢鹏．“化学知识竞赛”活动课教学设计与实施［J］．化学教育，2008(8).
57. 袁廷新，杨帆．有机化学基础模块中乙酸结构的比较研究［J］．化学教学，2008(10).
58. 杨砚宁．苯酚的性质，2008(第二课时)．课堂教学实录与评析［J］．化学教学，2008(1).
59. 杨一思，蔡小华．Air Pollution：What can I help to reduce?一课双语教学设计［J］．化学教学，2008(3).
60. 阳智纯．“探究元素周期表结构”的教学设计［J］．化学教学，2008(4).
61. 张凤桂，杨帆．通过设计科普网页实施“油脂”的教学 [J]．化学教学，2008(8).
62. 周改英．拓展型模块中苯酚的探究式教学与思考 [J]．中学化学教学参考，2008(7).
63. 张红俊．“难溶电解质的溶解平衡”复习课教学案例与评析 [J]．中学化学教学参考，2008(10).
64. 朱明斌．“燃烧与灭火”第二课时教学设计 [J]．化学教学，2008(1).
65. 张宁，杨承印．离子反应实验探究教学 [J]．中学化学教学参考，2008(7).
66. 赵宁，李丽辉．初中化学复习课“非凡试管”的教学实录与点评 [J]．中学化学教学参考，2008(10).
67. 赵坡．整合学科知识完善科学素养——“乙醇”，2008(第1课时）教学设计 [J]．中学化学教学参考，2008(8).
68. 邹庆松，王一心，杨坤，等．引领学习方式转变落实新课程要求——选修化学3“人类对配合物结构的认识”的教学实践与探讨 [J]．化学教育，2008(11).
69. 赵婷．“甲醛”第三节教学设计 [J]．化学教学，2008(12).
70. 张伟娜，吾慎之．解热镇痛药“阿司匹林”教学设计 [J]．化学教学，2008(6).
71. 周小凡，左香华．“利用晶胞模型测晶体密度”的选修课教学 [J]．化学教学，2008(5).
72. 莘赞梅．“电解专题复习”教学设计 [J]．化学教学，2008(6).
73. 张艳华，闫蒙钢．“常见水果的营养成分调查及Vc含量的测定”研究性学习案例 [J]．中学化学教学参考，2008(12).
74. 郑雅敏，史定海．“硫酸的制取和性质”导课过程中的“生成”[J]．化学教学，2008(11).
75. 郑雅敏．“天然气的利用　甲烷”课堂教学设计 [J]．化学教学，2008(12).

化学教学评价

1. 艾璐．赏析三例实验探究试题 [J]．化学教学，2008(8).
2. 曹彬．新课程标准下对开放题的重新认识 [J]．化学教学，2008(1).
3. 陈海林．例析有机合成中基团的保护 [J]．化学教学，2008(10).
4. 曹军．高中化学原创性试题编制研究 [J]．中学化学教学参考，2008(4).

5. 陈凯，保志明. 化学习题中的数字化实验 [J]. 中学化学教学参考，2008(1).
6. 黄莉芳，李国兴. 2008 年上海高考第 12 题的实验可行性探究 [J]. 中学化学教学参考，2008(10).
7. 陈谦. 化学高考命题中值得注意的一种倾向 [J]. 中学化学教学参考，2008(12).
8. 崔邑诚. 从实验区高考看新课标下反应速率命题创新 [J]. 化学教育，2008(5).
9. 崔邑诚. 由一组“化学反应原理”原创题谈复习中的整合与创新 [J]. 中学化学教学参考，2008(12).
10. 常姚. 解析与点评 2008 年高考理综卷Ⅰ第 29 题 [J]. 中学化学教学参考，2008(9).
11. 陈益. 高中化学 STSE 试题命制探微 [J]. 化学教学，2008(2).
12. 陈益. 新课程背景下高中化学试题命制原则初探 [J]. 化学教育，2008(4).
13. 段昌平，罗畅. 例谈理综实验复习备考策略 [J]. 化学教学，2008(9).
14. 戴峰. 例谈对比性化学实验问题的思考角度 [J]. 中学化学教学参考，2008(7).
15. 方大学. 对 2008 年高考理综全国卷，（Ⅰ）. 化学试题的反思和商榷 [J]. 化学教育，2008(10).
16. 范国芳. 2007—2008 年高考化学物质制备类试题评述及 2009 年备考建议 [J]. 化学教学，2008(11).
17. 何如涛. 聚焦中考化学试题中的“专题化”命题设计 [J]. 化学教学，2008(3).
18. 何夕林. 中考化学试题的热点透视 [J]. 中学化学教学参考，2008(3).
19. 胡一毅. 以基础知识基本技能为载体能力要求为主线的 2008 年高考上海化学卷 [J]. 化学教学，2008(8).
20. 江坚智，郑长龙，盖立春. 化学“同课异构”评课中应注重量化分析 [J]. 中学化学教学参考，2008(11).
21. 邝贤毅. 提高化学习题教学效果的实施策略 [J]. 化学教育，2008(3).
22. 刘翠，潘苏东. 三层次分析概念图方案在化学学习评价中的应用 [J]. 化学教学，2008(1).
23. 雷范军. 2008 年广东高考化学试题评析 [J]. 中学化学教学参考，2008(9).

24. 李凤丽．关于“个人学习情况记录作业”在化学教学中的设计与应用 [J]. 化学教育，2008(11).

25. 刘积福，陈玉荣．以教材实验为蓝本命题 [J]. 中学化学教学参考，2008(6).

26. 兰觉明．学习评价中的学生个性心理倾向研究——基于初中学生化学学习评价的现状调查 [J]. 中学化学教学参考，2008(8).

27. 李俊生．2007 年高考化学实验试题的新特点及对高考复习的启示 [J]. 化学教育，2008(1).

28. 李俊生．对 2008 年高考理综全国卷，2008(Ⅰ). 一些化学试题的分析 [J]. 化学教育，2008(10).

29. 刘江田．考查化学素养和综合能力引领新课程实施——2008 年新课程高考江苏化学试题评析 [J]. 化学教育，2008(8).

30. 陆军．2008 年江苏化学高考说明的特点和应考策略 [J]. 化学教育，2008(1).

31. 陆军．江苏高中化学学业水平必修测试的特点与启示 [J]. 化学教育，2008(6).

32. 陆军．新课程高考化学的差异分析 [J]. 中学化学教学参考，2008(11).

33. 刘树领，姜金叶．有机创新性题型的探秘 [J]. 中学化学教学参考，2008(8).

34. 梁永平．促进学生科学本质理解的教学设计 [J]. 化学教学，2008(9).

35. 毛东海．化学新课程“定量实验”的作业设计与实施 [J]. 化学教学，2008(6).

36. 马瑞红．浅谈新课程学习中的评价设计 [J]. 化学教学，2008(9).

37. 缪徐．第十八届“天原杯”复赛试题亮点扫描 [J]. 中学化学教学参考，2008(7).

38. 曲丰．合成氨工业生产习题的多角度设计 [J]. 化学教学，2008(11).

39. 仇红亮．例析 2007 年高考化学计算的三大热点 [J]. 化学教学，2008(2).

40. 钱海如．初中化学实验探究题的设计新视角 [J]. 化学教学，2008(9).

41. 阮方来，姚运标，闫蒙钢．新课程背景下化学课堂发展性学习评价 [J]. 中学化学教学参考，2008(5).

42. 孙成余．初中化学计算题的构造与命制类型 [J]. 中学化学教学参考，2008(6).
43. 孙少炎．新课程理念下化学习题的设计原则 [J]. 化学教学，2008(7).
44. 宋文评．体现新课程特点的中考化学用语试题归类例析 [J]. 化学教学，2008(8).
45. 沈卫所．2008 年全国卷Ⅰ高考理科综合化学实验题美中不足 [J]. 中学化学教学参考，2008(9).
46. 沈旭东．谈基于新课程选修模块下化学选做试题的难度设计方法 [J]. 中学化学教学参考，2008(4).
47. 谭海涛．值得深入思考的一道高考题 [J]. 中学化学教学参考，2008(11).
48. 汤伟，张茹英．2008 年高考理综Ⅱ化学试题评析 [J]. 化学教学，2008(10).
49. 田宗学．“嫦娥一号”相关知识链接 [J]. 化学教学，2008(8).
50. 汪斌权，陈卫君．几道高考化学史试题赏析及思考 [J]. 化学教育，2008(2).
51. 王春．2008 年高考化学试题的选材热点分析及启示 [J]. 中学化学教学参考，2008(10).
52. 王春．SOLO 分类评价理论在化学开放性实验试题中的应用与思考 [J]. 中学化学教学参考，2008(6).
53. 王春．基于新课程理念下化学教学评价体系的建构 [J]. 中学化学教学参考，2008(9).
54. 吴锋．如何复习有机化学 [J]. 化学教学，2008(10).
55. 王后雄．新课程视野下高考化学命题设计的发展与创新 [J]. 化学教学，2008(3).
56. 王后雄．新课程下高考化学质量评价标准及试卷结构技术指标构想 [J]. 中学化学教学参考，2008(6).
57. 王军翔．在平实中继承和创新　以基础考查能力和素养——2008 年高考理科综合能力测试，2008(全国卷Ⅰ) 化学试题分析 [J]. 化学教育，2008(9).
58. 王兰桢．以实验报告为载体探索有效作业 [J]. 化学教学，2008(8).
59. 王青岗．在比较中认识高考试题 [J]. 中学化学教学参考，2008(9).
60. 魏启河．2008 年上海高考化学卷的分析 [J]. 化学教学，2008(11).
61. 吴祺．2008 年全国理科综合能力测试卷Ⅰ第 29 题带来的思考

[J]. 中学化学教学参考，2008(10).
62. 王文阁．谈等效平衡的专题教学 [J]. 中学化学教学参考，2008(4).
63. 王秀红，许岳．中学化学课堂教学评价发展历程评析 [J]. 化学教育，2008(10).
64. 吴小艳．化学开放性试题失分原因及教学策略 [J]. 化学教学，2008(8).
65. 王云生．从几道 2008 年高考化学试题引发的思考 [J]. 化学教育，2008(9).
66. 吴兆根．在作业设计中如何突出以生为本 [J]. 化学教学，2008(2).
67. 许红梅．变式训练在电化学教学中的应用 [J]. 化学教学，2008(1).
68. 许海卫．化学作业设计的探索与实践 [J]. 化学教育，2008(2).
69. 许苗苗，闫蒙钢．化学探究性实验活动表现评价的设计探讨 [J]. 化学教育，2008(10).
70. 邢入德．2008 年高考江苏卷考生易错题分析 [J]. 中学化学教学参考，2008(11).
71. 姚宏程，窦洪庚．高考试题分析之浅见 [J]. 中学化学教学参考，2008(5).
72. 杨辉祥．2008 年高考理综全国卷（Ⅰ）与卷（Ⅱ）化学试题的对比分析 [J]. 化学教育，2008(9).
73. 严济良．高中化学学习过程性评价的思考与实践 [J]. 中学化学教学参考，2008(1/2).
74. 姚秋平．作业训练中减负增效的初探 [J]. 化学教学，2008(3).
75. 杨仁茂，张镇．理综化学实验试题的特点及其复习策略 [J]. 中学化学教学参考，2008(5).
76. 杨向红．新课程背景下初中化学学业评价策略 [J]. 化学教育，2008(3).
77. 杨振煌．新课程背景下对化学试题情景设置的若干思考 [J]. 中学化学教学参考，2008(9).
78. 殷志宁，李家亮．两道原创中考实验探究题的编拟与思考 [J]. 化学教学，2008(5).
79. 曾兵芳，陆余平．2008 年 5 课改实验区高考化学试卷评析及启示 [J]. 化学教学，2008(12).
80. 张弛．高考改革的先行者——2008 年江苏高考化学科试卷评析 [J]. 中学化学教学参考，2008(9).

81. 赵根厚，吴林平，宋惠民．2008 年全国高考理综 I 化学试题评析 [J]. 中学化学教学参考，2008(9).
82. 周改英．高中化学生成探究性学习资源的教学策略 [J]. 化学教学，2008(12).
83. 赵华．再审视中考化学试题命制中的问题及原则 [J]. 化学教学，2008(12).
84. 张明昭．审视 2008 年高考试卷中的化学试题 [J]. 化学教学，2008(11).
85. 赵亲水．探究思想在实验试题中的渗透 [J]. 化学教学，2008(9).
86. 诸全头，吴名胜．对三道习题真实性的思考 [J]. 化学教学，2008(3).
87. 张顺清．如何进行试卷分析初探 [J]. 化学教学，2008(6).
88. 郑胤飞．“坏题”是学生学业负担的主要原因 [J]. 化学教学，2008(10).
89. 钟跃明．以教材插图编制试题的意义与实例 [J]. 中学化学教学参考，2008(3).
90. 张永庆，张文霞．中考化学简答题“给予”的教学反思 [J]. 中学化学教学参考，2008(3).
91. 张益胜．中考化学探究性试题赏析 [J]. 化学教学，2008(7).
92. 张莹．“动手—动脑”学习学生自我效能感量表的发展 [J]. 化学教育，2008(6).
93. 赵宇．2007 年高考课改实验区卷与全国卷中的化学实验题分析及比较 [J]. 化学教育，2008(3).
94. 赵宇．2008 年全国各地高考卷非选择题部分中化学计算题考查内容的特色分析 [J]. 化学教育，2008(11).
95. 赵宇．2008 年高考理综全国卷，(Ⅰ). 中学化学学科知识点分布统计分析 [J]. 化学教学，2008(10).
96. 赵宇．2008 年课改实验区高考卷与全国卷中的化学实验题特色分析与比较 [J]. 中学化学教学参考，2008(9).
97. 赵宇．2008 年全国各地高考化学开放性试题统计分析与比较 [J]. 中学化学教学参考，2008(10).

化学课程资源

化学信息技术

1. 鲍荣焕，叶兰峰．Diamond 3 在中学化学晶体教学中的应用 [J]. 化学教学，2008(9).
2. 陈晨，蔡其勇．计算机辅助化学教学的现状及对策研究 [J].

化学教学，2008(5).
3. 陈徽，钱扬义，李孟彬，等．SOLO 分类评价理论在化学教学中的应用 [J]. 化学教育，2008(10).
4. 陈徽，钱扬义，王玉兰，等．一个培养学生信息处理能力的案例——将手持技术融入二氧化碳灭火实验的探究 [J]. 化学教育，2008(2).
5. 陈明．充分利用 CAI 辅助教学提高课堂效率 [J]. 中学化学教学参考，2008(5).
6. 高法平，卞小峰．在 Word 中绘制化学用图的技巧 [J]. 化学教育，2008(8).
7. 高法平，何平．在 Word 中快速规范地输入化学符号的技巧 [J]. 化学教育，2008(7).
8. 黄红梅，严海林．应用交互智能性教学课件培养学生探究能力初探 [J]. 化学教学，2008(3).
9. 黄思良．浅谈虚拟现实技术在化学教学中的应用 [J]. 中学化学教学参考，2008(11).
10. 金勇．视频文件与 PowerPoint 的整合 [J]. 化学教学，2008(10).
11. 刘斌，沈婷．互联网上港台地区及国外化学实验资源集锦 [J]. 化学教学，2008(4).
12. 陆高原．基于交互式网络的“你认识草酸吗”教学设计 [J]. 化学教学，2008(8).
13. 兰宁静．运用信息技术设计“离子反应”教学 [J]. 化学教学，2008(8).
14. 李田，马建峰，陈志梅．信息技术与化学课程整合研究历程 [J]. 中学化学教学参考，2008(6).
15. 卢天．使用 Acrobat3D 与 VMD 制作三维化学课件 [J]. 化学教育，2008(9).
16. 孟金贤．用 Excel 自动配平氧化还原反应化学方程式 [J]. 化学教学，2008(2).
17. 马文礼，冉鸣．一种新型化学课件在科学探究教学中的应用 [J]. 化学教育，2008(1).
18. 孙昌梅，陈厚，曲荣君，等. ChemWindow 610 在 3D 分子模型绘制中的应用 [J]. 化学教育，2008(6).
19. 苏翠萍，马建峰．一个形象、生动的化学实验模拟软件——Crocodile Chemistry 简介 [J]. 化学教育，2008(12).
20. 孙永辉．利用 ChemWindow 6.0 绘制流程图 [J]. 化学教育，2008(11).

21. 孙影，闫蒙钢．利用 SPSS 14.0 软件进行化学计数数据的 χ^2 检验［J］. 化学教学，2008(7).
22. 吴海燕，刘源，冉鸣．交互仿真智能性课件运用于气体溶解教学初探［J］. 化学教育，2008(2).
23. 王清华．交互 3D 技术在物质结构教学中的应用［J］. 化学教育，2008(5).
24. 王文昌，李雯，张英锋，等．基于 VRML 网络平台应用虚拟技术进行有机物结构教学的研究［J］. 化学教育，2008(4).
25. 王晓军，冉鸣，张勇，等．计算机辅助化学探究性学习初步探索［J］. 化学教育，2008(10).
26. 王玉兰，钱扬义．中学化学教科书配套网站的设计与开发——北京科学版和粤教版网络资源“化学网上课堂”介绍［J］. 化学教育，2008(5).
27. 许培享．3DS MAX 在化学教学中的应用［J］. 化学教学，2008(3).
28. 徐守兵．运用 Excel 计算溶液平衡体系中物质的浓度［J］. 化学教学，2008(1).
29. 夏子辰，郑长龙，李艳梅．手持技术与化学教学整合的研究概述［J］. 中学化学教学参考，2008(10).
30. 于水军，毕文彦．用 Microsoft Graph 绘制二元合金相图［J］. 化学教育，2008(3).
31. 张以群，石英．计算机模拟在化学中的应用［J］. 化学教学，2008(3).

化学实验改进与创新

1. 白建中．硫酸铜制备实验的改进．中学化学教学参考，2008(11).
2. 陈碧华．氯化铁溶液与碘化钾溶液反应限度实验探究［J］. 化学教学，2008(9).
3. 陈斌年．钠与水反应实验的改进与探索［J］. 化学教学，2008(12).
4. 陈斌．探究式学习案例设计：废旧电池对水源的危害与处理［J］. 化学教育，2008(4).
5. 陈斌．实验室制备乙烯的探究式学习［J］. 化学教育，2008(9).
6. 陈博，陈凯，胡益民．有关烟草的化学实验集锦［J］. 中学化学教学参考，2008(7).
7. 柴尔峰，王国锦．饱和食盐水电解器的设计［J］. 化学教育，

2008(3).

8. 曹千林，肖超斌．蛋白质盐析的实验探究［J］．化学教育，2008(6).
9. 陈凯，张丽娜．试纸上的微型电解实验［J］．化学教学，2008(4).
10. 陈凯．基于显微技术的微型化学实验——介绍一种新兴化学实验方法［J］．化学教学，2008(5).
11. 陈凯，张丽娜．在 pH 试纸上做系列微型化学实验［J］．化学教学，2008(11).
12. 陈凯，陈博．一则适合九年级化学的碳纳米管微型实验［J］．化学教学，2008(12).
13. 陈凯，陈昌云，张丽娜．制作“金属树”的微型趣味实验［J］．中学化学教学参考，2008(4).
14. 陈凯，龙琪，张丽娜．一滴紫甘蓝汁的微型电解实验［J］．化学教育，2008(8).
15. 蔡敏尧，黄龙飞，范淑平，端木守拙．维生素 C 的时钟实验［J］．中学化学教学参考，2008(8).
16. 陈瑞芝．一种鉴别硝酸根离子的简便方法［J］．化学教育，2008(3).
17. 陈少康．玻璃仪器加工技巧点滴［J］．化学教学，2008(10).
18. 崔书华．电解水实验的改进［J］．中学化学教学参考，2008(9).
19. 陈书，汤岚．二氧化氯的实验室制法及其性质探讨［J］．化学教学，2008(4).
20. 陈文婷，王程杰．铝和水反应实验的改进［J］．化学教育，2008(5).
21. 陈兴．NaHS 水溶液呈弱酸性吗［J］．中学化学教学参考，2008(10).
22. 陈勇敏．消石灰与氯化铵晶体混合后能导致结冰吗［J］．中学化学教学参考，2008(3).
23. 曹英姿．铝在氧气中燃烧实验改进［J］．化学教学，2008(8).
24. 陈毅贞．化学实验改进三则［J］．化学教育，2008(9).
25. 段昌平，梁治龙．酯化反应实验中的几个问题［J］．化学教学，2008(1).
26. 窦定洪．铜与稀硝酸反应的实验设计［J］．化学教学，2008(10).
27. 董金水，闫蒙钢．电解质溶液导电性测定的简易仪器——笔式电导率计［J］．化学教学，2008(5).
28. 邓小林．氨的性质实验改进二则［J］．化学教学，2008(9).

29. 丁小勤．压强差在气体性质实验中的应用 [J]. 化学教学，2008(8).
30. 谷莹莹．对 Cu^{+} 和 Cu^{2+} 稳定性问题的探析 [J]. 化学教学，2008(11).
31. 龚源．从虾、蟹壳中提取甲壳素的实验室方法 [J]. 中学化学教学参考，2008(11).
32. 何刚．“通过实验确定乙醇的结构式”的实验改进 [J]. 中学化学教学参考，2008(10).
33. 郝金良，汪霞．重铬酸钾酸性溶液和乙醇反应的实验探究 [J]. 中学化学教学参考，2008(6).
34. 胡明进，朱年磊．目视比色法测定甲醛含量 [J]. 化学教育，2008(6).
35. 胡明进，赵霞．脲醛树脂合成实验的改进 [J]. 化学教育，2008(12).
36. 胡月红，苑广辉．两种气体自燃实验及反应原理的介绍 [J]. 化学教学，2008(3).
37. 鞠东胜，王金龙．铜及其化合物系列实验探究 [J]. 化学教育，2008(11).
38. 姬建刚．未达到沸点温度已发生分解的物质其沸点的测定 [J]. 化学教学，2008(10).
39. 荆丽田，刘心宇．对二氧化硫漂白性实验的进一步探究 [J]. 化学教学，2008(11).
40. 金显春．化学开放式实验教学在普通化学课中的探索 [J]. 化学教育，2008(10).
41. 李安峰，张景玉．巧做蛋白质的盐析实验 [J]. 化学教学，2008(4).
42. 刘保恩，龚如英．品红褪色的课外探究性实验 [J]. 化学教育，2008(10).
43. 刘宝国．废试管的妙用 [J]. 化学教育，2008(10).
44. 刘波，汤岚等．磁加热搅拌器在中学化学实验中的应用 [J]. 化学教学，2008(6).
45. 李成国．乙醇分子结构确定实验需要改进 [J]. 化学教学，2008(9).
46. 李德前．“氨分子扩散”实验绿色化设计 [J]. 化学教育，2008(6).
47. 李德前．二氧化碳性质实验的综合设计 [J]. 化学教育，2008(10).

48. 李大塘，曹昌武．氯化汞鉴别碳酸钠和碳酸氢钠实验的设计与研究 [J]. 化学教育，2008(9).
49. 刘怀乐．钠与硫酸铜反应的实证分析 [J]. 化学教育，2008(2).
50. 刘怀乐．Na_2O_2 与水反应后的溶液使酚酞褪色的原理探讨 [J]. 中学化学教学参考，2008(4).
51. 刘怀乐．Mg 与 $CuSO_4$ 溶液反应的真实性探究 [J]. 中学化学教学参考，2008(6).
52. 刘怀乐．值得重新审视的几个化学问题 [J]. 中学化学教学参考，2008(7).
53. 刘怀乐．钙的化合物教学中若干问题的注释 [J]. 化学教学，2008(3).
54. 刘怀乐．值得琢磨的几个化学问题 [J]. 化学教学，2008(4).
55. 刘怀乐．疑义 NO_2 溶于水的主反应 [J]. 化学教学，2008(7).
56. 刘怀乐．给硫酸加注几则教学参考 [J]. 化学教学，2008(9).
57. 李红．一组微型实验的创新设计 [J]. 化学教育，2008(8).
58. 李胡．九年级化学课本中两个实验的改进 [J]. 化学教学，2008(7).
59. 梁峻峰．探究 $Al(OH)_3$ 的酸碱性 [J]. 中学化学教学参考，2008(9).
60. 赖陆锋，李春燕．铁与水蒸气反应的实验改进 [J]. 化学教育，2008(3).
61. 罗美玲．单质硫的特性及相关实验趣谈 [J]. 化学教学，2008(4).
62. 林梦涛．硅酸胶体制取实验改进 [J]. 中学化学教学参考，2008(3).
63. 李南方，王程杰．一种不用电的镀覆技术“化学镀” [J]. 化学教学，2008(8).
64. 李鹏，吴悦，程萍．“证明某些反应的可逆性”的实验设计 [J]. 化学教育，2008(3).
65. 龙琪，王冬黎，芮巧云．化学“速冻”趣味实验及其教学功能 [J]. 中学化学教学参考，2008(5).
66. 罗华荣，彭晓玲．用实验指证几个错误的“想当然” [J]. 化学教育，2008(3).
67. 骆仁新．低温下提高铁材酸洗速度的工艺 [J]. 化学教育，2008(3).
68. 龙世佳，王晓峰，刘妍．醋酸铬水合物制备实验的改进 [J]. 化学教育，2008(7).

69. 林绳轩，张爱武．对乙烯加成实验的绿色化改进［J］．化学教学，2008(12).
70. 刘天凤．关于酸性高锰酸钾溶液氧化甲苯的探究［J］．化学教学，2008(3).
71. 李铜．氢氧化铁胶体电泳实验的改进［J］．化学教育，2008(9).
72. 刘文芳．探究——铵盐与碱反应都吸热吗［J］．化学教学，2008(11).
73. 李贤良．对 C_2H_5Br 的水解反应实验探究［J］．中学化学教学参考，2008(8).
74. 李新武．中和滴定误差分析［J］．化学教育，2008(11).
75. 卢香宇．过氧化氢制取氧气的新方法［J］．化学教学，2008(3).
76. 李新．简易无泄漏气体发生器［J］．化学教育，2008(5).
77. 廖旭杲．CCl_4 能从碘的淀粉溶液中萃取碘吗［J］．中学化学教学参考，2008(10).
78. 廖旭杲．合成线型酚醛树脂实验偶得［J］．中学化学教学参考，2008(6).
79. 李玉安，李坚毅，郑杏珍．铝与烧碱溶液反应的实验改进［J］．化学教育，2008(7).
80. 刘英杰．一氧化氮气体制备和性质实验装置的改进与创新［J］．化学教学，2008(1).
81. 李玉秋．学生实验中活用点滴板［J］．化学教育，2008(4).
82. 李周平，张乐伟．渗析法对氢氧化铁溶胶净化条件的研究［J］．中学化学教学参考，2008(9).
83. 李忠元．加热火柴头实验的创新设计［J］．化学教学，2008(12).
84. 米广春，马辉．紫甘蓝色素作为酸碱指示剂的应用［J］．化学教育，2008(3).
85. 孟建仓．硝酸与石蕊反应的实验探究［J］．中学化学教学参考，2008(1/2).
86. 梅娟，盛国定，王志华．温度传感器测定过氧化氢分解热［J］．化学教育，2008(5).
87. 裴传友，熊言林，阮志明．检验烟花爆竹燃放中产生 SO_2 的实验设计与思考［J］．化学教育，2008(3).
88. 潘明先．测定乙醇分子结构演示实验的研究［J］．化学教育，2008(1).
89. 阙荣辉，熊言林，马莉，等．“黑面包”实验新设计［J］．化学教育，2008(7).
90. 秦志武．乙醛能被新制的氧化铜氧化［J］．化学教学，2008(4).

91. 芮鹏程．探究 pH 相同的醋酸与盐酸混合后混合液的 pH [J]. 中学化学教学参考，2008(1/2).
92. 任有良，张国春，金振国，等．废真空集热管在基础化学实验中的应用 [J]. 化学教育，2008(6).
93. 任志强，包朝龙．不同酸根离子对“铝与铜盐反应”实验的影响探究 [J]. 中学化学教学参考，2008(9).
94. 索福喜，杭烨超，徐建强，等．用亚硫酸氢钠加成法鉴别醛酮的实验研究 [J]. 化学教育，2008(5).
95. 孙金余，王溪溪．化学振荡反应演示实验设计 [J]. 中学化学教学参考，2008(12).
96. 沈理明，毛群燕．碳酸钠粘结作用的正交试验 [J]. 化学教学，2008(2).
97. 申树芳，王焕荣．二氧化碳排放与分离控制技术简介 [J]. 化学教学，2008(2).
98. 孙世云，陈碧华．老话新说碘与淀粉的显色反应 [J]. 化学教学，2008(5).
99. 沈小斌．适于学生自主探究的电解饱和食盐水装置 [J]. 化学教学，2008(11).
100. 施小宁．水蒸气蒸馏实验的绿色化改进 [J]. 化学教育，2008(9).
101. 宋志贵．硫和硫的化合物性质实验的设计 [J]. 化学教学，2008(11).
102. 田双，师静．陕北地区几种常见野菜中微量元素的测定 [J]. 化学教学，2008(5).
103. 谭祥中，涂红梅．铁丝在氧气中燃烧实验的改进 [J]. 化学教学，2008(12).
104. 万聪，张爱武．模拟自然界氮氧放电反应实验的探究 [J]. 化学教学，2008(6).
105. 王东，赵西梅．数字化实验在化学教学中的作用——对过氧化氢分解速率影响因素的探究 [J]. 中学化学教学参考，2008(11).
106. 王发应．C_{60} 结构模型的制作 [J]. 中学化学教学参考，2008(6).
107. 王海燕，刘波．氯化钴溶液变色实验的定量控制及相关趣味实验介绍 [J]. 化学教学，2008(10).
108. 王红云，钟四姣．关于化学实验设计环保问题的思考 [J]. 化学教育，2008(4).

109. 王红云，钟四姣．滤纸上化学实验的研究［J］．化学教育，2008(8).
110. 王金龙，冯艳，葛珊珊．对二氧化硫使石灰水变浑浊实验的再反思［J］．化学教育，2008(5).
111. 吴加样．对实验“$FeCl_3$ 溶液与 KI 溶液反应限度”的探究［J］．中学化学教学参考，2008(8).
112. 王林兆．钠在空气中燃烧实验探究［J］．化学教育，2008(6).
113. 吴名胜，杨秀芬，诸全头．关于测量反应速率的实验改进［J］．化学教育，2008(7).
114. 王娜，白新瑞．新教材中乙酸乙酯制取实验的改进［J］．化学教育，2008(9).
115. 吴启亮．介绍一个富有创意的自制气体发生装置［J］．化学教育，2008(5).
116. 王强，孙根班，关燕，等．小学科学教育中的趣味化学实验［J］．化学教育，2008(11).
117. 吴孙富，蔡祖华．碳酸氢根离子的检验［J］．化学教育，2008(3).
118. 王寿红，何彩霞，贾晓春．碘系列实验的设计与思考［J］．化学教育，2008(12).
119. 魏巍．苏教版，2008(必修 2)．化学反应限度中两个实验的讨论［J］．化学教学，2008(1).
120. 王绪岩．联合制碱法反应原理的模拟实验设计［J］．化学教学，2008(5).
121. 王彦昌，任荣贞．台湾中学化学实验趣味化方法浅析［J］．化学教学，2008(1).
122. 吴燕红，张玉彬，阳小平．谈中学化学实验的改进准则［J］．化学教育，2008(5).
123. 吴子由．氯化铵分解实验的创新［J］．化学教育，2008(11).
124. 徐昌学．两则有机化学实验的微型化设计［J］．化学教育，2008(11).
125. 谢丹敏，刘其凯，黄建新，等．氧化钙与二氧化碳反应的实验探索与理论研究［J］．中学化学教学参考，2008(7).
126. 解洪伟，谷海军．肉和鱼类新鲜度的快速检验方法［J］．化学教学，2008(10).
127. 相虎．碘酒五变色［J］．中学化学教学参考，2008(9).
128. 徐惠，朱鹏飞．酸与铁丝反应的化学振荡现象研究［J］．化学教学，2008(12).

129. 夏凯．萃取实验的绿色化研究［J］．中学化学教学参考，2008(7)．

130. 夏凯．利用针管进行氯气有关性质实验的研究［J］．化学教育，2008(2)．

131. 夏立先，朱葆春．对乙酸乙酯水解实验的改进［J］．中学化学教学参考，2008(6)．

132. 夏立先．这种鉴别真假碘盐的方法科学吗［J］．中学化学教学参考，2008(8)．

133. 徐晓峰．二氧化硫性质实验的改进［J］．化学教学，2008(5)．

134. 许小忠，陈和祥．测定空气中氧气含量的实验探究与反思［J］．化学教学，2008(4)．

135. 熊言林，黄萍．新制氢氧化铜分解温度的实验探究［J］．化学教学，2008(9)．

136. 熊言林．一个奇妙的化学振荡实验新设计［J］．化学教育，2008(10)．

137. 夏志清，刘玉荣，靳建华．维生素C的化学实验［J］．化学教育，2008(5)．

138. 袁晨，康师源，段爱红，等．用纸上扩散法快速检测辣椒油中的苏丹红［J］．化学教育，2008(5)．

139. 袁国新．钠在氯气中燃烧的微型实验［J］．化学教学，2008(7)．

140. 袁鸿志．乙烯使溴的四氯化碳溶液褪色实验的改进及验证结果［J］．化学教育，2008(11)．

141. 杨俊峰．塑料瓶在中学化学实验中的另类利用［J］．化学教育，2008(2)．

142. 游建军，孔鹤峰．二氧化硫性质实验改进［J］．化学教育，2008(10)．

143. 杨绍武．“喷吹法”在微型实验中的应用［J］．化学教学，2008(7)．

144. 尹文静．实验探究易拉罐的主要成分［J］．中学化学教学参考，2008(12)．

145. 杨伟珍．乙二酸受热分解的探究性教学［J］．化学教育，2008(8)．

146. 杨玉琴．关于“水果电池”的实验探究［J］．化学教学，2008(1)．

147. 杨玉琴．新鲜柠檬与柠檬干中Vc含量及最佳冲泡条件的探究［J］．化学教学，2008(12)．

148. 阳智纯．硅酸钠与盐酸反应最佳实验条件的探究 [J]. 化学教学，2008(7).
149. 严正权，胡蕾，梁大伟，等．阿司匹林半微量合成实验的改进 [J]. 化学教育，2008(12).
150. 赵成兰，陈方炜，陆真．化学新课程实验中传感技术应用的报告——食品中维生素 C 含量测定的实验设计与实践 [J]. 中学化学教学参考，2008(1/2).
151. 赵东洋．钠的两个性质实验的创新设计 [J]. 化学教育，2008(6).
152. 赵东洋，焦国芬．二氧化碳制取和性质实验的微型化一体设计 [J]. 化学教育，2008(11).
153. 赵东洋．微型气体实验仪器的应用 [J]. 化学教学，2008(1).
154. 张宏良．硝化反应实验的改进 [J]. 化学教学，2008(6).
155. 朱海英，杨茵．铜氨纤维制备条件的改进和体会 [J]. 化学教学，2008(7).
156. 朱怀义．慎重做好演示实验 [J]. 化学教育，2008(11).
157. 张集川，闵庶弘．"测定气体的体积"实验方法及装置的改进 [J]. 化学教学，2008(8).
158. 朱明斌，杨茵．钠燃烧异常现象探究 [J]. 化学教学，2008(10).
159. 张乃师．巧用容量瓶展示分子间隔 [J]. 中学化学教学参考，2008(4).
160. 朱鹏飞，马宏佳，杜静．利用传感技术对硫酸铜与氢氧化钠反应的实验研究 [J]. 中学化学教学参考，2008(9).
161. 张庆云．化学实验中的绿色化技术 [J]. 化学教育，2008(4).
162. 赵琦，彭伟民．淀粉与碘显色现象探究的微型实验设计 [J]. 化学教育，2008(9).
163. 张守林，马宏佳．加碘食盐中碘的检验——一个贴近日常生活的探究活动 [J]. 中学化学教学参考，2008(8).
164. 朱思敏，张伟娜．维生素 C 的碘时钟实验探索 [J]. 化学教学，2008(9).
165. 张涛．氢气还原自制的氧化铜实验 [J]. 化学教学，2008(2).
166. 张婉佳，黄伟．制备过氧化钠演示实验的探究 [J]. 化学教育，2008(6).
167. 张婉佳，杨熙，赵美玲．氯水光解实验的探究 [J]. 中学化学教学参考，2008(12).
168. 张新海，张守花，李红．化学对比实验器的制作与使用

[J]. 化学教育，2008(7).
169. 张小林，戴兴德，孙红娟，等. 烹饪状态下碘酸钾碘盐碘损失率研究 [J]. 化学教育，2008(2).
170. 张新平. 原电池原理微型实验的研究 [J]. 化学教育，2008(8).
171. 朱心奇. 如何使钠在空气中燃烧的主要产物为过氧化钠 [J]. 化学教育，2008(6).
172. 张晓巍. 甲醛使蛋白质变性实验条件的探究 [J]. 化学教育，2008(6).
173. 张英波. $NO_2-N_2O_4$ 平衡体系定量化探究 [J]. 化学教育，2008(1).
174. 赵玉泉，张晓明，司秀斌. 对雷雨是否是酸雨问题的探究 [J]. 中学化学教学参考，2008(8).
175. 张艳. 二氧化硫性质实验新设计 [J]. 化学教育，2008(10).
176. 张燕，熊言林. 洗衣粉去污力实验设计 [J]. 化学教学，2008(11).
177. 张振豹. 乙酸酐水解反应可应用于化学实验的脱水操作 [J]. 化学教育，2008(7).
178. 周忠强，李云. 超声辐射在有机合成实验中的应用 [J]. 化学教育，2008(12).
179. 翟志勇，金前英. 对"石蜡的催化裂化"实验微型化改进新探索 [J]. 化学教学，2008(8).

化学史及其教学功能

1. 陈长应. 结合化学史挖掘教材的教学价值 [J]. 中学化学教学参考，2008(11).
2. 刘敬华. 麻醉剂发现史话 [J]. 化学教学，2008(9).
3. 邱道骥，孟献华. 化学史中谬误理论与教学价值分析 [J]. 中学化学教学参考，2008(4).
4. 袁振东. 化学史教育中易犯的错误 [J]. 中学化学教学参考，2008(12).

化学社会生活

1. 陈东文. 胃黏膜保护剂中的化学 [J]. 化学教育，2008(12).
2. 蔡晶，楼帅. 维生素 C 让皮肤健康起来 [J]. 化学教学，2008(12).
3. 陈默，尹世久. 防伪印刷技术与化学 [J]. 化学教育，2008(2).
4. 陈书兵，李伟. 化学与发烟剂 [J]. 化学教育，2008(4).
5. 郭士成，余天桃. 珠宝首饰中的化学 [J]. 化学教育，2008(9).

6. 郭佑梅．降解塑料简介 [J]. 中学化学教学参考，2008(6).
7. 吴祺，吴永康．固体表面的化学过程——2007 年诺贝尔化学奖简介 [J]. 中学化学教学参考，2008(1/2).
8. 韩瑞芳．化学检验在侦破案件中的作用 [J]. 中学化学教学参考，2008(9).
9. 黄文琼．臭氧的应用 [J]. 化学教学，2008(4).
10. 洪卫，陈波，江家发．居室甲醛污染的来源、检测与防治 [J]. 化学教育，2008(1).
11. 蒋育澄，李淑妮，翟全国．手性药物的酶催化不对称定向合成 [J]. 化学教育，2008(12).
12. 居洋，江家发．巧克力浅谈 [J]. 化学教学，2008(5).
13. 刘德明．从苏丹红谈天然红色素 [J]. 化学教学，2008(5).
14. 李峰屹．托起"嫦娥"奔月的翅膀 [J]. 化学教学，2008(4).
15. 陆燕海，廖全堂，谢培轩．环境友好型消毒抗菌剂——二溴海因 [J]. 化学教育，2008(11).
16. 凌姗．化工新型材料——有机硅 [J]. 中学化学教学参考，2008(4).
17. 李文君，聂鹏．化学与禁毒 [J]. 化学教育，2008(12).
18. 李小燕，鲍正荣，王丹．盐粒炸弹 [J]. 化学教育，2008(8).
19. 卢香宇．漫话融雪剂 [J]. 中学化学教学参考，2008(5).
20. 卢香宇．文房四宝中的化学 [J]. 中学化学教学参考，2008(1/2).
21. 卢杨，赵鹏忠．认识防晒化妆品 [J]. 化学教学，2008(6).
22. 马会林．常见的净水剂、消毒剂 [J]. 中学化学教学参考，2008(11).
23. 倪伶俐，吕媛．纳米 TiO_2 与光催化技术 [J]. 化学教学，2008(7).
24. 庞业伟．生物质燃料乙醇展望 [J]. 化学教学，2008(10).
25. 潘佐杰．新型化学食品标签——时间-温度指示器 [J]. 化学教学，2008(8).
26. 乔玉清，周晓宇，尹冬冬．人体必需的营养物质——肉毒碱 [J]. 化学教育，2008(11).
27. 孙凤琴，佟为，吕和荣．生态水泥 [J]. 化学教育，2008(9).
28. 石海信．机械力化学效应及应用 [J]. 化学教学，2008(5).
29. 孙树萍，阮文举．关于化学新课程中实施循环经济教育问题的思考 [J]. 中学化学教学参考，2008(5).
30. 孙树萍．在环保理念下使用融雪剂 [J]. 化学教学，2008(10).
31. 孙晓春．绘画用品与儿童健康 [J]. 化学教育，2008(5).

32. 陶俞佳，祝炎．食用色素知多少 [J]. 化学教学，2008(12).
33. 王爱华，李增新．隐藏爆炸物的化学探测方法 [J]. 化学教育，2008(7).
34. 王丰玲，张英锋，马子川．防晒剂的分类、作用机理与评价 [J]. 化学教育，2008(6).
35. 王娟娟，陈凯，朱小蕾．“宠物毒粮”中的假冒蛋白质——三聚氰胺 [J]. 化学教育，2008(8).
36. 王娟娟．纸的酸性和碱性 [J]. 化学教学，2008(6).
37. 王明召，黄凤仙，徐小燕，等．金属配合物与DNA的弱相互作用 [J]. 化学教育，2008(10).
38. 吴鹏．多功能沸石分子筛材料 [J]. 化学教学，2008(6).
39. 吴孙富．松香在锡焊中的作用 [J]. 化学教学，2008(8).
40. 王媛原，王炳强，普海云．化学事故处置中的洗消现状及发展 [J]. 化学教育，2008(2).
41. 许亮亮．河豚毒素的毒性控制和应用前景 [J]. 化学教学，2008(8).
42. 谢美然，李金欣．微胶囊自愈合技术与自愈合材料 [J]. 化学教学，2008(12).
43. 徐明武．新型陶瓷及其用途 [J]. 中学化学教学参考，2008(1/2).
44. 谢培轩，忻良，陆燕海．人工海水制剂——海水晶 [J]. 化学教育，2008(4).
45. 郗志红．氢化油和反式脂肪酸 [J]. 中学化学教学参考，2008(5).
46. 姚成立，胡星明．结石中的化学 [J]. 化学教育，2008(10).
47. 闫蒙钢，圣永刚，张剑锋．奥运火炬中的化学 [J]. 化学教育，2008(7).
48. 闫蒙钢，圣永刚．铊的中毒与救治 [J]. 化学教学，2008(7).
49. 闫蒙钢，张犟．能源新秀“储氢材料”简介 [J]. 化学教学，2008(6).
50. 闫蒙钢，张艳华．酸奶中的化学 [J]. 化学教育，2008(12).
51. 闫蒙钢，朱小丽．“褐变”食品加工的隐形杀手 [J]. 化学教学，2008(2).
52. 杨贤放，魏爱民．双歧因子功能性低聚糖 [J]. 化学教育，2008(3).
53. 杨贤放．我国传统生产工艺中的瑰宝——红曲色素 [J]. 化学教育，2008(8).

54. 叶孝轩，王明召．氧化型染发剂简介 [J]. 化学教学，2008(1).
55. 袁野，吴星．举重运动中的化学功能 [J]. 化学教育，2008(11).
56. 杨钊，王明召．海水淡化原理及方法综述 [J]. 化学教育，2008(3).
57. 张红梅，陈国力，刘梅，等．共振论的应用及量子化学探讨 [J]. 化学教育，2008(5).
58. 周建伟．储氢材料的研究进展 [J]. 化学教育，2008(1).
59. 赵军，韦薇．环境激素对人体健康的影响 [J]. 化学教育，2008(11).
60. 赵鹏忠，卢杨．常见玩具中的化学知识 [J]. 化学教学，2008(2).
61. 周晓宇，尹冬冬．万能抗氧化剂——硫辛酸 [J]. 化学教育，2008(4).
62. 朱玉军，王香凤，王巧玲．抑酸剂与抗酸剂的区别 [J]. 中学化学教学参考，2008(5).
63. 张益胜．小小塑料袋环保大问题 [J]. 中学化学教学参考，2008(5).
64. 张云艳，徐承天．表面化学简介 [J]. 化学教学，2008(1).
65. 张颖，林丹．漫谈消泡剂 [J]. 化学教学，2008(11).
66. 郑最胜，李南方．纳米气泡简介 [J]. 化学教学，2008(3).